LINIX KERNEL

리눅스 커널
디자인의 기술

Yang Lixiang, Liang Wenfeng, Chen Dazhao, Liu Tianhou, Wu Ruobing, Song Qi, Feng Ke 저 | 안진섭 역

YoungJin.com Y.
영진닷컴

ISBN | 978-89-314-4968-6

독자님의 의견을 받습니다
이 책을 구입한 독자님은 영진닷컴의 가장 중요한 비평가이자 조언가입니다. 저희 책의 장점과 문제점이 무엇인지, 어떤 책이 출판되기를 바라는
지, 책을 더욱 알차게 꾸밀 수 있는 아이디어가 있으면 이메일, 또는 우편으로 연락주시기 바랍니다. 의견을 주실 때에는 책 제목 및 독자님의
성함과 연락처(전화번호나 이메일)를 꼭 남겨 주시기 바랍니다. 독자님의 의견에 대해 바로 답변을 드리고, 또 독자님의 의견을 다음 책에 충분
히 반영하도록 늘 노력하겠습니다.

이메일 : support @ youngjin.com
주 소 : 서울시 금천구 가산디지털1로 24 대륭테크노타운 13차 10층
등 록 : 2007. 4. 27. 제16-4189호

STAFF
저자 Yang Lixiang | **총괄** 김태경 | **진행** 정소현, 최영록 | **본문 디자인** 임정원 | **표지 디자인** 임정원 | **본문 편집** 박혜영

이 책에 대하여

멀티 프로세스 운영체제인 리눅스의 소스코드를 바탕으로 운영체제의 원리를 설명한다.

운영체제(OS)를 이해하는 데 있어서 가장 큰 어려움은 기술적인 면에 있는 것이 아니라, 운영체제 내부에 있는 복잡한 관계들을 이해하는 데 있다. 이 책은 이런 복잡한 관계들에 대해 쉽게 설명하고 있다.

운영체제 디자이너의 관점에서 쓴 이 책은 운영체제에 대한 완전하고 체계적인 이해를 위해 가장 중요하고 실제적인 문제에 대해서 서슴없이 이야기하고 있다. 운영체제 디자인 가이드라인을 제시하고, 운영체제와 직접적으로 연관된 BIOS 코드를 설명하고 있으며, 이를 통해서 운영체제가 가지고 있는 모든 복잡한 요소들의 관계를 단순화 시키고 내부에 숨어 있는 운영체제의 큰 흐름을 보여주고 있다.

이 책에서는 리눅스 0.11의 소스 코드를 이용해서 실제로 동작하는 운영체제의 순간순간의 모습을 보여준다. 멀티 프로세스 운영체제의 소스코드를 체계적으로 분석하면서 운영체제가 실행될 때의 내부 구조에 대해서도 잘 설명하고 있다.

지난 몇 년 동안 우리는 외부로부터의 불법적인 침입을 막을 수 있는 새로운 운영체제를 개발하는 데 주력해 왔다. 그리고 두 대의 테스트 서버를 마련해서 전세계의 해커들에게 해킹을 시도해 볼 수 있도록 했다. 다음은 침입 테스트를 할 수 있는 서버의 주소들이다.

- ftp://203.198.128.163
- ftp://114.242.35.6

새로운 운영체제를 개발하는 과정에서 우리는 운영체제 자체를 이해하는 것이 무엇보다 중요하다는 것을 알게 되었다. 마치 나무를 보는 것보다는 숲을 보는 것이 더 중요한 것처럼 말이다. 운영체제를 이해하는 가장 쉬운 방법은 복잡한 운영체제 분석보다 간단하고 단순한 운영체제를 들여다 보는 것이다. 이런 이유로 우리는 리눅스 0.11(소스 코드가 2만줄도 되지 않는)을 선택했다. 리눅스는 20년 넘도록 개발을 지속해오면서 매우 크고 복잡해져서 배우기 어려워졌다. 하지만 디자인 컨셉트와 핵심적인 구조는 초기의 리눅스에서 큰 변화가 없었다. 그렇게 때문에 리눅스 0.11을 배우는 것이 아직도 중요하다.

우리는 소스를 한 줄 한 줄 분석했고 운영체제의 실행 순서를 살펴보았다. 또한 운영체제가 수행하는 작업들을 면밀히 조사했다. 특히 이런 작업들 간의 관계, 방식, 실행되는 이유 그리고 그 뒤에 숨겨진 디자인 아이디어에 집중했다. 이런 모든 것들을 깊고 자세히 분석했다.

이 책은 리눅스 운영체제를 설명하기 위해 크게 세 부분으로 나누어 구성되었다. 첫 번째 부분(챕터 1~4)에서는 운영체제의 부팅 과정에서부터 초기화하는 과정을 거쳐서 대기 상태가 될 때까지의 과정을 분석했다. 두 번째 부분(챕터 5~8)에서는 사용자 프로그램을 실행하는 과정에서 발생하는 실질적인 동작 방식과 운영체제와 사용자 프로세스의 상태에 대해서 설명한다. 마지막 부분(챕터 9)에서는 미시적이고 디테일한 부분부터 거시적인 아키텍쳐를 이루는 전체 리눅스 운영체제 디자인 가이드라인을 설명한다.

책의 내용을 더 자세히 보면, 첫 번째 부분은 컴퓨터가 작동하고 BIOS 부팅하는 과정을 상세히 다룬다. BIOS가 운영체제를 로딩하는 부분, 컴퓨터 초기화, 보호모드와 메모리 페이징 처리, 커널 메인 함수의 호출, 프로세스 0, 1, 2, 그리고 쉘 프로세스의 생성 그리고 추가적으로 파일 시스템을 통한 주변장치와의 통신에 대해서도 설명한다.

두 번째 부분에서는 간단하지만 대표적인 몇 가지 애플리케이션을 통해서 커널이 파일 시스템을 마운트시키는 방법, 파일 오퍼레이션(파일 열기, 읽기, 쓰기, 닫기 등 파일과 관련된 동작), 유저 프로세스와 메모리 관리, 다중 프로세스 간의 파일 처리 그리고 프로세스 간 통신(IPC)에 대해서 설명한다. 설명하면서 이런 기능을 구현하기 위한 다양한 배경 지식들도 살펴볼 것이다.

우리는 운영체제의 원리를 통합해서 실제 운영체제의 동작 방식을 설명하기 위해서 노력했다. 이 책을 읽고 난 후 독자들이 운영체제가 순수 이론이나 컴퓨터 이론을 다루는 교양 과목이 아니라 조직적이고 구체적이며 실제의 코드와 사례들로 이루어졌다는 것을 알게 되었으면 한다. 이론과 실전은 밀접하게 서로 결합되어 있다.

책의 세 번째 부분에서는 마스터 슬레이브 메커니즘과 이 메커니즘을 만들기 위한 세 가지 주요 기술, 즉 메모리 보호 및 페이징 기술, 권한 레벨(privilege level), 인터럽트에 대해서 설명한다. 또, 마스터 슬레이브 메커니즘을 위한 결정적인 요소를 분석했다. 그리고 이 관점에서 버퍼, 공유 페이지, 시그널 그리고 파이프 라인의 디자인 가이드라인을 설명한다. 운영체제 디자이너의 시각으로 운영체제 디자인 가이드라인을 설명하려고 노력했다. 우리는 시스템 이데올로기를 통해 독자들이 운영체제 자체와 그 뒤에 내재된 디자인 아이디어에 대해서 이해하고 사용할 수 있도록 돕고 싶다.

이 책은 중국과학원의 심리 연구소 교수인 Tingshao Zhu 박사님이 번역에 도움을 주셨다. 교수님의 지혜와 노력이 없었다면 독자들에게 이 책을 소개하지 못했을 것이다.

또한 중국 기계 공업 출판사(China Machine Press)와 Huazhang 출판사의 부회장이신 Wen Lifang 님과 Huazhang 출판사의 부편집장인 Yang Fuchuan 님에게도 고마움을 전하고 싶다. 이 분들은 이 책의 중국어본 출판에 노력을 아끼지 않으셨다. 그리고 영어본 출간에 많은 도움을 주신 CRC 출판사의 He Ruijun 님에게도 감사하다. 또 CRC 출판사의 Kari Budyk 님과 Zhang Guoqiang 님과 Yang Jin 님에도 고마움을 전하고 싶다.

✛ Lixiang Yang ✛

Lixing Yang은 중국 과학 대학의 부교수이다. 그의 연구 주제는 운영체제, 컴파일러, 프로그램 언어로 최근에는 그의 팀과 함께 새로운 운영체제를 개발하는 데 성공했다. 이 운영체제는 불법 프로그램의 침입과 관련된 문제를 근본적으로 해결하려는 목적으로 만들어졌다. 이 팀은 해커들을 위해서 두 개의 테스트 사이트를 만들어 공개했다. 이 사이트의 주소는 ftp://203.198.128.163 와 ftp://114.242.35.6 이다. 이 ftp 서버의 내용과 주소들은 연구성과와 운영체제 개발 상황에 따라서 변경될 수 있다.

처음 프로그래밍을 시작한 것은 초등학교였지만 본격적으로 시작한 것은 대학에 들어가면서 부터였다. 제대로 컴퓨터에 대해서 공부를 하면서 운영체제를 배우게 되고 직접 한번 만들어 보면 어떨까 하는 생각을 했다. 아마 대부분 프로그래머들이 나처럼 자신만의 운영체제를 만들어 보고 싶어할 것이다. 운영체제를 만든다는 것은 컴퓨터를 이해하지 않고는 할 수 없는 일이라서 공부가 되기도 하고, 다른 친구들에게 자랑도 할 수 있는 그런 종류의 주제였다.

1학년 겨울 방학이 시작되고 도서관에서 OS 관련 책을 잔뜩 빌려서 공부를 시작했다. 리눅스를 만든 리누스 토발즈가 했던 것처럼 하면 될 줄 알았다. 하루, 이틀, 일주일, 한 달이 지났지만 내 컴퓨터 모니터에 아무것도 찍히지 않은 채였다. 어셈블리어로 작성한 내 부트 코드에 문제가 있는 것은 틀림없었지만 도대체 어디가 잘못되었는지 알 길이 없었다. 당시에는 지금처럼 가상 PC가 있는 것도 아니어서 테스트를 할 때마다 컴퓨터를 재부팅해야 하는 불편함은 이루 말할 수 없었다. 그렇게 한달을 보내고 나서 생각했다. 난 운영체제와는 맞지 않는구나. 그리고는 나만의 운영체제 JINUX(이름도 미리 만들어 두었는데...)를 만드는 프로젝트를 포기했다. 운영체제와의 만남은 그렇게 끝나버렸다.

그 후로도 몇 번을 시도했지만 운영체제를 만드는 것은 고사하고 이해하는 것도 쉽지 않았다. 단편적으로 공부를 많이 해서 스케줄러의 역할이나 파일 시스템에 대한 것들은 어느 정도 이해를 했지만 전체 시스템의 구조를 이해하는 데는 한계가 있었다. 우선 운영체제를 설명한 실질적인 자료가 많지 않았다. 학교에서 배우는 책들을 너무 단편적이고 실제로 돌아가는 코드를 가지고 설명해주지 않았다. 대안으로 리눅스 소스를 볼 수 있었지만 이 역시 방대한 소스코드를 이해하기에는 수준에 맞지 않았다. 간단히 커널 드라이버를 만들기는 했지만 역시나 내부를 공부하는 것은 힘들었다.

이 책은 과거의 나처럼 운영체제를 진정으로 이해하고 싶은 분들이나 리눅스에 대해서 알고 싶은 분들이 한번씩 읽어보면 도움이 될 책이다. 이렇게 말할 수 있는 이유가 몇 가지 있다.

첫 번째로 실제 리눅스 소스를 설명하고 있다. 이 책은 다른 운영체제를 다루는 다른 책들과 다르게 실제로 리눅스 소스를 직접 설명하고 있다. 운영체제가 부팅하는 과정과 프로세스 생성 과정 그리고 프로세스 스케줄링 과정을 코드를 따라가면서 설명하고 있다. 그래서 더 현실적이고 더 실용적이다.

두 번째로 과거의 리눅스 코드를 대상으로 한다. 현재의 리눅스는 코드만 수십MB에 이르고 다양한 기기에 동작을 하다 보니 코드 자체가 복잡해진데다 여러 가지 예외 조건에 대응하기 위해서 복잡한 코드들이 추가되었기 때문에 운영체제를 공부하는 학습자의 입장에서 썩 좋은 대상은 아니다. 하지만 이 책에서 다루고 있는 것은 초기의 리눅스다. 현재 4.X대의 리눅스가 테스트되고 있는 시점에서 보면 버전 0.11은 아주 아주 오랜 옛날 리눅스 코드지만, 현재 리눅스가 가지고 있는 큰 특징들을 모두 가지고 있다. 리눅스 0.11이 실행되는 대상인 컴퓨터도 인텔 286 컴퓨터를 가정하고 있다. 또 저장매체는 플로피 디스크로 지금은 박물관에서나 볼 수 있는 것을 대상으로 한다. 초기의 버전이니만큼 운영체제 핵심에 더 집중하고 있어서 공부하기 좋을 뿐 아니라 virtual box나 qemu와 같은 가상 PC 환경에서 실제로 돌려볼 수 있다.

운영체제를 이해하는 것은 컴퓨터를 이해하는 데 아주 중요한 부분을 차지한다. 최근에는 여러 가지 다양한 언어와 다양한 플랫폼들이 등장해서 컴퓨터에 대해 충분한 이해가 없어도 제공되는 라이브러리를 찾아서 매뉴얼대로 하면 원하는 기능을 개발할 수 있는 경우가 많다. 하지만 이런 식으로 개발이 진행되면 나중에 가서 꼭 이유를 알 수 없는 문제가 발생한다. 혹은 성능에 대한 이슈가 생겨서 고생을 하게 된다. 이런 문제가 발생하면 단편적인 지식만으로는 쉽게 해결되지 않는다. 이럴 때 필요한 것은 시스템에 대한 전반적이고 깊은 이해이다. 자신이 쓰고 있는 라이브러리, 플랫폼, 언어 그리고 운영체제에 대한 지식들이 필요하다. 모든 프로그램은 결국 운영체제 위에서 동작하는 프로세스에 불과하다. 프로그램이 돌아가는 바탕이 되는 운영체제를 이해하면 시스템을 전반적으로 이해할 수 있는 바탕이 된다. 운영체제에 대한 이해를 바탕으로 자신의 전문분야를 공부한다면 여러 가지로 좋은 일이 될 것이다.

마지막으로 번역을 할 수 있도록 해준 영진닷컴의 여러 관계자 분들과 편집자 정소현님께 감사를 드리고 무엇보다 번역할 수 있는 시간을 준 가족들에게 고마움을 전하고 싶다.

✛ 안진섭 ✛

초등학교 때 처음 만난 BASIC 프로그램을 시작으로 프로그램 인생을 시작한 평범한 IT쟁이, 평범한 인생을 살고 있지만 내가 작성하는 프로그램은 평범하지 않기를 바라는 마음으로 한 줄 한 줄 프로그램을 개발하면서 살고 있다. 고려대학교 컴퓨터학과를 졸업하고 삼성 SDS에 입사해서 리눅스 드라이버, 미들웨어를 개발했고, 아이폰이 국내에 들어왔을 때 모바일 개발자로 전향했다. 최근에서 사물 인터넷 회사를 공동 창업해서 매직에코 CTO로 개발자 인생을 계속하고 있다.
주요 프로젝트로는 URC 미들웨어 개발, 로봇 스크립트 엔진 개발, 윈도우 모바일 이메일 클라이언트 개발, SEMP 하이브리드 플랫폼 등 다수의 내부 시스템을 개발했으며, 현재는 매직에코의 단말, 서버 IoT 플랫폼을 개발 중이다. 저서로는 "iPhone 실전 프로젝트(2012, 영진닷컴)"가 있다.

이 책의 구성

Chapter 1. 컴퓨터에 전원을 켜는 순간부터 메인 함수가 호출되는 순간까지

컴퓨터의 전원을 켜고, 메인 함수를 실행시키기까지는 세 가지 단계를 거친다. 챕터 1에서는 메인 함수를 실행시키기 위해 해야 하는 세 가지 단계의 준비작업 즉, BIOS를 로드하고, 인터럽트 서비스루틴을 통해 OS를 로드하는 것, 그리고 32비트 메인 함수를 실행하기 위한 것들을 준비시키는 것에 대해 자세히 설명한다.

Chapter 2. 디바이스 초기화와 프로세스 0 활성화

챕터 2에서는 OS가 기타 다른 하드웨어를 설정하는 디바이스 초기화와 프로세스 0(첫 번째 프로세스)을 위한 환경을 구성하는 방식과 함께 유저 애플리케이션들이 프로세스로서 실행될 수 있게 하는 작업들이 무엇인지 설명한다.

Chapter 3. 프로세스 1의 생성과 실행

챕터 2를 통해 프로세스 0은 부모 프로세스 역할을 한다는 것을 살펴보았다. 이 프로세스의 임무는 자식 프로세스인 프로세스 1을 생성하는 것이다. 챕터 3에서는 어떻게 프로세스 1을 생성하고 하드디스크 파일 시스템을 설치하는지 살펴 본다. 또한 램디스크를 포맷하고 램디스크를 루트 디바이스로 만들어 루트파일 시스템을 로드하는 방법을 알아 본다.

Chapter 4. 프로세스 2의 생성과 실행

챕터 4에서는 프로세스 1이 프로세스 2를 생성하는 방법을 알아볼 것이다. 그리고 HCI를 위한 쉘 프로세스의 원리와 실행 방법을 통해 OS와 소통하는 방법을 소개한다.

Chapter 5. 파일 오퍼레이션

챕터 5에서는 챕터 3에서 로드한 루트 파일 시스템을 바탕으로 OS가 루트 디바이스와 데이터를 주고 받을 수 있게 하기 위해 파일 시스템 설치로 하드디스크 파일 시스템을 루트 파일 시스템으로 만드는 방법을 자세히 알아본다.

Chapter 6. 유저 프로세스와 메모리 관리

OS의 가장 중요한 기능은 실시간 멀티태스킹이다. 또한 동시에 다수의 프로그램을 실행해야 하는 멀티프로세스를 지원하는 데 있어서 핵심은 시분할 방식이다. 챕터 6에서는 이러한 목적을 달성하기 위한 프로세스, 파일 시스템 그리고 메모리 관리에 대한 내용을 배운다.

Chapter 7. 버퍼와 멀티 프로세스 파일

챕터 6에서 배운 프로세스, 파일 시스템, 메모리 관리에 대한 내용을 좀더 깊게 이해하고 싶다면 버퍼의 기능을 알아야 한다. 챕터 7에서는 버퍼에 대해 알아보고 좀더 깊게 이해하기 위해 다수의 프로세스들이 파일을 어떻게 처리하고 있는지에 대해 알아본다.

Chapter 8. IPC (프로세스 간 통신)

프로세스들은 서로 협력하고 정보를 공유해야 한다. 챕터 8에서는 프로세스의 코드와 데이터를 보호하는 프로세스 간 통신(IPC)을 위해 예제를 사용해서 파이프 메커니즘, 시그널 메커니즘에 대해 자세히 살펴본다.

Chapter 9. OS 디자인의 가이드라인

앞에서 살펴본 8개의 챕터를 통해 배운 내용들을 바탕으로 운영체제에 대해 충분히 이해했을 것이다. 챕터 9에서는 이제 어떻게 OS를 디자인하는지에 대한 가이드라인을 살펴본다.

Contents

이 책의 차례

CHAPTER ❺ 파일 오퍼레이션

CHAPTER ❻ 유저 프로세스와 메모리 관리

CHAPTER ❼ 버퍼와 멀티 프로세스 파일

CHAPTER ❽ IPC (프로세스 간 통신)

CHAPTER ❾ 운영체제의 디자인 가이드라인

컴퓨터에 전원을 켜는 순간부터 메인 함수가 호출되는 순간까지

컴퓨터에 전원을 켜는 순간부터 부트 커널의 메인 함수가 실행될 때까지 총 세 단계를 거치게 된다. 이 과정에서 부트 디스크로부터 운영체제 프로그램을 로드하고 메인 함수 실행을 위해서 준비 작업을 한다. 첫 번째 단계는 BIOS(Basic Input/Output System, 기본 입출력 시스템)를 로드하고, 인터럽트 벡터 테이블을 만들고, 리얼 모드용 인터럽트가 동작하도록 한다. 두 번째 단계는 인터럽트 서비스 루틴을 사용해서 OS 프로그램을 부트 디스크에서 메모리로 로드한다. 마지막 세 번째 단계는 32비트 메인 함수를 실행시키기 위한 기타 작업들을 마무리한다. 이번 챕터에서는 컴퓨터에서 이 세가지 작업들이 어떻게 수행되는지 설명하려 한다.

> **TIP** ▶ 리얼 모드는 인텔 80286과 80x86과 호환되는 모드이다. 이 모드는 20비트의 메모리 어드레스 공간(2^{20} = 1,048,576, 최대 1MB의 메모리 공간)을 사용한다. 리얼 모드에서는 직접 BIOS를 사용할 수 있을 뿐 아니라 주변장치에 접근도 할 수 있다. 하지만 메모리 페이징과 리얼타임 멀티태스킹을 위한 하드웨어 지원을 받을 수 없다. 80286 이후부터 80x86 중앙 처리 장치(CPU)는 부팅이 되면 리얼 모드로 시작한다. 80286 이전의 CPU(예를 들어 8086 프로세서)는 리얼 모드 하나만 운영 모드로 동작한다.

1.1 BIOS 로딩, 인터럽트 벡터 테이블 생성 그리고 리얼 모드에서 인터럽트 서비스 루틴 활성화

컴퓨터를 사용하기 위해서는 운영체제(Operating System, 이하 OS)를 설치해야 한다. OS가 없는 컴퓨터는 단지 고철덩어리에 지나지 않는다. 사람들은 컴퓨터를 사용하기 위해서 전원을 켜지만, 대부분의 사람들은 OS와 하드웨어가 어떻게 상호 협력하는지 전혀 알지 못한다. 여기서는 OS가 동작하는 전체 과정을 자세히 살펴볼 것이다.

소프트웨어 없이 컴퓨터를 사용하는 것은 불가능한 일이다. 하지만 컴퓨터가 처음 켜진 순간의 컴퓨터 메모리(예를 들어 RAM, 랜덤 액세스 메모리)에는 어떤 소프트웨어도 들어있지 않다. OS는 아직 플로피 디스크에 저장되어 있을 뿐이다. CPU는 메모리에 있는 프로그램만 실행할 수 있기 때문에, 컴퓨터가 플로피 디스크의 OS를 직접 실행시킬 수는 없다. OS를 동작시키기 위해서 우선 플로피 디스크에서 메모리로 OS를 로드시켜야 한다.

> **TIP** ▶ **램(RAM)** : 개인 컴퓨터의 기본 메모리. 전원이 켜지면 바로 임의의 주소 메모리를 읽고 쓸 수 있다. 하지만 전원이 꺼지면 더 이상 데이터를 유지할 수 없다.

그럼 여기서 질문을 던질 수 있다. 램에 프로그램이 없다면 무엇이 OS를 로드시킬까? 이 질문의 답은 바로 BIOS다.

1.1.1 BIOS를 동작시키기 위한 절차

BIOS가 OS를 어떻게 메모리로 로드시키는지 설명하기 전에 우선 BIOS가 실행되는 절차를 알아야 한다. 이미 알고 있는 것처럼 프로그램을 실행하기 위해서는 화면의 아이콘을 더블 클릭하거나 커맨드 창에서 명령을 입력해야 한다. 사실 이런 동작을 할 수 있는 것은 이미 OS가 동작하고 있기 때문이다. 하지만 전원을 처음 연결하는 순간에는 메모리에 어떤 프로그램도 존재하지 않는다. 심지어 OS도 없다. BIOS를 수동으로 실행시킬 수도 없다. 그럼 무엇이 BIOS를 실행시킬 것인가?

바로 0xFFFF0 다!!!

시스템 관점에서 보면 어떤 소프트웨어도 BIOS를 실행시킬 수 없다. 대신 하드웨어라면 가능하다.

인텔 80x86 계열의 CPU는 16비트 리얼 모드와 32비트 보호 모드에서 동작할 수 있다. 호환성 때문에 80x86 CPU는 처음 부팅할 때 리얼 모드에서 실행된다. 여기서 중요한 점은 CPU가 CS를 0xFFFF로 설정하고 IP도 0x0000으로 강제 설정한다는 점이다. 따라서 CS:IP는 0xFFFF0가 된다. 그림 1.1에서 설명하고 있는 것처럼 0xFFFF0가 BIOS의 실제 주소이다.

> **TIP** ▶ **IP/EIP** : 명령어 포인터. CPU에서 IP는 코드 세그먼트에서 실행될 명령어 오프셋을 저장한다. CS(코드 세그먼트)와 함께 실제로 실행될 명령의 어드레스를 만들게 된다. IP는 리얼 모드에서 사용하고 EIP는 보호 모드에서 사용한다.

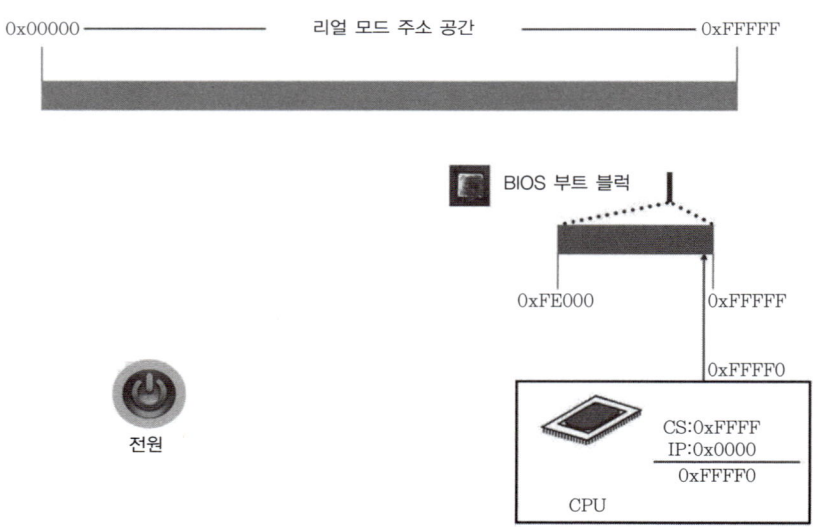

그림 1.1 전원이 들어왔을 때 메모리 상의 BIOS 상태

▶ **ATTENTION**
이 과정은 전적으로 하드웨어에 의해서 이루어진다! 0xFFFF0에 실행할 코드가 없다면 컴퓨터는 아무 동작도 하지 않는다. 반면 실
행 가능한 코드가 있으면 시스템은 해당 코드를 실행한다.
BIOS의 진입 어드레스는 0xFFFF0다! 여기는 BIOS의 첫 번째 명령어가 위치하게 된다.

1.1.2 BIOS는 인터럽트 벡터 테이블과 인터럽트 서비스 루틴을 메모리에 로드

BIOS는 그렇게 크지 않은 프로그램이다. 하지만 BIOS를 완전히 이해하기 위해서는 컴퓨터 아키텍쳐를 알
고 있어야 한다. 하지만 컴퓨터 아키텍쳐는 이 책의 범위를 벗어나고 이 책에서는 OS만 다루고 있으므로 여기
서는 OS와 직접적으로 연관된 BIOS에 대해서만 설명하려고 한다.

BIOS 코드는 메인보드에 있는 작은 롬(ROM: 읽기만 가능한 메모리) 칩에 저장된다. 보통 메인보드마다 다
른 BIOS가 사용되지만 기능적으로는 거의 같은 일을 한다. 여기서는 쉽게 설명하기 위해서 8KB의 BIOS를
가정한다. 이 BIOS는 그림 1.1에서 보여 주는 것처럼 0xFE000~0xFFFFF에 위치한다. CS:IP는 BIOS 프로
그램이 시작하는 0xFFFF0를 가리킨다. BIOS가 시작하면서 그래픽이나 메모리 등과 같은 몇 가지의 정보들
이 화면에 표시된다. 이때 OS를 부팅하는 데 중요한 역할을 하는 인터럽트 벡터 테이블과 인터럽트 서비스 루
틴들이 만들어지고 실행된다.

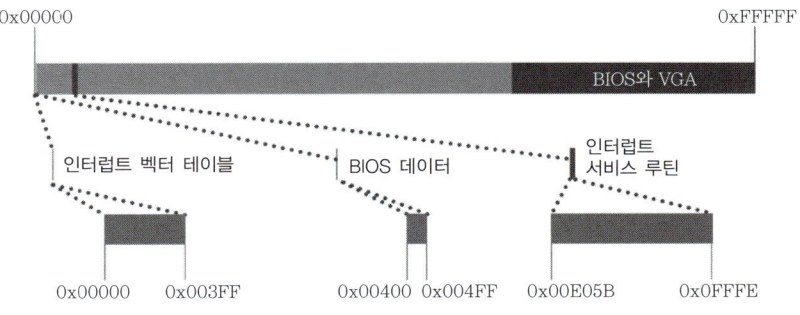

그림 1.2 인터럽트 벡터 테이블과 인터럽트 서비스 루틴 로딩

BIOS는 메모리의 처음 1KB 영역(0x00000~0x003FF)에 인터럽트 벡터 테이블을 위치시킨다. BIOS 데이터는 그 다음 256바이트 영역(0x00400~0x004FF)에 위치한다. 그리고 인터럽트 서비스 루틴(8KB 크기)은 앞에서 56KB 이후인 0x0E05B에 로드된다. 그림 1.2는 이들이 메모리상에 로드되는 정확한 위치를 보여 준다.

> **TIP** ► 0x00100는 256바이트이고 0x00400는 4*256바이트 즉, 1024바이트이다. 혹은 1KB로 표시하기도 한다. 하지만 주소를 표시할 때는 0x00000 기준이기 때문에 1KB 크기 섹션의 마지막 주소는 0x00400이 아니라 0x00400 - 1, 즉 0x003FF가 된다.

인터럽트 벡터 테이블은 256개의 인터럽트 벡터를 저장하고 각각의 벡터마다 4바이트가 할당되는데 CS와 IP를 위해서 각각 2바이트씩 할당된다. 각각의 인터럽트 벡터는 특정한 인터럽트 서비스 루틴을 가리킨다.

이제 OS 커널을 메모리로 로드시키기 위해 인터럽트 서비스 루틴을 어떻게 사용하는지 자세히 알아볼 차례다.

> **TIP** ► **INT** : 인터럽트. 이름에서 알 수 있는 것처럼 인터럽트는 진행중인 프로그램을 잠시 중지시킨다. 외부에서 이벤트가 발생하면 실행되고 있던 프로그램을 잠시 중지하고 해당 이벤트를 처리하기 위한 특별한 루틴, 인터럽트 서비스 루틴을 실행시킨다. 인터럽트 처리가 완료되면 인터럽트로 중지되었던 프로그램을 다시 실행한다. 이런 점은 인터럽트와 C 언어의 함수가 매우 유사하다.

인터럽트는 OS에게 있어서 아주 중요하다. 이 점에 대해서 다음 챕터에서 자세히 다룰 것이다.

1.2 OS 커널 로딩과 보호 모드 전환 준비

이제부터 컴퓨터는 실질적인 부팅 과정을 시작한다. 플로피 디스크에서 OS 이미지를 읽어 메모리에 로드한다. 리눅스 0.11은 세 파트로 나누어져 있는 OS 커널을 차례대로 하나씩 메모리에 로드한다. 먼저 BIOS의 INT 0x19h(역주 : 여기서 인터럽트를 INT로 원문대로 표시를 했다.)를 이용해 플로피 디스크의 첫 번째 섹터인 부트섹트(bootsect)를 메모리에 로드시킨다. 그리고 나서 앞서 로드했던 부트섹트가 다시 OS의 두 번째, 세 번째 파트를 메모리에 로드한다. 이것들은 플로피 디스크에 각각 4섹터와 240섹터를 차지한다.(역주 : 플로피 디스크와 같은 디스크를 사용하는 매체는 동심원으로 되어 있는 트랙과 트랙을 나누어 섹터로 구역을 나눈다. 이때 한 섹터는 512바이트 용량을 갖는다.)

1.2.1 부트섹트 로딩

우리는 경험적으로 컴퓨터 전원을 켜고 바로 키보드의 DEL키를 누르면 BIOS 설정 화면으로 전환되는 것을 알고 있다.(역주 : 보통 DEL키 혹은 F2키를 누르면 된다. BIOS의 종류에 따라서 설정 화면으로 들어가기 위해 다른 키를 눌러야 하는 경우도 있다.) BIOS 화면에서는 부트 디바이스를 변경할 수 있다. 요즘은 부트 디스크로 하드디스크를 사용하는 것이 일반적이다. 1991년에 출시된 리눅스 0.11은 부트 디바이스로 플로피 디스크를 사용한다. 하지만 플로피 디스크를 이용하건 하드디스크를 사용하건 부팅 과정은 거의 비슷하기 때문에 크게 상관할 필요는 없다.

BIOS가 실행되면 컴퓨터는 자기 진단을 한다(이 기능은 OS와는 직접적인 관계가 없으므로 설명을 생략한다). 이후에 BIOS가 호출한 INT 0x19h를 CPU가 받으면 인터럽트 벡터 테이블에서 해당 벡터를 찾게 된다.

인터럽트 벡터 테이블에서 INT 0x19h에 대응하는 벡터의 정확한 위치는 그림 1.3에서 확인할 수 있다. 벡터 테이블을 0x00000에서 시작한다.

그림 1.3에서 보여주고 있는 것처럼, CS:IP(실행할 명령어 어드레스)가 INT 0x19h의 인터럽트 서비스 루틴의 진입 어드레스인 0x0E6F2로 변경된다. 리눅스 버전에 상관없이 이 인터럽트 루틴은 부트 디바이스의 첫 번째 섹터(512바이트)를 메모리로 로드하도록 만들어졌다. 어떤 버전의 리눅스 커널이건 상관없이 BIOS는 부트 디바이스의 첫 번째 섹터를 읽어 메모리에 저장한다. BIOS가 하는 일은 그 이상도 그 이하도 아니다.

TIP ▶ 인터럽트 벡터 테이블은 서비스 루틴의 실제 주소를 저장하고 있으므로 리얼 모드의 인터럽트 메커니즘에 있어 중요한 부분이 된다. 인터럽트 서비스 루틴들은 각각 정해진 목적에 따라서 만들어진 코드들이다. 이 루틴들은 인터럽트에 반응할 수 있도록 인 덱스화되어 인터럽트 벡터 테이블에 저장된다.

룰에 따라 INT 0x19h의 서비스 루틴은 플로피 디스크의 앞면, 0번 트랙, 첫 번째 섹터를 메모리 0x07C00에 로드한다. 그림 1.4의 왼쪽 부분에서 첫 번째 섹터의 위치를 확인할 수 있다.

이 섹터는 리눅스 0.11의 부트 파트로 다른 말로 부트섹터라고 한다. 이 부트섹트는 OS의 다른 파트들을 메모리로 로드시킨다. 디스크의 첫 번째 섹터가 로드되면 리눅스 0.11은 OS로써 동작할 준비를 막 끝낸 셈이다.

이때부터 OS와 컴퓨터가 서로 연결되기 때문에 부팅 과정에 있어서 이때가 매우 중요하다. 이 섹터는 소스에서 bootsect.s(이 부분이 나중에도 언급될 부트섹트다)에 해당한다. bootsect.s는 어셈블리어로 작성되어 있다. 부팅 과정에서만 쓰이기는 하지만 메모리에 처음으로 로딩되는 시스템 코드이다.

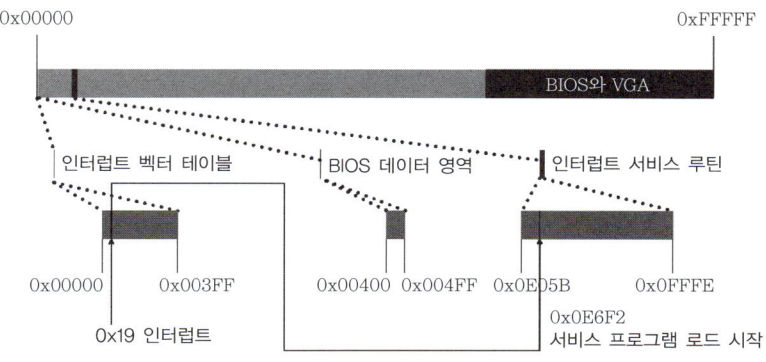

그림 1.3 INT 0x19h 실행

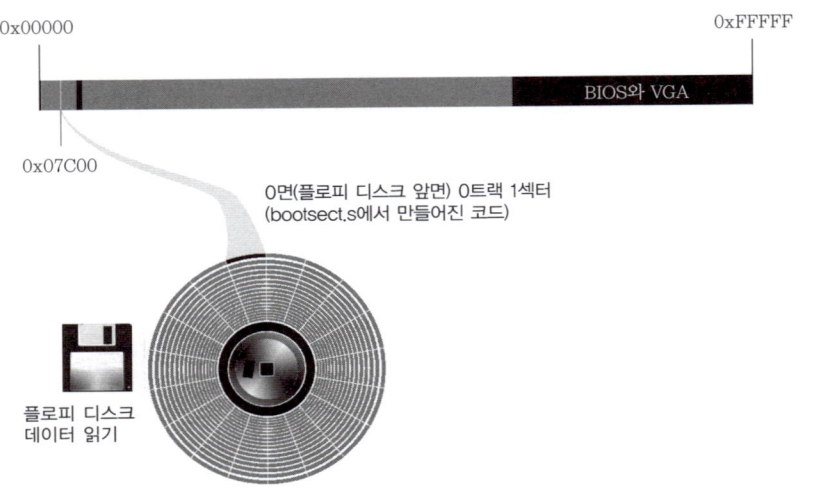

그림 1.4 플로피 디스크의 첫 번째 섹터를 메모리에 로드시키기

이 단계에서 부트섹트가 플로피 디스크에서 메모리로 로드되고 나머지 두 번째, 세 번째 섹터가 차례로 메모리에 올라간다.

: COMMENT :
모든 BIOS들은 메인보드의 롬에 저장된다. 이때 사용되는 메인보드의 종류가 다르기 때문에 BIOS의 종류도 다양할 수 밖에 없다. 이렇게 BIOS의 종류가 다양하기 때문에 OS에서 BIOS를 사용하지 않는다.

이론적으로 사람들은 어떤 OS이든 적당한 것 즉, 윈도우나 리눅스를 컴퓨터에 설치할 수 있다. 각 OS는 나름의 부팅 절차를 가지고 있다. BIOS와 OS는 사실 완전히 다른 프로그램이다. 이 둘이 문제없이 잘 동작하기 위해서는 특별한 메커니즘이 필요하다.

이미 있던 OS와 이런 협업 메커니즘을 만드는 것은 가능하지만 앞으로 만들어질 미래 OS들과 호환되는 메커니즘을 만드는 것은 쉽지 않은 일이다. 가능한 접근 방법이 있다면 그것은 "상호 관례(two side conventions)"와 "방향 인식(orientation recognition)" 이다.

OS(리눅스 0.11) 측면에서 볼 때 "관례(conventions)"가 의미하는 것은 OS를 시작할 시작 프로그램을 부트섹터(플로피 디스크의 앞면 0번 트랙의 첫 번째 섹터)에 넣어야 한다는 점이다. 나머지 프로그램들은 나중에 차례대로 시작 프로그램에 의해서 로딩될 수 있다.

BIOS 입장에서의 "관례(convention)"는 부트섹터를 메모리의 0x07C00에 로딩한다는 것을 의미한다. BIOS에게 이 섹터가 실제로 무슨 일을 하는 지는 아무런 상관이 없다. 이런 과정에 문제가 발생하면 에러를 표시할 뿐, 이후에 아무 일도 하지 않는다. 이런 협동적인 메커니즘은 유용하고 간단하고 효과적이어야 한다. BIOS와 OS 제작자들이 동일한 메커니즘만 따라준다면 그 외의 기능들은 각자의 특성을 고려해서 만들 수 있다.

1.2.2 부팅의 두 번째 코드(셋업) 로딩

1. 부트섹트의 메모리 배치

앞서, BIOS는 부트섹트를 메모리에 로드했다. 이제 부트섹트는 나머지 두 섹터들을 메모리에 로드한다. 하지만 그 전에 부트섹트는 메모리 재배치를 먼저 수행한다.

보통 우리는 C 언어와 같은 높은 수준의 언어를 사용해서 프로그램을 만들고 OS 상에서 실행시킨다. 우리는 코드를 작성하기만 할 뿐, 이 프로그램이 로드되는 메모리 상의 위치까지는 관여하지 않는다. OS와 컴파일러가 프로그램이 제대로 실행이 될 수 있도록 어려운 작업들을 모두 수행해 주기 때문이다. 하지만 우리가 OS 자체에 초점을 맞추고 있기 때문에 OS가 동작하는 방식을 확실히 알기 위해서는 메모리 배치를 이해하는 것이 좋다. 메모리 배치는 OS가 어떻게 동작하건 상관없이 내부의 코드와 코드, 데이터와 데이터 그리고 코드와 데이터 사이에 중복이 없도록 하는 것을 말한다. 이를 위해 먼저 OS의 메모리 배치 계획을 먼저 생각해 봐야 한다.

리얼 모드에서 최대 가능한 메모리는 1MB다. 메모리 배치를 위해서 부트섹트는 다음 명령을 먼저 실행한다.

```
SETUPLEN = 4                     ! 셋업 프로그램의 섹터 수
BOOTSEG = 0x07C0                 ! 부트섹터 위치
INITSEG = 0x9000                 ! 부트 코드를 여기로 옮긴다
SETUPSEG = 0x9020                ! 셋업은 여기서 시작
SYSSEG   = 0x1000                ! 시스템은 0x10000(65536)에 로드됨
ENDSEG   = SYSSEG + SYSSIZE      ! 로드를 끝내야 하는 지점
```

위의 코드에서 여러 가지 변수들의 주소들이 설정된다. 이들 변수에 저장되는 값들은 셋업 프로그램의 섹터수(SETUPLEN), 셋업 프로그램의 어드레스(SETUPSEG), 부트섹트 어드레스(BOOTSEG), 부트섹트의 새로운 어드레스(INITSEG), 커널의 어드레스(SYSSEG), 커널이 끝나는 어드레스(SYSEND) 그리고 루트 파일 시스템이 위치하는 디바이스 번호(ROOT_DEV) 이다. 그림 1.5에서 이 변수들의 메모리 상의 위치를 볼 수 있다. 코드와 데이터들은 이들 어드레스를 이용해서 올바른 위치에 로드된다. 메모리 재배치를 통해서 얻을 수 있는 이점은 다음 섹션에서 알아볼 것이다. 이제부터 OS 메모리 맵을 잘 기억해 두기 바란다. 이 개념을 가지고 부트섹트의 동작을 더 얘기해 보겠다.

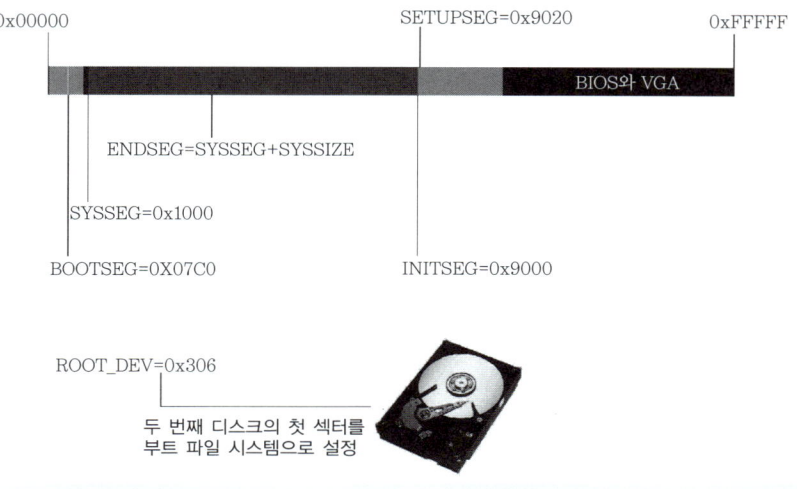

그림 1.5 리얼 모드에서 메모리 배치

부트섹트는 그림 1.6에서 보여지는 것처럼 자기 자신을(512바이트 크기) 0x07C00에서 0x90000로 복사한다. 아래 코드는 복사와 관련된 코드이다.

```
mov    ax,#BOOTSEG
mov    ds,ax
mov    ax,#INITSEG
mov    es,ax
mov    cx,#256
sub    si,si
sub    di,di
rep
movw
```

DS (0x07C0)와 SI (0x0000)가 복사할 소스 어드레스인 0x07C00을 나타내고, ES와 DI가 목적 어드레스인 0x90000을 가리키고 있다(그림 1.6). 그리고 mov CX, #256 명령은 워드 크기(한 워드는 2바이트이다)로 복사할 수를 나타내고 있다. 즉, 256 워드는 512바이트로 이는 첫 번째 섹터의 크기와 일치한다.

또, 코드를 보면 그림 1.5에서 언급한 BOOTSEG와 INITSEG 변수를 볼 수 있다. 이때 CS는 0x07C0을 지정하고 있다. 이는 부트섹트의 어드레스다.

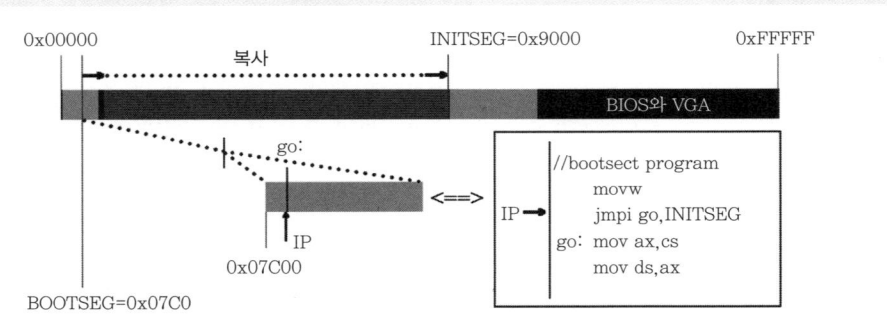

그림 1.6 리부트섹트가 자신을 복사한다

: COMMENT :

"상호 관례(two side conventions)"와 "방향 인식(orientation recognition)" 때문에 부트섹트는 어쩔 수 없이 0x07C00 위치에 로드된다. 이제 이것을 0x90000으로 이동하는데 이 동작은 OS가 메모리를 내부에서 설계한 요구사항대로 재배치하는 것이다.

새로운 위치로 복사되고 나면 부트섹트는 다음의 명령을 실행한다.

```
    rep
    movw
    jmpi    go,INITSEG
go: mov     ax,cs
    mov     ds,ax
```

그림 1.6에서 본 것처럼 CS는 0x07C0이다. 이 코드들이 실행되면 다음으로 CS가 0x9000(INITSEG)로 변경된다. IP는 0x9000에서 "go: mov ax,cs"까지의 오프셋이 된다. 정리하면, CS:IP가 가리키는 곳은 "go: mov ax,cs"가 되는 것이다. 그림 1.7은 이 과정을 잘 보여 준다.

0x07C00는 "상호 관례(two side conventions)"과 "방향 인식(orientation recognition)"에 의한 것으로 이제부터 OS는 BIOS와 별개로 동작하게 된다. 이 시점부터 OS는 OS에서 만든 코드만을 사용하게 된다.

: COMMENT :

```
        jmpi    go,INITSEG
go:     mov     ax,cs
```

이 두 줄의 코드는 정말 교묘하다. 부트섹트가 자신을 복사하고 나면 0x07C00의 내용과 0x90000의 내용이 동일해진다. "jmpi go, INITSEG" 이전의 CS는 0x07C0이라는 점을 알아야 한다. 이 코드가 실행되고 나면 CS는 0x9000이 된다. 그러면 다음 줄인 "mov ax, cs"가 실행된다. 새로운 위치의 코드로 점프해서 같은 코드를 실행시키는 좋은 방법이다.

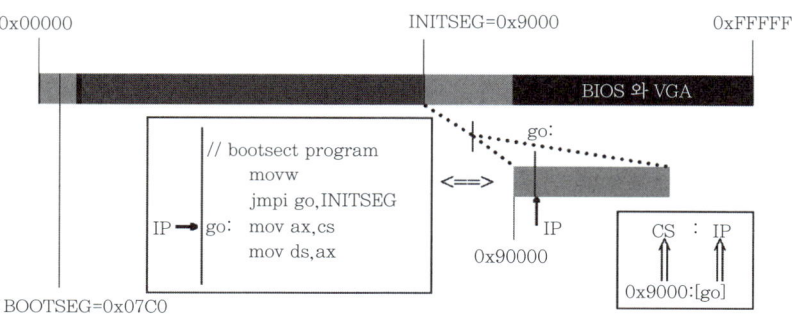

그림 1.7 "go"로 점프하고 실행하기

부트섹터가 자신의 코드를 새로운 위치에 복사하고 난 후 기존 코드를 계속한다. 이때 코드 세그먼트는 변경된다. 그리고 나서 DS, ES, SS, SP와 같은 다른 세그먼트들이 그에 맞춰 변경된다. 다음 코드를 살펴보자.

```
go:     mov     ax,cs
        mov     ds,ax
        mov     es,ax
! 스택을 0x9ff00에 설정
        mov     ss,ax
        mov     sp,#0xFF00                  ! 적절한 값 >>512
```

```
! 부트블럭 다음 위치에 셋업 섹터를 로드한다.
! es는 이미 설정되었다.
```

그림 1.8에서 볼 수 있는 것처럼 위 코드를 통해서 데이터 세그먼트(DS), 보조 세그먼트(ES), 스택 세그먼트(SS)가 코드 세그먼트(CS)와 동일한 값을 갖게 된다. 그리고 SP는 0xFF00로 설정된다.

이제 스택 명령과 관련된 레지스터 설정을 살펴보자. SS와 SP는 함께 메모리 상에서의 스택의 위치를 나타낸다. 이 두 레지스터 값을 설정하는 것이 스택을 사용하기 위한 기초 작업이다(스택 명령으로는 push와 pop 명령 등이 있다).

다시 부트섹터로 돌아가자. SS와 SP를 설정하기 전에는 스택을 사용할 수 없다. 설정이 된 후에야 스택 명령을 수행할 준비가 된다. OS는 스택을 이용해서 복잡한 명령을 실행할 수 있기 때문에 SS와 SP를 설정하는 작업은 매우 중요하다.

스택 명령들은 방향성을 가지고 있다. 예를 들어 push 명령의 방향은 그림 1.8에서 보여지듯이 상위 어드레스에서 하위 어드레스 쪽이다.

TIP ▶ DS/ES/FS/GS/SS : CPU의 데이터 세그먼트 레지스터. SS는 스택 세그먼트를 나타내고 이 세그먼트를 사용해서 스택 메커니즘을 관리한다.
SP : 스택 포인터. 스택 세그먼트에 사용 중인 스택의 윗부분(top)을 가리킨다.

이제, 부트섹터의 첫 번째 절차인 메모리를 재정렬하고 자신을 0x07C00에서 0x90000으로 복사하는 작업을 마쳤다.

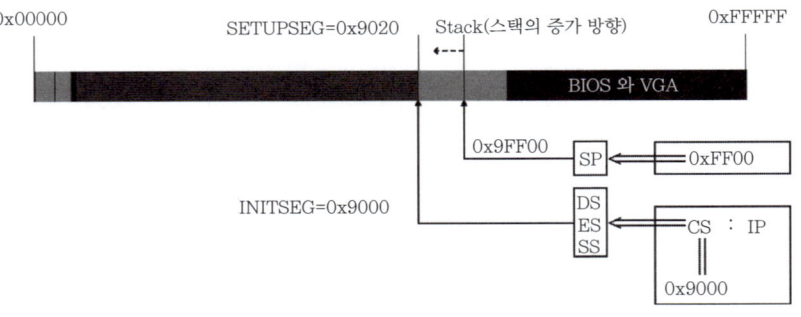

그림 1.8 세그먼트 레지스터 값 설정

다음으로 부트섹트는 두 번째 단계를 실행한다. 즉, 셋업 프로그램을 메모리로 로드하는 것이다. 셋업 프로그램을 로드하는 작업은 BIOS의 인터럽트 서비스 루틴에서 언급하고 있는 INT 0x13h 인터럽트 벡터를 사용한다. 그림 1.9는 INT 0x13h 인터럽트와 서비스 루틴의 진입 어드레스를 보여준다.

부트섹트를 로드하는 INT 0x19h의 서비스 핸들러는 BIOS가 실행한다. 반면에 INT 0x13h 서비스 프로그램은 OS의 일부인 부트섹트가 실행한다.

INT 0x19h 인터럽트 서비스 루틴이 플로피 디스크의 첫 번째 섹터를 0x7C00으로 로드한다. 반면 INT 0x13h는 특정 섹터를 메모리의 특정 위치에 로드시킬 수 있다. 정확히 말하면 섹터를 지정된 어떤 위치로든 로딩시킬 수 있다.

INT 0x13h를 호출할 때, 서비스 루틴의 기능에 필요한 섹터와 메모리 위치를 서비스 루틴에 넘겨주어야 한다.

```
//코드 경로:boot/bootsect.s
load_setup:
        mov  dx,#0x0000
        mov  cx,#0x0002
        mov  bx,#0x0200
        mov  ax,#0x0200+SETUPLEN
        int  0x13
        jnc  ok_load_setup
        mov  dx,#0x0000
        mov  ax,#0x0000
        int  0x13
        j    load_setup
        ok_load_setup:
```

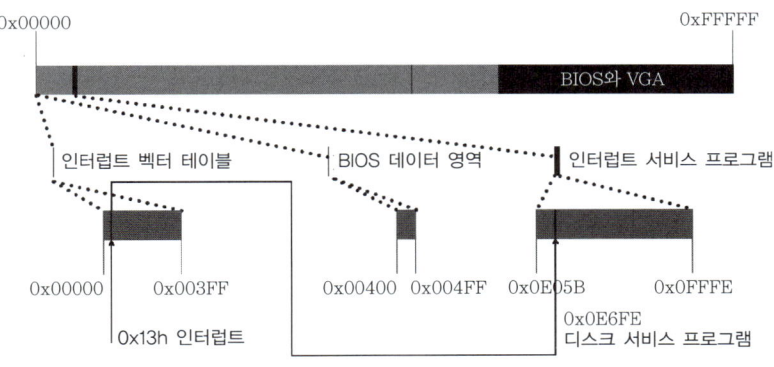

그림 1.9 INT 0x13h 호출

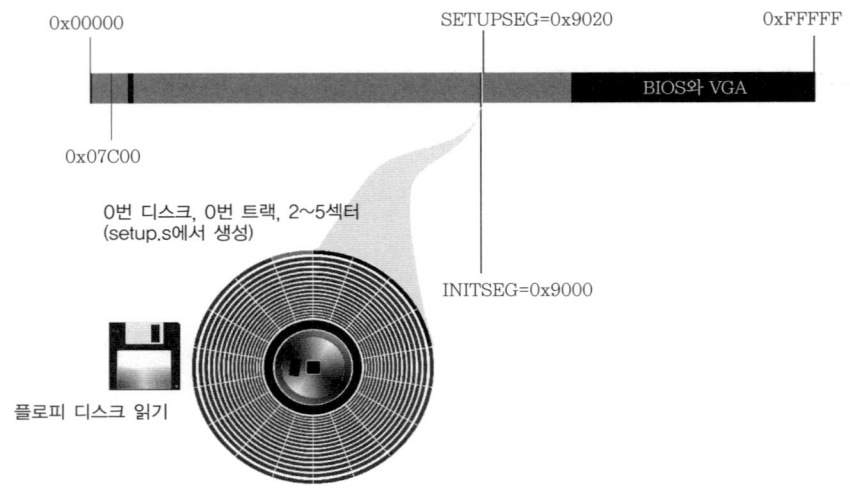

그림 1.10 셋업 프로그램 로드하기

    소스를 보면 4개의 mov 명령을 볼 수 있다. 시스템은 범용 레지스터를 사용해서 BIOS의 인터럽트 서비스 루틴에 파라미터를 전달한다. 이런 방식은 어셈블리 프로그램에서 흔히 사용하는 방식으로 C 언어에서 파라미터를 넘기는 방식과는 다르다.

    파라미터를 전달하고 나면 BIOS가 INT 0x13 명령을 실행한다. 그러면 인터럽트 0x13가 실행되고 인터럽트 벡터 테이블에 있는 서비스 루틴을 찾게 된다. 그러고 난 후 setup.s에 해당하는 프로그램을 SETUPSEG에 로드한다. 그림 1.5처럼 부트섹트는 0x90000에서 512바이트 크기 0x90200는 부트섹트 바로 다음 위치다. 결과적으로 부트섹트와 셋업 프로그램이 메모리 상에 연달아 배치된다. 그림 1.10은 플로피 디스크에서 로드할 섹터의 위치, 섹터의 수, 어드레스 그리고 메모리 크기를 보여주고 있다.

    이것으로 OS는 플로피 디스크에서 다섯 개의 섹터들을 로드했다. 셋업은 부트섹트가 실행된 이후에 바로 시작된다.

    SS:SP 어드레스는 0x9FF00이다. 셋업 프로그램과 0x9FF00 사이에는 꽤 큰 공간이 있다. 시스템이 셋업을 로드한 후 어떤 명령, 가령 push와 같은 명령을 수행하기에 충분한 공간이다. 시스템이 구동하면서 스택 연산에 사용되는 데이터의 크기는 계산 가능하다. OS 디자이너는 시스템에 필요한 공간을 정확하게 계산해서 설계를 하게 된다.

1.2.3 시스템 모듈 로드

    코드의 두 번째 부분이 메모리에 로드됐다. 이제 세 번째 부분을 로드할 차례다. 우리는 그림 1.11처럼 INT 0x13h을 호출해서 코드를 로드한다.

    부트섹트는 메모리에 시스템 모듈을 로드한다. 이 과정은 이전 과정들과 크게 다르지 않다. 유일한 차이가 있다면 로드할 섹터의 수가 240개라는 점이다. 이전의 로드 크기에 비해 60배나 큰 크기이고 이를 실행하기 위해서 시간이 더 필요하다. 이 시간 동안 유저에 의해서 발생하는 의도하지 않은 오류를 막기 위해서 리눅스는 "Loading system…"이라는 메시지를 표시해서 컴퓨터가 아직 동작 중이라는 것을 표시한다. OS의 메인 함수는 아직 시작하지 않았기 때문에 이런 일들은 C 언어보다 훨씬 어려운 어셈블리 코드로 작성된다.

아키텍처의 관점에서 보면, 모니터도 주변기기(peripheral device)이다. 그리고 이건 BIOS 인터럽트를 호출해서 구동시킬 수 있다. 하지만 BIOS의 인터럽트들은 OS를 이해하는 데 특별히 도움이 되지 않기 때문에 이 부분에 대해서 앞으로 더 이야기하지는 않을 것이다. 부트섹트가 시스템 모듈의 240개 섹터를 INT 0x13h을 이용해서 메모리에 로드한다는 것이 중요하다. 240개의 섹터를 SYSSEG(0X10000)에 로드한다. 그림 1.12는 시스템 모듈이 로드된 이후에 메모리를 보여 주고 있다.

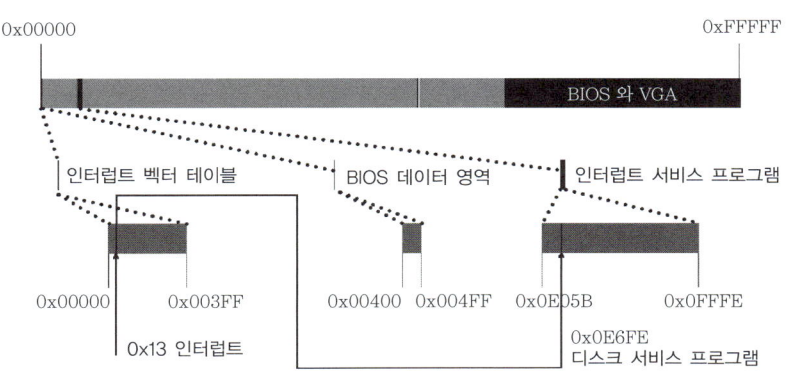

그림 1.11 INT 0x13h 호출

플로피 디스크를 읽는 작업은 시간이 많이 들기 때문에 전체 과정을 모니터하고 결과를 확인하는 과정이 필요하다. 읽기 작업은 많은 단계로 이루어진다. 이런 작업들은 0x13h 인터럽트 서비스 루틴이 처리한다.

이제, 모든 OS 이미지가 메모리에 로드되었다. 부트섹트의 작업은 거의 끝났고 그림 1.13에서 보여지고 있는 루트 디바이스 넘버를 찾는 작업만 남았다.

루트 디바이스를 찾으면 루트 디바이스 넘버를 root_dev에 저장한다. root_dev는 시스템 데이터의 일부다.

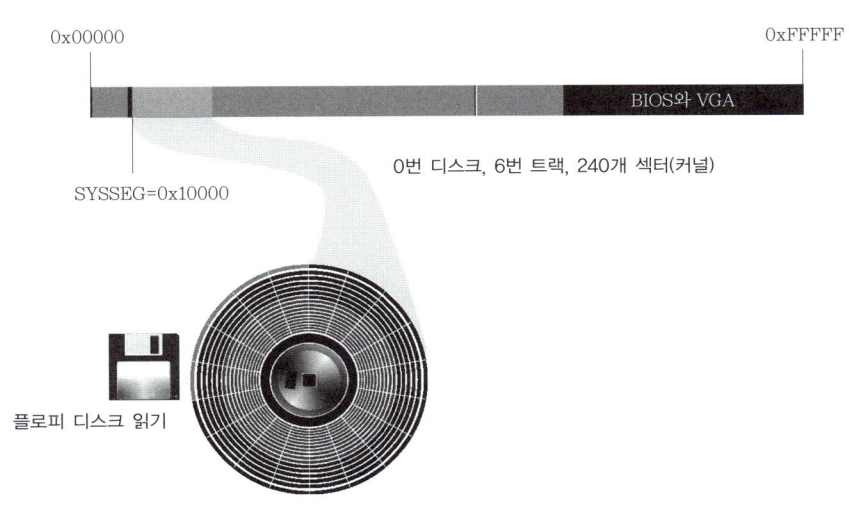

그림 1.12 시스템 모듈 로드하기

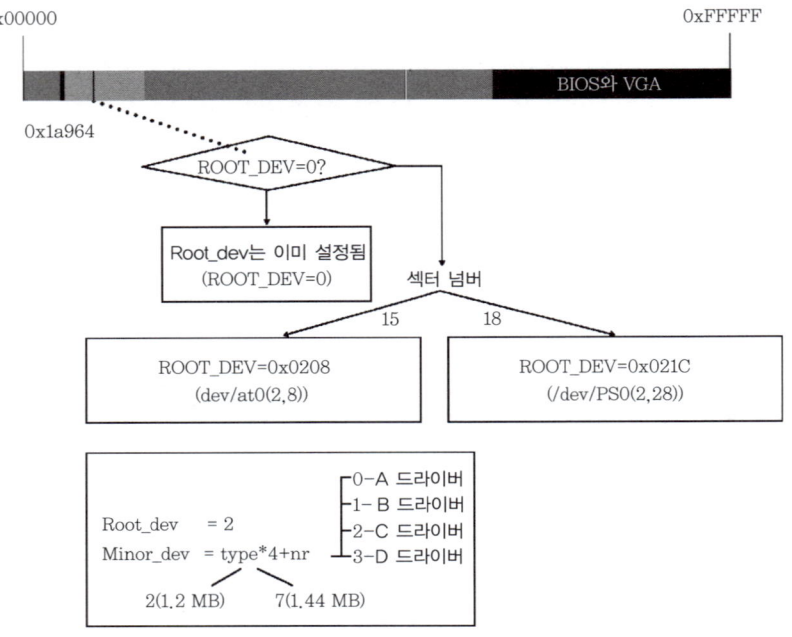

그림 1.13 루트 디바이스 넘버 확인

> TIP **루트 디바이스** : 리눅스 0.11은 미닉스에서 사용하던 파일 시스템을 사용한다. 이 파일 시스템은 루트 파일 시스템을 가지고 있어
> 야 한다. 리눅스 0.11은 이런 파일 시스템을 만들 툴을 제공하지 않아서 fdisk와 format과 같은 툴을 이용해서 파일 시스템을 만
> 들고 기기에 로드를 하도록 되어 있다. 리눅스 0.11은 시스템 커널 이미지와 루트 파일 시스템을 갖추고 있을 뿐이다.

여기서 말하는 파일 시스템은 OS에서 언급하는 전통적인 파일 시스템을 의미하는 것이 아니고 디바이스 자체, 예를 들자면 포맷된 플로피 디스크를 의미한다.

이제 부트섹트에서 해야 할 일들은 모두 끝냈다.

"jmpi 0, SETUPSEG" 명령을 실행하면 0x90200으로 실행 어드레스가 변경되고 이 주소가 셋업 프로그램이 있는 어드레스다. 즉, 셋업 프로그램은 부트섹트 작업이 끝나고 나서 실행이 된다. 그림 1.14는 셋업 프로그램으로 점프를 한 바로 직후의 상태를 표현하고 있다.

```
//코드 경로:boot/bootsect.s
Jmpi 0, SETUPSEG
```

이제 셋업 프로그램이 실행된다. 첫 번째로 해야 할 작업은 인터럽트 서비스 루틴을 호출해서 시스템 데이터를 추출하는 작업이다. 이 작업을 통해서 하드디스크 파라미터 테이블 1과 2를 0x41과 0x46 벡터가 가리키는 메모리에서 가져와서 0x9000:0x0080과 0x9000:0x0090에 저장한다.

시스템 데이터들은 0x90000~0x901FC에 로드된다. 그림 1.15는 저장되는 내용과 위치를 정확하게 보여주고 있다. 이 정보들은 메인 함수가 실행될 때 중요한 자료를 제공한다.

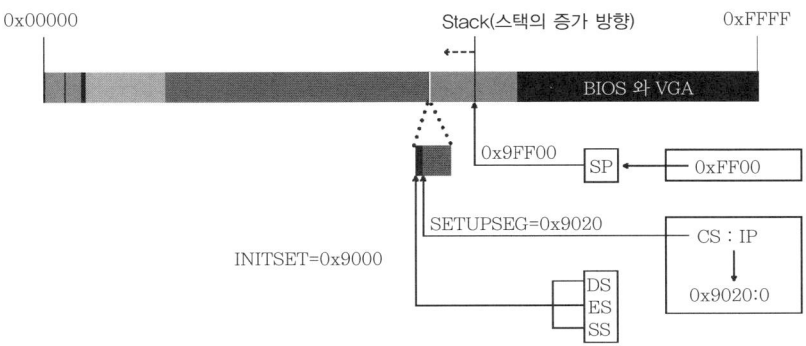

그림 1.14 셋업 프로그램의 실행

```
//코드 경로:boot/setup.s
Mov  ax, #INITSEG      # 이 부분은 부트섹트에서 이미 했지만 다시
Mov  ds, ax
Mov  ah, #0x03         # 커서의 위치를 읽는다.
Xor  bh, bh
Int  0x10              # 특정 장소에 복사하고 con_init에서 가져옴
Mov  [0], dx           # 0x90000에서 데이터 가져옴
! 메모리 사이즈 계산 (확장 메모리, KB)
Mov  ah, #0x88
Int  0x15
Mov  [2], ax
…
…
Mov  cx, #0x10
Mov  ax, #0x00
Rep
Stosb
```

메모리	크기	이름	설명
0x90000	2	커서	세로줄(1바이트), 가로줄(1바이트)
0x90002	2	확장 메모리	1MB 이후의 확장 메모리 크기
0x90004	2	디스플레이 페이지	화면에 표시되는 페이지
0x90006	1	디스플레이 모드	
0x90007	1	문자 세로줄의 수	
0x90008	2	??	
0x9000A	1	디스플레이 메모리	메모리(0x00-64k,0x01-128,0x02-192k,0x03=256k)
0x9000B	1	디스플레이 상태	0x00-칼러 I/O=0x3dX; 0x01-모노,I/O=3bx
0x9000C	2	파라미터	디스플레이 카드의 특징 파라미터
. . .		커서 위치	
0x90080	16	디스크 파라미터	첫 번째 디스크 파라미터
0x90090	16	디스크 파라미터	두 번째 디스크 파라미터
0x901FC	2	root_dev	루트 파일 시스템의 디바이스 넘버

그림 1.15 기기의 시스템 데이터 가져오기

BIOS가 조사한 시스템 데이터들을 기존 부트섹트 영역에 쓴다. 부트섹터에 있는 일부 데이터들은 계속 사용되기 때문에 지우지 않는다.

이것으로 OS를 메모리에 로드시키는 작업이 완료됐다. 그럼 이제 시스템은 리얼 모드에서 보호 모드로 전환하는 작업을 수행한다.

1.3 32비트 모드 전환과 메인 함수 실행 준비

OS는 32비트 보호 모드에서 실행된다. 이 보호 모드에서 OS의 많은 부분이 재구성되고 메인 함수를 실행하기 위한 준비를 한다. 이번 섹션에서 OS는 많은 작업을 수행하는데, 32비트 어드레스의 활성화, 보호 모드의 시작, 인터럽트 메커니즘의 설정, 보호 모드에서 발생하는 이슈들의 처리, 메모리 페이징 메커니즘의 활성화, 그리고 메인 함수의 준비가 바로 그것이다.

1.3.1 인터럽트를 비활성화시키고 시스템 모듈을 0x00000으로 이동

그림 1.16에서 보여주고 있는 것처럼 OS는 인터럽트를 비활성화시킨다. 인터럽트가 비활성화되면 보호 모드에서 인터럽트 서비스가 다시 활성화될 때까지 시스템은 아무런 반응을 보이지 않게 된다. 인터럽트 서비스는 더 이상 BIOS에서 생성한 인터럽트를 사용하지 않고 OS가 만든 인터럽트 서비스를 사용하게 된다.

```
//코드 경로:boot/setup.s
cli
```

TIP ▶ 상태 플래그, 컨트롤 플래그 그리고 시스템 플래그와 같은 EFLAGS는 CPU의 레지스트리에 저장된다.

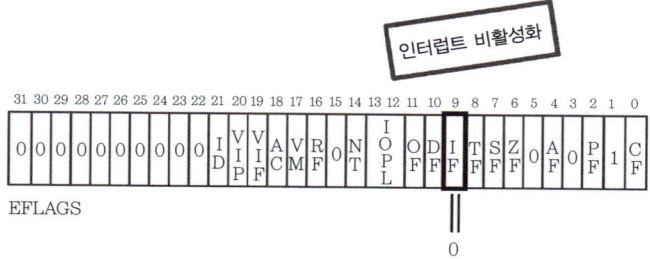

그림 1.16 인터럽트 비활성화

다음으로, 셋업은 중요한 작업을 하게 된다. 즉, 0x10000에 있던 코어 프로그램^(역주 : 부트섹터와 셋업 프로그램을 제외한 나머지 프로그램. 커널의 메인 함수가 포함되어 있다.)을 0x00000으로 복사한다(그림 1.17).

```
//코드 경로:boot/setup.s
do_move:
mov    es,ax
add    ax,#0x1000
cmp    ax,#0x9000
jz     end_move
mov    ds,ax
sub    di,di
sub    si,si
mov    cx,#0x8000
rep
movsw
jmp    do_move
```

그림 1.2의 내용을 자세히 보면 0x00000은 원래 인터럽트 벡터 테이블과 BIOS 데이터가 저장되는 위치인 것을 알 수 있다. 이번 복사로 인해서 인터럽트 벡터 테이블과 BIOS의 데이터 영역이 완전히 사라지게 된다. OS는 인터럽트를 가지고 어떤 일도 할 수 없게 되고, 이 때문에 인터럽트를 미리 비활성화시킨 것이다.

TIP ▶ 비활성화된 인터럽트의 이점들을 살펴보면 다음과 같다.

1. BIOS 인터럽트 벡터 테이블을 삭제함으로써 BIOS가 리얼 모드에서 제공했던 인터럽트 서비스 루틴을 제거한다.
2. 프로그램이 사용하던 메모리 공간을 다른 목적으로 사용할 수 있다.
3. 물리적 메모리에서 가장 중요한 위치에 코어 모듈을 위치시킬 수 있다.

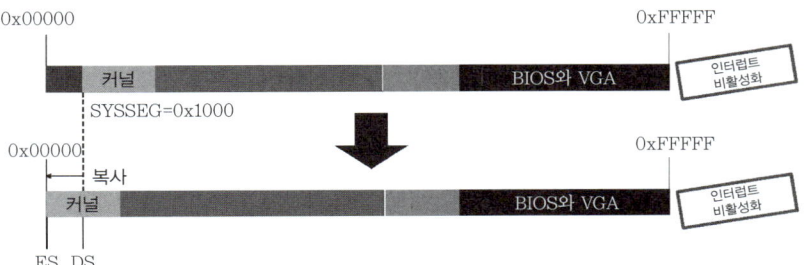

*커널 복사를 위해서 DS와 ES를 사용함(ES는 복사될 위치 지정, DS는 복사할 데이터 위치 지정에 사용됨)

그림 1.17 시스템 모듈을 메모리의 앞부분으로 복사

시스템 모듈을 0x00000에 복사하면 기존에 그 위치에 있던 BIOS의 인터럽트 벡터 테이블의 내용이 덮이면서 제거된다. 다시 말하자면 16비트 인터럽트 메커니즘이 제거되는 것이다. OS는 주변 장치, 시스템 콜 그리고 프로세스 스케줄링에 인터럽트를 사용하기 때문에 인터럽트 없이 동작할 수 없다. 리눅스는 32비트 OS이기 때문에 16비트 인터럽트 메커니즘은 사용할 수 없다. 이것이 16비트 인터럽트를 제거했던 진짜 이유이다. 따라서 리눅스는 32비트 인터럽트 메커니즘을 다시 만들어야 한다.

1.3.2 IDT(Interrupt Descriptor Table)와 GDT(Global Descriptor Table) 설정

셋업은 보호 모드를 위한 과정을 준비하고 IDTR과 GDTR의 초기값을 설정한다.

TIP **GDT** : GDT는 보호 모드에서 시스템의 세그먼트 레지스터 값들을 저장하고 프로그램과 협력해서 일을 하는 데이터 배열일 뿐이다. GDT는 또 OS를 바꾸는 데 중요한 역할을 한다. GDT는 모든 프로세스의 전체 목록이기도 하다. 여기에 세그먼트 내의 주소 지정, 영역 보호 그리고 상태 복원을 위한 모든 테스크의 LDT(local descriptor table, 로컬 디스크립터 테이블) 어드레스와 TSS(task structure segment, 테스크 구조 세그먼트) 어드레스를 저장하고 있기 때문이다.

GDTR : GDT는 메모리 상의 어디에도 위치할 수 있다. 프로그램은 세그먼트 레지스터를 이용해서 세그먼트 디스크립터를 사용할 때 GDT의 위치를 알아야 한다. GDT를 초기화하고 나서 LGDT(GDT 주소 설정) 명령어를 사용해서 GDT의 시작 위치를 GDTR(GDT 레지스터)에 저장할 수 있다.

IDT : 인터럽트 디스크립터 테이블. 보호 모드에서 모든 인터럽트 서비스들의 진입점이 저장된 목록이다.

IDTR : IDT 레지스터는 IDT의 시작 위치를 저장한다.

```
//코드 경로:boot/setup.s
    Lidt idt_48           # load idt with 0,0
    Lgdt gdt_48           # load gdt with whatever appropriate
Gdt:
.word 0, 0, 0, 0          # dummy
.word 0x07FF             # 8Mb - limit=2047 (2048*4096=8Mb)
.word 0x0000             # base address=0
.word 0x9A00             # code read/exec
.word 0x00C0             # granularity=4096, 386
.word 0x07FF             # 8Mb - limit=2047 (2048*4096=8Mb)
.word 0x0000             # base address=0
.word 0x9200             # data read/write
.word 0x00C0             # granularity=4096, 386
Idt_48:
    .word 0               # idt limit=0
    .word 0, 0            # idt base=0L
Gdt_48:
    .word 0x800           # gdt limit=2048, 256 GDT entries
    .word 512+gdt, 0x9    # gdt base = 0X9xxxx
```

32비트 인터럽트 메커니즘은 원칙적으로 16비트의 인터럽트와는 다르다. 가장 큰 차이점은 16비트 인터럽트 메커니즘에서는 인터럽트 서비스 테이블을 사용하는 반면, 32비트 인터럽트 메커니즘에서는 IDT(인터럽트 디스크립터 테이블)를 사용한다는 점이다. 16비트 인터럽트 벡터 테이블의 어드레스가 0x00000로 고정되어 있는 반면, 32비트 인터럽트 디스크립터 테이블은 초기 위치가 정해져 있지 않고 경우에 따라서 변경도 가능하다.

GDT 테이블은 보호 모드에서 세그먼트 디스크립터를 관리하는 데이터 구조로 OS가 프로세스를 스케줄링할 때 중요한 역할을 한다.

지금 시점에서, 커널은 아직 본격적으로 실행되지 못했고 프로세스도 없는 상태다. 따라서 GDT 테이블의 첫 번째 엔트리는 비워두고(GDT의 첫 번째 아이템은 항상 NULL로 비워 두어야 한다), 두 번째에는 커널의 코드 세그먼트 디스크립터가 들어간다. 세 번째는 커널의 데이터 세그먼트 디스크립터가 위치한다. 나머지들은 NULL로 설정된다.

위 코드에서 IDT 테이블을 설정했지만 앞에서 수행한 cli 명령으로 인터럽트는 동작하지 않기 때문에 IDT의 내용을 채우지 않아도 된다.

두 테이블을 생성하는 전체 과정은 크게 두 단계로 나눌 수 있다.

1. 커널을 만들 때는 하드 코딩으로 두 개의 테이블과 데이터를 만든다.
2. IDTR과 GDTR을 설정한다.

데이터들은 미리 만들어져 커널 코드에 컴파일되도록 하고 실행 중에 메모리에 로드한다. 프로그램에서 lidt와 lgdt 명령를 이용해서 미리 설정된 데이터를 설정한다. 그림 1.18에서 이 과정을 보여 준다.

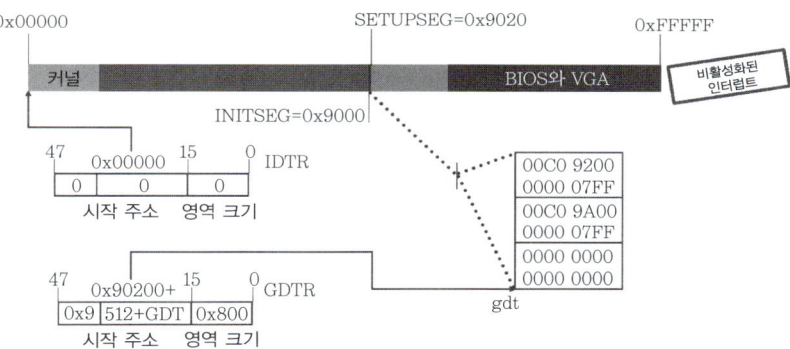

그림 1.18 IDTR과 GDTR 설정

메모리에 데이터를 넣는 두 가지 방법이 있다.

1. 메모리를 할당하고 데이터로 할당한 메모리를 초기화시킨다.
2. 스택에 데이터를 추가하는 것처럼 코드로 데이터를 생성한다.

1.3.3 A20 게이트를 활성화하고 32비트 주소를 활성화

다음에 해야 할 일은 A20 게이트를 활성화하는 것이다(그림 1.19).

A20 게이트를 활성화한다는 것은 CPU가 32비트 어드레스를 할 수 있도록 주소로 지정할 수 있는 공간이 최대 4GB까지 확장되는 것을 의미한다.

리눅스는 물리적으로 16MB만 지원하도록 되어 있지만, 선형 어드레스 공간 상으로는 4GB를 사용한다.

```
//코드 경로:boot/setup.s
call empty_8042
mov   al,#0xD1   ! 쓰기 명령
out   #0x64,al
call empty_8042
mov   al,#0xDF   ! A20 활성화
out   #0x60,al
call empty_8042
```

> **역주** : A20은 CPU가 외부 메모리를 지정하기 위한 어드레스의 21번째 핀을 의미한다. 전통적으로 8086은 1MB 메모리가 접근할 수 있었는데, 세그먼트를 사용하는 메모리 지정 방식은 1MB 이상의 메모리를 지정할 수 있었다. 예를 들어 0xFFFF: 0xFFFF은 물리 주소 0x10FFEF를 의미하는데 이 주소가 1MB 이상이다. 따라서 이런 주소에 접근하려고 하면 8086에서는 0x0FFEF를 가리키도록 했고 이것을 이용하는 소프트웨어가 생겨났다. 80286이 나오면서 1MB 이상의 메모리를 사용할 수 있게 되고 기존의 8086과의 호환성을 위해서 A20 핀을 비활성화하는 방법을 택한다. 따라서 A20 핀은 0으로 고정되고 0x10FFEF 주소를 접근해도 기존처럼 0x0FFEF로 가도록 할 수 있었다. 물론 이 때문에 1MB 이상의 메모리를 사용하려고 하면 A20 게이트를 활성화하는 작업이 필요하게 됐지만 말이다. 이는 호환성 유지를 위한 사이드 이펙트다.
> **참고** : http://wiki.osdev.org/A20_Line

TIP ▶ 리얼 모드에서 CPU는 0x00000에서 0xFFFFF까지의 1MB 공간을 갖고, 이때는 주소 지정을 위해서 20개의 어드레스 핀(CPU가 가지고 있는 어드레스 핀)만 필요하다. 하지만 A20 게이트를 활성화하면 CPU는 32비트 어드레스를 사용하게 된다.

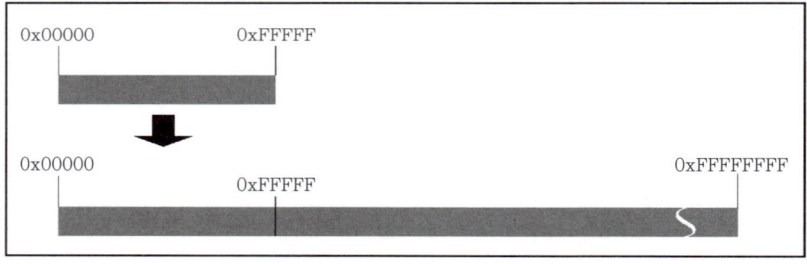

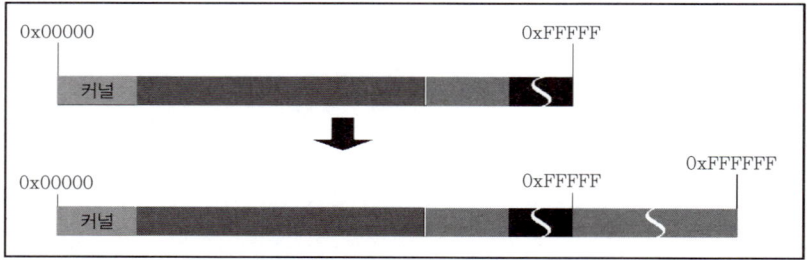

그림 1.19 A20 게이트 활성화

리얼 모드에서 0xFFFFF 이상의 어드레스를 사용하게 되면 CPU는 처음 어드레스로 롤백해서 계산한다. 예를 들어 모든 세그먼트 레지스터는 IP 레지스터처럼 0xFFFF를 초과할 수 없다. 하지만 A20 게이트를 활성화시키면 최대 0x10FFFE(1MB + 64KB − 16)를 지정할 수 있어서 결과적으로 프로그램은 0xFFFFF 이상의 주소를 사용할 수 있게 된다. 이 때문에 A20 어드레스 라인을 사용한다는 것은 CPU의 주소 지정 메커니즘에서 롤백을 하지 못하도록 하는 것을 말한다.

1.3.4 보호 모드에서 head.s의 실행 준비

인터럽트 메커니즘을 설정하기 위해서 setup.s는 PIC 8259A를 재프로그램해야 한다(그림 1.20).

TIP ▶ **8259A** : 8259A는 8085A와 8086/8088의 인터럽트 제어를 목적으로 만들어진 칩이다. 하나의 8259A는 8개의 인터럽트를 관리할 수 있다. 8259A는 추가적인 회로 구성없이 칩을 연달아 연결해서 최대 64개의 인터럽트를 제어할 수 있다. 코드는 다음과 같다.

```
//코드 경로:boot/setup.s

mov     $0x11,%al                       # 초기화(ICW1)
                                        # ICW4 필요(D0=1), Cascaded PIC(D1=1),
                                        # 레벨트리거(D4=1)
out     %al, $0x20                      # 8259A-1에 명령 보냄
.word   0x00eb,0x00eb                   # jmp $+2, jmp $+2
out     %al, $0xA0                      # 8259A-2에 명령 보냄
.word   0x00eb,0x00eb
mov     $0x20,%al                       # 하드웨어 인터럽트 시작(0x20)(ICW2)
out     %al, $0x21                      # 0x20~0x27
.word   0x00eb,0x00eb
mov     $0x28,%al                       # 하드웨어 인터럽트 두 번째 파트 시작(0x28)
out     %al, $0xA1                      # 0x28~0x2F
                                        # IR 7654 321

.word   0x00eb,0x00eb
mov     $0x04,%al                       # 8259-1은 마스터로
out     %al, $0x21
.word   0x00eb,0x00eb
mov     $0x02,%al                       # 8259-2는 슬레이브로
out     %al, $0xA1
.word   0x00eb,0x00eb
mov     $0x01,%al                       # 8086 모드로 설정
out     %al, $0x21
.word   0x00eb,0x00eb
out     %al, $0xA1
.word   0x00eb,0x00eb
mov     $0xFF,%al                       # 인터럽트 마스크를 1로 설정해서 활성화함
out     %al, $0x21
.word   0x00eb,0x00eb
out     %al, $0xA1
```

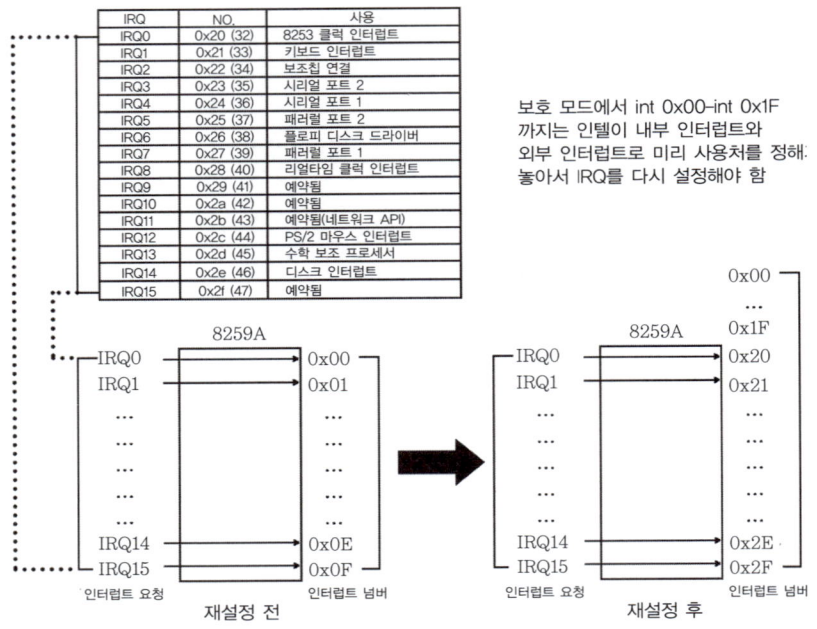

IRQ	NO.	사용
IRQ0	0x20 (32)	8253 클럭 인터럽트
IRQ1	0x21 (33)	키보드 인터럽트
IRQ2	0x22 (34)	보조칩 연결
IRQ3	0x23 (35)	시리얼 포트 2
IRQ4	0x24 (36)	시리얼 포트 1
IRQ5	0x25 (37)	패러럴 포트 2
IRQ6	0x26 (38)	플로피 디스크 드라이버
IRQ7	0x27 (39)	패러럴 포트 1
IRQ8	0x28 (40)	리얼타임 클럭 인터럽트
IRQ9	0x29 (41)	예약됨
IRQ10	0x2a (42)	예약됨
IRQ11	0x2b (43)	예약됨(네트워크 API)
IRQ12	0x2c (44)	PS/2 마우스 인터럽트
IRQ13	0x2d (45)	수학 보조 프로세서
IRQ14	0x2e (46)	디스크 인터럽트
IRQ15	0x2f (47)	예약됨

보호 모드에서 int 0x00-int 0x1F 까지는 인텔이 내부 인터럽트와 외부 인터럽트로 미리 사용처를 정해 놓아서 IRQ를 다시 설정해야 함

그림 1.20 8259A 재설정

보호 모드에서 INT 0x00 ~ INT 0x1F까지는 내부적으로 사용되거나 인텔에서 예외 처리를 위해서 미리 예약해버렸다. 8259A를 재설정하지 않는다면 INT 0x00 ~ INT 0x1F가 중복된다. 예를 들어 IRQ8 (타이머 인터럽트)가 발생하면 INT 0x08h가 호출되지만 이 인터럽트는 보호 모드에서 "더블 폴트"(예외 처리 중에 또 다른 예외가 발생하면 발생되는 예외)로 예약되어 있다. 따라서 8259A를 재프로그래밍해서 IRQ 0x00 ~ IRQ 0x0F에 대응할 수 있도록 해야 한다. 다시 말해서 보호 모드에서 IRQ 0x00~IRQ 0x0F를 INT 0x20 ~ INT 0x2F에 대응시키는 것이다. (역주 : 8259A를 재프로그램하지 않을 때의 IRQ와 인터럽트 호출 관계, 그리고 x86의 인터럽트 벡터 테이블은 http://wiki.osdev.org/Interrupt_Vector_Table에서 확인할 수 있다.)

setup.s는 다음 소스의 첫 두 줄로 보호 모드를 활성화시킨다. CR0 레지스터의 PE 비트를 설정한다.

```
//코드 경로:boot/setup.s
mov     ax,#0x0001 # 보호 모드(PE) 비트 설정
lmsw    ax         # CR0에 기록
jmpi    0,8        # 세그먼트 8(CS, 코드 세그먼트)의 오프셋 0으로 이동
```

TIP▶ **CR0 레지스터** : 첫 번째 32비트 제어 레지스터는 시스템 제어 플래그를 저장한다. 0번째 비트는 PE(보호 모드 활성화) 플래그로 이 플래그가 1로 설정되면 CPU는 보호 모드로 동작한다. 그 반대의 경우에는 리얼 모드로 동작한다.

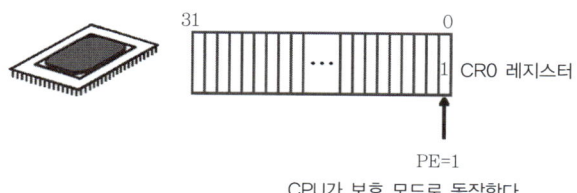

그림 1.21 보호 모드로의 전환

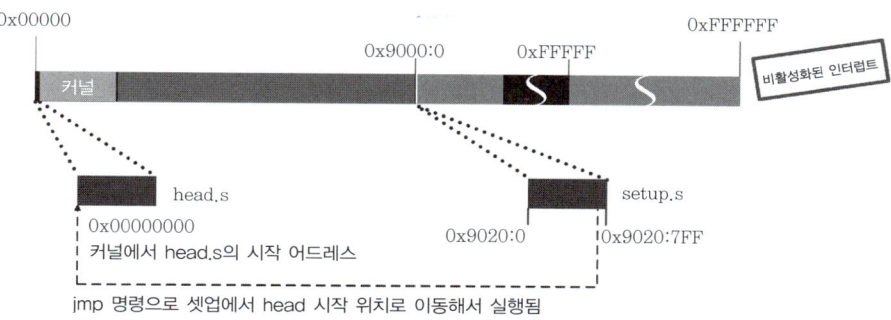

그림 1.22 setup.s에서 head.s로 점프

보호 모드에서 CPU의 주요 특징은 GDT에서 지정한 속성에 따라서 프로그램을 실행시킨다는 점이다.

그림 1.18의 GDT 값이 디폴트 세팅값이다. 그림 1.22는 setup.s에서 head.s로 실행권이 넘어가는 것을 보여 주고 있다.

이 코드에서 "0"은 오프셋이고 "8"은 세그먼트 셀렉터로 GDT(global descriptor table, 글로벌 디스크립터 테이블), GDT의 아이템 넘버 그리고 권한 레벨을 지정하는 데 사용한다. 여기에 있는 "8"은 2진수로 "1000" 이다. 이 코드를 이해하기 위해서 그림 1.23을 참고할 필요가 있다. "1000"의 각 비트는 정해진 목적이 있다.

"1000"의 마지막 두 비트는 커널의 권한 레벨을 의미한다. 이 값이 11이면 유저 권한을 의미한다. "1000" 1000의 세 번째 비트는 0으로 GDT를 의미한다. 이 값이 1이면 LDT를 선택한 것이다. 네 번째 비트는 GDT 의 첫 번째 인덱스를 의미한다. "jmpi 0,8"을 실행하면 GDT의 첫 번째 아이템에서 정의한 코드 세그먼트, 즉 시작 어드레스가 0x00000000이고 오프셋이 0인 위치를 명령을 실행한다. 이 위치는 head.s가 시작되는 위치이기도 하다. 즉, CPU는 head.s를 실행하는 것이다. setup.s가 하는 일은 여기까지다. 나머지 준비 절차는 head.s가 하게 된다.

역주 : 보호 모드의 셀렉터가 의미하는 값은 다음 그림과 같다. 본문에서 설명한 내용은 아래 그림을 설명한 것이다.

```
15              3 2 1 0
┌──────────────┬─┬───┐
│    Index     │T│RPL│
│              │I│   │
└──────────────┴─┴───┘
```

RPL=요청하는 권한 레벨
TI = 테이블 인디케이터(0=GDT, 1=LDT)
Index = 테이블 내의 인덱스

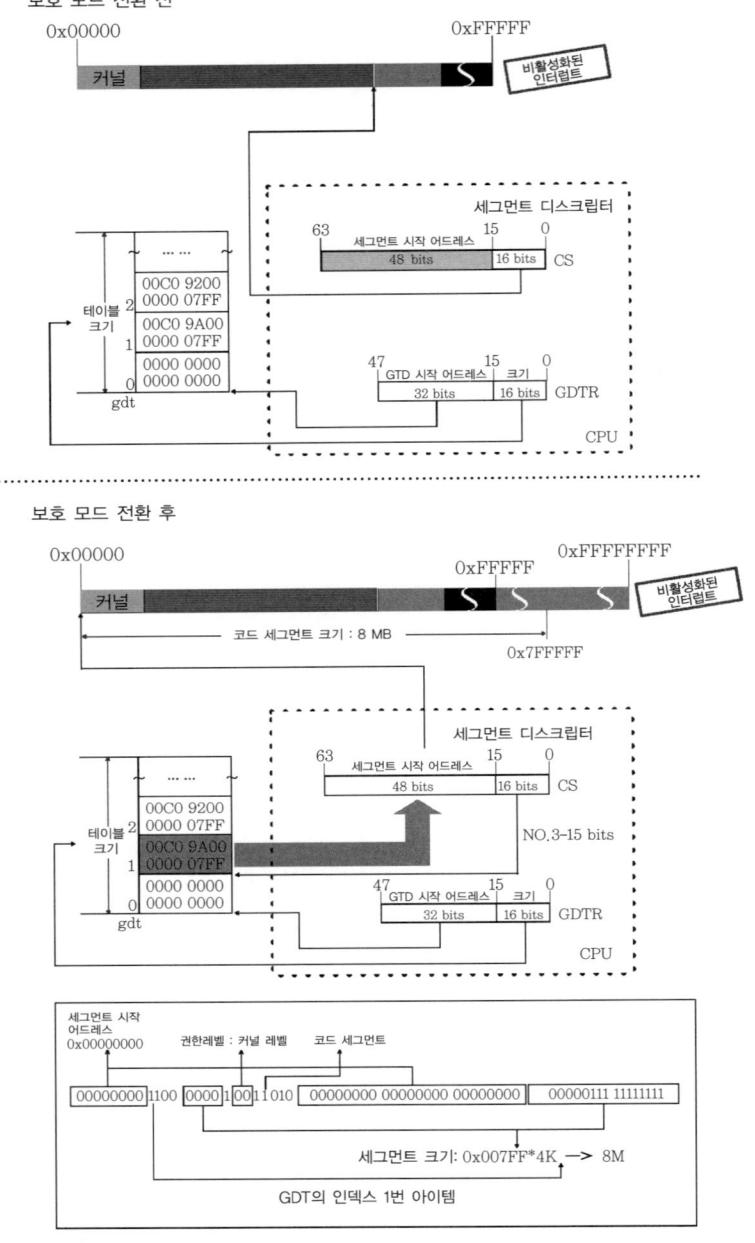

그림 1.23 리얼 모드와 보호 모드에서의 주소 지정 방법

1.3.5 head.s의 코드를 실행

head.s를 소개하기 전에 부트섹트에서 메인 함수까지의 전체 과정을 다시 살펴보도록 하자.

메인 함수를 실행하기 전에 CPU는 세 가지 루틴 즉, bootsect.s, setup.s 그리고 head.s를 실행한다. 먼저, bootsect.s는 0x07C00로 로드되고 바로 0x90000에 복사된다. 두 번째로 setup.s는 0x90200로 로드된

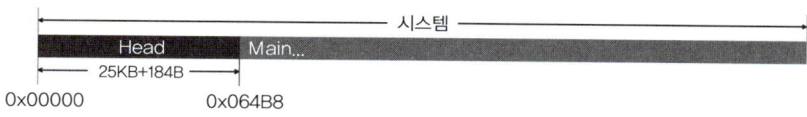

그림 1.24 메모리에서의 시스템 코드의 위치

다. bootsect.s와 setup.s가 순차적으로 로드되고 실행까지 된다. 하지만 head.s의 경우는 좀 다른 과정을 거친다.

head.s의 경우는 다음과 같은 주요 과정들을 거치게 된다. head.s는 목적 코드로 컴파일된 후 시스템 모듈과 링크된다. 이 때문에 시스템 모듈은 커널 프로그램과 head.s를 모두 가지게 된다. 이때 중요한 점은 head.s가 커널 프로그램 앞에 위치한다는 점이다. head.s의 크기는 25KB + 184B이다. 앞서 언급했던 것처럼 setup.s는 시스템 모듈을 0x00000에 복사한다. 그림 1.24에서 보여주고 있는 것처럼 head.s가 시스템 모듈에서 커널의 앞 부분에 위치하기 때문에 0x00000가 head.s의 시작 어드레스가 된다.

메인 함수를 시작하기 전에 head.s는 메모리에서 커널의 레이아웃을 관리하고 head.s의 메모리 공간에 커널 페이징 시스템을 만들어서 커널이 동작할 수 있도록 한다. 이것은 head.s가 페이지 테이블 디렉토리, 페이지 테이블, 버퍼, GDT 그리고 IDT를 메모리의 0x00000 위치에 만드는 것을 의미한다.

head.s의 주요 절차를 간단히 설명했다. 이제부터 head.s를 상세히 살펴보자.

head.s를 이해하기 위해서 먼저 _pg_dir 값을 알아야 한다.

```
//코드 경로:boot/head.s
_pg_dir:
startup_32:
    movl $0x10,%eax
    mov %ax,%ds
    mov %ax,%es
    mov %ax,%fs
    mov %ax,%gs
```

_pg_dir은 커널의 페이징 시스템이 설정되고 나면 커널의 시작 어드레스를 표시하는 데 사용된다. 시작 어드레스는 0x00000이다. head.s는 그림 1.25에서 설명하고 있는 것처럼 커널 페이징 시스템을 위해서 페이지 테이블 디렉토리를 생성한다.

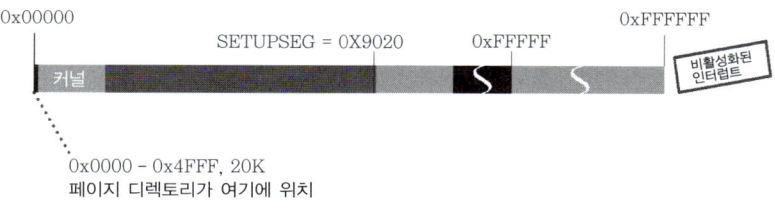

그림 1.25 커널 페이징 시스템 준비

이제, head.s 코드가 시작된다. 리얼 모드에서 CS는 세그먼트 베이스 주소이지만 보호 모드에서는 세그먼트 셀렉터로 사용된다. jmpi 0,8 에서 CS는 GDT의 첫 번째 항목을 의미하는데 이때의 코드 세그먼트 주소는 0x00000000이다.

이제부터 DS, ES, FS 그리고 GS가 보호 모드에서 동작을 한다(그림 1.26).

코드가 실행되고 나면 DS, ES, FS 그리고 GS는 모두 0x10(2진수로 "00010000")가 된다. 뒤에 두 비트는 커널의 권한 레벨이다. 11이면 유저 권한 레벨이라는 뜻이다. "00010000"의 세 번째 비트는 GDT를 의미하는 것으로 이 값이 1이면 LDT를 나타낸다. 네 번째와 다섯 번째 비트는 GDT에서의 인덱스로 인덱스 2번 즉, GDT의 세 번째 아이템이다.(역주 : 인덱스는 0에서 시작) DS, ES, FS와 GS는 모두 같은 전역 디스크립터를 사용한다. 여기서 확인해야 할 것은 세그먼트의 크기가 0x07FF로 최대 8MB 크기를 갖는다는 점이다.

구체적인 내용은 그림 1.23과 같다. 모두 GDT를 참조한다. movl \$0x10, %eax 에서 0x10는 GDT에서 오프셋 값으로 CPU는 GDT의 인덱스 2 아이템을 사용해서 세그먼트를 설정한다. 그리고 이 디스크립터가 커널 데이터 세그먼트 디스크립터이다.

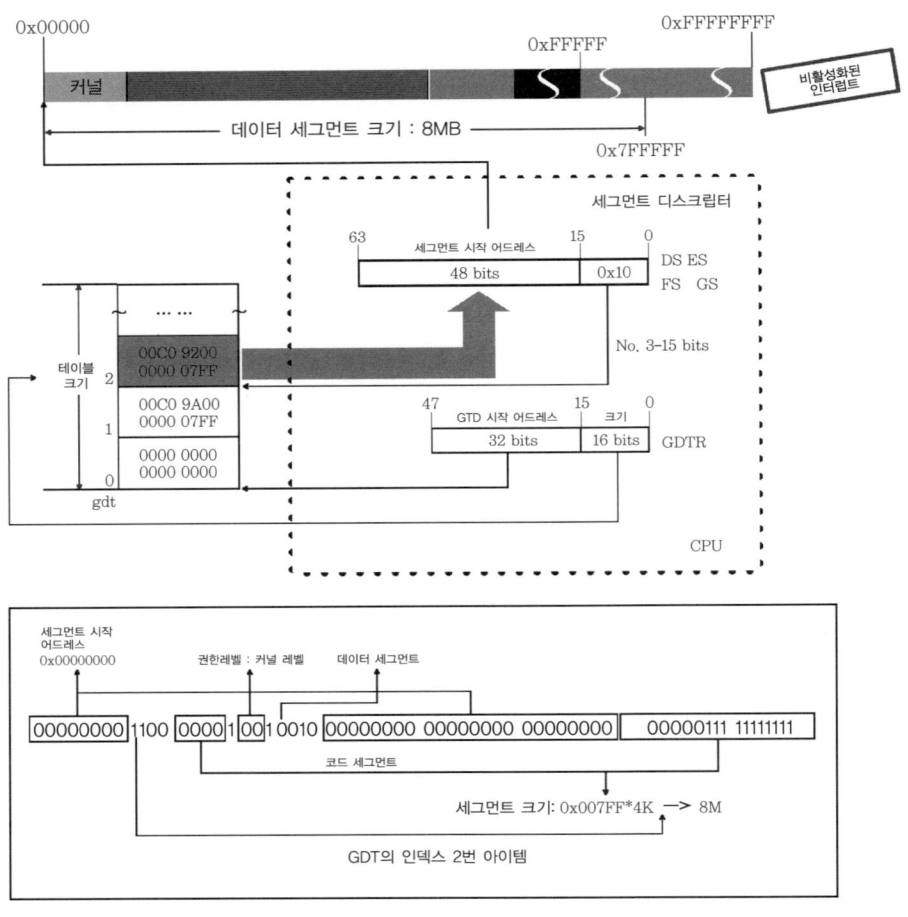

그림 1.26 DS, ES, FS 그리고 GS 설정

SS는 스택 세그먼트 셀렉터로 전환되고 SP는 32비트의 esp가 된다. 다음 설명을 보자.

```
Lss _stack_start,%esp
```

kernel/sched.c에 다음과 같은 코드가 있다. stack_start = {&user_stack[PAGE_SIZE>>2],0x10}; 이 코드는 SP가 user_stack의 마지막 주소를 가리키도록 한다. 이 구조체는 kernel/sched.c에 다음과 같이 정의되어 있다.

```
long user_stack [PAGE_SIZE>>2];
```

이 구조체의 시작 어드레스는 0x1E25C가 된다. 이는 뒤에서 설명할 것이다.

> **TIP** ▶ **세그먼트 로드 명령** : 이 명령은 메모리의 하위 워드를 읽어서 이 명령에 의해 지정된 16비트 레지스터에 저장하고 명령에 상응하는 세그먼트(DS, ES, FS 또는 GS)에 상위 워드 값을 설정한다. 이 명령의 형태는 다음과 같다.
> LDS/LES/LFS/LGS/LSS Reg, Mem

> **역주** : 명령어 형태가 위에서 제시했던 코드의 형태와 다르다. 어셈블리는 두 종류 즉, 인텔 문법과 AT&T 문법이 있는데 인텔 문서에서 표현하는 것은 인텔 문법을 따른다. 하지만 위에서 제시한 코드는 AT&T 문법을 사용한다. bootsect.s와 setup.s는 인텔 문법으로 작성되어 있고, head.s는 AT&T 문법을 따르고 있다.

LDS(load data segment register)와 LES(load extra segment register)는 CPU의 8086에 있던 명령들이다. 하지만 LFS, LGS 또는 LSS는 80386이 되어서야 등장한다. Reg에 16비트 레지스터가 있다면 Mem 부분은 반드시 32비트 포인터가 된다. Reg이 32비트 레지스터라면 Mem은 48비트 포인터가 되어야 한다. 하위 32비트는 32비트 레지스터에 로드되고 상위 16비트는 세그먼트 레지스터에 로드된다.

CPU가 SS에 0x10을 설정한다.(^{역주} : LSS 명령으로 SS와 ESP를 설정했다.) 이 값은 앞에서 언급했던 네 개의 세그먼트 레지스터 셀렉터와 동일한 값이다. 따라서 SS는 세그먼트 베이스 어드레스가 0x000000가 되고 커널 권한 레벨를 가지며 8MB 크기를 갖는다.

리얼 모드에서의 세그먼트 베이스 어드레스와 보호 모드에서의 세그먼트 베이스 어드레스는 완전히 다르다는 사실을 알아야 한다. 보호 모드의 세그먼트 베이스 어드레스는 GDT에 정의되어 있다. 세그먼트 셀렉터를 선택한 설정들은 GDT에 위치한다. 즉, setup.s에서 GDT를 만들어 주지 않았다면 우리는 세그먼트 셀렉터를 사용할 수 없다.

그림 1.27에서 보여 주고 있는 것처럼 SP는 메모리의 상위 어드레스에서 하위 어드레스로 커지게 된다는 점을 주목하자.(^{역주} : 스택에 데이터를 넣을수록 SP 값이 작아진다.)

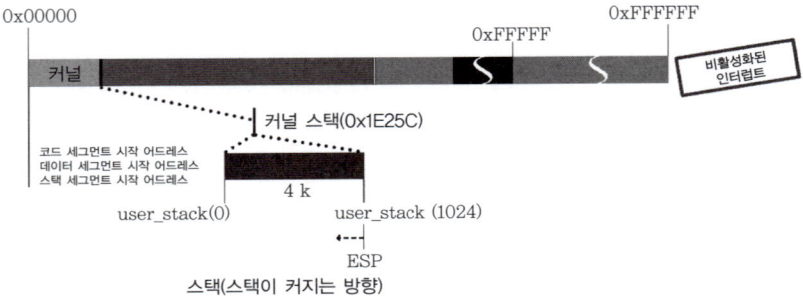

그림 1.27 스택 설정

그림 1.8처럼 리얼 모드에서 스택 포인터 레지스터를 설정할 때는 sp를 설정했는데, 여기서는 보호 모드에서 동작하도록 esp를 설정한다. 코드는 다음과 같다.

```
//코드 경로:Boot/head.s
Lss _stack_start,%esp
```

다음 코드는 IDT를 설정하는 코드이다.

```
//코드 경로:boot/head.s
call setup_idt
    ......
setup_idt:
    lea ignore_int,%edx
    movl $0x00080000,%eax
    movw %dx,%ax             /* 셀렉터 = 0x0008 = cs */
    movw $0x8E00,%dx         /* 인터럽트 게이트 - dpl=0, present(p비트 설정) */
    lea _idt,%edi
    mov $256,%ecx
rp_sidt:
    movl %eax,(%edi)
    movl %edx,4(%edi)
    addl $8,%edi
    dec %ecx
    jne rp_sidt
    lidt idt_descr
    ret
```

TIP ▶ 인터럽트 디스크립터의 구조는 아래와 같다.

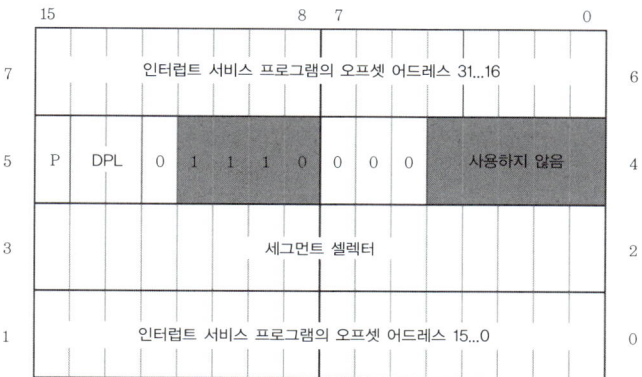

인터럽트 디스크립터는 64비트로 OFFSET, SELECTOR, DPL, P, TYPE 등이 있다. 0~15비트와 48~63비트는 서로 결합해서 인터럽트 서비스 루틴의 32비트 오프셋 주소로 사용된다. 16~31비트는 SELECTOR로 사용되어 인터럽트 서비스 루틴을 포함하고 있는 세그먼트를 의미한다. 47비트는 P로 메모리 상에 세그먼트가 있는지 없는지를 표시한다. 45, 46비트는 DPL이고 40~43비트는 TYPE으로 인터럽트 디스크립터의 타입은 1110(0xE)이다.

이는 인터럽트 서비스를 새롭게 시작하기 위한 시작점이 된다. 모든 인터럽트 디스크립터들이 ignore_int를 가리키도록 하고 IDTR을 설정한다. 그림 1.28은 전체 과정을 잘 보여 주고 있다.^{(역주} : IDT를 설정하는 소스 내용을 그림 1.28로 설명하고 있다. ignore_int 서비스 핸들러를 이용해서 256개 인터럽트에 ignore_int로 설정해서 인터럽트가 발생을 해도 아무 일도 하지 않도록 설정하는 것이다. 코드와 그림을 보면 이해할 수 있을 것이다.)

⫶ COMMENT ⫶

IDT를 생성하고 인터럽트 디스크립터가 ignore_int를 가리키도록 변경함으로써 인터럽트 메커니즘을 만들 수 있고, 또 유효하지 않는 주소로 인해서 발생하는 문제를 해결할 수 있게 되었다.

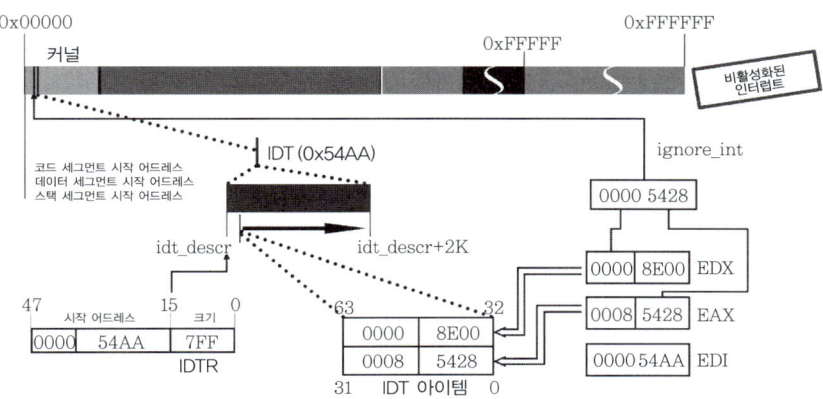

그림 1.28 IDT 설정

이제, head.s는 기존의 GDT를 제거하고 새로운 GDT를 커널의 새로운 위치에 만든다. 그림 1.29는 그 과정을 보여 주고 있다. GDT의 두 번째, 세 번째 항목은 각각 커널 코드 세그먼트 디스크립터, 커널 데이터 세그먼트 디스크립터를 의미한다. 세그먼트 크기는 16MB로 설정하고 GDTR를 설정한다.

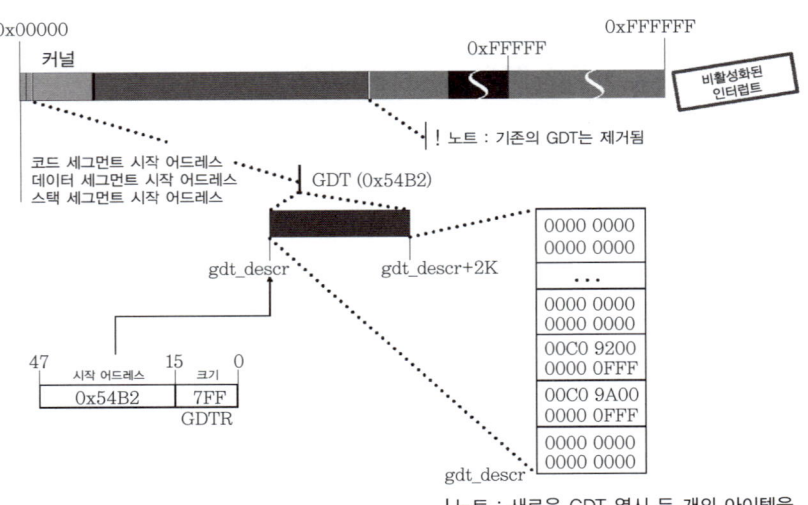

그림 1.29 GDT 재생성

```
//코드 경로:boot/head.s
call setup_gdt
    ......
setup_gdt:
    lgdt gdt_descr
    ret
_gdt: .quad 0x0000000000000000    /* NULL 디스크립터 */
    .quad 0x00c09a0000000fff       /* 16Mb */
    .quad 0x00c0920000000fff       /* 16Mb */
    .quad 0x0000000000000000       /* 임시 – 사용하지 않음 */
    .fill 252,8,0                  /* LDT와 TSS를 위한 공간 */
```

⋮ COMMENT ⋮
왜 head.s는 기존의 GDT를 제거하고 다시 새로 GDT를 만드는 것일까?
기존의 GDT는 setup.s가 있던 위치에 자리잡고 있다. 셋업 모듈이 기존에 있던 위치는 나중에 버퍼로 쓰게 되어서 없어진다. 자리가 변경되지 않으면 GDT의 내용은 사라지게 되어 있다. 이는 시스템 동작에 중대한 문제를 일으킨다. head.s는 메모리 상에서 가장 안전한 장소이기 때문에 head.s에 다시 GDT를 만든 것이다.

setup.s가 실행될 때 head.s의 위치에 GDT를 직접 복사하는 것은 가능할까? 답은 "NO" 다. 만약 GDT를 먼저 복사하고 시스템 모듈을 복사했다면 GDT가 시스템 모듈에 의해서 덮였을 것이다. 시스템 모듈을 먼저 복사하고 GDT를 복사했다면 head.s는 실행 전에 덮여 지워졌을 것이다.

GDT의 위치와 내용이 변경되었다. GDT의 마지막 비트들은 FFF로 변경되었다. (**역주** : 셋업에서는 세그먼트 크기를 나타내는 것이 0x07FF였는데 여기서는 0x0FFF로 변경되었다.) 이것은 세그먼트의 크기 제한을 8MB가 아닌 16MB로 변경한다는 것을 의미한다. 이 때문에 우리는 DS, ES, FS, GS 그리고 SS 세그먼트 셀렉터를 변경해야 한다. 그림 1.30은 이런 내용을 보여 주고 있다.

다음 루틴은 DS와 ES를 설정한다.

```
//코드 경로:boot/head.s
movl $0x10,%eax # 모든 세그먼트 레지스터 변경
mov %ax,%ds     # GDT 변경 후 CS는 이미 setup_gdt 루틴에서
mov %ax,%es     # 변경되었다.
mov %ax,%fs
mov %ax,%gs
```

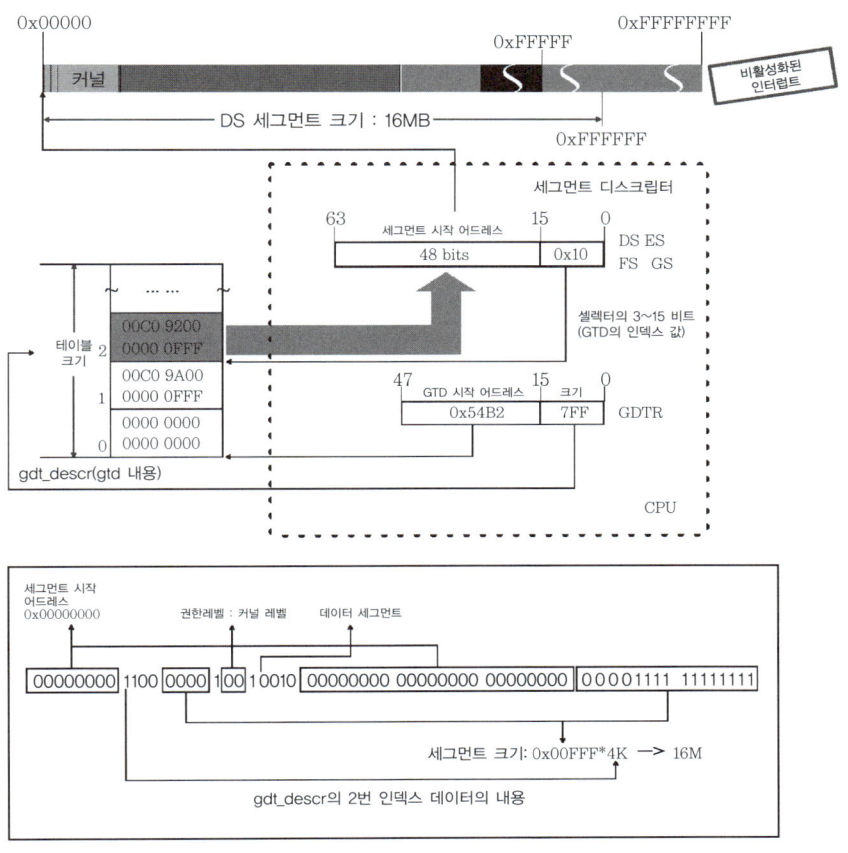

그림 1.30 DS, ES, FS 그리고 GS의 재조정

세그먼트 레지스터 변경을 꼭 해야 할까? 내부 테스트를 통해서 setup.s에서 세그먼트의 크기를 16MB로 변경했다면 head.s에서 이렇게 세그먼트를 변경할 필요가 없었다는 것을 알아냈다.

user_stack 데이터 구조의 시작 어드레스가 커널 스택 바닥 어드레스와 같다. esp는 user_stack 데이터 구조의 바깥 경계 어드레스를 가리키고 있다. 이 어드레스는 커널 스택의 시작 어드레스이기도 하다. 따라서 이후에 프로그램이 스택에 푸쉬를 하게 되면 스택의 공간을 최대한으로 사용할 수 있게 된다. 그림 1.31처럼 스택의 증가 방향은 높은 주소에서 낮은 주소로 향한다.^{(역주} : 그림 1.31에서 보여 주고 있는 것처럼 user_stack과 커널 스택이 일치한다.)

아래 루틴은 esp를 설정하고 있다.

```
//코드 경로:boot/head.s
Lss _stack_start,%esp
```

보호 모드와 리얼 모드의 근본적인 차이는 A20 게이트가 활성화되어 A20 어드레스 라인을 사용할 수 있는가 아닌가이다. 우리는 실제로 이 어드레스 라인을 사용할 수 있는지 확인해야 한다. 그림 1.32에 보면 이런 조사 과정을 그림으로 표현하고 있다.

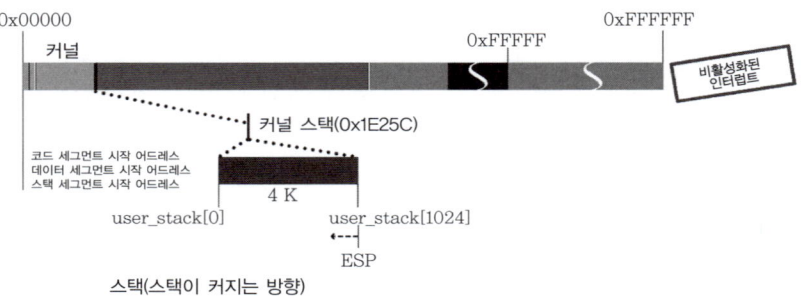

그림 1.31 커널 스택 설정

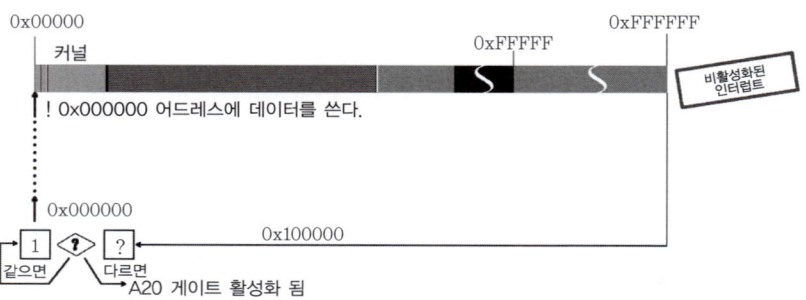

그림 1.32 A20 게이트가 활성화되었는지 조사

A20 게이트 활성화를 여부를 조사하는 코드는 다음과 같다.

```
//코드 경로: boot/head.s
xorl %eax,%eax
1: incl %eax        # A20 게이트가 활성화되었는지 확인
movl %eax,0x000000 # 활성화되지 않으면 무한 루프 됨
cmpl %eax,0x100000
je 1b
```

A20 게이트가 활성화되지 않았다면 컴퓨터는 아직 리얼 모드에서 동작하고 있는 것이다. A20이 활성화되지 못하면 어드레스 0xFFFFF를 초과할 경우, 주소가 롤백된다. 예를 들어 0x100000는 롤백되어 0x000000(그림 1.30에서 설명하고 있는 것처럼) 어드레스를 가리키게 된다. 이 방법을 이용해서 A20을 조사하는 방법으로 0x000000 어드레스에 데이터를 쓰고 이 값을 0x100000 어드레스에서 읽은 값을 비교하는 방법이 있다(리얼 모드에서 접근 가능한 최대 크기가 1MB다).

A20 어드레스 핀 활성화 여부를 확인한 이후에 head.s는 그림 1.33처럼 부동 소수점 연산 코프로세스가 있는지 조사를 해서 보호 모드에서 사용할 수 있도록 설정한다.

TIP **x87 코프로세서** : 부동 소수점 연산에 대해서 x86의 요구 조건들을 만족시키기 위해서 인텔은 x87 시리즈 코프로세서를 설계했다. 이 프로세서는 1980년대까지 외부에 존재하는 별도의 칩이었고 조건부 칩으로 설계되었다. 하지만 1989년에 인텔이 486 프로세서를 출시하면서 CPU 내부 코프로세서로 자리잡게 된다. 따라서 OS는 486 이전 컴퓨터를 위해서 이 코프로세서를 조사할 수 있어야 한다.

부동 소수점 연산 보조 프로세서를 조사하기 위해서 사용한 코드는 다음과 같다.

```
//코드 경로:boot/head.s
movl %cr0,%eax # 연산 보조 프로세서 확인
......
call check_x87
check_x87:
......
ret
```

다음에 이어지는 head.s 코드는 메인 함수를 호출하기 위한 마지막 준비 작업이다. 이 작업을 head.s 프로그램의 마지막 단계이자 메인 함수 호출하기 전 마지막 단계이기도 한다.

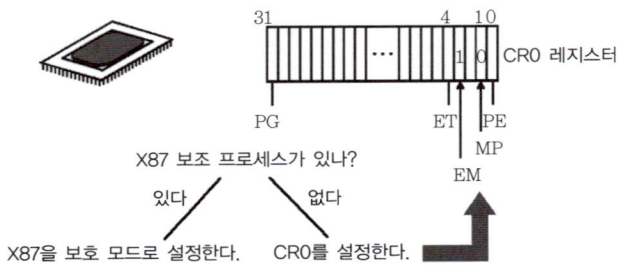

그림 1.33 부동 소수점 연산 코프로세서

실행코드는 다음과 같다.

```
//코드 경로:boot/head.s
jmp after_page_tables
after_page_tables:
pushl $0
pushl $0
pushl $0
```

그림 1.34에서 위 코드의 전체 과정을 보여 주고 있다.

head.s의 코드는 L6 심볼의 어드레스와 메인 함수의 시작 어드레스를 스택으로 푸쉬한다. 그렇게 되면 그림 1.35에서 보여 주고 있는 형태가 된다. 이 값은 head.s의 코드가 다 실행되고 나서 ret 명령으로 메인 함수를 직접 호출하기 위한 것이다.

역주 : 여기서 설명하고 있는 L6에 대해서 본문에서는 소스가 나오지 않고 있다. after_page_tables:의 전체 소스를 보도록 하자.

```
after_page_tables:
    pushl $0               # 메인의 파라미터
    pushl $0
    pushl $0
    pushl $L6              # 메인 함수가 종료된 이후에 돌아올 주소
    pushl $_main
    jmp setup_paging
L6:
    jmp L6                 # 메인 함수은 *절대* 리턴하지 않는다.
                           # 그래도 혹시 모르니까
```

위 코드는 head.s의 코드로 L6 심볼을 볼 수 있다. L6는 L6 심볼을 말한다.

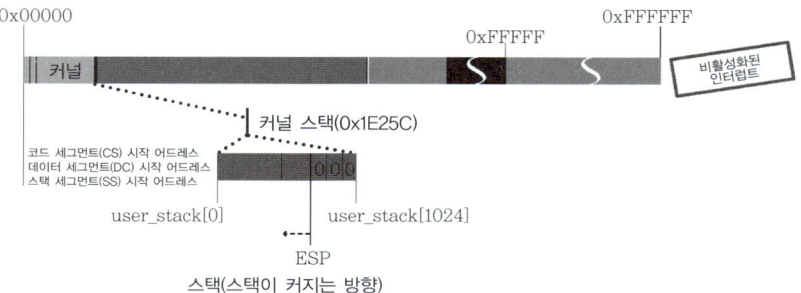

그림 1.34 evnp, argv 그리고 argc를 스택에 넣기

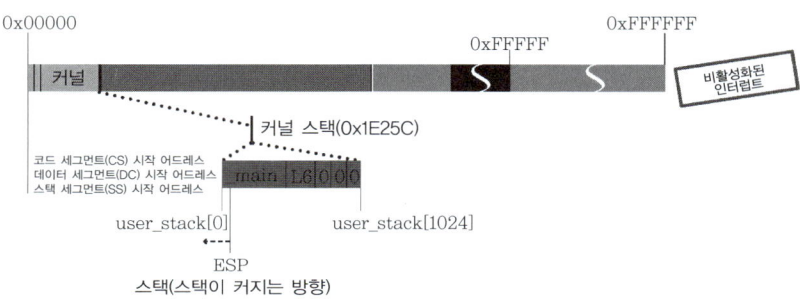

그림 1.35 메인 함수의 진입 어드레스와 L6 심볼을 스택에 넣기

메인 함수가 종료하면 프로그램은 L6로 리턴하고 실행을 계속한다. L6로 리턴되면 무한 루프가 된다.^{(역주 :}

절대 L6로 리턴되지 않는다.)

실행 코드는 다음과 같다.

```
//코드 경로:boot/head.s
pushl $L6      # 메인 함수가 종료된 이후에 돌아올 주소
pushl $_main
```

스택에 여러 값들을 삽입하고 나서 head.s는 "setup_paging:"으로 이동해서 페이징 메커니즘을 만들기 시작한다.

처음에 프로그램은 메모리의 앞 부분에 페이지 디렉토리 테이블과 네 개의 페이지 테이블을 위치시킨다. 처음 위치에 다섯 페이지 만큼의 메모리 공간이 깨끗하게 지워져 있다. 이 공간은 head.s가 있었던 공간이기도 하다. 그림 1.36을 보자.

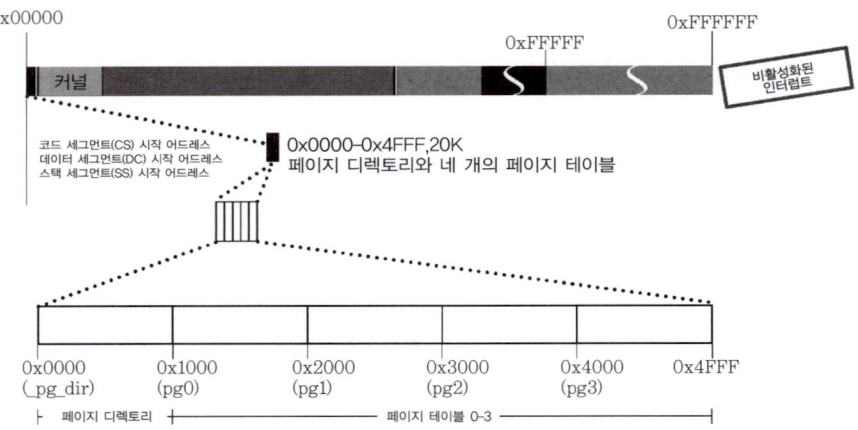

그림 1.36 메모리 앞부분에 페이지 디렉토리 테이블과 페이지 테이블을 위치시킨다.

실행 코드는 다음과 같다.

```
//코드 경로:boot/head.s
jmp setup_paging
setup_paging:
movl $1024*5,%ecx    /* 5 페이지 */
xorl %eax,%eax
xorl %edi,%edi       /* pg_dir은 0x000에 위치 */
cld;rep;stosl
```

⋮ COMMENT ⋮

물리적 메모리 시작 지점(0x00000)에 프로그램이 페이지 디렉토리 테이블과 네 개의 페이지 테이블을 위치시키는 것은 매우 중요한 과정이다. 이는 OS가 프로세스를 완전히 제어하기 위한 기초다. 근본적인 효과에 관해서는 나중에 이야기할 것이다.
head.s는 그림 1.37처럼 페이지 디렉토리 테이블과 네 개의 페이지 테이블을 위한 공간을 마련해 주고 처음 네 개의 페이지 테이블을 가리키도록 디렉토리 테이블에 네 개의 엔트리를 만든다.

실행 코드는 다음과 같다.

```
//코드 경로:boot/head.s
movl $pg0+7,_pg_dir        /* present 비트를 1, 유저 권한, r/w 가능 */
movl $pg1+7,_pg_dir+4      /*  --------- " " --------- */
movl $pg2+7,_pg_dir+8      /*  --------- " " --------- */
movl $pg3+7,_pg_dir+12     /*  --------- " " --------- */
movl $pg3+4092,%edi
movl $0xfff007,%eax        /* 16Mb - 4096 + 7(r/w user,p) */
```

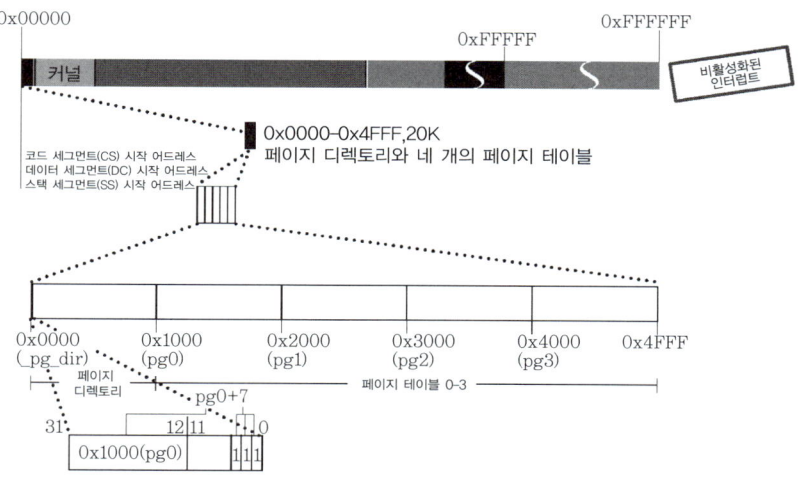

그림 1.37 네 개의 페이지 테이블의 위치를 페이지 디렉토리 테이블에 설정한다.

페이지 디렉토리 테이블을 설정하고 나면 보호 모드의 리눅스 주소 영역은 0xFFFFFF(16MB)로 늘어난다. pg3 + 4902가 가리키는 마지막 아이템은 영역 내의 마지막 페이지 영역이다. 이것은 그림 1.38에서 보여주고 있는 것처럼 0xFFF000으로 시작하는 4KB 크기의 아이템이다.

이렇게 해서 네 개의 페이지 테이블이 높은 어드레스에서 낮은 어드레스로 지워지고 페이지 메모리를 참조할 수 있도록 한다. 그림 1.38은 초기에 페이지 테이블을 설정한 과정을 보여 준다.

계속해서 네 번째 페이지 테이블(pg3가 가리키는 테이블)의 마지막 두 번째 아이템(pg3-4 + 4902가 가리키는 아이템)은 마지막에서 두 번째 페이지를 가리키도록 설정된다. 이 페이지는 0xFFF000-0x1000 어드레스에서 시작하는 4KB 크기의 페이지다. 그림 1.38과 그림 1.39 간의 차이를 쉽게 알 수 있다.

마지막으로 정리를 해 보자. 지금까지 네 개의 페이지 테이블이 높은 주소에서 낮은 주소로 제거되었고 모든 페이지 테이블의 엔트리들이 각자의 페이지 테이블을 차례로 가리키도록 설정했다. 그림 1.39에서 지금까지의 과정을 잘 보여 주고 있다.

이 네 개의 페이지 테이블은 커널이 내부적으로 관리한다. 비슷하게 모든 유저 프로세스는 각자의 페이지 테이블을 가진다. 다음 장에서 우리는 어드레스 관점에서 커널과 유저 프로세스 간의 다른 점들을 짚어볼 것이다.

그림 1.38에서 그림 1.40까지의 과정은 다음 코드의 결과이다.

```
//코드 경로:boot/head.s
movl $pg3+4092,%edi
movl $0xfff007,%eax      /* 16Mb - 4096 + 7(r/w user,p) */
std
1: stosl                 /* 뒤쪽 페이지 부터 채운다. */
subl $0x1000,%eax
jge 1b
```

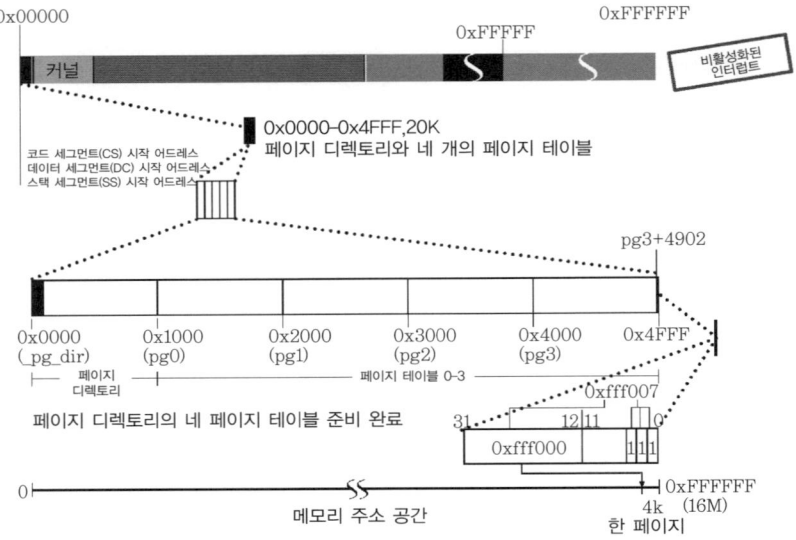

그림 1.38 페이지 테이블 설정을 완료한 이후의 상태

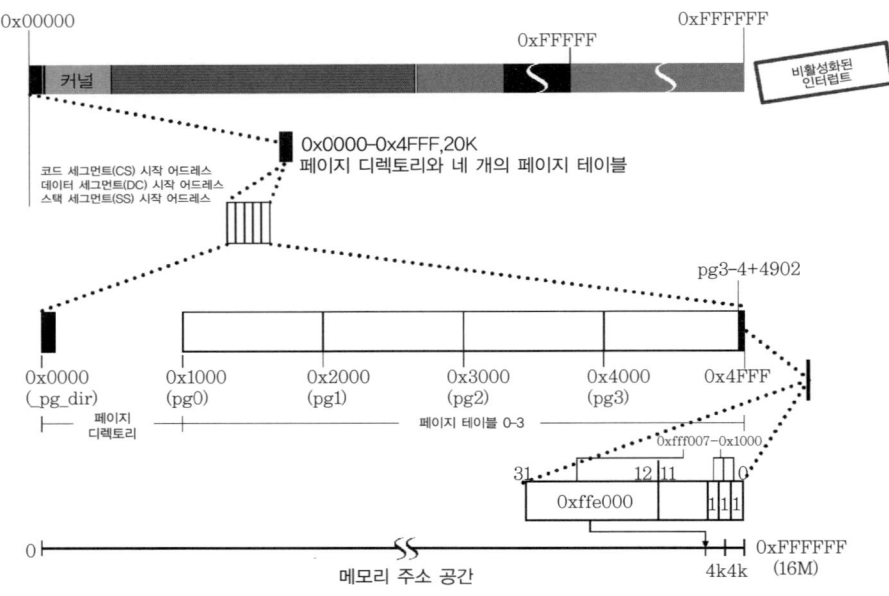

그림 1.39 페이지 테이블 설정

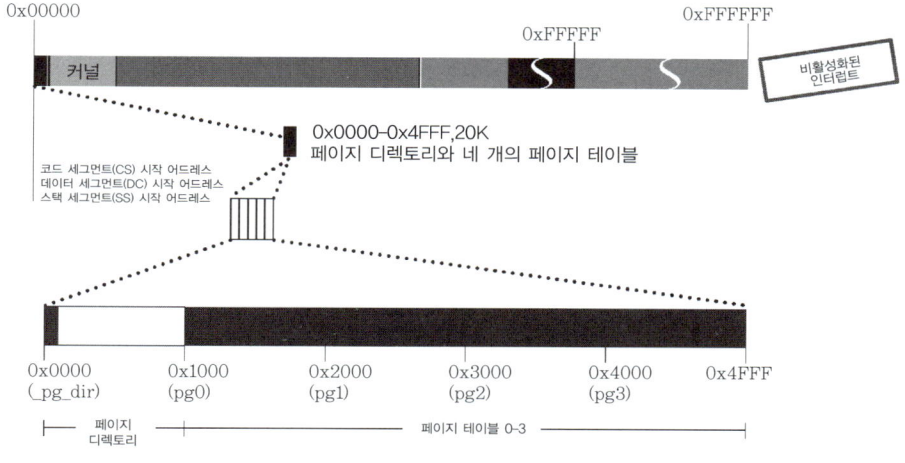

그림 1.40 설정 이후에 페이지 디렉토리와 페이지 테이블의 상태

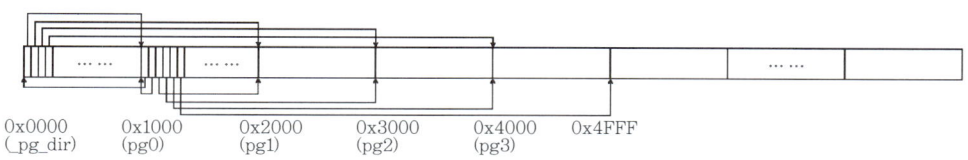

그림 1.41 메모리 전체 배치

앞서 제시된 코드를 실행하고 나면 메모리 전체 배치는 그림 1.41과 같이 된다. 이제 커널이 사용하지 않고 남은 메모리가 184바이트 뿐이다. head.s와 시스템 모듈을 디자인할 때 메모리 계산을 정확히 한 결과다.

head.s에서 페이지 테이블을 설정했다. 하지만 페이지 메커니즘에 대한 설정은 아직 끝나지 않았다. 페이지 메커니즘을 생성하기 위한 절차는 다음과 같다. 페이지 컨텐트 레지스터인 CR3에 페이지 컨텐트 테이블 어드레스를 설정한다. 그리고 CR0의 최상위 비트를 1로 설정해야 한다. 그림 1.42에서 이 과정을 설명하고 있다.

TIP ▶ **PG(페이징) 플래그** : CR0의 32번째 비트로 페이지 메커니즘을 제어한다. CR0의 첫 번째 PE 비트가 1이면 PG 플래그를 설정할 수 있다. PG가 설정되어 있으면 어드레스 맵핑 모드는 페이지 메커니즘을 따른다. PE가 0일 때는 PG 플래그를 설정할 수 없다. 그렇지 않으면 CPU가 비정상 동작한다.

CR3 레지스터 : 32비트 제어 레지스터로 처음 20비트는 페이지 컨텐트의 베이스 어드레스 주소를 저장하게 된다. PG가 설정되면 CPU는 페이지 컨텐트와 페이지 테이블을 사용해서 가상 어드레스를 물리 메모리에 맵핑한다.

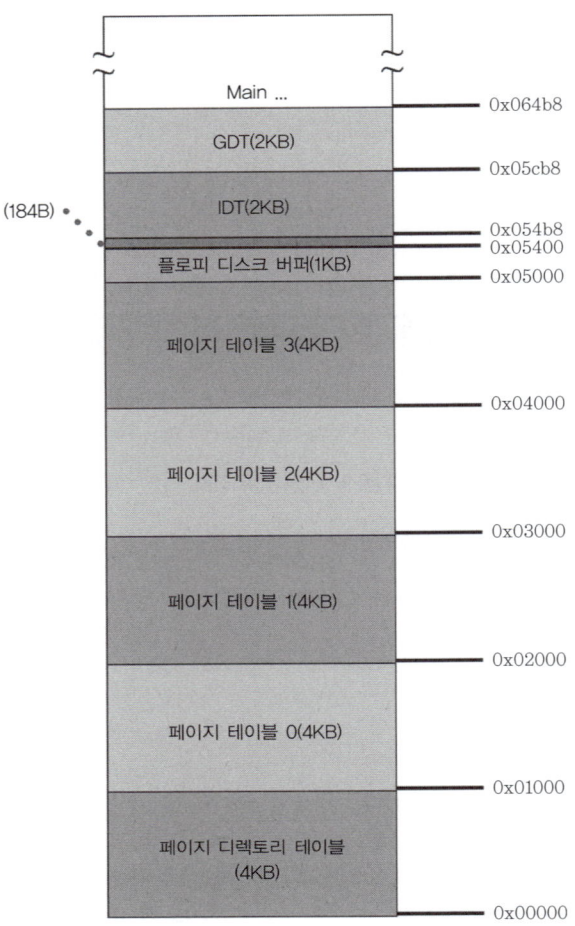

Main ...

GDT(2KB)	0x064b8
	0x05cb8
IDT(2KB)	
	0x054b8
	0x05400
플로피 디스크 버퍼(1KB)	0x05000
페이지 테이블 3(4KB)	
	0x04000
페이지 테이블 2(4KB)	
	0x03000
페이지 테이블 1(4KB)	
	0x02000
페이지 테이블 0(4KB)	
	0x01000
페이지 디렉토리 테이블 (4KB)	
	0x00000

(184B)

그림 1.42 메모리 구조

실행 코드는 다음과 같다.

```
//코드 경로:boot/head.s
xorl %eax,%eax /* pg_dir는 0x0000에 위치함 */
movl %eax,%cr3 /* cr3 - 페이지 디렉토리 어드레스 */
movl %cr0,%eax
orl $0x80000000,%eax
movl %eax,%cr0 /* PG 플래그 설정 */
```

처음 두 줄의 코드는 CR3가 페이지 컨텐트 테이블을 가리키도록 하고 있다. OS는 0x0000를 페이지 컨텐트 테이블의 시작 어드레스로 한다. 다음 세 줄의 소스는 페이지 메커니즘을 시작하게 한다. PG 비트를 설정해서 페이지 어드레스 모드로 들어갈 수 있도록 하는 것이다. 여기까지가 커널의 페이지 메커니즘을 설정하는 과정이었다(그림 1.43).

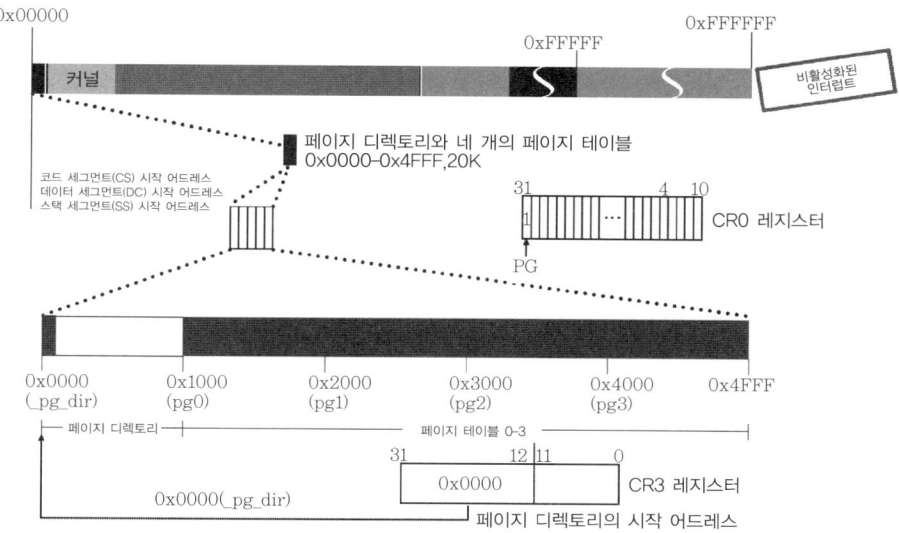

그림 1.43 페이지 메커니즘을 설정한 이후에 전체 상태

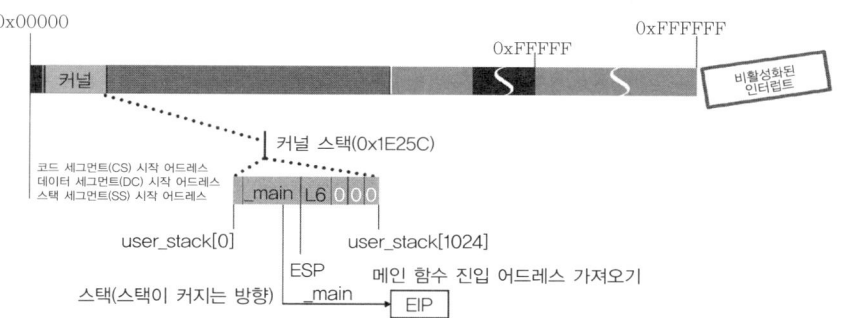

그림 1.44 ret 명령을 수행하고 EIP에서 다음 실행 어드레스 가져오기

위 코드 중에서 다음 코드가 중요하다.

```
xorl%eax,%eax          /* pg_dir는 0x0000에 위치함 */
```

그림 1.17을 보면 우리가 시스템 모듈을 0x0000 어드레스로 옮겨 놓았다. 그림 1.25에서 우리는 커널에서 사용할 페이지 메커니즘을 만들었다. 마지막으로 페이지 컨텐트 테이블이 앞에서 설명한 코드의 실행으로 인해 메모리에 첫 부분에 위치하게 된다. 이것들을 바탕으로 커널은 사용자 프로그램을 제어할 수 있게 된다. 0x0000 어드레스는 유일하게 선형 어드레스와 물리 어드레스가 동일한 영역이다. 이 부분에 대해서 나중에 더 깊이 다루어 볼 것이다.

head.s의 실행에서 마지막 단계는 "ret"이다. 이 코드를 거치면 메인 함수로 넘어가게 된다.

그림 1.35에서 메인 함수의 시작 어드레스가 스택 상단에 푸쉬되어 있다. ret 명령이 수행되면 스택에 있는 어드레스가 팝되서 EIP로 설정된다. 그림 1.44는 전체 과정을 설명하고 있다.

아래 코드에는 흔히 사용되는 트릭이 있다. 그림 1.45에서 이것을 자세히 다루고 있다.

그럼 우선 보통의 함수에서 호출과 리턴 방식을 생각해 보자. 리눅스 0.11은 바로 이 방법으로 메인 함수를 호출하기 때문에 반환 위치와 메인 함수의 진입 어드레스가 같은 방식으로 스택에 저장된다. 그림 1.45의 앞 부분은 스택에서 호출과 반환 과정을 보여 주고 있다.

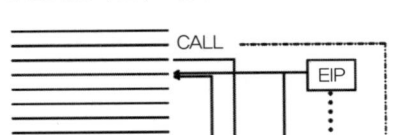

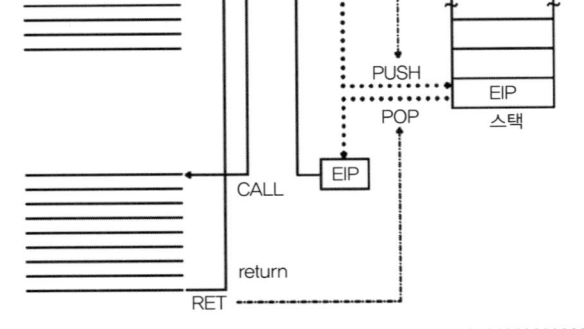

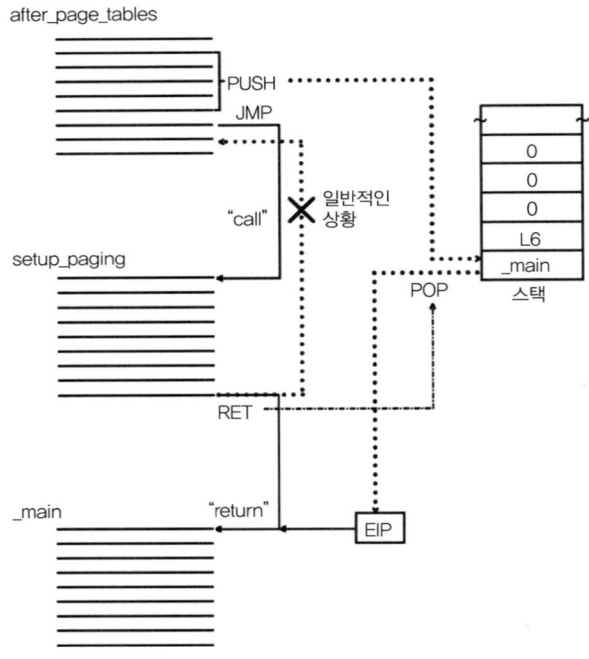

그림 1.45 CALL 명령 과정을 이용한 메인 함수 호출 과정 설명

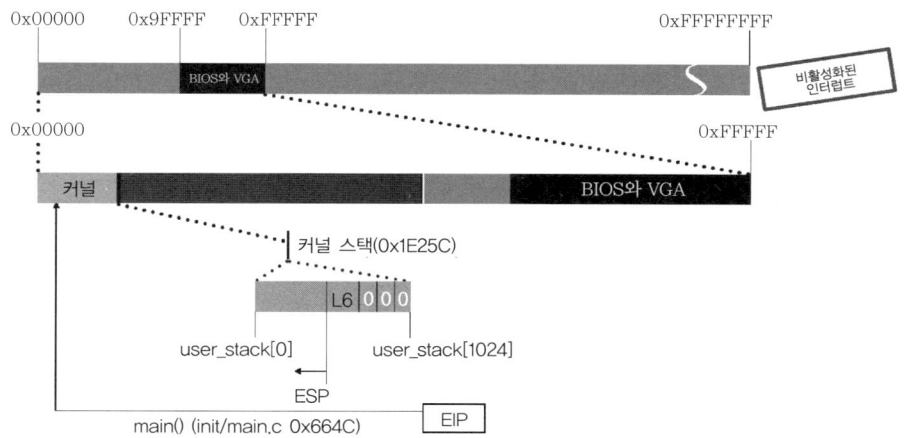

그림 1.46 메인 함수 실행 시작

CALL 명령어는 현재의 EIP를 자동으로 스택에 넣어서 돌아올 위치를 보호하고 호출된 함수의 명령들을 수행한다. 그리고 나서 ret 명령이 수행되면 스택에 저장되었던 EIP 값이 다시 팝되고 원래의 위치로 돌아간다. 그리고 CALL 명령어를 호출한 위치의 다음 명령어를 수행하기 시작한다. 이게 일반적인 함수들이 사용하는 방식이다. 하지만 OS의 메인 함수에는 이 방법을 사용할 수 없다. OS의 메인 함수가 CALL 명령으로 호출되었을 때 ret 명령이 호출되면 어디로 리턴되어야 할까? OS의 메인 함수에서 리턴하면 받아줄 함수가 또 있을까? 분명하게 말하면 그런 것은 없다. OS가 가장 밑바닥이다. 더 이상 내려갈 곳이 없다. 그렇다면 OS의 메인 함수를 어떻게 호출할지에 대해서 궁금할 것이다. 리누스 토발즈는 그림 1.45의 두 번째 그림에서 설명하고 있는 것처럼 기발한 방법을 사용했다.

OS 디자이너는 ret 명령어를 이용해서 메인 함수를 호출하게 한다. ret 명령으로 메인 함수를 호출하기 때문에 메인 함수의 경우 반환 과정이 필요없다. 함수 호출 과정에서 수행되는 EIP 스택 저장과 점프 명령은 자동으로 이루어진다. OS 디자이너는 이 과정을 모방해서 수작업으로 처리한다. 어드레스 푸쉬와 점프를 위한 코드는 setup_paging 호출을 위한 것이다. 스택에 저장된 EIP 값은 사실 메인 함수의 어드레스인 "_main"의 진입 주소이다. 이 방법으로 setup_paging 함수가 ret 명령어로 끝나게 되면 앞에서 스택에 저장된 주소가 EIP로 설정된다. 이렇게 설정된 EIP는 메인 함수를 가리킨다. 결국 ret 명령을 통해서 메인 함수를 호출할 수 있다.

그림 1.45에서 메인 함수의 시작 어드레스(CS:EIP)가 스택에서 팝된다. 이후에는 CPU가 메인 함수를 실행하게 된다. 그림 1.46에서 이 상태를 잘 보여 준다.

왜 메인 함수를 처음에 실행하지 않았을까?

C 언어로 작성된 프로그램에는 메인 함수가 있게 마련이다. 그리고 항상 메인 함수에서 실행이 시작된다.

리눅스 0.11은 C 언어로 작성되었다. 그럼 OS가 시작하고 메인 함수가 실행되기 전에 컴파일 언어로 작성된 세 개의 프로그램이 처음 실행되는 이유는 뭘까?

보통 C로 작성되는 프로그램들은 사용자 응용 프로그램들이다. 이 프로그램들의 중요한 것들 중 하나는 OS 위에서 실행되어야 한다는 것이다. 말하자면 OS는 이 응용 프로그램을 위해서 프로세스를 만들고 하드디스크에서 실행 코드를 읽어서 메모리에 로드한다. 그럼 OS 관점에서 이런 과정에 대해서 이야기할 때, 의문점은 과연 무엇이 OS의 실행 코드를 로드하느냐하는 것이다.

컴퓨터에 전원이 들어오고 OS가 로드될 때 이전 섹션에서 설명했던 과정을 거친다는 것을 알고 있다. 그 때는 BIOS만 실행되고 컴퓨터는 16비트 리얼 모드에서 동작한다. 플로피 디스크의 첫 섹터의 코드(512바이트)가 BIOS의 인터럽트 서비스 루틴을 통해서 메모리에 로드된다. 여기까지가 BIOS의 역할이다. 정확히는 OS에 상관없이 첫 번째 섹터를 로드하는 규약이있다. 나머지 섹터들은 앞에서 로드된 코드가 로드한다.

그럼 OS 코드가 로드된 이후에 메인 함수를 바로 실행시킬 수는 없는 것이었을까?

아시다시피, 리눅스 0.11은 32비트, 리얼 타임 그리고 멀티태스킹 OS이다. 따라서 메인 함수는 반드시 32비트에서 실행되어야 한다. OS가 컴파일될 때 16비트와 32비트 코드를 생성할 수 있는 옵션이 있다. 16비트로 지정하면 컴파일된 코드는 16비트에서 동작하게 된다. 이 경우 정수인 int 타입 변수가 2바이트가 된다. 하지만 리눅스 0.11은 32비트 코드로 생성되어야 한다. 이렇게 해야만 OS가 32비트 OS가 된다. 32비트 코드는 32비트 버스를 사용할 수 있고 보호 모드와 페이징 기법을 이용할 수 있다. 이런 특성을 이용해야만 리얼 타임과 멀티태스킹을 지원하는 현대적인 OS가 된다. 16비트 리얼 모드는 32비트 보호 모드와는 완전히 다르게 동작한다. 그럼 누가 리얼 모드에서 보호 모드로 전환시켜 줄까? 이런 작업을 담당하는 것이 head.s다. head.s는 A20 어드레스 핀을 활성화하고 PE와 PG를 설정한다. 그리고 16비트 인터럽트를 제거하고 32비트 IDT를 다시 만든다. 이런 준비 과정을 거친 이후에서야 컴퓨터는 32비트 보호 모드가 된다. 이후에 32비트 메인 함수를 호출할 수 있게 된다. 앞의 모든 작업들은 32비트로 컴파일된 메인 함수를 실행하는 것으로 끝나게 된다.

여기까지 커널을 시작하기 위한 첫 번째 중요한 절차가 끝났다. 이제 메인 함수에서 다음 절차를 수행할 것이다. 아직 시스템은 인터럽트를 사용할 수 없는 상태다.

1.4 요약

이번 장은 두 부분에 대해서 설명했다. 첫 번째는 OS를 로드하는 것이다. 두 번째는 32비트 보호 모드와 페이징 모드와 같은 메인 함수를 실행하기 위한 준비 단계들이다.

BIOS가 bootsect.s를 메모리에 로드하면 이 부트섹트가 setup.s와 시스템 코어를 로드해서 실행한다. 그리고 나서 32비트 보호 모드와 페이징 모드에서 메인 함수를 실행하기 위한 준비 절차들이 뒤따랐다. 이 과정에서 IDT, GDT, 페이지 컨텐트 테이블, 페이지 테이블 그리고 기기의 정보들이 설정된다.

이 모든 절차들이 완료되면 시스템은 메인 함수로 점프를 해서 메인 함수를 실행한다.

CHAPTER 02

디바이스 초기화와 프로세스 0 활성화

이제부터 메인 함수가 시작된다!

운영체제(OS)가 대기상태(idle state)에 들어가기 전 수행하는 모든 준비 작업들은 유저 애플리케이션들이 프로세스로서 정상적으로 실행되도록 하는 것이 제일 중요한 목적이다. 여기에는 세 가지 관점이 있다. 애플리케이션이 호스트 PC에서 동작하도록 하는 것, 주변 장치들과 연동하도록 하는 것 그리고 유저와 커뮤니케이션을 하는 인간-컴퓨터 상호작용(HCI, human-computer interaction)이다. 이번 챕터에서는 디바이스 초기화와 첫 번째 프로세스(프로세스 0) 활성화를 포함한 이런 목적들을 이루기 위해서 해야 하는 작업들이 무엇인지 설명하려고 한다.

리눅스 0.11은 멀티 프로세스를 지원하는 현대적인 OS다. 즉, 유저 프로세스가 다른 프로세스를 조작하는 등의 어떤 영향도 줄 수 없다. 하지만 프로세스 자체는 자신을 보호할 보호 장치(boundary)를 가지고 있지 않다. 대신 프로세스 관리 데이터 구조(process management information data structure)라고 하는 것을 사용한다. 프로세스 관리 데이터 구조는 task_struct, task[64], 그리고 GDT 등의 요소들을 가지고 있다. task_struct는 프로세스를 위한 데이터 구조로 프로세스의 속성들을 가지고 있다. 여기에는 프로세스가 사용할 수 있는 타임 슬라이스, 프로세스 상태, LDT(local descriptor table, 로컬 디스크립터 테이블), TSS(task state segment, 테스크 상태 세그먼트) 정보들이 포함된다. task[64]와 GDT는 멀티 프로세스를 위한 데이터 구조이다. Task[64]는 프로세스의 모든 task_struct들의 포인터를 저장하고 있다. OS가 프로세스들을 비교해서 그 중에 하나를 선택하려 할 때 OS는 task[64]를 샅샅이 뒤져서 조건에 맞는 프로세스를 찾는다. GDT는 모든 프로세스들의 인덱스 정보들을 가지고 있다. OS는 이 인덱스를 통해서 LDT와 TSS로 프로세스를 간접적으로 파악할 수 있다.

이번 섹션에서는 OS가 메모리, CPU, 시리얼 포트, 모니터, 키보드, 하드디스크, 플로피 디스크와 기타 다른 하드웨어를 설정하는 방법에 대해서 설명한다. 또 OS가 하드웨어와 연동할 수 있는 인터럽트 서비스 루틴을 설정하는 방법과 프로세스 0을 위한 환경을 구성하는 방식도 알아볼 것이다. 추가적으로 프로세스 0에 의해서 직간접적으로 생성된 이후의 프로세스들이 주변 장치와 통신하는 방법도 알아볼 것이다.

2.1 루트 디바이스와 하드디스크 정보 설정

커널은 루트 디바이스와 하드디스크를 먼저 초기화한다. 루트 디바이스로서 플로피 디스크를 설정하기 위해서 bootsect.s에서 0x901FC에 만들었던 시스템 데이터를 활용한다(섹션 1.2.3 참조). 0x90080 위치에서 시작하는 32바이트 하드디스크 파라미터 테이블은 drive_info를 설정하는 데 사용된다.

코드는 다음과 같다.

```
//코드 경로:init/main.c:
......
#define DRIVE_INFO (*(struct drive_info *)0x90080) // 디스크 파라미터 테이블
#define ORIG_ROOT_DEV (*(unsigned short *)0x901FC) // 루트 디바이스 ID

      ......
struct drive_info { char dummy[32]; } drive_info;  // 디스크 파라미터 테이블이 저장된다.

void main(void)
{
      ROOT_DEV = ORIG_ROOT_DEV;                   // 부트 섹터에서 만든 시스템 데이터를 사용한다.
      drive_info = DRIVE_INFO;                    // 루트 디바이스는 플로피 디스크다.
      ......
}
```

루트 디바이스와 하드디스크를 메모리에 설정하게 되는데, 위치는 그림 2.1과 같다.

2.2 물리적인 메모리 레이아웃, 버퍼 메모리, 램디스크 그리고 메인 메모리 설정

두 번째로 커널은 버퍼 메모리, 램디스크 그리고 메인 메모리를 설정한다. CPU와 메모리는 어떤 계산을 해야 할 때 서로 협력해서 동작한다. 메모리는 컴퓨터에 있어서 중요한 요소로 버퍼와 메인 메모리의 레이아웃은 모든 프로세스가 사용하는 방식과 전체 메모리 크기를 결정한다. 이것은 프로세스의 계산 속도에 영향을 준다.

메모리 레이아웃은 다음과 같다. 커널의 코드와 데이터가 차지하는 메모리 공간을 제외하고 나머지 물리적인 메모리를 세 개의 큰 파트로 나눈다. 즉, 메인 메모리, 버퍼 메모리, 그리고 램디스크다. 메인 메모리는 프로세스 코드가 존재하는 공간이자 커널이 프로세스를 처리하기 위한 데이터 구조를 저장하는 공간이다. 버퍼 메모리는 주로 호스트와 주변기기 간의 데이터 전송에 사용된다. 램디스크는 선택적인 요소로 램디스크가 사용된다면 주변기기의 데이터들이 램디스크에 먼저 복사된다. 메모리에서의 데이터 처리 속도가 주변기기에서 보다 훨씬 빠르기 때문에 시스템의 속도를 높이려면 이런 식의 방법(버퍼, 램디스크를 이용하는)을 사용해야 한다.

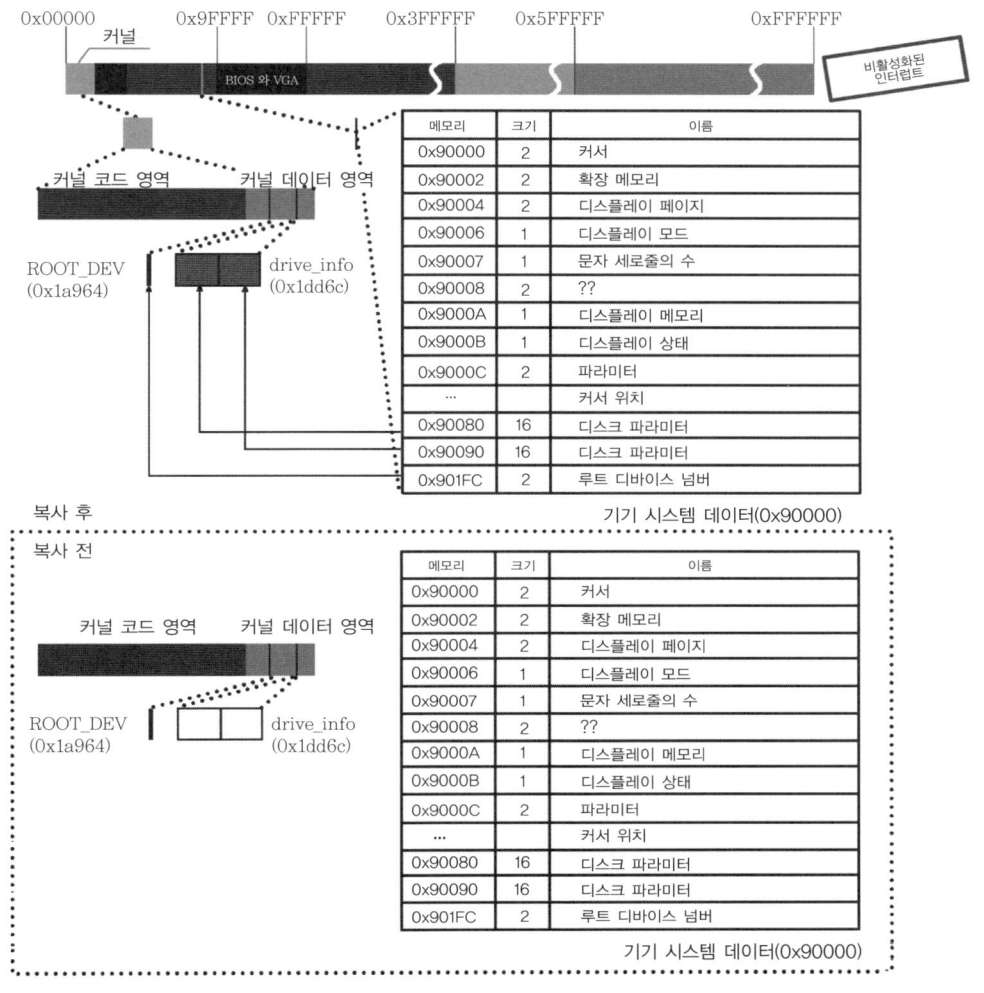

메모리	크기	이름
0x90000	2	커서
0x90002	2	확장 메모리
0x90004	2	디스플레이 페이지
0x90006	1	디스플레이 모드
0x90007	1	문자 세로줄의 수
0x90008	2	??
0x9000A	1	디스플레이 메모리
0x9000B	1	디스플레이 상태
0x9000C	2	파라미터
...		커서 위치
0x90080	16	디스크 파라미터
0x90090	16	디스크 파라미터
0x901FC	2	루트 디바이스 넘버

복사 후   기기 시스템 데이터(0x90000)

복사 전

메모리	크기	이름
0x90000	2	커서
0x90002	2	확장 메모리
0x90004	2	디스플레이 페이지
0x90006	1	디스플레이 모드
0x90007	1	문자 세로줄의 수
0x90008	2	??
0x9000A	1	디스플레이 메모리
0x9000B	1	디스플레이 상태
0x9000C	2	파라미터
...		커서 위치
0x90080	16	디스크 파라미터
0x90090	16	디스크 파라미터
0x901FC	2	루트 디바이스 넘버

기기 시스템 데이터(0x90000)

그림 2.1 루트 디바이스 넘버와 디스크 파라미터 테이블을 복사한다.

앞에서 다루었던 것처럼 OS는 메모리를 세 개의 다른 영역으로 구분하고 크기, 위치 그리고 관리 모드들을 설정한다.

메모리 크기에 따라서 버퍼와 메인 메모리의 위치와 크기를 초기화하게 된다(그림 2.2).

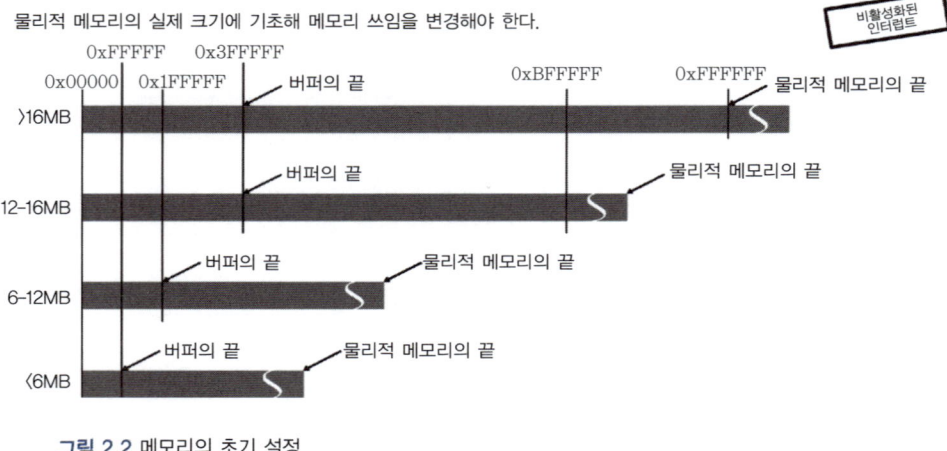

그림 2.2 메모리의 초기 설정

실행 코드는 다음과 같다.

```
//코드 경로:init/main.c:
......
#define EXT_MEM_K (*(unsigned short *)0x90002)  // 확장 메모리(KB), 1M 영역 이후에서
                                                // 시작되는 영역
                                                (역주: 섹션 1.2에서 수집한 데이터임)

......
void main(void)
{
......
    memory_end = (1<<20) + (EXT_MEM_K<<10);  // 1M+확장메모리. 전체 메모리 사이즈
    memory_end &= 0xfffff000;                // 페이지 단위로 변환, 메모리 사이즈에서 페이지 단위
                                             // 이하는 버림

    if (memory_end > 16*1024*1024)
        memory_end = 16*1024*1024;
    if (memory_end > 12*1024*1024)
        buffer_memory_end = 4*1024*1024;
    else if (memory_end > 6*1024*1024)
        buffer_memory_end = 2*1024*1024;
    else
        buffer_memory_end = 1*1024*1024;
    main_memory_start = buffer_memory_end;   // 메인 메모리에서 버퍼 이후가
                                             // main_memory_start다
```

memory_end는 실질적인 메모리의 끝이다. 이 영역을 초과한 부분은 OS에게는 보이지 않는 영역이다. main_memory_start는 메인 메모리의 시작 위치를 나타낸다. buffer_memory_end는 버퍼 메모리의 끝이다. 버퍼 메모리의 시작 지점에 대해서는 섹션 2.1.13에서 상세히 다룰 것이다.

TIP ▶ 코드에서 언급된 왼쪽/오른쪽 쉬프트를 적용했던 부분들에서 몇 가지 공통점을 발견할 수 있다.

《《20 나 》》20 은 1MB를 곱하거나 나눈 것이고

《《12 나 》》12는 4KB로 곱하거나 나눈 것이다(4KB는 페이지 사이즈다).

《《10 나 》》10은 1K를 곱하거나 나눈 것이다.

따라서 1 《《 20은 1MB를 뜻하고 EXT_MEM_K 《《 10은 EXT_MEM_K(KB 단위로 크기)를 바이트 단위 변환시킨 것이다.

2.3 램디스크 설정과 초기화

커널은 다음과 같이 램디스크를 주변 장치로 설정한다. 먼저, 커널은 시스템이 램디스크를 사용할지 말지를 판단하기 위해서 makefile에서 "ramdisk label"이 있는지 확인한다.^{(역주} : Makefile에 RAMDISK라는 값이 설정된다. 소스 내에서는 이 값이 설정되어 있는지 확인한다.) 컴퓨터의 메모리는 16MB이고 램디스크로 2MB를 사용한다고 가정한다. 그러면 커널은 2MB 메모리 공간을 버퍼 메모리의 끝 부분에 램디스크 공간을 마련한다. 그리고 메인 메모리의 시작 위치를 2MB의 용량만큼 뒤로 이동시켜 램디스크 뒤에 자리잡도록 조정한다. 그림 2.3은 물리적인 메모리 상에서 레이아웃을 조정한 결과를 보여 준다.

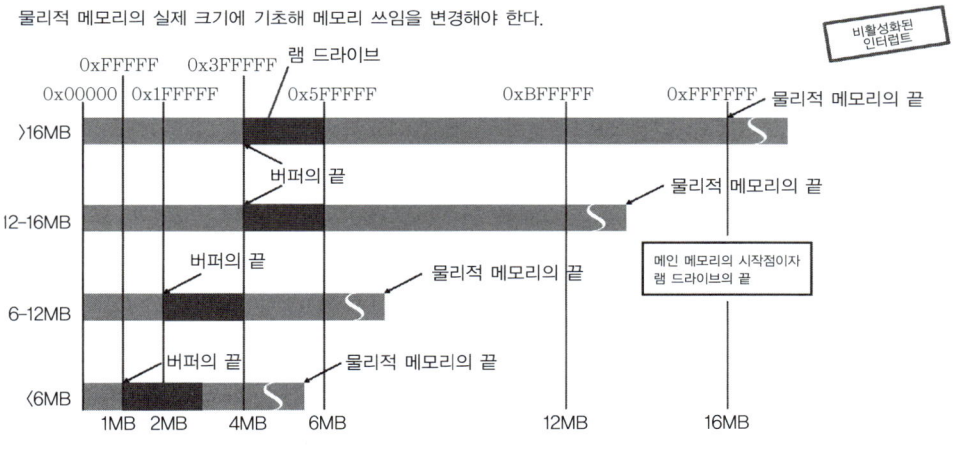

그림 2.3 물리적인 메모리 레이아웃

시스템은 램디스크 설정을 위해서 rd_init() 함수를 호출한다. 코드는 다음과 같다.

```
//코드 경로:init/main.c:
void main(void)
{
   ......
#ifdef RAMDISK
   main_memory_start + = rd_init(main_memory_start, RAMDISK*1024);
#endif
   ......
```

```
}

//코드 경로:kernel/blk_drv/blk.h:

#define NR_BLK_DEV  7
    ......
struct blk_dev_struct {
        void (*request_fn)(void);
        struct request * current_request;
};
    ......
#if (MAJOR_NR == 1)
        ......
#define DEVICE_REQUEST do_rd_request
        ......


//코드 경로:kernel/blk_drv/ll_rw_blk.c:     // 파일명의 ll은 low level을 의미한다.

        ......
struct blk_dev_struct blk_dev[NR_BLK_DEV] = {
        { NULL, NULL },     /* no_dev */
        { NULL, NULL },     /* dev mem */
        { NULL, NULL },     /* dev fd */
        { NULL, NULL },     /* dev hd */
        { NULL, NULL },     /* dev ttyx */
        { NULL, NULL },     /* dev tty */
        { NULL, NULL }      /* dev lp */
};
        ......


//코드 경로:kernel/ramdisk.c:
        ......
#define MAJOR_NR 1
        ......
// hd_init(),floppy_init()들도 이 함수와 비슷하다.
long rd_init(long mem_start, int length)
{
        int i;
        char *cp;

        blk_dev[MAJOR_NR].request_fn = DEVICE_REQUEST; // do_rd_request()에 연결됨
        rd_start = (char *) mem_start;
        rd_length = length;
        cp = rd_start;
        for (i=0; i < length; i++)
                *cp++ = '\0';                       // 0으로 초기화됨
        return(length);
}
```

rd_init() 함수에서 램디스크 소스에서 정의한 do_rd_request 함수를 blk_dev[7]의 두 번째 항목에 설정한다. blk_dev[7]은 그림 2.4의 왼쪽 상단에서 보이는 제어 구조체이다. blk_dev[7]의 주요 기능은 장치와 연동해서 요청 처리 기능을 연동시키는 것이다. 그리고 우리가 논의하고자 하는 시스템에는 여섯 종류의 장치들을 연동시킬 수 있다.(역주 : ll_rw_blk.c에 정의된 blk_dev[]를 보면 메모리, 플로피 디스크, 하드디스크, ttyx, tty, 프린터 등을 사용할 수 있다.) 디스크 요청은 세션 2.1.6에서 상세히 다룰 예정이다. 연동(attachment)은 커널이 do_rd_request() 함수를 이용해서 램디스크 요청을 처리한다는 의미이다. 연동된 후에 램디스크를 0으로 초기화한다. 램디스크는 단순히 빈 디스크로 포맷을 하지 않았기 때문에 아직은 블록 디바이스로서 램디스크를 사용할 수 없다. 블록 디스크와 램디스크 포맷은 rd_load() 함수의 일부로 자세히 다룰 예정이다. 그림 2.4는 rd_init()의 수행 내용을 보여 준다.

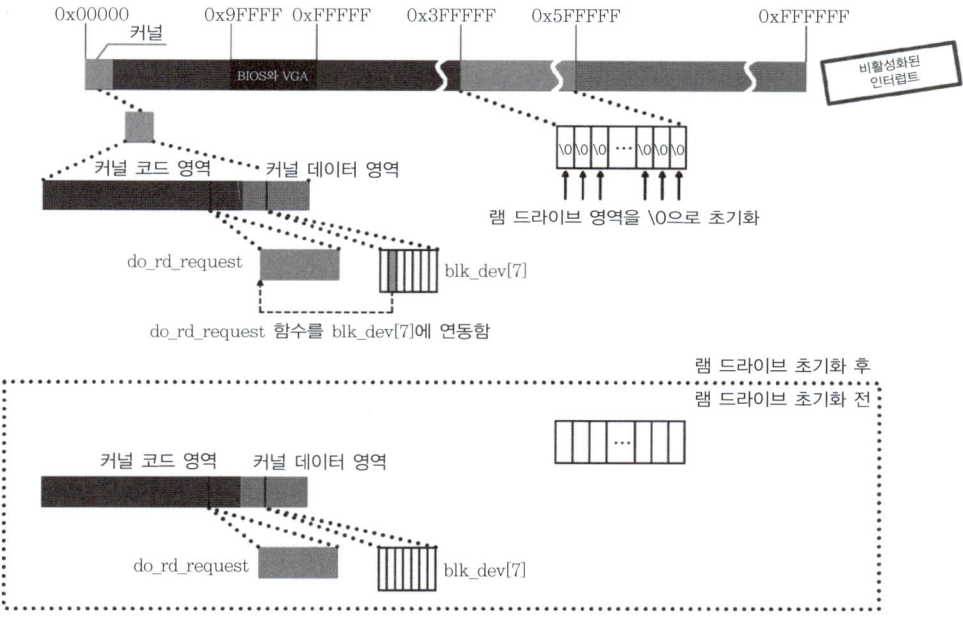

그림 2.4 램디스크 설정 및 초기화

rd_init() 함수는 램디스크 크기를 반환한다. 이 값은 메인 메모리의 시작 위치를 재설정하는 데 사용된다.

역주 : 램디스크로 설정된 크기 만큼 메인 메모리 시작 위치가 뒤로 밀린다. rd_init() 함수를 이용하는 코드는 다음과 같다.
main_ memory_start + = rd_init(main_memory_start, RAMDISK*1024);

2.4 메모리 관리 구조체 mem_map 초기화

메인 메모리의 시작 위치가 초기화되면서 메인 메모리와 버퍼 메모리 위치의 크기가 결정되었다. 시스템은 mem_init()를 호출한다. 먼저 커널은 메인 메모리를 위한 관리 구조체를 설정한다. 그림 2.5가 그 과정을 보여 준다.

실행 코드는 다음과 같다.

```
//코드 경로:init/main.c:
void main(void)
{
    ......
    mem_init(main_memory_start,memory_end);
    ......
}

//코드 경로:mm/memory.c:
    ......
    #define LOW_MEM 0x100000                          //1MB
    #define PAGING_MEMORY (15*1024*1024)
    #define PAGING_PAGES (PAGING_MEMORY>>12) //15MB에 해당하는 페이지 수
    #define MAP_NR(addr) (((addr)-LOW_MEM)>>12)
    #define USED 100
    ......
    static long HIGH_MEMORY = 0;
    ......
    static unsigned char mem_map [ PAGING_PAGES ] = {0,};
    ......
void mem_init(long start_mem, long end_mem)
{
    int i;

    HIGH_MEMORY = end_mem;
    for (i=0 ; i<PAGING_PAGES ; i++)
        mem_map[i] = USED;
    i = MAP_NR(start_mem);                        //start_mem의 페이지 넘버, 램디스크 다음에 옴
    end_mem -= start_mem;
    end_mem >>= 12;                               //end_mem의 페이지 넘버
    while (end_mem-->0)
        mem_map[i++]=0;
}
```

시스템은 mem_map 구조체를 사용해서 1MB 이상의 메모리를 페이지 단위로 관리하고 각 페이지의 참조 넘버를 보관한다.

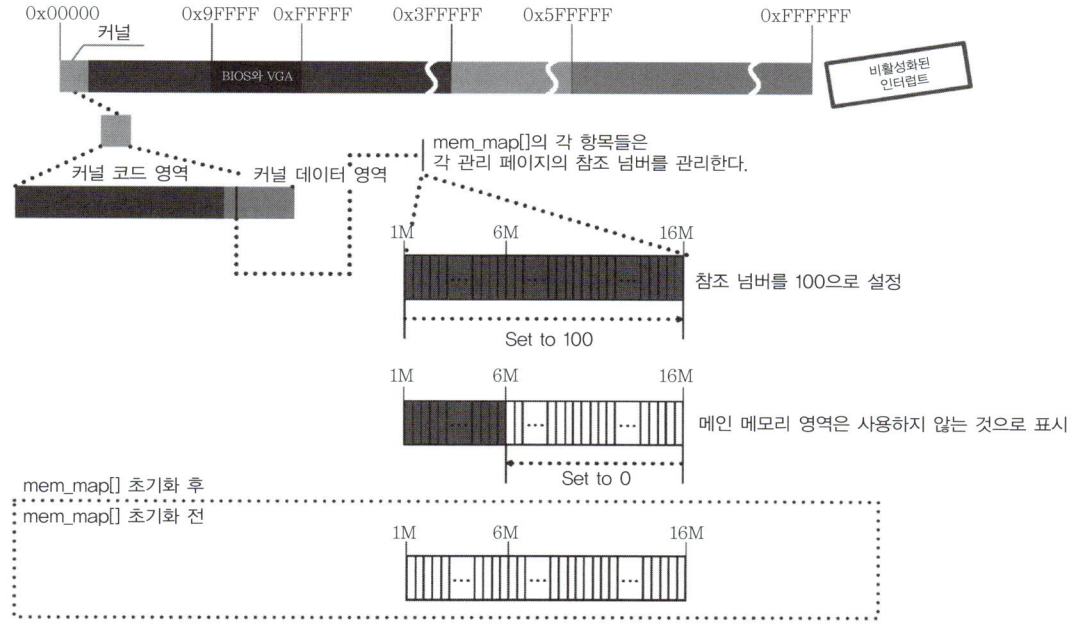

그림 2.5 메모리 관리 구조체인 mem_map 초기화

mem_init은 모든 메모리 페이지의 참조 카운트^(역주 : 해당 메모리 페이지가 사용되면 1 증가, 해제되면 1 감소된다.)에 대해서 USED(100, 사용중 표시)으로 설정하고 나서 메인 메모리 영역의 참조 카운트는 0으로 설정한다. 이렇게 하고 나면 시스템은 0으로 설정된 페이지를 사용하지 않는 페이지로 인식한다.

시스템이 위에서 설명한 페이지 방식으로 1MB 이하의 메모리를 관리하지 않는 이유는 뭘까? OS 디자이너가 OS를 만들 때 커널과 유저 프로세스에 두 개의 다른 페이지 관리 방식을 적용하기 때문이다. 커널이 사용하는 영역은 선형 어드레스와 물리적 어드레스가 정확히 1:1로 맵핑된다. 반면 유저 모드에는 선형 어드레스와 물리적인 어드레스는 전혀 다른 주소이고, 둘 사이에는 어떤 관계도 없다. 이렇게 설계한 목적은 유저 프로세스가 선형 어드레스를 이용해서 물리적 어드레스를 유추할 수 없도록 하기 위한 것이다. 즉, 커널은 유저 프로세스 영역에 접근할 수 있지만 유저 프로세스는 커널 영역을 비롯한 다른 프로세스 공간에 접근할 수 없다. 1MB 이하의 메모리 공간은 커널에 의해서만 관리되는 코드와 데이터를 위한 공간으로 유저 프로세스는 이곳에 접근할 수 없다. 반면 1MB 이상의 메모리 공간, 특히 메인 메모리 영역은 유저 프로세스 공간이다. 챕터 6에서 메모리 관리, 챕터 9에서 내부의 메커니즘에 대해서 더 자세히 다룰 예정이다.

2.5 인터럽트 서비스 루틴 바인딩

유저 프로세스와 커널은 종종 인터럽트를 사용하고 오버플로우, 영역 경계 확인(boundary checking), 페이지 폴트 예외 등 많은 예외 상황들을 처리하게 된다. 인터럽트 메커니즘은 시스템 콜에서도 광범위하게 사용되는 방식이다. 이 인터럽트와 예외는 특별한 서비스 프로그램이 필요하다. trap_init() 함수는 인터럽트와 예외를 처리하기 위한 서비스 프로그램을 IDT(interruption descriptor table, 인터럽트 디스크립터 테이블)

연결한다. 또 traip_init() 함수는 호스트 PC의 커널과 프로세스 실행을 지원하는 인터럽트 서비스들을 만드는 작업도 하게 된다.

> **역주 :** 인터럽트, 예외, 소프트 인터럽트에 대한 설명이다. 인터럽트가 발생하는 원인에 따른 분류지만 이 책에서는 이것들을 따로 정확히 나누고 있지는 않다. 발생 원인들은 다르지만 처리하는 방식은 모두 동일하기 때문이다. 따라서 인터럽트라고 통칭해도 리눅스 코드를 이해하는 데 아무 문제없다.

그림 2.6에서 인터럽트 서비스 루틴이 차지하는 위치와 그것들의 바인딩 과정을 보여 주고 있다.

실행 코드는 다음과 같다.

```
//코드 경로:init/main.c:
void main(void)
{
    ......
    trap_init();
    ......
}


//코드 경로:kernel/traps.c:
void trap_init(void)
{
    int i;

    set_trap_gate(0,&divide_error);                         // 0으로 나눔 예외 처리
    set_trap_gate(1,&debug);                                // 라인 단위 디버깅 지원
    set_trap_gate(2,&nmi);                                  // NMI(마스킹 되지 않는 인터럽트) 처리
    set_system_gate(3,&int3);                               // INT 3,4,5는 어디서나 호출 가능한 인터럽트
    set_system_gate(4,&overflow);                           // 오버플로우 예외
    set_system_gate(5,&bounds);                             // 영역 침범 예외
    set_trap_gate(6,&invalid_op);                           // 비정상 명령 예외
    set_trap_gate(7,&device_not_available);                 // 준비되지 않은 디바이스 예외
    set_trap_gate(8,&double_fault);                         // 예외 처리 중 예외 발생 예외
    set_trap_gate(9,&coprocessor_segment_overrun);          // 보조 프로세스 세그먼트 오버런 예외
    set_trap_gate(10,&invalid_TSS);                         // TTS 오류 예외
    set_trap_gate(11,&segment_not_present);                 // 세그먼트가 없을 때 발생하는 예외
    set_trap_gate(12,&stack_segment);                       // 스택 예외
    set_trap_gate(13,&general_protection);                  // 일반 보호 예외
    set_trap_gate(14,&page_fault);                          // 페이지 폴트
    set_trap_gate(15,&reserved);                            // 예약된 예외
    set_trap_gate(16,&coprocessor_error);                   // 보조 프로세스 예외
    for (i=17;i<48;i++)                                     // 17~48까지 reserved로 바인딩함
        set_trap_gate(i,&reserved);
```

```
    set_trap_gate(45,&irq13);              // 보조 프로세서
    outb_p(inb_p(0x21)&0xfb,0x21);         // IRQ2 인터럽트 허용
    outb(inb_p(0xA1)&0xdf,0xA1);           // IRQ2 인터럽트 허용
    set_trap_gate(39,&parallel_interrupt); // 병렬 포트
}


//코드 경로:include/asm/system.h:
    ……
#define _set_gate(gate_addr,type,dpl,addr) \
__asm__ ("movw %%dx,%%ax\n\t" \          // edx 하위 워드를 eax 하위 워드에 대입
         "movw %0,%%dx\n\t" \            // %0은 두 번째 ':' 이후의 첫 번째 줄 i에 맵핑됨
         "movl %%eax,%1\n\t" \           // %1은 두 번째 ':' 이후의 두 번째 줄 o에 맵핑됨
         "movl %%edx,%2" \               // %2는 두 번째 ':' 이후의 세 번째 줄 o에 맵핑됨
         : \                             // 값 출력 설정, 이 다음 줄에는 입력 설정이 시작됨
         : "i" ((short) (0x8000+(dpl<<13)+(type<<8))), \
         "o" (*((char *) (gate_addr))), \          // 인터럽트 핸들러의 앞 4바이트 어드레스
         "o" (*(4+(char *) (gate_addr))), \        // 인터럽트 핸들러의 뒤 4바이트 어드레스
         "d" ((char *) (addr)),"a" (0x00080000)) // 'd'는 edx를 의미, 'a'는 eax를 의미
    ……
#define set_trap_gate(n,addr) \
        _set_gate(&idt[n],15,0,addr)
```

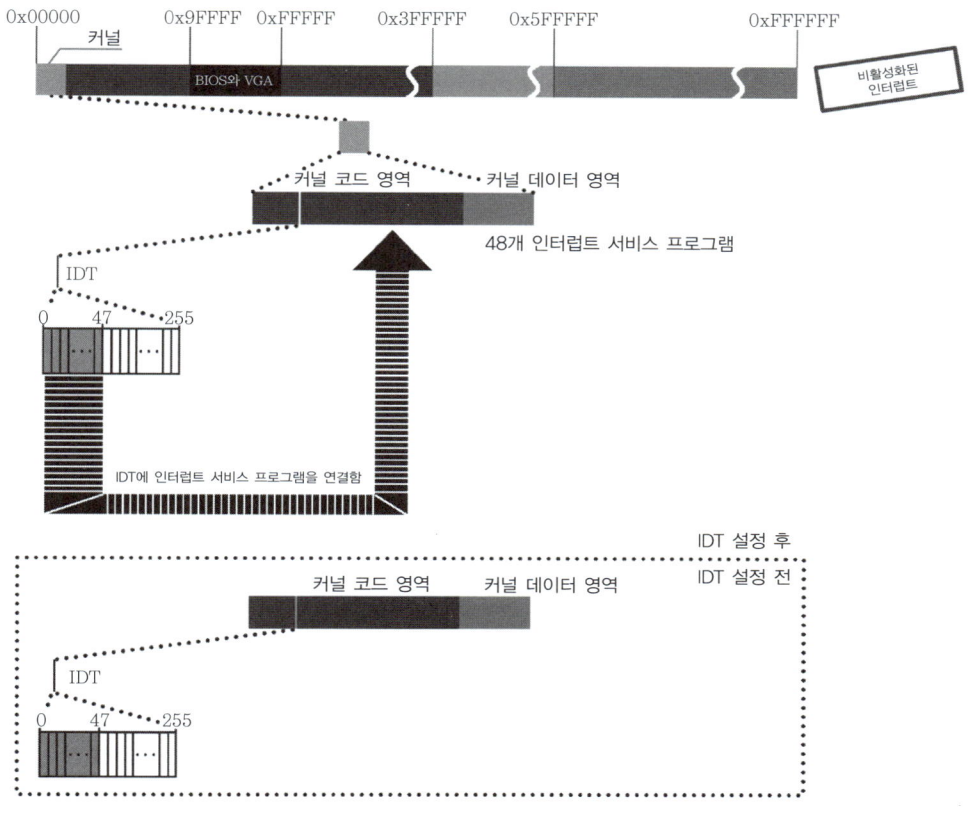

그림 2.6 인터럽트 서비스 프로그램 연결

앞 코드는 섹션 1.3.5에서 설명했던 IDT 디스크립터를 만드는 것이 목적이다. 이어지는 코드는 이해를 돕기 위해서 일부 코드를 발췌한 것이다.

앞에 나왔던 코드의 실행 결과는 다음과 같다(그림 2.7).

비교:

```
set_trap_gate(0,&divide_error)
set_trap_gate(n,addr)
_set_gate(&idt[n],15,0,addr)
_set_gate(gate_addr,type,dpl,addr)
```

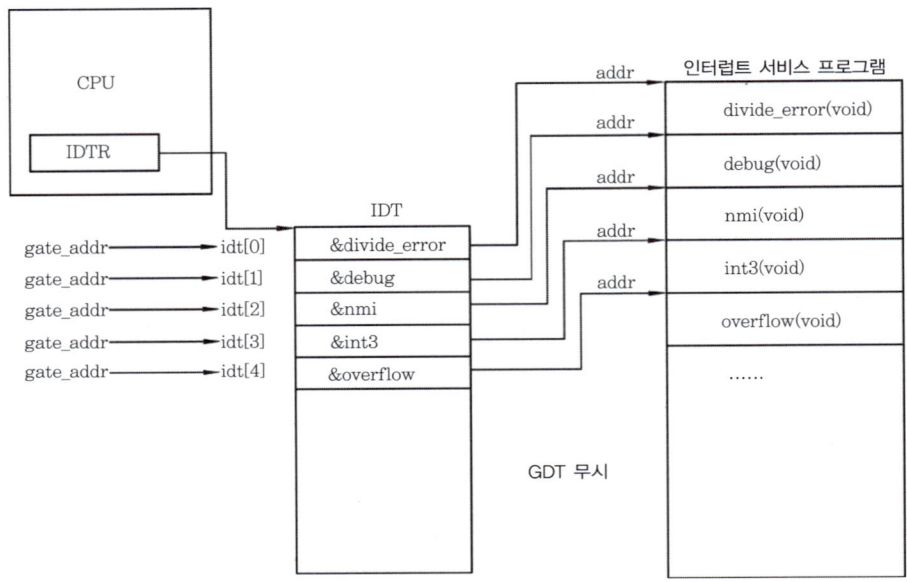

그림 2.7 인터럽트 핸들러 연결

앞의 코드를 보면 n은 0이다. gate_addr은 idr[0]로 idt의 첫 번째 항목의 어드레스를 가리킨다. type은 15이고 dpl(descriptor privilege level, 권한 레벨)은 0이다. addr는 인터럽트 서비스 프로그램인 "divide_error(void)"의 진입 어드레스다(그림 2.8).

"movw %%dx, %%ax\n\t" 명령은 edx의 하위 워드 값을 eax의 하위 워드에 대입하는 것이다. 여기서 edx 값은 (char*)(addr)로 &divide_error의 값과 같다.(역주 : divide_error() 진입 어드레스) eax 값은 0x0080000인데 이 값은 head.s에서 설명했던 값이다.(역주 : _set_gate() 함수에서 "a" (0x00080000) 부분의 코드로 설정되는 값이다.) 여기서 8은 이진수 1000으로 이 값의 모든 비트에 각각의 의미가 있다.

최종적으로 eax 값은 0x000080000 + (char*)(addr)의 하위 주소가 된다. 0x0008은 세그먼트 셀렉터로 1장에서 "jmpi 0, 8"를 설명하면서 이야기했던 셀렉터와 같은 의미다.

> **역주 :** 현재 내용은 IDT에 설정할 인터럽트 디스크립터를 만드는 과정을 설명하고 있다. 여기서는 C 언어로 어셈블리 코드를 만들고 있어서 다르게 느껴지지만 그림 1.280이 설명하는 어셈블리 코드와 동일한 것을 만들고 있다. 혹시 이 부분의 글이 이해가 되지 않으면 해당 부분과 비교해 보는 것이 좋다.

"movw %0,%%dx\n\t" 명령은 (short) (0x8000 + (dpl〈〈13) + (type〈〈8)) 값을 dx에 설정한다는 의미다. 여기서 주목할 것은 edx가 (char *)(addr) 즉, &divide_error 라는 점이다.

> **역주 :** edx는 인터럽트 디스크립터의 상위 두 워드에 해당하는 값을 만들고 있다. 이 값의 상위 워드에는 인터럽트 서비스 프로그램의 진입 어드레스[31..16]이 위치하고 하위 워드에는 속성을 표현하는 값들이 들어간다. 인터럽트 디스크립터에 대한 설명은 http://wiki.osdev.org/Interrupt_Descriptor_Table을 참조하기 바란다.

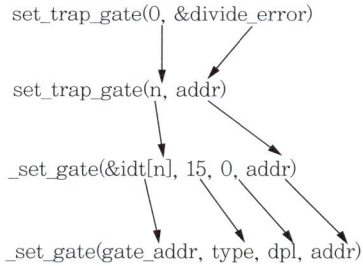

그림 2.8 함수 파라미터들

데이터를 만들면서 비트 단위로 데이터를 나누어 쓰고 있기 때문에 우리는 다음과 같이 계산을 정확히 해야 한다.

0x8000은 이진수로 1000 0000 0000 0000 이다.

dpl은 00 이고, dpl 〈〈 13은 000 0000 0000 0000 이다.

type이 15 이고, type 〈〈 8 은 1111 0000 0000 이다.

위에 있는 값들을 모두 합치면 1000 1111 0000 0000이 되는데 이 값이 dx의 값이 된다. edx의 최종 결과 값은 (char*)(addr)의 상위 워드 즉, &divide_error + 1000 1111 0000 0000의 상위 워드 값이다.

"movl %%eax,%1\n\t" 명령은 eax의 값을 *((char *) (gate_addr))에 설정하는 것으로 idt[0]의 첫 번째 4바이트 값이다. 비슷하게 "movl%%edx,%2"는 edx 값을 *(4+(char*)(gate_addr))에 설정하는 것으로 idt[0]의 마지막 4바이트 값이다. 모든 8바이트가 idt[0]에 설정된다. 결과는 다음과 같다(그림 2.9).

IDT 테이블의 첫 번째 엔트리에 "0으로 나눔" 예외 처리를 위한 인터럽트 디스크립터를 초기화했다. 다른 인터럽트 서비스 루틴과 IDT도 이와 동일하게 설정된다.

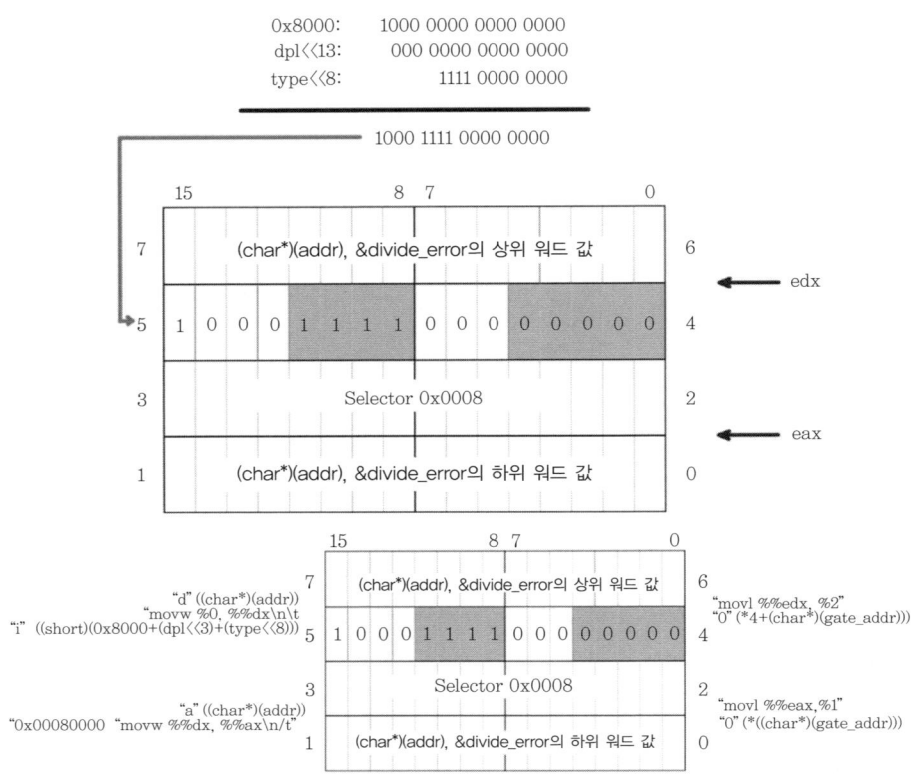

그림 2.9 IDT에 들어가는 파라미터 계산 방법

set_system_gate(n,addr)와 set_trap_gate(n,addr)는 같은 _set_gate(gate_addr, type, dpl, addr)를 사용하고 있다. 차이점은 set_system_gate의 dpl 값이 3인 반면, set_trap_gate의 dpl 값은 0이라는 점이다. dpl이 0이라는 뜻은 커널에 의해서만 사용된다는 의미다. 반면 dpl이 3이면 권한 레벨 3(유저 권한 레벨)에서도 시스템을 호출할 수 있다.

인텔 IA-32 아키텍처 소프트웨어 개발자 매뉴얼 3판(Intel IA-32 Architectures Software Developer's Manual Volume 3)에서 권한 레벨에 대해서 자세히 설명하고 있다.

다음으로 IDT에 int 0x11~0x2F까지의 인터럽트들이 설정되고 IDT의 인터럽트 서비스 루틴 프로그램으로 reserved() 함수를 설정해서 예약 상태를 표현한다.

코프로세스를 위한 IDT를 설정해보자. 8259A 인터럽트 컨트롤러의 IRQ2과 IRQ3의 인터럽트 요청을 활성화한다. 프린터 접속을 위해서 사용하는 병렬 포트(페러럴 포트)의 IDT도 설정한다. 32비트 인터럽트 서비스는 앞으로 설명될 '수동적 응답(passive response)'이라는 방식으로 인터럽트 신호를 처리하도록 설정된다. 한편으로 하드웨어가 8259A로 신호를 보내고 8259A가 먼저 신호를 처리하고 CPU에 인터럽트 신호를 보낸다. 다른 한편으로는 CPU가 신호를 받지 않으면 일반적인 프로그램을 실행하다가 신호를 받으면 기존의 프로그램 실행은 중지되고 IDT에 기록된 인터럽트 서비스 프로그램이 즉시 실행된다. 인터럽트 처리가 완료되면 CPU는 다시 인터럽트가 실행되었던 프로그램 위치로 돌아가서 프로그램을 다시 실행한다. 인터럽트가 다시 발생하면 앞의 절차를 다시 반복한다.

원래 설계는 이렇지 않았다. 원래는 CPU가 주기적으로 하드웨어를 체크해서 테스크의 종료 여부를 확인한다. 테스크가 종료되지 않았다면 CPU는 계속 이 일을 반복한다. 이런 방법으로 유저 프로세서를 처리하는 것은 시간이 많이 걸리고 시스템의 성능을 저해한다. 이처럼 폴링(Active Polling) 방식으로 신호를 처리하는 것은 비효율적이라는 것을 알 수 있다. 호스트와 주변기기 간의 I/O 문제를 처리하는 데 있어 수동적 응답 방식이 폴링 방식을 대체하면서 효율적으로 처리할 수 있게 되었다.

2.6 블록 디바이스의 리퀘스트 구조체 초기화하기

리눅스 0.11에서 주변 장치들은 두 개의 범주 즉, 블록 디바이스와 문자 디바이스로 분류할 수 있다. 블록 디바이스는 저장 공간을 블록이라는 일정한 크기의 작은 부분들로 나눌 수 있는 디바이스를 뜻한다. 모든 블록들은 블록 ID를 가지고 있고 독립적이다. 이 블록들을 임의로 읽거나 쓸 수 있다. 하드디스크와 플로피 디스크가 이런 블록 디바이스다. 문자 디바이스는 문자로 I/O 통신을 수행하는 장치들이다. 키보드나 명령 디스플레이 장치가 문자 디바이스들이다.

어떤 프로세스는 호스트 메모리의 버퍼를 이용해서 블록 디바이스와 통신한다. 리퀘스트 관리 구조체 request[32]는 읽기와 쓰기를 위한 데이터 구조체로 OS 버퍼에 있는 버퍼 블록과 블록 디바이스의 논리 블록 사이의 연결고리 역할을 한다. 프로세스와 블록 디바이스 간의 I/O 통신은 그림 2.10과 같다.

OS는 우선 순위를 고려해서 버퍼와 블록 디바이스 간의 읽기와 쓰기를 수행하고 블록 리퀘스트를 처리할 버퍼를 정한다.

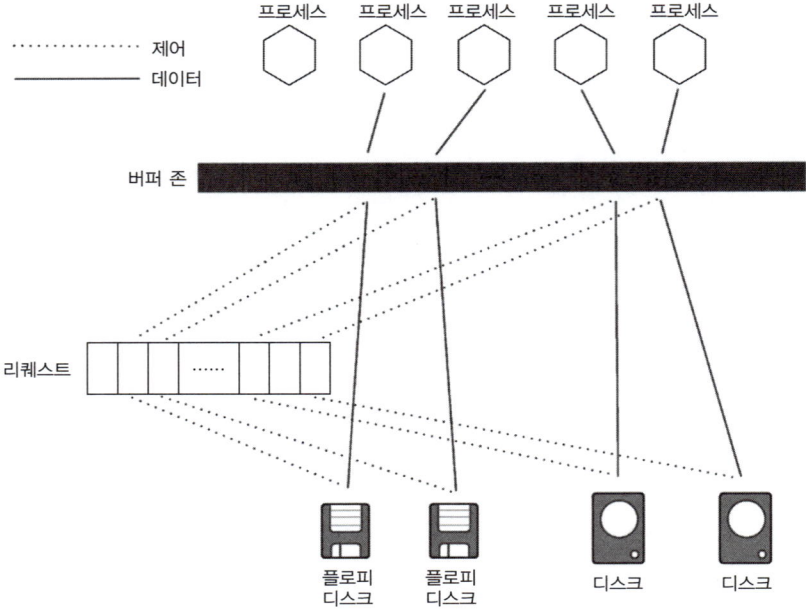

제어 ············
데이터 ————

프로세스 프로세스 프로세스 프로세스 프로세스

버퍼 존

리퀘스트

플로피   플로피   디스크   디스크
디스크   디스크

그림 2.10 블록 디바이스, 버퍼, 리퀘스트 그리고 프로세스의 관계도

```c
//코드 경로:init/main.c:
void main(void)
{
    ……
    blk_dev_init();
    ……

}

//코드 경로:kernel/blk_dev/blk.h:
    ……
#define NR_REQUEST  32
struct request {
    int dev;                    // 리퀘스트가 없을 때 -1로 설정
    int cmd;                    // 명령: 읽기 혹은 쓰기
    int errors;
    unsigned long sector;
    unsigned long nr_sectors;
    char * buffer;
    struct task_struct * waiting;
    struct buffer_head * bh;
    struct request * next;   // 리퀘스트를 링크드 리스트로 연결한다.
};
    ……
```

```
//코드 경로:kernel/blk_dev/ll_rw_block.c:
        ......
struct request request[NR_REQUEST];
        ......
void blk_dev_init(void)
{
        int i;

        for (i = 0 ; i<NR_REQUEST ; i++) {
                request[i].dev = -1;
                request[i].next = NULL;
        }
}
```

request[32]는 배열로 구성되어 있고 내부 항목들은 다시 링크드 리스트로 연결되는 구조를 갖는다. "request[i].dev = -1"은 이 request 아이템이 어떤 디바이스와도 연결되어 있지 않다는 것을 나타낸다. 이 플래그는 현재의 요청 디바이스가 사용 중인지 아닌지를 명시하는 데 사용된다. "request[i].next = NULL" 은 request의 큐가 아직 없다는 것을 의미한다. 초기화 과정의 결과는 그림 2.11에 잘 나타나 있다.

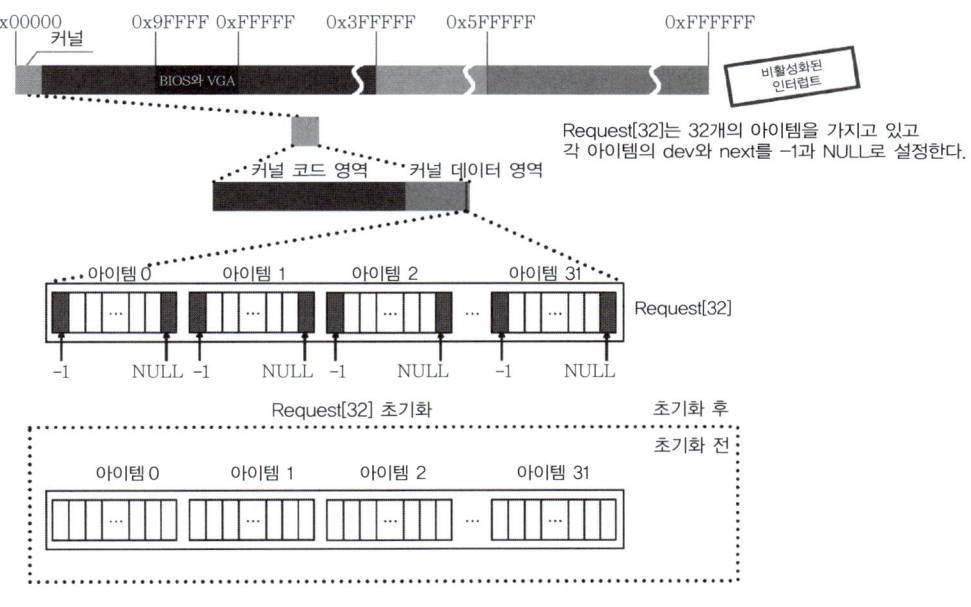

그림 2.11 request[32]의 초기화

2.7 주변기기를 위한 인터럽트 서비스 루틴 바인딩과 HCI 인터페이스 만들기

리누스 토발즈는 리눅스에서 문자 디바이스를 초기화하기 위해서 chr_dev_init() 함수를 먼저 만들었다. 하지만 이 함수는 결과적으로 하는 일이 없어졌고, 리누스는 다시 tty_init()을 구현해서 문자 디바이스를 초기화한다. 함수 이름에서 보이는 tty는 텔레타이프(teletype)를 의미한다고 생각된다.

문자 디바이스 초기화는 프로세스와 시리얼 포트를 위한 실행 환경을 만든다. 즉, 시리얼 포트, 디스플레이 그리고 키보드를 초기화하고 IDT에 이것들과 관련된 인터럽트 서비스 루틴을 바인딩한다. tty_init()에서 rs_init()를 먼저 호출해서 시리얼 포트를 설정하고 con_init()를 호출해서 디스플레이를 설정한다.

관련된 구체적인 코드는 다음과 같다.

```
//코드 경로:init/main.c:
void main(void)
{
     ......
     tty_init();
     ......
}


//코드 경로:kernel/chr_dev/tty_io.c:
void tty_init(void)
{
     rs_init();
     con_init();
}
```

2.7.1 시리얼 포트 설정

두 개의 시리얼 포트 인터럽트 서비스 프로그램과 IDT가 연결되고 두 시리얼 포트는 라인 제어 레지스터 (DLAB) 비트 설정, 전송 속도 설정 그리고 DTR과 RTS 설정 등 tty_table 데이터 구조체를 바탕으로 초기화된다. 최종적으로 8259A의 IRQ3과 IRQ4는 인터럽트 요청을 보낼 수 있도록 활성화한다.

바인딩 과정은 그림 2.12의 상단에 볼 수 있다. 구체적인 코드는 다음과 같다.

```
//코드 경로:kernel/chr_dev/serial.c:
void rs_init(void)
{
   set_intr_gate(0x24,rs1_interrupt);      // 시리얼 포트 1의 인터럽트 설정 (섹션 2.5 참고)
   set_intr_gate(0x23,rs2_interrupt);      // 시리얼 포트 2의 인터럽트 설정
   init(tty_table[1].read_q.data);         // 시리얼 포트 1의 초기화
   init(tty_table[2].read_q.data);         // 시리얼 포트 2의 초기화
   outb(inb_p(0x21)&0xE7,0x21);            // IRQ3, IRQ4 허용
}
```

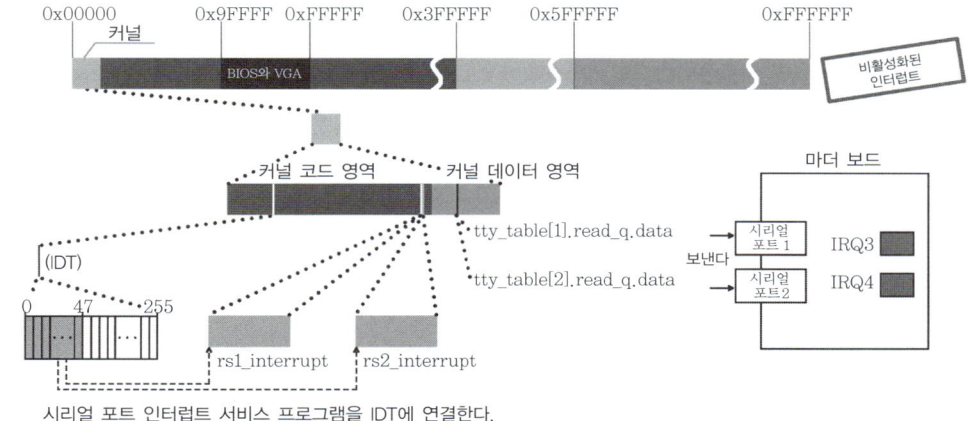

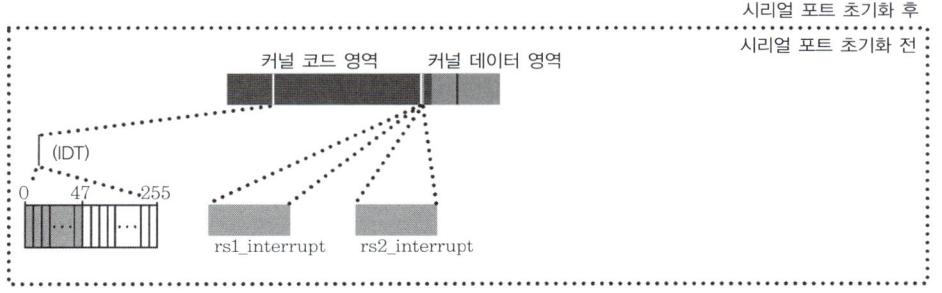

그림 2.12 시리얼 포트의 인터럽트 설정

IDT의 두 개의 시리얼 포트 인터럽트 서비스 프로그램을 설정하는 set_intr_gate() 함수는 set_trap_gate()와 비슷한 기능을 한다. 차이점은 set_trap_gate()의 type이 15(1111)인 반면, set_intr_gate()는 14(1110)를 사용하고 있다는 점이다.^{(역주 : 여기서 차이가 나는 type 속성은 해당 인터럽트가 트랩인지 인터럽트인지를 설정하는 것으로 15는 트랩 게이트 속성이고, 14는 인터럽트 게이트 속성을 의미하며 동작은 비슷하다. 차이점이 있다면 인터럽트 게이트 속성(14)을 가지고 있을 경우, 인터럽트가 발생하면 인터럽트가 자동으로 비활성화 되었다가 IRET으로 반환될 때 다시 활성화된다는 점이다.)}

2.7.2 디스플레이 설정

시스템이 그래픽 카드가 모노크롬인지 컬러인지 구별하기 위한 정보를 제공하기 때문에 OS는 이와 관련된 정보를 설정한다. 리눅스 0.11이 만들어진 시점에는 대부분의 그래픽 디바이스들이 모노크롬이었다. 그래서 여기서는 그래픽 카드의 속성이 모노크롬 EGA라고 가정한다. 그러면 그래픽 메모리의 위치는 0xb0000 ~ 0xb8000이다. 인덱스 레지스터 포트는 0x3b4로 설정하고 데이터 포트는 0x3b5로 설정한다. 그래픽 카드 속성인 EGA로 표시된다. 또 orgin, scr_end, top, bottom을 포함해서 스크롤 스크린에 사용되는 변수들을 초기화한다. 그림 2.13에서 설정 결과를 확인할 수 있다.

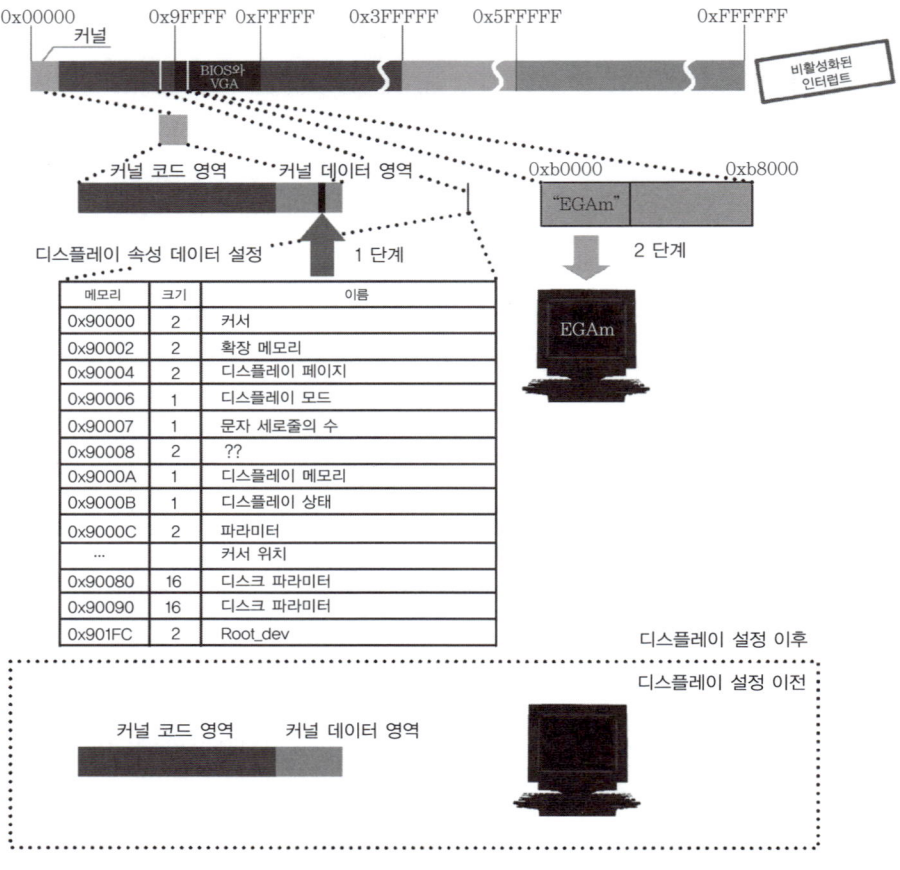

메모리	크기	이름
0x90000	2	커서
0x90002	2	확장 메모리
0x90004	2	디스플레이 페이지
0x90006	1	디스플레이 모드
0x90007	1	문자 세로줄의 수
0x90008	2	??
0x9000A	1	디스플레이 메모리
0x9000B	1	디스플레이 상태
0x9000C	2	파라미터
...		커서 위치
0x90080	16	디스크 파라미터
0x90090	16	디스크 파라미터
0x901FC	2	Root_dev

디스플레이 설정 이후

디스플레이 설정 이전

커널 코드 영역   커널 데이터 영역

그림 2.13 디스플레이 설정

2.7.3 키보드 초기화하기

키보드 설정은 어떻게 할까? 코드를 보면 우선 OS는 IDT의 인터럽트 서비스 루틴을 연결한다. 그리고 8259A의 키보드 인터럽트 마스크를 제거해서 IRQ1을 활성화해 CPU가 인터럽트 시그널을 받을 수 있도록 한다. 그리고 키보드를 비활성화시킨 후, 다시 키보드를 활성화시켜 키보드를 사용할 수 있도록 한다. IDT에 인터럽트 서비스 루틴을 연결할 때 set_intr_gate() 함수를 사용한다. 이 함수에 대해서는 앞에서 설명한 바 있다.

그림 2.14에 실행 절차들이 표시되어 있다. 이 부분의 코드는 다음과 같다.

```
//코드 경로:kernel/chr_dev/console.c:
      ......
#define ORIG_X              (*(unsigned char *)0x90000)
#define ORIG_Y              (*(unsigned char *)0x90001)
#define ORIG_VIDEO_PAGE     (*(unsigned short *)0x90004)
#define ORIG_VIDEO_MODE     ((*(unsigned short *)0x90006) & 0xff)
#define ORIG_VIDEO_COLS     (((*(unsigned short *)0x90006) & 0xff00) >> 8)
#define ORIG_VIDEO_LINES    (25)
```

```c
#define ORIG_VIDEO_EGA_AX    (*(unsigned short *)0x90008)
#define ORIG_VIDEO_EGA_BX    (*(unsigned short *)0x9000a)
#define ORIG_VIDEO_EGA_CX    (*(unsigned short *)0x9000c)


#define VIDEO_TYPE_MDA        0x10    /* 모노크롬 문자 디스플레이*/
#define VIDEO_TYPE_CGA        0x11    /* 컬러 디스플레이 */
#define VIDEO_TYPE_EGAM       0x20    /* 모노크롬 모드 EGA/VGA */
#define VIDEO_TYPE_EGAC       0x21    /* 컬러 모드 EGA/VGA */

#define NPAR 16
        ......
void con_init(void)
{
     register unsigned char a;
     char *display_desc = "????";
     char *display_ptr;

     video_num_columns = ORIG_VIDEO_COLS;   // 시스템 데이터에서 정보 가져옴
     video_size_row = video_num_columns * 2;
     video_num_lines = ORIG_VIDEO_LINES;
     video_page = ORIG_VIDEO_PAGE;           // 시스템 데이터에서 정보 가져옴
     video_erase_char = 0x0720;

     if (ORIG_VIDEO_MODE == 7)               /* 모노크롬 디스플레이인가? */
     {
       video_mem_start = 0xb0000;
       video_port_reg = 0x3b4;
       video_port_val = 0x3b5;
       if ((ORIG_VIDEO_EGA_BX & 0xff) != 0x10)
       {
                    video_type = VIDEO_TYPE_EGAM;
                    video_mem_end = 0xb8000;
                    display_desc = "EGAm";
       }
       else
       {
                    video_type = VIDEO_TYPE_MDA;
                    video_mem_end   = 0xb2000;
                    display_desc = "*MDA";
       }
     }
     else                                    /* 아니면 컬러 디스플레이다. */
     {
     video_mem_start = 0xb8000;
     video_port_reg      = 0x3d4;
     video_port_val      = 0x3d5;
     if ((ORIG_VIDEO_EGA_BX & 0xff) != 0x10)
     {
                    video_type = VIDEO_TYPE_EGAC;
                    video_mem_end = 0xbc000;
```

```
                    display_desc = "EGAc";
    }
    else
    {
                    video_type = VIDEO_TYPE_CGA;
                    video_mem_end = 0xba000;
                    display_desc = "*CGA";
    }
}

    /* 커널에서 사용할 디스플레이를 사용자에게 알린다. */

    display_ptr = ((char *)video_mem_start) + video_size_row - 8;
    while (*display_desc)
    {
       *display_ptr++ = *display_desc++;
       display_ptr++;
    }

    /* 스크롤을 위한 변수 초기화 (대부분 EGA/VGA) */

    origin = video_mem_start;
    scr_end = video_mem_start + video_num_lines * video_size_row;
    top = 0;
    bottom = video_num_lines;

    gotoxy(ORIG_X,ORIG_Y);

    // 키보드 설정
       set_trap_gate(0x21,&keyboard_interrupt); // 키보드 인터럽트 설정
       outb_p(inb_p(0x21)&0xfd,0x21);        // PIC 인터럽트 마스크에서 키보드
                                             // 인터럽트 마스크를 클리어함
                                             // IRQ1 활성화하는 것
                                             // 0x21 포트가 PIC 마스크 설정 포트임
                                             // 그림 1.20  8259A 재설정 부분 참고
    a = inb_p(0x61);       // 키보드 설정 값 저장
    outb_p(a|0x80,0x61); // 키보드 비활성화
    outb(a,0x61);          // 기존의 설정값을 설정해서 키보드를 활성화함
}
```

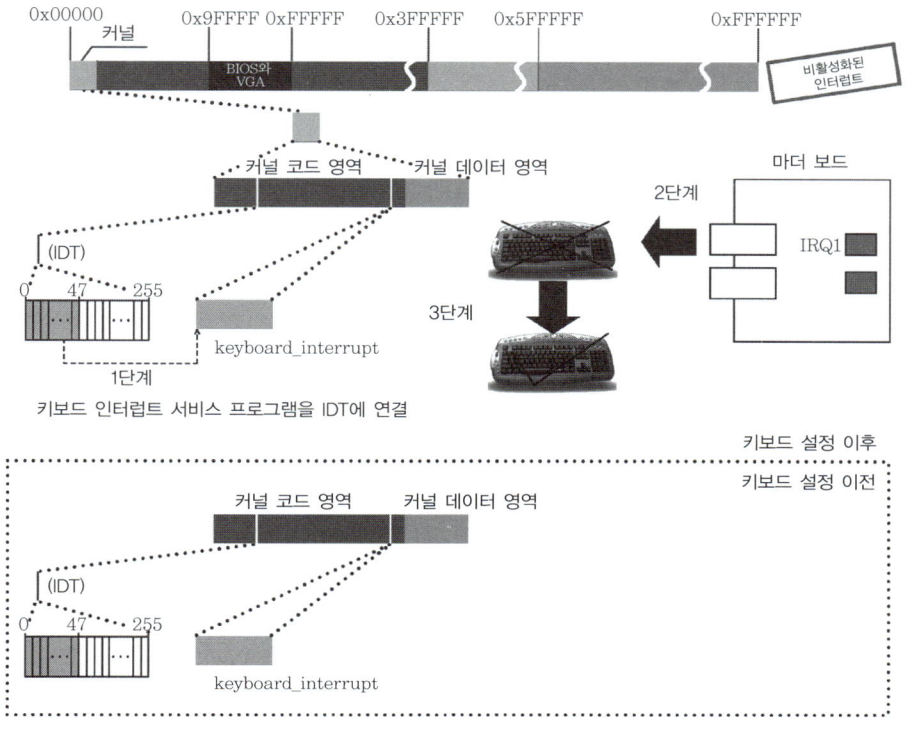

그림 2.14 키보드 설정

2.8 타임 설정

setup_time 전역 변수는 시간과 관련된 계산의 기준 값으로 사용된다. OS에서 어떤 동작들은 시간 정보에 의해서 작동한다. 또 어떤 프로그램에서는 파라미터로 파일 수정 시간, 파일 접근 시간, i-node 변경 시간 등 시간 정보를 넘겨 주어야 할 필요도 있다. 시간과 관련된 것들은 모두 setup_time 값을 기초로 계산된다.

setup_time 변수 값을 설정하는 절차는 다음과 같다. 먼저 시스템은 CMOS라는 메인보드의 작은 칩에 저장된 시간 정보를 time_init() 함수를 호출해서 수집한다. 예를 들어 초는 time.tm_sec, 분 정보는 time.tm_min, 연도 정보는 time.tm_year에 저장한다. 이렇게 정보를 수집하고 나서 startup_time을 계산한다.

코드는 다음과 같다.

```
//코드 경로:init/main.c:
extern long startup_time;
......
void main(void)
{
    ......
    time_init();
    ......
```

```c
}

#define CMOS_READ(addr) ({ \          // CMOS에서 시간 정보 읽기
outb_p(0x80|addr,0x70); \             // 0x80|addr: 읽으려는 CMOS 주소, 0x70: 쓰기 포트
inb_p(0x71); \                        // 0x71: 읽기 포트
})

#define BCD_TO_BIN(val) ((val)=((val)&15) + ((val)>>4)*10) // BCD 포맷 숫자를 바이너리로 변환

static void time_init(void)
{
    struct tm time;

        do {
            time.tm_sec = CMOS_READ(0);     // 현재 시간의 초 정보 읽기
            time.tm_min = CMOS_READ(2);     // 현재 시간의 분 정보 읽기
            time.tm_hour = CMOS_READ(4);    // 현재 시간의 시 정보 읽기
            time.tm_mday = CMOS_READ(7);    // 현재 시간의 날짜 정보 읽기
            time.tm_mon = CMOS_READ(8);     // 현재 시간의 달 정보 읽기
            time.tm_year = CMOS_READ(9);    // 현재 시간의 년도 정보 읽기
        } while (time.tm_sec != CMOS_READ(0));
        BCD_TO_BIN(time.tm_sec);
        BCD_TO_BIN(time.tm_min);
        BCD_TO_BIN(time.tm_hour);
        BCD_TO_BIN(time.tm_mday);
        BCD_TO_BIN(time.tm_mon);
        BCD_TO_BIN(time.tm_year);
        time.tm_mon-- ;
        startup_time = kernel_mktime(&time); // 부팅 시간, 1970.1.1 을 기준으로 한 시간


//코드 경로:include/asm/io.h:            // trap_init에서 사용했던 내장 어셈블리
#define outb_p(value,port) \
__asm__ ("outb %%al,%%dx\n" \          // 포트(port)에 값(value) 쓰기
        "\tjmp 1f\n" \                 // 다음 줄의 1로 점프, 딜레이 주기 위해서
        "1:\tjmp 1f\n" \              // 다시 한번 1로 점프
        "1:"::"a" (value),"d" (port))

#define inb_p(port) ({ \
unsigned char _v; \
__asm__ volatile ("inb %%dx,%%al\n" \      // 컴파일러 최적화를 끈다.
                                           // 포트의 값을 읽는다.
                "\tjmp 1f\n" \             // 딜레이
                "1:\tjmp 1f\n" \          // 딜레이
                "1:":"=a" (_v):"d" (port)); \
                _v; \
                })
```

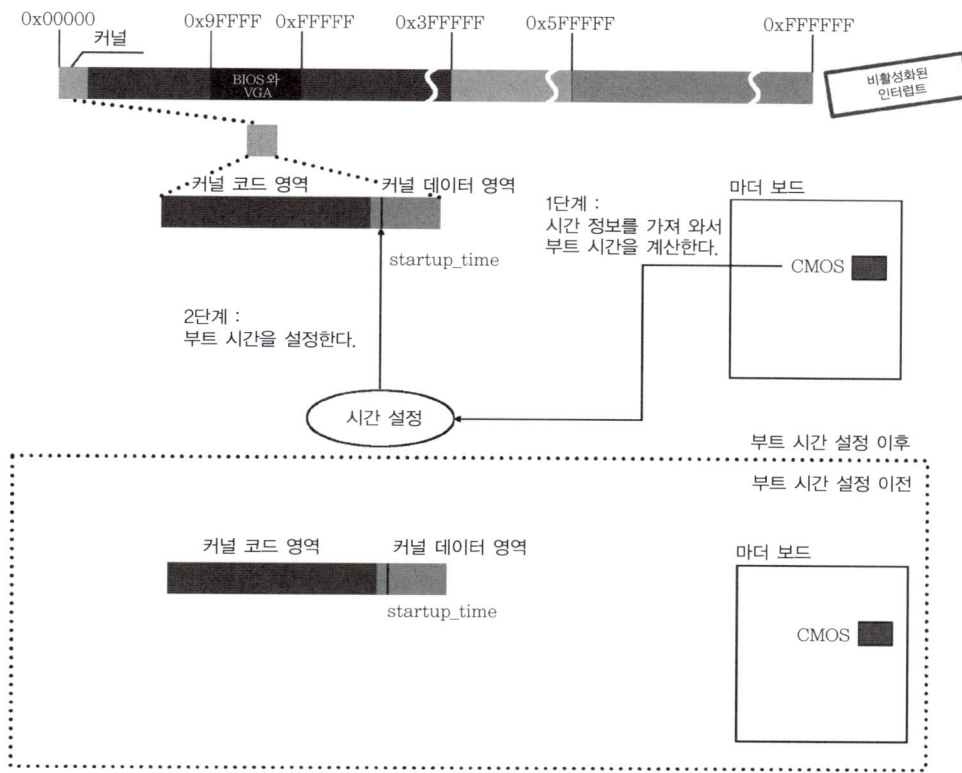

그림 2.15 부트 시간 설정

부트 시간의 계산 과정과 메모리에 올라 가는 위치는 그림 2.15에 표시되어 있다.

2.9 프로세스 0 초기화하기

프로세스 0은 리눅스에서 첫 번째 생성되는 프로세스이자, 리눅스를 동작시키기 첫 번째 부모 프로세스이기도 하다. 이번 섹션에서 다룰 내용은 프로세스 0의 동작에 있어서 아주 중요하고 깊은 연관 관계가 있다. 여기에는 세 가지 주요 관점이 있다.

1. 프로세스 0 초기화 시키기. 프로세스 0의 task_struct(init_task={INIT_TASK,}) 은 코드 디자인 단계에서 구현되지만 이것만으로는 실행이 되지 않는다. GDT에 프로세스 0의 task_struct의 LDT, TSS를 연결해야 한다. 그리고 GDT, 프로세스 탱크 그리고 프로세스 스케줄과 관련된 레지스터들도 초기화해야 한다.

2. 현대적인 OS로서 리눅스 0.11의 중요한 지표는 멀티 프로세스를 지원하는 것이다. 즉, 멀티 프로세스 폴링을 할 수 있어야 한다. 시스템은 프로세스 0과 다른 프로세스들(직간접적으로 프로세스 0과 연관된)의 스케줄링을 위한 기본적인 환경을 만들기 위해서 타이머 인터럽트를 설정한다.

3. 프로세스 0은 시스템 콜을 처리해야 한다. 프로세스들을 시스템 콜을 이용해서 커널과 소통하게 된다. 시스템은 set_system_gate() 함수를 사용해서 IDT와 system_call() 함수를 바인딩한다. 그러면 프로세스 0은 시스템 콜을 사용할 수 있게 된다. system_call()은 모든 시스템 콜의 공통적 진입점이 된다.

프로세스 0은 위의 세 가지 능력을 가지고 있어야 한다. 이런 능력들은 프로세스 0이 정상적으로 동작하도록 할 뿐 아니라, 프로세스 0의 자식 프로세스들에게 같은 능력을 전해줄 수 있도록 한다.

이와 관련된 코드는 다음과 같다.

```
//코드 경로:init/main.c:
void main(void)
{
      ......
      sched_init();
      ......
}


//코드 경로:kernel/sched.c:

      ......
#define LATCH (1193180/HZ)        // 타이머 인터럽트 주기 진동수
      ......
union task_union {                // 커널 스택과 task_struct의 union 구조
      struct task_struct task;
      char stack[PAGE_SIZE];     // 페이지 사이즈는 4KB
};
static union task_union init_task = {INIT_TASK,}; // 프로세스 0의
                                                  // task_struct 설정
      ......
// taks[0]는 프로세스 0가 사용
struct task_strcut * task[NR_TASKS] = {&(init_task.task),};
      ......


void sched_init(void)
{
      int i;
      struct desc_struct * p;

      if (sizeof(struct sigaction) != 16)
        panic("Struct sigaction MUST be 16 bytes");
      set_tss_desc(gdt+FIRST_TSS_ENTRY,&(init_task.task.tss));// TTS0 설정
      set_ldt_desc(gdt+FIRST_LDT_ENTRY,&(init_task.task.ldt));// LDT0 설정
      p = gdt+2+FIRST_TSS_ENTRY;        // GDT의 6번째 부터 TSS1 이상의
      for(i=1;i<NR_TASKS;i++) {         // task들을 0으로 초기화
          task[i] = NULL;
          p->a=p->b=0;
          p++;
          p->a=p->b=0;
```

```
            p++;
        }
/* EFLAG에서 NT 플래그를 0으로 설정해서 문제가 생기지 않도록 함(NT 플래그가 1이면 IRET시 TSS를 사용하지 않음)*/
        __asm__("pushfl ; andl $0xffffbfff,(%esp) ; popfl");
        ltr(0);   // 중요! TSS를 TR 레지스터에 바인딩
        lldt(0);  // 중요! LDT를 LDTR 레지스터에 바인딩
        outb_p(0x36,0x43);   /* binary, mode 3, LSB/MSB, ch 0 */// 타이머 설정
        outb_p(LATCH & 0xff , 0x40); /* LSB */// 10ms 마다 인터럽트 발생
        outb(LATCH >> 8 , 0x40);     /* MSB */
        set_intr_gate(0x20,&timer_interrupt); // 중요! 타이머 인터럽트 핸들러 연결
                                              // 프로세스 스케줄링에 이용됨
        outb(inb_p(0x21)&~0x01,0x21);         // 타이머 인터럽트 허용
        set_system_gate(0x80,&system_call);  // 중요! 시스템콜 연결
}


//코드 경로:include/linux/sched.h
    ......
#define FIRST_TSS_ENTRY 4            // TSS 시작 엔트리
#define FIRST_LDT_ENTRY (FIRST_TSS_ENTRY+1)
#define _TSS(n) ((((unsigned long) n)<<4)+(FIRST_TSS_ENTRY<<3))
#define _LDT(n) ((((unsigned long) n)<<4)+(FIRST_LDT_ENTRY<<3))
#define ltr(n) __asm__("ltr %%ax"::"a" (_TSS(n)))
#define lldt(n) __asm__("lldt %%ax"::"a" (_LDT(n)))
    ......


//코드 경로:include/asm/system.h
    ......
#define set_intr_gate(n,addr) \
    _set_gate(&idt[n],14,0,addr)


#define set_trap_gate(n,addr) \
    _set_gate(&idt[n],15,0,addr)


#define set_system_gate(n,addr) \
    _set_gate(&idt[n],15,3,addr)


#define _set_tssldt_desc(n,addr,type) \
__asm__ ("movw $104,%1\n\t" \        // LDT의 첫 번째 word에 104(1101000) 삽입
         "movw %%ax,%2\n\t" \        // 디스크립터 3,4바이트에 TSS나 LDT의
                                     // 시작 어드레스 하위 16비트 기록

         "rorl $16,%%eax\n\t" \
         "movb %%al,%3\n\t" \        // 시작 어드레스의 3번째 바이트 정보를
                                     // 디스크립터의 5번째 바이트에 기록

         "movb $" type ",%4\n\t" \   // 0x89 혹은 0x82를 6번째 바이트에 기록
         "movb $0x00,%5\n\t" \       // 0x00을 7번째 바이트에 기록
         "movb %%ah,%6\n\t" \        // 시작 어드레스의 4번째 바이트를 디스크립터의
                                     // 8번째 바이트에 기록

         "rorl $16,%%eax" \          // eax 복원
         ::"a" (addr), "m" (*(n)), "m" (*(n+2)), "m" (*(n+4)), \
         "m" (*(n+5)), "m" (*(n+6)), "m" (*(n+7)) \
```

```
                // "m" (*(n))는 GDT의 디스크립트 시작 주소
                // "m" (*(n+2))는 GDT의 디스크립트 시작 주소에서 3번째 바이트가 시작하는 주소
        )
#define set_tss_desc(n,addr) _set_tssldt_desc(((char *) (n)),addr,"0x89")
#define set_ldt_desc(n,addr) _set_tssldt_desc(((char *) (n)),addr,"0x82")


//코드 경로:include/linux/sched.h
        ......
struct tss_struct {
        long        back_link;          /* 상위 16비트는 0 */
        long        esp0;
        long        ss0;                /* 상위 16비트는 0 */
        long        esp1;
        long        ss1;                /* 상위 16비트는 0 */
        long        esp2;
        long        ss2;                /* 상위 16비트는 0 */
        long        cr3;
        long        eip;
        long        eflags;
        long        eax,ecx,edx,ebx;
        long        esp;
        long        ebp;
        long        esi;
        long        edi;
        long        es;                 /* 상위 16비트는 0 */
        long        cs;                 /* 상위 16비트는 0 */
        long        ss;                 /* 상위 16비트는 0 */
        long        ds;                 /* 상위 16비트는 0 */
        long        fs;                 /* 상위 16비트는 0 */
        long        gs;                 /* 상위 16비트는 0 */
        long        ldt;                /* 상위 16비트는 0 */
        long        trace_bitmap;       /* bits: trace 0, bitmap 16-31 */
        struct i387_struct i387;
};

struct task_struct {
/* 하드 코딩된 부분, 절대 수정하지 말 것 */
        long state;             /* -1 실행 불가능, 0 실행 가능, >0 중지 */
        long counter;
        long priority;
        long signal;
        struct sigaction sigaction[32];
        long blocked;           /* 블록된 시그널의 비트맵 */
/* 이외 필드들 */
        int exit_code;
        unsigned long start_code,end_code,end_data,brk,start_stack;
        long pid,father,pgrp,session,leader;
        unsigned short uid,euid,suid;
        unsigned short gid,egid,sgid;
        long alarm;
```

```
        long utime,stime,cutime,cstime,start_time;
        unsigned short used_math;
/* 파일 시스템 정보 */
        int tty;                        /* tty가 없으면 -1 */
        unsigned short umask;
        struct m_inode * pwd;
        struct m_inode * root;
        struct m_inode * executable;
        unsigned long close_on_exec;
        struct file * filp[NR_OPEN];
/* ldt 0 - zero 1 - cs 2 - ds&ss */
        struct desc_struct ldt[3];
/* tss 정보 */
        struct tss_struct tss;
};


// 프로세스 0의 task_struct
// INIT_TASK는 task[]의 첫 번째로 설정된다.
// 이것을 수정하면 위험할 수 있다.
// Base = 0, limit = 0x9ffff(=640KB)
#define INIT_TASK \
/* state etc */         { 0,15,15, \        // 준비 상태, 15 타임 슬라이스 남음
/* signals */           0,{{},},0, \
/* ec,brk... */         0,0,0,0,0,0, \
/* pid etc.. */         0,-1,0,0,0, \       // PID 0
/* uid etc */           0,0,0,0,0,0, \
/* alarm */             0,0,0,0,0,0, \
/* math */              0, \
/* fs info */           -1,0022,NULL,NULL,NULL,0, \
/* filp */              {NULL,}, \
            { \
                        {0,0}, \
/* ldt */   {0x9f,0xc0fa00}, \
                        {0x9f,0xc0f200}, \
            }, \
/*tss*/ {0,PAGE_SIZE+(long)&init_task,0x10,0,0,0,0,(long)&pg_dir,\
        0,0,0,0,0,0,0,0,0, \    //eflags 값은 cli가 커널모드에서만 cli 명령을
                                //쓸 수 있도록 한다.
        0,0,0x17,0x17,0x17,0x17,0x17,0x17, \
        _LDT(0),0x80000000, \
                {} \
        }, \
}
```

2.9.1 프로세스 0의 초기화

```
sched_init():
```

sched_init() 함수를 이해하는 데 있어서 다음 두 줄의 함수를 이해하는 것이 어렵다.

```
set_tss_desc(gdt+FIRST_TSS_ENTRY,&(init_task.task.tss));
set_ldt_desc(gdt+FIRST_LDT_ENTRY,&(init_task.task.ldt));
```

이 두 줄은 GDT 테이블에서 프로세스 0을 위한 4, 5 아이템을 초기화하는 것이다. TSS0과 LDT0의 초기화는 그림 2.16에 볼 수 있다.

소스 코드의 주석을 바탕으로 TSS0이 처리되는 것을 다음과 같은 그림으로 그려볼 수 있다(그림 2.17, 2.18).

소스 코드, 주석, 그림을 비교해 보면 movw$104,%1은 104를 세그먼트 크기를 설정하는 15:0 부분에 설정한다. 이때 G 플래그는 0^{역주} : 디스크립터의 G 플래그가 0이면 크기 단위가 바이트다.)이다. 따라서 설정되는 세그먼트 크기를 104바이트로 한다. TSS(tss_struct 구조체)는 i387_struct 구조체를 제외하면 104바이트이고, LDT는 3x8 = 24바이트로 104바이트의 크기는 충분히 큰 크기다. TSS의 타입은 0x89로 이진수로는 10001001이다. 코드 상에 보이는 movb $"type",%4는 타입으로 1001을 설정한다. 그리고 P, DPL, S 값들이 설정된다. 비슷하게 movb $0x00,%5는 0000 부분을 설정하고 G, D/B, AVL 값들이 설정된다.^{역주} : 지금 설명하는 부분은 TSS, LDT를 위한 세그먼트를 위해서 GDT에 디스크립터를 만드는 것이다. 그림 2.17과 그림 2.18이 이해에 도움이 될 것이다.)

프로세스 0의 task_struct는 OS 개발자가 미리 하드 코딩으로 만들었다. 이 값이 INIT_TASK로 sched.h에 정의되어 있다(소스 코드를 보면 관련된 구조체와 주석을 볼 수 있다). 그리고 INIT_TASK의 포인터가 task[64]의 첫 번째 아이템의 주소로 설정된다(그림 2.19).

sched_init()는 프로세스 0을 위한 첫 번째 아이템을 제외하고 task[64]를 모두 0으로 만든다. 동시에 GDT의 TSS1과 LDT1도 초기화한다. 결과는 다음 그림과 같다.

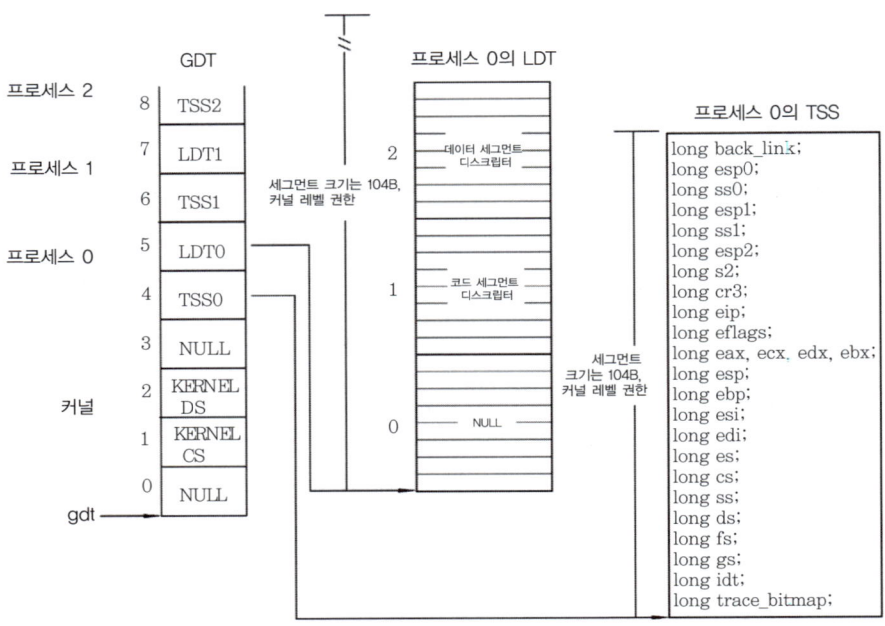

그림 2.16 GDT, LDT 그리고 TSS 간의 관계

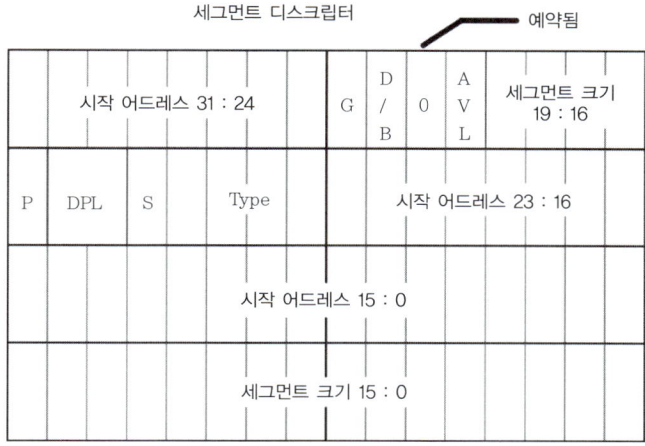

그림 2.17 세그먼트 디스크립터의 구조

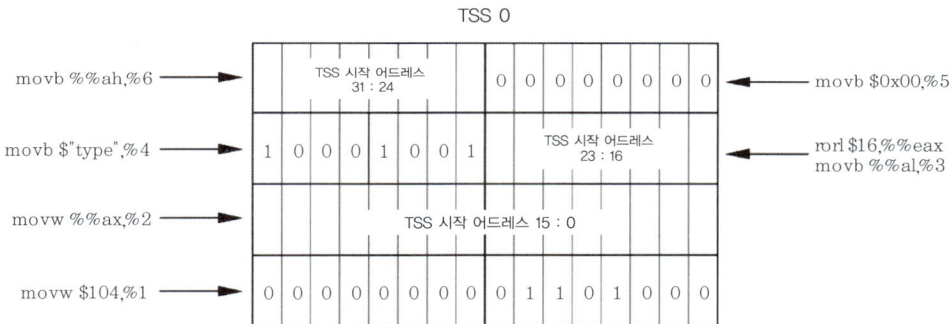

그림 2.18 TSS0의 구조

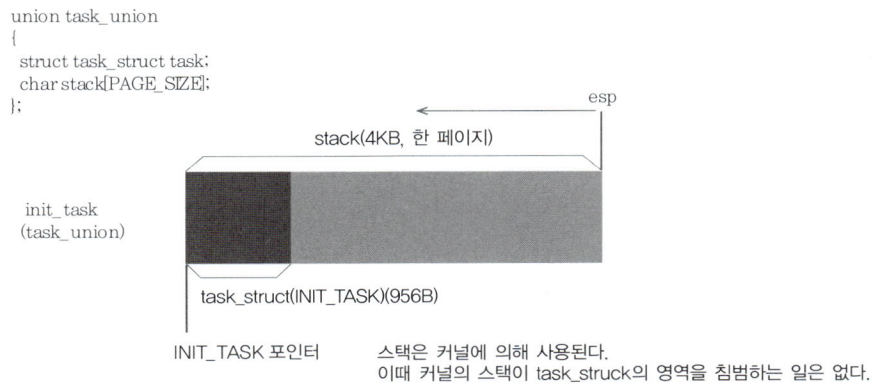

그림 2.19 task_union의 구조

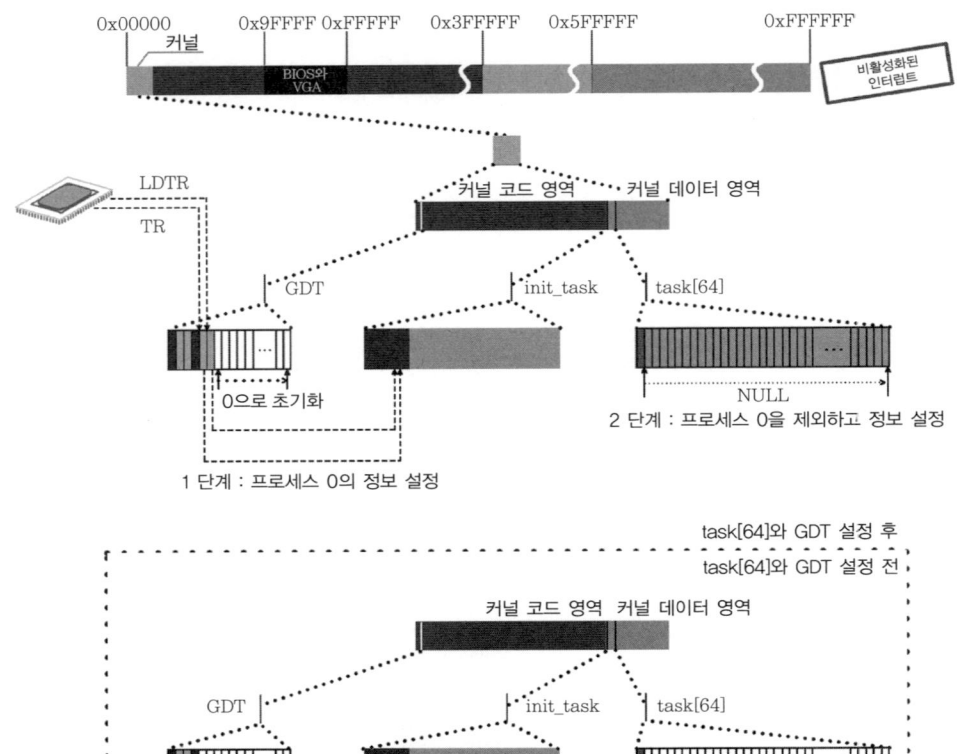

0x00000 0x9FFFF 0xFFFFF 0x3FFFFF 0x5FFFFF 0xFFFFFF

커널

BIOS와 VGA

비활성화된 인터럽트

LDTR

TR

커널 코드 영역   커널 데이터 영역

GDT

init_task

task[64]

0으로 초기화

NULL

2 단계 : 프로세스 0을 제외하고 정보 설정

1 단계 : 프로세스 0의 정보 설정

task[64]와 GDT 설정 후

task[64]와 GDT 설정 전

커널 코드 영역 커널 데이터 영역

GDT

init_task

task[64]

그림 2.20 프로세스와 관련 있는 구조체를 초기화한다.

관리 구조를 만드는 마지막 단계는 아주 중요한데, 바로 TR 레지스터에 TSS0을 설정하고 LDTR 레지스터에 LDT0을 설정하는 일이다(그림 2.20). CPU는 프로세스 0의 TSS0, LDT0를 TR, LDTR 레지스터를 통해서 인지하게 된다. CPU는 TR과 LDTR 레지스터를 통해서 프로세스 0에 있는 TSS0 LDT0를 찾을 수 있고 프로세스 0의 정보들도 알 수 있다.

2.9.2 타이머 인터럽트 설정

타이머 인터럽트는 프로세스 0과 프로세스 0이 생성하는 다른 프로세서들의 스케줄링의 기초를 제공한다. 타이머 인터럽트를 설정하는 과정은 다음과 같은 3 단계를 거친다.

1. 폴링을 위해서 8253 타이머를 설정한다. 이 작업은 그림 2.21의 첫 번째 단계로 매크로로 정의한 LATCH 값이 중요하다. sched.c에 정의된 "# define LATCH (1193180/HZ)"는 이름에서도 알 수 있듯 10ms 마다 타이머 인터럽트가 발생하도록 한다.

2. 타이머 인터럽트를 설정한다. 그림 2.21의 두 번째 단계다. timer_interrupt 함수가 바인딩된 이후에는 타이머 인터럽트가 발생하면 시스템은 인터럽트 디스크립터 테이블을 통해서 이러한 서비스 루틴을 찾아내 호출한다.

3. 8259A칩의 타이머 인터럽트 마스크 비트를 0으로 설정한다. 마스크를 0으로 설정하고 나면 타이머가 인터럽트를 발생하기 시작한다. 이때부터 1/100초(10ms) 마다 인터럽트가 발생하게 된다. 현재 인터럽트가 비활성화되어 있어 CPU가 인터럽트에 응답하지 않지만 프로세스 0은 잠재적으로 스케줄링을 위한 준비를 끝낸 것이다.

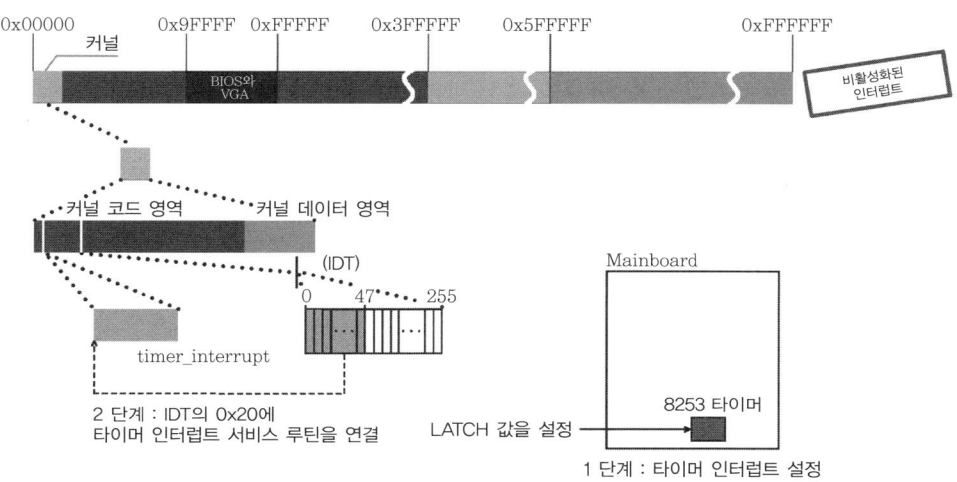

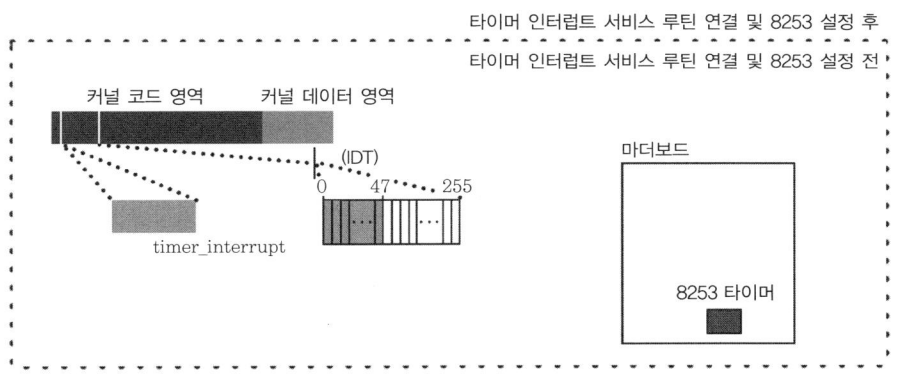

그림 2.21 타이머 인터럽트 설정

2.9.3 시스템 콜 진입점 설정

시스템 콜은 INT 0x80의 인터럽트 디스크립터와 system_call() 함수를 바인딩해야 한다. system_call() 함수는 OS에서 모든 소프트 인터럽트의 진입점이다. 모든 유저 프로그램들은 시스템 콜을 이용한다. INT 0x80 소프트 인터럽트가 발생하면 OS는 system_call() 함수를 호출해서 원하는 처리 함수를 찾는다.

시스템 콜 함수는 유저 프로그램에게 OS의 기본 기능으로 제공된다. OS에서의 핵심은 하드웨어에서 제공해주는 방법을 통해서 권한을 관리하는 것이다. 이 권한을 통해 유저 프로그램이 직접 커널 코드에 접근할 수 없도록 한다.

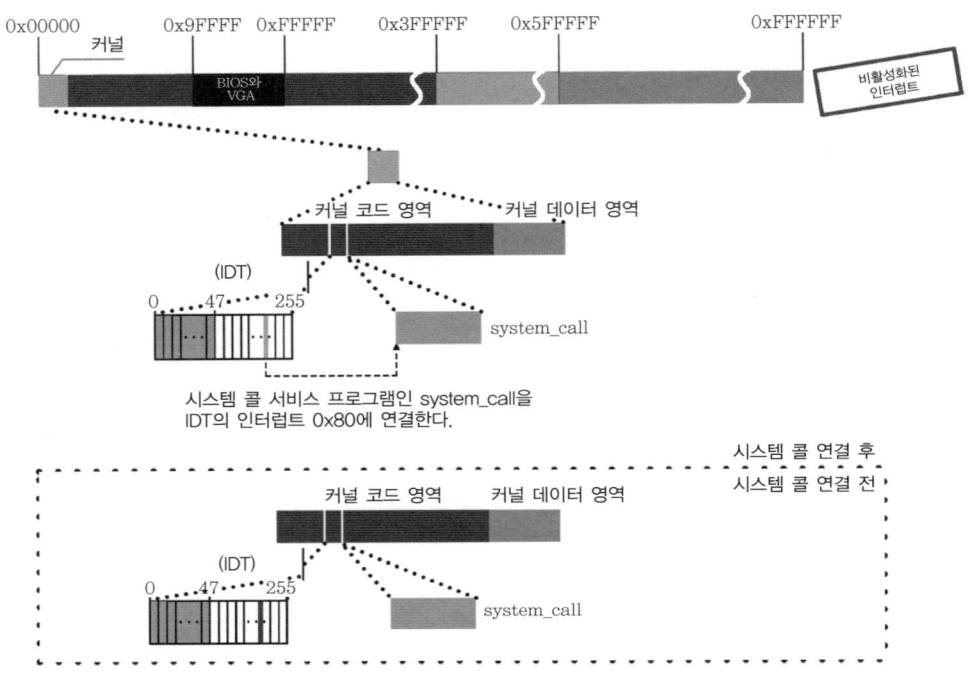

그림 2.22 시스템의 서비스 프로그램 호출

하지만 디스크를 읽거나 자식 프로세스를 생성하는 것처럼 커널의 도움이 꼭 필요한 작업들이 많다. 이 두 모순을 해결하기 위해서 OS 디자이너는 시스템 콜과 시스템 서비스 인터페이스를 제공하게 된다. 유저 프로세스가 커널의 도움이 필요하면 인터페이스 프로그램을 호출한다. 이 프로그램은 INT 0x80h 소프트 인터럽트를 발생시킨다. 인터럽트 발생 이후에 벌어지는 일들은 유저 프로그램과 상관없이, CPU는 전혀 다른 경로를 통해서 인터럽트 신호를 처리하고 유저 프로세스의 권한을 권한 레벨 3에서 권한 레벨 0으로 변경한다. IDT에서 시스템 콜을 찾아서 호출하고 유저 프로세스가 요청한 작업을 처리하는 시스템 함수를 호출한다. 그리고 iret 명령을 통해서 권한 레벨 3인 프로세스로 되돌아 간다. 그리고 나서 프로세스는 기존의 중지되었던 로직을 다시 수행한다. OS는 이런 방식으로 문제를 해결한다.

2.10 버퍼 관리 구조체 초기화하기

버퍼는 주변 장치와 데이터를 교환하기 위한 중간 영역이다. 하드디스크가 메모리와 다른 가장 큰 차이점은 디스크 비용이 낮으면서도 많은 데이터를 저장할 수 있다는 점이다. 하지만 CPU가 직접 디스크를 액세스할 수 없기 때문에 디스크에 대한 작업을 바로 할 수는 없다. 반면 메모리는 데이터를 저장하기 위해서 필요할 뿐 아니라 CPU와 버스를 이용한 데이터 처리까지도 할 수 있다. 하드디스크와 메모리 사이에는 버퍼가 있다. 버퍼는 데이터를 저장할 수 있을 뿐 아니라 검색, 구조화, 기타 작업을 처리하는 데도 사용된다. 주변 장치에 버퍼가 만들어지고 나면 하드디스크는 요청에 따라서 버퍼를 이용해 데이터를 교환하는 것만 고려하면 된다. 더 이상 메모리가 교환된 데이터를 사용하는지는 어떻게 상관하지 않아도 된다. 메모리 입장에서는 버퍼를 사용할 수 있는지만 고려하고 버퍼와 주변 장치 간에 어떻게 데이터를 교환하든 상관하지 않는다. OS는 이들 간의 구조화, 관리 그리고 조화가 될 수 있도록 한다.

OS는 hash_table[NR_HASH]과 이중 연결 복합 해쉬 테이블인 buffer_head를 통해서 버퍼를 관리한다. OS는 buffer_init 함수를 통해서 버퍼를 설정한다.

실행 코드는 다음과 같다.

```
//코드 경로:init/main.c:
void main(void)
{
    ......
    buffer_init(buffer_memory_end);
    ......
}
```

buffer_init() 함수에서 버퍼 관리를 위한 구조체들을 초기화한다. buffer_head와 버퍼 블록을 한 쌍으로 주어진 버퍼 영역 메모리를 다 채울 때까지 반복한다. 이때 buffer_head는 커널의 바로 뒤에서 시작하고 메모리가 커지는 방향으로, 버퍼 블록은 버퍼 영역의 뒤에서 메모리가 작아지는 방향으로 커진다. 즉 서로 반대 방향으로 메모리가 증가한다. 이런 식으로 해서 buffer_head와 버퍼 블록은 약 3,000 개의 쌍을 이루게 된다 (그림 2.23).

buffer_head의 멤버 변수들의 초기화를 한다. 디바이스 ID 값인 b_dev, 블록 크기 값인 b_count, 수정되었지 표시하는 b_uptodat, 동기화 필요성을 표시하는 b_dirt 그리고 블록이 락이 걸렸는지 표시하는 b_lock 변수들을 0으로 초기화한다. 그림 2.23에서 볼 수 있는 것처럼 b_data 포인터는 buffer_head와 연결된 버퍼 블록를 가리킨다. buffer_head의 b_prev_free와 b_next_free을 이용해서 모든 buffer_head를 양방향 링크드 리스트로 연결한다. free_list는 첫번째 buffer_head를 가리키도록 한다. 소스의 마지막 부분에 free_list를 이용해서 buffer_head의 링크를 그림 2.24처럼 양방향 링 구조 연결로 설정한다.

그림 2.25의 윗 부분에서 보여 주고 있는 메모리 변화에 주의해서 봐야 한다. 버퍼 관리 구조체가 저장되는 영역은 시스템 코어 영역 주변의 검은색 부분이다. 버퍼 매니저는 커널에서 사용할 3,000 개 이상의 버퍼 블록을 관리하기 때문에 커널과 같은 메모리 영역을 차지한다. 그림은 양방향으로 링크된 리스트 구조를 보여 준다.

마지막으로, hash_table[307]의 내용을 모두 NULL로 설정한다. 그림 2.25에 보여지듯이 코드는 다음과 같다.

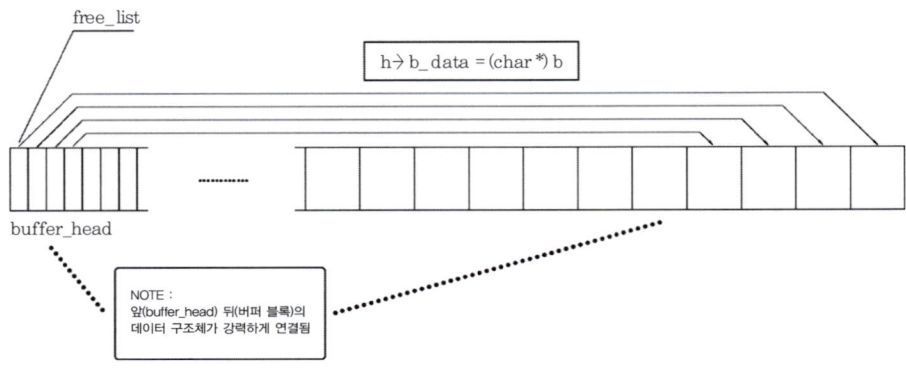

그림 2.23 초기화 a 첫 번째 과정

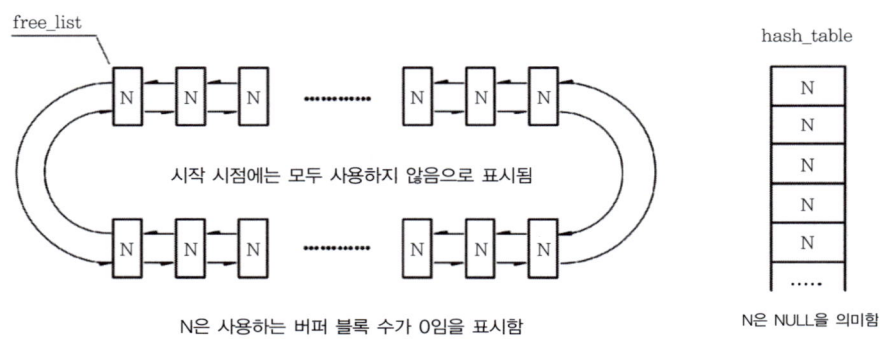

그림 2.24 초기화 b 두 번째 과정

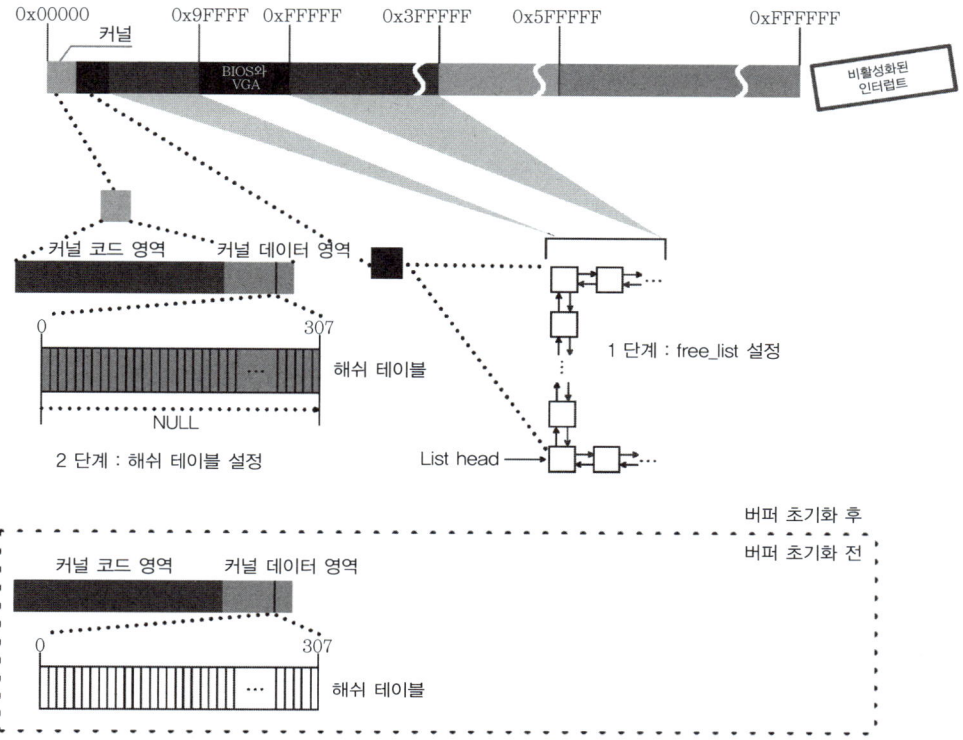

그림 2.25 버퍼 관리 구조체 초기화하기

```
//코드 경로:fs/buffer.c:
......
struct buffer_head * start_buffer = (struct buffer_head *) &end;
struct buffer_head * hash_table[NR_HASH];
static struct buffer_head * free_list;
......


void buffer_init(long buffer_end)
{
        struct buffer_head * h = start_buffer;
        void * b;
        int i;

        if (buffer_end == 1<<20)
                b = (void *) (640*1024);
        else
                b = (void *) buffer_end;
// while문을 한번 돌 때마다 h와 b에 buffer_head와 버퍼 블록이 하나씩 들어가는데
// buffer_head는 낮은 주소에서 높은 주소로 커지고, 버퍼 블록은 높은 주소에서 낮은 주소로 커진다.
// 이때 설정되지 못하고 남는 메모리는 무시한다.
        while ( (b - = BLOCK_SIZE) >= ((void *) (h+1)) ) {
                h->b_dev = 0;
                h->b_dirt = 0;
```

```
                        h->b_count = 0;
                        h->b_lock = 0;
                        h->b_uptodate = 0;
                        h->b_wait = NULL;
                        h->b_next = NULL;        // 하위 블록을 표시하기 위한 값으로 NULL로 초기화
                        h->b_prev = NULL;        // 하위 블록을 표시하기 위한 값으로 NULL로 초기화
                        h->b_data = (char *) b; // 버퍼 블록 연결
                        h->b_prev_free = h-1;    // 사용하지 않는 buffer_head를 표시하는 두 개의
                        h->b_next_free = h+1;    // 변수로 이 값으로 링크드 리스트를 만든다.
                        h++;
                        NR_BUFFERS++;
                        if (b == (void *) 0x100000)  // BIOS & VGA 영역은 피한다.
                                        b = (void *) 0xA0000;
                }
                h--;
                free_list = start_buffer;        // free_list를 buffer_head를 가리키도록 설정
                free_list->b_prev_free = h;      // free_list를 링 구조의 양방향 링크드 리스트로
                h->b_next_free = free_list;      // 만듬 (링 버퍼를 만듬)
                for (i=0;i<NR_HASH;i++)          // head_table[307]를 NULL로 초기화
                                hash_table[i]=NULL;
        }
```

struct buffer_head *h = start_buffer; 코드를 보자. 이 코드에서 start_buffer는 버퍼의 시작 위치를 의미한다. 버퍼의 시작 주소는 어떻게 알 수 있을까? buffer.c의 코드를 통해서 start_buffer를 구한다.

```
struct buffer_head * start_buffer = (struct buffer_head *) &end;
```

코드 end는 커널 코드 끝 부분의 어드레스다. OS 디자인 단계에서 이 어드레스를 정확히 예측하는 것은 어렵다. 이 때문에 커널 모듈을 링크하는 과정에서 얻은 end 값을 여기서 사용한다.

2.11 하드디스크 초기화하기

프로세스와 하드디스크 사이에 정보를 교환할 방법을 만들기 위해서 OS는 하드디스크를 초기화해야 한다.

hd_init() 함수에서 프로그램은 하드디스크 요청 서비스 루틴 do_hd_request()와 blk_dev 제어 구조체를 연결한다. 하드디스크와 하드디스크 요청 사이의 처리는 do_hd_reqest() 함수에서 담당한다. 그리고 프로그램은 하드디스크 인터럽트 서비스 루틴 hd_interrrupt와 IDT를 연결한다. 마지막으로 8259A의 INT 0x02의 마스킹을 제거해서 하드디스크가 보내는 인터럽트 시그널를 허용하고 하드디스크의 인터럽트 요청 마스크 비트를 초기화해서 하드디스크가 인터럽트 요청 신호를 보낼 수 있도록 한다.

코드는 다음과 같다.

```
//코드 경로:init/main.c:
void main(void)
{
    ......
    hd_init();
    ......
}

//code path: kernel/blk_dev/hd.c://rd_init과 비슷한 구조
void hd_init(void)
{
    blk_dev[MAJOR_NR].request_fn = DEVICE_REQUEST; // do_hd_request() 연결
    set_intr_gate(0x2E,&hd_interrupt); // IDT에 하드디스크 인터럽트 연결
    outb_p(inb_p(0x21)&0xfb,0x21);      // 8259A에 인터럽트 허용
    outb(inb_p(0xA1)&0xbf,0xA1);        // 하드디스크에 인터럽트 발행 허용
}
```

그림 2.26은 초기화 과정을 보여준다.

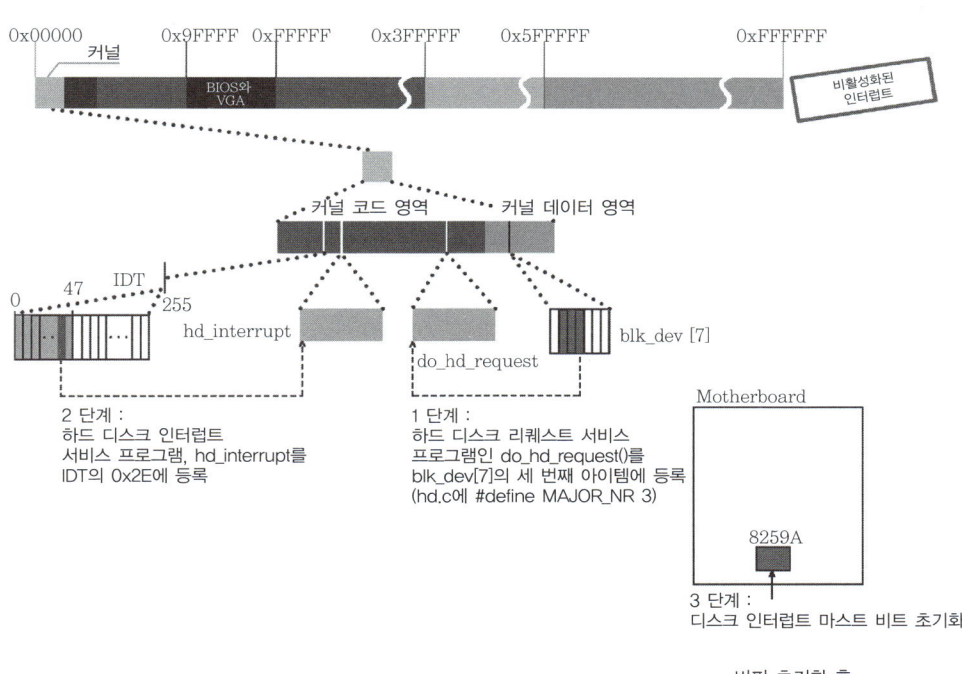

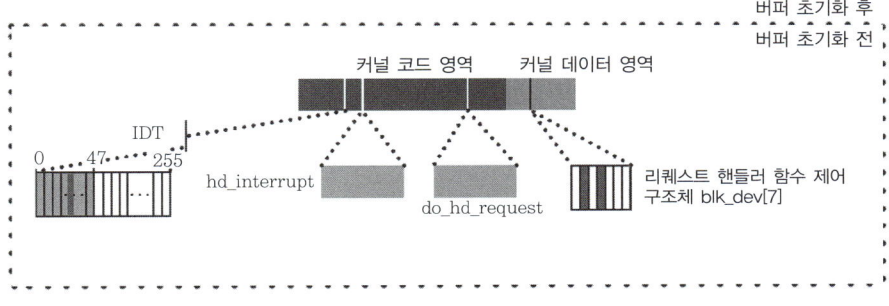

그림 2.26 하드 드라이브 초기화하기

2.12 플로피 디스크 초기화하기

플로피 디스크와 플로피 디스크 드라이브는 서로 다른 것이지만, 편의상 이 책에서는 플로피 디스크와 플로피 디스크 드라이브를 합쳐서 플로피 디스크라고 통칭한다.

플로피 디스크 초기화 과정은 하드디스크의 초기화와 비슷하다. 차이점이라고 한다면 요청을 처리하는 함수가 do_fd_request()라는 점과 플로피 디스크와 관련된 인터럽트를 초기화한다는 점이다. 하드디스크에 대한 자세한 내용은 섹션 2.11에서 설명했다.

코드는 다음과 같다.

```
//코드 경로:init/main.c:
void main(void)
{
    ......
    floppy_init(); // hd_init()과 비슷함
    ......
}

//Code path: kernel/floppy.c:

void floppy_init(void)
{
    blk_dev[MAJOR_NR].request_fn = DEVICE_REQUEST; // do_fd_request()에 연결
    set_trap_gate(0x26,&floppy_interrupt);  // 플로피 디스크 인터럽트 설정
    outb(inb_p(0x21)&~0x40,0x21);           // 8259A에서 플로피 디스크 인터럽트 허용
}
```

그림 2.27는 플로피 디스크 초기화를 위한 주요 절차를 보여 준다.

2.13 인터럽트 활성화

이제 모든 인터럽트 서비스 루틴과 IDT가 연결되었다. 이 말은 인터럽트 시스템 설정이 완료되었다는 뜻이다. 즉, 이제 시스템은 32비트 보호 모드에서 인터럽트를 처리할 수 있게 되었다. 동시에 시스템 콜을 사용할 수 있게 되었다는 뜻이기도 하다.

이제 우리는 인터럽트를 활성화시킬 수 있게 되었다. 다음 코드를 보자.

```
//코드 경로: include/asm/system.h:
#defien sti() __asm__ ("sti"::)

//코드 경로: init/main.c:
void main(void)
```

```
{
    ......
    sti();
    ......
}
```

그림 2.28은 인터럽트를 활성화 이후의 결과를 보여 준다. EFlags의 변화에 주의하자.

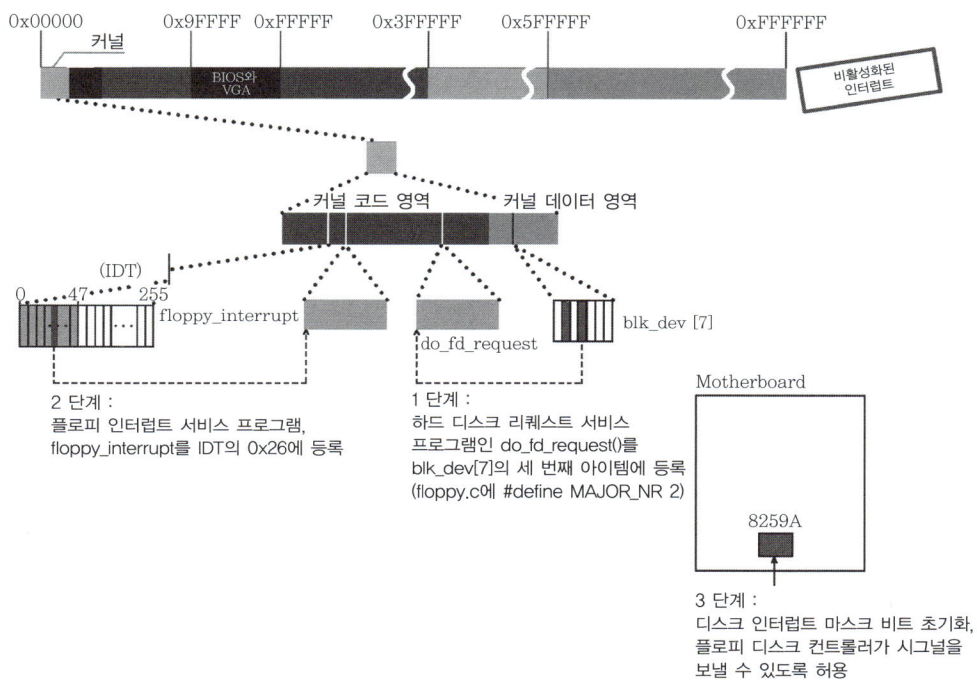

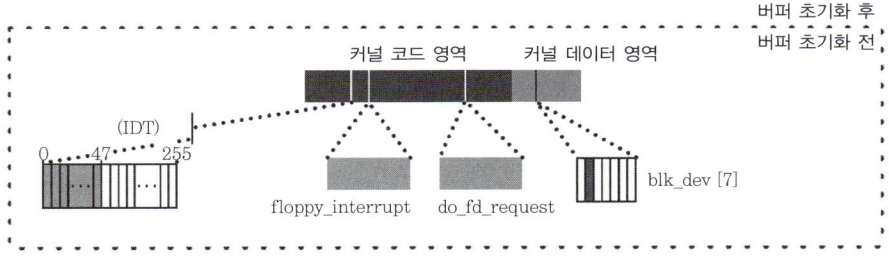

그림 2.27 플로피 디스크 초기화하기

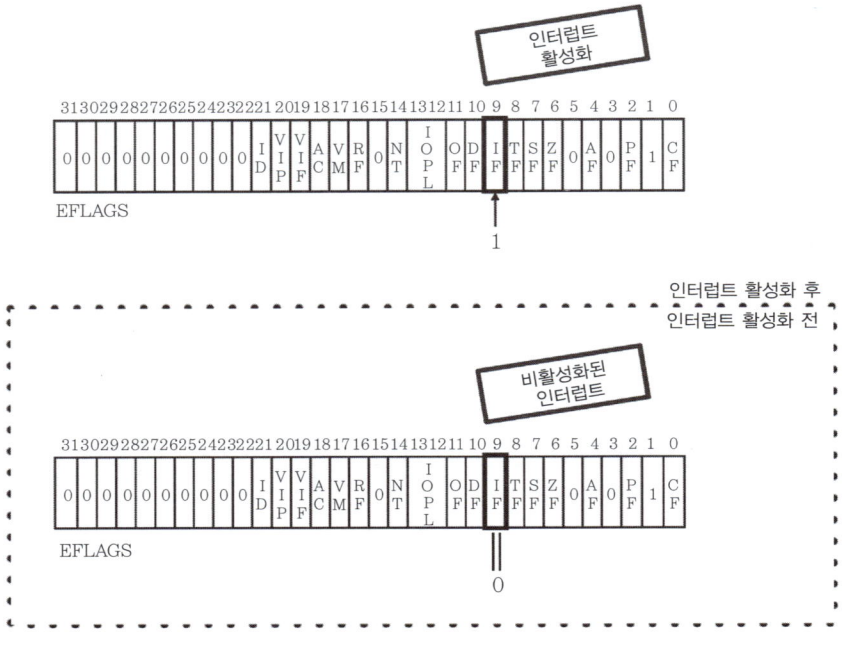

그림 2.28 인터럽트 활성화

2.14 프로세스 0의 권한 레벨을 0에서 3으로 변경하고 프로세스를 만든다.

리눅스 OS는 모든 프로세스가 권한 레벨 3(유저 권한)에서 실행되어야 한다. 물론 이 규칙에는 프로세스 0도 포함된다. 리눅스 0.11에서 프로세스 0의 코드와 데이터들은 OS 커널 내부에 있다. 이 영역은 권한 레벨 0의 영역으로 정확하게 말하면 프로세스 0은 진짜 프로세스가 아니다. 리눅스의 프로세스에 관한 규칙을 지키기 위해서 프로세스 0이 다른 프로세스들을 만들기 전에 프로세스 0의 권한 레벨을 권한 레벨 3으로 낮추어 주어야 한다. move_to_user_mode() 함수를 호출해서 프로세스 0의 권한 레벨을 3으로 낮춘다. 이때 인터럽트 반환 동작을 모방하는 방식을 사용한다.

코드는 다음과 같다.

```
//코드 경로: init/main.c:
void main(void)
{
        ......
        move_to_user_mode();
        ......
}

//코드 경로: include/system.h    // 섹션 1.3.4를 참고
#define move_to_user_mode() \
__asm__ ("movl %%esp,%%eax\n\t" \
```

```
"pushl $0x17\n\t" \      // 스택에 ss값, 0x17(10111)을 넣는다(권한 레벨 3,
                         // LDT, 데이터 세그먼트).
"pushl %%eax\n\t" \      // esp 값을 스택에 넣음
"pushfl\n\t" \           // eflags 삽입
"pushl $0x0f\n\t" \      // 스택에 cs각, 0x0f(1111)을 넣는다(권한 레벨3,
                         // LDT, 코드 세그먼트).
"pushl $1f\n\t" \        // eip를 삽입
"iret\n" \               // 반환, 이때 권한 레벨 3에서 권한 레벨 0으로 변경됨
"1:\tmovl $0x17,%%eax\n\t" \   // 다음 코드는 ds, es, fs, gs 그리고 ss 값은 동일하게
        "movw %%ax,%%ds\n\t" \ // 설정함
        "movw %%ax,%%es\n\t" \
        "movw %%ax,%%fs\n\t" \
        "movw %%ax,%%gs" \
        :::"ax")
```

IA-32에서 권한 레벨을 변경하는 한 가지 방법은 인터럽트를 이용하는 것으로 챕터 1에서 소개했던 내용이다. 인터럽트 요청을 받으면 CPU는 현재 프로그램을 중지시키고 cs:eip를 변경해서 인터럽트 서비스 루틴을 실행시킨다. 인터럽트 처리가 끝나면 iret 명령을 이용해서 인터럽트가 되었던 프로그램 위치로 돌아가서 재실행한다.

인터럽트가 발생을 하면 CPU 하드웨어는 현재 실행 환경을 저장하는 일과 권한 레벨을 변경하는 두 가지 작업을 한다.

코스를 수행하는 관점에서 보면 인터럽트와 함수 콜은 비슷한 형태를 보인다. 인터럽트와 함수 콜이 호출되면 다른 영역의 코드가 실행되고 이 동작이 끝나면 원래 위치로 돌아오게 된다. 이때 정확히 원래의 코드 위치로 돌아가기 위해서 기존 코드의 다음 실행 어드레스인 CS와 EIP를 저장해야 한다(기존 실행 환경 저장). 함수나 인터럽트 서비스 루틴이 종료되면 CS와 EIP를 다시 스택에서 꺼낸다(실행 환경 복원). 이 절차들 때문에 CPU는 함수나 인터럽트를 사용할 수 있는 것이다. 물론 이 과정에서 EFlags와 다른 중요한 레지스터들도 보호되고 복원되어야 한다.

인터럽트와 함수 호출의 차이점은 함수 호출은 프로그래머가 의도한 것이라는 점이다. 컴파일러가 함수 호출을 위해서 보호 코드와 복원 코드를 미리 컴파일해서 코드를 생성할 수 있지만 인터럽트는 발생 시점을 예측할 수 없다. 그렇게 때문에 사전에 미리 컴파일될 수도 없다. 인터럽트의 경우, 실행 환경의 저장과 복원도 하드웨어에 의해서 처리된다. 그렇기 때문에 인터럽트 발생 명령어인 INT는 하드웨어를 통해서 SS, ESP, EFlags, CS와 EIP들을 자동으로 저장한다. 비슷하게 IRET 명령은 저장되었던 값들을 다시 복원시켜 준다.

CPU는 인터럽트에 응답할 때, IDT 디스크립터의 dpl의 설정에 의해서 권한 레벨을 변경한다. sched_init() 함수에서 set_system_gate(0x80, &system_call) 명령은 권한 레벨을 3에서 0으로 변경하는 인터럽트 INT 0x80을 설정한다. 권한 레벨 3인 프로세스가 시스템 콜 INT 0x80을 호출하면 CPU는 권한 레벨을 0으로 변경한다. 비슷하게 IRET 명령은 권한 레벨을 0에서 3으로 조정한다.

move_to_user_mode() 함수는 이런 방식을 기초로 해서 만들어졌다. 즉, 권한 레벨을 0에서 3으로 변경하기 위해서 IRET를 이용한다.

지금까지 프로세스 0은 권한 레벨 0 상태다. 스택에는 ss, esp, eflags, cs, eip와 같은 다섯 개의 레지스터 값을 가지고 있지 않다. IRET 명령을 사용하기 위해서 OS 디자이너는 이 레지스터 값들을 직접 스택에 넣어서 INT 명령이 하는 작업과 비슷한 결과를 만들어 둔다. 여기서 IRET 명령을 호출하면 CPU는 자동으로 스택의 다섯 개의 레지스터 정보를 해당 레지스터로 복원하고 권한 레벨도 3으로 변경한다. 이때부터 유저 권한으로 실행된다.

권한 레벨 3으로 변경하기 위해서는 스택에 저장하는 순서뿐 아니라 SS, CS의 권한 레벨도 정확해야 한다. 스택의 SS 값이 0x17이라는 것에 주목해야 한다. 이 값은 이진수 0x00010111로 마지막 2비트는 권한 레벨인 3을 의미한다. 그리고 여섯 번째 비트는 1로 세그먼트 디스크립터가 LDT의 것을 얻었다는 의미로 4~5비트의 10는 LDT의 세번째 아이템을 스택 세그먼트 디스크립터로 한다는 것을 의미한다.

여기서 IRET 명령을 수행하게 되면 하드웨어는 다섯 개의 값을 스택에서 가져와서 SS, ESP, EFlags, CS 그리고 EIP를 꺼낸다. 스택에서 팝하는 순서는 보통의 인터럽트 반환 시의 순서와 같다. 또한 실행 결과도 동일하다.

시스템이 move_to_user_mode() 수행을 끝내고 나면 인터럽트 반환과 동일하게 프로세스 0의 권한 레벨이 0에서 3으로 변경된다. 즉 프로세스 0이 진정한 프로세스가 된다.

CHAPTER 03

프로세스 1의 생성과 실행

3.1 프로세스 1의 생성

이제 프로세스 0은 보통 프로세스의 권한 레벨인 3 권한 레벨에서 실행하게 되었다. 프로세스 0은 부모 프로세스 역할을 한다. 이 프로세스의 첫 번째 임무는 fork() 함수를 실행시켜서 첫 번째 자식 프로세스인 프로세스 1을 생성하는 것이다. 이것을 부모–자식 관계를 이용한 프로세스 생성 메커니즘으로 생성된 최초의 프로세스다. 모든 프로세스는 이 메커니즘을 기초로 부모 프로세스를 이용해서 만들어진다.

3.1.1 프로세스 1 생성을 위한 준비 절차

리눅스에서 모든 프로세스는 fork() 함수를 호출해서 만든다. 그림 3.1에서 이 절차를 보여 주고 있다. 코드는 다음과 같다.

```
//코드 경로:init/main.c:
       ......
static inline _syscall0(int,fork) // fork() 함수 선언
static inline _syscall0(int,pause)
static inline _syscall1(int,setup,void *,BIOS)
       ......
void main(void)
{
        sti();
        move_to_user_mode();
        if (!fork()) {           /* 모든 것이 이것에 달려 있다. 정상 수행될 것이다 */
                init();
        }
/*
 * 주의! 일반적인 테스크들이 'pause()'를 실행하면 시그널을 받아야만
 * 깨어날 수 있다. 하지만 task 0만 예외다(schedule()을 볼 것).
 * task 0는 매번 수행할 동작이 없을 때 수행된다(동작해야 하는 테스크가 없을 때).
 * task0가 pause()함수는 실행하면 실행할 다른 프로세스가 있는지 확인한다.
 * 없으면 여기로 다시 돌아온다.
 */
        for(;;) pause();
}
```

main.c 에서 호출한 fork()는 실제로 unistd.h의 _syscall0 매크로 함수가 실행된다. 코드는 다음과 같다.

```
//코드 경로:include/unistd.h:

        ......
#define __NR_setup    0        /* 시스템을 동작시키기 위해 init() 함수에서만 실행 */
#define __NR_exit     1
#define __NR_fork     2
#define __NR_read     3
#define __NR_write    4
#define __NR_open     5
#define __NR_close    6
        ......
#define _syscall0(type,name) \
type name(void) \
{ \
long __res; \
__asm__ volatile ("int $0x80" \
  : "=a" (__res) \
  : "0" (__NR_##name)); \
if (__res >= 0) \
  return (type) __res; \
errno = -__res; \
return -1; \
}
        ......
volatile void _exit(int status);
int fcntl(int fildes, int cmd, ...);
int fork(void);
int getpid(void);
int getuid(void);
int geteuid(void);
        ......


//code path:include/linux/sys.h:

extern int sys_setup();
extern int sys_exit();
extern int sys_fork();       // system_call.s의 _sys_fork와 연동된다.
                             // 어셈블리어로 작성한 함수들은 C 언어 함수 명과 달리
                             // 이름 앞에 "_"가 붙는다.
                             // 예) 어셈블리: _sys_fork, C언어: sys_fork 동일
extern int sys_read();
extern int sys_write();
extern int sys_open();
......
fn_ptr sys_call_table[] = { sys_setup, sys_exit, sys_fork, sys_read,
sys_write, sys_open, sys_close, sys_waitpid, sys_creat, sys_link,
sys_unlink, sys_execve, sys_chdir, sys_time, sys_mknod, sys_chmod,
```

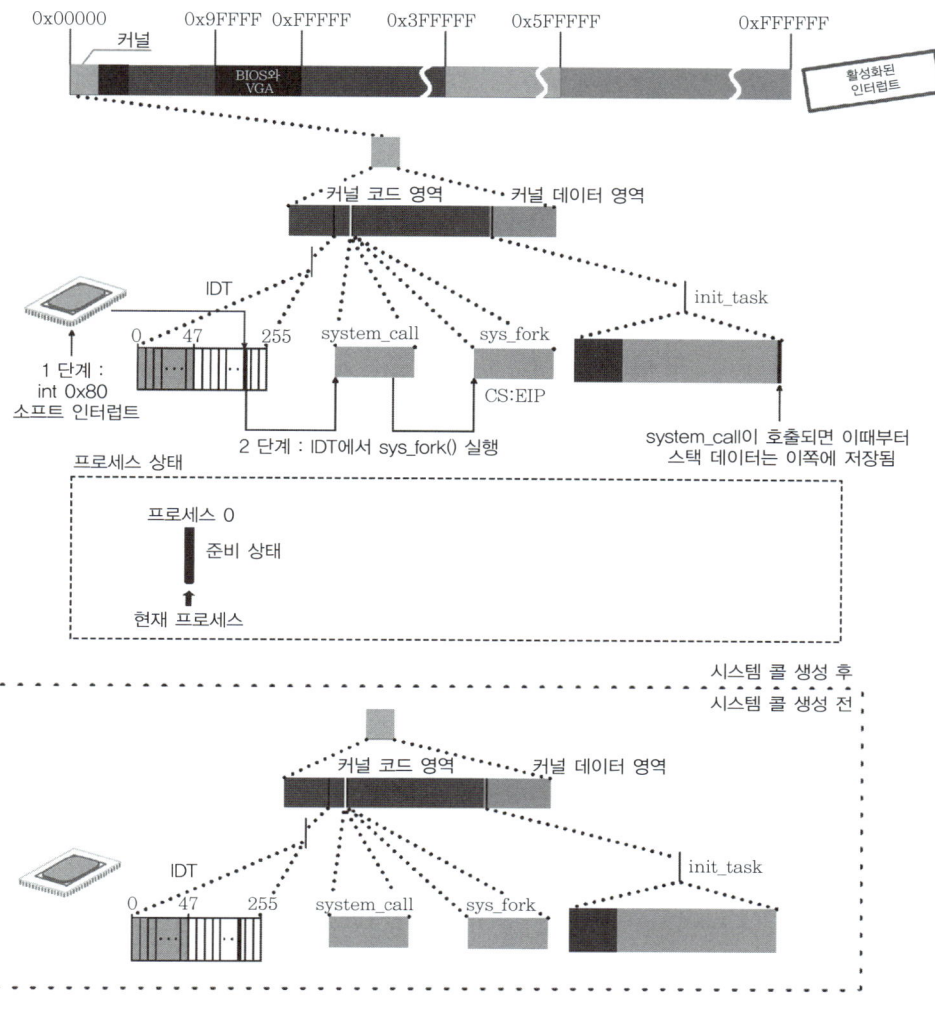

0x00000　　0x9FFFF 0xFFFFF　　0x3FFFFF　　0x5FFFFF　　　　0xFFFFFF

커널

BIOS와
VGA

활성화된
인터럽트

커널 코드 영역　　커널 데이터 영역

IDT

init_task

1 단계 :
int 0x80
소프트 인터럽트

0　 47　 255

system_call

sys_fork

CS:EIP

2 단계 : IDT에서 sys_fork() 실행

system_call이 호출되면 이때부터
스택 데이터는 이쪽에 저장됨

프로세스 상태

프로세스 0
준비 상태

현재 프로세스

시스템 콜 생성 후

시스템 콜 생성 전

커널 코드 영역　　커널 데이터 영역

IDT

init_task

0　 47　 255

system_call

sys_fork

그림 3.1 프로세스 1 생성 준비

_syscall0() 매크로가 최종적으로 확장되면 다음 코드와 같은 모습을 하게 된다.

```
int fork(void)              // 임베디드 어셈블리 코드의 키워드에 대한 설명은
                            // 앞 섹션 2.5, 2.9, 2.14를 참고할 것
{
long __res;
__asm__ volatile ("int $0x80" // int 0x80 모든 시스템 콜의 진입점이다.
        : "=a" (__res)      // fork() 함수도 이중 하나다. 섹션 2.9에서 설명했다.
        : "0" (__NR_fork)); // __res에 eax의 값이 저장된다.
                            // 입력부의 "0"은 eax를 의미하고 NR_fork는 2다.
                            // 즉 eax에 2가 대입된다.
        if (__res >= 0)     // 이 부분은 어셈블리 코드가 실행되고 나서 실행됨
        return (int) __res;
```

```
        errno = - __res;
        return -1;
}
// 주의: INT 0x80 실행되면 하드웨어가 자동으로 스택에 ss, esp, eflags, cs, eip가 들어간다.
// 이 부분은 섹션 2.14에서 설명했다.
```

INT 0x80h의 많은 실행 절차의 대략적인 내용은 다음 그림 3.2와 같다. 상세 단계를 알아보자.

"0" (_NR_fork) 코드가 처음에 실행된다. __NR_fork의 값은 sys_call_table[]에 등록된 함수와 대응하는 번호로 2이다. 이 값이 eax에 대입된다. 이 값은 sys_call_table의 sys_fork 함수의 오프셋 값 즉, 인덱스 값이다.

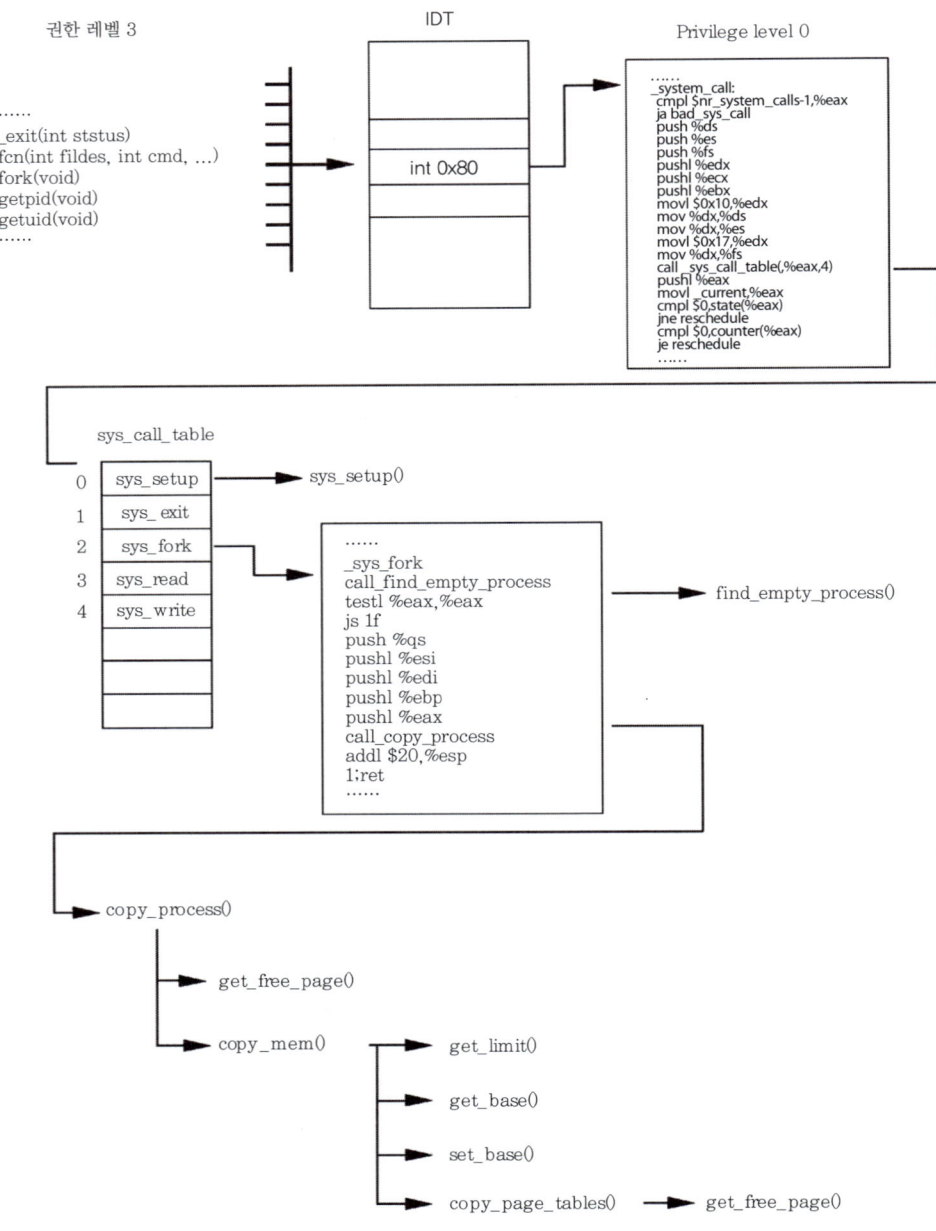

그림 3.2 시스템 콜의 호출 경로

eax에 값을 설정하고 나서 "int $0x80"를 실행한다. 이 명령은 소프트 인터럽트를 발생시키고 CPU가 권한 레벨 3에서 레벨 0으로 변경되면서 커널 코드가 실행된다. 하드웨어는 자동으로 ss, esp, eflags, cs 그리고 eip 레지스터들을 init_task에 있는 프로세스 0의 커널 스택에 저장한다. 그림 3.1에서 init_task 구조체에 빨간 줄이 이 부분에 해당한다. 저장되는 값들은 다섯 개의 레지스터 값들이다. move_to_user_mode()에서 언급했던 스택에 푸쉬 동작은 인터럽트가 발생했을 때 하드웨어가 하는 스택 푸쉬 기능을 모방한 것이다. 스택에 들어간 데이터들은 바로 이어 실행되는 copy_process() 함수에서 프로세스 1의 TSS를 초기화하는데 사용된다.

스택에 넣은 EIP 값이 "int $0x80" 명령 바로 다음 명령의 어드레스 값인 점이 중요하다. 여기 다음 명령에 해당하는 부분이 if (_res) = 0) 부분이다. 프로세스 0은 fork()의 인터럽트 명령을 수행하고 돌아와서 이 명령을 수행하게 된다. 섹션 3.3에서 우리는 프로세스 1을 실행하는 명령으로 이 부분을 다시 보게 될 것이다. 그러니 이 부분을 잘 기억해두기 바란다.

섹션 2.9에서 설명한 sched_init()에서 set_system_gate(0x80, &system_call) 명령으로 인터럽트 설정되었기 때문에 소프트 인터럽트가 실행되면 CPU 몇몇 중요 레지스터들을 스택에 자동으로 저장하고 system_call.s에서 정의한 _system_call로 점프해서 실행이 된다. 거기서 ds, es, fs, edx, ecx, 그리고 ebx 값들을 스택에 저장한다. 이 값들은 copy_process()를 실행할 때 프로세스 1의 TSS를 초기화하면서 사용될 것이다. 마지막으로 오프셋 값인 2를 이용해서 커널의 sys_call_table[]에서 sys_fork() 함수를 찾는다. C 언어로 작성한 함수가 어셈블리에서는 앞부분에 언더바 "_"가 붙는다(예를 들어, 어셈블리에서 _sys_fork는 C 언어의 sys_fork에 해당한다). 따라서 커널은 _sys_fork를 실행시킨다.

> **TIP** ▶ 함수 파라미터는 함수 자체가 파라미터를 처리해 주는 것이 아니라 스택을 이용해서 전달된다. 이 점이 OS 코드와 애플리케이션 코드와의 주요 차이점 중 하나이다. C 언어의 구현과 컴파일 과정을 이해하면 스택을 이용하는 방법을 이해하는데 도움이 된다. C 언어에서 함수를 호출할 때 파라미터 값들은 스택에 저장된다. 따라서 시스템 디자이너는 어셈블리에서 C 언어 함수를 호출하기 위해서 함수의 파라미터처럼 스택에 순서대로 값을 넣어야 한다. 이 방법으로 함수가 스택에 있는 값을 파라미터로 사용할 수 있도록 한다. 코드는 다음과 같다.

> **역주 :** 예전에 컴퓨터 제조사들은 OS와 컴파일러들을 제공하면서 이때 사용한 함수 호출 방식을 정의했다. 이때는 각 제조사들이 각자의 방식을 사용하다가 OS와 컴파일러 제조사들이 나오면서 조금씩 통합되는 방식으로 나아갔다. 현재는 몇 가지 방식으로 통합되었다. 지금 사용하는 방식은 많은 방식 중에 cdecl 방식으로 전통적인 C의 호출 방식이다. 파라미터가 오른쪽에서 왼쪽 순으로 스택에 들어가고 결과는 EAX로 받는다. 그리고 스택 정리는 함수를 호출한 쪽에서 한다. 이외에 다양한 함수 콜 방식은 다음 URL에서 확인할 수 있다. http://en.wikipedia.org/wiki/X86_calling_conventions

```
//코드 경로:kernel/system_call.s
    ......
_system_call:       # int 0x80 -- 시스템 콜의 진입점
    cmpl $nr_system_calls-1,%eax
    ja bad_sys_call
    push %ds                    # 여기서 스택에 넣는 여섯 개 레지스터를 넣는다. 이 값은
                                # copy_process()에서 파라미터로 사용된다.
```

```asm
        push %es                      # 스택에 넣는 순서를 기억하고 int 0x80을 앞에서 했다는
        push %fs                      # 것도 잊지 말아야 한다. 이미 5개의 값이 스택에 들어갔다.
        pushl %edx
        pushl %ecx                    # 시스템 콜에 파라미터로 사용하기 위해
        pushl %ebx                    # push %ebx,%ecx,%edx
        movl $0x10,%edx               # ds와 es를 커널로 변경
        mov %dx,%ds
        mov %dx,%es
        movl $0x17,%edx               # fs는 로컬 데이터 영역으로 설정
        mov %dx,%fs
        call _sys_call_table(,%eax,4) # eax는 2, 이 줄은 (_sys_call_table
                                      # + 2*4) 를 호출하는 것과 같고
                                      # 이곳은 _sys_fork의 진입점이다.

        pushl %eax
        movl _current,%eax
        cmpl $0,state(%eax)           # state
        jne reschedule
        cmpl $0,counter(%eax)         # counter
        je reschedule
ret_from_sys_call:
        movl _current,%eax            # task[0] 는 시그널이 없다.
        cmpl _task,%eax
        je 3f
        cmpw $0x0f,CS(%esp)           # 이전 코드 세그먼트가 슈퍼바이저 모드인가?
        jne 3f
        cmpw $0x17,OLDSS(%esp)        # 스택 세그먼트가 0x17인가?
        jne 3f
        movl signal(%eax),%ebx
        movl blocked(%eax),%ecx
        notl %ecx
        andl %ebx,%ecx
        bsfl %ecx,%ecx
        je 3f
        btrl %ecx,%ebx
        movl %ebx,signal(%eax)
        incl %ecx
        pushl %ecx
        call _do_signal
        popl %eax
3:      popl %eax
        popl %ebx
        popl %ecx
        popl %edx
        pop %fs
        pop %es
        pop %ds
        iret
        ......
_sys_fork:                            # sys_fork()의 진입점
......
```

소스의 call _sys_call_table(,%eax,4)에서 eax는 2이다. 따라서 이 소스는 _sys_call_table + 2 × 4 로 볼 수 있다. 여기서 4는 _sys_call_table[]의 각 아이템의 크기가 4바이트이기 때문이다. 결과적으로 call _sys_call_table[2]가 되고 이건 sys_fork 가 된다.

NOTE

call _sys_call_table (,%eax,4) 명령은 사용하는 필드를 자동으로 보호한다. 이때 스택으로 저장된 값이 copy_process() 함수의 여섯 번째 파라미터인 long none에 해당한다. 실행 코드는 다음과 같다.(역주: copy_process()에 사용되는 파라미터가 많은데, 여기서 사용되는 파라미터들은 _system_call과 _sys_fork에서 스택에 순서대로 삽입되는 것을 확인할 수 있다.)

```
//코드 경로:kernel/system_call.s:
_system_call:
        ......
_sys_fork:
        call _find_empty_process
        testl %eax,%eax
        js 1f
        push %gs
        pushl %esi
        pushl %edi
        pushl %ebp
        pushl %eax
        call _copy_process
        addl $20,%esp
1:      ret
        ......
//코드 경로:kernel/fork.c
int copy_process(int nr,long ebp,long edi,long esi,long gs,long none,
        long ebx,long ecx,long edx,
        long fs,long es,long ds,
        long eip,long cs,long eflags,long esp,long ss)
{
```

3.1.2 프로세스 대기 상태 및 프로세스 1의 프로세스 넘버 적용

sys_fork() 함수가 이제 막 시작했다.

섹션 2.9에서 소개했던 것처럼 task[64]의 0번을 제외하고 모든 아이템들은 sched_init() 함수에서 초기화되었다. 여기서 find_empty_process() 함수가 task[64]에서 사용할 수 있는 pid와 저장할 위치를 찾는다. 이 함수의 결과는 그림 3.3에서 보여 주고 있는 것과 같다.

find_empty_process() 함수에서 사용하는 전역 변수인 last_pid는 부팅 후 만들어진 모든 프로세스의 개수를 저장하는 데 사용한다. 또 이 변수는 새로 만들어질 프로세스의 pid 값으로 사용되기도 한다. 커널이 처음 task[64]를 조사하는 작업을 하기 전에 ++last_pid가 실행되면서 사용하려는 새로운 pid 값을 만든다.

그리고 두 번째 for 문을 통해서 task[64]를 조사하면서 비어있는 task[64] 내에 사용하고 있지 않는 아이템을 찾는다. 이때의 아이템 인덱스가 테스크 넘버가 된다.

앞의 두 절차를 거치고 나면 last_pid가 가리키는 새로운 프로세스 넘버가 1이 된다. 그리고 이것은 task[64]의 두 번째 아이템을 차지하게 된다. 그림 3.3의 중간 오른쪽에 보여 주는 것과 같이 된다.

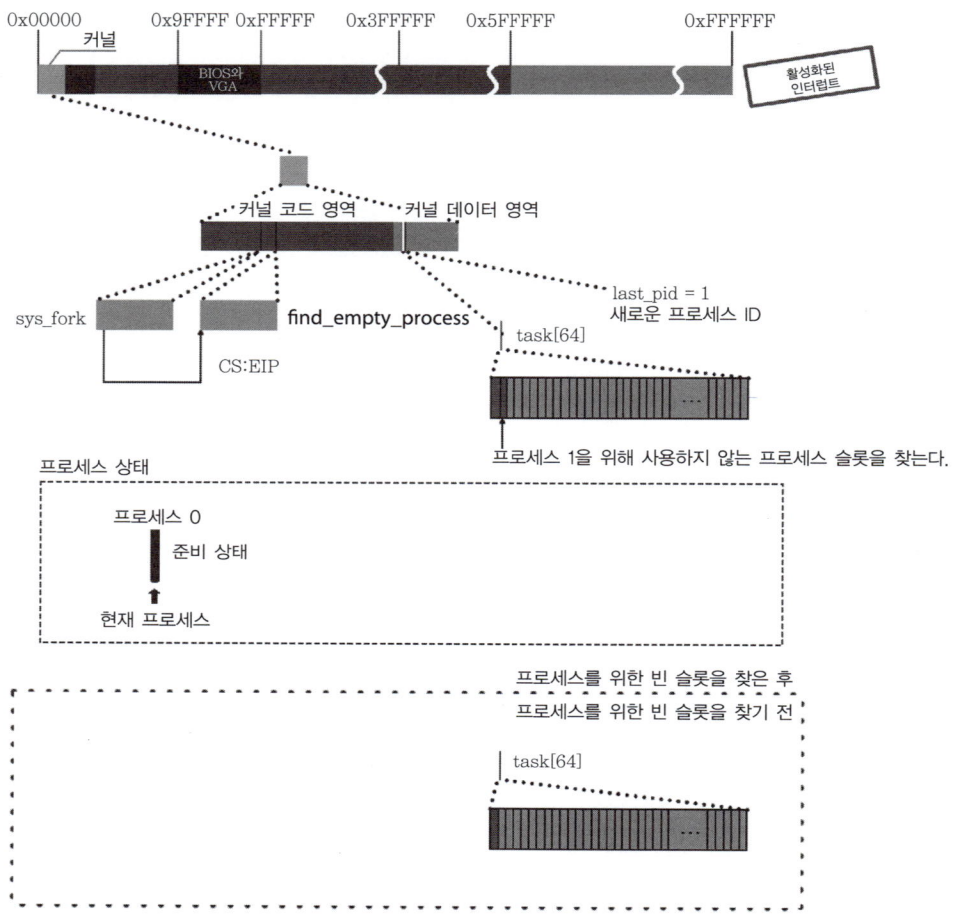

그림 3.3 커널 데이터 영역에서 프로세스 생성을 위한 빈 슬롯을 찾는다.

리눅스 0.11에서 taks[64]는 64개의 아이템만 있을 수 있기 때문에 동시에 실행되는 최대 프로세스가 64개로 제한된다. find_empty_process()의 반환 값이 −EAGAIN이면 현재 이미 64개의 프로세스가 있다는 것을 의미한다. 하지만 현재까지 이런 상황은 벌어지지 않았다.(**역주**: 현재의 프로세스는 64개 이상의 프로세스를 사용할 수 있지만 리눅스 0.11이 만들어질 때는 이것만 가지고도 충분했다. 실제로 사용할 수 있는 물리적 메모리도 16MB로 한정되어 있어서 동시에 많은 프로세스를 동작시키는 것에는 무리가 있었다. 현재 우리가 일반적으로 사용하는 컴퓨터 환경과는 많이 다르다.) 실행 코드는 다음과 같다.

```
//코드 경로:kernel/fork.c
        ......
long last_pid =0;
        ......
int find_empty_process(void)            // 새로운 프로세스를 위한 task[]상의 빈 슬롯을 찾는다.
{                                       // NR_TASKS는 64다.

        int i;

repeat:
        if ((++last_pid)<0) last_pid=1;          // last_pid가 범위를 넘으면 -1로
                                                 // 다시 설정한다
        for(i=0 ; i<NR_TASKS ; i++)              // 사용 가능한 last_pid를 찾는다
                if (task[i] && task[i]->pid == last_pid) goto repeat;
        for(i=1 ; i<NR_TASKS ; i++)              // task[]의 비어 있는 슬롯을 찾는다.
                if (!task[i])
                        return i;
        return -EAGAIN;                          // EAGAIN은 110이다.
}
```

이제 막 만들어지는 프로세스 1은 프로세스 PID와 task[64] 내의 사용할 아이템 위치가 정해지고 나서 프로세스 ID를 갖게 된다. 그리고 나서 다섯 개의 레지스터 값들이 프로세스 0의 커널 스택에 저장된다.^{(역주: 앞에서 설명했던 _sys_fork에서 find_empty_process() 함수를 호출하고 여러 push 명령이 나오는 부분을 설명하는 것이다.)} 스택에 저장되는 값들은 copy_process()의 파라미터로 사용되고 프로세스 1의 TSS를 초기화하는데 사용된다.

NOTE

find_empty_process()에서 찾은 pid 값이 eax 값으로 반환되었다가 스택에 저장된다. 이 값은 copy_process() 함수의 파라미터 중 int nr, 즉 첫 번째 파라미터에 전달된다.

3.1.3 copy_process() 함수 호출

프로세스 0은 자식 프로세스를 생성할 수 있는 부모 프로세스다. 또 커널 내에 자신의 task_struct와 페이지 테이블과 같은 관리 정보를 갖는다. 프로세스 0은 copy_process()에서 몇 가지 중요한 일을 수행하게 된다. 이 작업은 부모-자식 관계를 이용한 프로세스 생성 메커니즘과 관련이 있다.

1. task_struct를 생성하기. 프로세스 0의 task_struct를 프로세스 1로 복사한다.
2. 프로세스 1의 task_struct와 TSS 값 설정하기
3. 첫 번째 페이지 테이블 생성하기. 프로세스 0의 메모리 페이지 정보들을 프로세스 1로 복사한다.
4. 프로세스 0의 파일 공유하기
5. 프로세스 1의 GDT 설정하기
6. 프로세스 1을 준비 상태로 설정하기. 준비 상태가 되면 프로세스 스케줄러에 의해서 스케줄링될 수 있다.

copy_process()를 지금부터 실행해 보도록 하자.

copy_process() 함수를 설명하기 전에 앞의 코드에서 스택에 넣었던 값들이 파라미터로 사용된다는 것을
다시 상기해보자. 파라미터 값들은 그림 3.4의 스택 상태와 관련 있다.

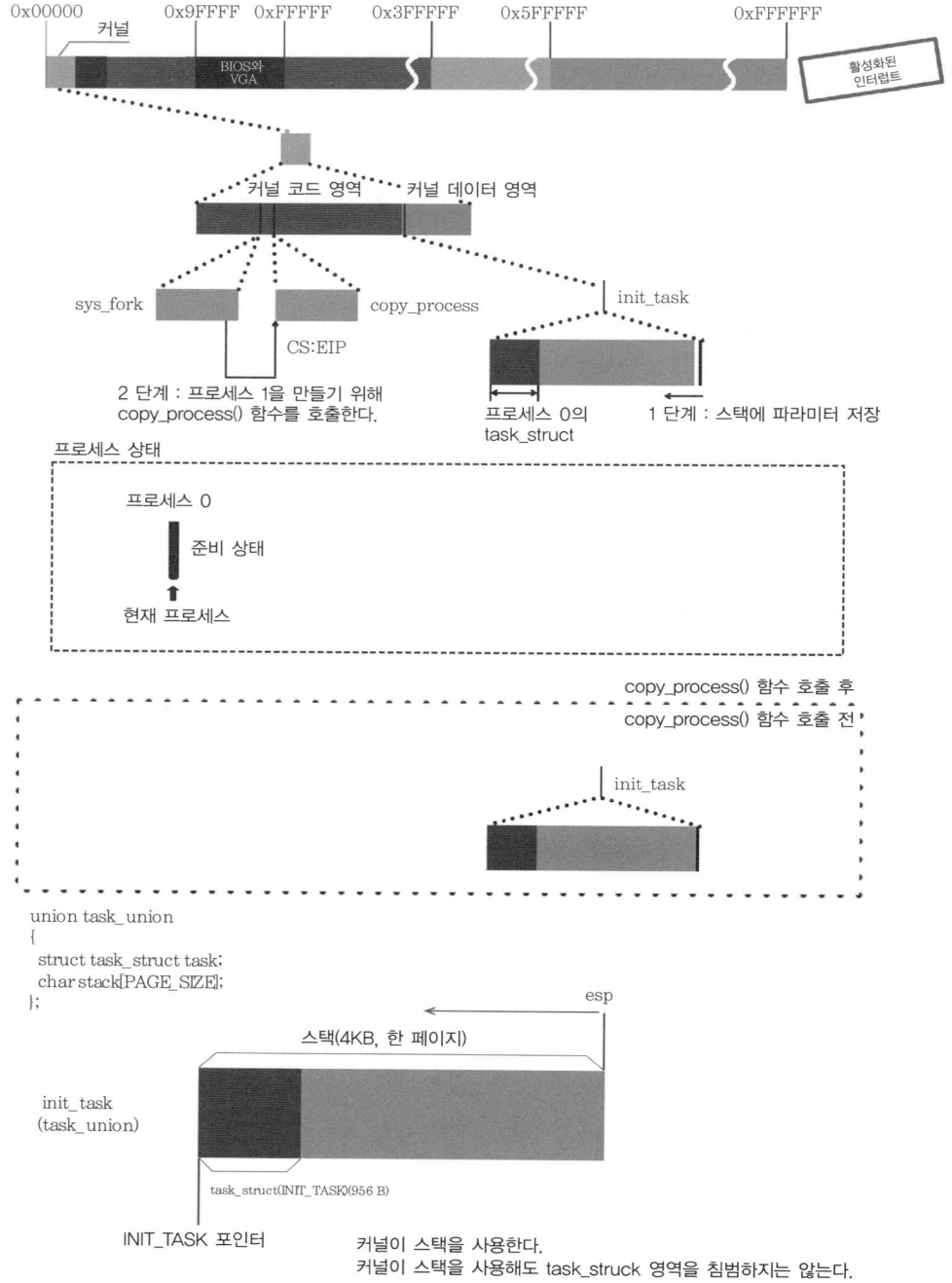

그림 3.4 copy_process 호출 전에 스택에 데이터 푸쉬하기

실행 코드는 다음과 같다.

```
//코드 경로:kernel/fork.c
int copy_process(int nr,long ebp,long edi,long esi,long gs,long none,
long ebx,long ecx,long edx,
long fs,long es,long ds,
long eip,long cs,long eflags,long esp,long ss)
{
    struct task_struct *p;
    int i;
    struct file *f;

    p = (struct task_struct *) get_free_page();
    if (!p)
    return -EAGAIN;
    task[nr] = p;   // nr은 1이다. 이 값은 task_union으로 사용되는 페이지를 의미한다.
                    // 섹션 2.9.1를 참조
    ......
}
```

get_free_page()는 copy_process() 내에서 실행된다. 커널은 사용하지 않는 페이지를 찾아서 적용한다. 이 새로운 페이지는 task_struct와 프로세스 1의 커널 스택으로 사용된다.

get_free_page()의 알고리즘에 따라서 새로운 페이지는 메인 메모리의 마지막 부분부터 낮은 주소로 진행하면서 적용된다. 부팅 이후 프로세스 1을 생성하는데, 필요한 페이지를 찾는 것이 부팅 이후 처음이기 때문에 여기서 적용되는 페이지는 16MB 메인 메모리의 끝부분에 위치한다. 코드는 다음과 같다.

//코드 경로:mm/memory.c

```
unsigned long get_free_page(void)        // 빈 페이지를 구한다.
{
register unsigned long __res asm("ax");

__asm__("std ; repne ; scasb\n\t"       // 문자를 거꾸로 조사한다. al(0)가 di와 다를 때까지 반복
        "jne 1f\n\t"
        "movb $1,1(%%edi)\n\t"          // 1은 edi+1에 대입됨
        "sall $12,%%ecx\n\t"            // ecx는 12비트 왼쪽 쉬프트됨, 페이지 어드레스
        "addl %2,%%ecx\n\t"             // PAGING_PAGES + ecx (페이지 어드레스)
        "movl %%ecx,%%edx\n\t"
        "movl $1024,%%ecx\n\t"
        "leal 4092(%%edx),%%edi\n\t"    // edx + 4K가 edi에 저장됨
        "rep ; stosl\n\t"              // eax(0)가 edi가 가리키는 곳에 저장됨. 페이지 초기화
        "movl %%edx,%%eax\n"
        "1:"
        :"=a" (__res)
        :"0" (0),"i" (LOW_MEM),"c" (PAGING_PAGES),
        "D" (mem_map+PAGING_PAGES-1)
        :"di","cx","dx");              // 이 값들이 변경됨
return __res;
}
```

get_free_page()가 실행되고 나서 copy_process()는 이 페이지의 포인터를 task_struct로 변경하고 이 값은 task[nr] = p 명령에 의해서 task[1]에 할당된다. 이때의 nr 값은 copy_process() 함수의 첫 번째 파라미터로 find_empty_process() 함수에서 찾은 테스크 넘버 값이다.

C 언어에서 포인터는 어드레스와 타입을 동시에 가지고 있다. 포인터 형식 변환으로 페이지 어드레스의 낮은 부분은 task_struct가 되고 높은 부분은 커널 스택이 된다. 이는 나중에 보내게 될 p->tss.esp0 = PAGE_SIZE + (long) p 명령을 이해하는 데 도움이 된다.

TIP ▶ task_struct는 OS에서 프로세스를 관리하는 데 가장 중요한 데이터이다. 각각의 프로세스는 반드시 자신의 유일한 task_struct를 가지고 있어야 한다.

```
//코드 경로: kernel/fork.c
int copy_process(int nr,long ebp,long edi,long esi,long gs,long none,
long ebx,long ecx,long edx,
long fs,long es,long ds,
long eip,long cs,long eflags,long esp,long ss)
{
    ......
    if (!p)
                    return -EAGAIN;
    task[nr] = p;          // nr는 1이다.

/* current는 프로세스 0의 task_struct를 가리키고 있다. 다음 줄에서 부모 프로세스의 task_struct로 자식 프로세스에 대입된다. 이것이 부모-자식 프로세스 생성 메커니즘의 특징이다. */

    *p = *current; /* 이것으로 부모의 스택까지 복사되지는 않는다. */
    p->state = TASK_UNINTERRUPTIBLE;          // 준비 상태(ready)인 프로세스만이 깨어날 수 있다.
                                              // 깨어날 수 있는 다른 방법은 없다.
    p->pid = last_pid;                        // 자식 프로세스마다 각각 설정한다.
    p->father = current->pid;
    p->counter = p->priority;
    p->signal = 0;
    p->alarm = 0;
    p->leader = 0;                            /* 프로세스의 leadership은 상속되지 않는다. */
    p->utime = p->stime = 0;
    p->cutime = p->cstime = 0;
    p->start_time = jiffies;
    p->tss.back_link = 0;                     // 자식 프로세스의 TSS을 설정한다.
    ......
}
```

코드의 실행 결과는 다음 그림과 같다(섹션 2.9.1의 그림들이 이해하는 데 도움이 될 것이다).

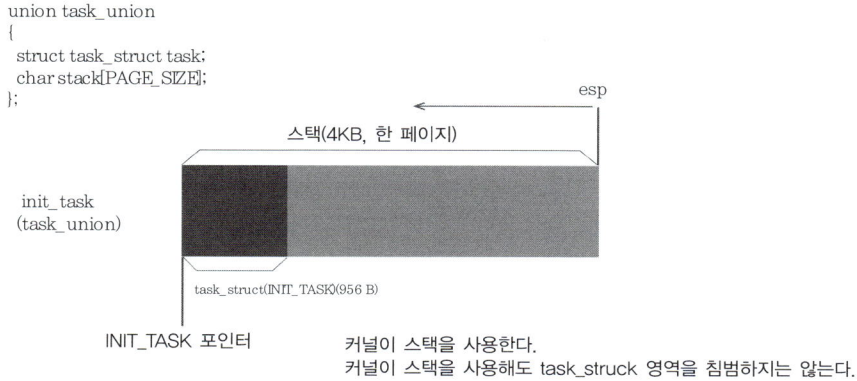

```
union task_union
{
  struct task_struct task;
  char stack[PAGE_SIZE];
};
```

스택(4KB, 한 페이지)

esp

init_task
(task_union)

task_struct(INIT_TASK)(956 B)

INIT_TASK 포인터

커널이 스택을 사용한다.
커널이 스택을 사용해도 task_struck 영역을 침범하지는 않는다.

TIP ▶ 여기서 독특한 점은 task_union의 설계다. task_struct는 페이지의 앞 부분에 자리를 잡고 커널 스택은 뒷 부분에 위치한다. 서로 데이터를 쌓아 두는 방향은 정반대이면서 하나의 페이지에 자리잡는다. 페이지 메커니즘을 잘 이용하면서 메모리 배치도 쉽다. OS 디자이너는 스택을 사용하는 최대량을 확인하기 위해서 코드를 확인하고 또 확인해서 스택이 task_struct 영역을 침범하는지 반드시 살펴봐야 한다. OS 설계자는 커널의 모든 코드를 작성하기 때문에 페이지의 공간의 배치를 고려해서 설계할 수 있다. 반대로 말하면 이 방법을 유저 프로세스에 적용해서 스택을 제공하면 큰 문제가 될 수 있다는 뜻이기도 하다.(역주 : OS 입장에서 유저 프로세스가 어떤 식으로 동작할지 알 수 없다. OS를 설계할 때는 최악의 경우도 생각을 해야 한다.)

다음 코드는 아주 중요한 부분이다.

`*p = *current;`

current 변수는 현재 프로세스의 포인터이고, p는 프로세스 1의 프로세스 포인터이다. 현재 프로세스는 프로세스 0으로 프로세스 1의 부모 프로세스가 된다. 부모 프로세스의 task_struct 내용을 자식 프로세스에 복사한다는 것은 부모 프로세스의 가장 중요한 속성들을 자식 프로세스에 복사하는 것을 의미한다. 따라서 자식 프로세스는 부모 프로세스의 대부분의 능력들을 상속받게 된다. 이것이 부모-자식 관계를 이용한 프로세스 생성 메커니즘이다.

프로세스 1의 task_struct가 만들어질 때 사용한 프로세스 0의 task_struct 정보들은 프로세스 1에 적절하지 않은 것들도 있다. 따라서 복사한 task_struct 내용을 프로세스 1에 맞도록 수정해야 한다. p->로 시작하는 코드들은 프로세스 1에 맞도록 몇몇 값들을 수정하는 코드들이다. TSS 값을 수정하는 데이터들은 앞에서 스택에 넣었던 파라미터 값들이다(그림 3.5).

실행 코드는 다음과 같다.

```
//코드 경로: kernel/fork.c
int copy_process(int nr,long ebp,long edi,long esi,long gs,long none,
long ebx,long ecx,long edx,
long fs,long es,long ds,                     //
long eip,long cs,long eflags,long esp,long ss)
{
```

```
......
    p->start_time = jiffies;
    p->tss.back_link = 0;          // 자식 프로세스의 TSS를 설정한다.
    p->tss.esp0 = PAGE_SIZE + (long) p;       // esp 0은 커널 스택 포인터다
    p->tss.ss0 = 0x10;             // 0x10은 10000으로 커널레벨, GDT, 데이터 세그먼트
    p->tss.eip = eip;              // EIP는 파라미터로 넘어오는 값으로 INT 0x80 처리 후
                                   // 돌아가야 하는 주소 즉, if (_res >= 0)의 주소다.

    p->tss.eflags = eflags;
    p->tss.eax = 0;                // 이 값이 main 함수의 if (!fork())에서 판단 기준 값이 된다.
    p->tss.ecx = ecx;
    p->tss.edx = edx;
    p->tss.ebx = ebx;
    p->tss.esp = esp;
    p->tss.ebp = ebp;
    p->tss.esi = esi;
    p->tss.edi = edi;
    p->tss.es = es & 0xffff;
    p->tss.cs = cs & 0xffff;
    p->tss.ss = ss & 0xffff;
    p->tss.ds = ds & 0xffff;
    p->tss.fs = fs & 0xffff;
    p->tss.gs = gs & 0xffff;
    p->tss.ldt = _LDT(nr);         // 자식 프로세스의 LDT 값 설정
    p->tss.trace_bitmap = 0x80000000;
    if (last_task_used_math == current)
            __asm__("clts ; fnsave %0"::"m" (p->tss.i387));
    ......
}
```

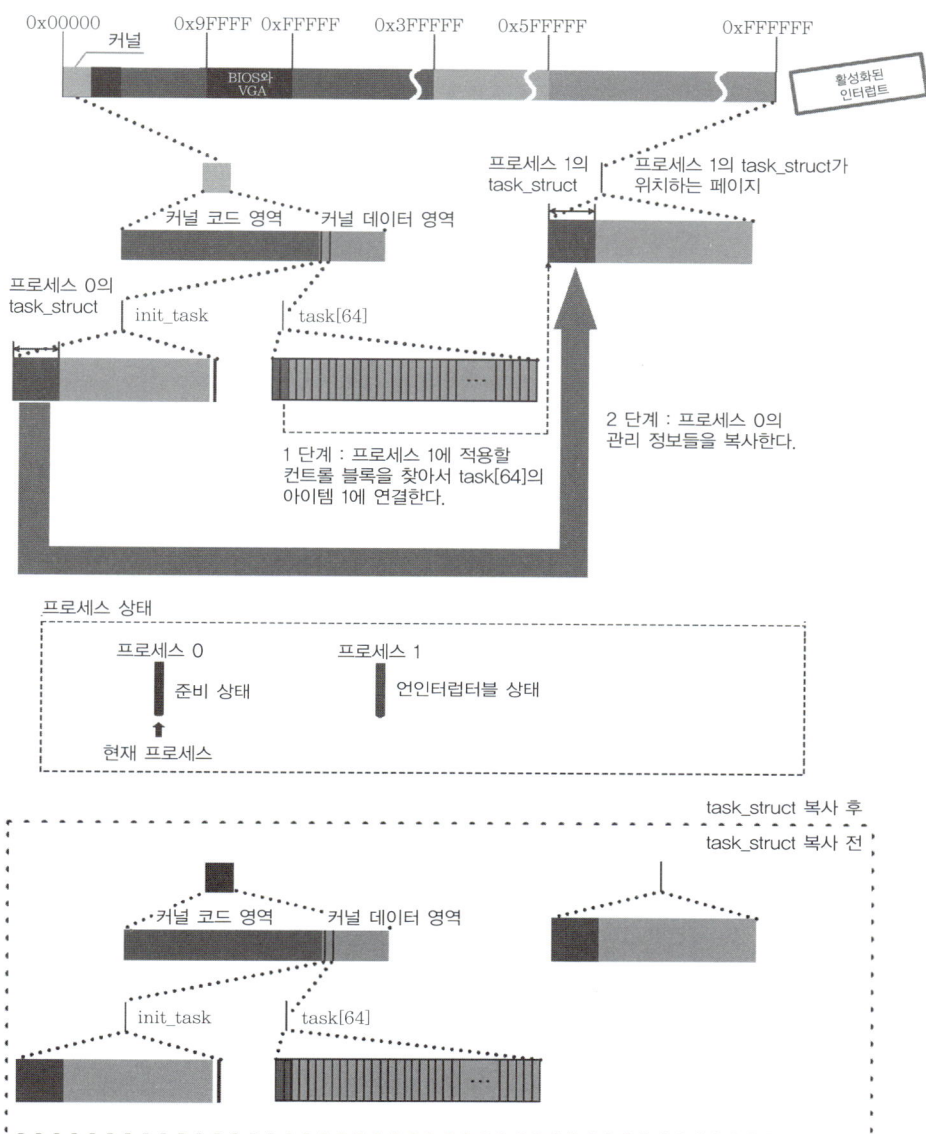

그림 3.5 프로세스 1의 task 구조체 초기화

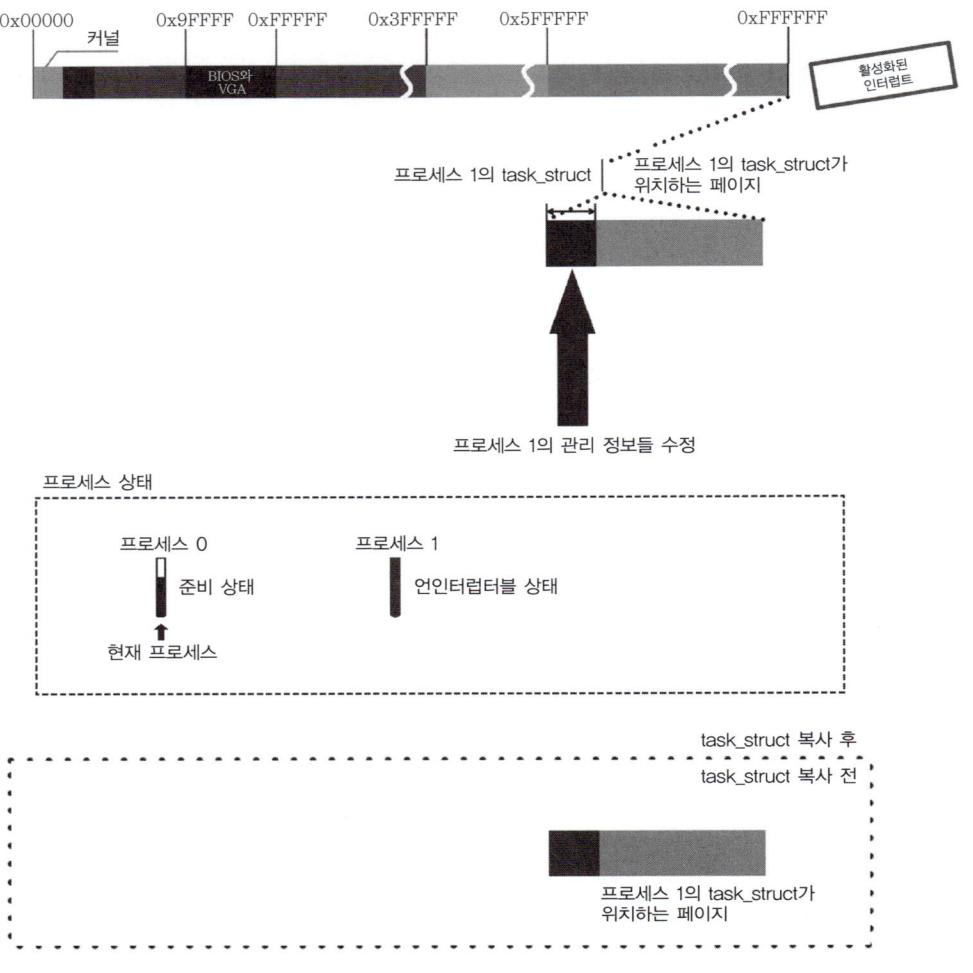

그림 3.6 프로세스 1의 task_struct가 적절하게 수정된 후의 모습을 보여 준다.

```
p->tss.eip = eip;
p->tss.eax = 0;
```

이 두 줄의 코드는 fork 함수에서 if (_res)= 0) 부분이 실행되도록 작업하는 부분이다. 이 코드만으로 실행되는 위치를 쉽게
알 수 없지만 이렇게 된다는 것을 기억하고 있어야 한다.

3.1.4 프로세스 1의 페이지 관리 구조 설정하기

인텔 80x86 아키텍처에서 페이지 메커니즘은 보호 모드에서 동작한다. 즉, PG 플래그를 설정하기 전에
PE 플래그를 먼저 1로 설정해야 한다. 보호 모드는 세그먼트를 바탕으로 하고 있기 때문에 프로세스 1의 세
그먼트를 설정하는 작업이 페이지 관리 구조를 만드는 것보다 선행되어야 한다.

일반적으로 각 프로세스는 각자의 코드와 데이터를 로드해야 한다. 프로세스에서 사용하는 어드레스 모드는 논리적 어드레스로 세그먼트에 오프셋을 더하는 방식의 알고리즘을 사용한다. 하드웨어가 논리적 어드레스를 선형 어드레스로 변환하고, 또 이것을 페이지 디렉토리 테이블과 페이지 테이블 설정에 따라서 물리적 주소로 변환한다. 이런 기술적 변환 경로를 통해서 OS는 코드와 데이터 세그먼트를 프로세스 1의 64MB의 선형 주소 상에 배치하고 페이지 디렉토리 테이블과 페이지 테이블을 설정한다.

3.1.4.1 프로세스 1의 선형 어드레스 공간 상에서 코드 세그먼트와 데이터 세그먼트 설정하기

copy_mem()을 호출해서 시스템은 처음에 프로세스 1의 세그먼트 베이스 어드레스(세그먼트 시작 어드레스)와 세그먼트 리미트(세그먼트 크기), 그리고 데이터 세그먼트를 설정한다. 현재 프로세스(프로세스 0)의 코드 세그먼트, 데이터 세그먼트에서 관련 정보를 얻고 동시에 프로세스의 1의 세그먼트 베이스 어드레스와 데이터 세그먼트를 설정한다. 어드레스는 프로세스 넘버에 따라서 nr*64MB로 계산한다. 새로운 프로세스의 LDT에 세그먼트 디스크립터로 세그먼트 베이스 어드레스를 설정한다. 이런 과정은 그림 3.7에서 볼 수 있다.

코드는 다음과 같다.

```
//코드 경로:kernel/fork.c
int copy_process(int nr,long ebp,long edi,long esi,long gs,long none,
long ebx,long ecx,long edx,
long fs,long es,long ds,
long eip,long cs,long eflags,long esp,long ss)
{
        ......
        if (last_task_used_math == current)
                __asm__("clts ; fnsave %0"::"m" (p->tss.i387));
        if (copy_mem(nr,p)) {          // 자식 프로세스의 CS, DS를 설정
                                       // 자식 프로세스의 첫 페이지 테이블을 만들어 복사함
                task[nr] = NULL;       // 현재는 이 코드를 실행할 일은 없음
                free_page((long) p);
                return -EAGAIN;
        }
        for (i=0; i<NR_OPEN;i++)       // 부모 프로세스의 파일 참조 카운트를 하나씩 증가시킴
                                       // 부모 프로세스와 자식 프로세스가 파일을 공유하는 것을
                                       // 표시하기 위해서
        ......
}


//코드 경로:include/linux/sched.h:
        ......
#define _set_base(addr,base) \          // 섹션 2.9.1 참조
__asm__("movw %%dx,%0\n\t" \            // 베이스 어드레스 설정
                "rorl $16,%%edx\n\t" \
                "movb %%dl,%1\n\t" \
                "movb %%dh,%2" \
        ::"m" (*((addr)+2)), \
                "m" (*((addr)+4)), \
                "m" (*((addr)+7)), \
                "d" (base) \
        :"dx")
```

```
          ......
#define set_base(ldt,base) _set_base( ((char *)&(ldt)) , base )
          ......
#define _get_base(addr) ({\                    // _set_base 참조, 베이스 어드레스를 구한다.
unsigned long __base; \
__asm__("movb %3,%%dh\n\t" \
        "movb %2,%%dl\n\t" \
        "shll $16,%%edx\n\t" \
        "movw %1,%%dx" \
        :"=d" (__base) \
        :"m" (*((addr)+2)), \
        "m" (*((addr)+4)), \
        "m" (*((addr)+7))); \
__base;})


#define get_base(ldt) _get_base( ((char *)&(ldt)) )


#define get_limit(segment) ({ \
unsigned long __limit; \
__asm__("lsll %1,%0\n\t
        incl %0"          // 주어진 세그먼트의 크기를 구한다.
        "=r" (__limit)    // 구한 크기는 __limit에 저장한다.
        "r" (segment)); \
__limit;})
```

//코드 경로:kernel/fork.c

```
int copy_mem(int nr,struct task_struct * p) // 자식 프로세스의 CS, DS를 설정
                                            // 자식 프로세스의 첫 페이지 테이블을
                                            // 만들어 복사함
{
        unsigned long old_data_base,new_data_base,data_limit;
        unsigned long old_code_base,new_code_base,code_limit;

        code_limit=get_limit(0x0f); // 0x0f ==> 1111  : CS, LDT, 권한 레벨 3
        data_limit=get_limit(0x17); // 0x17 ==> 10111 : DS, LDT, 권한 레벨 3

        // 부모 프로세스(프로세스0)의 CS, DS를 구한다.
        old_code_base = get_base(current->ldt[1]);
        old_data_base = get_base(current->ldt[2]);
        if (old_data_base != old_code_base)
                panic("We don't support separate I&D");
        if (data_limit < code_limit)
                panic("Bad data_limit");
        new_data_base = new_code_base = nr * 0x4000000; // nr=>1, 0x4000000=>64MB
        p->start_code = new_code_base;
        set_base(p->ldt[1],new_code_base);  // 자식 프로세스의 CS 베이스 어드레스 설정
        set_base(p->ldt[2],new_data_base);  // 자식 프로세스의 DS 베이스 어드레스 설정
        if (copy_page_tables(old_data_base,new_data_base,data_limit)) {
                free_page_tables(new_data_base,data_limit);
                return -ENOMEM;
        }
        return 0;
}
```

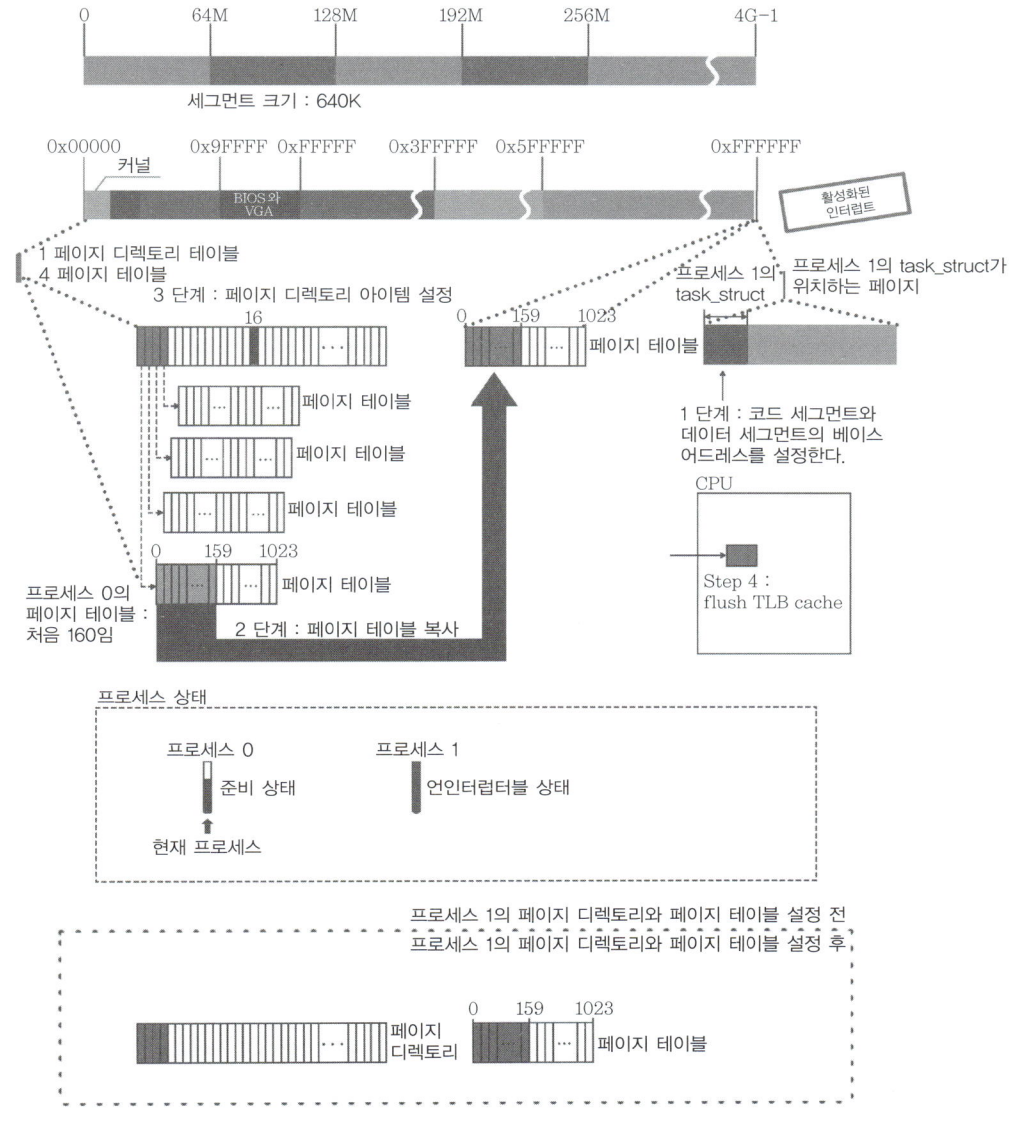

그림 3.7 프로세스 1의 선형 어드레스 공간 설정

3.1.4.2 프로세스 1의 첫 페이지 테이블 생성과 페이지 디렉토리 설정

리눅스 0.11에서 모든 프로세스의 프로그램 코드가 실행될 때 코드에서 사용되는 어드레스들은 각 프로세스의 선형 어드레스 공간 상의 것이어야 한다. 그리고 이 어드레스는 물리적인 어드레스로 맵핑이 된다. 그림 3.8에서 보여 주고 있는 것처럼 선형 어드레스는 32비트이고 CPU는 이 어드레스를 세 부분으로 나눈다. 각각 페이지 디렉토리 테이블 엔트리, 페이지 테이블 엔트리 그리고 페이지 내의 오프셋이다. 페이지 디렉토리 테이블 엔트리는 페이지 디렉토리 테이블 내부의 항목들을 나타내고 이 항목을 통해서 페이지 테이블을 관리한다. 페이지 테이블 엔트리는 페이지 테이블에서 페이지를 관리하기 위한 항목으로 궁극적으로 물리적 어드레스를 찾는다. 리눅스 0.11에서는 페이지 디렉토리 테이블이 하나만 있다.

우리는 이런 구조를 이용해서 선형 어드레스의 "페이지 디렉토리 아이템"의 정보를 통해서 페이지 디렉토리 내의 페이지 디렉토리 엔트리를 찾을 수 있다. 그리고 선형 어드레스의 "페이지 테이블 아이템" 부분의 정보를 이용해서 페이지 테이블 내에서 해당 페이지 테이블 엔트리를 찾는다. 그리고 나서 앞에서 찾은 페이지 테이블 엔트리의 정보를 이용해서 물리적 페이지를 찾는다. 마지막으로 선형 어드레스의 "페이지 내 오프셋" 정보를 통해서 실제 물리적 어드레스를 찾는다.

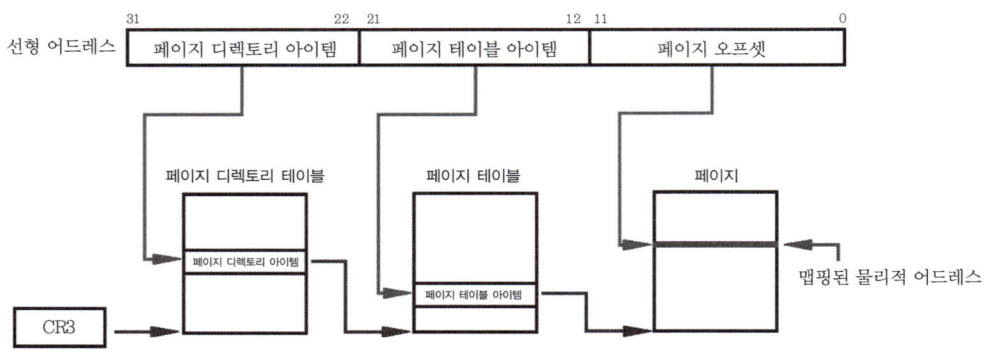

그림 3.8 선형 어드레스에서 물리적 어드레스로 맵핑하는 과정

copy_page_tables()을 호출해서 페이지 디렉토리 테이블을 설정하고 페이지 테이블을 복사하는 작업들은 그림 3.7에서 보여 주는 두 번째, 세 번째 단계의 작업이다. 페이지 디렉토리 엔트리가 어디에 위치하는지 잘 살펴봐야 한다.

코드는 다음과 같다.

```
//코드 경로:kernel/fork.c:
int copy_mem(int nr,struct task_struct * p)
{
        ……
        set_base(p->ldt[1],new_code_base);        // 자식 프로세스의 CS 베이스 어드레스 설정
        set_base(p->ldt[2],new_data_base);        // 자식 프로세스의 DS 베이스 어드레스 설정
// 첫 페이지 테이블을 만들고 프로세스 0의 페이지 테이블을 복사한다.
// 프로세스 1의 페이지 디렉토리 엔트리를 만든다.
        if (copy_page_tables(old_data_base,new_data_base,data_limit)) {
                free_page_tables(new_data_base,data_limit);
                return -ENOMEM;
        }
        return 0;
}
```

copy_page_tables() 함수에 들어가면 처음에 새로운 페이지 테이블을 만들기 위해 페이지 하나를 얻는다. 그리고 이 새 페이지에 프로세스 0의 첫 번째 페이지 테이블에서 첫 160개의 페이지 테이블 항목들을 복사한다(한 페이지 테이블 엔트리는 한 페이지 즉, 4KB 메모리를 관리한다. 다시 말해 160 페이지 테이블 항목들은 640KB를 관리할 수 있다는 말이다). 그러면 프로세스 0과 프로세스 1은 같은 페이지를 가리키게 된다.

즉, 프로세스 1은 프로세스 0의 페이지들을 관리할 수 있다. 이후에 프로세스 1의 페이지 디렉토리 테이블을 설정한다. 마지막으로 CR3를 초기화해서 페이지 변환 캐쉬를 초기화한다. 이것으로 프로세스 1의 페이지 테이블과 페이지 디렉토리 테이블의 설정이 끝났다.

코드는 다음과 같다.

```
//코드 경로:mm/memory.c:
        ......
#define invalidate() \
__asm__("movl %%eax,%%cr3"::"a" (0))      // CR3를 0으로 초기화
        ......

int copy_page_tables(unsigned long from,unsigned long to,long size)
{
    unsigned long * from_page_table;
    unsigned long * to_page_table;
    unsigned long this_page;
    unsigned long * from_dir, * to_dir;
    unsigned long nr;
```

/* 0x3fffff는 4MB로 페이지 테이블이 관리할 수 있는 영역이다. 2진수로 하면 22개의 1이 있다. 아래 코드의 연산자 "||"의 양 쪽이 0이어야 한다. 따라서 파라미터 from과 to의 마지막 22 비트는 반드시 0이어야 한다. 이런 방식으로 4MB의 연속 어드레스 공간에 대응하는 페이지 테이블을 만드는 것이다. 0x000000에서 시작해서 4MB 정수 단위로 페이징이 이루어진다.*/

```
    if ((from&0x3fffff) || (to&0x3fffff))
            panic("copy_page_tables called with wrong alignment");
```

/* 하나의 페이지 디렉토리 엔트리는 4MB의 공간을 관리한다. 그리고 각 아이템의 크기는 4바이트다. 따라서 아이템의 어드레스는 아이템 넘버 * 4다. 이 값에 MB 단위를 붙이면 아이템에서 관리는 선형 어드레스의 시작 주소가 된다. >>22의 표현은 어드레스를 MB 단위로 환산한 값이고 & 0xffc(이진수로 111111111100b)라는 표현은 페이지 디렉토리 엔터리를 구하는 것이다.*/

```
    from_dir = (unsigned long *) ((from>>20) & 0xffc); /* _pg_dir = 0 */
    to_dir = (unsigned long *) ((to>>20) & 0xffc);
    size = ((unsigned) (size+0x3fffff)) >> 22;   // >>22는 4MB 단위로 변환하는 것
    for( ; size-->0 ; from_dir++,to_dir++) {
       if (1 & *to_dir)
         panic("copy_page_tables: already exist");
       if (!(1 & *from_dir))
          continue;
```

/* from_dir는 페이지 디렉토리 엔트리의 주소다. "0xfffff000&"라는 표현은 하위 12비트를 0으로 만들고 페이지 테이블 어드레스에 해당하는 상위 20비트는 그대로 두라는 것이다. */

```
    from_page_table = (unsigned long *) (0xffff000 & *from_dir);
    if (!(to_page_table = (unsigned long *) get_free_page()))
        return -1;      /* 메모리 부족, 해제하는 절차 참조 */
    *to_dir = ((unsigned long) to_page_table) | 7;  // 7은 111, 섹션 1.3.5 참고
    nr = (from==0)?0xA0:1024;                        // 0xA0은 160, 복사할 페이지
    for ( ; nr-- > 0 ; from_page_table++,to_page_table++) { // 테이블 갯수 복사
        this_page = *from_page_table;
        if (!(1 & this_page))
            continue;
        this_page &= ~2;                 // 페이지 테이블의 속성 설정
                                         // 2는 010b, ~2는 101b가 된다.
                                         // 유저 권한, 읽기 전용, 페이지 존재로 설정

        *to_page_table = this_page;
        if (this_page > LOW_MEM) {       // 1MB 이내의 커널 영역은 유저 페이지를
                                         // 관리하지 않는다.

            *from_page_table = this_page;
            this_page -= LOW_MEM;
            this_page >>= 12;
            mem_map[this_page]++;        // 참조 카운터 증가시키기. mem_init 참조
        }
    }
}
    invalidate();       // TLB 초기화
    return 0;
}
```

이제, 프로세스 1은 완전히 초기화된 상태(empty)이고 페이지 테이블은 프로세스 0의 것을 복사한 상태다. 따라서 프로세스 0과 프로세스 1은 같은 페이지를 가지고 있고, 임시적으로 같은 메모리 관리 구조를 가진다. 그림 3.9가 이 상태를 보여 준다.

프로세스 1은 자신의 프로그램이 있어서 이런 식의 프로세스 0과의 관계는 곧 끝나고 프로세스 1 만의 메모리 관리 구조를 갖게 된다.

3.1.5 프로세스 1은 프로세스 0의 파일을 공유받는다.

copy_process() 함수에서 시스템은 task_struct의 파일과 관련된 속성들 즉, p->filp[20], 현재 사용 중인

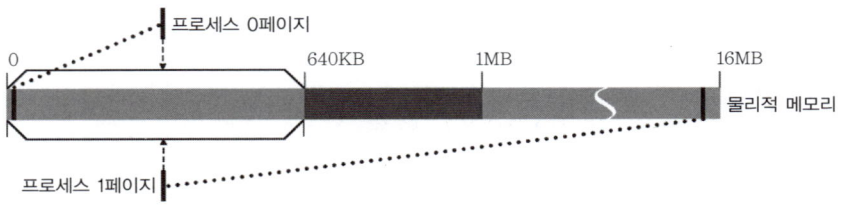

그림 3.9 프로세스 0과 프로세스 1이 같은 페이지를 공유한다.

디렉토리를 나타내는 i-node, 루트 디렉토리를 나타내는 i-node 그리고 현재 실행 파일을 의미하는 i-node 등의 기본값을 설정한다. 비록 프로세스 0에 이런 속성들이 NULL로 설정되어 있고 주변 장치와 특별한 상호 작용 없이 동작하기는 하지만, 부모-자식 관계를 통한 프로세스 생성 메커니즘에서 부모 프로세스의 속성들이 자식 프로세스와 공유되기 때문에 파일 공유에 대한 처리도 꼭 다루어야 하는 부분이다.

코드는 다음과 같다.

```
//코드 경로:kernel/fork.c
int copy_process(int nr,long ebp,long edi,long esi,long gs,long none,
                 long ebx,long ecx,long edx,
                 long fs,long es,long ds,
                 long eip,long cs,long eflags,long esp,long ss)
{
    ......
                    return_EAGAIN;
}
    for (i=0; i<NR_OPEN;i++)    // 부모 프로세스의 파일 참조 카운트를 하나씩 증가시킴
                                // 부모 프로세스와 자식 프로세스가 파일을 공유하는 것을 표시하기 위해서
                 if (f=p->filp[i])
                        f->f_count++;
    if (current->pwd)
                    current->pwd->i_count++;
    if (current->root)
                    current->root->i_count++;
    if (current->executable)
                    current->executable->i_count++;
    set_tss_desc(gdt+(nr<<1)+FIRST_TSS_ENTRY,&(p->tss)); // gdt에 아이템 설정
                                                          // sched.c참조
    ......
}
```

3.1.6 GDT에 프로세스 1의 디스크립터를 설정

다음으로 프로세스 1의 TSS와 LDT를 GDT에 바인딩시켜야 한다(섹션 2.9 참조). 그림 3.10에서 이 과정을 보여 준다. GDT 상에서 프로세스 1의 위치를 잘 보자.

코드는 다음과 같다.

```
//코드 경로: kernel/fork.c
int copy_process(int nr,long ebp,long edi,long esi,long gs,long none,
                 long ebx,long ecx,long edx,
                 long fs,long es,long ds,
                 long eip,long cs,long eflags,long esp,long ss)
{
        ......
    if (current->executable)
```

```
              current->executable->i_count++;
set_tss_desc(gdt+(nr<<1)+FIRST_TSS_ENTRY,&(p->tss)); // GDT에 TSS 디스크립터 설정
set_ldt_desc(gdt+(nr<<1)+FIRST_LDT_ENTRY,&(p->ldt)); // GDT에 LDT 디스크립터 설정
p->state = TASK_RUNNING;          /* 프로세스 상태는 가장 나중에 설정해서 혹시 모를 오류를 막는다. */
    ......

}
```

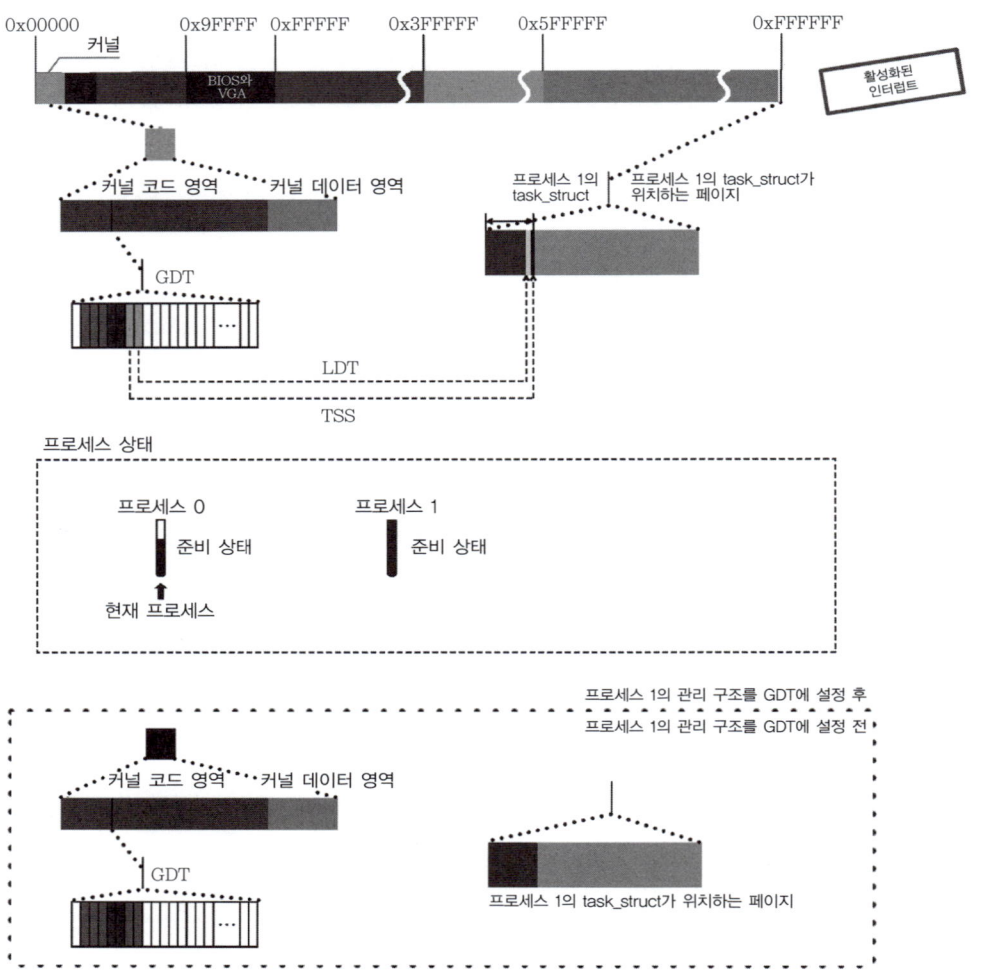

그림 3.10 프로세스 1의 관리 구조를 GDT에 연결한다.

3.1.7 프로세스 1 생성을 마치고 프로세스를 준비 상태로 설정

프로세스 1이 준비 상태로 설정되면 프로세스 1은 프로세스 스케줄링을 할 수 있게 된다. 그리고 pid를 리턴한다. 그림 3.10의 중간에 프로세스를 나타내는 진행 바를 잘 봐야 한다. 프로세스 1은 준비 상태다.

코드는 다음과 같다.

```
//코드 경로: kernel/fork.c
int copy_process(int nr,long ebp,long edi,long esi,long gs,long none,
                 long ebx,long ecx,long edx,
                 long fs,long es,long ds,
                 long eip,long cs,long eflags,long esp,long ss)
{
        ......
        p->state = TASK_RUNNING;        /* 마지막에 설정 */ // 자식 프로세스를 준비 상태로 설정한다.
        return last_pid;
}
```

이제 프로세스 1의 생성 과정을 마쳤다. 프로세스 1은 프로세스 0의 모든 능력들을 상속받았다.

프로세스 1을 생성하고 나면, copy_process()가 완료된다. 그러면 _sys_fork의 call copy_process 다음 줄이 실행되도록 리턴한다.

코드는 다음과 같다.

```
//코드 경로:kernel/system_call.s:
        ......
_sys_fork:
        call _find_empty_process
        testl %eax,%eax
        js 1f
        push %gs
        pushl %esi
        pushl %edi
        pushl %ebp
        pushl %eax
call _copy_process
        addl $20,%esp        // copy_process()에서 돌아와서 실행되는 줄이다. esp += 20은 20
                             // 바이트 스택을 정리하는 작업이다. gs, esi, edi, ebp 그리고 eax 등
                             // 앞에서 스택에 넣었던 것들이다.
                             // 주의: 리턴될 때는 커널 스택에 앞에서 넣었던 스택 정보들이 남은 채 반환된다.
1:      ret                  // _system_call의 pushl $eax줄이 실행되도록 반환한다.
        ......
```

우리는 sys_fork에서 스택에 넣었던 다섯 개의 값들을 제거해 주어야 한다. 즉, copy_process()의 다섯 개 파라미터인 gs, esi, edi, ebp 그리고 eax들을 제거한다. 여기서 eax는 copy_process()의 첫 번째 파라미터인 nr를 의미하는데 이 값은 copy_process의 last_pid 값이자 프로세스 1의 pid 값이다. 그런 다음 _system_call에서 실행한 call _sys_call_table(,%eax,4)의 다음인 pushl %eax가 실행될 수 있도록 반환한다.

반환 후에 먼저 현재 프로세스가 프로세스 0인지 아닌지 검사를 하게 된다. pushl %eax가 프로세스 1의 PID 값을 스택에 넣고 _ret_from_sys_call: 부분이 실행된다는 것을 주목해야 한다.

코드는 다음과 같다.

```
//코드 경로:kernel/system_call.s:
_system_call:
        ......
        call _sys_call_table(,%eax,4)
        pushl %eax                  # sys_fork에서 리턴하면 이곳으로 온다. eax는 last_pid 값이다.
        movl _current,%eax          # 현재 프로세스는 프로세스 0이다.
        cmpl $0,state(%eax)         # state, 프로세스 상태(준비 상태인지 확인)
        jne reschedule              # 프로세스가 준비 상태가 아니면 reschedule로 점프
        cmpl $0,counter(%eax)       # counter, 프로세스에게 주어진 시간
        je reschedule               # 프로세스의 타임 슬라이스가 0이면 reschedule로 점프
        ret_from_sys_call:
        movl _current,%eax          # task[0]는 시그널을 받을 수 없다.
        cmpl _task,%eax
        je 3f                       # 현재 프로세스가 프로세스 0이면 라벨 3으로 이동
        cmpw $0x0f,CS(%esp)
        jne 3f
        cmpw $0x17,OLDSS(%esp)
        jne 3f
        movl signal(%eax),%ebx
        movl blocked(%eax),%ecx
        notl %ecx
        andl %ebx,%ecx
        bsfl %ecx,%ecx
        je 3f
        btrl %ecx,%ebx
        movl %ebx,signal(%eax)
        incl %ecx
        pushl %ecx
        call _do_signal
        popl %eax
3:      popl %eax                   # 일곱 개의 레지스터 값을 팝해서 CPU에 설정한다.
        popl %ebx
        popl %ecx
        popl %edx
        pop %fs
        pop %es
        pop %ds
        iret                        # CPU가 ss, esp, eflags, cs 그리고 eip를 팝한다.
                                    # 이 값들은 INT 0x80이 호출될 때 스택에 들어간 값들이다.
                                    # 여기서 팝된 cs:eip가 INT 0x80이 호출된 다음 줄의 코드를
                                    # 가리킨다.
        ......
```

프로세스 0이 현재 프로세스이기 때문에 라벨 3으로 점프해서 스택에 넣었던 모든 레지스터들을 복원한다. init_task에서 스택을 복원하는 과정이 그림 3.11의 첫 번째 단계다. popl %eax는 앞에서 언급했던 프로세스 1의 pid를 eax에 대입하는 것이다. 이때의 eax 값은 1이다.

다음으로 iret으로 인터럽트를 종료하게 된다. CPU는 하드웨어적으로 int 0x80을 실행하면서 스택에 넣었던 ss, esp, efalgs, cs 그리고 eip를 복원한다. 그리고 권한 레벨 0의 커널 코드에서 권한 레벨 3의 프로세

스 0 코드로 바뀐다. 이때 반환되어 돌아갈 코드는 cs:eip로 fork()에서 INT 0x80 다음 줄인 if(__res >= 0)을 가리킨다.

코드는 다음과 같다.

```
//코드 경로:include/unistd.h::
int fork(void)        // 임베디드 어셈블리 코드의 키워드에 대한 설명은 앞 섹션 2.5, 2.9, 2.14를 참고할 것
{
        long __res;
__asm__ volatile ("int $0x80"
        : "=a" (__res)              // __res에 eax의 값이 저장된다. 이 값은
        : "0" (__NR_fork));        // copy_process에서 반환된 last_pid(1)이다
        if (__res >= 0)            // iret에서 반환하면 이곳에 오고 _ret는
        return (int) __res;        // 1을 반환한다.
        errno = -__res;
        return -1;
}
```

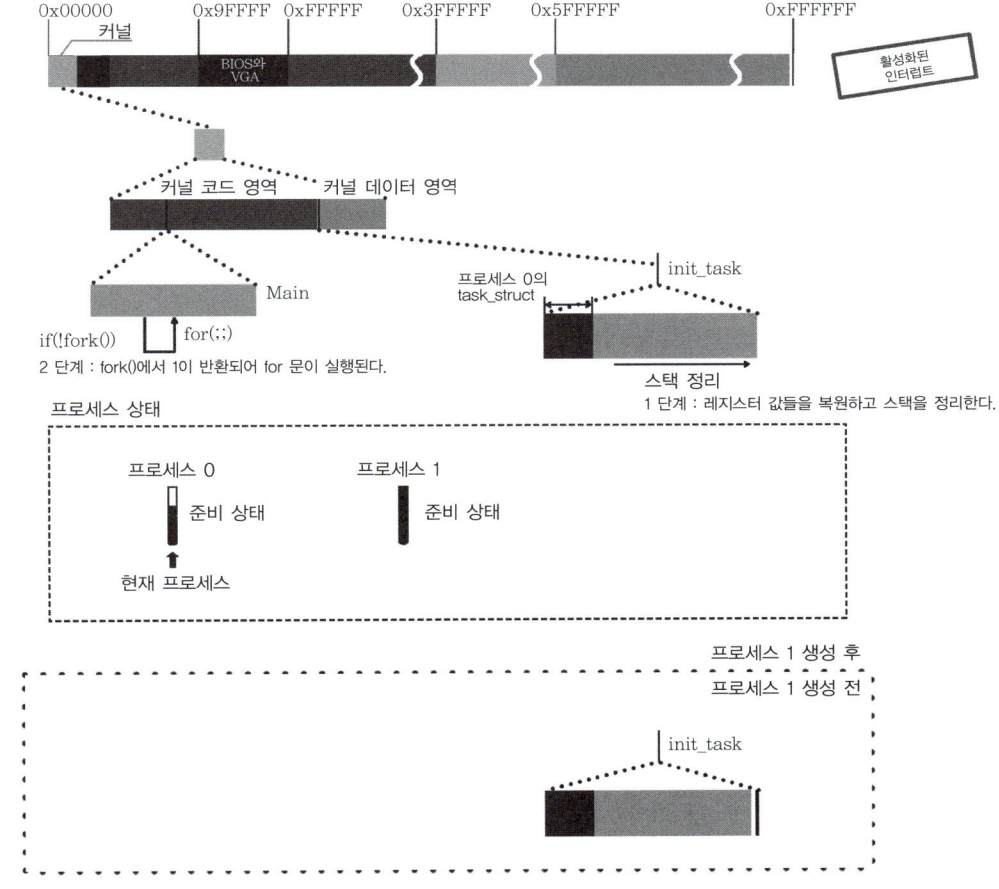

그림 3.11 OS가 프로세스 0과 프로세스 1을 구별하는 방법

if(_res >= 0)가 어떻게 실행되는지 분석하기 전에 "=a"(_res)를 보자. 이 코드는 _res에 eax 값을 대입하라는 의미다. if(_res >= 0)는 eax 값을 조사한다. 앞에서 소개했던 것처럼 eax 값은 프로세스 1의 PID인 1이고 return (int)_res를 실행하면서 프로세스 1의 PID인 1을 리턴한다.

프로세스 0은 fork() 함수를 호출했던 if(!fork()) 명령으로 돌아온다. 이때 fork() 함수는 자식 프로세스의 PID인 1을 반환한다. If 조건식은 !1로 false이기 때문에 프로세스 0은 계속 진행해서 for(;;) pause() 부분을 실행한다.

코드는 다음과 같다.

```
//코드 경로:init/main.c:
        ……
void main(void)
{
        sti();
        move_to_user_mode();
        if (!fork()) {          // fork()의 반환값이 1이기 때문에 if(!1)는 false가 된다.
                init();
        }
        ……
        for(;;) pause();        // 따라서 for 문을 실행한다.
}
```

위 프로세스는 그림 3.11의 두 번째 단계에 대한 것이다.

3.2 커널의 첫 번째 스케줄링

이제, 프로세스 0의 코드가 실행된다. 이 때부터 프로세스 0은 프로세스는 1로 프로세스 전환할 준비를 한다. 리눅스 0.11의 프로세스 간 스케줄링 메커니즘에서 프로세스 전환이 일어나는 두 가지 상황이 있다.

첫 번째는 프로세스에 부여된 시간을 다 소진했을 때이다.

프로세스가 생성될 때, 프로세스는 제한된 타임 슬라이스를 부여 받는다. 항상 부여된 시간만 동작할 수 있도록 하고 있다. 타임 슬라이스가 0으로 줄어 들면 프로세스에게 부여된 시간을 다 쓴 것을 의미하고 다른 프로세스가 실행되도록 전환된다. 이 방식이 멀티 프로세스를 구현하는 방식이다.

두 번째는 프로세스의 실행이 중단될 때이다.

프로세스가 주변 장치나 다른 프로그램의 데이터를 기다리거나 다른 프로세스가 종료될 때까지 기다려야 하는 경우다. 비록 부여된 타임 슬라이스가 남아있다고 해도 프로세스를 계속 실행해야 할 필요가 없다. 타임 슬라이스를 다 소진해서 다른 프로세스로 전환될 때까지 타임 인터럽트를 기다리게 되면 시간 낭비가 되기 때문에 이런 때는 프로세스 전환이 바로 이루어진다.

위에서 설명한 두 가지 상황에서 프로세스 전환이 일어난다.

프로세스 0의 역할은 조금 특별하다. 프로세스 0에서 프로세스 1으로 전환하는 것은 위에서 설명한 두 가지 상황 중 두 번째에 해당한다. 즉, 프로세스 0은 대기 프로세스(idle process)로 이것에 대한 설명은 섹션 3.3.1에서 다룰 예정이다.

프로세스 0은 for(;;) pause() 명령을 실행하다가 최종적으로는 스케줄 함수가 실행되면서 프로세스 1로 전환된다. 그림 3.12는 이 과정을 보여 준다.

pause() 함수의 코드는 다음과 같다.

```
//코드 경로:init/main.c:
      ......
static inline _syscall0(int,fork)
static inline _syscall0(int,pause)
      ......
void main(void)
{
      ......
      move_to_user_mode();
      if (!fork()) {
             init();
      }
      for(;;) pause();
}
```

pause() 함수를 호출하는 방법은 fork()의 호출과 비슷하다. unistd.h의 syscall0이 호출되면 int 0x80 인터럽트가 호출되고 system_call.s의 call _sys_call_table(,%eax,4)에서 맵핑된 함수 sys_pause를 호출하게 된다. 자세한 호출 과정은 섹션 3.1.1에서 설명한 fork의 호출 과정을 참조하길 바란다. fork()와 약간 다른 점이라면 fork()가 어셈블리로 작성되었다면, sys_pause()는 C로 작성되었다는 점이다.

sys_pause() 함수에서 프로세스 0를 인터럽터블 상태로 설정한다. 그림 3.12의 첫 번째 단계다. 그리고 나서 schedule() 함수가 호출되고 프로세스가 전환된다. 코드는 다음과 같다.

```
//코드 경로:kernel/sched.c:
int sys_pause(void)
{
// 프로세스 0을 인터럽터블 상태로 설정한다. 인터럽트가 발생하거나 다른 프로세스 시그널을
// 이 프로세스로 보내면 준비 상태로 바뀔 수 있다.
      current->state = TASK_INTERRUPTIBLE;
      schedule();
      return 0;
}
```

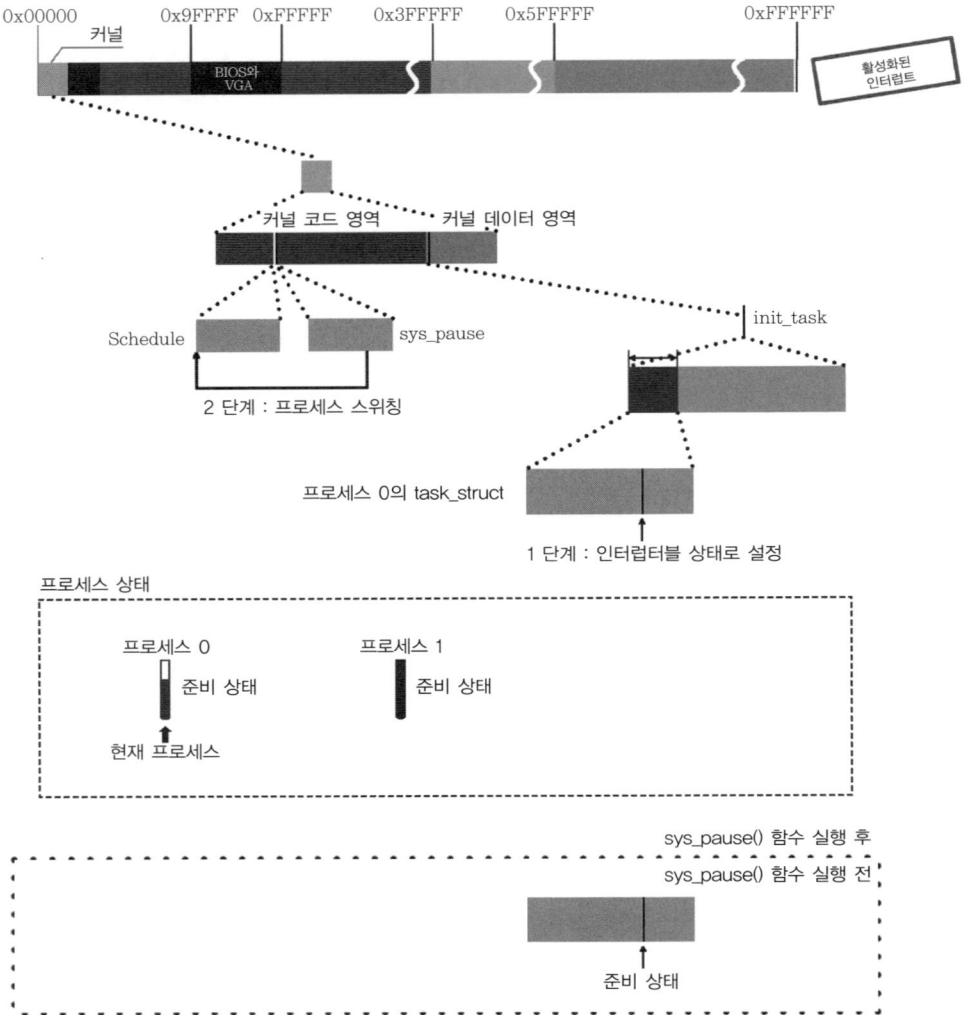

그림 3.12 프로세스 0은 실행이 중지되고 스케줄링이 된다.

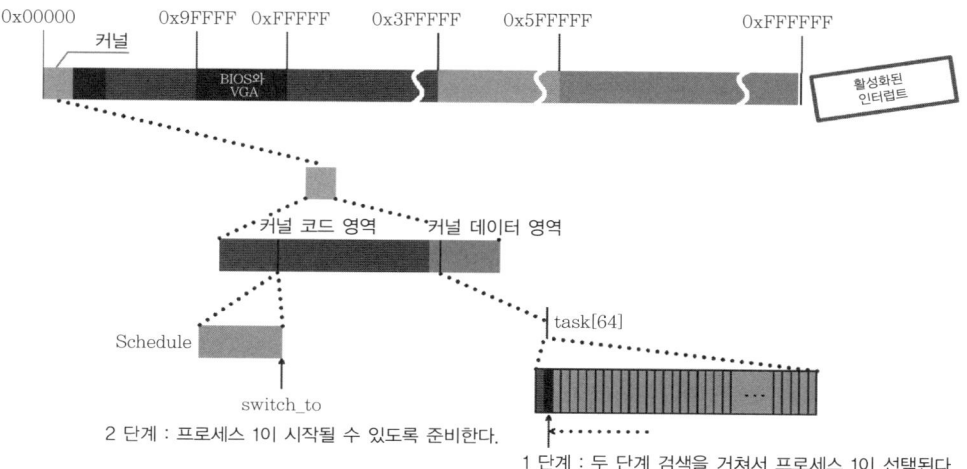

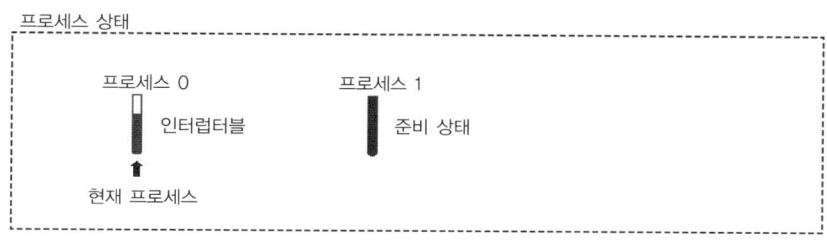

그림 3.13 프로세스 1로 스케줄링한다.

schedule() 함수에서 시스템은 먼저 전환할 프로세스의 조건을 확인하다. 이 조건이 만족되면 프로세스는 스케줄링된다.

먼저 task[64] 구조체를 이용해서 모든 프로세스를 조사한다. 이때 task[64]의 아이템 어드레스 포인터가 NULL이 아니면 알람 타이머 값인 alarm과 시그널 비트맵인 signal에 대한 처리를 한다. 현재 우리는 이것을 처리하지 않아도 된다. 특히나 프로세스 0은 어떤 시그널도 받지 않기 때문에 프로세스 0은 인터럽터블 상태로 있는다. 프로세스 0은 준비 상태가 될 수 없다.

앞의 과정이 끝나고 두 번째로 모든 프로세스를 다시 조사한다. 준비 상태이면서 counter값(프로세스의 타임 슬라이스 값)이 최대인 프로세스를 찾기 위해 프로세스 상태와 남아 있는 타임 슬라이스를 비교해 봐야 한다. 현재는 두 개의 프로세스만 있고 프로세스 0은 인터럽트 상태이기 때문에 준비 상태가 아니다. 프로세스 1만 준비 상태이기 때문에 switch_to(next) 함수를 실행시키면 프로세스 1로 전환된다. 그림 3.13의 첫 번째 단계가 앞에서 설명한 과정에 해당한다.

관련 코드는 다음과 같다.

```c
//코드 경로:kernel/sched.c
void schedule(void)
{
    int i,next,c;
    struct task_struct ** p;

/* alarm을 확인한다. 시그널을 받은 인터럽터블 프로세스를 깨운다. */

    for(p = &LAST_TASK ; p > &FIRST_TASK ; --p)
        if (*p) {
            if ((*p)->alarm && (*p)->alarm < jiffies) {
                (*p)->signal |= (1<<(SIGALRM-1));
                (*p)->alarm = 0;
            }
            if (((*p)->signal & ~(_BLOCKABLE & (*p)->blocked)) &&
            (*p)->state==TASK_INTERRUPTIBLE)
                (*p)->state=TASK_RUNNING;
        }

/* 여기서부터가 진짜 스케줄러의 작업이다.  */
    while (1) {
        c = -1;
        next = 0;
        i = NR_TASKS;
        p = &task[NR_TASKS];
        while (--i) {
            if (!*--p)
                continue;
                        // 최대 counter를 가진 준비 상태의 프로세스를 찾는다.
            if ((*p)->state == TASK_RUNNING && (*p)->counter > c)
                c = (*p)->counter, next = i;
        }
        if (c) break;
        for(p = &LAST_TASK ; p > &FIRST_TASK ; --p)
            if (*p)
                (*p)->counter = ((*p)->counter >> 1) +
                        (*p)->priority;    // counter = counter /2 + priority
    }
    switch_to(next);
}
```

코드는 다음과 같다.

```
//코드 경로:include/sched.h
      ......
//FIRST_TSS_ENTRY<<3는 100000, ((unsigned long) n) << 4는 프로세스 1에서는 1000이다.
// _TSS(1)는 1100000이다. 마지막 두 비트는 커널 권한 레벨을, 세 번째 비트는 GDT를 의미한다.
// 남은 110은 tss0의 인덱스다.
#define _TSS(n) (((((unsigned long) n)<<4)+(FIRST_TSS_ENTRY<<3))
      ......
#define switch_to(n) {\                              // 섹션 2.9.1 참고
struct {long a,b;} __tmp; \                           // ljmp를 위한 준비
__asm__("cmpl %%ecx,_current\n\t" \
        "je 1f\n\t" \                                 // 프로세스 n이 현재 프로세스면 종료
        "movw %%dx,%1\n\t" \                          // dx를 *&__tmp.b에 저장
        "xchgl %%ecx,_current\n\t" \                  // task[n]을 현재 프로세스로 변경
        "ljmp %0\n\t" \
        "cmpl %%ecx,_last_task_used_math\n\t" \       // 보조 프로세스를 사용하는지 확인
        "jne 1f\n\t" \                                // 사용하지 않으면 1로 점프
        "clts\n" \                                    // CR0의 task 변경 플래그 클리어
    "1:" \
        ::"m" (*&__tmp.a),"m" (*&__tmp.b), \          // .a는 eip에 .b는 cs에 대응
        "d" (_TSS(n)),"c" ((long) task[n])); \        // edx는 tss 인덱스, ecx는
}                                                     // task[n]
```

소스 상에 "ljmp %0\n\t,"에서 ljmp는 CPU의 테스크-게이트 메커니즘을 통해서 현재 CPU의 각 레지스터들을 프로세스 0의 TSS로 저장하고 프로세스 1의 TSS 데이터와 LDT의 코드와 데이터 세그먼트를 CPU의 레지스터로 복원시킨다. 이런 과정을 통해서 권한 레벨 0의 커널 코드에서 권한 레벨 3의 프로세스 1 코드로 전환된다. 이 과정이 그림 3.13의 2 단계에 해당한다.

프로세스 1을 처리해야 할 순서다. 프로세스 1의 실행 환경을 위해서 추가적인 설정이 필요하다. 이 절차를 통해서 프로세스가 파일을 읽고 쓰는 것처럼 주변 장치들과 통신할 수 있다.

pause() 함수를 호출하면 INT 0x80을 통해서 권한 레벨 3인 프로세스 0의 코드에서 권한 레벨 0인 커널 코드로 변경되고 시스템 콜 함수인 sys_pause() 내부에서 호출하는 schedule() 함수에서 switch() 함수가 실행된다는 것을 알고 있어야 한다. 이때 switch 함수는 ljmp 명령을 통해서 프로세스 1로 프로세스 전환시킨다. 하지만 이때 바로 ljmp 명령과 call_sys_call_table(,%eax,4) 다음의 코드가 실행되지 않을 뿐 아니라 INT 0x80에 대한 리턴 처리도 하지 않는다.(역주 : 프로세스가 전환되어 프로세스 1이 실행되는 상태여서 pause()를 호출했던 프로세스 0의 실행을 더 이상 진행하지 않기 때문이다. CPU는 한번에 하나의 프로세스 명령만 실행할 수 있다. 리눅스에서 사용하고 있는 멀티프로세싱은 CPU를 여러 프로세스가 시간을 나누어 가면서 활용하는 것이다. 이 때문에 스케줄링은 중요하다.)

3.3 프로세스 1 실행

프로세스 1을 분석하기 전에 프로세스 0을 이용해서 프로세스 1을 생성하는 과정을 다시 살펴보자.

섹션 3.1.3에서 copy_process() 함수를 분석할 때, 우리는 프로세스 1의 tss를 설정하면서 ss, esp, eflags, cs, eip등을 TSS에 저장했다. 이 레지스터 값들은 CPU 하드웨어가 자동으로 복원해 준다. 여기서 복원되는 값들은 프로세스 0이 프로세스 1을 생성하기 위해서 fork()를 호출할 때 인터럽트 INT 0x80을 호출하면서 스택에 들어갔던 값들이다. 이때 eip 값은 INT 0x80을 호출한 다음 명령인 "if(_rest >= 0)"의 어드레스 값이다.

CPU의 테스크-게이트 메커니즘에 의해서 ljmp 명령이 프로세스 1의 TSS의 값들을 CPU에 복원하면 tss.eip도 같이 CPU 레지스터로 복원된다. 그러면 CPU의 eip는 자연스럽게 "if(_res >= 0)" 명령을 가리키게 된다. 이렇게 해서 프로세스 1은 EIP가 가리키는 곳에서 다시 실행된다.

코드는 다음과 같다.

```
//코드 경로:include/unistd.h:
#define _syscall0(type,name) \
int fork(void)
{
long __res;
__asm__ volatile ("int $0x80"
        : "=a" (__res)
        : "0" (__NR_fork));
        if (__res >= 0)          // 여기서 다시 실행된다. copy_process에서
                                 // 저장한 프로세스 1의 tss.eip는 여기를 가리키는 것이다.

        return (int) __res;
        errno = -__res;
        return -1;
}
```

그림 3.14의 첫 번째 단계에서 이 과정을 설명하고 있다.

섹션 3.1.3에서 소개한 것처럼 __res는 프로세스 1의 TSS의 eax 레지스터 값이다. 그리고 이 값은 섹션 3.1.3에서 copy_process() 함수의 p->tss.eax = 0 명령을 수행하면서 0으로 설정된다. 따라서 return (int) __res가 실행될 때 반환되는 값은 0이다.

리턴되고 나면 메인 함수의 if(!fork()) 명령이 실행된다. !0은 true이기 때문에 init() 함수를 호출한다.

이와 관련된 코드는 다음과 같다.

```
//코드 경로:init/main.c:
void main(void)
{
    if (!fork()) {      // !0은 참이다.
        init();
    }
```

init() 함수에 진입하고 먼저 setup() 함수를 호출한다. 코드는 다음과 같다.

```
//코드 경로:init/main.c
void init(void)
{
    ......
    setup((void *) &drive_info);
    ......
}
```

이 함수를 호출하는 과정은 fork()와 pause()의 과정과 비슷하다. 하지만 setup() 함수의 호출 과정은 약간 다르다. setup() 함수는 _syscall0()를 통하지 않고 _syscall1()를 사용한다. 구체적으로 구현된 과정은 비슷해서 int 0x80을 통해서 _system_call, _sys_call_table (call, %eax, 4)를 거쳐 sys_setup()이 호출된다.^{(역주 :}
setup()을 보면 파라미터가 하나 있다. 즉 _syscall1()은 _syscall0()의 기능에 파라미터 하나를 전달하는 기능이 추가된 것이다.)

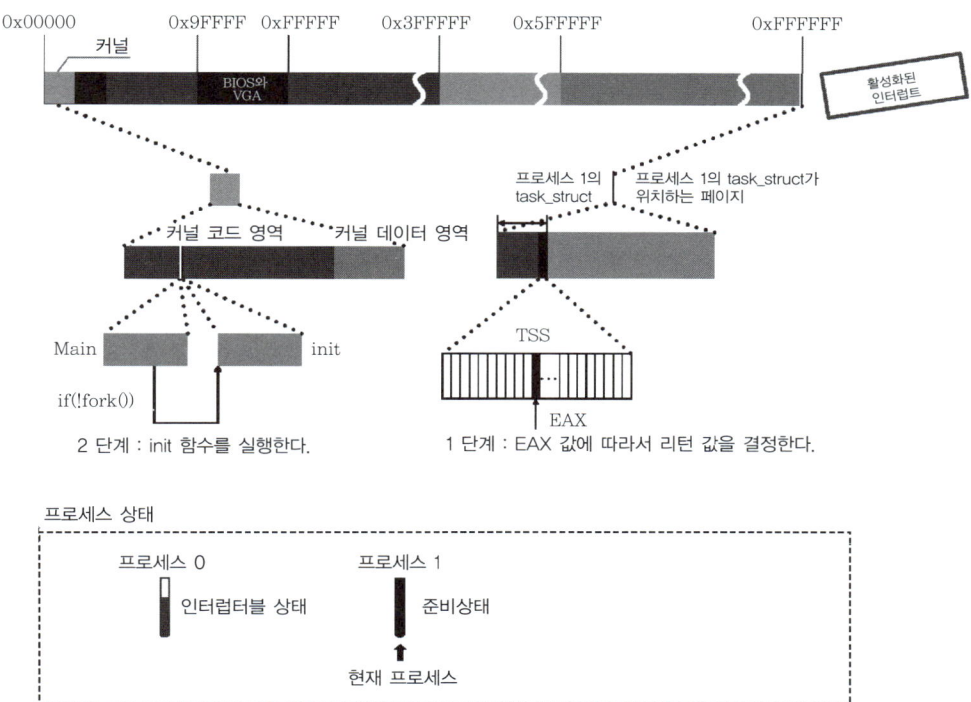

그림 3.14 프로세스 1이 시작할 때 프로세스 상태

3.3.1 프로세스 1가 하드디스크 파일 시스템 설치 준비

이번 섹션에서 몇 가지의 코드를 소개하겠지만 이 모든 것들이 결국 하나의 목적을 위해서 하는 것이다. 즉, 하드디스크 파일 시스템 설치를 준비하는 것이다. 설치 과정은 챕터 5에서 소개할 예정이다.

이 과정은 세 가지의 단계를 거친다.

1. 시스템 데이터에 따라서 하드디스크 파라미터를 설정한다.
2. 하드디스크 부트 블록을 읽는다.
3. 부트 블록에서 데이터 가져온다.

3.3.1.1 프로세스 1은 하드디스크의 hd_info를 설정

하드디스크 실린더 수, 헤더 수 그리고 섹터 수와 같은 drive_info 내의 기기 정보에 따라서 커널의 hd_info를 설정한다(그림 3.15). 코드는 다음과 같다.

```
//코드 경로:kernel/blk_dev/hd.c:
    ......
struct hd_i_struct {
    int head,sect,cyl,wpcom,lzone,ctl;
    };
    ......
struct hd_i_struct hd_info[] = { {0,0,0,0,0,0},{0,0,0,0,0,0} };
    ......
static struct hd_struct {
    long start_sect;            // 시작하는 섹터 넘버
    long nr_sects;              // 섹터 개수
} hd[5*MAX_HD]={{0,0},};
    ......

/* 'static int callable'로 한번만 실행된다. */
int sys_setup(void * BIOS)      // BIOS는 섹션 2.1에서 언급했던 drive_info다.
{
    static int callable = 1;
    int i,drive;
    unsigned char cmos_disks;
    struct partition *p;
    struct buffer_head * bh;

    if (!callable)              // 한번만 호출된다.
            return -1;
    callable = 0;
```

```
#ifndef HD_TYPE
    for (drive=0 ; drive<2 ; drive++) {            //drive_info를 hd_info에 설정
        hd_info[drive].cyl = *(unsigned short *) BIOS;      // 실린더 수
        hd_info[drive].head = *(unsigned char *) (2+BIOS); // 헤더수
        hd_info[drive].wpcom = *(unsigned short *) (5+BIOS);
        hd_info[drive].ctl = *(unsigned char *) (8+BIOS);
        hd_info[drive].lzone = *(unsigned short *) (12+BIOS);
        hd_info[drive].sect = *(unsigned char *) (14+BIOS);   // 트랙당 섹터 수
        BIOS += 16;
    }
    if (hd_info[1].cyl)        // 하드디스크 수를 판단한다.
        NR_HD=2;
    else
        NR_HD=1;
#endif
    for (i=0 ; i<NR_HD ; i++) {   // 하나의 디스크는 최대 4개의 논리적 디스크를 가질 수 있다.
                                  // 0은 물리 디스크, 1-4는 논리 디스크 최대 5개다.
                                  // 첫 번째 물리 디스크는 0*5이고 두 번째 물리 디스크는 1*5다
        hd[i*5].start_sect = 0;
        hd[i*5].nr_sects = hd_info[i].head*
                hd_info[i].sect*hd_info[i].cyl;
    }

    if ((cmos_disks = CMOS_READ(0x12)) & 0xf0)
        if (cmos_disks & 0x0f)
                    NR_HD = 2;
        else
                    NR_HD = 1;
        else
                    NR_HD = 0;
        for (i = NR_HD ; i < 2 ; i++) {
                    hd[i*5].start_sect = 0;
                    hd[i*5].nr_sects = 0;
        }
        for (drive=0 ; drive<NR_HD ; drive++) { // 첫 번째 물리 디스크의 디바이스 ID는 0x300
                                        // 두 번째는 0x305다.
                                        // 블록 0은 부트 블록으로 파티션 정보를 가지고
                                        // 있다.
            if (!(bh = bread(0x300 + drive*5,0))) {
                printk("Unable to read partition table of drive %d\n\r",
                    drive);
                panic("");
            }
        ......
}
```

3.3.1.2 하드디스크의 부트 블록을 읽어서 버퍼에 저장

리눅스 0.11에서 파티션 테이블은 하드디스크의 가장 기본적인 정보들이다. 다른 정보들은 부트 블록에 포함되어 있는 정보를 통해서 얻을 수 있다. 하드디스크는 오직 하나의 부트 블록만 가지고 있다. 이것이 논리 블록 0이다. 그리고 부트 블록은 두 섹터를 가지고 있다. 이중 첫 번째 섹터에 유용한 정보가 있다.

이 책에서 컴퓨터는 하나의 하드디스크만 가지고 있다고 가정하고 있다. 하드디스크 부트 블록은 읽혀져 버퍼에 저장된다. 이 부트 블록 정보는 다음 절차에 사용된다. 이 작업은 bread() 함수를 호출해서 완료한다 (bread는 block read를 의미한다).

코드는 다음과 같다.

```
//코드 경로:kernel/blk_dev/hd.c:
    ......
// 첫 번째 물리 디스크의 디바이스 넘버는 0x3000이고, 두 번째는 0x305다.
// 블록 0은 소위 부트 블록이라고 하는데 물리 디스크마다 하나씩 있고 파티션 정보가 담겨 있다.
   for (drive=0 ; drive<NR_HD ; drive++) {
      if (!(bh = bread(0x300 + drive*5,0))) {
          printk("Unable to read partition table of drive %d\n\r",
             drive);
                panic(" ");
          }
      ......
}
```

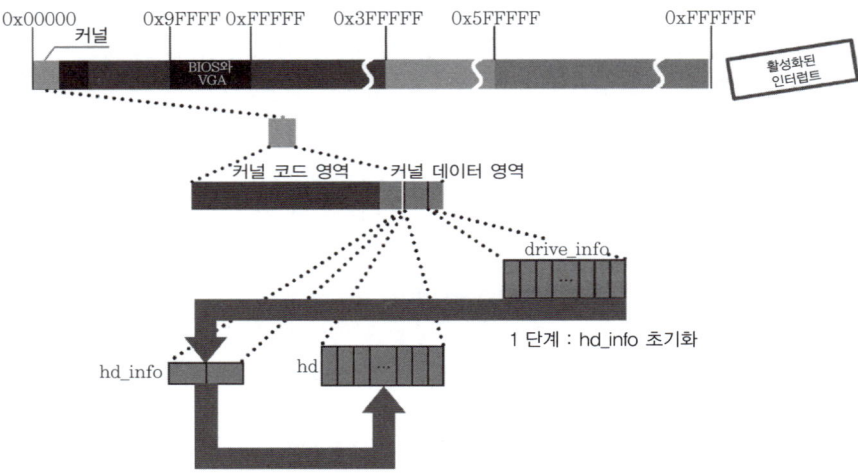

1 단계 : hd_info 초기화

2 단계 : hd_info로 하드디스크의 시작 섹터, 섹터 개수 등을 초기화

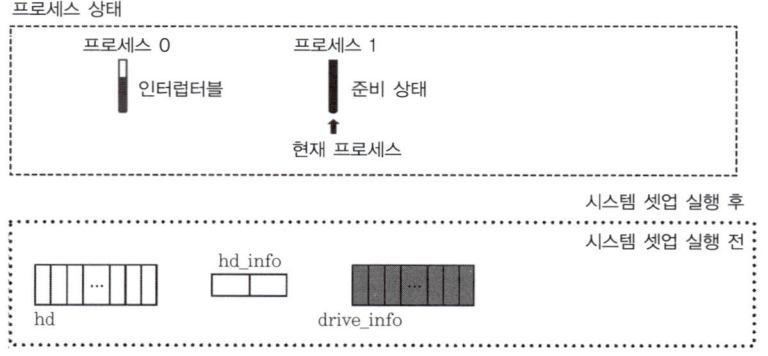

그림 3.15 하드디스크 컨트롤러 데이터 구조체 초기화하기

bread 함수가 시작되고 나서 getblk()이 호출되어 버퍼 공간을 할당받는다.

코드는 다음과 같다.

```
//코드 경로:fs/buffer.c
struct buffer_head * bread(int dev,int block)
{
    struct buffer_head * bh;

    if (!(bh = getblk(dev,block)))      // 주어진 dev, block에 할당되었던 블록을
                                        // 받거나 사용하지 않는 버퍼를 할당받음
        panic("bread: getblk returned NULL\n");
    if (bh->b_uptodate)                 // 현재까지는 처음 사용하는 것이기 때문에
                                        // 우리가 앞에서 받은 버퍼는 처음 사용하는 버퍼다
        return bh;
    ll_rw_block(READ,bh);
    wait_on_buffer(bh);
    if (bh->b_uptodate)
        return bh;
    brelse(bh);
    return NULL;
}
```

그림 3.16은 사용 가능한 버퍼 블록에 버퍼 블록 하나를 할당하는 과정을 상세히 묘사하고 있다.

getblk() 함수에서는 우선 해쉬 테이블을 검색하기 위해서 get_hash_table()을 호출한다. 이 함수는 이미 같은 디바이스 ID, 블록 ID에 해당하는 버퍼 블록이 있는지 찾는다. 다른 프로세스가 사용했다면 이미 데이터가 준비되어 있는 것이다. 만약 그런 버퍼가 있다면 데이터를 바로 사용할 수 있다. 검색에 해쉬 테이블을 사용하는 것은 검색 속도를 높이려는 의도다. 그림 3.16의 첫 단계가 이런 과정이다.

코드는 다음과 같다.

```
//코드 경로:fs/buffer.c:
    ......
// 같은 dev, block을 갖는 버퍼 블록을 찾거나 새로운 버퍼를 할당한다.
// dev: 0x300, block: 0
struct buffer_head * getblk(int dev,int block)
{
    struct buffer_head * tmp, * bh;

repeat:
    if (bh = get_hash_table(dev,block))
        return bh;
    tmp = free_list;
        if (tmp->b_count)
            continue;
        if (!bh || BADNESS(tmp)<BADNESS(bh)) {
```

```
            bh = tmp;
            if (!BADNESS(tmp))
                break;
        }
    ......
}
```

일단 get_hash_table() 함수 내에서는 find_buffer() 함수를 호출해서 버퍼 블록을 찾아 본다. 이때 블록의 디바이스 ID와 블록 ID가 주어진다. 만약 블록을 찾으면 찾은 블록을 사용한다.

코드는 다음과 같다.

```
//코드 경로:fs/buffer.c:
    ......
// 같은 dev, block을 갖는 버퍼 블록을 찾거나 새로운 버퍼를 할당한다.
// dev: 0x300, block: 0
struct buffer_head * get_hash_table(int dev, int block)
{
    struct buffer_head * bh;

    for (;;) {
        if (!(bh=find_buffer(dev,block)))
            return NULL; // 현재는 한번도 버퍼를 사용하지 않았기 때문에
                         // 이미 사용한 버퍼가 있을 수 없다.
        bh->b_count++;
        wait_on_buffer(bh);
        if (bh->b_dev == dev && bh->b_blocknr == block)
            return bh;
        bh->b_count--;
    }
}
```

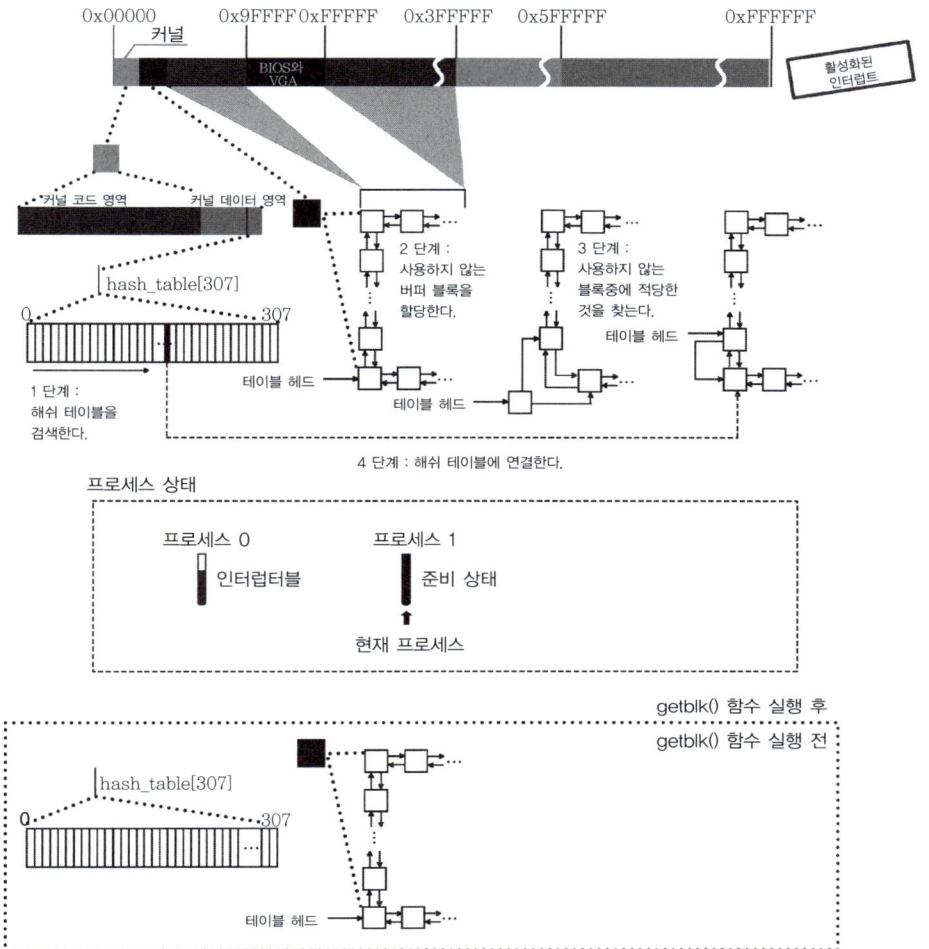

그림 3.16 버퍼 블록 찾기

이번에 버퍼를 처음 사용했기 때문에 버퍼에는 이전에 사용하고 있던 블록은 없다. 즉, hash_table에서 어떤 것도 찾을 수 없어서 find_buffer() 함수는 NULL을 반환한다.

코드는 다음과 같다.

```
//코드 경로:fs/buffer.c:
    ......
// NR_HASH: 307, dev:0x300, block: 0 블록 _hashfn(dev,block)의 값은 154다
#define _hashfn(dev,block) (((unsigned)(dev^block))%NR_HASH)
#define hash(dev,block) hash_table[_hashfn(dev,block)]
    ......
// 주어진 dev, block으로 특정 버퍼를 찾는다.
static struct buffer_head * find_buffer(int dev, int block)
{
```

```
        struct buffer_head * tmp;

        for (tmp = hash(dev,block) ; tmp != NULL ; tmp = tmp->b_next)  // tmp->b_next는
                                                                        // NULL이다.
            if (tmp->b_dev==dev && tmp->b_blocknr==block)
                  return tmp;
        return NULL;
}
```

find_buffer(), get_hash_table()는 getblk()로 반환되고 새로운 버퍼 블록을 할당받는다. 지금까지 버퍼를 사용한 적이 없어서 모든 버퍼 블록들이 사용하지 않은 채로 남아 있다. 사용하지 않는 버퍼를 관리하는 리스트에서 버퍼를 할당받는다. 이것이 그림 3.16의 두 번째 과정이다.

코드는 다음과 같다.

```
//code path:fs/buffer.c:
//b_dirt, b_lock는 0이고 BADNESS(bh)는 00이다.
#define BADNESS(bh) (((bh)->b_dirt<<1)+(bh)->b_lock)
struct buffer_head * getblk(int dev,int block)
{
        struct buffer_head * tmp, * bh;

repeat:
        if (bh = get_hash_table(dev,block))
                return bh;
        tmp = free_list;
        do {
                if (tmp->b_count)     // tmp->b_count는 0
                        continue;
                if (!bh || BADNESS(tmp)<BADNESS(bh)) {  // bh는 0
                        bh = tmp;
                        if (!BADNESS(tmp))    // BADNESS(tmp)는 00이고 새 버퍼를 구한다.
                                break;
                }
/* 적합한 블록을 찾을 때까지 반복 */
        } while ((tmp = tmp->b_next_free) != free_list);
        if (!bh) {   // 사용할 수 있는 버퍼를 찾지 못하면
                sleep_on(&buffer_wait);
                goto repeat;
        }
        wait_on_buffer(bh);  // 버퍼의 락을 푼다.
        if (bh->b_count)      // 버퍼 블록이 사용될 수 없는 것이면
                goto repeat;
        while (bh->b_dirt) { // 버퍼의 내용은 수정되지 않았다.
                sync_dev(bh->b_dev);
```

```
                        wait_on_buffer(bh);
                        if (bh->b_count)
                                goto repeat;
        }

        if (find_buffer(dev,block))  // 사용할 버퍼를 다시 찾아본다. 해쉬 테이블에
                                     // 연결된 버퍼인지 확인한다.
        goto repeat        ;
        ……
```

버퍼 블록을 얻은 후 이것을 초기화하고 hash_table에 등록한다. 아래 코드를 보자.

```
//코드 경로:fs/buffer.c:
struct buffer_head * getblk(int dev,int block)
{
    ……
    if (find_buffer(dev,block))
            goto repeat;
    bh->b_count=1;  // 사용한다고 표시
    bh->b_dirt=0;
    bh->b_uptodate=0;
    remove_from_queues(bh);
    bh->b_dev=dev;
    bh->b_blocknr=block;
    insert_into_queues(bh);
    return bh;
}
```

```
//코드 경로:fs/buffer.c:
        ……
static inline void remove_from_queues(struct buffer_head * bh)
{
/* 해쉬 큐에서 제거 */
        if (bh->b_next)   // bh->b_next는 NULL
                bh->b_next->b_prev = bh->b_prev;
        if (bh->b_prev)    // bh->b_prev도 NULL
                bh->b_prev->b_next = bh->b_next;
        if (hash(bh->b_dev,bh->b_blocknr) == bh) // 여기서 이 if 문에 걸리지 않음
                hash(bh->b_dev,bh->b_blocknr) = bh->b_next;
/* 프리 블록 리스트(사용하지 않는 블록들의 리스트)에서 제거한다. */
        if (!(bh->b_prev_free) || !(bh->b_next_free)) // 보통은 여기에 걸리지 않음
                panic("Free block list corrupted");
        bh->b_prev_free->b_next_free = bh->b_next_free;
        bh->b_next_free->b_prev_free = bh->b_prev_free;
        if (free_list == bh)
                free_list = bh->b_next_free;
}
        ……
```

위 코드의 이해를 돕기 위해 잠깐 지금 보고 있는 부분에서 벗어 나서 생각해보자(그림 3.17에서 그림 3.19 까지).

hash_table에 바인딩하는 코드는 다음과 같다(그림 3.20 ~ 그림 3.22).

```
//코드 경로:fs/buffer.c:
     ......
static inline void insert_into_queues(struct buffer_head * bh)
{
/* free_list의 끝에 bh를 넣는다. */
     bh->b_next_free = free_list;
     bh->b_prev_free = free_list->b_prev_free;
     free_list->b_prev_free->b_next_free = bh;
     free_list->b_prev_free = bh;
/* 디바이스를 위한 버퍼라면 새로운 해쉬 큐에 버퍼를 넣는다. */
     bh->b_prev = NULL;
     bh->b_next = NULL;
     if (!bh->b_dev)
             return;
     bh->b_next = hash(bh->b_dev,bh->b_blocknr);
     hash(bh->b_dev,bh->b_blocknr) = bh;
     bh->b_next->b_prev = bh;
}
     ......
```

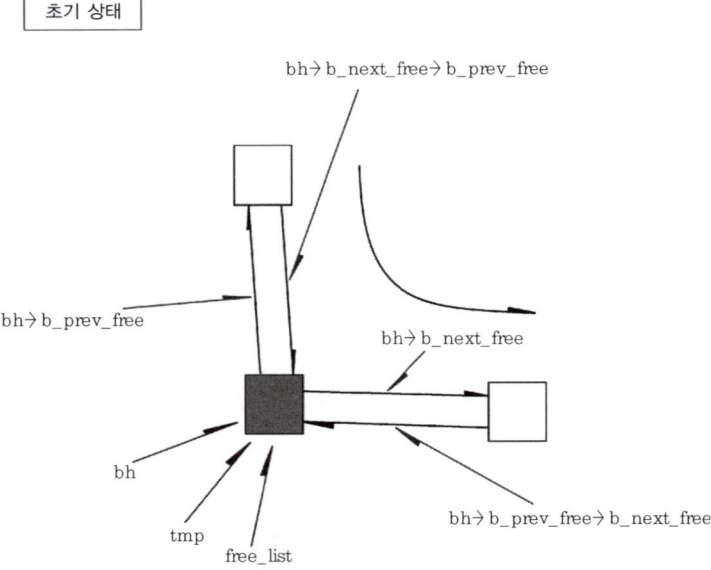

그림 3.17 1 단계

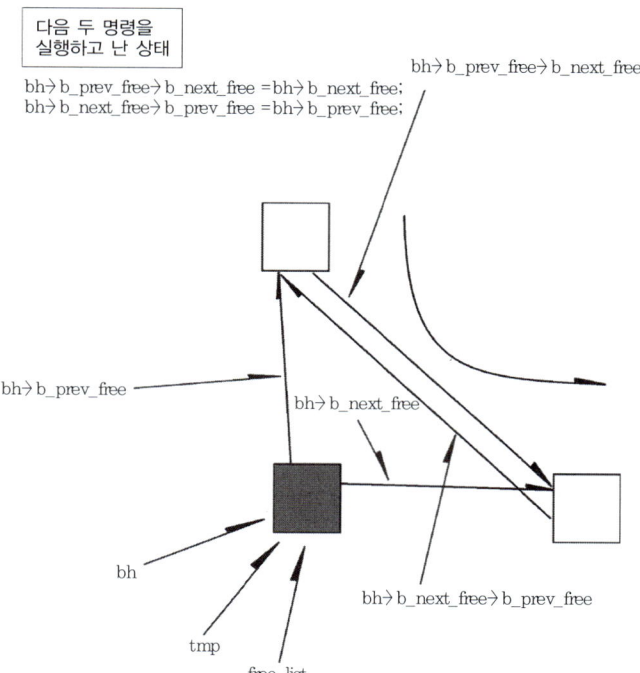

다음 두 명령을
실행하고 난 상태

bh→b_prev_free→b_next_free =bh→b_next_free;
bh→b_next_free→b_prev_free =bh→b_prev_free;

bh→b_prev_free→b_next_free

bh→b_prev_free

bh→b_next_free

bh

tmp

free_list

bh→b_next_free→b_prev_free

그림 3.18 2 단계

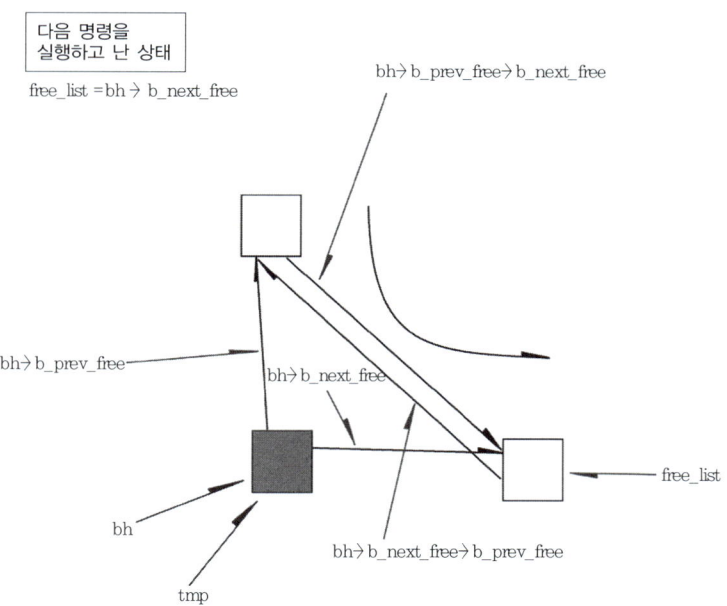

다음 명령을
실행하고 난 상태

free_list =bh→b_next_free

bh→b_prev_free→b_next_free

bh→b_prev_free

bh→b_next_free

bh

tmp

free_list

bh→b_next_free→b_prev_free

그림 3.19 3 단계

다음 명령을
실행하고 난 상태
bh-> b_next_free = free_list;
bh-> b_prev_free = free_list-> b_prev_free;
free_list-> b_prev_free-> b_next_free = bh;
free_list-> b_prev_free = bh;
bh-> b_prev_free-> b_next_free
bh-> b_prev_free
bh-> b_next_free
154
NULL
bh
free_list
tmp
bh-> b_next_free-> b_prev_free

그림 3.20 4 단계

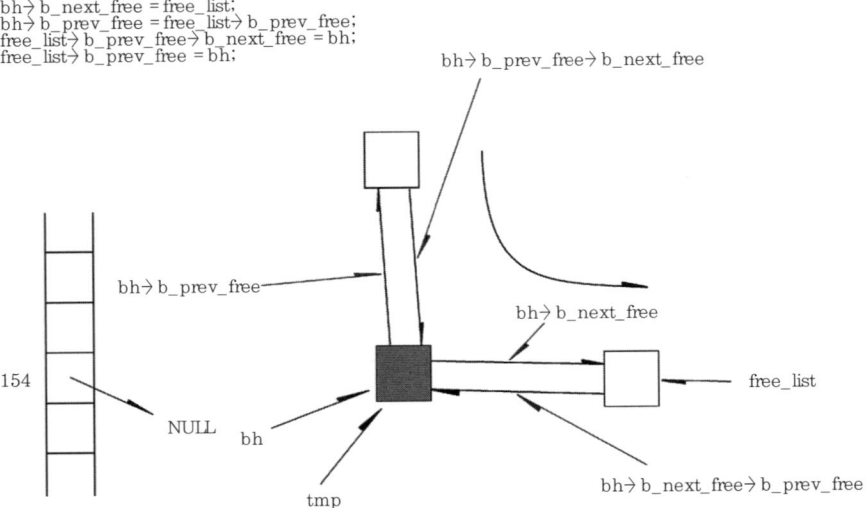

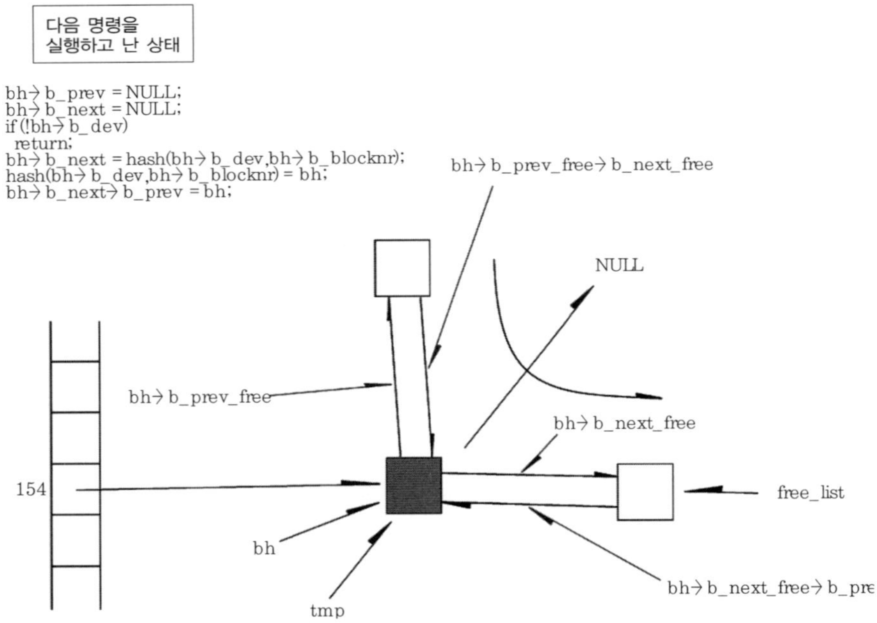

다음 명령을
실행하고 난 상태
bh-> b_prev = NULL;
bh-> b_next = NULL;
if (!bh-> b_dev)
return;
bh-> b_next = hash(bh-> b_dev,bh-> b_blocknr);
hash(bh-> b_dev,bh-> b_blocknr) = bh;
bh-> b_next-> b_prev = bh;
bh-> b_prev_free-> b_next_free
NULL
bh-> b_prev_free
bh-> b_next_free
154
free_list
bh
tmp
bh-> b_next_free-> b_pre

그림 3.21 5 단계

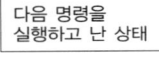

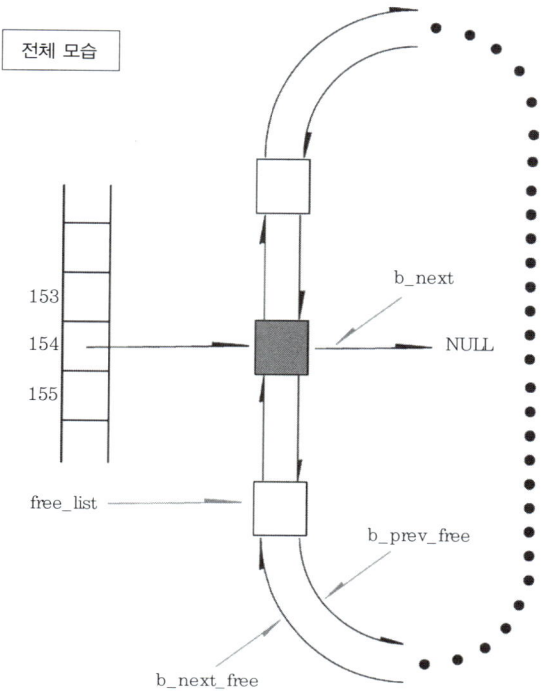

전체 모습

153

154

155

b_next

NULL

free_list

b_prev_free

b_next_free

그림 3.22 6 단계

getblk()가 실행 완료되고 bread()로 리턴한다.

3.3.1.3 리퀘스트와 버퍼 블록을 바인딩시키기

bread() 함수에서 반환된 후 ll_rw_block()를 호출해서 그림 3.23에서 보여 주고 있는 것처럼 버퍼 블록을 리퀘스트와 연동시킨다.

코드는 다음과 같다.

```
//코드 경로:fs/buffer.c:
struct buffer_head * bread(int dev,int block)
{
        struct buffer_head * bh;

        if (!(bh=getblk(dev,block)))
                panic("bread: getblk returned NULL\n");
        if (bh->b_uptodate)
                return bh;
        ll_rw_block(READ,bh);
        wait_on_buffer(bh);
        if (bh->b_uptodate)
                return bh;
```

```
    brelse(bh);
    return NULL;
}
```

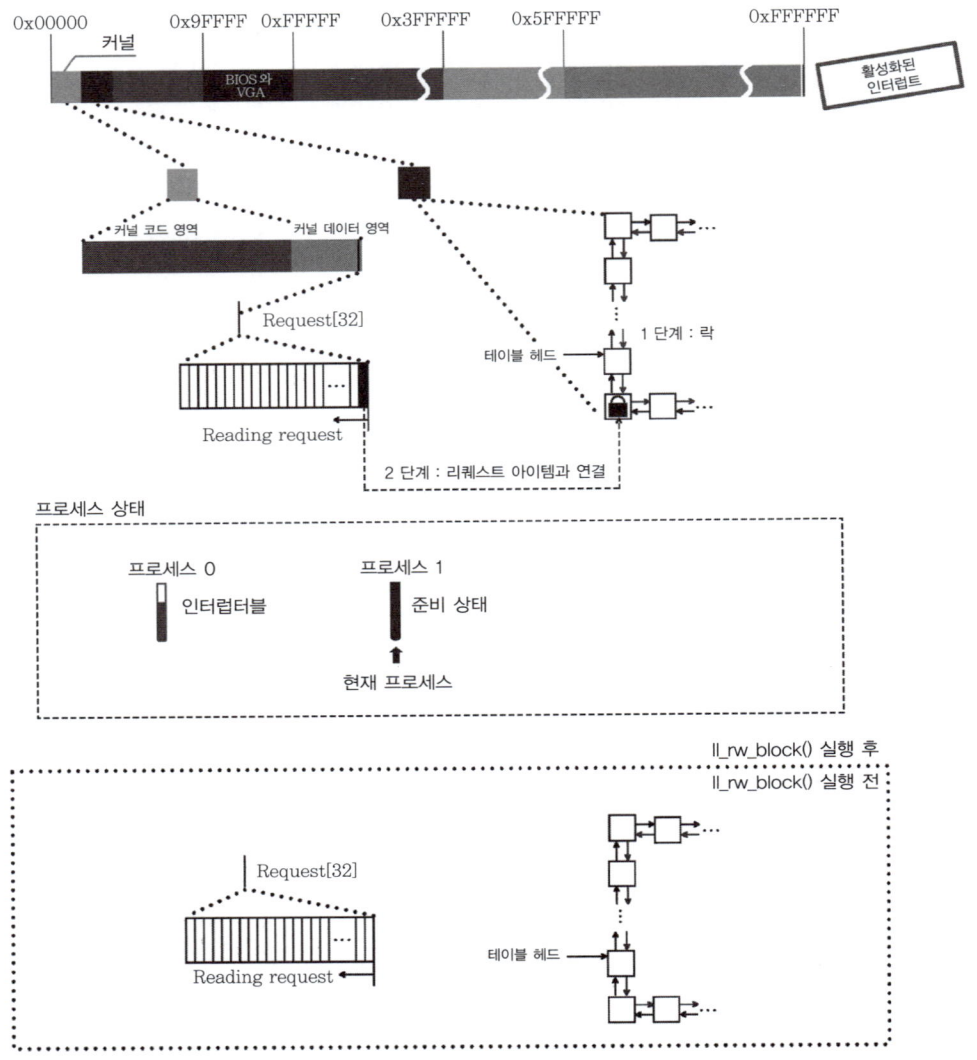

그림 3.23 리퀘스트와 버퍼 블록을 연결시키기

ll_rw_block() 함수에서는 우선 버퍼 블록과 연결된 디바이스가 존재하는지 혹은 이 디바이스의 리퀘스트가 정상적인지 확인한다. 디바이스 ID가 정상이고, 리퀘스트도 정상이라면 블록 버퍼를 사용할 수 있도록 한다. make_request() 함수를 호출해서 요청으로 버퍼 블록을 바인딩할 준비를 한다. 코드는 다음과 같다.

```
//코드 경로:kernel/blk_dev/ll_rw_block.c:
void ll_rw_block(int rw, struct buffer_head * bh)
{
     unsigned int major;

     // NR_BLK_DEV는 7이고, 메이저 디바이스 넘버는 0~6으로 7 이상이면 존재하지 않는 디바이스다.
     if ((major=MAJOR(bh->b_dev)) >= NR_BLK_DEV ||
     !(blk_dev[major].request_fn)) {
          printk("Trying to read nonexistent block-device\n\r");
          return;
     }
   make_request(major,rw,bh);
}
```

프로세스 1을 더 실행시켜 보자. make_request() 함수에 들어가면 먼저 버퍼 블록에 락을 걸어서 다른 프로세스가 이 버퍼 블록을 쓰지 못한다. 그림 3.23의 오른쪽에 보이는 것처럼 선택된 버퍼 블록을 관리하는 관리 구조체에 락을 건다.

그리고 나서 사용하지 않는 리퀘스트를 할당받아서 버퍼 블록에 바인딩시킨다. 요청 종류가 READ이면 전체 request 아이템을 다 사용할 수 있지만, WRITE이면 request의 처음 2/3만 사용할 수 있다. 사용자는 읽는 처리가 더 빨리 처리되기를 원하기 때문이다. 그림 3.23에 보이는 것처럼 request[32]의 마지막 항목이 선택된다. 이후에 버퍼 블록이 request 아이템과 연동되고 request 필드들이 초기화된다.

코드는 다음과 같다.

```
//코드 경로:kernel/blk_dev/ll_rw_block.c:
static inline void lock_buffer(struct buffer_head * bh)
{
     cli();
     while (bh->b_lock)   // 현재는 언락 상태
          sleep_on(&bh->b_wait);
     bh->b_lock=1;        // 버퍼 블록에 락을 건다.
     sti();
}
     ......
static void make_request(int major,int rw, struct buffer_head * bh)
{
     struct request * req;
     int rw_ahead;

/* WRITEA/READA는 특수한 경우에만 사용한다. 이 경우는 꼭 필요한 것이 이라서 다음과 같이 처리한다. */
/* 버퍼에 락이 걸려 있으면 더이상 진행하지 않고 아니면 일반적인 읽기 동작으로 처리한다. */
     if (rw_ahead = (rw == READA || rw == WRITEA)) {
          if (bh->b_lock) // 현재는 언락 상태
               return;
     if (rw == READA)   // 미리 읽었던 부분을 버리고 다시 READ/WRITE를 한다.
```

```
            rw = READ;
        else
            rw = WRITE;
    }
    if (rw!=READ && rw!=WRITE)
        panic("Bad block dev command, must be R/W/RA/WA");
    lock_buffer(bh);                        // 버퍼 블록에 락을 건다.
    if ((rw == WRITE && !bh->b_dirt) || (rw == READ && bh->b_uptodate)) {
        unlock_buffer(bh);
    return;
    }
repeat:
/* WRITE 리퀘스트가 모든 큐를 사용하지 못하도록 한다.
   READ를 위한 큐를 미리 잡아 둔다. 마지막 ⅓ 공간은 READ를 위한 리퀘스트다. */
        if (rw == READ)                 // request[32]의 뒷 부분부터 사용
            req = request+NR_REQUEST;
    else
            req = request+((NR_REQUEST*2)/3); // WRITE은 request[32]의 뒤
                                            // ⅓ 지점부터 사용
/* 비어있는 request를 찾는다. */
    while (--req >= request)   // 뒤에서 빈 request를 찾는다. dev는 -1로
                                // 초기화 되었다(blk_dev_init).
            if (req->dev<0)   // 찾으면 break
                    break;
/* 사용할 request를 못 찾으면 새로운 request를 기다리기 위해서 sleep에 들어간다.
   rw_ahead를 확인한다.*/
        if (req < request) {    // 사용할 수 있는 여분의 request 아이템이 없을 때
                if (rw_ahead) {
                        unlock_buffer(bh);
                        return;
                }
                sleep_on(&wait_for_request);
                goto repeat;
        }
/* request 구조체에 데이터를 설정하고 큐에 등록한다. */
        req->dev = bh->b_dev;  // request 구조체를 설정한다.
        req->cmd = rw;
        req->errors=0;
        req->sector = bh->b_blocknr<<1;
        req->nr_sectors = 2;
        req->buffer = bh->b_data;
        req->waiting = NULL;
        req->bh = bh;
        req->next = NULL;
        add_request(major+blk_dev,req);
}
```

add_request() 함수를 호출해서 request를 디바이스의 리퀘스트 큐에 등록한다. add_request()에서 하드 디스크 동작 상태를 파악하고 이 리퀘스트 항목을 현재 처리해야 하는 리퀘스트 항목으로 설정한다. 그리고 (dev->request_fn)()를 호출한다. do_hd_request() 함수는 읽기 명령을 하드디스크에 보낸다. 그림 3.24에 서 리퀘스트 관리 구조체와 do_hd_request() 함수와의 관계를 보여 주고 있다.

코드는 다음과 같다.

```
//코드 경로:kernel/blk_dev/ll_rw_block.c:
static void add_request(struct blk_dev_struct * dev, struct request * req)
{
    struct request * tmp;

    req->next = NULL;
    cli();
    if (req->bh)
            req->bh->b_dirt = 0;        // 여기서 dirty 플래그를 0으로 설정한다.
    if (!(tmp = dev->current_request)) {
            dev->current_request = req;
            sti();
            (dev->request_fn)();                // do_hd_request()
            return;
    }
    for ( ; tmp->next ; tmp=tmp->next)    // 엘리베이터 알고리즘은 디스크
                                          // 헤더의 움직이는 거리를 최소화한다.
            if ((IN_ORDER(tmp,req) ||
            !IN_ORDER(tmp,tmp->next)) &&
            IN_ORDER(req,tmp->next))
                        break;
    req->next=tmp->next;  // 리퀘스트를 큐에 연결함
    tmp->next=req;
    sti();
}
```

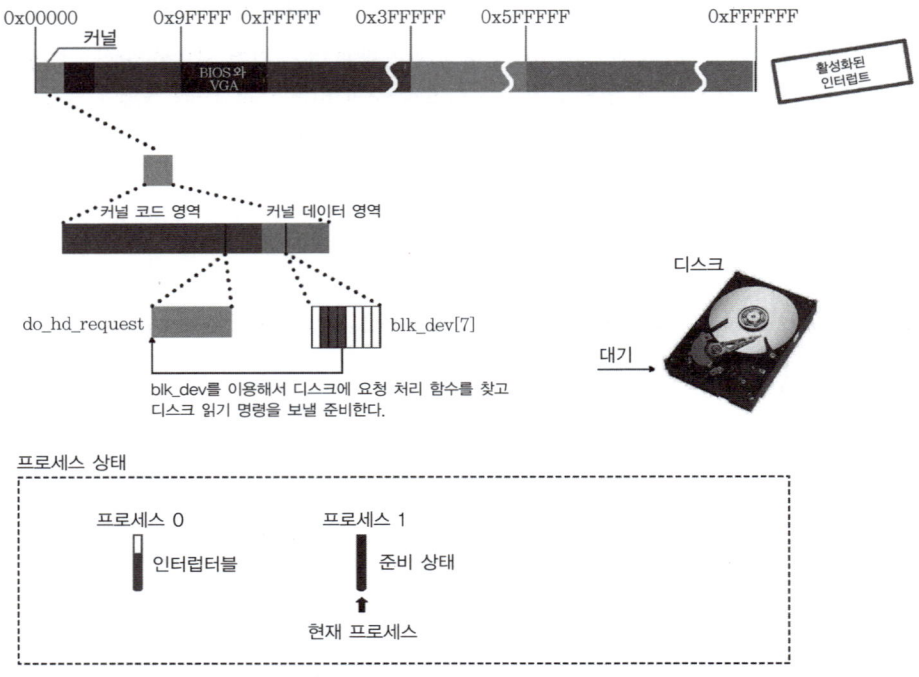

그림 3.24 하드디스크 처리 함수와 리퀘스트 아이템을 연동한다.

3.3.1.4 하드디스크 읽기

do_hd_request() 함수를 실행시켜서 하드디스크를 읽을 준비를 한다. 그림 3.25에 이 과정을 보여 준다.

먼저, 리퀘스트 아이템 필드 값들을 분석해서 명령 수행에 필요한 헤더, 섹터, 실린더 그리고 필요한 섹터 수를 알아낸다. 그리고 하드디스크 읽기 파라미터를 설정하고 헤더를 0번 실린더로 옮긴다. 그리고 읽기/쓰기 명령을 하드디스크에 보낸다. 현재 진행하고 있는 절차로 보면 여기서는 읽기 명령을 수행할 것이다. OS 는 하드디스크 부트 블록을 읽고 hd_out() 함수를 호출해서 읽기 명령을 하드디스크에 보낸다. 마지막 두 파라미터를 주목해야 한다. WIN_READ는 읽기 명령이고, read_intr()은 읽기 명령과 연동되는 인터럽트 서비스 루틴이다. 그림 3.25의 세 번째 단계가 지금 설명한 부분이다.

코드는 다음과 같다.

```
//코드 경로:kernel/blk_dev/hd.c:
void do_hd_request(void)
{
        int i,r;
        unsigned int block,dev;
        unsigned int sec,head,cyl;
        unsigned int nsect;
```

```c
INIT_REQUEST;
dev = MINOR(CURRENT->dev);
block = CURRENT->sector;
if (dev > = 5*NR_HD || block+2 > hd[dev].nr_sects) {
        end_request(0);
        goto repeat;
}
block += hd[dev].start_sect;
dev /= 5;
__asm__("divl %4":"=a" (block),"=d" (sec):"0" (block),"1" (0),
        "r" (hd_info[dev].sect));
__asm__("divl %4":"=a" (cyl),"=d" (head):"0" (block),"1" (0),
        "r" (hd_info[dev].head));
sec++;
nsect = CURRENT->nr_sectors;
if (reset) {
        reset = 0;              // 여러 번 실행되는 것을 방지하기 위해서 0으로 설정
        recalibrate = 1;        // if(recalibrate)를 반드시 하기 위해서 설정
        reset_hd(CURRENT_DEV);  // hd_out() 명령으로 WIN_SPECIFY 명령을 보낸다.
                                // 하드디스크를 읽기 위해서 적절한 파라미터를
                                // 주어야 한다.
        return;
}
if (recalibrate) {
        recalibrate = 0;        // 반복적으로 수행되는 것을 막기 위해서
        hd_out(dev,hd_info[CURRENT_DEV].sect,0,0,0,
                WIN_RESTORE,&recal_intr); // WIN_RESTORE 명령을 보내서 헤더를
                                          // 앞으로 이동해서 데이터를 읽을 수
                                          // 있도록 한다.
        return;
}
if (CURRENT->cmd == WRITE) {
        hd_out(dev,nsect,sec,head,cyl,WIN_WRITE,&write_intr);
        for(i=0 ; i<3000 && !(r=inb_p(HD_STATUS)&DRQ_STAT) ; i++)
                /* 처리할 내용 없음 */ ;
        if (!r) {
                bad_rw_intr();
                goto repeat;
        }
        port_write(HD_DATA,CURRENT->buffer,256);
} else if (CURRENT->cmd == READ) {
        hd_out(dev,nsect,sec,head,cyl,WIN_READ,&read_intr); // 마지막 두 개의
                                                            // 파라미터가 중요
} else
        panic("unknown hd-command");
}
```

하드디스크 읽기 명령을 그림 3.26의 1 단계처럼 하드디스크에 보낸다. 이 부분에 대한 코드는 다음과 같다.

```
//코드 경로:kernel/blk_dev/hd.c:
static void hd_out(unsigned int drive,unsigned int nsect,unsigned int sect,
            unsigned int head,unsigned int cyl,unsigned int cmd,
            void (*intr_addr)(void)) // 마지막 파라미터가 WIN_READ, &read_intr
{
    register int port asm("dx");

    if (drive>1 || head>15)
            panic("Trying to write bad sector");
    if (!controller_ready())
            panic("HD controller not ready");
    do_hd = intr_addr;              // 파라미터에 의해서 intr_addr이 read_intr인지
                                    // write_intr인지 결정된다. 이번에는 read_intr이다.
    outb_p(hd_info[drive].ctl,HD_CMD);
    port=HD_DATA;
    outb_p(hd_info[drive].wpcom>>2,++port);
    outb_p(nsect,++port);
    outb_p(sect,++port);
    outb_p(cyl,++port);
    outb_p(cyl>>8,++port);
    outb_p(0xA0|(drive<<4)|head,++port);
    outb(cmd,++port);
}

//코드 경로:kernel/system_call.s:
_hd_interrupt:
    ......
    1:    jmp 1f
    1:    xorl %edx,%edx
    xchgl _do_hd,%edx
    testl %edx,%edx
    jne 1f
    movl $_unexpected_hd_interrupt,%edx
    ......
```

do_hd = intr_addr 명령은 디스크 읽기 서비스 루틴과 하드디스크 인터럽트 서비스 루틴을 연결한다. do_hd는 _hd_interrupt 함수에 "xchgl _do_hd,%edx"에 사용된다(system_call.s).

지금 하드디스크가 수행해야 하는 명령은 디스크 읽기다. 때문에 read_intr()을 연결했다. 만약 디스크 쓰기 명령이었다면 write_intr() 함수를 연결했을 것이다.

이제 디스크를 읽을 차례다!

하드디스크는 부트 블록은 캐쉬로 읽어 들인다. 동시에 프로그램은 반환되고 hd_out(), do_hd_request(), add_request(), make_request 그리고 ll_rw_block()에서 bread() 함수까지 역순으로 반환된다.

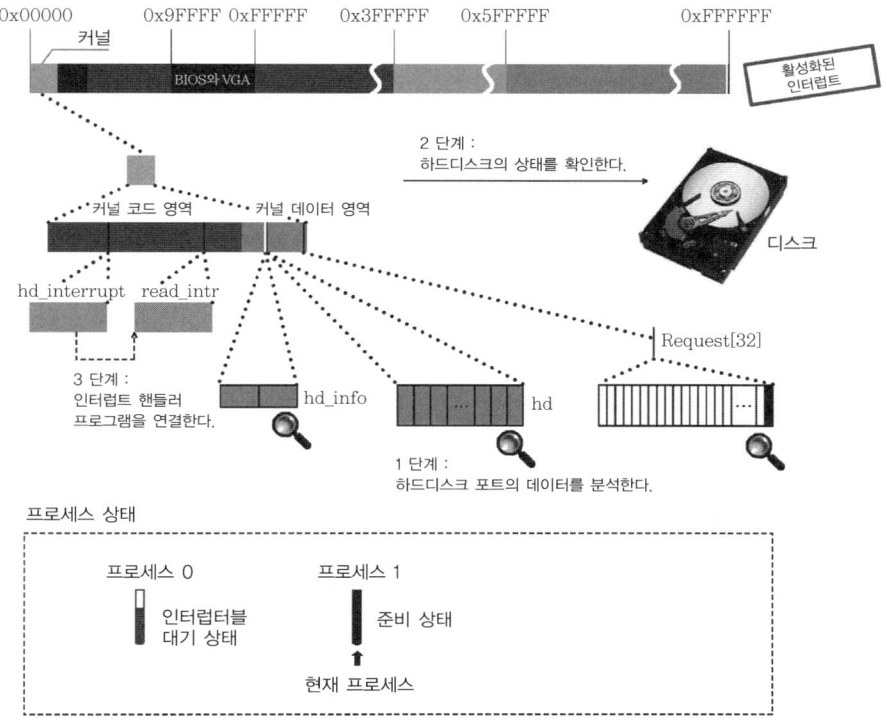

그림 3.25 하드디스크 읽기 준비

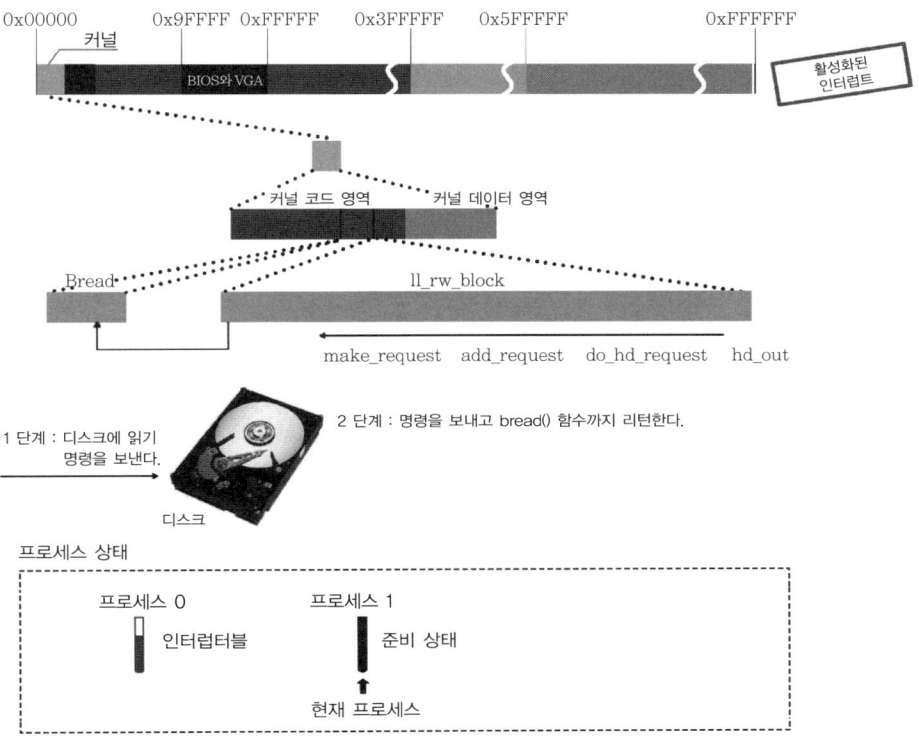

그림 3.26 데이터를 읽기 위한 파라미터를 하드디스크 포트 레지스터로 보내고 현재 프로세스를 중지시킨다.

하드디스크는 이제 부트 블록을 읽기 시작한다. 현재 실행 중인 프로그램이 다음 로직을 수행하기 위해서 부트 블록의 데이터를 사용해야 한다. 하지만 이 데이터는 아직 하드디스크에서 읽지 못했다. 그래서 wait_on_buffer() 함수를 호출해서 프로세스를 잠시 중지시킨다.

이 동작에 대한 코드는 다음과 같다.

```
//코드 경로:fs/buffer.c:
struct buffer_head * bread(int dev,int block)
{
    struct buffer_head * bh;

    if (!(bh=getblk(dev,block)))
            panic("bread: getblk returned NULL\n");
    if (bh->b_uptodate)
            return bh;
    ll_rw_block(READ,bh);
    wait_on_buffer(bh);          // 프로세스는 버퍼가 언락될 때까지
                                 // 서스펜드된다.

    if (bh->b_uptodate)
            return bh;
    brelse(bh);
    return NULL;
}
```

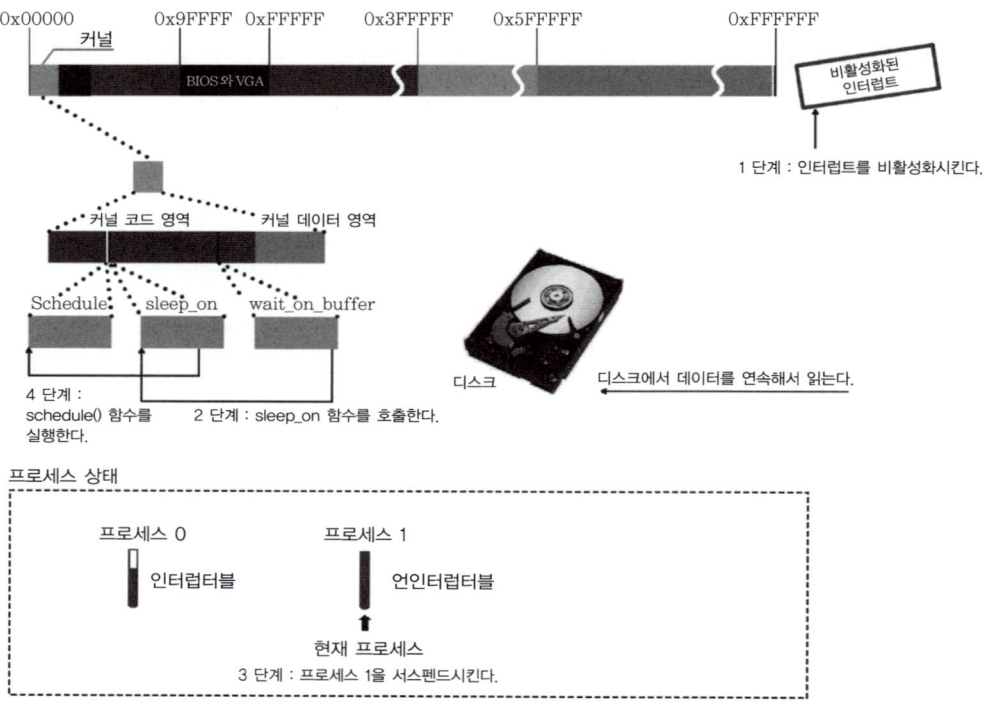

그림 3.27 프로세스 1은 서스펜드되고 스케줄러가 실행된다.

wait_on_buffer() 함수로 들어가면 버퍼 블록이 잠겨있는지 아닌지 확인한다. 만약 버퍼 블록이 잠겨있다면 sleep_on() 함수를 호출한다. 다음 코드를 보자.

```
//코드 경로:fs/buffer.c:
static inline void wait_on_buffer(struct buffer_head * bh)
{
    cli();
    while (bh->b_lock)                         // 버퍼 블록이 잠겨 있다.
            sleep_on(&bh->b_wait);
    sti();
}
```

sleep_on() 함수로 들어가면 그림 3.27의 3단계처럼 프로세스 1를 언인터럽터블 상태로 설정한다. 프로세스 1은 서스펜드에 들어가고 스케줄러 함수를 호출하고 프로세스 전환 준비를 한다. 다음 코드를 보자.

```
//코드 경로:kernel/sched.c:
void sleep_on(struct task_struct **p)
{
    struct task_struct *tmp;

    if (!p)
            return;
    if (current == &(init_task.task))
            panic("task[0] trying to sleep");
    tmp = *p;
    *p = current;
    current->state = TASK_UNINTERRUPTIBLE;
    schedule();              // 프로세스 스위칭을 위해서 schedule() 함수 호출
    if (tmp)
            tmp->state=0;
}
```

3.3.1.5 하드디스크의 데이터 읽기 대기, 프로세스 스케줄링, 그리고 프로세스 0으로 프로세스 전환

스케줄 함수로 들어가면 프로세스 0으로 프로세스가 전환된다. 그림 3.28은 주요 과정을 보여 준다.

구체적인 실행 단계들은 섹션 3.2에서 설명한 바 있다. 스케줄링 대상 프로세스를 선택하기 위해서 task[64]를 조회하는 두 번째 단계에서의 결과는 섹션 3.2의 실행 결과와 다르다. 이번에는 두 개의 프로세스만 있다. 즉, 프로세스 0은 인터럽터블 상태이고, 프로세스 1은 언인터럽터블 상태로 설정되어 있다. 프로세스 전환 대상이 되는 프로세스는 남아 있는 시간이 가장 많고 또 프로세스 상태가 반드시 준비 상태여야 한다. 이 조건은 코드상의 "if ((*p)-> state == TASK_RUNNING && (*p)->counter > c)"로 표현되어 있다. 지금은 두 프로세스 모두 준비 상태가 아니다. 원래의 조건에 따르면 어떤 프로세스로도 스케줄링될 수 없다.

이 문제를 풀기 위해서 OS 설계자는 프로세스 0으로 강제 프로세스 스위칭하는 방법을 택했다.

실행 코드는 다음과 같다.

```
//코드 경로:fs/buffer.c:
void schedule(void)
{
    ......
    while (1) {
        c = -1;
        next = 0;
        i = NR_TASKS;
        p = &task[NR_TASKS];
    while (--i) {
        if (!*--p)
            continue;
        if ((*p)->state == TASK_RUNNING && (*p)->counter > c)
            c = (*p)->counter, next = i;
    }
    if (c) break;
    for(p = &LAST_TASK ; p > &FIRST_TASK ; --p)
        if (*p)
            (*p)->counter = ((*p)->counter >> 1) +
                    (*p)->priority;
    }
    switch_to(next); // next는 0이다.
}
```

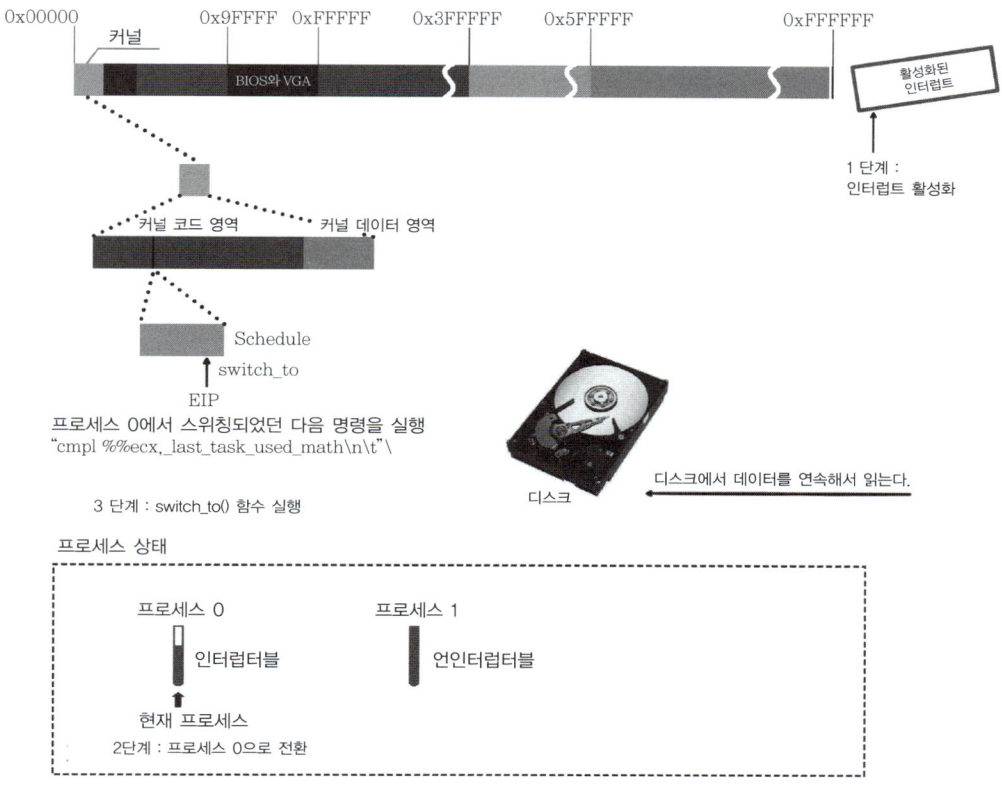

그림 3.28 프로세스 0으로 프로세스 전환

switch_to(0)을 실행한다. 코드는 다음과 같다.

```
//코드 경로:kernel/sched.h
#define switch_to(n) {\
struct {long a,b;} __tmp; \
__asm__("cmpl %%ecx,_current\n\t" \
    "je 1f\n\t" \
    "movw %%dx,%1\n\t" \
    "xchgl %%ecx,_current\n\t" \
    "ljmp %0\n\t" \      // 프로세스 0으로 점프, 섹션 3.2 switch_to를 소개하는 부분 참조
    "cmpl %%ecx,_last_task_used_math\n\t" \
    "jne 1f\n\t" \
    "clts\n" \
    "1:" \
    ::"m" (*&__tmp.a),"m" (*&__tmp.b), \
    "d" (_TSS(n)),"c" ((long) task[n])); \
}
```

switch_to(0)을 실행하고 나서 프로세스 0으로 프로세스 전환이 되었다. 섹션 3.2에서 설명했던 것처럼 프로세스0이 프로세스 1로 스위칭할 때 switch_to(1) 명령의 "ljmp %0\n\t"이 실행되면서 프로세스 전환이 시작되었다. 다시 프로세스 0으로 프로세스 전환이 되면 TSS의 값을 이용해 CPU 레지스터들과 앞으로 실행할 명령의 cs, esp를 복원한다. 그래서 프로세스 0은 "cmpl %%ecx _last_task_used_math \n\t"부터 실행된다. 그림 3.28의 3단계가 여기서 설명한 작업에 해당한다.

코드는 다음과 같다.

```
//코드 경로:kernel/sched.h
#define switch_to(n) {\
struct {long a,b;} __tmp; \
__asm__("cmpl %%ecx,_current\n\t" \
    "je 1f\n\t" \
    "movw %%dx,%1\n\t" \
    "xchgl %%ecx,_current\n\t" \
    "ljmp %0\n\t" \
    "cmpl %%ecx,_last_task_used_math\n\t" \ // 프로세스 0으로 점프, 섹션 3.2 switch_to
                                            // 소개하는 부분  참조

    "jne 1f\n\t" \
    "clts\n" \
    "1:" \
    ::"m" (*&__tmp.a),"m" (*&__tmp.b), \
    "d" (_TSS(n)),"c" ((long) task[n])); \
}
```

섹션 3.2에서 프로세스 0이 프로세스 1로 스위칭될 때 pause(), sys_pause(), schedule() 그리고 switch_to(1)을 통해서 프로세스가 전환됐다. 이제 switch_to(1)의 후반부 처리를 한다. 이 함수는 sys_pause()로 리턴되서 "for(;;) pause();"가 실행된다.

pause() 함수는 for(;;) 반복문에서 계속 호출된다. 즉, schedule() 함수를 계속 호출해서 프로세스 스위칭을 한다는 뜻이다. 스위칭이 다시 일어날 때 두 프로세스가 준비 상태가 아니고 모든 프로세스들이 서스펜드 되어 있으면 커널은 다시 switch_to()를 실행해서 프로세스 0으로 프로세스 전환시키게 된다.

이때 switch_to()에서 조건을 확인하게 된다. swtch_to()에 있는 "cmpl %%ecx, _current \n\t". "je, 1f\n\t," 코드는 스케줄링될 프로세스가 현재 프로세스와 동일하면 라벨 "1:" 위치로 바로 점프한다는 의미이다. 현재 프로세스는 프로세스 0이고, 또 스위칭할 프로세스도 같기 때문에 이 조건에 해당한다.

실행 코드는 다음과 같다.

```
//코드 경로:init/main.c:
void main(void)
{
......
```

```
for(;;) pause();
}

//코드 경로:kernel/sched.h
#define switch_to(n) {\
struct {long a,b;} __tmp; \
__asm__("cmpl %%ecx,_current\n\t" \
     "je 1f\n\t" \
     "movw %%dx,%1\n\t" \
     "xchgl %%ecx,_current\n\t" \
     "ljmp %0\n\t" \
     "cmpl %%ecx,_last_task_used_math\n\t" \
     "jne 1f\n\t" \
     "clts\n" \
     "1:" \
     ::"m" (*&__tmp.a),"m" (*&__tmp.b), \
     "d" (_TSS(n)),"c" ((long) task[n])); \
}
```

따라서 프로세스 0으로 바로 리턴된다(이번 경우는 프로세스 0으로 스케줄링되는 것은 아니다).

이런 식으로 이 명령이 반복적으로 실행된다.

이 시점에는 여러분들은 OS 디자이너가 프로세스 0에게 부여한 특별한 기능을 알아볼 수 있을 것이다. 모든 프로세스들이 서스펜드 상태이거나 실행할 프로세스가 없을 때 다른 프로세스들이 실행 준비가 될 때까지 프로세스 0은 기본적인 OS 기능을 수행해야 한다.

> **NOTE**
> 하드디스크의 읽기/쓰기 속도는 CPU가 명령을 수행하는 속도에 비해서 상당히 느리다(약 100~1000배 정도). 지금 시점에서 드라이브는 아직 캐쉬로 특정 데이터를 읽어 들이기 위해 동작 중이다.

3.3.1.6 프로세스 0 실행 중에 하드디스크 인터럽트 발생

프로세스 0의 pause()가 반복적으로 실행된 뒤, 하드디스크 드라이브가 특정 지점의 한 섹터를 모두 읽고 인터럽트를 발생시킨다. CPU는 인터럽트를 받고 실행중인 프로그램을 잠시 중단한다. 실행이 중단된 위치는 pause(), sys_puase, shcedule(), switch_to(n) 명령 가운데 하나가 된다. 이것은 그림 3.30에서 설명하는 과정의 1단계에 해당한다.

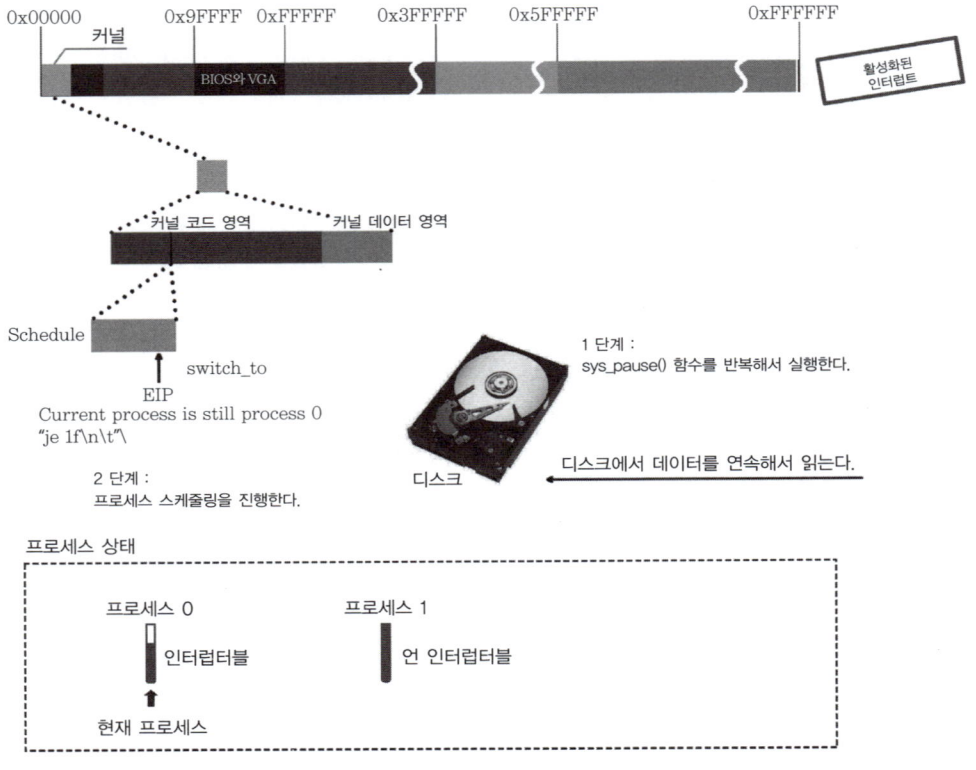

그림 3.29 프로세스 0의 실행

이제 인터럽트 서비스 프로그램이 실행된다. 관련 코드는 다음과 같다.

```
//코드 경로:kernel/system_call.s:
    ......
_hd_interrupt:
    pushl %eax                    // CPU 상태를 저장
    pushl %ecx
    pushl %edx
    push %ds
    push %es
    push %fs
    movl $0x10,%eax
    mov %ax,%ds
    mov %ax,%es
    movl $0x17,%eax
    mov %ax,%fs
    movb $0x20,%al
    outb %al,$0xA0
    jmp 1f
1:  jmp 1f
1:  xorl %edx,%edx
    xchgl _do_hd,%edx
```

```
        testl %edx,%edx
        jne 1f
        movl $_unexpected_hd_interrupt,%edx
1:      outb %al,$0x20
        call *%edx
        ......
```

인터럽트가 자동으로 ss, esp, eflags, cs 그리고 eip들을 저장한다는 것을 기억해야 한다. 하드디스크 서비스 프로그램은 인터럽트 프로그램에서 사용할 레지스터들을 스택에 저장한다. 그리고 나서 _do_hd의 디스크 읽기 인터럽트 프로그램을 실행한다. hd_out() 함수의 설명과 코드 주석을 보자.

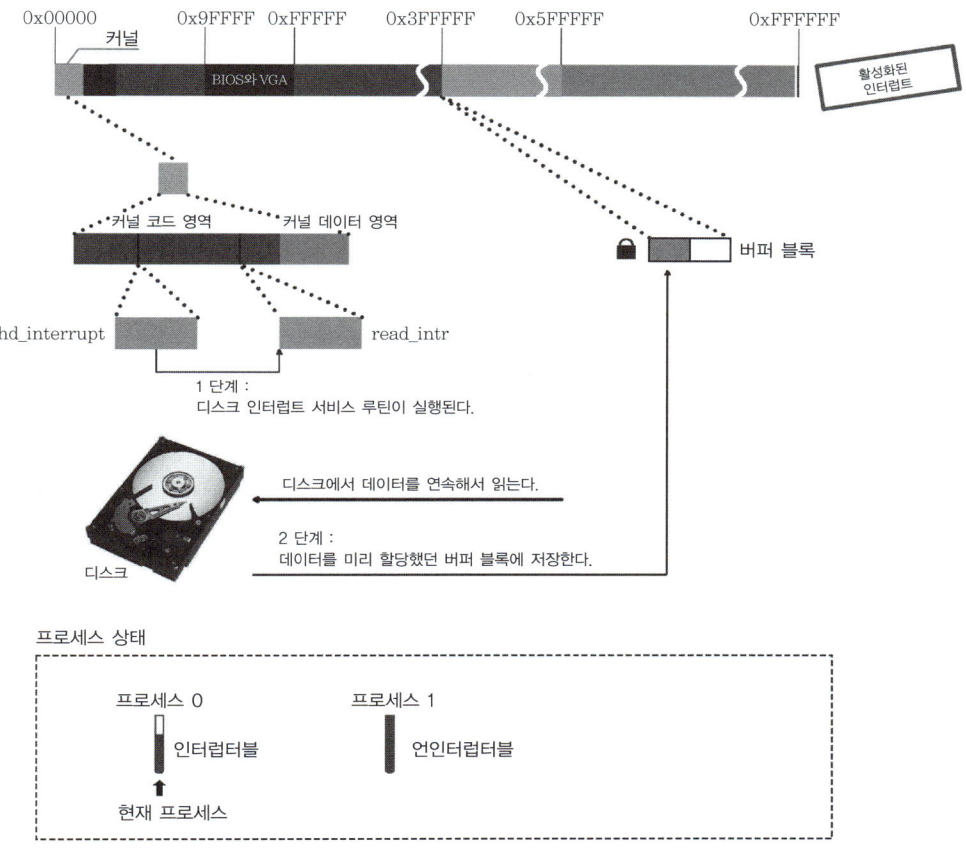

그림 3.30 디스크 인터럽트 실행 과정

read_intr() 함수는 하드디스크 캐쉬에 저장된 데이터를 잠겨 있는 버퍼 블록에 복사한다(여기서 락은 프로세스가 버퍼를 사용하지 못하도록 하지만, 하드디스크와 같은 주변 장치에서 사용하지 못하도록 하는 것은 아니다). 한 섹터의 데이터인 256워드(512바이트)가 앞에서 할당받은 버퍼 블록에 저장된다. 이 과정이 그림 3.30의 두 번째 단계다. 실행 코드는 다음과 같다.

```
//코드 경로:kernel/blk_dev/hd.c:
static void read_intr(void)
{
    if (win_result()) {
            bad_rw_intr();
            do_hd_request();
            return;
    }
    port_read(HD_DATA,CURRENT->buffer,256);
    CURRENT->errors = 0;
    CURRENT->buffer += 512;
    CURRENT->sector++;
    if (--CURRENT->nr_sectors) {
            do_hd = &read_intr;
            return;
    }
    end_request(1);
    do_hd_request();
}
```

하지만 부트 블록 데이터는 1024바이트다. 따라서 요청할 때 1024바이트를 요청했다. 지금까지 받은 데이터는 요청했던 크기의 절반에 해당한다. 따라서 하드디스크를 더 읽어야 한다. 데이터의 버퍼 블록에 연동된 리퀘스트의 요구 조건이 만족되지 않아서 커널은 read_init()를 하드디스크 서비스 루틴에 다시 연결한다. 그리고 나서 서비스 루틴을 종료한다.

프로세스 1은 아직 서스펜드 상태이다. 하드디스크 인터럽트로 중지되었던 위치부터 다시 puase(), sys_pause(), schedule(), switch_to(0) 를 반복한다. 그러는 동안 하드디스크는 계속 데이터를 읽는다. 그림 3.31은 이 과정을 보여 준다.

얼마간 시간이 지나면 하드디스크는 나머지 절반의 데이터를 읽는다. 하드디스크는 인터럽트를 생성하고, 디스크 인터럽트 서비스 프로그램이 다시 인터럽트를 처리하고 read_intr() 함수를 실행한다. 버퍼 데이터를 요청했던 리퀘스트가 완료되었는지 확인한다. 이 부분에 관련된 코드는 다음과 같다.

```
//코드 경로:kernel/blk_dev/hd.c:
static void read_intr(void)
{
    ......
    if (--CURRENT->nr_sectors) {
    ......
    }
    end_request(1);
    ......
}
```

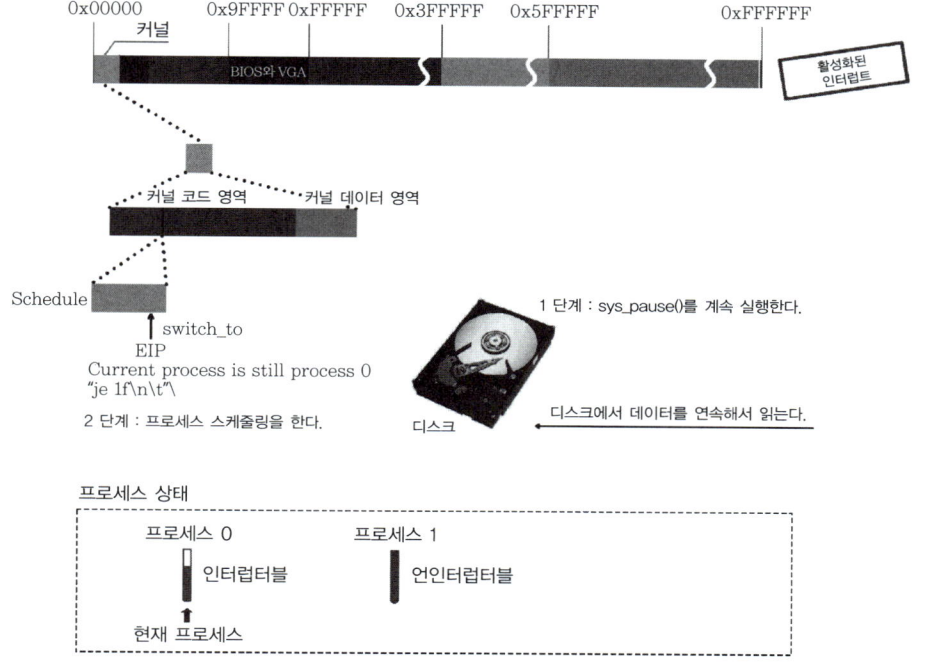

그림 3.31 프로세스 0이 계속 실행된다.

하드디스크에서 읽으려고 했던 데이터를 모두 읽었다. 확인 작업을 마치고 그림 3.32처럼 if 구문은 실행하지 않고 end_request() 함수가 실행된다.

end_request()에 들어가면 버퍼 블록의 데이터는 다 읽은 것이다. 커널은 버퍼의 업데이트 플래그인 b_uptodate를 1로 설정한다. 실행 코드는 다음과 같다.

```
//코드 경로:kernel/blk_dev/blk.h:
extern inline void end_request(int uptodate)
{
    DEVICE_OFF(CURRENT->dev);
    if (CURRENT->bh) {
        CURRENT->bh->b_uptodate = uptodate; // uptodate는 파라미터로
                                            // 이 값은 1이다.

        unlock_buffer(CURRENT->bh);
    }
    if (!uptodate) {
        printk(DEVICE_NAME " I/O error\n\r");
        printk("dev %04x, block %d\n\r",CURRENT->dev,
                CURRENT->bh->b_blocknr);
    }
    wake_up(&CURRENT->waiting);
    wake_up(&wait_for_request);
    CURRENT->dev = -1;
    CURRENT = CURRENT->next;
}
```

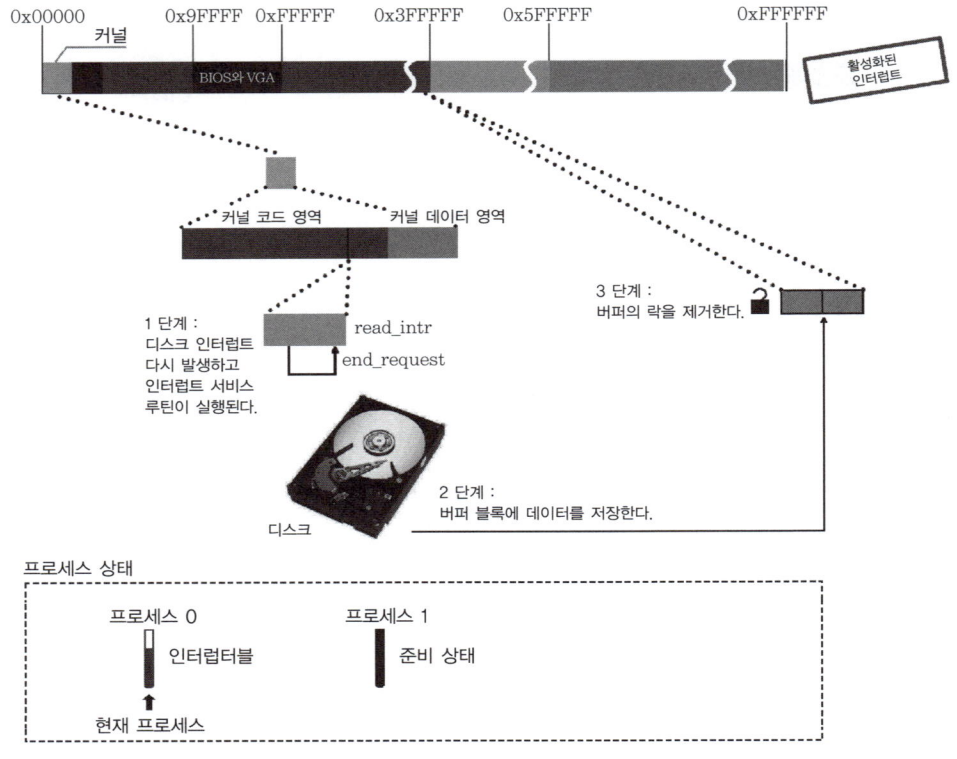

그림 3.32 디스크 인터럽트가 다시 실행되고 프로세스 1이 다시 깨어난다.

unlock_buffer() 함수는 버퍼 블록을 언락하고 unlock_buffer() 함수에서 wake_up() 함수가 호출이 되면서 프로세스 1이 준비 상태가 된다. 나중에 스케줄이 되었을 때 현재 버퍼와 관련된 리퀘스트를 해제하는 등의 버퍼 작업의 뒤처리를 한다.

코드는 다음과 같다.

```
//코드 경로:kernel/blk_dev/blk.h:
extern inline void unlock_buffer(struct buffer_head * bh)
{
    if (!bh->b_lock)
            printk(DEVICE_NAME ": free buffer being unlocked\n");
    bh->b_lock=0;
    wake_up(&bh->b_wait);
}

//코드 경로:kernel/sched.c:
void wake_up(struct task_struct **p)
{
    if (p && *p) {
            (**p).state=0;
```

```
            *p=NULL;
        }
}
```

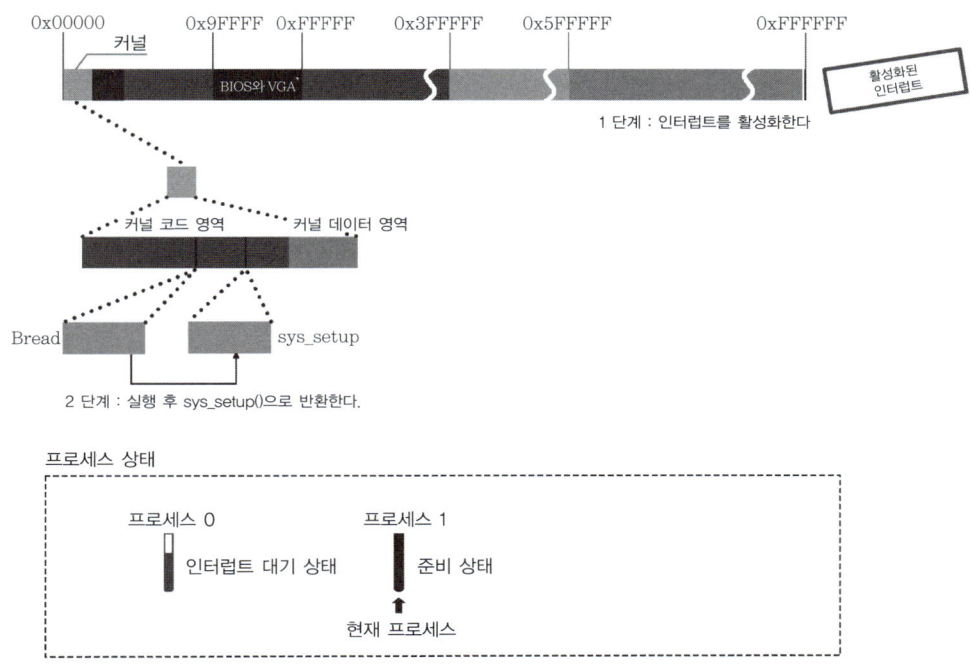

그림 3.33 프로세스 1로 프로세스 전환하고 sys_setup()로 리턴한다.

하드디스크 부트 블록을 버퍼에 저장하는 하드디스크 인터럽트 처리가 끝나면 컴퓨터는 pause(), sys_pause(), schedule() 그리고 switch_to(0)를 다시 실행한다. 현재 이 상태가 그림 3.32의 2단계가 보여 주는 상태다.

3.3.1.7 디스크 읽기 동작 후, 프로세스 1로 스케줄링

이제 부트 블록의 두 섹터가 커널의 버퍼 블록으로 로드되었고 프로세스 1은 준비 상태가 되었다. 여기서 한 가지 짚고 넘어 갈 것은, 프로세스 0이 아무리 계속 실행되어도 프로세스 0은 절대 준비 상태가 될 수 없다는 점이다. 지금까지 OS가 만든 프로세스는 두 개, 즉 프로세스 1과 0만 있다. 따라서 스케줄러를 실행하면 결국 프로세스 1로 프로세스 전환된다. 이 과정을 그림 3.33에서 보여 주고 있다.

프로세스 1로 프로세스 전환해 보자. 프로세스 1은 다음 함수의 코드부터 실행된다.

```
//코드 경로:kernel/schedl.h:
#define switch_to(n) {\
struct {long a,b;} __tmp; \
__asm__("cmpl %%ecx,_current\n\t" \
    "je 1f\n\t" \
    "movw %%dx,%1\n\t" \
    "xchgl %%ecx,_current\n\t" \
    "ljmp %0\n\t" \
    "cmpl %%ecx,_last_task_used_math\n\t" \    // 프로세스 전환이 되면 이곳부터
                                               // 시작된다. 이 부분은 앞에서
                                               // swtich_to를 다루면서 설명했다.

    "jne 1f\n\t" \
    "clts\n" \
    "1:" \
    ::"m" (*&__tmp.a),"m" (*&__tmp.b), \
    "d" (_TSS(n)),"c" ((long) task[n])); \
}
```

위 코드는 모든 프로세스들이 스위칭되면 실행되는 전형적인 코드에 해당한다.

프로세스 1은 "ljpm %0\n\t"를 통해서 다른 프로세스로 스위칭이 되었다가 다시 스위칭되어 돌아오면 그 다음 줄부터 다시 실행된다. 그리고 프로세스 전환된 프로세스를 초기화를 시키는 sleep_on()으로 리턴된다. 그리고 여러 단계를 거쳐 최종적으로 bread() 함수로 돌아 간다. 버퍼의 b_uptodate 변수가 1인지 bread() 함수에서 확인하고 리턴된다. 이것으로 bread() 함수가 모두 실행되었다. 실행 코드는 살펴보면 다음과 같다.

```
//코드 경로:fs/buffer.c:
struct buffer_head * bread(int dev,int block)
{
        struct buffer_head * bh;

        if (!(bh=getblk(dev,block)))
                panic("bread: getblk returned NULL\n");
        if (bh->b_uptodate)
                return bh;
        ll_rw_block(READ,bh);
        wait_on_buffer(bh);
        if (bh->b_uptodate)
                return bh;
        brelse(bh);
        return NULL;
}
```

sys_setup() 함수로 리턴되면서 sys_setup() 함수의 다음 부분을 계속 실행한다. 하드디스크의 부트 블록을 버퍼에 로드하고 함수를 실행한다. 버퍼는 하드디스크의 부트 블록으로 채워져 있다. 먼저 하드디스크 부트 블록을 확인하기 위해서 버퍼에서 55AA 표시를 확인해야 한다. 첫 번째 섹터의 마지막 두 바이트가

0x55AA가 아니면 섹터 데이터가 무엇인가 잘못된 것이다(우리는 부트 블록의 데이터에 문제가 없다고 가정하고 계속하겠다). 실행 코드는 다음과 같다.

```
//코드 경로:kernel/blk_dev/hd.c:
int sys_setup(void *BIOS)
{
    ......
    for (drive=0 ; drive<NR_HD ; drive++) {
        if (!(bh = bread(0x300 + drive*5,0))) {
        printk("Unable to read partition table of drive %d\n\r",
        drive);
        panic(" ");
        }
    if (bh->b_data[510] != 0x55 || (unsigned char)    // 여기서는 데이터에
        bh->b_data[511] != 0xAA) {                     // 문제가 없다고
                                                       // 가정한다.

        printk("Bad partition table on drive %d\n\r",drive);
        panic("");
    }
    p = 0x1BE + (void *)bh->b_data;         // 부트 블록의 파티션 정보를 이용해서
                                            // hd[]를 설정한다.

        for (i=1;i<5;i++,p++) {
        hd[i+5*drive].start_sect = p->start_sect;
        hd[i+5*drive].nr_sects = p->nr_sects;
    }
    brelse(bh);

    }
    if (NR_HD)
        printk("Partition table%s ok.\n\r",(NR_HD>1)?"s":");
    ......
}
```

부트 블록의 데이터를 검증하고 나서 부트 블록에서 수집한 파티션 테이블 정보를 이용해서 hd[]를 설정한다. 그림 3.34가 이 과정을 보여 준다.

부트 블록을 읽을 때 사용했던 버퍼는 이제 그 임무를 잘 마쳤다. 이제 brelse() 함수를 통해서 버퍼 메모리를 다시 재사용할 수 있도록 메모리를 해제한다.

하드디스크의 파티션 정보를 이용해서 hd[]를 설정한다. 이것으로 챕터 5에서 다루게 된 하드디스크 파일 시스템 설치를 위한 준비 작업을 완료했다. 다음으로 살펴볼 것은 프로세스 1이 플로피 디스크에 있는 있는 램디스크를 이용해서 루트 파일 시스템으로 만드는 것이다. 램디스크는 다른 루트 파일 시스템을 로딩하기 위한 준비 작업을 하게 된다.

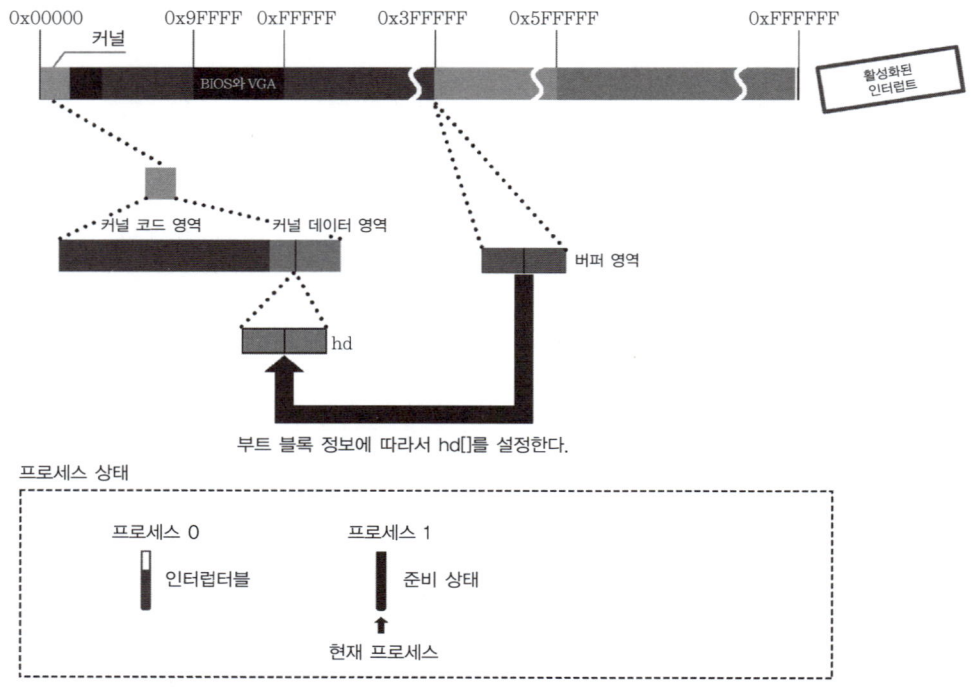

그림 3.34 부트 블록의 데이터로 하드디스크 파티션 관리 구조체 초기화

3.3.2 프로세스 1은 램디스크를 포맷하고 루트 디스크로 만든다.

섹션 2.3에서 램디스크 영역을 만들고 초기화시켰다. 하지만 포맷과 같은 과정을 거치기 전에는 램디스크는 그저 빈 디스크일 뿐이다. 즉, 블록 디바이스로 사용할 수 없다. 포맷 정보는 부트 OS가 들어 있는 플로피 디스크에 담겨 있다. 챕터 1에서 플로피 디스크의 첫 섹터가 부트섹트(bootsect.s)라고 했다. 부트섹트 뒤의 4 섹터는 setup(setup.s)이고 다음의 240 섹터는 시스템 모듈로 head(head.s)가 담겨 있다. 모두 다 계산하면 245 섹터가 된다. 램디스크 포맷은 256 섹터부터 시작한다.

다음은 프로세스 1이 rd_load()를 호출해서 플로피 디스크의 256 섹터 이후의 정보를 이용해서 램디스크를 초기화한다. 초기화를 통해서 램디스크를 블록 디바이스로 인식시킨다.

관련 코드는 다음과 같다.

```
//코드 경로:kernel/blk_dev/hd.c:
int sys_setup(void *BIOS)
{
    ......
    if (NR_HD)
            printk("Partition table%s ok.\n\r",(NR_HD>1)?"s":"");
    rd_load();
    mount_root();
    return (0);
}
```

rd_load() 함수에 진입하면, breada()를 호출해서 read_ahead 데이터 블록을 플로피 디스크에서 읽는다. 이것들이 램디스크 포맷에 필요한 정보를 가지고 있는 부트 블록과 슈퍼 블록이다.

breada()와 bread()는 이름뿐 아니라 기능도 비슷하다. 단 차이점은 breada() 함수는 여러 개의 붙어 있는 데이터 블록을 읽을 수 있다는 점이다. 모두 세 개의 블록(257, 256 그리고 258)을 읽는데 가이드 블록인 256(이 가이드 블록은 실제로 쓰이지는 않는다)과 슈퍼 블록 257이 여기에 포함된다. 플로피 디스크에서 데이터 블록을 읽는 원리는 하드디스크 데이터 블록에서 읽는 bread()와 동일하다(섹션 3.3.1 참고). 데이터를 읽고 나서 그림 3.35에서 볼 수 있는 것처럼 연속된 데이터 블록을 버퍼 캐쉬 블록에 저장한다. 슈퍼 블록은 빨간색 박스로 표시되어 있다.

이제 슈퍼 블록 정보를 분석해야 한다. 이때 파일 시스템이 미닉스(minix)인지 확인하고 루트 파일 시스템의 데이터 블록이 램디스크의 크기를 초과하는지도 검사한다. 이런 조건들이 만족되어야 루트 파일 시스템으로 로드될 수 있다. 분석이 끝나면 버퍼 블록을 해제한다. 이런 과정이 그림 3.36에서 1단계, 2단계 그리고 3단계 과정으로 설명하고 있다.

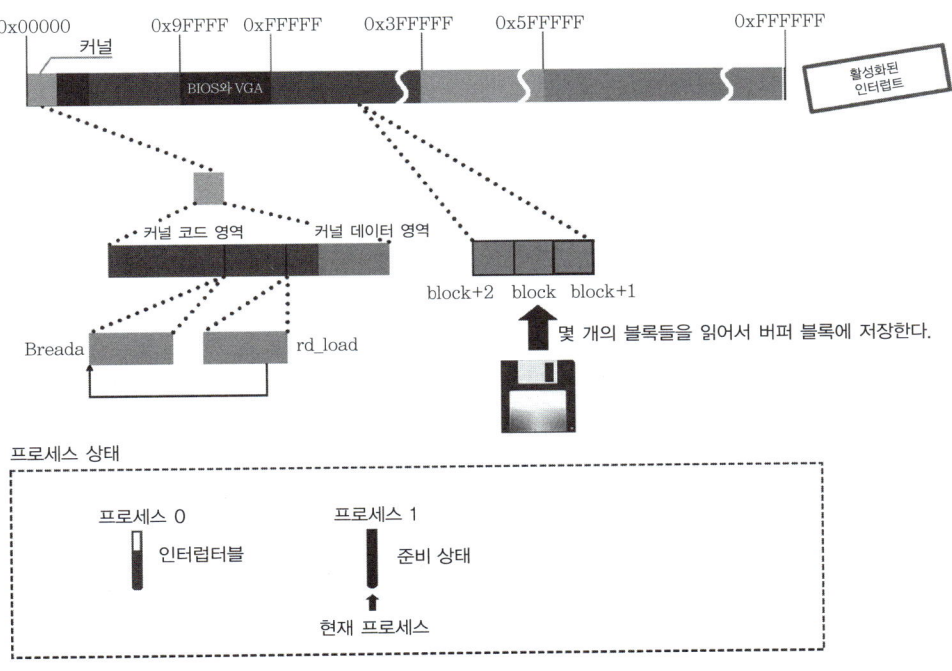

그림 3.35 루트 파일 시스템의 슈퍼 블록 읽기

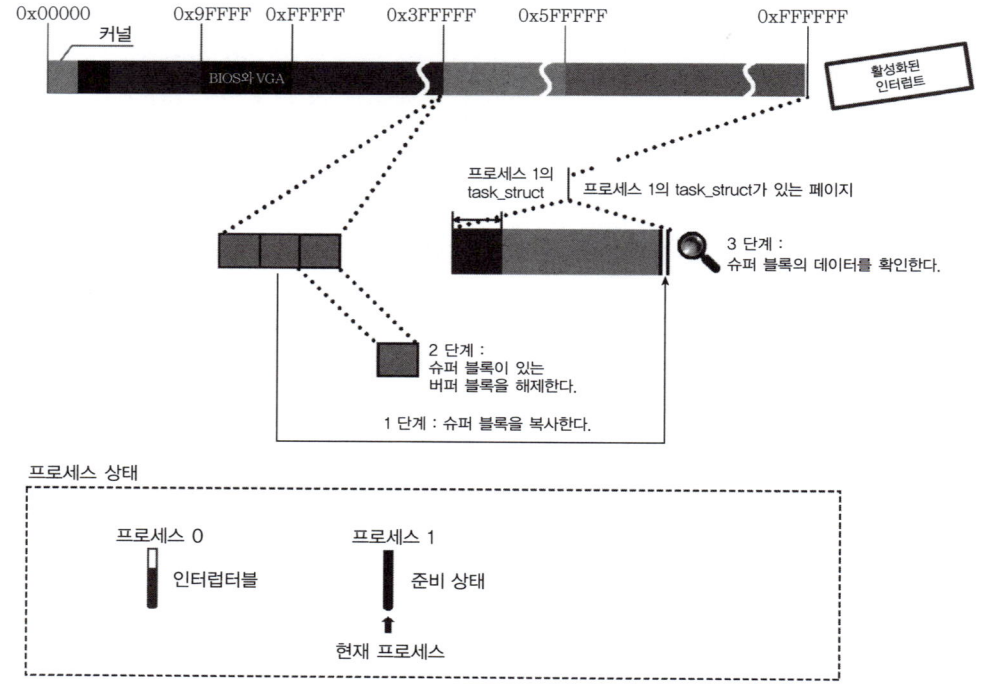

그림 3.36 슈퍼 블록을 백업하고 데이터를 확인한다.

코드는 다음과 같다.

```
//코드 경로:kernel/blk_dev/ramdisk.c:
void rd_load(void)
{
    struct buffer_head *bh;
    struct super_block     s;
    int              block = 256;       /* 블록 256부터 시작 */
    int              i = 1;
    int              nblocks;
    char             *cp;               /* 데이터를 복사할 위치: 램디스크 시작 위치 */

    if (!rd_length)
        return;
    printk("Ram disk: %d bytes, starting at 0x%x\n", rd_length,
        (int) rd_start);
    if (MAJOR(ROOT_DEV) != 2)          // 루트 파일 시스템이 플로피 디스크가 아니면
        return;
    bh = breada(ROOT_DEV,block+1,block,block+2,-1);
    if (!bh) {
        printk("Disk error while looking for ramdisk!\n");
        return;
    }
    *((struct d_super_block *) &s) = *((struct d_super_block *) bh->b_data);
```

```
        brelse(bh);
        if (s.s_magic != SUPER_MAGIC) // NO면 미닉스 파일 시스템이 아니다.
                /* 램디스크가 없다. 플로피 디스크 부트로 가정한다 */
                return;
        nblocks = s.s_nzones << s.s_log_zone_size; // 램디스크의 블록 개수 다시
                                                   //       계산
        if (nblocks > (rd_length >> BLOCK_SIZE_BITS)) {
                printk("Ram disk image too big! (%d blocks, %d avail)\n",
                        nblocks, rd_length >> BLOCK_SIZE_BITS);
                return;
        }
        printk("Loading %d bytes into ram disk... 0000k",
        nblocks << BLOCK_SIZE_BITS);
        ......
}
```

시스템은 breada() 함수를 호출하고 플로피 디스크의 파일 시스템 내용을 복사해서 램디스크 영역에 복사하고 버퍼 블록을 해제시켜서 포맷 과정을 끝냈다. 그림 3.37의 1단계와 2단계 과정이다.

복사가 끝나면 램디스크를 루트 디바이스로 설정한다.

```
//code path:kernel/blk_dev/ramdisk.c:
void rd_load(void)
{
        ......
        printk("Loading %d bytes into ram disk... 0000k",
                nblocks << BLOCK_SIZE_BITS);
        cp = rd_start;     // 램디스크 시작 위치
        while (nblocks) { // 플로피 디스크에서 파일 시스템을 읽어서 램디스크에 복사한다.
                if (nblocks > 2)
                        bh = breada(ROOT_DEV, block, block+1, block+2, -1);
                else
                        bh = bread(ROOT_DEV, block);
                if (!bh) {
                        printk("I/O error on block %d, aborting load\n",
                                block);
                        return;
                }
                (void) memcpy(cp, bh->b_data, BLOCK_SIZE);
                brelse(bh);
                printk("\010\010\010\010\010%4dk",i);
                cp += BLOCK_SIZE;
                block++;
                nblocks--;
                i++;
        }
        printk("\010\010\010\010\010done \n");
        ROOT_DEV=0x0101;          // 램디스크를 루트 디바이스로 설정
}
```

다음 섹션에서 우리는 진짜 루트 파일 시스템을 로딩할 것이다.

3.3.3 프로세스 1은 루트 파일 시스템을 루트 디바이스로 로드

루트 파일 시스템을 로딩하는 것은 파일, 파일 시스템, 루트 파일 시스템, 파일 시스템 로딩 그리고 루트 파일 시스템 로딩 개념과 관련이 있다. 쉽게 이해하기 위해서 플로피 디스크, 하드디스크, 램디스크 같은 블록 디바이스에 대해서 알아보겠다(블록 디바이스에 대한 더 자세한 내용은 챕터 5, 7을 읽기 바란다).

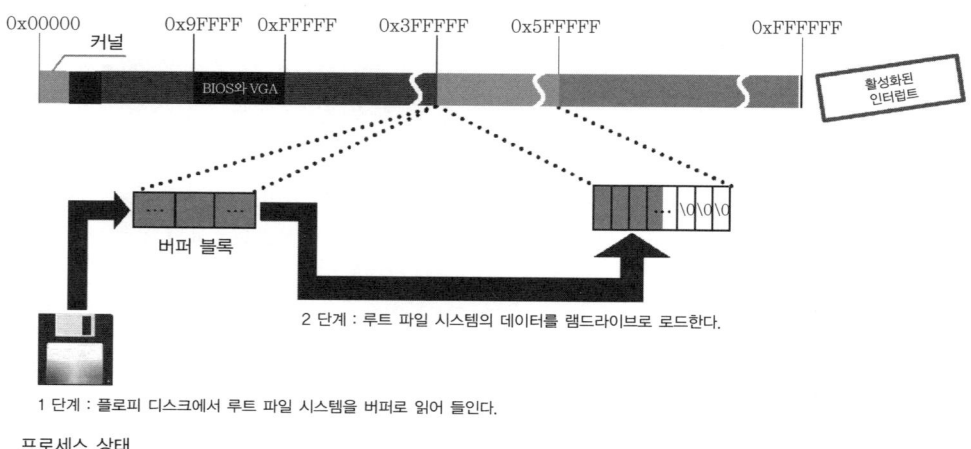

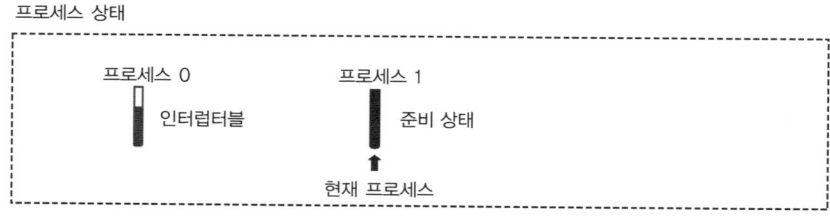

그림 3.37 플로피 디스크의 파일 시스템을 램디스크로 복사한다.

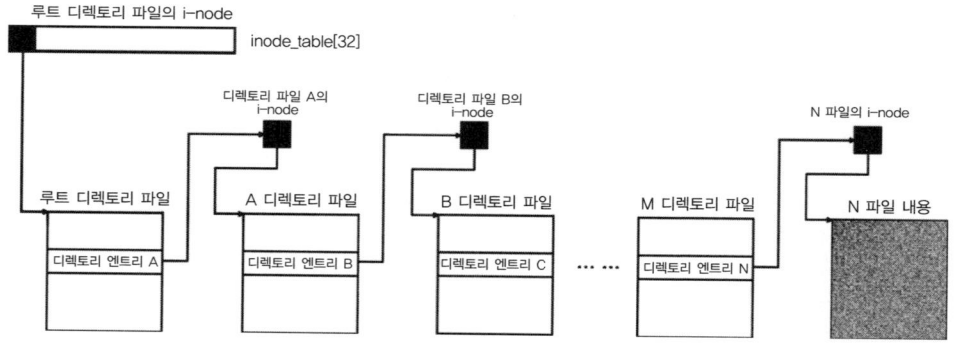

그림 3.38 파일 경로와 i-node 관계

OS에서 파일 시스템은 크게 두 개로 나눌 수 있다. 하나는 OS 커널의 것이고 다른 하나는 하드디스크, 플로피 디스크, 램디스크에 있는 것이다.

파일 시스템은 파일을 관리하기 위해서 만들어졌다. 이때 i-node를 이용해 파일 시스템을 관리한다. OS에게 있어서 파일이 있다는 것은 파일에 해당하는 i-node가 있다는 것을 의미한다. OS에서 파일 경로는 디렉토리 엔트리로 관리한다. 디렉토리 엔트리는 경로의 단계와 관련있다. 그리고 디렉토리 파일들도 하나의 파일로 i-node로 관리한다. 파일은 디렉토리 파일의 디렉토리 엔트리에 연결되어 있다. 디렉토리 파일은 경로에 따라서 다른 디렉토리 엔트리에 연결되어 있다. 따라서 디렉토리 파일은 다른 경로를 가리키는 하나 이상의 디렉토리 엔트리를 가지고 있게 된다. 그림 3.38에 이와 같은 구조를 설명하고 있다. (역주 : 리눅스의 경로에 대해서 생각을 해보면 된다. 파일들이 디렉토리에 담겨 있고 이 디렉토리는 또 다른 상위 디렉토리에 연결되어 있다.)

모든 파일(디렉토리 파일을 포함해서)의 i-node는 결국 트리 구조로 연결된다. 루트 i-node를 파일 시스템의 루트 i-node라고 한다. 논리적 디바이스(물리적 디바이스는 여러 개의 논리적 디바이스로 나눌 수 있다. 예를 들어 물리적 하드디스크는 다수의 논리적 하드디스크로 나눌 수 있다)는 하나의 파일 시스템을 갖는다. 파일 시스템은 하나의 트리 구조만 갖는다. 따라서 논리적인 디바이스는 단 하나의 루트 i-node를 갖게 된다.

파일 시스템이 로딩되면 논리적 디바이스의 루트 i-node와 다른 파일 시스템의 i-node가 서로 연결된다. 이 작업을 하기 위해서 유저 명령어인 마운트(mount) 명령을 사용한다. 그림 3.39에서 이것을 설명한다.

파일 시스템은 반드시 다른 파일 시스템과 연결이 되어야 한다. 이런 규칙에 따라 다른 파일 시스템에 마운트하려면 연결할 다른 파일 시스템이 있어야 한다. 루트 파일 시스템은 특별한 파일 시스템이다. 루트 파일 시스템을 담고 있는 디바이스를 루트 디바이스라고 한다.

다른 파일 시스템들이 루트 파일 시스템에 마운트될 수 있다면 루트 파일 시스템은 어디에 마운트되어야 할까?

바로 super_block[8]에 마운트한다.

리눅스 0.11은 하나의 super_block[8]을 가지고 있다. 배열의 각 엔트리는 하나 하나가 슈퍼 블록이다. 슈퍼 블록은 논리적 디바이스를 관리한다. 따라서 OS는 총 8개의 논리적 디바이스를 관리할 수 있다. 이들 가운데 루트 디바이스는 하나뿐이다. 루트 파일 시스템의 로딩에서 가장 중요한 것은 루트 파일 시스템의 i-node가 super_block[8]에 연결되어야 한다는 점이다.

일반적으로, 루트 파일 시스템을 로딩하는 전체 과정을 3개의 주요 절차로 나눌 수 있다.

1. 루트 디바이스의 슈퍼 블록을 super_block[8]에 복사하고 super_block[8]의 슈퍼 블록에 해당하는 루트 디바이스의 i-node를 마운트하다.
2. 루트 디바이스의 논리적 블록 비트맵과 i-node 비트맵을 super_block[8]의 s_zmap[8], s_imap[8]에 마운트한다.
3. 현재 프로세스 속성인 pwd와 root가 루트 디바이스의 i-node를 가리키도록 설정한다.

그림 3.40에서 이 과정을 보여 주고 있다.

이제 위에서 설명한 루트 파일 시스템을 로드하는 세 단계의 절차를 살펴보자. 프로세스 1은 mount_root() 함수를 호출해서 루트 파일 시스템을 램디스크의 루트에 마운트한다.

코드는 다음과 같다.

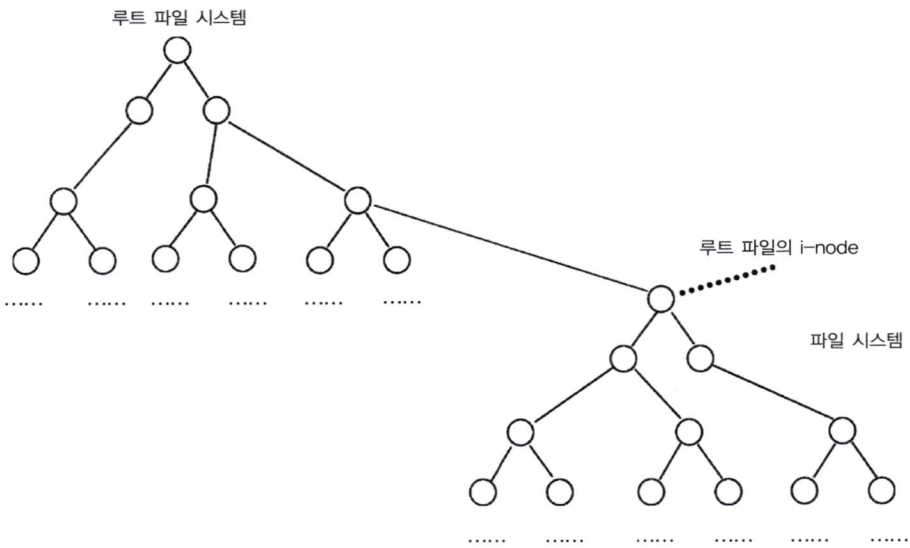

그림 3.39 마운트된 파일 시스템의 논리적인 구조

```
//코드 경로:kernel/blk_dev/hd.c:
int sys_setup(void * BIOS)
{
......
        brelse(bh);
    if (NR_HD)
        printk("Partition table%s ok.\n\r",(NR_HD>1)?"s":"");
    rd_load();
    mount_root();        // 루트 파일 시스템을 로딩
    return (0);
}
```

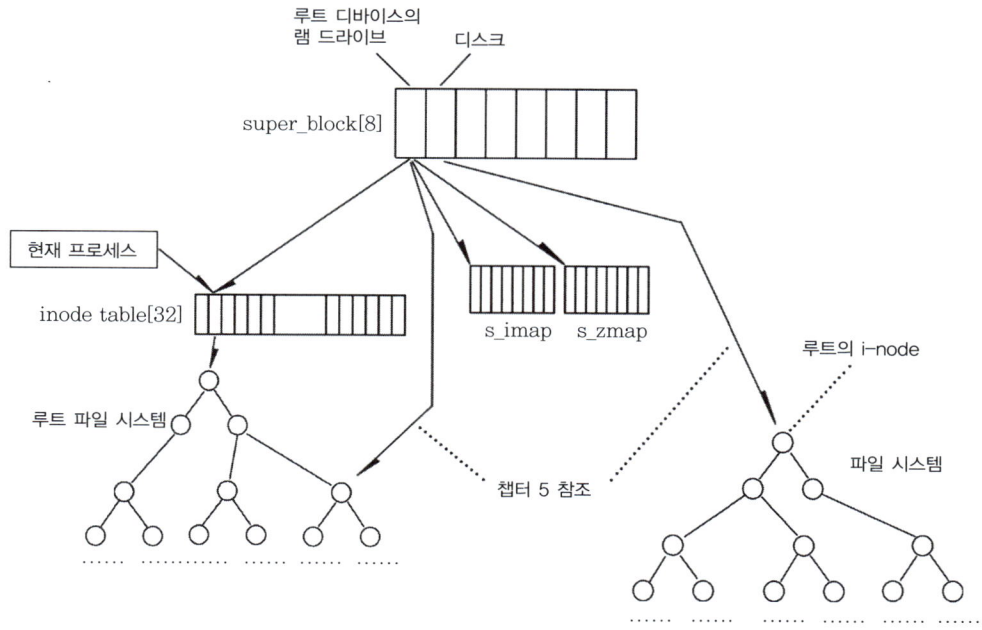

그림 3.40 파일 시스템의 전체 모습

3.3.3.1 루트 디바이스의 슈퍼 블록을 super_block[8]에 복사하기

mount_root() 함수에서 시스템은 슈퍼 블록 관리 구조체인 super_block[8]을 초기화하고 디바이스 잠금 플래그와 대기 중인 프로세스를 가리키는 변수를 NULL로 설정한다. 시스템이 디바이스와 데이터를 교환할 때, 파일을 다루는 방식으로 데이터를 교환하려고 한다면 디바이스의 슈퍼 블록이 super_block[8]에 로드되어야 한다. 시스템은 super_block[8]을 통해서 디바이스 파일 시스템의 기본적인 데이터를 얻는다. 루트 디바이스의 슈퍼 블록도 super_block[]을 사용하는 같은 방법으로 동작한다(그림 3.41).

코드는 다음과 같다.

```
//코드 경로:fs/super.c:
void mount_root(void)
{
    int i,free;
    struct super_block * p;
    struct m_inode * mi;

    if (32 != sizeof (struct d_inode))
        panic("bad i-node size");
    for(i=0;i<NR_FILE;i++)          // file_table[32]를 초기화한다.
        file_table[i].f_count=0;
    if (MAJOR(ROOT_DEV) == 2) {     // 플로피 디스크를 의미, 현재 루트 디바이스는
                                    // 램드라이브로 1이다. 플로피 디스크의 루트
```

```
                                    // 파일 시스템을 로드한다.
        printk("Insert root floppy and press ENTER");
        wait_for_keypress();
}


// super_block[8]을 초기화한다.
for(p = &super_block[0] ; p < &super_block[NR_SUPER] ; p++) {
    p->s_dev = 0;
    p->s_lock = 0;
    p->s_wait = NULL;
}
if (!(p=read_super(ROOT_DEV)))
    panic("Unable to mount root");
......
}
```

rd_load() 함수는 포맷된 램디스크를 로드하고 루트 디바이스로 설정했다. 이제 시스템은 read_super() 함수를 호출해서 램디스크에서 루트 디바이스의 슈퍼 블록을 읽고 이것을 super_block[8]에 복사하려 한다.

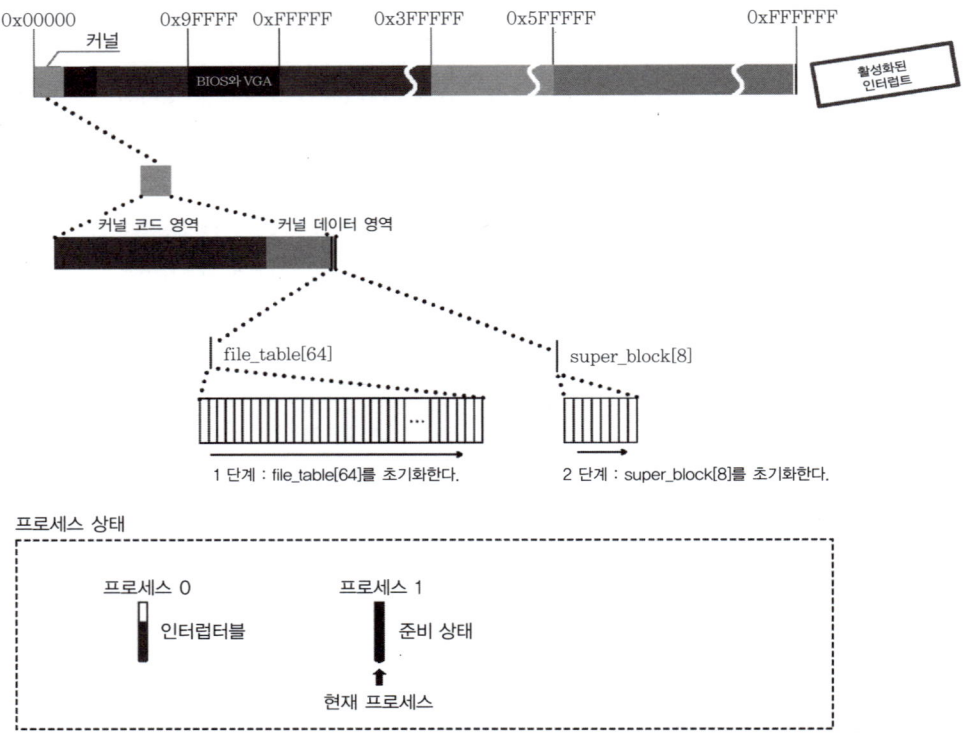

그림 3.41 커널 파일 테이블과 슈퍼 블록 초기화하기

코드는 다음과 같다.

```
//코드 경로:fs/super.c:
void mount_root(void)
{
......
    if (!(p=read_super(ROOT_DEV)))
                    panic("Unable to mount root");
    ......
}
```

read_super() 함수에서 우선 super_block[8]에 슈퍼 블록이 로드되었는지 확인한다. 슈퍼 블록이 이미 로드되어 있으면 다시 로드하지 않고 이미 로드된 데이터를 사용한다.

코드는 다음과 같다.

```
//코드 경로:fs/super.c:
static struct super_block * read_super(int dev)
{
    struct super_block * s;
    struct buffer_head * bh;
    int i,block;

    if (!dev)
    return NULL;
    check_disk_change(dev);        // 디스크가 변경되었는지 확인
    if (s = get_super(dev))
            return s;
......
}
```

루트 파일 시스템이 로드되지 않았기 때문에 그림 3.42에서 설명하는 것처럼 super_block[8]에서 데이터를 저장할 빈 엔트리를 하나 찾는다. 지금 시점에서는 super_block[]의 첫 번째 엔트리가 대상 엔트리가 된다. 이 엔트리를 초기화하고 락(lock)을 건다. 그리고 루트 디바이스의 슈퍼 블록을 읽기 위한 준비를 한다.

코드는 다음과 같다.

```
//코드 경로:fs/super.c:
static struct super_block * read_super(int dev)
{
    ......
    for (s = 0+super_block ;; s++) {
            if (s > = NR_SUPER+super_block)        // NR_SUPER == 8
                    return NULL;
```

```
        if (!s->s_dev)
                break;
        }
        s->s_dev = dev;
        s->s_isup = NULL;
        s->s_imount = NULL;
        s->s_time = 0;
        s->s_rd_only = 0;
        s->s_dirt = 0;
        lock_super(s);          // 슈퍼 블록에 락을 건다.
......
}
```

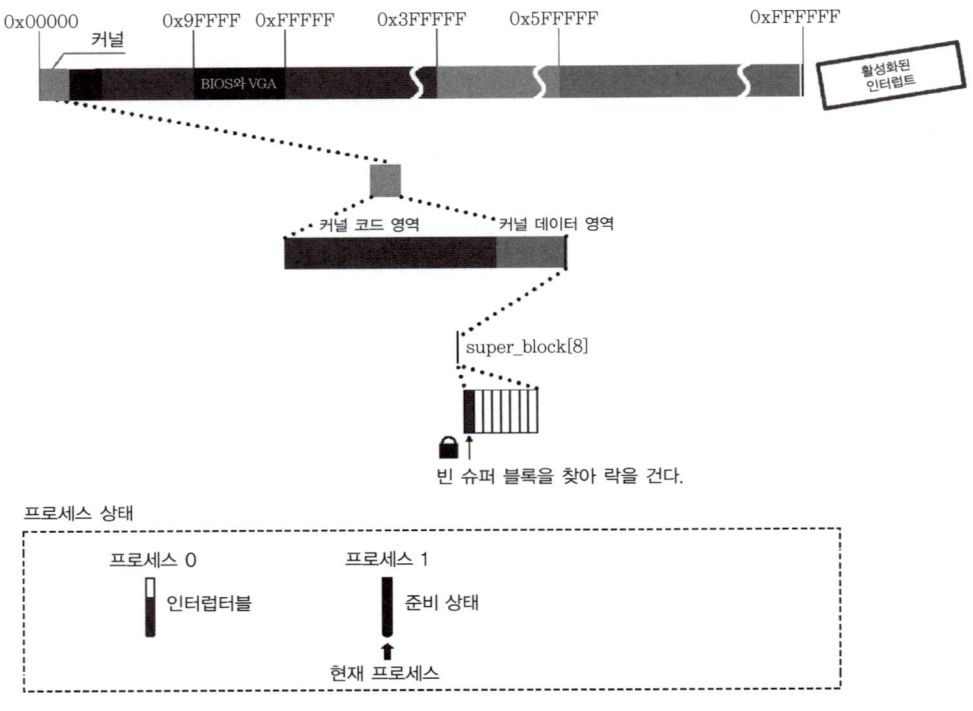

그림 3.42 루트 파일 시스템의 슈퍼 블록 로딩

전체 과정은 다음과 같이 구성된다. bread() 함수를 호출해서 램디스크에서 슈퍼 블록을 버퍼로 읽는다. 이 데이터를 다시 super_block[8]의 첫 번째 위치에 복사한다. 우리는 섹션 3.3.1.2에서 bread() 함수를 소개했다. 하지만 여기서는 약간의 다른 점이 있다. 섹션 3.3.1.5에서 언급했던 것처럼 우리가 하드디스크에 명령을 보내면 do_rd_request() 함수를 시스템이 호출해 준다. 램디스크는 주변 장치로 취급된다고 했지만 사실 램디스크는 메모리이기 때문에 실제 주변 장치가 아니다. 따라서 do_rd_request()를 호출한다고 해도 하드디스크 인터럽트처럼 인터럽트가 발생하지 않는다(그림 3.43).

슈퍼 블록이 버퍼에 로드되고 나서 시스템은 버퍼의 슈퍼 블록 데이터를 super_block[8]의 첫 번째 엔트리에 복사한다. 그 이후부터 루트 디바이스는 super_block[8]로 관리된다. 그리고 마지막으로 brelse() 함수가 호출되면서 슈퍼 블록을 가지고 있던 버퍼를 해제한다.

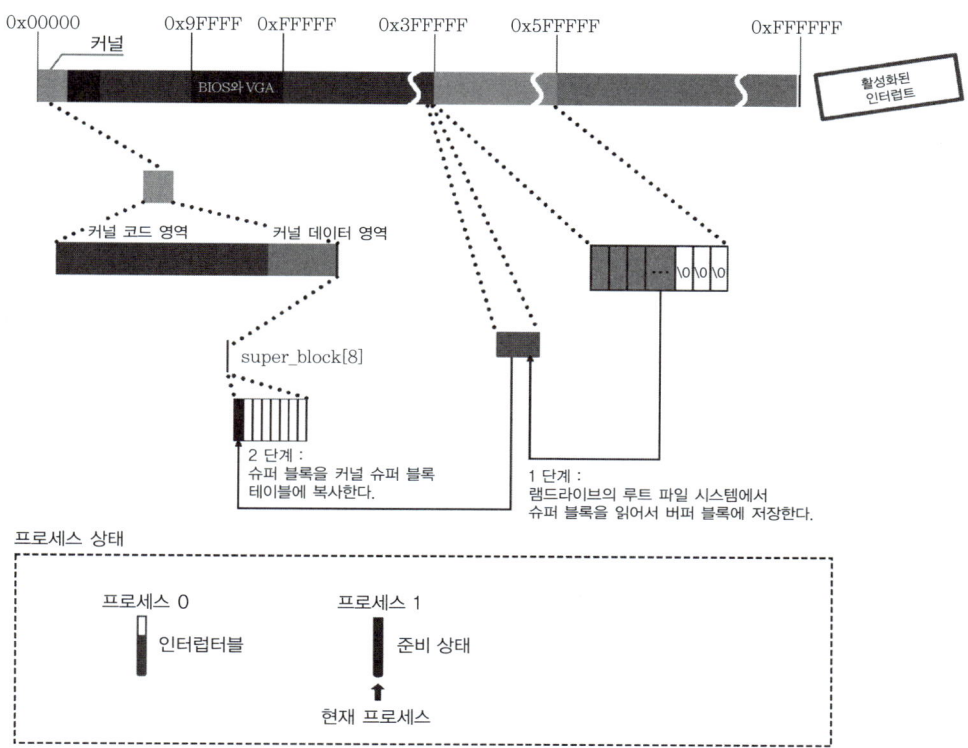

그림 3.43 램디스크에서 슈퍼 블록을 읽어서 커널의 슈퍼 블록 테이블에 복사한다.

코드는 다음과 같다.

```
//코드 경로:fs/super.c:
static struct super_block * read_super(int dev)
{
    ……
    if (!(bh = bread(dev,1))) {        // 루트 디바이스의 슈퍼 블록을 읽어서 버퍼에 저장
        s->s_dev=0;
        free_super(s);                  // 슈퍼 블록 해제
        return NULL;
    }
}
```

```
        *((struct d_super_block *) s) =         // 버퍼의 슈퍼 블록을
        *((struct d_super_block *) bh->b_data); // super_block[8]의 첫 번째
                                                // 엔트리에 저장

        brelse(bh);                             // 버퍼 해제
        if (s->s_magic != SUPER_MAGIC) {        // 매직 넘버 확인
                s->s_dev = 0;
                free_super(s);                  // 슈퍼 블록 해제
                return NULL;
        }
        ......
}
```

시스템은 super_block[8]에 있는 두 개의 자료 구조인 i-node 비트맵 관리 구조체인 s_imap과 논리적 블록 비트맵 관리 구조체인 s_zmap을 초기화한다. 그리고 i-node 비트맵과 논리적인 블록 비트맵을 버퍼로 로드한다. 마지막에 이것들을 s_imap[8]과 s_zmap[8]에 마운트시킨다.

우리는 이것들을 자주 사용할 것이기 때문에 시스템은 이 데이터들을 해제하지 않고 항상 버퍼에 저장하게 된다.

그림 3.44에서 보여 주고 있는 것처럼 슈퍼 블록은 s_imap과 s_zmap을 마운트한다. 코드는 다음과 같다.

```
//코드 경로:fs/super.c:
static struct super_block * read_super(int dev)
{
    ......
    for (i = 0;i<I_MAP_SLOTS;i++)    // s_imap[8]과 s_zmap[8] 초기화
            s->s_imap[i] = NULL;
    for (i = 0;i<Z_MAP_SLOTS;i++)
            s->s_zmap[i] = NULL;
    block = 2;                       // 램디스크의 첫 번째 블록은 슈퍼 블록이고
                                     // 두 번째는 i-node 비트맵과 논리적 비트맵이다.
    for (i = 0 ; i < s->s_imap_blocks ; i++)        // i-node 비트맵의 논리 블록들을
                                                    // 모두 읽어서 s_imap[8]에 저장
            if (s->s_imap[i] = bread(dev,block))    // s_imap[8]에 연결
                block++;
            else
                break;
    for (i = 0 ; i < s->s_zmap_blocks ; i++) // 논리적 비트맵을 읽어서 버퍼에 저장
    if (s->s_zmap[i] = bread(dev,block))      // s_zmap[8]에 연결
                block++;
            else
                break;
    if (block ! = 2+s->s_imap_blocks+s->s_zmap_blocks) { // 블록 갯수가 틀리면
                                                         // 시스템에 문제가
                                                         // 있는
                                                         // 모든 것 해제시킴
```

```
                    for(i = 0;i<I_MAP_SLOTS;i++)
                        brelse(s->s_imap[i]);
                    for(i = 0;i<Z_MAP_SLOTS;i++)
                        brelse(s->s_zmap[i]);
                    s->s_dev = 0;
                    free_super(s);
                    return NULL;
            }s->s_imap[0]->b_data[0] | = 1;
                s->s_zmap[0]->b_data[0] | = 1;
                free_super(s);
                return s;
}
```

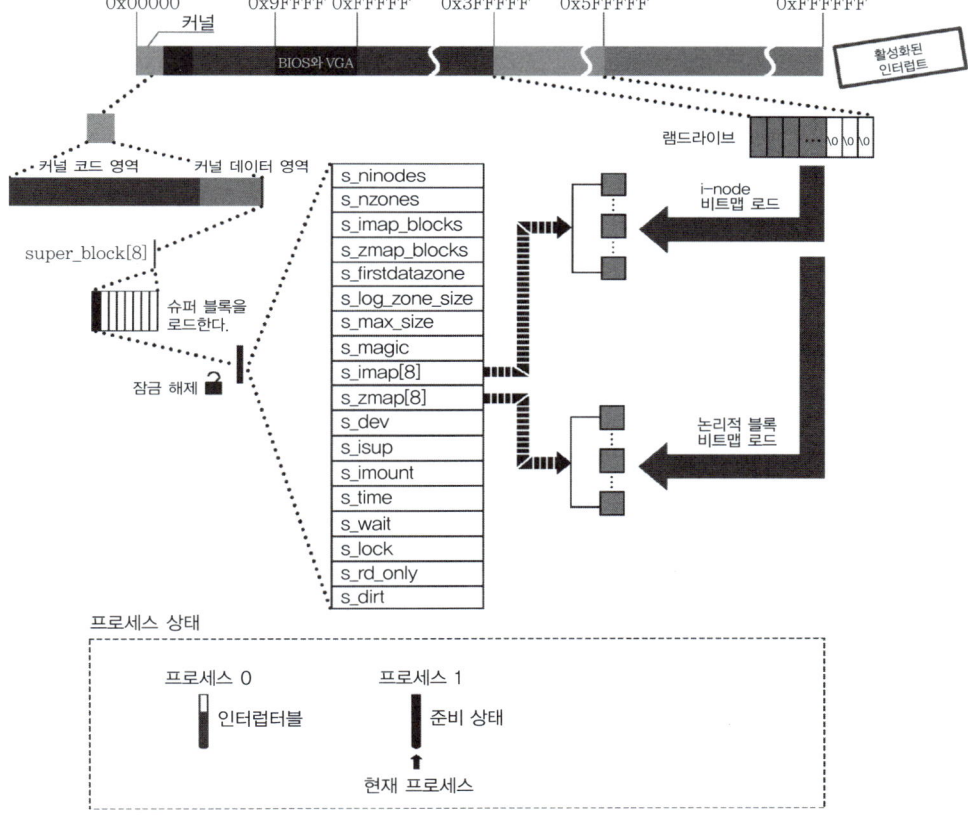

그림 3.44 논리적 비트맵과 i-node 비트맵을 읽는다.

3.3.3.2 루트 디바이스의 i-node를 super_block[8]에 마운트하기

mount_root() 함수로 돌아가자. 이 함수는 램디스크에서 루트 i-node를 읽기 위해서 iget()를 호출한다. 루트 i-node가 중요한 이유는 시스템의 모든 i-node는 루트 i-node를 통해서 접근할 수 있기 때문이다. 즉 어떤 파일이건 루트 i-node를 통해서만 찾을 수 있다.

코드는 다음과 같다.

```
//코드 경로:fs/super.c:
void mount_root(void)
{
        ......
        if (!(p = read_super(ROOT_DEV)))
                panic("Unable to mount root");
        if (!(mi =iget(ROOT_DEV,ROOT_INO)))
                panic("Unable to read root i-node");
        ......
}
```

iget() 함수에서 OS는 inode_table[32] (inode_table[32]는 OS가 동시에 열 수 있는 최대 파일 수를 제어하는 데 사용된다)에 사용하지 않는 빈 i-node 슬롯을 할당받는다. 현시점에서 결과는 첫 번째 i-node 엔트리일 것이다. i-node의 디바이스 번호와 노드 넘버로 앞에서 할당받은 빈 i-node를 초기화한다. 커널 i-node 테이블에서 루트 i-node 위치는 그림 3.45와 같다.

```
//코드 경로:fs/inode.c:
struct m_inode * iget(int dev,int nr)
{
        struct m_inode * inode, * empty;

        if (!dev)
                panic("iget with dev==0");
        empty = get_empty_inode();  // inode_table[32]에서 빈 i-node 엔트리를 찾는다.
        inode = inode_table;
        while (inode < NR_INODE+inode_table) {         // 같은 i-node 찾기
                if (inode->i_dev != dev || inode->i_num != nr) {
                        inode++;
                        continue;
                }
                wait_on_inode(inode);                   // 락이 풀리기를 기다린다.
                if (inode->i_dev != dev || inode->i_num != nr) {   // 기다리는 동안 변경되면
                        inode = inode_table;            // 다시 찾는다.
                        continue;
                }
                inode->i_count++;
                if (inode->i_mount) {
                        int i;
                        for (i = 0 ; i<NR_SUPER ; i++)            // 마운트 포인터라면
```

```
                if (super_block[i].s_imount==inode)              // 슈퍼 블록을 찾는다.
                        break;
                if (i >= NR_SUPER) {
                printk("Mounted inode hasn't got sb\n");
                if (empty)
                        iput(empty);
                return inode;
                }
                iput(inode);
                dev = super_block[i].s_dev;      // 슈퍼 블록의 디바이스 넘버를 찾는다.
                nr = ROOT_INO;                   // ROOT_INO는 1, 루트 i-node의 노드 넘버
                inode = inode_table;
                continue;
            }
        if (empty)
                iput(empty);
        return inode;
    }
    if (!empty)
            return (NULL);
    inode = empty;
    inode->i_dev = dev;                          // 초기화
    inode->i_num = nr;
    read_inode(inode);                           // 램디스크에서 루트 i-node를 읽는다.
    return inode;
}
```

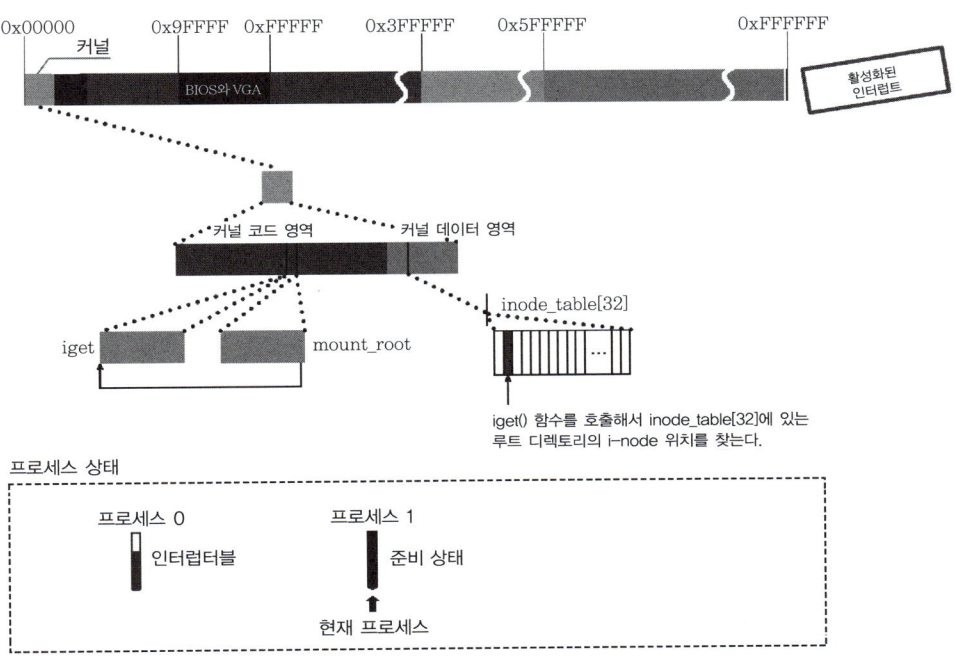

그림 3.45 루트 i-node를 읽는다.

read_inode() 함수는 우선 사용하려는 inode_table[32]의 i-node에 락을 걸어서 다른 프로그램이 해당 i-node를 사용하지 못하도록 한다. 또 i-node의 슈퍼 블록을 통해서 i-node의 논리적 블록 개수를 계산하고 i-node의 논리적 블록을 읽어 필요한 데이터를 가져와서 커널의 i-node의 데이터를 업데이트시킨다. 이 과정을 그림 3.46에서 보여 주고 있다. 그림에서 inode_table의 변화에 주목해서 봐야 한다. 마지막으로 버퍼를 해제하고 i-node의 락을 해제한다.

코드는 다음과 같다.

```
//코드 경로:fs/inode.c:
static void read_inode(struct m_inode * inode)
{
        ......
        lock_inode(inode);                      // i-node에 락을 건다.
        if (!(sb=get_super(inode->i_dev)))      // i-node의 슈퍼 블록을 가져 온다.
        panic("trying to read inode without dev");
        block = 2 + sb->s_imap_blocks + sb->s_zmap_blocks +
                (inode->i_num-1)/INODES_PER_BLOCK;
        if (!(bh=bread(inode->i_dev,block)))  // i-node의 논리적 블록을 가져 온다
                panic("unable to read i-node block");
        *(struct d_inode *)inode =              // i-node 데이터를 복사한다.
                ((struct d_inode *)bh->b_data)
                        [(inode->i_num-1)%INODES_PER_BLOCK];
        brelse(bh);                             // 버퍼 블록 해제
        unlock_inode(inode);                    // 락 해제
}
```

iget()로 돌아와서 mount_root()로 i-node를 반환하고 이 값을 mi 포인터 변수에 저장한다.

다음은 루트 파일 시스템을 로딩하는 과정이다. inode_table[32] 내의 램디스크 루트 i-node를 super_block[8]에 있는 s_isup과 s_imount에 연결한다. OS는 이렇게 설정된 연결 관계를 통해서 파일을 찾는다.

3.3.3.3 프로세스 1과 루트 파일 시스템을 연결하기

시스템은 그림 3.47과 같이 task_struct의 멤버 변수 중 파일 시스템의 i-node와 관련된 것을 설정하고 현재 프로세스(프로세스 1)와 루트 i-node를 바인딩시킨다.

코드는 다음과 같다.

```
//코드 경로:fs/super.c:
void mount_root(void)
{
        ......
        if (!(mi = iget(ROOT_DEV,ROOT_INO)))    // 루트 디바이스의 루트 i-node
                panic("Unable to read root i-node");
```

```
mi->i_count += 3 ; /* 주의! 루트 i-node는 논리적으로 한 번이 아니라 네번 사용된다. */
p->s_isup = p->s_imount = mi;                // 중요한 과정
current->pwd = mi;                           // 현재 프로세스의 pwd 설정
current->root = mi;                          // 자식 프로세스에 전해진 속성 설정
......
}
```

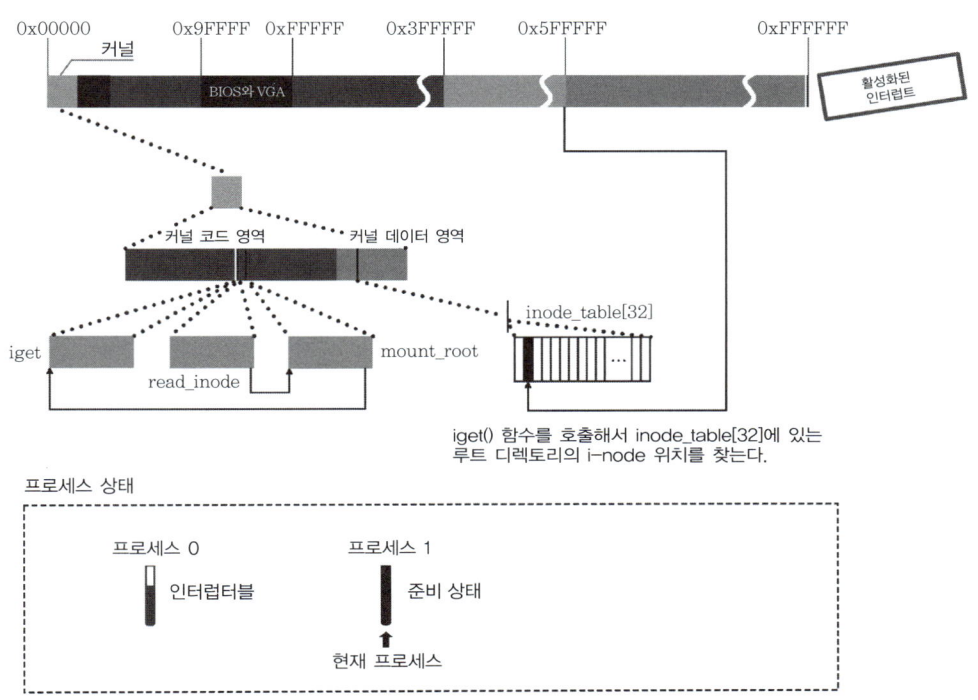

그림 3.46 i-node를 읽는다.

루트 파일 시스템의 슈퍼 블록을 얻고 나면 우리는 슈퍼 블록의 저장된 정보를 통해서 램디스크의 상태(사용중인지 아닌지)를 알 수 있다. 그리고 섹션 3.3.3.1에서 설명한 버퍼(s_zmap, s_imap)에 이 정보들을 저장한다. 코드는 다음과 같다.

```
//코드 경로:fs/super.c:
void mount_root(void)
{
    ......
    free=0;
    i=p->s_nzones;
    while (-- i >= 0)        // 사용하지 않는 논리적 버퍼 개수를 계산한다.
            if (!set_bit(i&8191,p->s_zmap[i>>13]->b_data))
                    free++;
```

```
    printk("%d/%d free blocks\n\r",free,p->s_nzones);
    free=0;
    i=p->s_ninodes+1;
    while (-- i >= 0)      // 램디스크의 사용하지 않는 i-node 개수를 계산한다.
            if (!set_bit(i&8191,p->s_imap[i>>13]->b_data))
                    free++;
    printk("%d/%d free inodes\n\r",free,p->s_ninodes);
}
```

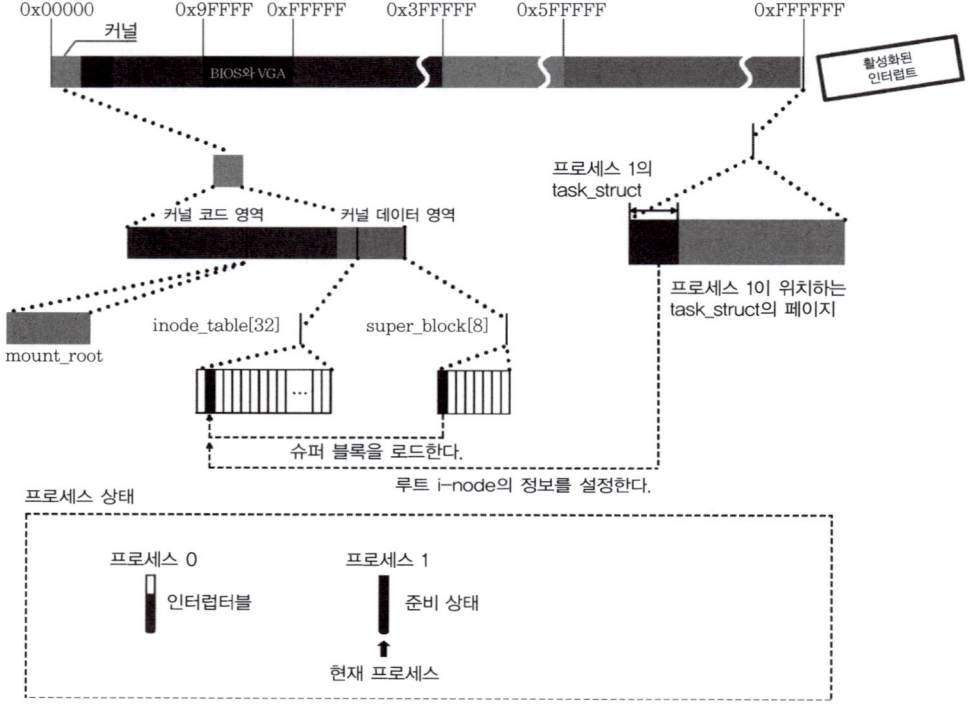

그림 3.47 루트 파일 시스템 로딩을 끝내고 반환한다.

여기까지 진행되면 sys_setup() 함수의 작업이 완료된 것이다. 이 함수는 소프트 인터럽트를 통해서 호출 되었다. 따라서 system_call() 함수로 반환되고 그 후에 ret_from_sys_call() 함수를 호출한다. 현재 프로세스 는 프로세스 1이다. 따라서 다음으로 현재 프로세스의 비트맵을 확인하기 위해서 do_signal()을 호출한다(현 재 프로세스가 0이 아니면 do_signal() 함수를 실행한다). 코드는 다음과 같다.

```
//코드 경로:kernel/system_call.s:
    ......
ret_from_sys_call:
    movl    _current,%eax          # task[0]는 시그널 처리를 할 수 없다.
    cmpl    _task,%eax
```

```
        je      3f
        cmpw    $0x0f,CS(%esp)          # 이전 코드 세그먼트가 슈퍼바이저 모드였는지?
        jne     3f
        cmpw    $0x17,OLDSS(%esp)       # 스택 세그먼트 = 0x17 인지?
        jne     3f
        movl    signal(%eax),%ebx       # 시그널 비트맵을 가져 온다.
        movl    blocked(%eax),%ecx
        notl    %ecx
        andl    %ebx,%ecx
        bsfl    %ecx,%ecx
        je      3f
        btrl    %ecx,%ebx
        movl    %ebx,signal(%eax)
        incl    %ecx
        pushl   %ecx
        call    _do_signal              # do_signal() 함수를 호출한다.
        ......
```

현재 프로세스(프로세스 1)은 어떤 시그널도 받지 않았다. 따라서 do_signal() 함수를 호출할 필요가 없다.
이것으로 sys_setup()이 종료되고, 프로세스 1의 실행 위치가 섹션 3.3에서 말했던 위치로 돌아간다. 이를
위한 준비 코드는 다음과 같다.

```
//코드 경로:init/main.c:
void init(void)
{
    ......
    int pid,i;

    setup((void *) &drive_info);
    (void) open("/dev/tty0",O_RDWR,0);
    (void) dup(0);
    (void) dup(0);
    printf("%d buffers = %d bytes buffer space\n\r",NR_BUFFERS,
        NR_BUFFERS*BLOCSK_SIZE);
    ......
}
```

이번 챕터에서 우리는 시스템이 어떻게 프로세스 1을 생성하고 하드디스크 파일 시스템을 설치하는지 살
펴보았다. 그리고 램디스크를 포맷하고 램디스크를 루트 디바이스로 만들었다. 또 램디스크에 루트 파일 시
스템을 로드했다. 모든 작업을 끝냈으니 이제 프로세스 1이 프로세스 2를 생성하는 방법을 살펴볼 것이다. 그
리고 HCI(human computer interface)를 위한 쉘 프로세스를 살펴볼 것이다.

MEMO

04

프로세스 2의 생성과 실행

4.1 터미널 디바이스 파일 열기와 파일 핸들 복사

쉘(Shell)은 UI(User Interface, 유저 인터페이스) 프로세스다. 쉘을 통해서 컴퓨터 사용자는 모니터와 키보드(이런 것들을 터미널 장비라고 함)를 사용해서 OS와 소통한다.

4.1.1 표준 입력 장치 파일 열기

그림 4.1에서는 tty0 파일을 로드하는 것을 보여 주고 있다.

4.1.1.1 프로세스 1의 filp[0]에 file_table[0]를 연결

루트 파일 시스템이 로드되고 나서 프로세스 1은 open() 함수를 호출해서 표준 입출력 장치 파일을 연다. 코드는 다음과 같다.

```
//코드 경로:init/main.c:
void init(void)
{
    int pid,i;

    setup((void *) &drive_info);
    (void) open("/dev/tty0",O_RDWR,0); // 표준 입력 디바이스를 연다.
                                       // 경로는 /dev/tty0

    (void) dup(0); // 표준 출력 생성
    (void) dup(0); // 표준 에러 생성
// 표준 출력 디바이스에 정보 표시
    printf("%d buffers = %d bytes buffer space\n\r",NR_BUFFERS,
        NR_BUFFERS*BLOCSK_SIZE);
    printf("Free mem: %d bytes\n\r",memory_end-main_memory_start);
    ......
}
```

open() 함수는 소프트 인터럽트를 발생시켜서 시스템 콜 함수인 sys_open()이 실행되도록 한다. 이 함수는 섹션 3.1.1의 fork()와 매우 비슷한 형태를 보인다. (역주 : 커널이 제공하는 API는 시스템 콜 형태로 제공이 된다. 시스템 콜을 호출하기 위한 코드는 동일한 모습을 보인다. 차이점은 시스템 콜 번호와 사용되는 파라미터 뿐이다.)

프로세스 2의 생성과 실행 CHAPTER 04 · 193

```
//코드 경로:fs/open.c:

int open(const char * filename, int flag, ...)
{
    register int res;
    va_list arg;

    va_start(arg,flag);
    __asm__("int $0x80"  // fork() 함수에서 sys_fork()로 가는 경로가 비슷하다.
                         // 섹션 3.1.1의 호출 경로를 참고할 것
        :"=a" (res)
        :"0" (__NR_open),"b" (filename),"c" (flag),
        "d" (va_arg(arg,int)));
    if (res>=0)
        return res;
    errno = -res;
        return -1;
}
```

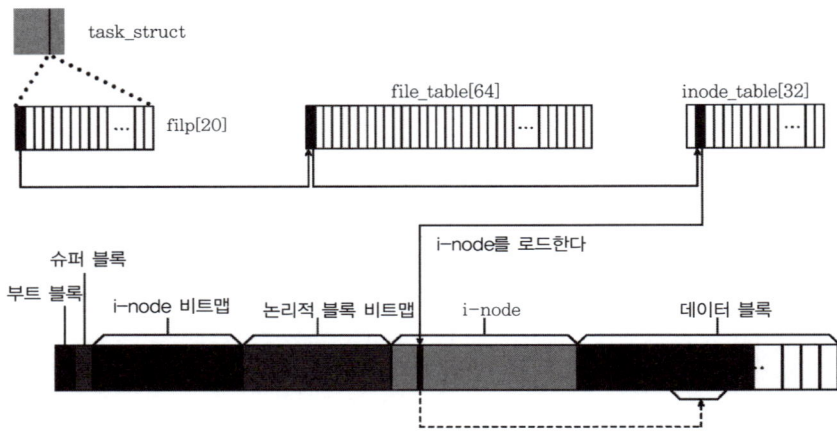

그림 4.1 tty0를 오픈한 이후의 메모리와 프로세스 내의 파일 정보 배치 관계

sys_open() 함수에서 커널은 프로세스 1의 filp[]에 file_table[64]의 첫 번째 엔트리를 연결한다. 그렇게 해서 프로세스와 file_table[64] 간의 관계를 만든다. 상세 코드는 다음과 같다.

```
//코드 경로:fs/open.c:
int sys_open(const char * filename,int flag,int mode)
{
    struct m_inode * inode;
    struct file * f;
    int i,fd;

    mode &= 0777 & ~current->umask;
    for(fd=0 ; fd<NR_OPEN ; fd++)        // 프로세스 1의 filp에서 빈 엔트리를
        if (!current->filp[fd])          // 찾는다. 이 값이 파일 핸들이 된다.
            break;
    if (fd>=NR_OPEN)                     // 적당한 fd값을 못찾으면 에러 리턴
        return -EINVAL;
    current->close_on_exec &= ~(1<<fd);
    f=0+file_table;                      // file_table[64]의 시작 어드레스를 구한다.
    for (i=0 ; i<NR_FILE ; i++,f++)      // file_table에서 빈 엔트리를 찾는다.
        if (!f->f_count) break;          // f가 빈 엔트리가 된다.
    if (i>=NR_FILE)
        return -EINVAL;
    (current->filp[fd]=f)->f_count++;    // filp에 file_talbe[]을 연결한다.
                                         // 그리고 참조 카운트를 증가시킨다.
    if ((i=open_namei(filename,flag,mode,&inode))<0) { // i-node 구하기
        current->filp[fd]=NULL;
        f->f_count=0;
        return i;
    }
    ......
}
```

그림 4.2에서 현재 프로세스의 filp[]와 file_table[]을 연결하는 예를 보여 주고 있다.

4.1.1.2 절대 경로의 시작 지점 찾기

커널은 open_namei() 함수를 호출해서 표준 입력 장치 파일의 i-node를 아래와 같이 구한다.

```
//코드 경로:fs/open.c:
int sys_open(const char * filename,int flag,int mode)
{
    struct m_inode * inode;
    struct file * f;
    int i,fd;

    mode &= 0777 & ~current->umask;
    for(fd=0 ; fd<NR_OPEN ; fd++)
        if (!current->filp[fd])
                    break;
    if (fd>=NR_OPEN)
        return -EINVAL;
```

```
current->close_on_exec &= ~(1<<fd);
f=0+file_table;
for (i=0 ; i<NR_FILE ; i++,f++)
    if (!f->f_count) break;
if (i>=NR_FILE)
    return -EINVAL;
(current->filp[fd]=f)->f_count++;
if ((i=open_namei(filename,flag,mode,&inode))<0) { // filename은
                                                   // "/dev/tty0"

    current->filp[fd]=NULL;
    f->f_count=0;
    return i;
}
......
}
```

최종 i-node를 얻기 위해서 경로명을 순차적으로 분석한다. 경로명를 분석하는 방법은 다음과 같다. 분석의 첫 단계는 dir_namei() 함수를 호출해서 경로의 디렉토리 파일의 i-node를 구한다. 즉, /dev/tty0에서 "/dev"에 해당하는 디렉토리 파일의 i-node를 찾는다. 두 번째 단계는 디렉토리 파일에서 tty0라는 디렉토리 아이템을 찾기 위해서 find_entry() 함수를 호출해서 tty0의 i-node를 구하는 것이다.

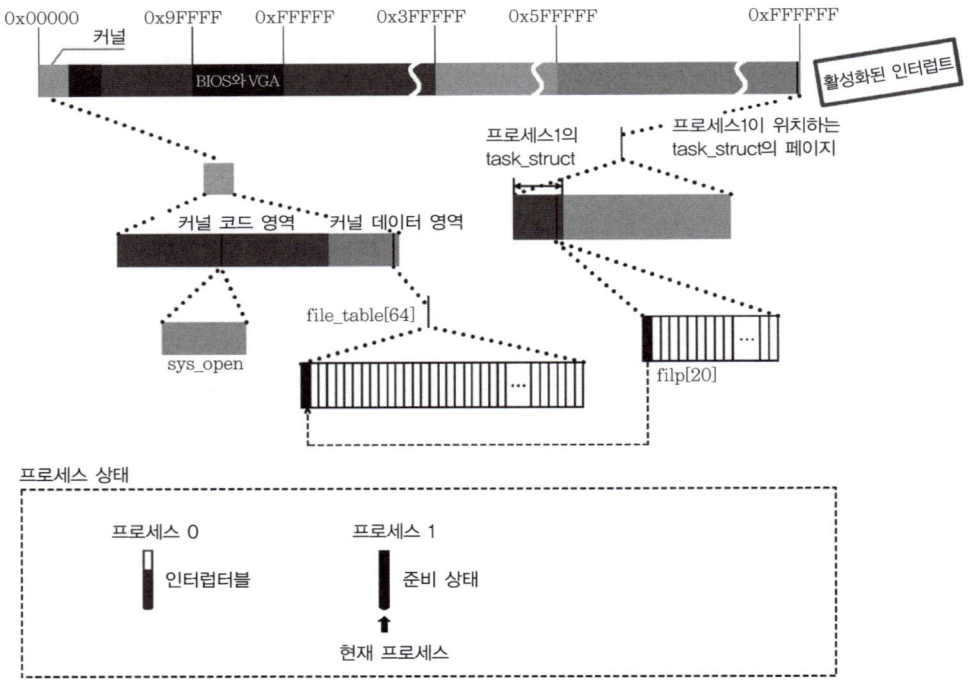

그림 4.2 터미널 디바이스 파일을 오픈하기 위한 준비

dir_namei() 함수를 호출하는 코드는 다음과 같다.

```
//코드 경로:fs/namei.c:
// pathname은 "/dev/tty0" 문자열 포인터다.
int open_namei(const char * pathname, int flag, int mode,
    struct m_inode ** res_inode)
{
    const char * basename;   // pathname에서 분석한 파일명
    int inr,dev,namelen;      // namelen은 파일명의 길이
    struct m_inode * dir, *inode;
    struct buffer_head * bh;
    struct dir_entry * de;   // 디렉토리 엔트리 포인터
    if ((flag & O_TRUNC) && !(flag & O_ACCMODE))
        flag |= O_WRONLY;
    mode &= 0777 & ~current->umask;
    mode |= I_REGULAR;
    if (!(dir = dir_namei(pathname,&namelen,&basename)))
                    // 디렉토리 i-node를 구한다.
        return -ENOENT;
    if (!namelen) {              /* '/usr/'와 같이 파일명이 없는 특별한 경우 */
        if (!(flag & (O_ACCMODE|O_CREAT|O_TRUNC))) {
            *res_inode=dir;
            return 0;
        }
        iput(dir);
        return -EISDIR;
    }
    bh = find_entry(&dir,basename,namelen,&de); // 디렉토리 엔트리를 찾는다.
    ......
}
```

dir_namei() 함수는 우선 get_dir()를 호출해서 파일을 담고 있는 디렉토리 i-node를 찾고 경로의 이름을 분석해서 tty0의 디렉토리 경로와 파일명 길이를 계산한다. get_dir() 함수를 호출하는 코드는 다음과 같다.

```
//코드 경로:fs/namei.c:
// pathname은 "/dev/tty0"
static struct m_inode * dir_namei(const char * pathname,
    int * namelen, const char ** name)
{
    char c;
    const char * basename;
    struct m_inode * dir;

    if (!(dir = get_dir(pathname)))  // i-node를 구하는 함수 호출
        return NULL;
```

```
    basename = pathname;
    while (c=get_fs_byte(pathname++))
        if (c=='/')
            basename=pathname;
    *namelen = pathname-basename-1;
    *name = basename;
    return dir;
}
```

파일 경로를 분석하는 중요한 함수가 get_fs_byte() 함수다. 이 함수는 파일 경로 문자열(변수 pathname)에서 문자열 하나 하나를 추출한다. 그리고 이 값을 이용해서 경로를 분석한다. get_fs_byte() 함수의 내부 프로세스는 다음과 같다.

```
//코드 경로:include/asm/Segment.h:
extern inline unsigned char get_fs_byte(const char * addr)
{
    unsigned register char _v;

    // movb 명령은 한 바이트를 특정 레지스터에 대입할 수 있다.
    // _v는 반환할 값을 담는다.
    // *addr는 읽어 올 메모리 주소
    __asm__ ("movb %%fs:%1,%0":"=r" (_v):"m" (*addr));
    return _v;
}
```

get_dir() 함수는 경로의 절대 경로 시작점을 먼저 파악해야 한다. 즉, "/dev/tty0"에서 첫 문자가 '/' 인지 아닌지 파악한다. 만약 '/' 로 시작을 하면 절대 경로라는 뜻이다. get_dir()은 루트 i-node에서 파일을 찾기 시작한다. 이것은 섹션 3.3.3에서 루트 파일 시스템을 로드할 때 사용한 루트 i-node다. 루트 i-node는 절대 경로의 시작점이다. get_dir() 함수는 또한 루트 i-node의 참조 카운트를 하나 늘린다. 코드는 다음과 같다.

```
//코드 경로:fs/namei.c:

static struct m_inode * get_dir(const char * pathname)
{
    char c;
    const char * thisname;
    struct m_inode * inode;
    struct buffer_head * bh;
    int namelen,inr,idev;
    struct dir_entry * de;

    if (!current->root || !current->root->i_count)
```

```
                        // 현재 프로세스의 루트 i-node가 없거나 참조 카운터가
                        // 0이면 커널이 크래쉬된다.
        panic("No root inode");
    if (!current->pwd || !current->pwd->i_count)
                        // 현재 프로세스의 현재 디렉토리 i-node가 없거나 참조 카운터가
                        // 0이면 커널이 크래쉬된다.
        panic("No cwd inode");
    if ((c=get_fs_byte(pathname))=='/') { // "/dev/tty0"의 첫 문자가 해당됨
        inode = current->root;
        pathname++;
    } else if (c)
        inode = current->pwd;
    else
        return NULL;        /* 파일명이 비어있다. */
    inode->i_count++;       // 찾는 i-node의 참조 카운터를 하나 늘린다.
    ......
}
```

그림 4.3은 경로의 시작점을 어떻게 찾는지 보여 준다.

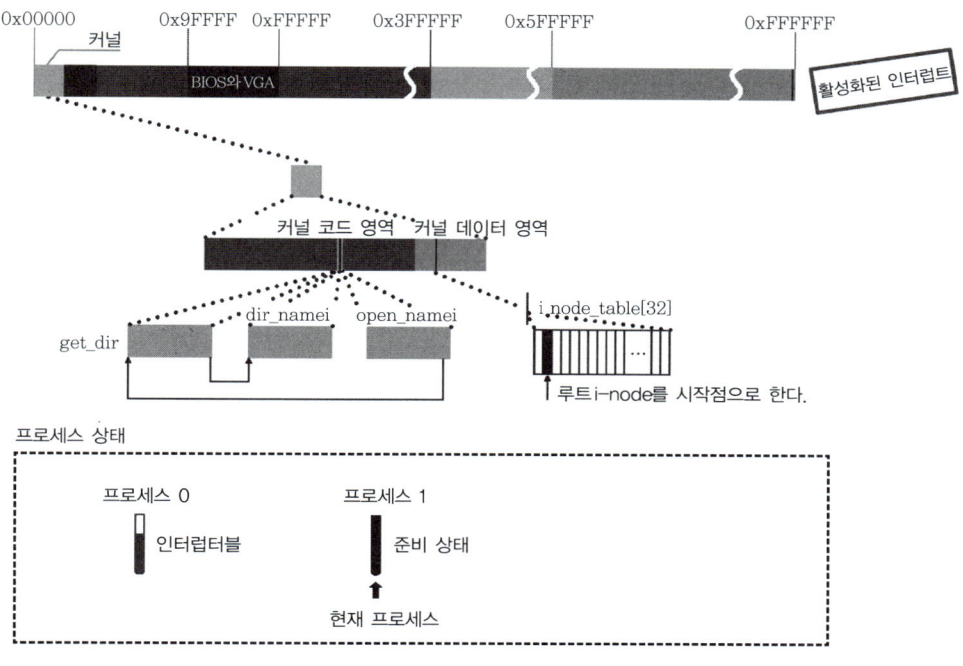

그림 4.3 파일명 분석을 위한 준비

4.1.1.3 dev 디렉토리의 i-node 구하기

루트 i-node을 시작으로 해서 get_dir()은 "/dev/tty0" 경로명을 찾고 분석해서 dev 디렉토리를 먼저 찾는다. 그 후, 램디스크에 논리적 블록을 찾고 연결된 특정 버퍼 블록을 읽는다. 코드를 보면 다음과 같다.

```
//코드 경로:fs/namei.c:
static struct m_inode * get_dir(const char * pathname)
{
    char c;
    const char * thisname;   // 디렉토리명
    struct m_inode * inode;
    struct buffer_head * bh;
    int namelen,inr,idev;    // namelen은 디렉토리명의 길이
    struct dir_entry * de;   // 디렉토리 엔트리 포인터

    ......
    if ((c=get_fs_byte(pathname))=='/') {
        inode = current->root;
        pathname++; // pathname은 "/dev/tty0"에서 d를 가리킨다.
    } else if (I)
        inode = current->pwd;
    else
        return NULL;     /* 파일명이 비어있다. */
        inode->i_count++;
while (1) {   // 파일을 담고 있는 디렉토리 i-node를 찾을 때까지 반복
    thisname = pathname; // thisname은 "dev/tty0"
    if (!S_ISDIR(inode->i_mode) || !permission(inode,MAY_EXEC)) {
        iput(inode);
        return NULL;
        }
    for(namelen=0;(c=get_fs_byte(pathname++))&&(c!='/');namelen++)
    //  '/'이나 c == '\0' 일 때 반복문 종료
        /* 처리할 내용 없음 */ ;
    if (!c)
        return inode;
    if (!(bh = find_entry(&inode,thisname,namelen,&de))) {
    // inode에서 디렉토리 아이템을 찾는다.
        iput(i-node);
        return NULL;
    }
    inr = de->inode;
    idev = inode->i_dev;
    brelse(bh);
    iput(inode);
    if (!(inode = iget(idev,inr)))
        return NULL;
    }
}
```

get_fs_byte() 함수는 "/dev/tty0"의 dev라는 경로명을 찾는데 사용된다(변수 thisname). 경로를 분석하는 작업은 '/' 문자를 만나면 루프를 끝낸다. 이때 name_len 변수는 찾은 "dev" 문자열의 길이가 3이 된다. 루트 i-node와 함께 thisname, name_len은 find_entry() 함수의 파라미터로 사용된다. 그러면 디렉토리 정보를 담고 있는 논리적 블록이 버퍼 블록으로 읽힌다.

find_entry()의 마지막 파라미터인 de 파라미터를 주목해야 한다. find_entry() 함수에서 사용하고 있는 변수 de은 디렉토리 구조체 포인터다. 코드는 다음과 같다.

```
//코드 경로:include/linux/fs.h
#define NAME_LEN 14

struct dir_entry {          // 디렉토리 엔트리 구조체
    unsigned short inode;   // 디바이스의 디렉토리 파일에 대응하는 i-node
    char name[NAME_LEN];    // 디렉토리 엔트리의 이름, 최대 14바이트
};
```

i-node의 ID를 구하게 되면 "dev" 디렉토리 엔트리에 대응하는 디렉토리 파일의 i-node을 찾을 수 있다. 이를 통해서 커널은 dev 디렉토리 파일을 찾을 수 있다.(역주 : 파일 시스템에 있어서 i-node는 C 언어의 포인터와 같다. 포인터는 데이터가 있는 위치를 가리키고 포인터를 따라가 봐야 내용을 아는 것처럼 i-node에 연결된 데이터 역시 로드를 해서 확인해 봐야 한다.) 코드는 다음과 같다.

```
//코드 경로:fs/namei.c:
static struct m_inode * get_dir(const char * pathname)
{
    ......
    if ((c=get_fs_byte(pathname))=='/') {
        inode = current->root;
        pathname++;
    } else if (I)
        inode = current->pwd;
    else
        return NULL; /* 파일명이 비어있다. */
    inode->i_count++;
    while (1) {
        thisname = pathname;
        if (!S_ISDIR(inode->i_mode) || !permission(inode,MAY_EXEC)) {
            iput(inode);
            return NULL;
        }
        for(namelen=0;(c=get_fs_byte(pathname++))&&(c!='/');namelen++)
            /* 처리할 내용 없음 */ ;
        if (!c)
            return inode;
```

```
    if (!(bh = find_entry(&inode,thisname,namelen,&de))) {
                        // de는 "dev" 디렉토리 엔트리를 가리킨다.
        iput(inode);
        return NULL;
    }
    inr = de->inode; // 디렉토리 엔트리에 기록된 i-node ID를 찾는다.
    idev = inode->i_dev; // i-node의 디바이스 넘버
        brelse(bh);
        iput(inode);
    if (!(inode = iget(idev,inr))) // inode_table[32]에 dev의
                                    // i-node를 저장하고 저장된
                                    // i-node를 반환한다.
        return NULL;
    }
}
```

inode_table[]은 모든 오픈된 파일을 관리하는 데 사용된다. 그리고 iget() 함수는 i-node의 ID와 디바이스 넘버에 해당하는 i-node를 inode_table[]에 로드한다.

"dev"(디렉토리 파일)의 i-node를 얻으면 그림 4.4와 같이 된다.

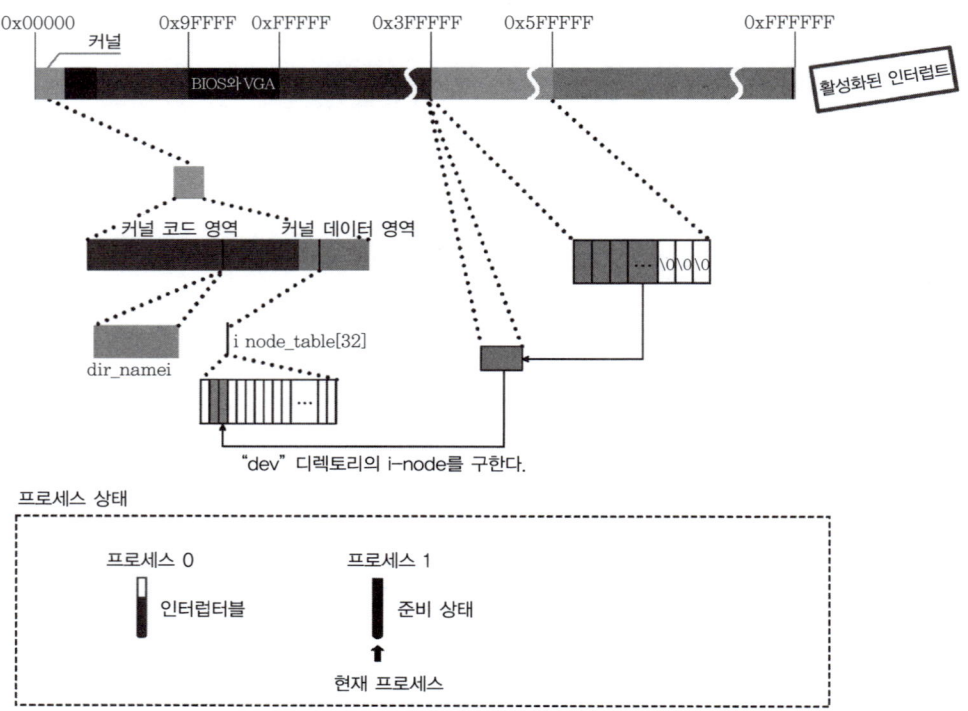

그림 4.4 dev 디렉토리의 i-node 구하기

4.1.1.4 dev의 i-node가 구하려는 경로의 최종 디렉토리 i-node인지 확인한다.

그림 4.5에서 보여 주고 있는 것처럼 최종 디렉토리 i-node(/dev 디렉토리 i-node)와 타켓 i-node(tty0 파일의 i-node)를 구한다. 디렉토리 엔트리, 디렉토리 파일, i-node 간의 관계는 섹션 3.3.3에서 소개한 바 있다.

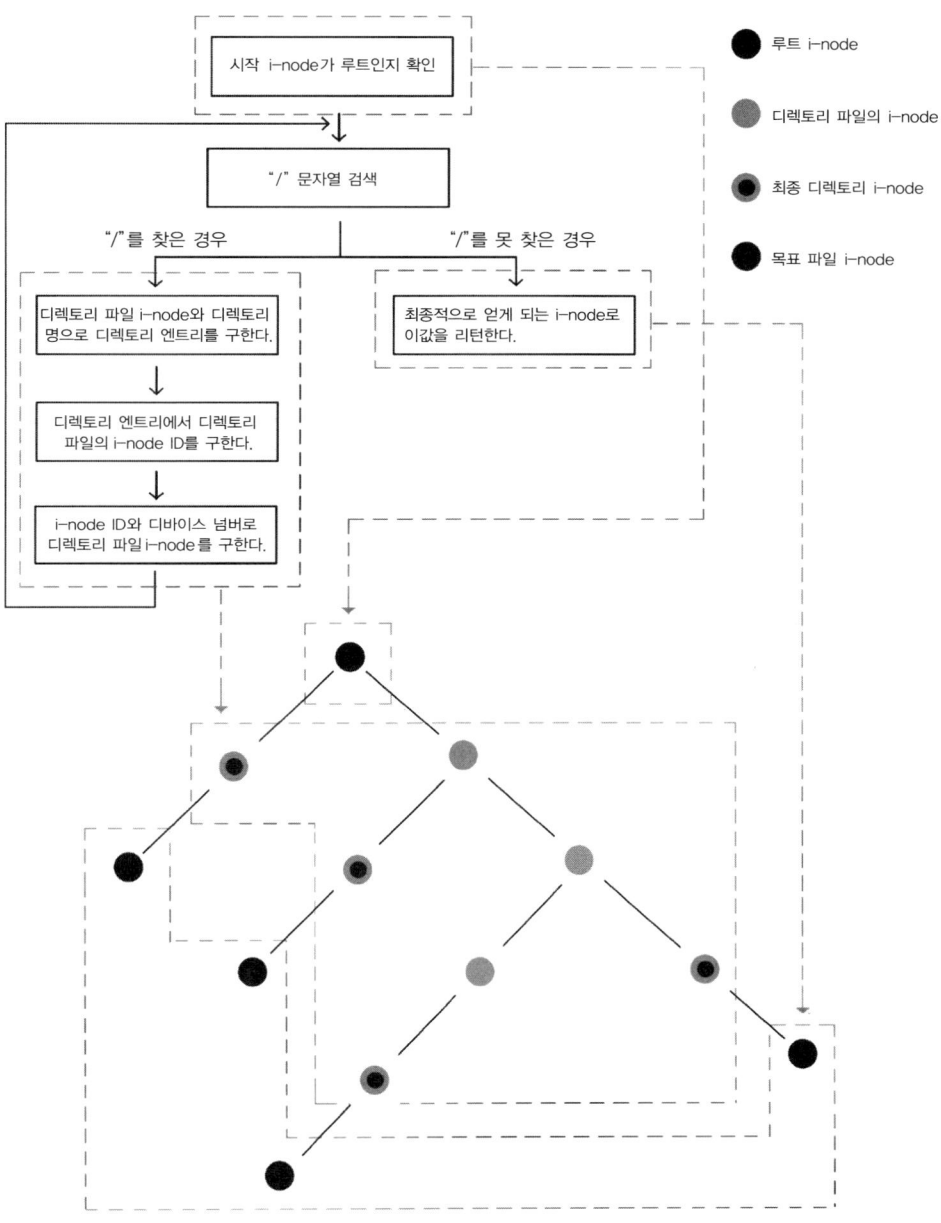

그림 4.5 최종 디렉토리 i-node와 타켓 i-node를 구하는 프로세스

/dev/tty0를 탐색하고 경로명 분석 과정은 dev를 처리할 때와 동일하다. 물론 결과는 다르지만 말이다. 코드를 보자.

```c
//코드 경로:fs/namei.c:
static struct m_inode * get_dir(const char * pathname)
{
    ......
    if ((c=get_fs_byte(pathname))=='/') {
    inode = current->root;
    pathname++;
    } else if (I)
        inode = current->pwd;
    else
        return NULL; /* 파일명이 비어있다. */
    inode->i_count++;
while (1) {   // 파일을 담고 있는 디렉토리 i-node를 찾을 때까지 반복
        thisname = pathname; // thisname은 tty0의 시작 위치인 "t"를 가리킨다.
        if (!S_ISDIR(inode->i_mode) || !permission(inode,MAY_EXEC)) {
            iput(inode);
            return NULL;
        }
        for(namelen=0;(c=get_fs_byte(pathname++))&&(c!='/');namelen++)
                // "/"이나 c == '\0'일 때 반복문 종료
        /* 처리할 내용 없음 */ ;
    if (!c)
            return inode;   // 원하는 디렉토리 i-node (topmost i-node)
    if (!(bh = find_entry(&inode,thisname,namelen,&de))) {
        iput(inode);
        return NULL;
    }
    inr = de->inode;
    idev = inode->i_dev;
    brelse(bh);
    iput(inode);
    if (!(inode = iget(idev,inr)))
        return NULL;
    }
}
```

C 언어는 문자열의 끝으로 '\0' 을 사용한다. 따라서 코드 상 "c=get_fs_byte(pathname++)"의 값이 0이면 함수는 for 반목문을 빠져 나온다. C에서 0은 false에 해당하기 때문이다. 이것은 마지막으로 검출되었던 "/"는 경로명에 있는 마지막 "/"이라는 것과 그 뒤의 문자열 "tty0"가 최종 목표 타겟의 파일명이라는 것을 의미한다. "tty0" 디렉토리 엔트리는 "dev" 디렉토리 파일에 저장되어 있다. "dev" 디렉토리 파일을 이용해서 "tty0"를 구하는 과정은 이후에 진행된다. 이때 "dev"의 i-node를 최종 디렉토리 i-node(topmost i-node, 원하는 파일을 담고 있는 디렉토리 i-node를 말한다)라고 한다.

최종 디렉토리 i-node를 찾고 나면 확인 작업에 사용할 두 개의 정보를 구하게 된다. 램디스크의 디렉토리

명과 비교할 파일명(정확히는 파일명이 시작하는 문자열 어드레스 포인터)과 파일명 길이다. 두 정보를 구하는 방법은 다음 코드에서 볼 수 있다.

```
//코드 경로:fs/namei.c:

static struct m_inode * dir_namei(const char * pathname,
    int * namelen, const char ** name)
{
char c;
    const char * basename;
    struct m_inode * dir;

        if (!(dir = get_dir(pathname)))
        return NULL;
        basename = pathname;
        while (c=get_fs_byte(pathname++))
        // /dev/tty0 문자열을 조사해서 각 문자를 c에 대입한다.
        // 그리고 c 값이 "/"인지 확인한다. 이 작업을 문자열이 끝날 때까지 반복한다.
            if (c=='/')
                    basename=pathname;
        *namelen = pathname-basename-1;  // tty0의 파일명 길이
        *name = basename;                // tty0의 첫문자(t)의 어드레스 포인터
        return dir;
}
```

4.1.1.5 tty0 파일의 i-node 구하기

두 번째 단계에서는 목표 파일의 i-node를 얻어야 하는데, 이 과정은 앞에서 소개한 최상 디렉토리 i-node를 얻는 방법과 동일하다. 처음에 커널은 find_entry() 함수를 통해 tty0 목표 파일의 디렉토리 엔트리를 버퍼로 로드해서 i-node를 구한다. 그리고 나서 iget() 함수를 호출해서 램디스크의 tty0 파일의 i-node을 i-node ID와 디바이스 ID를 통해서 찾는다. 그리고 찾은 i-node를 반환한다. 코드는 다음과 같다.

```
//코드 경로:fs/namei.c:
int open_namei(const char * pathname, int flag, int mode,
    struct m_inode ** res_inode)
{
    const char * basename;
    int inr,dev,namelen;
    struct m_inode * dir, *inode;
    struct buffer_head * bh;
    struct dir_entry * de;

    if ((flag & O_TRUNC) && !(flag & O_ACCMODE))
        flag |= O_WRONLY;
    mode &= 0777 & ~current->umask;
    mode |= I_REGULAR;
```

```
if (!(dir = dir_namei(pathname,&namelen,&basename)))
    // 최상위 디렉토리 i-node 구함
    return -ENOENT;
if (!namelen) {                          /* '/usr/'와 같이 파일명이 없는 특별한 경우 */
    if (!(flag & (O_ACCMODE|O_CREAT|O_TRUNC))) {
        *res_inode=dir;
        return 0;
    }
    iput(dir);
    return -EISDIR;
}
bh = find_entry(&dir,basename,namelen,&de);
// tty0 디렉토리 엔트리를 버퍼 블록에 로드한다.
if (!bh) {   // 버퍼 블록이 NULL이 되지 않기 때문에 아래 코드는 실행되지 않는다.
    if (!(flag & O_CREAT)) {
        iput(dir);
        return -ENOENT;
    }
    if (!permission(dir,MAY_WRITE)) {
        iput(dir);
        return -EACCES;
    }
    inode = new_inode(dir->i_dev);
    if (!inode) {
        iput(dir);
        return -ENOSPC;
    }
    inode->i_uid = current->euid;
    inode->i_mode = mode;
    inode->i_dirt = 1;
    bh = add_entry(dir,basename,namelen,&de);
    if (!bh) {
        inode->i_nlinks- ;
        iput(inode);
        iput(dir);
        return -ENOSPC;
    }
    de->inode = inode->i_num;
    bh->b_dirt = 1;
    brelse(bh);
    iput(dir);
    *res_inode = inode;
    return 0;
}
inr = de->inode;  // i-node ID를 구한다.
dev = dir->i_dev; // 램디스크의 디바이스 ID를 구한다
brelse(bh);
iput(dir);
if (flag & O_EXCL)
    return -EEXIST;
```

```
    if (!(inode=iget(dev,inr)))   // tty0 파일의 i-node를 구한다.
        return -EACCES;
    if ((S_ISDIR(inode->i_mode) && (flag & O_ACCMODE)) ||
        !permission(inode,ACC_MODE(flag))) {
        iput(inode);
        return -EPERM;
    }
    inode->i_atime = CURRENT_TIME;
    if (flag & O_TRUNC)
        truncate(inode);
    *res_inode = inode;     // sys_open()를 위한 i-node를 반환
    return 0;
}
```

그림 4.6은 tty0 파일의 i-node를 찾는 과정을 보여 준다.

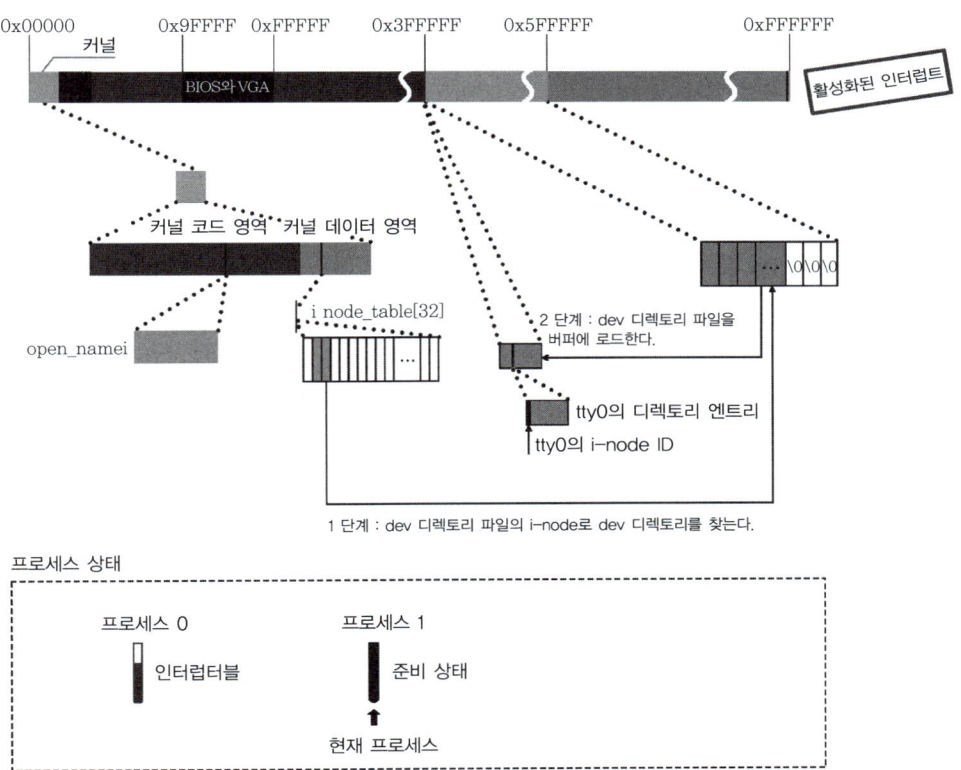

그림 4.6 tty0의 i-node를 구한다.

4.1.1.6 tty0를 문자 디바이스 파일로 처리

tty0 파일의 i-node의 속성인 i_mode를 얻기 위해서 디바이스 파일을 찾고 i-node의 i_zone[0]을 통해서 디바이스 ID를 구한다. 또 "current->tty"와 tty_table 변수들도 설정된다. 코드는 다음과 같다.

```c
//코드 경로:fs/open.c:
int sys_open(const char * filename,int flag,int mode)
{
    ......
    if ((i=open_namei(filename,flag,mode,&inode))<0) {
        current->filp[fd]=NULL;
        f->f_count=0;
        return i;
    }
/* 이 tty들은 조금 특별한 파일이다(ttyxx major==4, tty major==5) */
    if (S_ISCHR(inode->i_mode)) // tty0의 i-node 속성을 확인해서
                               // 디바이스 파일인지 확인한다.
        if (MAJOR(inode->i_zone[0])==4) { // 디바이스 넘버가 4
            if (current->leader && current->tty<0) {
                current->tty = MINOR(inode->i_zone[0]);
                    // 현재 프로세스의 tty에 i-node의 MINOR 값 설정
                tty_table[current->tty].pgrp = current->pgrp;
                    // tty_table의 부모 프로세스 그룹 넘버에 현재 프로세스의
                    // 부모 프로세스 넘버를 설정
            }
        } else if (MAJOR(inode->i_zone[0])==5)
                if (current->tty<0) {
                    iput(inode);
                    current->filp[fd]=NULL;
                    f->f_count=0;
                    return -EPERM;
        }
/* 블록 디바이스과 마찬가지로 floppy_change를 확인한다. */
    if (S_ISBLK(inode->i_mode))
        check_disk_change(inode->i_zone[0]);
    f->f_mode = inode->i_mode;
    f->f_flags = flag;
    f->f_count = 1;
    f->f_inode = inode;
    f->f_pos = 0;
    return (fd);
}
```

i-node의 속성과 관련된 설정을 확인하는 과정은 그림 4.7과 같다.

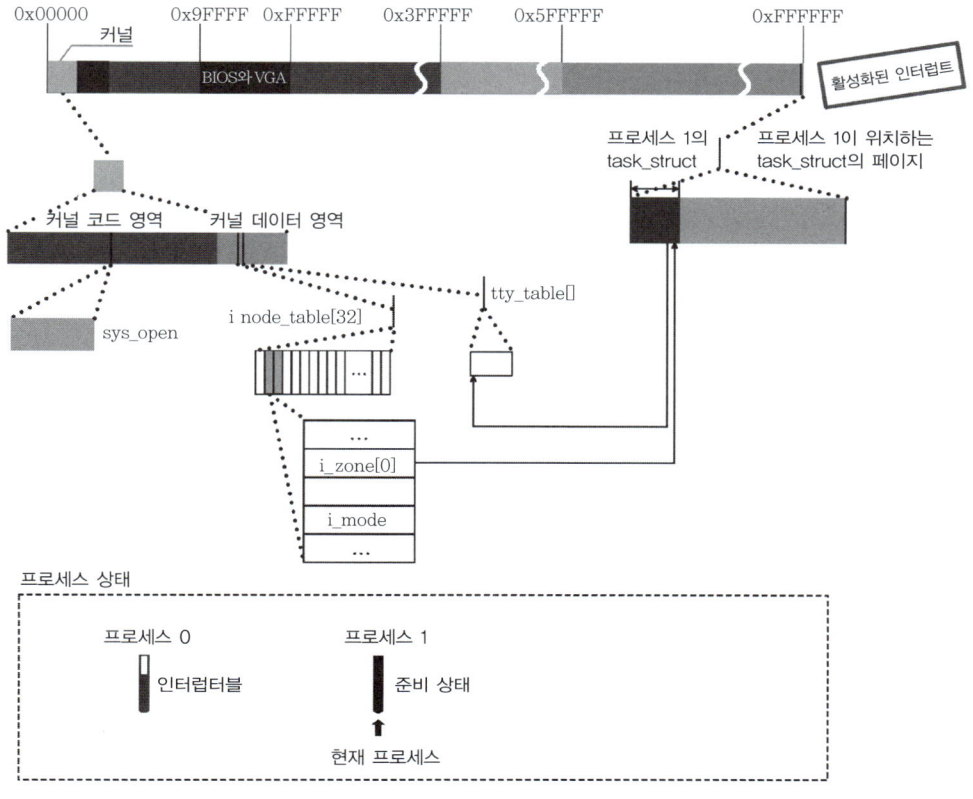

그림 4.7 현재 프로세스의 tty i-node 분석

4.1.1.7 file_table[0] 설정

마지막으로 sys_open()은 프로세스 1의 filp[20]에 대응하는 file_table[64]의 file_table[0] 설정을 한다. 이 방법으로 시스템은 tty0(표준 입력 디바이스 파일)과 프로세스 1 간의 관계를 file_table[64]를 이용해 만든다. 구체적인 설정 과정은 다음 코드에서 확인한다.

```
//코드 경로:fs/open.c:
int sys_open(const char * filename,int flag,int mode)
{
    ......
    if ((i=open_namei(filename,flag,mode,&inode))<0) {
        current->filp[fd]=NULL;
        f->f_count=0;
        return i;
    }
/* 이 tty들은 조금 특별한 파일이다(ttyxx major==4, tty major==5) */
    if (S_ISCHR(inode->i_mode))
        if (MAJOR(inode->i_zone[0])==4) {
            if (current->leader && current->tty<0) {
```

```
                    current->tty = MINOR(inode->i_zone[0]);
                    tty_table[current->tty].pgrp = current->pgrp;
                }
        } else if (MAJOR(inode->i_zone[0])==5)
                if (current->tty<0) {
                        iput(inode);
                        current->filp[fd]=NULL;
                        f->f_count=0;
                        return -EPERM;
                }
/* 블록 디바이스와 마찬가지로 floppy_change를 확인한다 */
    if (S_ISBLK(inode->i_mode))
    check_disk_change(inode->i_zone[0]);
    f->f_mode = inode->i_mode;    // 파일 i-node 속성으로 파일 속성 설정
    f->f_flags = flag;            // 파라미터 flag로 flags 설정
    f->f_count = 1;               // 파일 참조 카운터 설정
    f->f_inode = inode;           // i-node
    f->f_pos = 0;                 // 읽기 쓰기 포인터(pos)를 0으로 설정
    return (fd);
}
```

그림 4.8에서 보여 주고 있는 것처럼 file_table[0]를 설정하고 fd를 리턴한다.

4.1.2 표준 출력과 표준 에러 디바이스 파일 오픈

섹션 4.1.1에서 표준 입력 디바이스 파일을 open() 함수를 통해서 오픈하는 방법을 소개했다. 이제 표준 출력과 표준 에러 디바이스 파일를 오픈할 것이다. 표준 입력 디바이스 파일을 오픈할 때의 방법과 다른 점은 파일 핸들을 복사하는 방법을 사용하는 것이다.

open() 함수가 반환하고 프로세스 1은 오픈된 tty0 디바이스 파일 핸들을 dup() 함수를 통해서 두 번 복사한다.

첫 번째 복사하는 코드는 다음과 같다.

```
//코드 경로:init/main.c:
void init(void)
{
    int pid,i;

    setup((void *) &drive_info);
    (void) open("/dev/tty0",O_RDWR,0);
    (void) dup(0); // 표준 출력 디바이스를 만들기 위해 파일 핸들을 복사한다.
    (void) dup(0);
    printf("%d buffers = %d bytes buffer space\n\r",NR_BUFFERS,
        NR_BUFFERS*BLOCSK_SIZE);
    printf("Free mem: %d bytes\n\r",memory_end-main_memory_start);
    if (!(pid=fork())) {
```

```
        close(0);
        if (open("/etc/rc",O_RDONLY,0))
            _exit(1);
        execve("/bin/sh",argv_rc,envp_rc);
        _exit(2);
    }
    if (pid>0)
        while (pid != wait(&i))
            /* 처리할 내용 없음 */;
    ......
}
```

dup() 함수는 시스템 콜인 sys_dup() 함수를 호출하도록 맵핑되어 있다(이 맵핑 프로세스는 open() 함수에서 sys_open() 함수로 맵핑하는 과정과 동일하다). 그리고 dupfd() 함수를 호출해서 파일 핸들을 복사한다. 코드는 다음과 같다.

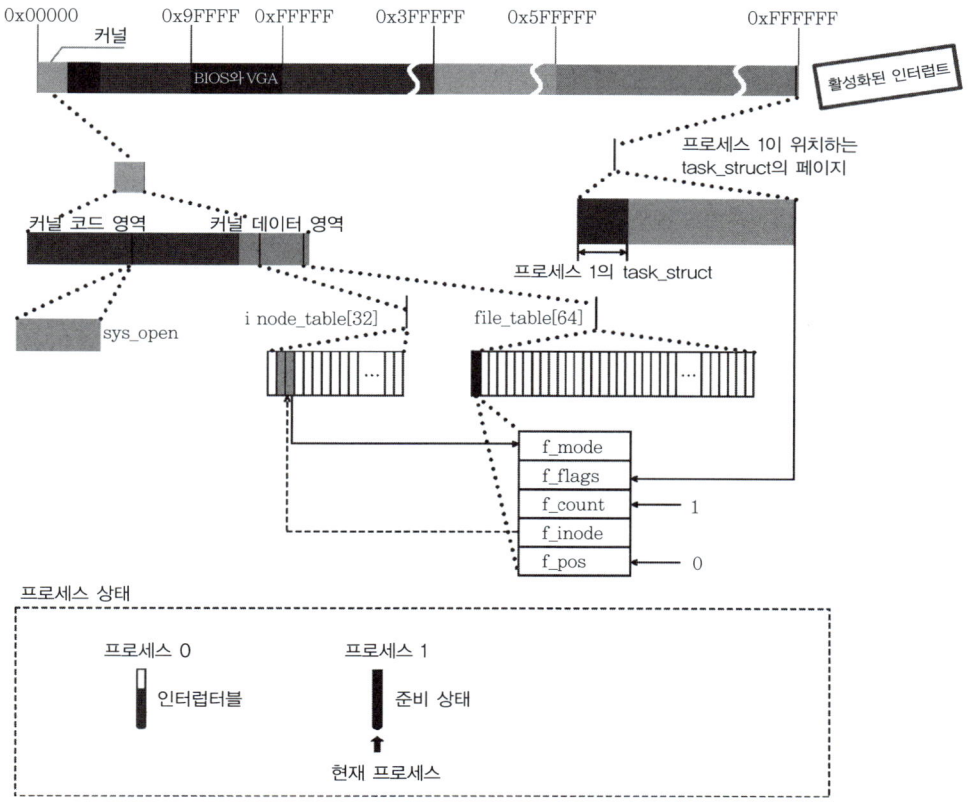

그림 4.8 file_table[64] 설정과 fd 값 리턴

```
//코드 경로:fs/fcntl.c:
int sys_dup(unsigned int fildes)  // dup() 함수에 대응하는 커널의 시스템 콜 함수
{
    return dupfd(fildes,0);  // 핸들 복사
}
```

파일 핸들 복사 조건이 만족되면 프로세스 1의 filp[20]에서 사용하지 않는 아이템을 찾는다. 이 과정을 통해서 두 번째 아이템인 filp[1]을 얻는다. 시스템은 filp[0]에 저장된 tty0 디바이스 파일 포인터를 filp[1]로 복사하고 file_table[0]의 f_count의 참조 변수를 2로 증가시켜서, 프로세스 1이 표준 출력 디바이스로 tty0 오픈했다는 것을 표시한다.

코드는 다음과 같다.

```
//코드 경로:fs/fcntl.c:
static int dupfd(unsigned int fd, unsigned int arg)
{
    if (fd >= NR_OPEN || !current->filp[fd]) // 복사가 가능한지 확인
        return -EBADF;
    if (arg >= NR_OPEN)
        return -EINVAL;
    while (arg < NR_OPEN)
        if (current->filp[arg])    // filp[20]에서 빈 아이템을 찾는다.
                                   // 결국 filp[1]이 된다.
            arg++;
        else
            break;
    if (arg >= NR_OPEN)
        return -EMFILE;
    current->close_on_exec &= ~(1<<arg);
    (current->filp[arg] = current->filp[fd])->f_count++;
        // 표준 출력 디바이스를 만들기 위해서 파일 핸들러를 복사한다.
        // f_count는 2로 설정
    return arg;
}
```

그림 4.9에서 보여 주고 있는 것처럼 표준 출력 디바이스 파일을 오픈한다.

dup() 함수에서 리턴될 때, 프로세스 1은 파일 핸들을 복사하기 위해 dup() 함수를 두 번째로 호출하고 표준 에러 출력 디바이스를 만든다. 코드는 다음과 같다.

```
//코드 경로:init/main.c
void init(void)
{
int pid,i;

    setup((void *) &drive_info);
    (void) open("/dev/tty0",O_RDWR,0);
    (void) dup(0);   // 표준 출력 디바이스를 만들기 위해 파일 핸들을 복사한다.
    (void) dup(0);   // 표준 에러 출력 디바이스를 만들기 위해 파일 핸들을 복사한다.
    printf("%d buffers = %d bytes buffer space\n\r",NR_BUFFERS,
        NR_BUFFERS*BLOCSK_SIZE);
    printf("Free mem: %d bytes\n\r",memory_end-main_memory_start);
    if (!(pid=fork())) {
        close(0);
        if (open("/etc/rc",O_RDONLY,0))
            _exit(1);
        execve("/bin/sh",argv_rc,envp_rc);
        _exit(2);
    }
    if (pid>0)
        while (pid != wait(&i))
            /* 처리할 내용 없음 */;
    ......
}


//코드 경로:fs/fcntl.c
static int dupfd(unsigned int fd, unsigned int arg)
{
    if (fd >= NR_OPEN || !current->filp[fd])
                            // 복사할 수 있는지 조건을 확인한다.
        return -EBADF;
    if (arg >= NR_OPEN)
        return -EINVAL;
    while (arg < NR_OPEN)
        if (current->filp[arg])  // filp[]에서 빈 아이템을 찾는다.
            arg++;               // 여기서는 filp[2]가 된다.
        else
            break;
    if (arg >= NR_OPEN)
        return -EMFILE;
    current->close_on_exec &= ~(1<<arg);
    (current->filp[arg] = current->filp[fd])->f_count++;
        // 표준 에러 출력 디바이스를 만들기 위해서 파일 핸들을 복사한다.
        // f_count는 3이 된다.
    return arg;
}
```

```
//코드 경로:init/main.c:
void init(void)
{
    int pid,i;

    setup((void *) &drive_info);
    (void) open("/dev/tty0",O_RDWR,0);
    (void) dup(0);
    (void) dup(0);
    printf("%d buffers = %d bytes buffer space\n\r",NR_BUFFERS,
        NR_BUFFERS*BLOCSK_SIZE);
    printf("Free mem: %d bytes\n\r",memory_end-main_memory_start);
    if (!(pid=fork())) {   // 프로세스 1은 프로세스 2를 생성한다.
        close(0);
        if (open("/etc/rc",O_RDONLY,0))
            _exit(1);
        execve("/bin/sh",argv_rc,envp_rc);
        _exit(2);
    }
    if (pid>0)
        while (pid != wait(&i))
            /* 처리할 내용 없음 */;
    ......
}
```

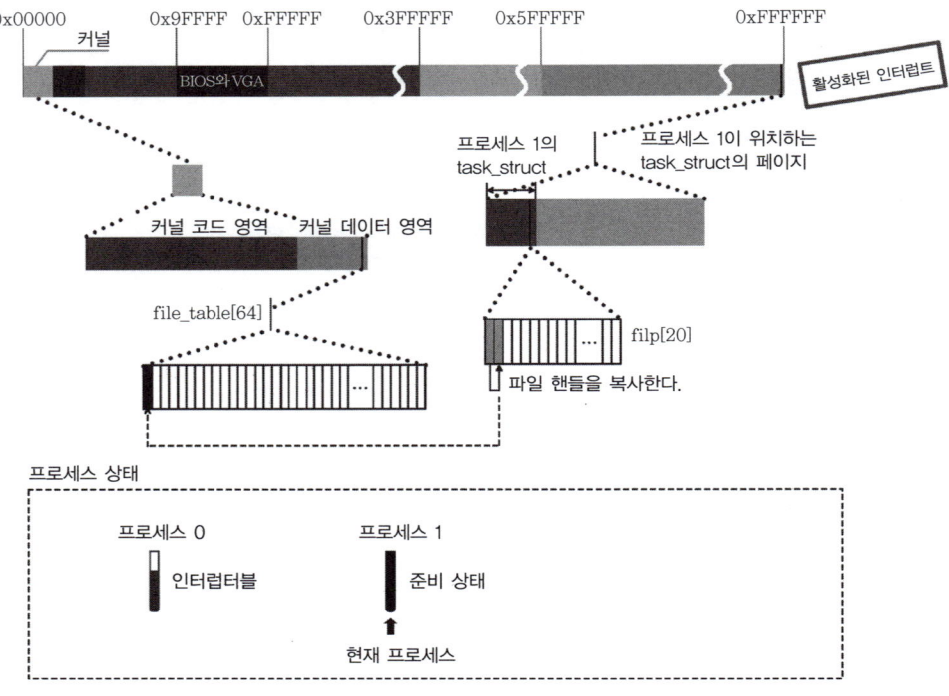

그림 4.9 filp[0]를 복사해서 표준 출력 디바이스 파일을 만든다.

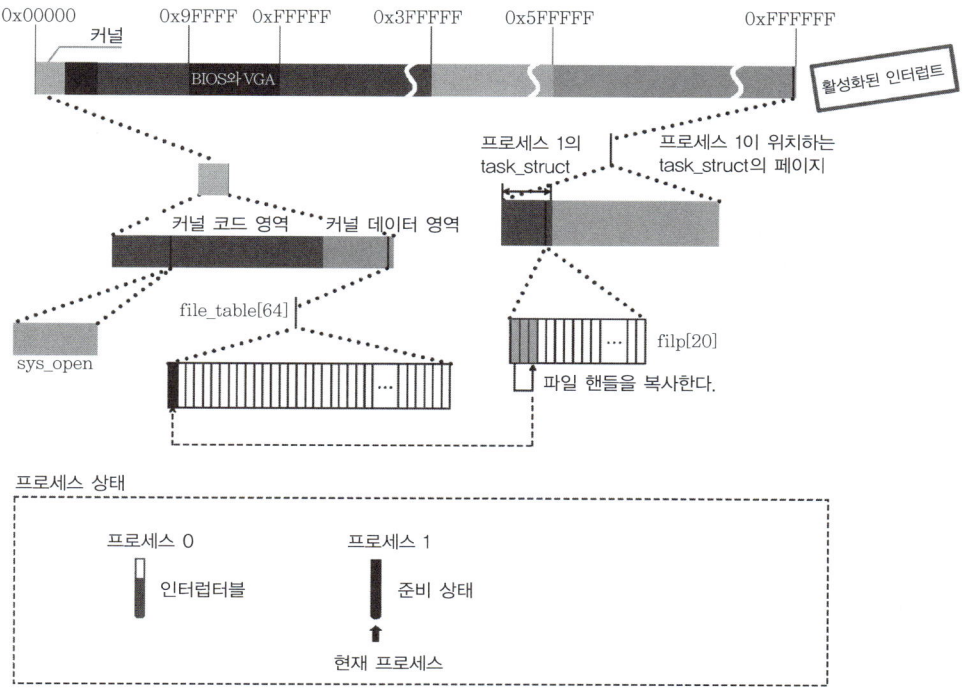

그림 4.10 filp[0]을 복사해서 표준 에러 디바이스를 다시 만든다.

dupfd()로 돌아가서 다시 살펴보자. 이전에 소개했던 것처럼 커널은 프로세스의 filp[20]에서 비어 있는 아이템을 찾는다. 이번에는 세 번째 아이템인 filp[2]가 된다. 시스템은 filp[0]에 저장된 tty0 디바이스 파일의 포인터를 filp[2]로 복사한다. 그리고 file_table[0]의 f_count의 참조 카운트를 3으로 증가시켜서 프로세스 1의 표준 에러 디바이스로 tty0 연결했음을 표시한다.

표준 에러 디바이스 파일을 오픈한 상태를 그림 4.10에서 보여 주고 있다.

이렇게 해서 터미널 표준 입력 디바이스 파일, 표준 출력 디바이스 파일, 그리고 표준 에러 출력 디바이스 파일을 오픈했다. 즉, 뒤에서 보게 될 프로그램에서 printf() 함수를 사용할 수 있게 되었다는 뜻이다(stdio.h의 stdio는 표준 입출력인 standard input/output을 의미한다).

4.2 프로세스 2를 포크시키고 프로세스 2로 프로세스 전환

다음은 프로세스 1이 fork() 함수를 호출해서 프로세스 2를 만든다.

fork() 함수가 sys_fork()로 맵핑되는 과정은 섹션 3.1.1에서 소개한 과정과 유사하다. 즉, 프로세스 2를 위해서 task[64] 구조체에서 비어 있는 항목을 찾기 위해서 _find_empty_process()를 호출하고 프로세스를 복사하기 위해 copy_process() 함수를 호출한다.

코드는 다음과 같다.

```
//코드 경로:kernel/system_call.s:
......


.align 2
_sys_execve:
    lea EIP(%esp),%eax
    pushl %eax
    call _do_execve
    addl $4,%esp
    ret


.align 2
_sys_fork:
    call _find_empty_process   // 프로세스 2가 사용할 task[64]에서
                               // 빈 아이템을 찾는다. 그리고 PID를 설정한다.

    testl %eax,%eax
    js 1f
    push   %gs
    pushl %esi
    pushl %edi
    pushl %ebp
    pushl %eax
    call   _copy_process       // 프로세스 복사
    addl  $20,%esp
1:  ret


_hd_interrupt:
    pushl %eax
    pushl %ecx
    pushl %edx
    push  %ds
    push  %es
    push  %fs
    movl  $0x10,%eax
    mov   %ax,%ds
    mov   %ax,%es
    movl  $0x17,%eax
    mov   %ax,%fs
    movb  $0x20,%al
    outb  %al,$0xA0            # 인터럽트 컨트롤러 #1의 인터럽트를 끝냄
    jmp 1f                     # 포트가 동작할 수 있는 기회를 줌
    ......
```

　　task[64]에서 프로세스 2가 자리잡을 위치를 찾는 과정을 그림 4.11에서 보여 주고 있다. copy_process()
에서 커널은 task_struct를 위해 새로운 메모리 페이지를 하나 할당한다. 그리고 프로세스 1의 task_struct
를 복사한다. 프로세스 2의 task_struct는 모든 레지스터 설정, 메모리 페이지 관리, 공유 파일들, GDT 테이
블 항목들 그리고 기타 여러 데이터를 모두 설정한다. 이렇게 복사하는 과정은 프로세스 0이 프로세스 1을 생
성했던 섹션 3.1의 과정과 비슷하다.

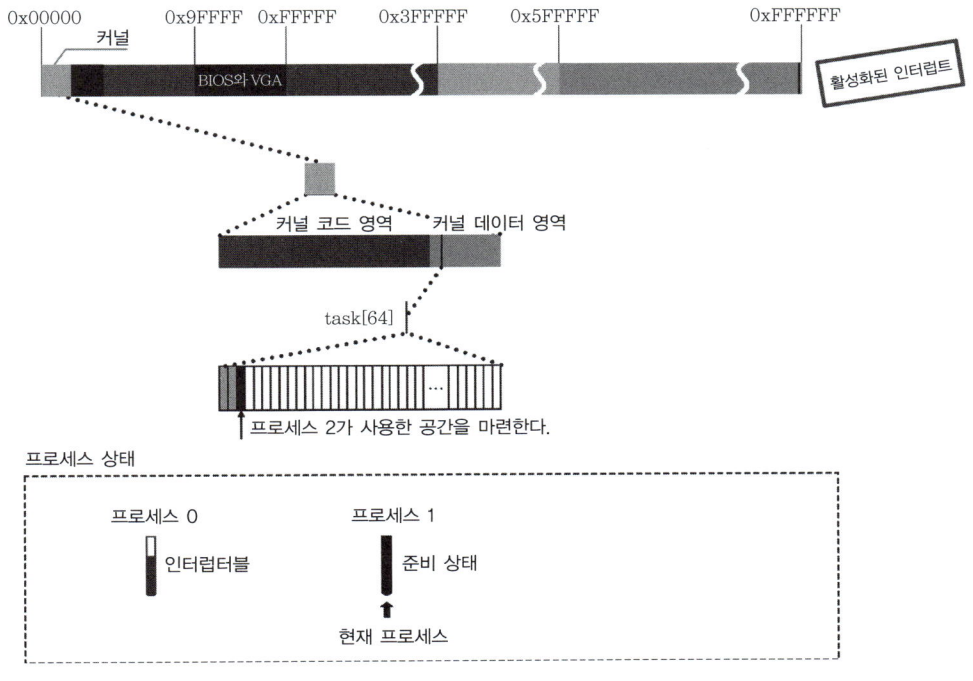

그림 4.11 프로세스 1은 프로세스 2를 포크한다.

다음 코드를 보자.

```
//코드 경로:kernel/system_call.s:
int copy_process(int nr,long ebp,long edi,long esi,long gs,long none,
                 long ebx,long ecx,long edx,
                 long fs,long es,long ds,
                 long eip,long cs,long eflags,long esp,long ss)
{
    struct task_struct *p;
    int i;
    struct file *f;

    p = (struct task_struct *) get_free_page(); // 프로세스 2를 위한 페이지 할당
    if (!p)
        return -EAGAIN;
    task[nr] = p;   // 프로세스의 task_struct 포인터를 task에 설정한다.
    *p = *current;    /* NOTE! 이것으로 수퍼바이져 스택까지 복사되지는 않는다.*/
    p->state = TASK_UNINTERRUPTIBLE;
    p->pid = last_pid;
    p->father = current->pid;
    p->counter = p->priority;
    p->signal = 0;
    p->alarm = 0;
    p->leader = 0;           /* 프로세스 leadership은 상속되지 않는다.*/
```

```c
    p->utime = p->stime = 0;
    p->cutime = p->cstime = 0;
    p->start_time = jiffies;
    p->tss.back_link = 0;
    p->tss.esp0 = PAGE_SIZE + (long) p;
    p->tss.ss0 = 0x10;
    p->tss.eip = eip;
    p->tss.eflags = eflags;
    p->tss.eax = 0;
    p->tss.ecx = ecx;
    p->tss.edx = edx;
    p->tss.ebx = ebx;
    p->tss.esp = esp;
    p->tss.ebp = ebp;
    p->tss.esi = esi;
    p->tss.edi = edi;
    p->tss.es = es & 0xffff;
    p->tss.cs = cs & 0xffff;
    p->tss.ss = ss & 0xffff;
    p->tss.ds = ds & 0xffff;
    p->tss.fs = fs & 0xffff;
    p->tss.gs = gs & 0xffff;
    p->tss.ldt = _LDT(nr);
    p->tss.trace_bitmap = 0x80000000;
    if (last_task_used_math == current)
        __asm__("clts ; fnsave %0"::"m" (p->tss.i387));
    if (copy_mem(nr,p)) { // 프로세스 2의 페이지 관리를 위한 설정
        task[nr] = NULL;
        free_page((long) p);
        return -EAGAIN;
    }
    for (i=0; i<NR_OPEN;i++)  // 프로세스 1의 파일을 프로세스 2에서 공유한다.
        if (f=p->filp[i])
            f->f_count++;
    if (current->pwd)
        current->pwd->i_count++;
    if (current->root)
        current->root->i_count++;
    if (current->executable)
        current->executable->i_count++;

    // GDT에 프로세스를 위한 설정
    set_tss_desc(gdt+(nr<<1)+FIRST_TSS_ENTRY,&(p->tss));
    set_ldt_desc(gdt+(nr<<1)+FIRST_LDT_ENTRY,&(p->ldt));
    p->state = TASK_RUNNING; /* 프로세스 상태는 가장 나중에 설정해서 혹시 모를 오류를 막는다 */
    return last_pid;
}
```

프로세스를 복사하고 프로세스 설정을 하는 과정을 그림 4.12에서 보여 주고 있다. 페이지 테이블 복사와 페이지 디렉토리 엔트리 설정은 그림 4.13에서 설명한다. 그림 4.14는 프로세스 2가 프로세스 1의 파일을 상속받는 과정을 보여 준다. 프로세스 2가 생성되고 fork() 함수가 리턴된다. 이때 리턴값은 2다. 따라서 !(pid = fork())는 false가(섹션 3.1.7에서 설명했던 것처럼) 되고 wait() 함수를 호출한다. 이 함수는 다음과 같은 일을 한다. 먼저 프로세스 1의 자식 프로세스가 있고 이 자식 프로세스를 종료하려 할 때, 자식 프로세스가 종료되도록 준비 작업을 한다. 또 다른 경우로 자식 프로세스가 없을 때는 단순히 리턴된다.

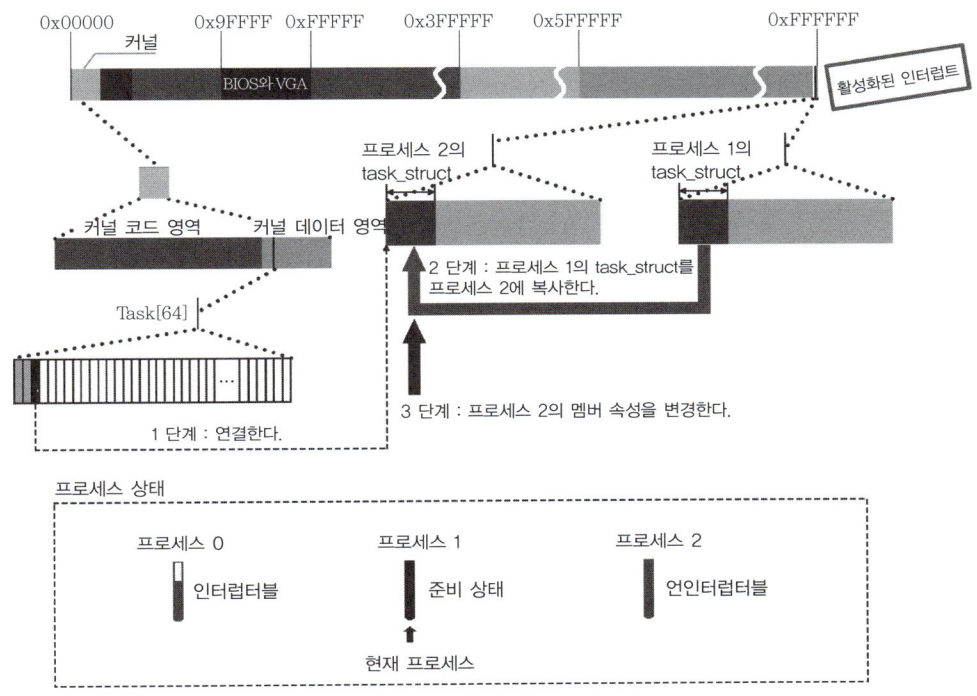

그림 4.12 프로세스 1의 task_struct를 프로세스 2로 복사하고 프로세스 2의 설정값을 조정한다.

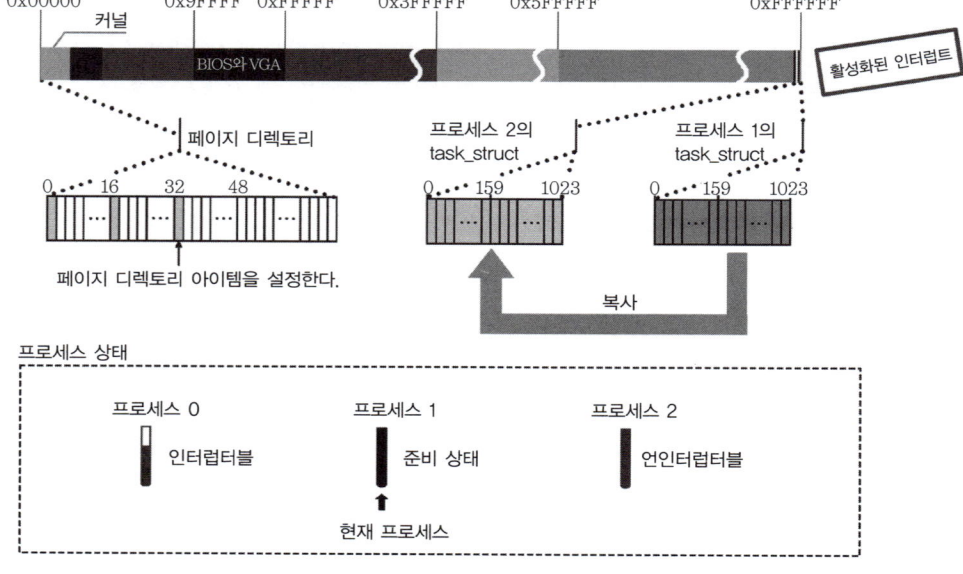

그림 4.13 프로세스 2가 사용할 페이지 테이블을 복사하고 페이지 디렉토리를 설정한다.

코드는 다음과 같다.

```
//코드 경로:init/main.c:
void init(void)
{
    int pid,i;

    setup((void *) &drive_info);
    (void) open("/dev/tty0",O_RDWR,0);
    (void) dup(0);
    (void) dup(0);
    printf("%d buffers = %d bytes buffer space\n\r",NR_BUFFERS,
        NR_BUFFERS*BLOCSK_SIZE);
    printf("Free mem: %d bytes\n\r",memory_end-main_memory_start);
    if (!(pid=fork())) {   // 프로세스 2의 코드다.
        close(0);
        if (open("/etc/rc",O_RDONLY,0))
            _exit(1);
        execve("/bin/sh",argv_rc,envp_rc);
        _exit(2);
    }
    if (pid>0)
        while (pid != wait(&i))   // 자식 프로세스를 종료할 때까지 대기
                                  // 결국 프로세스 2로 전환된다.
            /* 처리할 내용 없음 */;
    ......
}
```

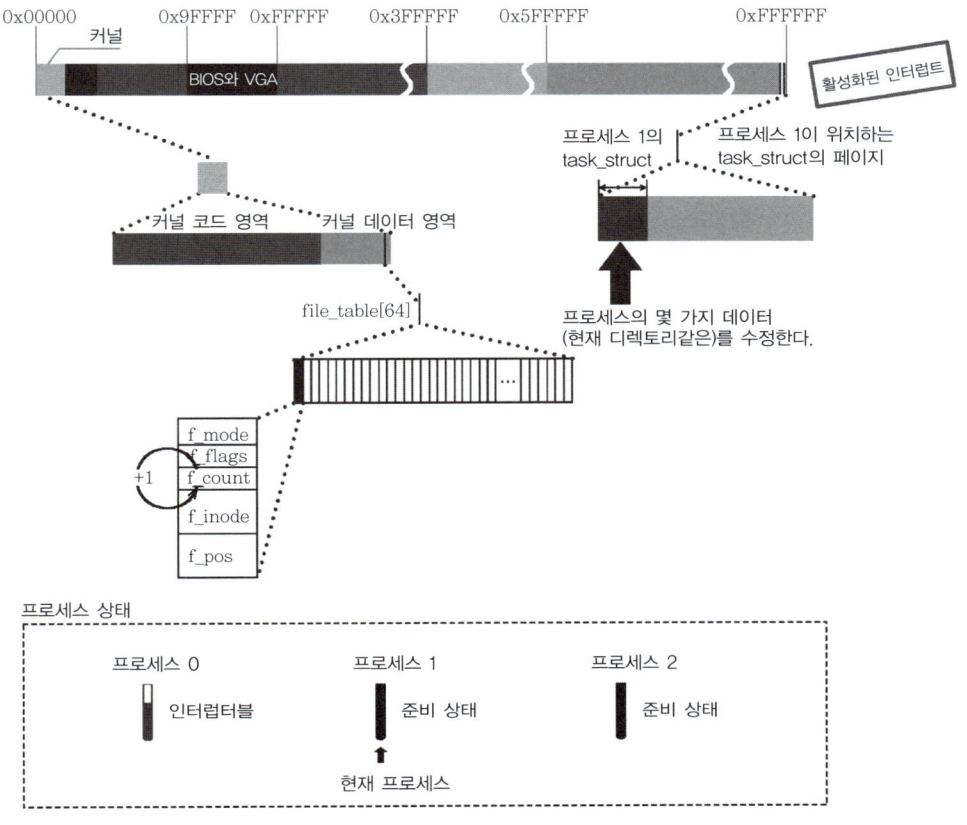

그림 4.14 file_table[64]에 공유 파일의 참조 카운트를 증가시킨다.

wait() 함수는 최종적으로 시스템 함수인 sys_waitpid()로 연결된다. 맵핑 시스템은 fork()가 sys_fork()로 맵핑되는 것과 비슷하다. sys_waitpid() 함수는 처음에 모든 프로세스를 조사해서 프로세스 1의 자식 프로세스가 어떤 것인지 찾는다. 프로세스 1이 자식 프로세서를 생성했기 때문에 프로세스 2가 선택된다.

코드는 다음과 같다.

```
//코드 경로:kernel/exit.c:
// wait() 함수에 대응되는 시스템 콜 함수는 sys_waitpid()다.
int sys_waitpid(pid_t pid,unsigned long * stat_addr, int options)
{
    int flag, code;
    struct task_struct ** p;

    verify_area(stat_addr,4);
repeat:
    flag=0;
    for(p = &LAST_TASK ; p > &FIRST_TASK ; --p) {
        if (!*p || *p == current)
```

```
            continue;
        if ((*p)->father != current->pid)
            continue;
        // 프로세스 1의 자식 프로세스 즉, 프로세스 2를 찾았다.
        if (pid>0) {
            if ((*p)->pid != pid)
                continue;
        } else if (!pid) {
            if ((*p)->pgrp != current->pgrp)
                continue;
        } else if (pid != -1) {
            if ((*p)->pgrp != -pid)
                continue;
        }
        switch ((*p)->state) { //프로세스 2의 상태를 본다.
            case TASK_STOPPED:   // 프로세스 2가 중지 상태이면
                if (!(options & WUNTRACED))
                    continue;
                put_fs_long(0x7f,stat_addr);
                return (*p)->pid;
            case TASK_ZOMBIE:   // 프로세스가 좀비 상태이면
                current->cutime += (*p)->utime;
                current->cstime += (*p)->stime;
                flag = (*p)->pid;
                code = (*p)->exit_code;
                release(*p);
                put_fs_long(code,stat_addr);
                return flag;
            default: // 프로세스 2가 준비 상태이면 여기서 처리,
                     // flag를 1로 설정한다.
                flag=1;
                continue;
        }
    }
    ......
}
```

프로세스 1의 자식 프로세스를 찾을 때의 모습은 그림 4.15에서 볼 수 있다.

다음으로, 시스템이 프로세스 2의 상태를 확인해서 프로세스 2가 준비 상태가 되었다는 것을 확인한다. 이 작업은 flag를 1로 설정하는 것이다. 이 변수는 프로세스 전환이 되도록 유도한다. 코드는 다음과 같다.

```
//코드 경로:kernel/exit.c:
// wait() 함수에 대응되는 시스템 콜 함수는 sys_waitpid()다.
int sys_waitpid(pid_t pid,unsigned long * stat_addr, int options)
{
    int flag, code;
    struct task_struct ** p;

    verify_area(stat_addr,4);
repeat:
    flag=0;
    for(p = &LAST_TASK ; p > &FIRST_TASK ; --p) {
        if (!*p || *p == current)
            continue;
        if ((*p)->father != current->pid)
            continue;
        if (pid>0) {
            if ((*p)->pid != pid)
                continue;
        } else if (!pid) {
            if ((*p)->pgrp != current->pgrp)
                continue;
        } else if (pid != -1) {
            if ((*p)->pgrp != -pid)
                continue;
        }
        switch ((*p)->state) { // 프로세스 2 상태를 확인한다.
            case TASK_STOPPED: // 프로세스 2가 중지 상태이면
                if (!(options & WUNTRACED))
                    continue;
                put_fs_long(0x7f,stat_addr);
                return (*p)->pid;
            case TASK_ZOMBIE: // 프로세스 2가 좀비 상태이면
                current->cutime += (*p)->utime;
                current->cstime += (*p)->stime;
                flag = (*p)->pid;
                code = (*p)->exit_code;
                release(*p);
                put_fs_long(code,stat_addr);
                return flag;
            default: // 프로세스 2가 준비 상태면 여기서 처리
                     // flag를 1로 설정
                flag=1;
                continue;
        }
    }
    ......
}
```

프로세스 2의 상태에 따라서 그림 4.16처럼 플래그를 설정한다.

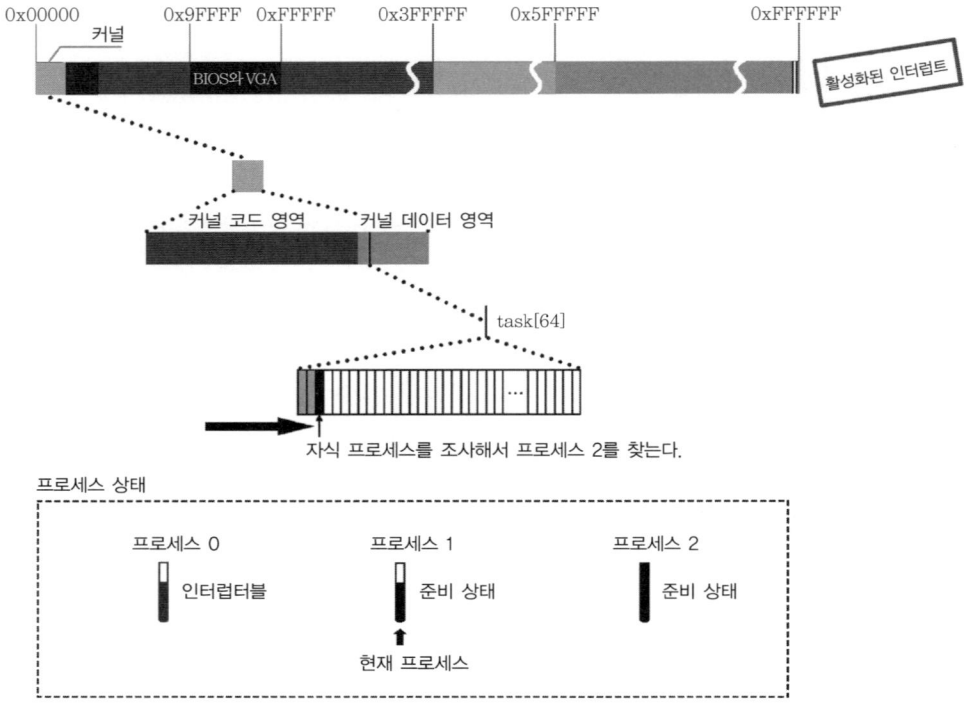

그림 4.15 프로세스 1의 자식 프로세스를 찾는다.

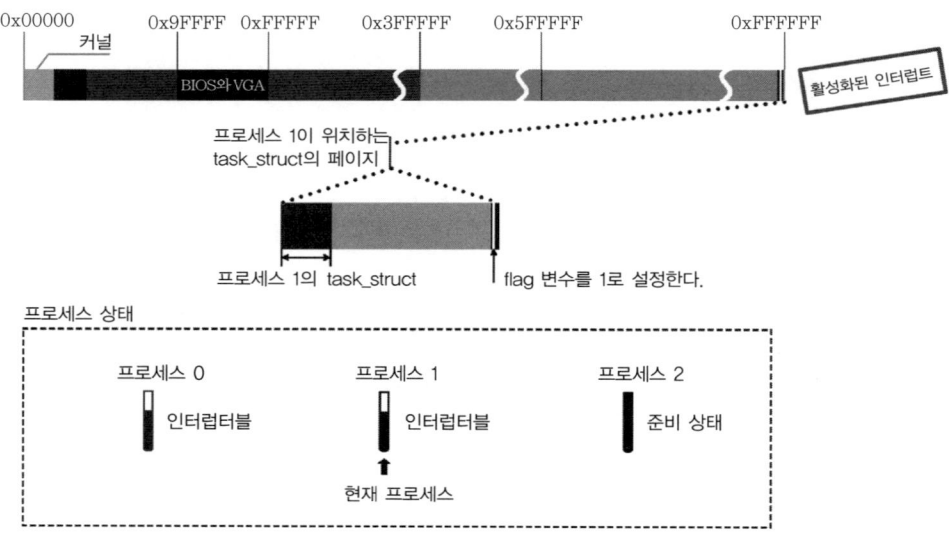

그림 4.16 프로세스 2의 상태 변수 조정하기

코드 중 if (flag) 부분을 실행하게 된다. 커널은 프로세스 1의 상태를 인터럽트 가능 상태(interruptable, 인터럽터블)로 설정하고 schedule() 함수를 실행한다. 현재 시스템에는 프로세스 2만 준비 상태이기 때문에 프로세스 2로 프로세스 전환이 이루어진다. 스케줄 과정은 섹션 3.2에서 살펴본 것과 같다. 코드는 다음과 같다.

```
//코드 경로:kernel/exit.c:
int sys_waitpid(pid_t pid,unsigned long * stat_addr, int options)
{
    ......
        switch ((*p)->state) {
            case TASK_STOPPED:
                if (!(options & WUNTRACED))
                    continue;
                put_fs_long(0x7f,stat_addr);
                return (*p)->pid;
            case TASK_ZOMBIE:
                current->cutime += (*p)->utime;
                current->cstime += (*p)->stime;
                flag = (*p)->pid;
                code = (*p)->exit_code;
                release(*p);
                put_fs_long(code,stat_addr);
                return flag;
            default:
                flag=1;
                continue;
        }
    }
    if (flag) {
        if (options & WNOHANG)
            return 0;
        current->state=TASK_INTERRUPTIBLE;
                // 프로세스 1의 자식 프로세스 중에 종료하려는 프로세스가 없기
                // 때문에 프로세스 1의 상태를 인터럽터블로 변경한다.
        schedule(); // 프로세스 2로 전환한다.
        if (!(current->signal &= ~(1<<(SIGCHLD-1))))
            goto repeat;
        else
            return -EINTR;
    }
    return -ECHILD;
}
```

그림 4.17에서 프로세스 2로 스케줄되는 과정을 보여 주고 있다.

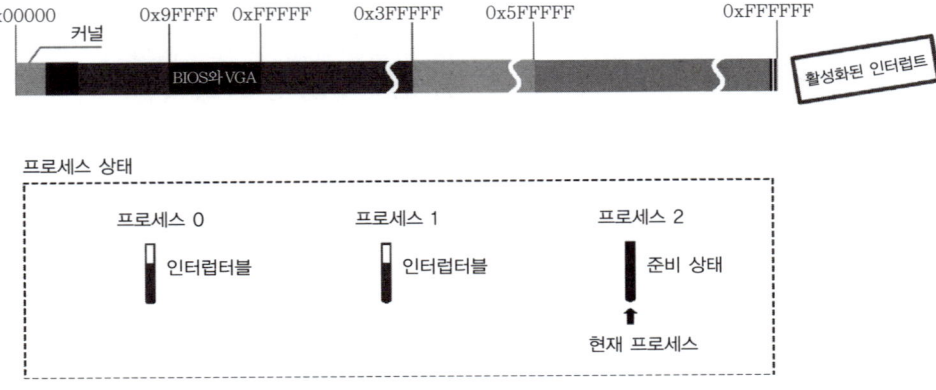

그림 4.17 프로세스 2로 프로세스 전환하기

4.3 쉘 프로그램 로드

4.3.1 표준 입력 파일을 닫고 rc 파일을 오픈

프로세스 2로 프로세스 전환되면 if(!(pid=fork()))가 true가 되기 때문에 시스템이 close() 함수를 호출해서 표준 입력 파일을 닫는다. 그리고 rc 파일을 오픈해서 표준 입력 파일로 교체한다. 코드는 다음과 같다.

```c
//코드 경로:init/main.c:
void init(void)
{
    int pid,i;

    setup((void *) &drive_info);
    (void) open("/dev/tty0",O_RDWR,0);
    (void) dup(0);
    (void) dup(0);
    printf("%d buffers = %d bytes buffer space\n\r",NR_BUFFERS,
        NR_BUFFERS*BLOCSK_SIZE);
    printf("Free mem: %d bytes\n\r",memory_end-main_memory_start);
    if (!(pid=fork())) {
        close(0);                              // 표준 입력 파일을 닫는다.
        if (open("/etc/rc",O_RDONLY,0))        // 표준 입력을 rc 파일로 교체한다.
            _exit(1);
        execve("/bin/sh",argv_rc,envp_rc);     // 쉘 프로그램을 로드한다.
        _exit(2);
    }
    if (pid>0)
        while (pid != wait(&i))
                /* 처리할 내용 없음 */;
    ......
}
```

close() 함수는 sys_close() 함수로 연결된다. 프로세스 2가 프로세스 1의 관리 정보를 상속받았기 때문에 프로세스 2의 filp가 프로세스 1의 filp와 동일하다. sys_close() 함수가 호출되면 filp의 첫 번째 항목은 제거되고 file_table[]의 f_count 참조 카운트가 줄어든다. 그리고 나서 open() 함수를 호출해서 프로세스 2의 filp 구조체의 첫 번째 아이템 rc 파일의 i-node와 연결된다. 결국 이렇게 해서 rc 파일이 tty0를 교체하게 된다. close() 함수 코드는 다음과 같다.

```
//코드 경로:fs/open.c:
int sys_close(unsigned int fd)
{
        struct file * filp;

        if (fd >= NR_OPEN)
                return -EINVAL;
        current->close_on_exec &= ~(1<<fd);
        if (!(filp = current->filp[fd])) // 프로세스 2의 표준 입력 파일을 구한다.
                return -EINVAL;
        current->filp[fd] = NULL; // 디바이스 파일과 프로세스 2와의 관계를 제거한다.
        if (filp->f_count == 0)
                panic("Close: file count is 0");
        if (--filp->f_count)   // 디바이스 파일의 참조 카운트를 줄인다.
                return (0);
        iput(filp->f_inode);
        return (0);
}
```

그림 4.18에서 tty0 파일을 닫는 과정을, 그림 4.19에서 rc 파일을 오픈하는 과정을 보여 주고 있다.

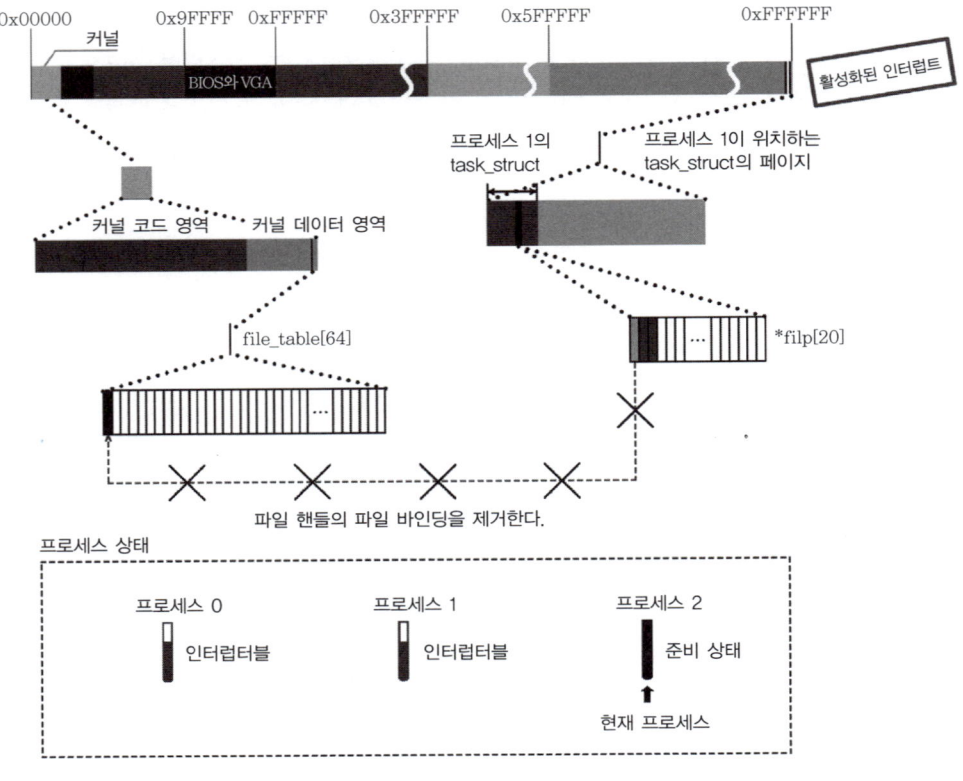

그림 4.18 /etc/rc 파일을 오픈할 준비를 한다.

rc 파일을 오픈하고 나서 프로세스 2가 쉘 프로그램을 로드할 수 있도록 execve() 함수를 실행한다. 코드는 다음과 같다.

```
//코드 경로:init/main.c:
void init(void)
{
        int pid,i;

        setup((void *) &drive_info);
        (void) open("/dev/tty0",O_RDWR,0);
        (void) dup(0);
        (void) dup(0);
        printf("%d buffers = %d bytes buffer space\n\r",NR_BUFFERS,
            NR_BUFFERS*BLOCSK_SIZE);
        printf("Free mem: %d bytes\n\r",memory_end-main_memory_start);
        if (!(pid=fork())) {
            close(0);                        // 표준 입력 파일을 닫는다.
            if (open("/etc/rc",O_RDONLY,0))  // 표준 입력을 rc 파일로 교체한다.
                _exit(1);
            execve("/bin/sh",argv_rc,envp_rc); // 쉘 프로그램 로드
```

```
            // "/bin/sh"는 쉘 프로그램 경로이고, argv_rc, envp_rc은 각각 파라미터와 환경 변수들이다.
            _exit(2);
        }
    if (pid>0)
        while (pid != wait(&i))
            /* nothing */;
}
```

여기서 언급하고 싶은 것은 커널 코드에 이미 프로그램을 위한 파라미터와 환경 변수를 준비해 주고 있다는 점이다. 다음 코드를 보자.

```
//코드 경로:init/main.c:
......
static char * argv_rc[] = {"/bin/sh", NULL };        // 쉘을 위한 파라미터
static char * envp_rc[] = {"HOME=/", NULL, NULL };   // 쉘을 위한 환경 변수
......
```

execve() 함수 코드는 다음과 같다.

```
//코드 경로:kernel/system_call.s:
......
.align 2
_sys_execve:                    // execve() 함수에 대응하는 시스템 콜 함수
        lea EIP(%esp),%eax
        pushl %eax              // 스택에 저장된 EIP의 어드레스를 스택에 넣는다.
        call _do_execve         // do_execve는 쉘을 로드하기 위한 핵심 함수다.
        addl $4,%esp
        ret
......
```

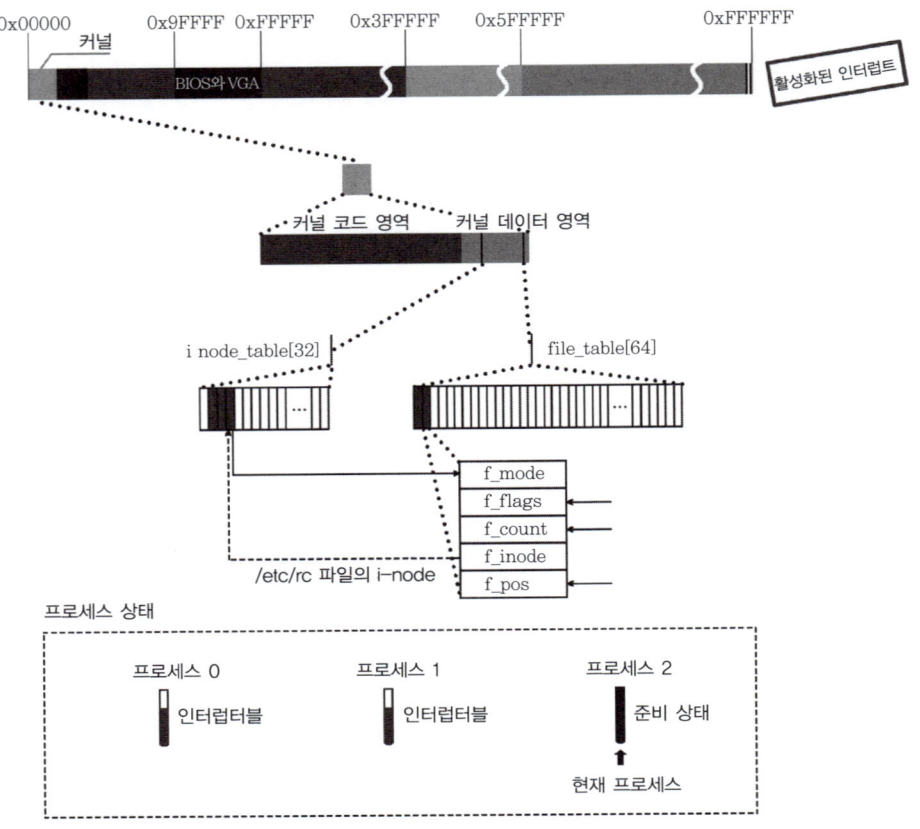

그림 4.19 /etc/rc 파일을 오픈한다.

4.3.2 쉘 파일 확인하기

4.3.2.1 i-node 속성 확인하기

do_execve() 함수는 namei() 함수를 호출해서 쉘의 i-node를 가져온다. i-node를 가져오는 과정은 섹션 4.1.1에서 소개했던 과정과 비슷하다. 그리고 나서 시스템은 i-node 속성을 검사해서 쉘 프로그램이 로드될 수 있는지 확인한다. 코드는 다음과 같다.

```
int do_execve(unsigned long * eip,long tmp,char * filename,
        char ** argv, char ** envp)
{
        struct m_inode * inode;
        struct buffer_head * bh;
        struct exec ex;
        unsigned long page[MAX_ARG_PAGES];
        int i,argc,envc;
        int e_uid, e_gid;
        int retval;
```

```
        int sh_bang = 0;
        unsigned long p=PAGE_SIZE*MAX_ARG_PAGES-4;

        if ((0xffff & eip[1]) != 0x000f)   // 권한 레벨을 확인해서 커널이 호출했는지
                                           // 확인한다.
            panic("execve called from supervisor mode");
        for (i=0 ; i<MAX_ARG_PAGES ; i++)
            page[i]=0;   // 파라미터와 환경 변수 저장에 사용되는 페이지 초기화
if (!(inode=namei(filename)))          // 쉘 프로그램 i-node
return -ENOENT;
        argc = count(argv);   // 파라미터 카운터 수
        envc = count(envp);   // 환경 변수 수


restart_interp:
        if (!S_ISREG(inode->i_mode)) {        // 일반 파일이어야 한다.
            retval = -EACCES;
            goto exec_error2;
        }
        i = inode->i_mode;
        // i-node의 uid, gid를 확인해서 프로세스 2가 프로그램을 실행할 수 있는
        // 권한을 가지고 있는지 확인한다.
        e_uid = (i & S_ISUID) ? inode->i_uid : current->euid;
        e_gid = (i & S_ISGID) ? inode->i_gid : current->egid;
        if (current->euid == inode->i_uid)
            i >>= 6;        // 파일과 프로세스의 소유 관계를 확인해서 퍼미션 비트를 조정한다.
        else if (current->egid == inode->i_gid)
            i >>= 3;
        if (!(i & 1) &&     // 쉘 프로그램을 실행할 권한이 없으면 로딩 작업은 여기서
                            // 종료한다.
            !((inode->i_mode & 0111) && suser())) {
            retval = -ENOEXEC;
            goto exec_error2;
        }
}
......
```

i-node를 어떻게 가져오는지는 그림 4.20에서 설명하고 있다. 그림 4.21은 i-node를 확인하는 절차를 보여 주고 있다. 이렇게 쉘 파일의 i-node의 속성을 확인해야 프로세스 2가 프로그램을 실행시킬 수 있는지 알수 있다.

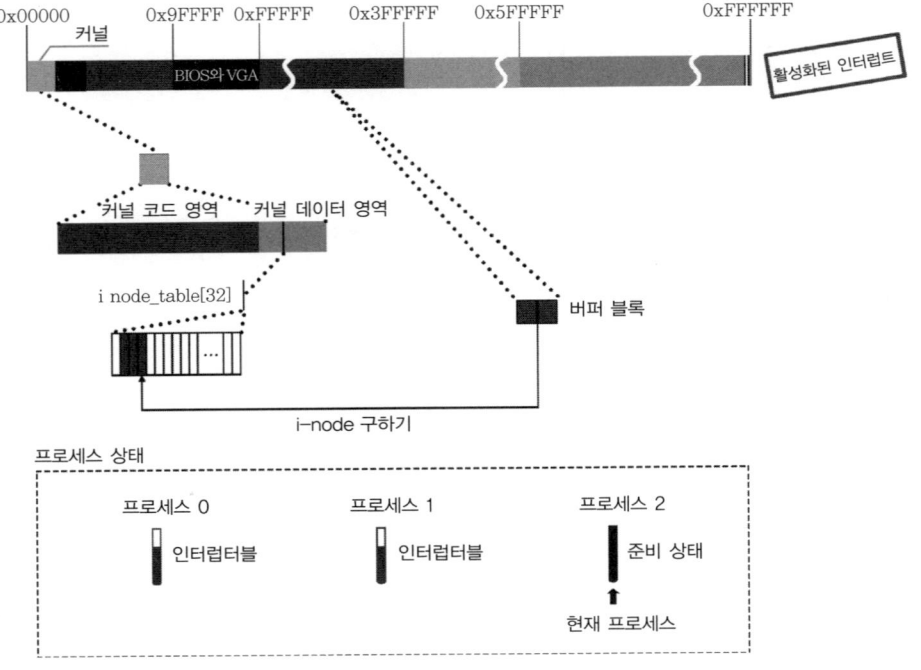

그림 4.20 쉘 프로그램의 i-node를 구한다.

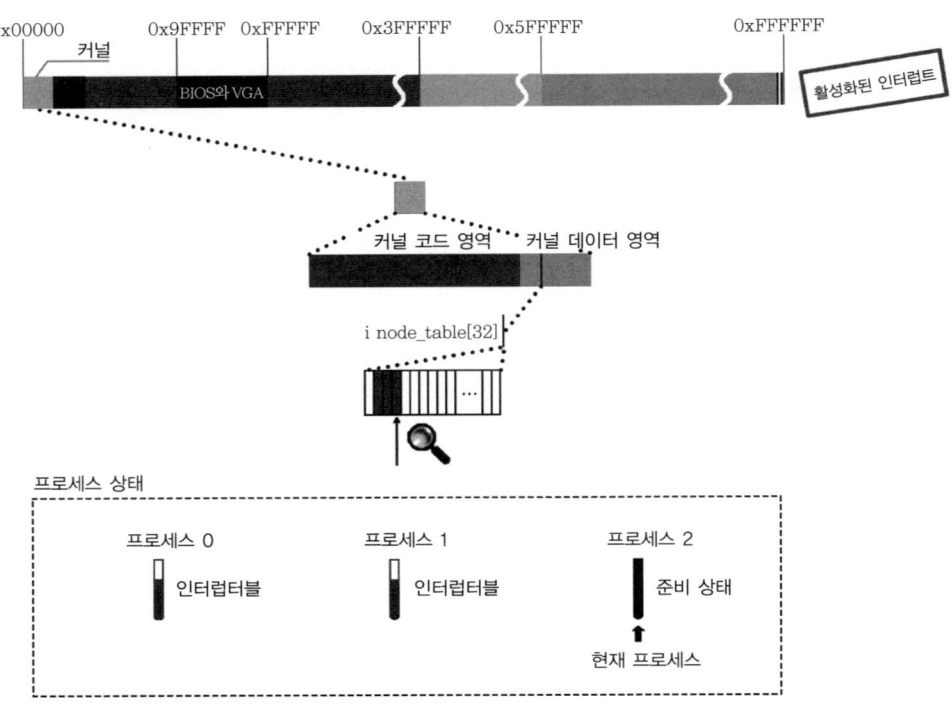

그림 4.21 쉘의 i-node 정보를 확인한다.

i-node 정보 중 디바이스 ID와 블록 ID를 통해서 시스템은 파일 헤더를 버퍼로 불러들여서 정보를 얻는다. 관련 코드는 다음과 같다.

```
//코드 경로:fs/exec.c:
int do_execve(unsigned long * eip,long tmp,char * filename,
        char ** argv, char ** envp)
{
        ......
        if (!(i & 1) &&  // 쉘 프로그램을 실행할 권한이 없으면 로딩 작업은 여기서
                         // 종료한다.
        !((inode->i_mode & 0111) && suser())) {
        retval = -ENOEXEC;
        goto exec_error2;
    }
    if (!(bh = bread(inode->i_dev,inode->i_zone[0]))) {
        // i-node의 디바이스 ID와 블록 ID를 이용해서 쉘 파일의 파일 헤더를 얻는다.
        retval = -EACCES;
            goto exec_error2;
        }
        ex = *((struct exec *) bh->b_data); // 버퍼 블록에서 파일 헤더를 얻는다.
        if ((bh->b_data[0] == '#') && (bh->b_data[1] == '!') && (!sh_bang)){
        ......
        }
        brelse(bh);
        if (N_MAGIC(ex) != ZMAGIC || ex.a_trsize || ex.a_drsize ||
            ex.a_text+ex.a_data+ex.a_bss>0x3000000 ||
            inode->i_size < ex.a_text+ex.a_data+ex.a_syms+N_TXTOFF(ex)) {
            retval = -ENOEXEC;
            goto exec_error2;
        }
        if (N_TXTOFF(ex) != BLOCK_SIZE) {
            printk("%s: N_TXTOFF != BLOCK_SIZE. See a.out.h.", filename);
            retval = -ENOEXEC;
            goto exec_error2;
        }
        if (!sh_bang) {
            p = copy_strings(envc,envp,page,p,0);
            p = copy_strings(argc,argv,page,p,0);
            if (!p) {
                retval = -ENOMEM;
                goto exec_error2;
            }
        }
    }
        ......
```

파일 헤더를 가져오는 과정은 그림 4.22와 4.23에서 보여 주고 있다.

시스템은 쉘 파일의 내용을 확인하고 로딩 규칙이 맞는지 확인하기 위해 파일 헤더 정보를 확인한다. 코드는 다음과 같다.

```
//코드 경로:fs/exec.c:
int do_execve(unsigned long * eip,long tmp,char * filename,
        char ** argv, char ** envp)
{
        ......
        if (!(i & 1) &&    // 쉘 프로그램을 실행할 권한이 없으면 로딩 작업은 여기서 종료한다.
        !((inode->i_mode & 0111) && suser())) {
            retval = -ENOEXEC;
            goto exec_error2;
        }
    if (!(bh = bread(inode->i_dev,inode->i_zone[0]))) {
            // i-node의 디바이스 ID와 블록 ID를 이용해서 쉘 파일의 파일 헤더를 얻는다.
            retval = -EACCES;
            goto exec_error2;
    }
    ex = *((struct exec *) bh->b_data); // 버퍼 블록에서 파일 헤더를 얻는다.
    if ((bh->b_data[0] == '#') && (bh->b_data[1] == '!') && (!sh_bang)){
            // 파일이 쉘 스크립트 파일이 아니면 실행하지 않는다.
......
    brelse(bh);
    if (N_MAGIC(ex) != ZMAGIC || ex.a_trsize || ex.a_drsize ||
        ex.a_text+ex.a_data+ex.a_bss>0x3000000 ||
        inode->i_size < ex.a_text+ex.a_data+ex.a_syms+N_TXTOFF(ex)) {
    // 파일 헤더의 정보를 확인해서 쉘이 로딩 룰에 맞는지 확인한다.
            retval = -ENOEXEC;
            goto exec_error2;
    }
    if (N_TXTOFF(ex) != BLOCK_SIZE) {
    // 파일 헤더 사이즈가 1024가 아니면 아니면 실행하지 않는다.
            printk("%s: N_TXTOFF != BLOCK_SIZE. See a.out.h.", filename);
            retval = -ENOEXEC;
            goto exec_error2;
    }
}
if (!sh_bang) {
        p = copy_strings(envc,envp,page,p,0);
        p = copy_strings(argc,argv,page,p,0);
        if (!p) {
                retval = -ENOMEM;
                goto exec_error2;
        }
    }
}
    ......
```

그림 4.23은 파일 헤더를 확인하는 과정을 보여 준다.

쉘 파일의 헤더 속성들을 체크하고 나면 프로그램을 실행할 준비가 완료된다.

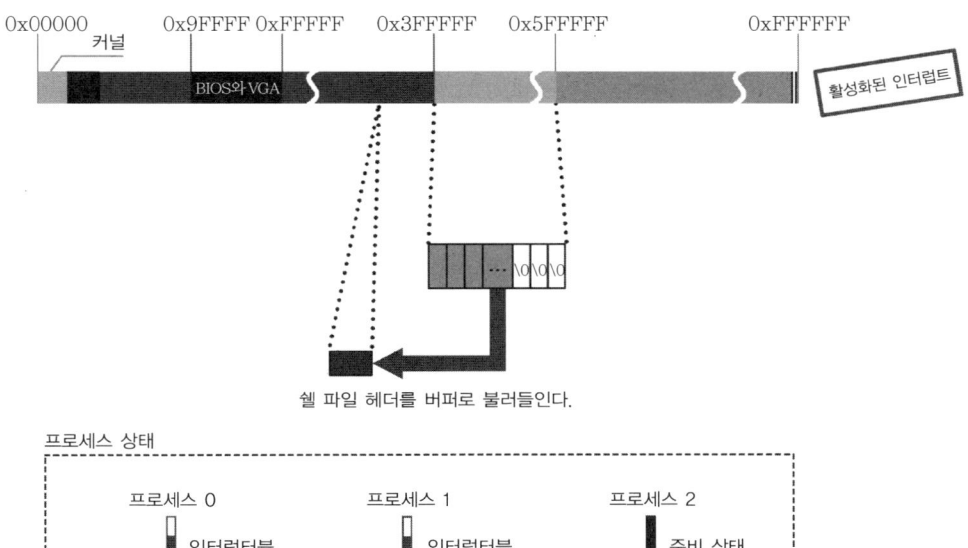

쉘 파일 헤더를 버퍼로 불러들인다.

그림 4.22 파일 헤더를 버퍼로 읽어 들이기

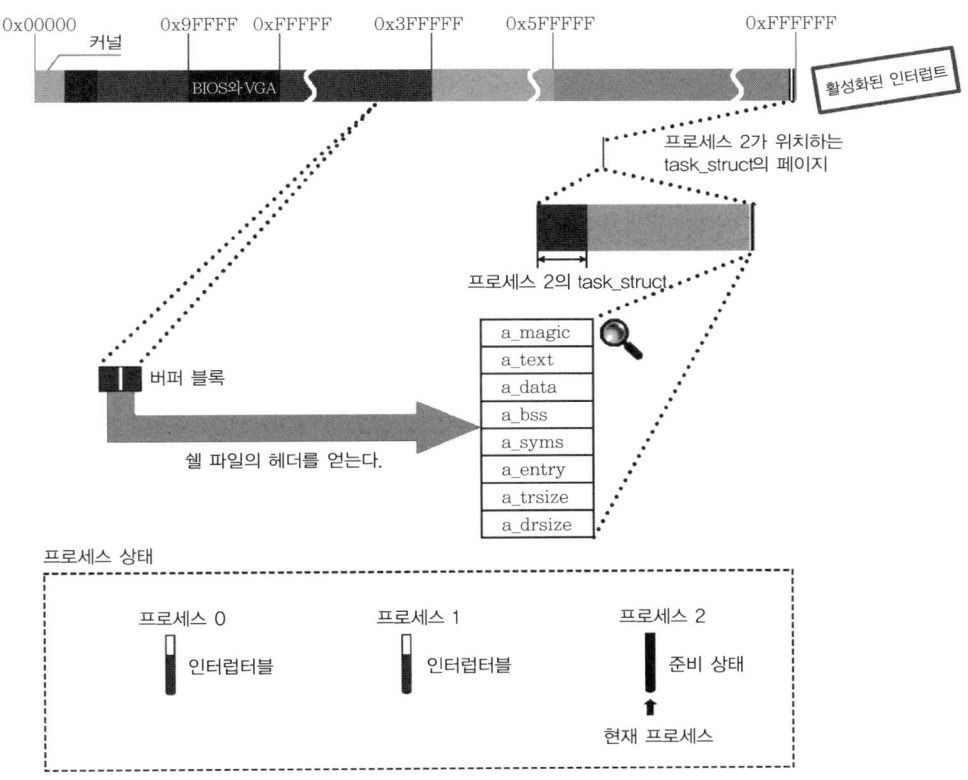

그림 4.23 파일 헤더를 분석해서 스크립트 파일인지 확인한다.

4.3.3 쉘 프로그램 실행 준비하기

4.3.3.1 파라미터와 환경 변수 로드하기

시스템은 파라미터와 환경 변수들의 관리 포인트 테이블 페이지, 파라미터와 환경 변수의 개수를 설정한다. 그리고 이런 정보들을 프로세스 2의 스택에 복사하고 맵핑시킨다.

코드는 다음과 같다.

```c
//코드 경로:fs/exec.c:
int do_execve(unsigned long * eip,long tmp,char * filename,
    char ** argv, char ** envp)
{
        struct m_inode * inode;
        struct buffer_head * bh;
        struct exec ex;
        unsigned long page[MAX_ARG_PAGES];
        int i,argc,envc;
        int e_uid, e_gid;
        int retval;
        int sh_bang = 0;
        unsigned long p=PAGE_SIZE*MAX_ARG_PAGES-4;   // 파라미터터와 환경 변수를
                                                     // 초기화 과정에서 설정한다.

        ......
        for (i=0 ; i<MAX_ARG_PAGES ; i++) /* 페이지 테이블을 초기화한다. */
                page[i]=0;   // 파라미터와 환경 변수 저장에 사용되는 페이지 초기화
        ......
        argc = count(argv); // 파라미터 개수 계산
        envc = count(envp); // 환경 변수 개수 계산

        if (!sh_bang) {
                p = copy_strings(envc,envp,page,p,0);   // 환경 변수를 프로세스
                                                        // 공간으로 복사
                p = copy_strings(argc,argv,page,p,0);   // 파라미터 변수를 프로세스
                                                        // 공간으로 복사

                if (!p) {
                        retval = -ENOMEM;
                        goto exec_error2;
                }
        }
        ......
        p = (unsigned long) create_tables((char *)p,argc,envc);
        // 파라미터와 환경 변수의 관리 포인터 테이블을 프로세스 스택 공간에 만든다.
        ......
}
```

그림 4.25에서 그림 4.28까지 파라미터와 환경들을 로딩하는 예제를 그림으로 보여 주고 있다.

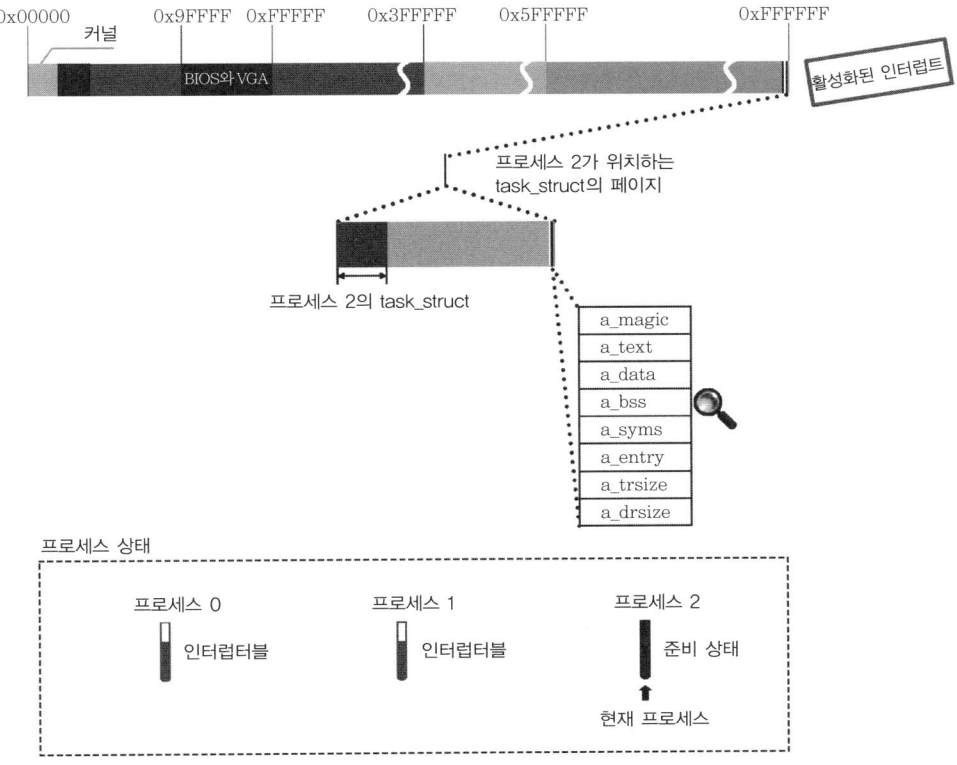

그림 4.24 파일 헤더 분석

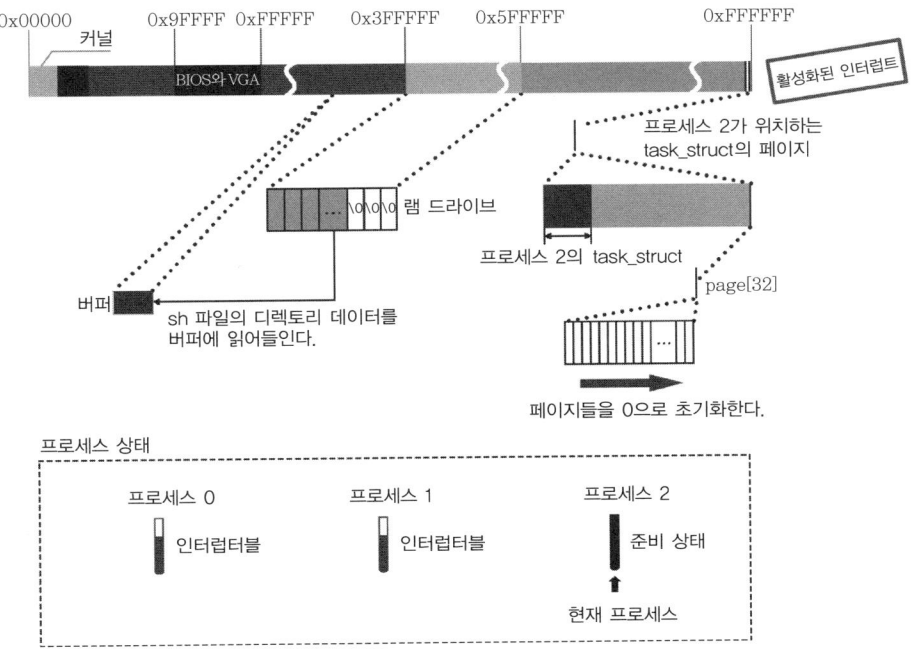

그림 4.25 파라미터, 환경 변수에 사용될 페이지를 0으로 초기화한다.

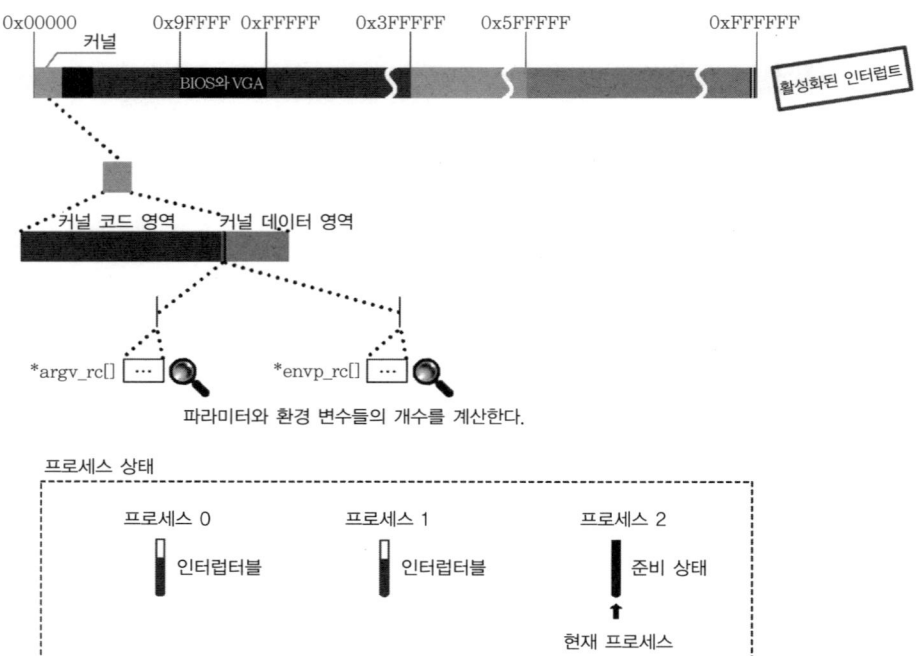

그림 4.26 파라미터와 환경 변수 개수를 계산한다

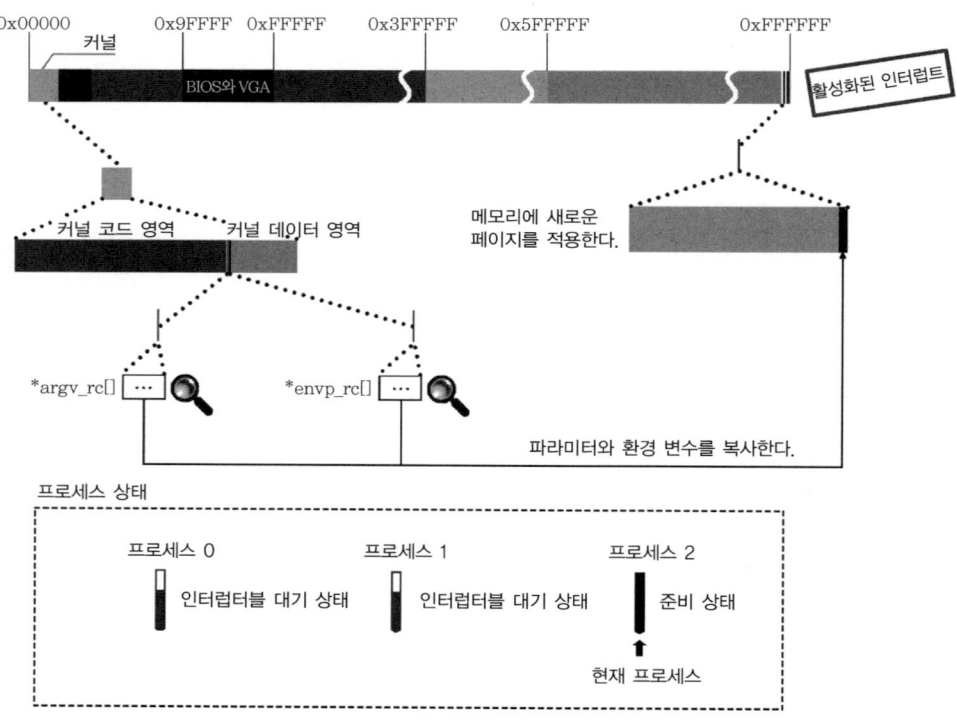

그림 4.27 파라미터와 환경 변수를 복사한다.

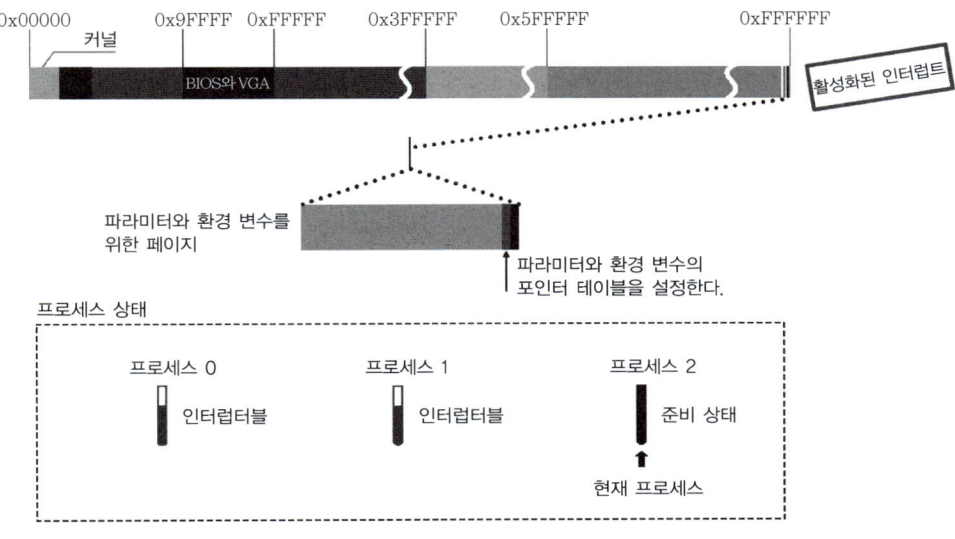

그림 4.28 세그먼트 정보를 설정한다.

4.3.3.2 프로세스 2의 관리 구조체 수정하기

프로세스 2는 쉘 프로그램과 연동된다. 이 때문에 task_struct의 정보를 수정해야 한다. 예를 들어 부모 프로세스와 공유 파일, 메모리 페이지 정보를 제거한다. 또 LDT를 확인하고 코드 세그먼트, 데이터 세그먼트 그리고 스택 세그먼트를 쉘 프로그램에 맞도록 조정한다.

코드는 다음과 같다.

```
//코드 경로:fs/execve.c:
int do_execve(unsigned long * eip,long tmp,char * filename,
        char ** argv, char ** envp)
{
......
    ...if (!sh_bang) {
        p = copy_strings(envc,envp,page,p,0);
        p = copy_strings(argc,argv,page,p,0);
        if (!p) {
            retval = -ENOMEM;
            goto exec_error2;
        }
    }
/* OK, 여기서부터 에러를 리턴하지 않는다. */
    if (current->executable) // 기존에 실행 가능한 프로그램이 있는지 확인한다.
    iput(current->executable);
    current->executable = inode; // 쉘 프로그램 파일의 i-node를 설정한다.
    for (i=0 ; i<32 ; i++)
        current->sigaction[i].sa_handler = NULL; // 프로세스2의 시그널
                                                 // 관리 구조 초기화
    for (i=0 ; i<NR_OPEN ; i++)
```

```
            if ((current->close_on_exec>>i)&1)
                sys_close(i);   // close_on_exec로 설정된 파일을 모두 닫는다.
        current->close_on_exec = 0;
        free_page_tables(get_base(current->ldt[1]),get_limit(0x0f));
        free_page_tables(get_base(current->ldt[2]),get_limit(0x17));
                // 프로세스 1과 프로세스 2와의 관계를 끊는다.
        if (last_task_used_math == current)
            last_task_used_math = NULL;
        current->used_math = 0;
        p += change_ldt(ex.a_text,page)-MAX_ARG_PAGES*PAGE_SIZE;
                // 프로세스 LDT를 변경한다.
        p = (unsigned long) create_tables((char *)p,argc,envc);
        current->brk = ex.a_bss +
            (current->end_data = ex.a_data +
            (current->end_code = ex.a_text));
        current->start_stack = p & 0xfffff000;
        current->euid = e_uid;
        current->egid = e_gid;
        i = ex.a_text+ex.a_data;
        while (i&0xfff)
            put_fs_byte(0,(char *) (i++));
    // end_code, end_data, brk, start_stack, ID euid 그리고 ID egid를 설정한다.
    // 메인 메모리의 BSS 세그먼트의 페이지 데이터를 0으로 초기화한다.
        eip[0] = ex.a_entry;        /* eip, 마법이 시작되는 지점 */
        eip[3] = p;                 /* 스택 포인터 */
        return 0;
    ......
    }
```

프로세스 2의 task_struct 정보를 조정하는 과정을 그림 4.29에서 그림 4.33까지 보여 주고 있다.

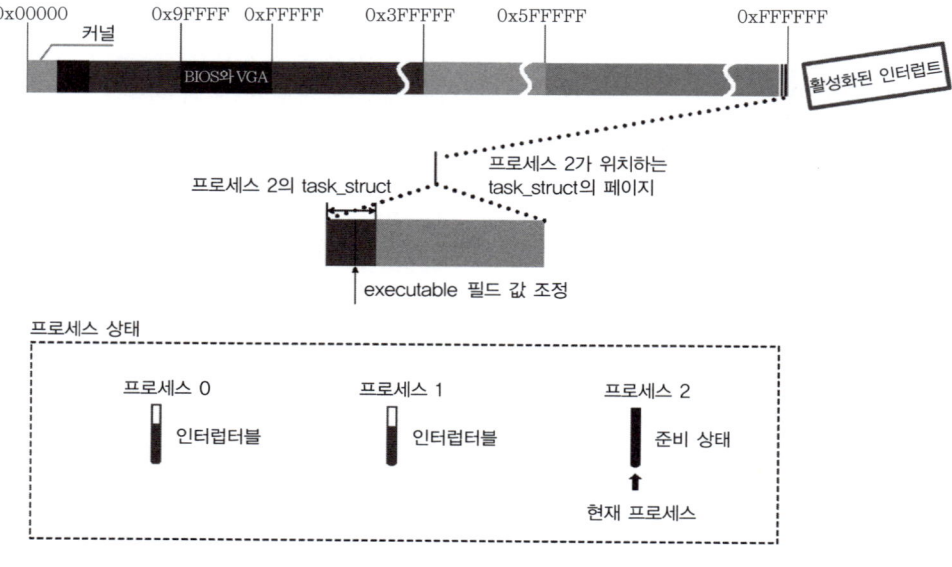

그림 4.29 프로세스 2의 task_struct 구조체를 수정한다.

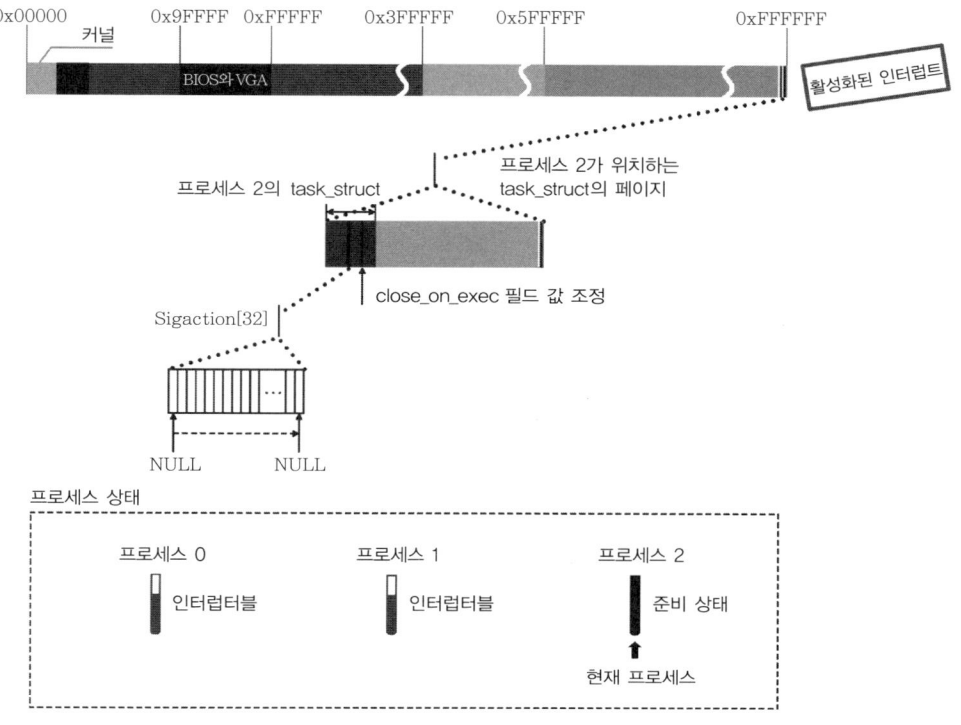

그림 4.30 close_on_exec에 따라서 sigaction[32]와 filp를 초기화하기

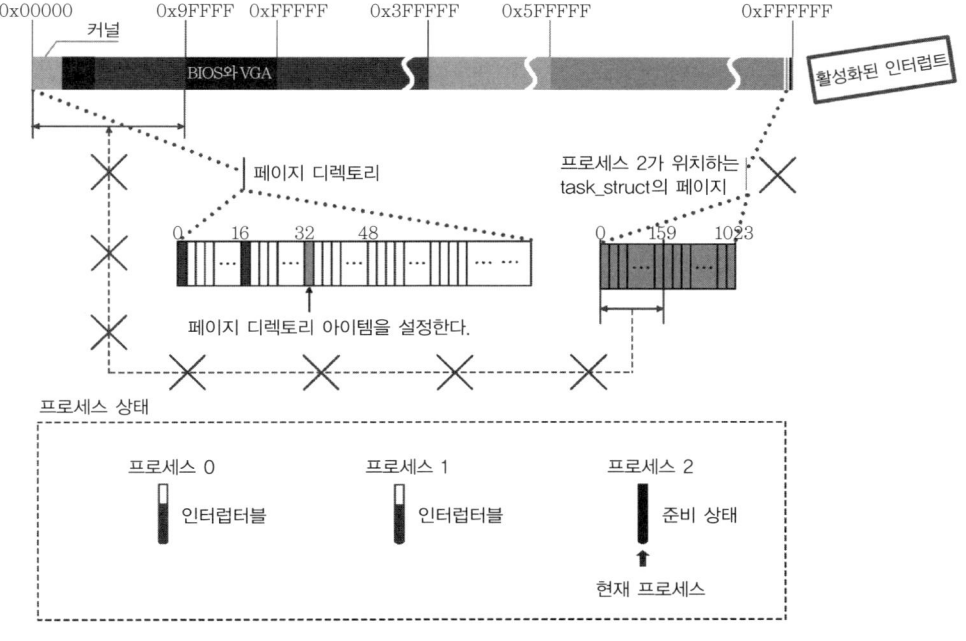

그림 4.31 코드 세그먼트와 데이터 세그먼트를 해제한다.

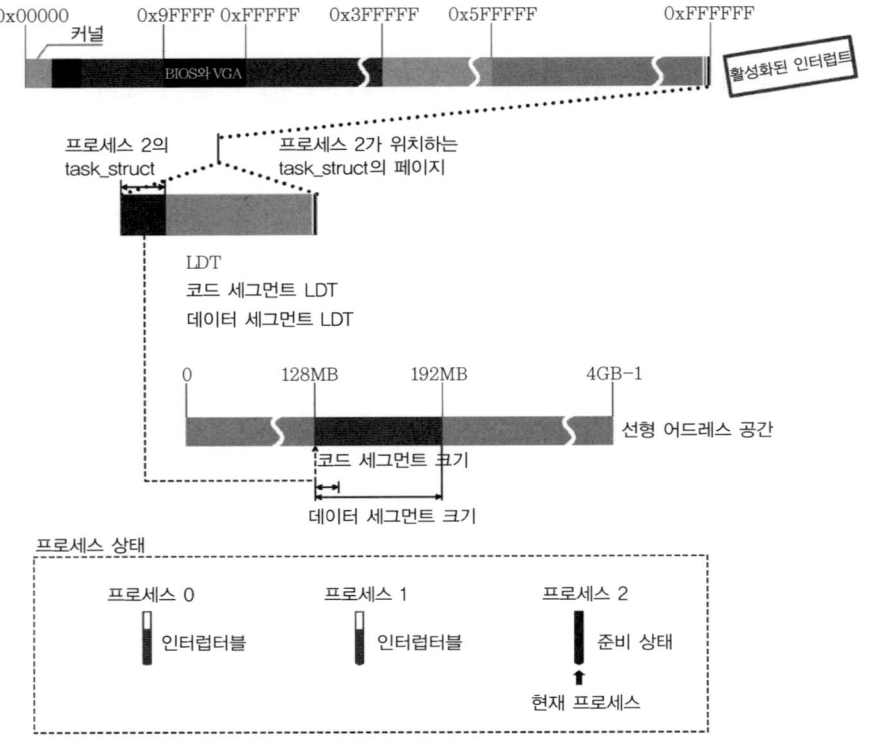

그림 4.32 CS와 DS 값을 조정한다.

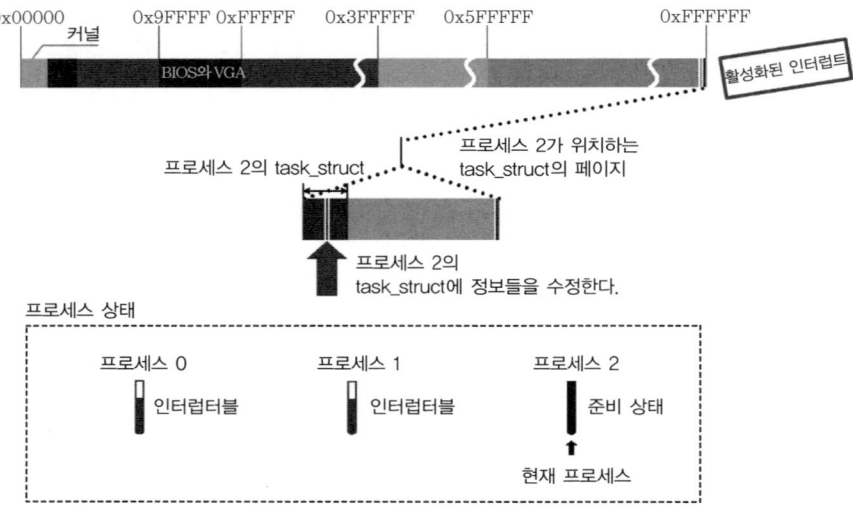

그림 4.33 파라미터와 환경 변수들에 따라 프로세스 2의 task_struct를 조정한다.

4.3.3.3 쉘을 실행할 수 있도록 EIP와 ESP 조정

시스템은 sys_execve 소프트 인터럽트가 발생하면서 레지스터들이 스택에 저장된다. 스택에 있는 값을 쉘 프로그램의 시작 어드레스로 설정하고 프로세스 2의 스택 어드레스를 ESP로 설정한다. 이것과 관련된 코드는 다음과 같다.

```
//코드 경로:fs/exec.c:

int do_execve(unsigned long * eip,long tmp,char * filename,
    char ** argv, char ** envp)
{
    ......
eip[0] = ex.a_entry; // 프로세스 2의 EIP를 설정한다.
eip[3] = p;          // 프로세스 2의 스택 포인터를 설정한다.
return 0;
......
}
```

do_execve() 함수가 실행된 후 sys_execve() 함수가 리턴된다. 이때 EIP와 ESP 값을 변경했기 때문에 쉘 프로그램으로 실행이 이어진다. 그림 4.34는 EIP와 ESP 값이 조정된 상태를 보여 준다.

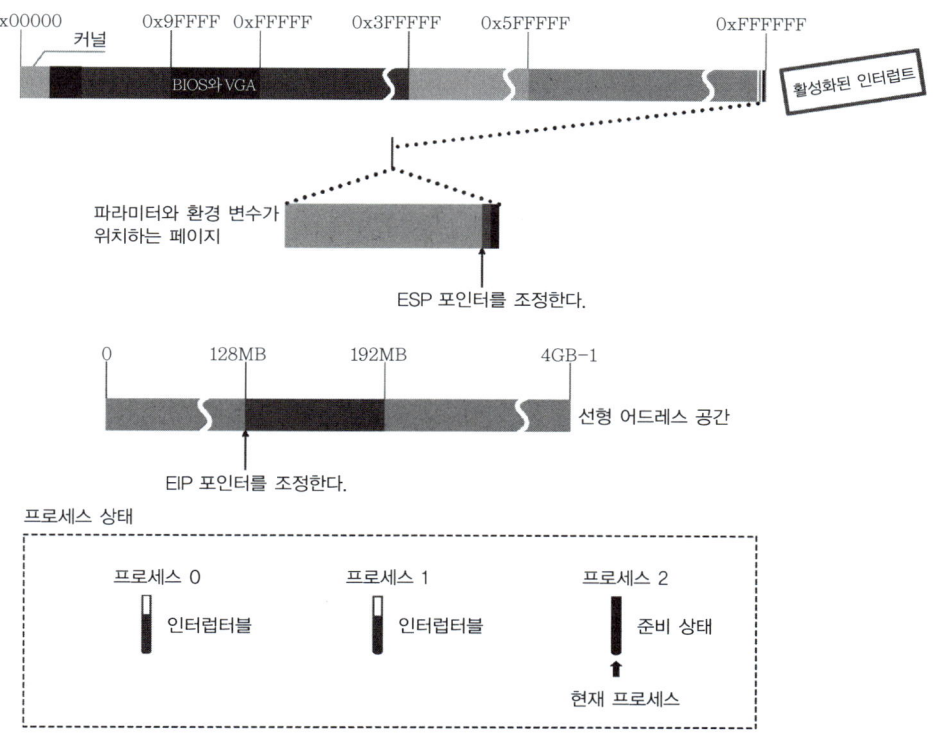

그림 4.34 EIP와 ESP값을 조정한다

4.3.4 쉘 프로그램 실행하기

4.3.4.1 쉘이 로드한 프로그램 첫 페이지 실행하기

쉘 프로그램이 실행되었다. 하지만 선형 어드레스 공간 상에서는 프로그램이 로딩되지 않은 상태다. 따라서 메모리에 페이지가 존재하지 않는다. 이 때문에 페이지 폴트 인터럽트가 발생한다. 인터럽트는 페이지 폴트 핸들러를 호출해서 쉘 프로그램의 페이지를 로딩할 수 있도록 한다.

코드는 다음과 같다.

```
//코드 경로:mm/page.s:
_page_fault: // 페이지 폴트 핸들러 프로그램 진입점
        xchgl %eax,(%esp)
        pushl %ecx
        pushl %edx
        push %ds
        push %es
        push %fs
        movl $0x10,%edx
        mov %dx,%ds
        mov %dx,%es
        mov %dx,%fs
        movl %cr2,%edx
        pushl %edx
        pushl %eax
        testl $1,%eax
        jne 1f
        call _do_no_page... // do_no_page 핸들러 프로그램 호출
```

그림 4.35는 어떻게 페이지 폴트를 처리하는지 보여 준다.

do_no_page() 함수가 실행되면 어떤 이유로 메모리 페이지가 없는지 확인한다. 프로그램을 로드해야 하면 다른 프로세스가 가지고 있는 데이터를 공유받으려고 시도한다(사실 현시점에서 쉘을 로드한 프로세스가 없기 때문에 다른 프로세스의 것을 공유해서 사용할 수는 없다). 그게 안되면 새로운 페이지를 할당받아서 쉘 프로그램의 4KB 용량 만큼의 내용을 램디스크에서 읽어 들인다. 파일을 로드하는 작업은 bread_page() 함수를 호출해서 메모리 페이지로 파일을 로드하는 것이다. 관련 코드는 다음과 같다.

```
//코드 경로:mm/memory.c:
void do_no_page(unsigned long error_code,unsigned long address)
{
        ...int nr[4];
        unsigned long tmp;
        unsigned long page;
        int block,i;
        address &= 0xfffff000;
```

```
            tmp = address - current->start_code;
            if (!current->executable || tmp >= current->end_data) {
// 로딩이 필요한 것이 아니다. 다른 이유로 페이지 폴트가 발생했다.
get_empty_page(address);
// 스택이 부족한 경우라면 페이지를 새로 할당하고 리턴한다.
                return;
            } // 지금 시점에는 로딩 때문에 폴트가 발생한 것이다.
            if (share_page(tmp)) // 다른 프로세스의 내용을 공유 받으려 한다.
                return;          // 하지만 이 시점에서 불가능하다.
            if (!(page = get_free_page())) // 쉘을 위해서 새로운 페이지를 할당한다.
                oom();
/* 한 블럭은 헤더를 위해서 사용된다는 사실을 기억할 것 */
            block = 1 + tmp/BLOCK_SIZE;
            for (i=0 ; i<4 ; block++,i++)
                nr[i] = bmap(current->executable,block);
            bread_page(page,current->executable->i_dev,nr); // 쉘 프로그램을 메모리
                                                             // 페이지로 읽어들인다.
            // 페이지 메모리가 추가되고 나면 추가된 페이지는 프로세스의 end_data를
            // 넘어버리게 된다. 다음과 같은 처리를 통해서 이 문제를 해결한다.
            i = tmp + 4096 - current->end_data;
            tmp = page + 4096;
            while (i-- > 0) {
                tmp--;
                *(char *)tmp = 0;
            }
            if (put_page(page,address))
                return;
            free_page(page);
            oom();
}
```

　그림 4.36은 새로운 페이지 할당받은 상태를 보여 준다. 그림 4.37는 쉘 프로그램을 로딩하는 순간을 보여
주고, 그림 4.38는 로딩된 내용을 테스트하는 방법을 보여 주고 있다.

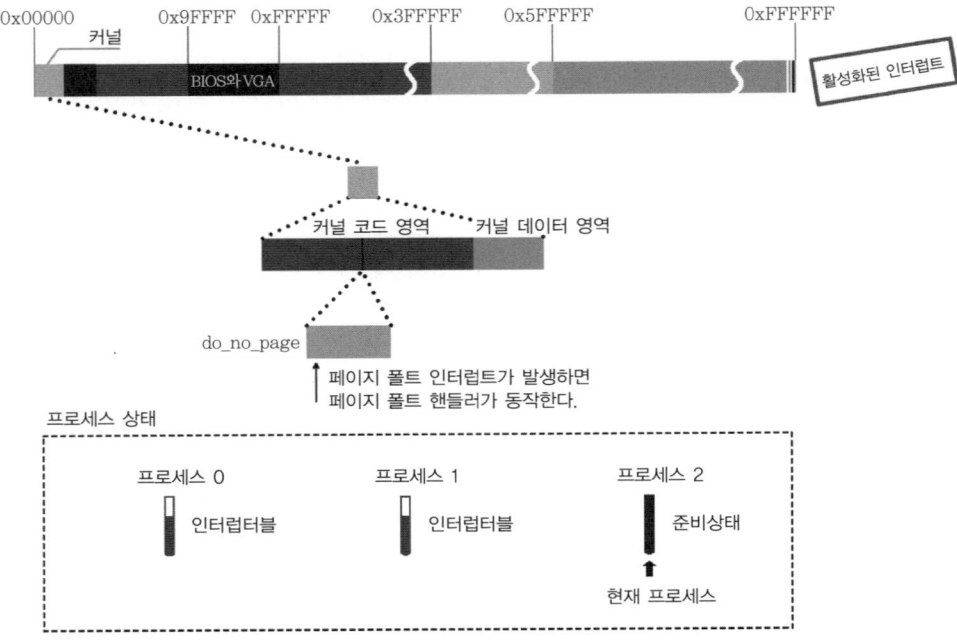

그림 4.35 페이지 폴트 인터럽트 발생

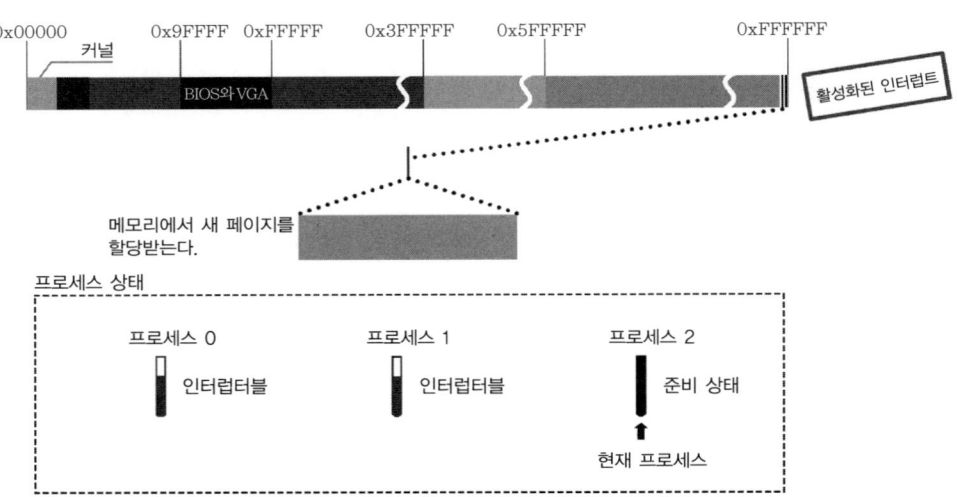

그림 4.36 새로운 빈 페이지를 할당받는다.

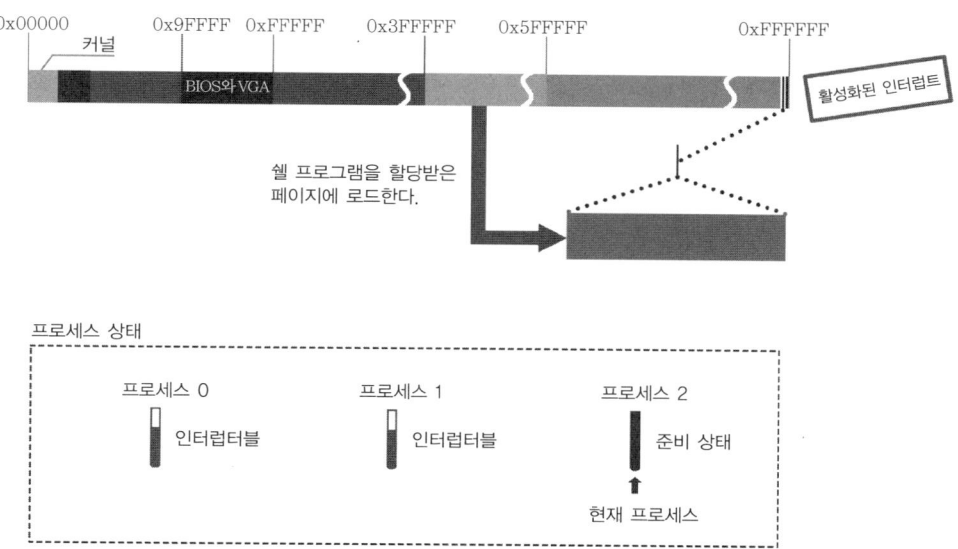

그림 4.37 쉘 프로그램을 로드한다.

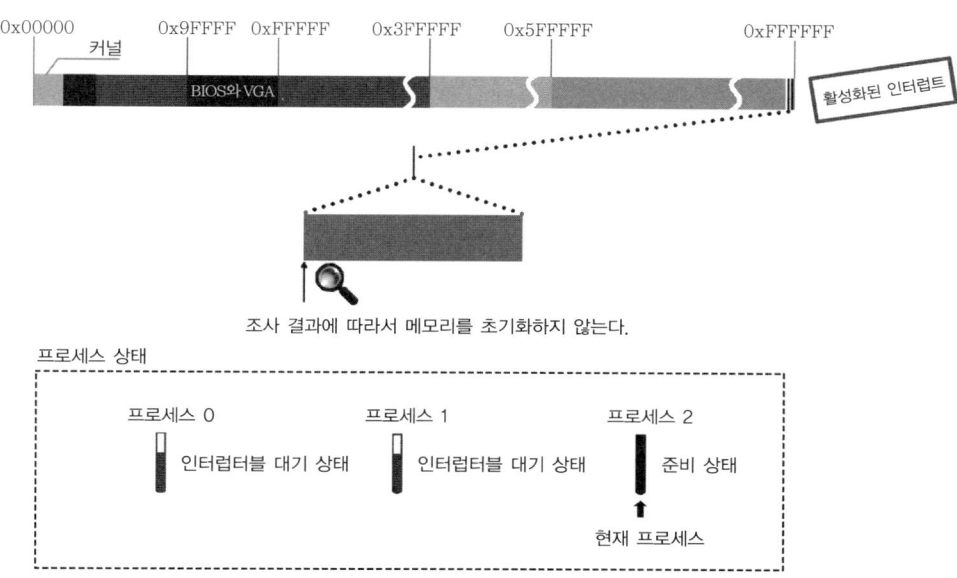

그림 4.38 프로세스 2의 task_struct에 따라서 메모리를 조정한다.

4.3.4.2 로딩한 페이지의 물리 어드레스와 선형 어드레스 맵핑시키기

쉘 프로그램 페이지를 로딩하고 나서 커널은 이 페이지의 내용을 쉘 프로세스의 선형 어드레스 공간에 맵핑하고 페이지 디렉토리 테이블, 페이지 테이블 그리고 페이지의 맵핑 관리 관계를 만든다. 코드는 다음과 같다.

```
//코드 경로:mm/memory.c:
void do_no_page(unsigned long error_code,unsigned long address)
{
    ……
    if (put_page(page,address)) // 물리 어드레스를 선형 어드레스에 맵핑한다.
    ……
}
```

이 어드레스 맵핑 과정은 그림 4.39에서 보여 준다.

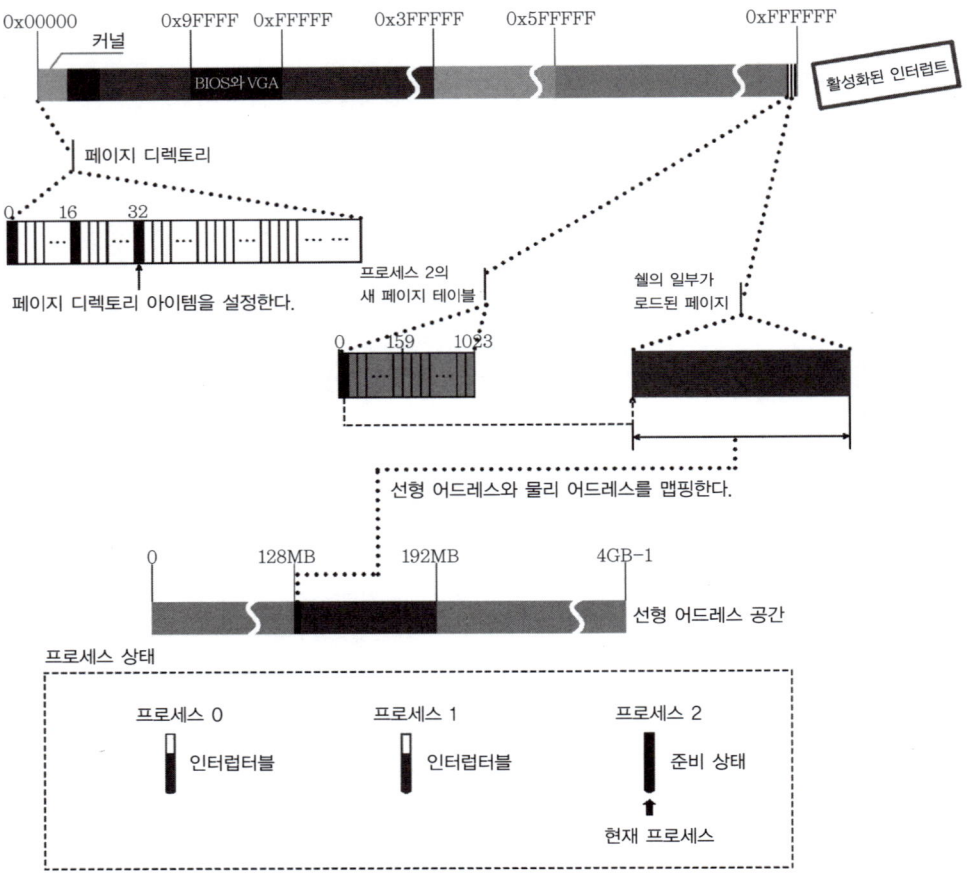

그림 4.39 선형 어드레스와 물리 어드레스 맵핑

```
//코드 경로:mm/memory.c:
unsigned long put_page(unsigned long page,unsigned long address)
{
        unsigned long tmp, *page_table;

/* NOTE! 여기서 실제로 사용되는 것은 _pg_dir=0이다. */

        if (page < LOW_MEM || page >= HIGH_MEMORY)
            printk("Trying to put page %p at %p\n",page,address);
        if (mem_map[(page-LOW_MEM)>>12] != 1)
            printk("mem_map disagrees with %p at %p\n",page,address);
        page_table = (unsigned long *) ((address>>20) & 0xffc);
// 어드레스에서 페이지 디렉토리 테이블 엔트리를 계산한다.
        if ((*page_table)&1) // 페이지 디렉토리 엔트리가 페이지 테이블을 가지고 있으면
                            // 페이지 테이블 어드레스를 구한다.
            page_table = (unsigned long *) (0xfffff000 & *page_table);
        else {
        if (!(tmp=get_free_page())) // 새 페이지를 페이지 테이블로 사용
                return 0;
            *page_table = tmp|7;
            page_table = (unsigned long *) tmp;
        }
        page_table[(address>>12) & 0x3ff] = page | 7;
                        // 페이지와 페이지 테이블 관계를 만들고 맵핑한다.
/* page의 내용을 무효화할 필요는 없다. */
        return page;
}
```

4.4 시스템이 대기 상태(idle)에 빠진다.

4.4.1 업데이트 프로세스 생성하기

쉘이 실행되는 동안 쉘은 표준 입력에서 정보를 읽는다. 즉, task_struct의 filp[20]의 첫 번째 아이템이다. 섹션 4.3.1에서 이미 소개했던 것처럼 쉘 프로세스가 시작할 때 rc 파일로 표준 디바이스 파일인 tty0을 교체했다. 쉘 프로그램은 rc 파일에서 데이터를 읽는다.

구체적인 읽기 과정은 그림 4.40에서 보여 주고 있는 것과 같다.

쉘은 "/etc/rc" 스크립트 파일에서 명령을 읽어 들인다. 스크립트의 주요 내용은 다음 두 줄의 명령이다.

```
    ......
/etc/update & // 새로운 프로세스를 만들고 update 프로그램을 로드한다.
    ......
echo "/dev/hd1/" >/etc/mtab // /etc/mtab에 "/dev/hd1" 문자열을 추가한다.
    ......
```

/etc/update 명령에 따라서 쉘은 새로운 프로세스를 만든다. 새로운 프로세스의 PID는 3이 된다(쉘 프로세스 PID는 2였고 새로운 프로세스는 3이다). task[64]에서의 인덱스도 3이다. 이 프로세스를 업데이트 프로세스라고 한다. 쉘 프로세스는 업데이트 프로그램을 로드하고 업데이트 프로세스가 동작할 수 있도록 쉘 자신을 서스펜드시킨다. 프로세스를 생성하고 프로그램을 로딩한 후 프로세스를 전환하는 절차들은 섹션 4.2에서 소개했던 프로세스 1이 프로세스 2를 만들고 프로세스 2로 스위칭할 때와 동일하다.

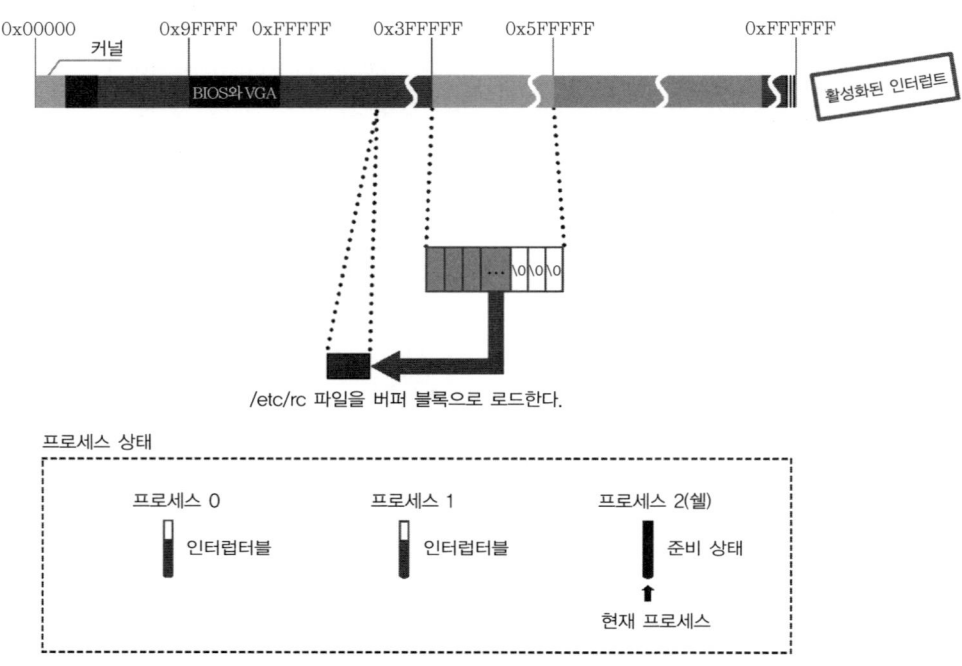

그림 4.40 /etc/rc 파일을 로드해서 버퍼에 저장한다.

이 과정은 그림 4.41에서 보여 주고 있다.

업데이트 프로세스는 매우 중요한 임무를 수행한다. 바로 버퍼에 있는 데이터를 주변 장치들(플로피 디스크, 하드디스크와 같은)과 동기화시키는 일을 한다. 호스트와 주변 장치 간의 데이터 교환 속도는 호스트 내부에서의 데이터 교환 속도에 비해서 상당히 느리기 때문에, 커널은 성능을 높이기 위해서 버퍼에 먼저 데이터를 쓰고 버퍼의 데이터를 주변 기기에 동기화한다.

업데이트 프로세스는 간혹 깨어나서 데이터를 주변 기기와 동기화시킨다. 동기화를 마치고 나면 다시 휴면 상태, 즉 서스펜드된다. 그리고 다음 동기화를 수행할 때까지 대기한다. 이런 과정을 계속 반복한다.

업데이트 프로세스가 다시 활성화되었을 때 동기화할 데이터가 없는 경우가 있다. 이때 프로세스는 서스펜드 되고 쉘 프로세스로 전환된다.

그림 4.42에서 이런 과정을 잘 보여 주고 있다.

4.4.2 쉘 프로세스로 전환

섹션 4.4.1에서 소개했던 것처럼 쉘 프로세스는 rc 파일의 첫 번째 명령을 수행해서 업데이트 프로세스를
생성한다. 이제 두 번째 명령인 echo "/dev/hd1/" 〉 /etc/mtab을 실행하게 된다. 이 명령은 문자열
"/dev/hd1/" 문자열을 램디스크의 "/etc/mtab" 파일에 쓴다. 그리고 나서 쉘 프로그램은 rc 파일을 계속 읽
는다. read() 함수는 시스템 콜인 sys_read()로 이어진다. 다음 코드를 보자.

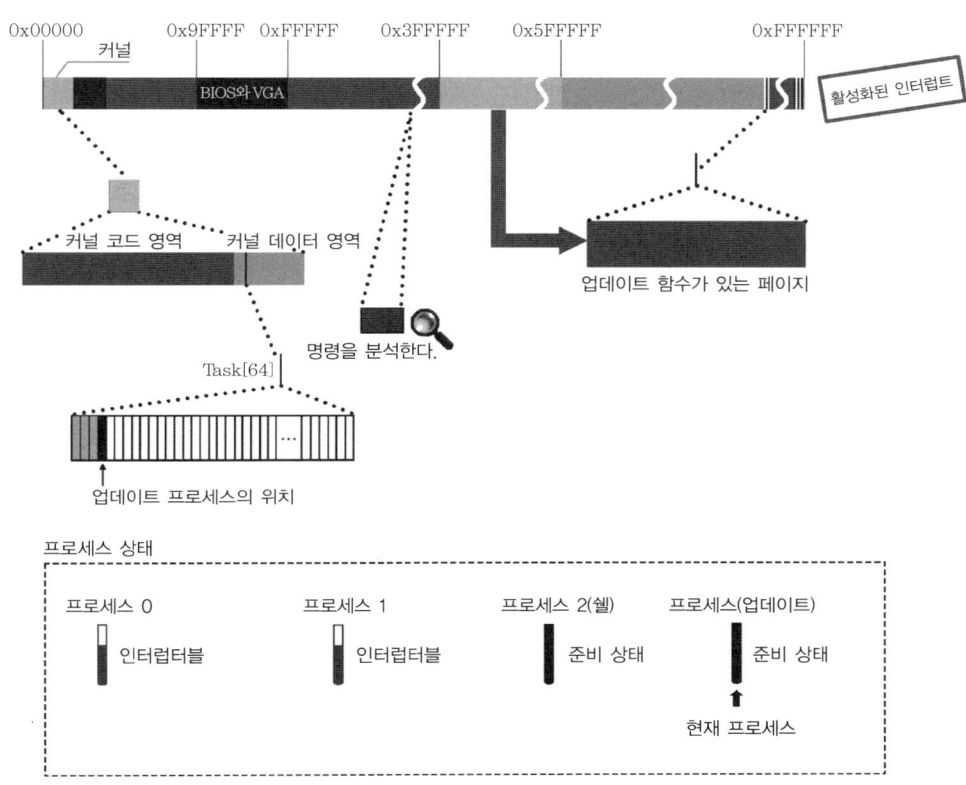

그림 4.41 업데이트 프로세스의 상태

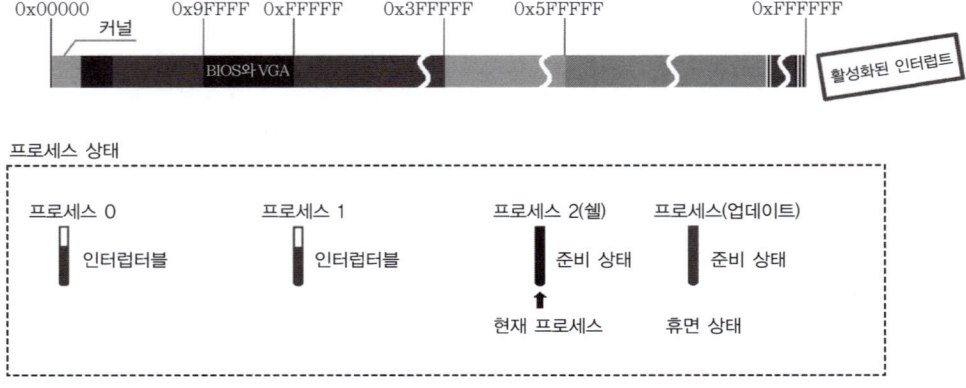

그림 4.42 프로세스 상태가 변경된다.

```
//코드 경로:fs/read_write.c:
int sys_read(unsigned int fd,char * buf,int count)
{
        ......
      if (inode->i_pipe) // 파이프 파일을 읽는다.
          return (file->f_mode&1)?read_pipe(inode,buf,count):-EIO;
      if (S_ISCHR(inode->i_mode)) // 문자 디바이스를 읽는다.
          return rw_char(READ,inode->i_zone[0],buf,count,&file->f_pos);
      if (S_ISBLK(inode->i_mode)) // 블록 디바이스를 읽는다.
          return block_read(inode->i_zone[0],&file->f_pos,buf,count);
      if (S_ISDIR(inode->i_mode) || S_ISREG(inode->i_mode)) { // 일반 파일을 읽는다.
      if (count+file->f_pos > inode->i_size)
          count = inode->i_size - file->f_pos;
      if (count<=0)
          return 0;
      return file_read(inode,file,buf,count);
      }
      printk("(Read)inode->i_mode=%06o\n\r",inode->i_mode);
      return -EINVAL;
}
```

 "/etc/rc" 파일은 일반 파일이기 때문에 이 함수의 반환값은 file_read()의 반환값이다. 여기서 반환값은 −ERROR 값이다(파일을 읽는 구체적인 과정은 챕터 5에서 다룰 예정이다). 이 반환값은 쉘 프로세스가 exit()를 호출해서 프로세스가 종료되도록 한다. 이 함수는 시스템 콜인 sys_exit()를 호출한다. 코드는 다음과 같다.

```
//코드 경로: kernel/exit.c
int sys_exit(int error_code)
{
    return do_exit((error_code&0xff)<<8);
}
```

do_exit() 함수에 들어가면 쉘 프로세스가 종료할 수 있도록 준비 작업을 한다. 코드는 다음과 같다.

```
//코드 경로: kernel/exit.c
int do_exit(long code)
{
    int i;

    free_page_tables(get_base(current->ldt[1]),get_limit(0x0f));
    free_page_tables(get_base(current->ldt[2]),get_limit(0x17));
                        // 쉘 프로세스의 코드와 데이터 세그먼트가 있던 페이지를 해제한다.
    for (i=0 ; i<NR_TASKS ; i++) // 쉘 프로세스에 자식 프로세스가 있는지 확인한다.
        if (task[i] && task[i]->father == current->pid) {
            task[i]->father = 1; // 쉘 프로세스 종료 전에 부모 프로세스를
                                 // 프로세스 1로 변경해 둔다.
            if (task[i]->state == TASK_ZOMBIE) // 자식 프로세스가 좀비
                                 // 상태라면 SIGCHLD를 보낸다.
                /* task[1]은 항상 init 프로세스라고 가정한다. */
                (void) send_sig(SIGCHLD, task[1], 1);
        }
    for (i=0 ; i<NR_OPEN ; i++) // 다음 코드는 다른 프로세스, 파일, 터미널 등과
                                 // 관계를 종료하는 작업을 한다.
        if (current->filp[i])
            sys_close(i);
    iput(current->pwd);
    current->pwd=NULL;
    iput(current->root);
    current->root=NULL;
    iput(current->executable);
    current->executable=NULL;
    if (current->leader && current->tty >= 0)
        tty_table[current->tty].pgrp = 0;
    if (last_task_used_math == current)
        last_task_used_math = NULL;
    if (current->leader)
        kill_session();
    current->state = TASK_ZOMBIE; // 현재 프로세스를 준비 상태로 변경한다.
    current->exit_code = code;
    tell_father(current->father); // 프로세스 1에게 시그널을 보내서
                                 // 쉘 프로세스가 종료할 것이라는 내용을 알린다.
    schedule();                  // 프로세스 전환이 일어난다.
    return (-1);     /* warnning 메시지를 없애기 위해서 추가한 코드 */
}
```

페이지를 해제하는 과정은 그림 4.43에서 보여 주고 있다.

그림 4.44에서 보여 주는 것처럼 쉘 프로세스와 관련된 다른 프로세스, 파일, 터미널 등과 관계를 제거하는 작업과 부모 프로세스에게 시그널을 보내는 일을 한다.

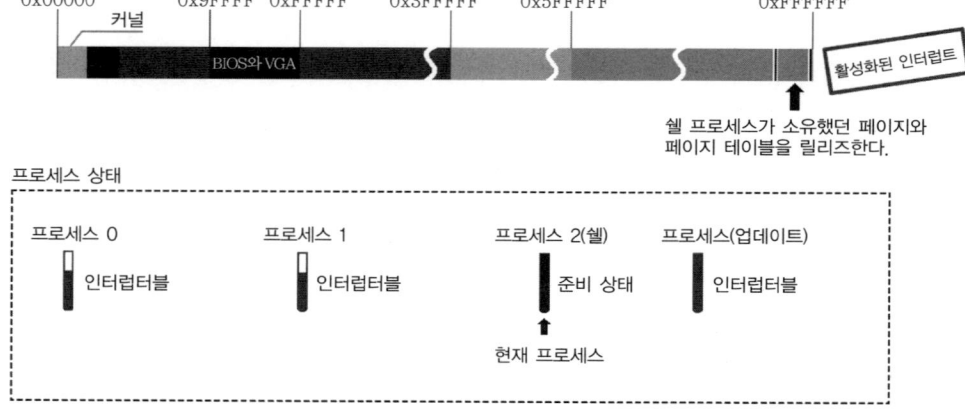

그림 4.43 쉘 프로세스가 소유했던 페이지와 페이지 테이블 정보를 릴리즈한다.

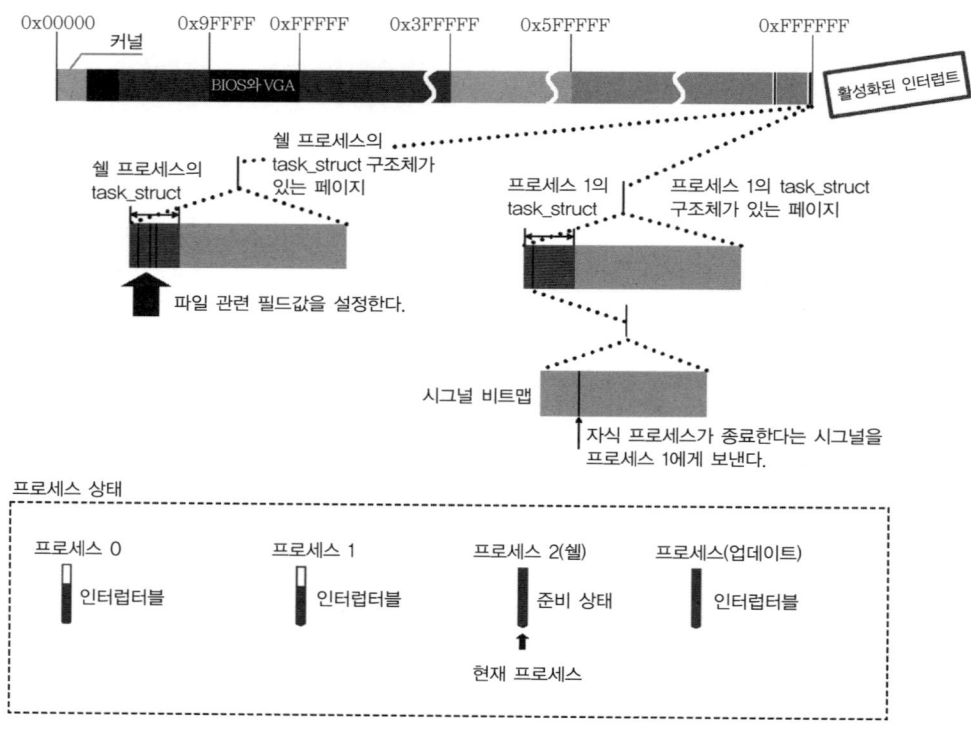

그림 4.44 쉘 프로세스 종료 후 처리 과정

tell_father() 함수와 schedule() 함수가 중요하다. tell_father() 함수에서는 SIGCHLD 시그널을 프로세스 1에 보내서 자식 프로세스가 종료한다는 사실을 알린다. 코드는 다음과 같다.

```
//코드 경로: kernel/exit.c
static void tell_father(int pid)
{
        int i;

        if (pid)
            for (i=0;i<NR_TASKS;i++) {
                if (!task[i])
                    continue;
                if (task[i]->pid != pid)
                    continue;
                task[i]->signal |= (1<<(SIGCHLD-1)); // SIGCHLD 시그널을
                                                     // 부모 프로세스에
                                                     // 보낸다.

                return;
            }
/* 부모 프로세스를 찾을 수가 없으면 스스로 릴리즈를 한다. */
/* 이런 경우는 절대로 정상적인 상태가 아니다. 이런 경우 반드시 부모 프로세스를 1로 변경해야 한다. */
        printk("BAD BAD - no father found\n\r");
        release(current);
}
```

tell_father() 함수가 실행되고 나면 시스템은 schedule() 함수를 실행시켜서 프로세스를 전환시킬 준비를
하게 한다. 시그널이 감지되면 프로세스가 스위칭된다. 코드는 다음과 같다.

```
//코드 경로: kernel/sched.c
void schedule(void)
{
        int i,next,c;
        struct task_struct ** p;

/* 프로세스의 알람을 체크한다. 그리고 시그널을 받은 인터럽터블 테스크(프로세스)를 깨운다. */

        for(p = &LAST_TASK ; p > &FIRST_TASK ; --p) // 모든 프로세스를 조사해서
            if (*p) {
                if ((*p)->alarm && (*p)->alarm < jiffies) {
                    (*p)->signal |= (1<<(SIGALRM-1));
                    (*p)->alarm = 0;
                }
                if (((*p)->signal & ~(_BLOCKABLE & (*p)->blocked)) &&
                (*p)->state==TASK_INTERRUPTIBLE) // 프로세스 1이 시그널을
                                                 // 받고 프로세스가
                                                 // 인터럽터블 상태이면
                    (*p)->state=TASK_RUNNING; // 프로세스 1을 준비 상태로 설정한다.

            }
```

```
/* 여기서 스케줄러가 동작한다. */

        while (1) {
            c = -1;
            next = 0;
            i = NR_TASKS;
            p = &task[NR_TASKS];
            while (--i) {
                if (!*--p)
                    continue;
                if ((*p)->state == TASK_RUNNING && (*p)->counter > c)
                    c = (*p)->counter, next = i; // 지금은 프로세스 1만
                                                 //   준비 상태다.
            }
            if (c) break;
            for(p = &LAST_TASK ; p > &FIRST_TASK ; --p)
                if (*p)
                    (*p)->counter = ((*p)->counter >> 1) +
                                        (*p)->priority;
        }
        switch_to(next); // 프로세스 1로 프로세스 전환이 일어난다.
}
```

　섹션 4.2에서 소개했던 것처럼 sys_waitpid() 함수를 실행하고 나서 프로세스 1이 schedule() 함수를 호출하고 프로세스 2로 스위칭되었다. 이제 다시 프로세스 1로 스위칭되고 나면 schedule() 함수 다음 줄부터 명령이 실행된다. 결과적으로 sys_waitpid() 함수로 반환된다(섹션 3.2에서 상세한 정보를 볼 수 있다). 코드는 다음과 같다.

```
//코드 경로: kernel/exit.c
int sys_waitpid(pid_t pid,unsigned long * stat_addr, int options)
// wait() 함수에 대응되는 시스템 콜
{
        int flag, code;
        struct task_struct ** p;

        verify_area(stat_addr,4);
repeat:
        flag=0;
        for(p = &LAST_TASK ; p > &FIRST_TASK ; --p) {
            if (!*p || *p == current)
                continue;
            if ((*p)->father != current->pid)
                continue;
            ......
        }
        if (flag) {
```

```
        if (options & WNOHANG)
             return 0;
        current->state=TASK_INTERRUPTIBLE;
    schedule(); // 프로세스 스위칭이 되어서 다시 sys_waitpid() 함수로 돌아온다.
    if (!(current->signal &= ~(1<<(SIGCHLD-1))))
                    // SIGCHLD 시그널을 받으면 자식 프로세스가 종료된다.
        goto repeat; // 받지 못하면 계속 반복
    else
        return -EINTR;
    }
    return -ECHILD;
}
```

프로세스 1이 받은 SIGCHLD 시그널은 tell_father() 함수가 보낸 것이다. sys_waitpid() 함수가 계속 실행된다. 현재 자식 프로세스가 종료되려 하고 프로세스는 이와 관련된 처리를 해주어야 한다. 코드는 다음과 같다.

```
//코드 경로:kernel/exit.c
int sys_waitpid(pid_t pid,unsigned long * stat_addr, int options)
{
    ......
    repeat:
    flag=0;
    for(p = &LAST_TASK ; p > &FIRST_TASK ; --p) {
        if (!*p || *p == current)
                continue;
        if ((*p)->father != current->pid)
                continue;
    ......

......
    switch ((*p)->state) { // 쉘 프로세스의 종료를 위한 준비를 계속한다.
        ......
        case TASK_ZOMBIE: // 쉘 프로세스가 좀비 상태다.
                current->cutime += (*p)->utime;
                current->cstime += (*p)->stime;
                flag = (*p)->pid; // 프로세스 2의 PID를 설정, 값은 2
                code = (*p)->exit_code;
                release(*p); // 프로세스 2의 task_struct가 차지하던
                             // 페이지를 해제한다.
                put_fs_long(code,stat_addr);
                return flag; // 쉘 프로세스 PID 반환, 값은 2
        ......
        }
    }
    ......
}
```

그림 4.45은 쉘 프로세스의 task_struct에 있는 메모리 페이지를 릴리즈하는 순간을 보여 주고 있다.

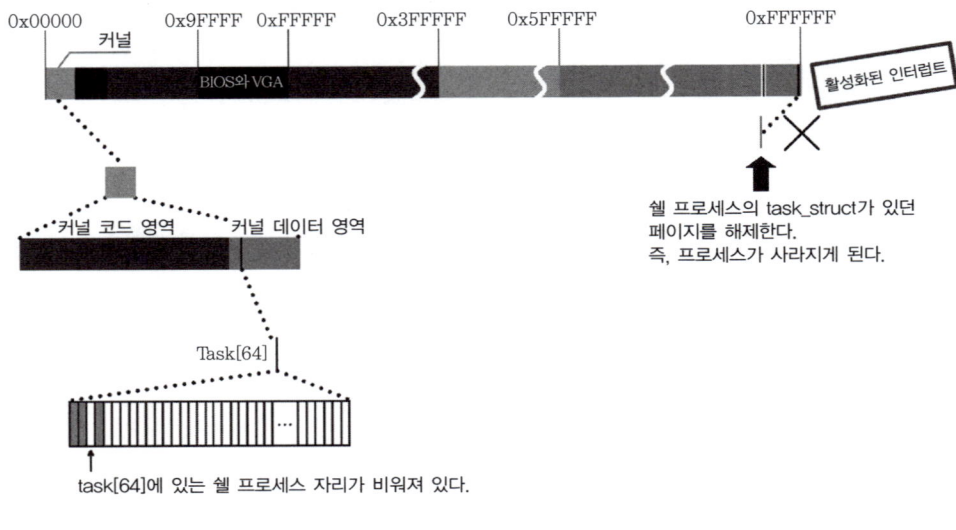

그림 4.45 프로세스 1은 task[64]에 있는 쉘 프로세스 정보를 제거한다.

sys_waitpid() 함수가 끝나고 나면 wait() 함수로 반환되고 최종적으로 init() 함수로 리턴된다. 프로세스 1이 계속 실행된다. 코드는 다음과 같다.

```
//코드 경로:kernel/exit.c
void init(void)
{
    ......
    if (pid>0)
        while (pid != wait(&i))    // 2 != 2가 되서 false가 되고 while(1)로 간다.
            /* 처리할 내용 없음 */;
    while (1) {
        if ((pid=fork())<0) {
            printf("Fork failed in init\r\n");
            continue;
        }
```

```
        if (!pid) {
            close(0);close(1);close(2);
            setsid();
            (void) open("/dev/tty0",O_RDWR,0);
            (void) dup(0);
            (void) dup(0);
            _exit(execve("/bin/sh",argv,envp));
        }
        while (1)
            if (pid == wait(&i))
                break;
        printf("\n\rchild %d died with code %04x\n\r",pid,i);
        sync();
    }
    _exit(0);      /* 주의: exit()이 아니라 _exit()이다. */
```

섹션 4.2에서 소개했던 내용을 다시 생각해 보자. 프로세스 2가 만들어질 때 PID가 2였다. 그리고 sys_waitpid()의 반환값인 flag도 2이다. 즉, wait() 함수는 2를 리턴한다. 이것으로 while()문의 조건절이 false가 되고 반복 루프에서 빠져나온다.

4.4.3 쉘을 또 다시 생성

프로세스 1이 실행을 계속하고 다시 쉘을 만들 준비를 한다. 코드는 다음과 같다.

```
//코드 경로: init/main.c:
void init(void)
{
    ......
    if (pid>0)
        while (pid != wait(&i))
            /* 처리할 내용 없음 */;
    while (1) { // 쉘 프로세스를 다시 시작한다.
        if ((pid=fork())<0) {   // 프로세스 1이 프로세스 4를 만든다. 즉,
                                // 쉘을 다시 만드는 것이다.
            printf("Fork failed in init\r\n");
            continue;
        }
        if (!pid) {
            close(0);close(1);close(2);  // 새로운 쉘 프로세스가 열려 있는
                                         // 파일 모드를 닫는다.
            setsid();                    // 세션을 만든다.
            (void) open("/dev/tty0",O_RDWR,0); // 표준 입력을 연다.
            (void) dup(0);                       // 표준 출력을 연다.
            (void) dup(0);                       // 표준 에러를 연다.
            _exit(execve("/bin/sh",argv,envp)); // 쉘 프로세스를 로드한다.
```

```
        }
        while (1)
            if (pid == wait(&i))  // 프로세스 1은 자식 프로세스가 종료할 때까지 대기한다.
                break;
        printf("\n\rchild %d died with code %04x\n\r",pid,i);
        sync();
    }
    _exit(0);       /* 주의: exit()이 아니라 _exit()이다. */
```

그림 4.46은 쉘 프로세스가 재시작하는 모습을 보여준다.

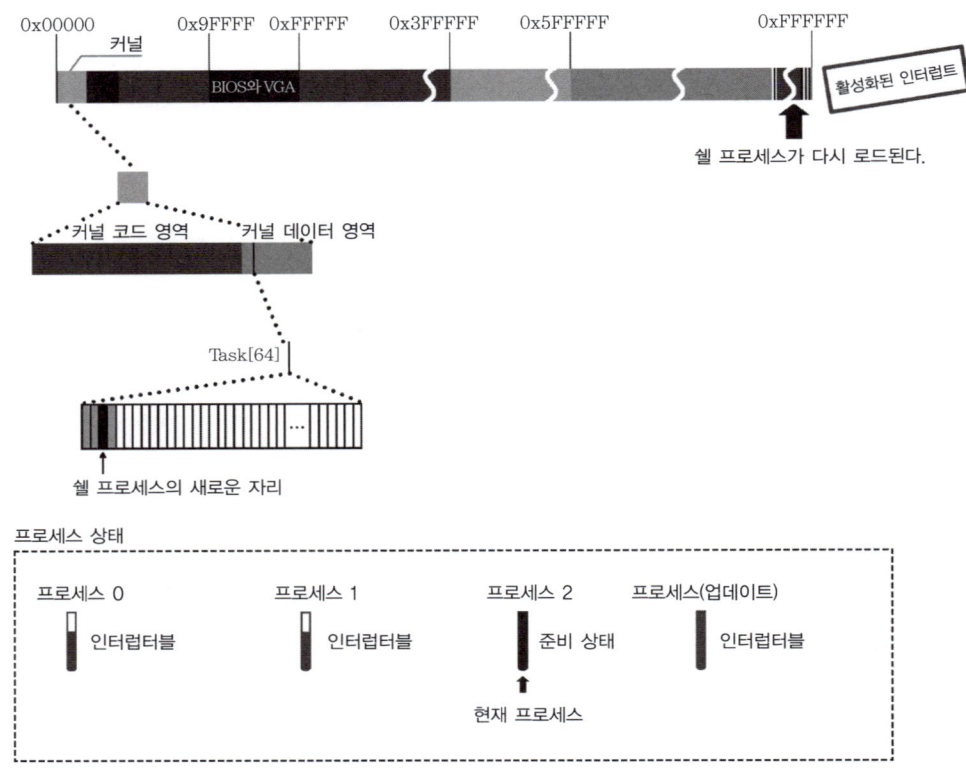

그림 4.46 쉘 프로세스를 다시 로드한다.

쉘 프로세스를 생성하는 코드의 실행 절차는 이전과 동일하다. 주목할 만한 차이점은 쉘 프로세스의 PID가 last_pid에 의해서 생성된다는 점이다. 따라서 PID는 4가 된다. 하지만 task[64]에서는 여전히 2로 쉘 프로세스가 종료할 때의 인덱스를 그대로 사용한다. 더욱이 쉘은 rc 파일 대신 tty0 표준 입력 디바이스 파일을 다시 오픈한다. 이렇게 하는 것은 쉘 프로세스가 종료되는 것을 막고자 하는 것이다.(역주: 쉘은 표준 입력으로부터 사용자 입력을 계속 기다린다. 결과적으로 쉘은 계속 프로세스를 유지한다.)

코드는 다음과 같다.

```
//코드 경로: fs/read_write.c
int sys_read(unsigned int fd,char * buf,int count)
{
        ......
        if (inode->i_pipe)
            return (file->f_mode&1)?read_pipe(inode,buf,count):-EIO;
        if (S_ISCHR(inode->i_mode)) // 쉘은 문자 디바이스 파일로서 tty0를 읽는다.
            return rw_char(READ,inode->i_zone[0],buf,count,&file->f_pos);
        if (S_ISBLK(inode->i_mode))
            return block_read(inode->i_zone[0],&file->f_pos,buf,count);
        if (S_ISDIR(inode->i_mode) || S_ISREG(inode->i_mode)) {
            if (count+file->f_pos > inode->i_size)
                count = inode->i_size - file->f_pos;
            if (count<=0)
                return 0;
            return file_read(inode,file,buf,count);
        }
        printk("(Read)inode->i_mode=%06o\n\r",inode->i_mode);
        return -EINVAL;
}
```

rw_char() 함수가 호출되면 모든 프로세스들이 인터럽터블 상태가 된다.^{(역주} : tty0 파일은 키보드를 입력할 때까지 대기하
기 때문에 프로세스 상태가 인터럽터블 상태로 변경되는 것이다.) 이렇게 되면 프로세스 0으로 다시 프로세스 전환이 되고 시스템은
대기 상태에 들어간다.

시스템이 대기 상태가 되면 유저는 쉘 프로세스를 이용해서 컴퓨터와 커뮤니케이션을 할 수 있게 된다. 쉘
프로세스의 원리는 다음과 같다. 키보드를 이용해서 데이터를 입력하면 문자를 특정 문자 버퍼 큐에 저장한
다. 이 내용은 tty0 터미널 디바이스가 사용하게 된다. 쉘 프로세스는 버퍼 큐에서 데이터를 반복적으로 읽어
들인다. 유저가 명령을 입력하지 않으면 버퍼에 저장되는 데이터가 없어지게 되고, 쉘 프로세스는 인터럽터
블 상태가 된다. 유저가 키보드로 명령을 입력하면 키보드 인터럽트가 발생한다. 이 시그널은 쉘 프로세스를
깨운다. 그럼 그 쉘 프로세스는 버퍼 큐에서 데이터를 계속 읽어 들여 처리한다. 완료가 되면 다시 대기 상태
가 되어서 키보드 인터럽트가 발생할 때까지 기다린다.

MEMO

CHAPTER
05

파일 오퍼레이션

5.1 파일 시스템 설치

섹션 3.3.3에서 운영체제는 루트 파일 시스템을 로드했다. 그렇게 해서 루트 파일 시스템에서 데이터를 쓰거나 읽을 수 있게 되었다. 이번에 알아 볼 것은 파일 시스템 설치로 하드디스크 파일 시스템을 루트 파일 시스템으로 만드는 작업이다. 이 작업을 마치면 OS는 루트 디바이스와 데이터를 주고 받을 수 있게 된다.

파일 시스템을 설치하기 위한 작업에는 세 단계가 있다.

1. 하드디스크의 슈퍼 블록을 읽어서 시스템의 super_block[8]에 로드한다.
2. 램디스크에서 특정 경로의 i-node를 읽어서 시스템 inode_table[32]에 로드한다.
3. 하드디스크의 슈퍼 블록을 inode_table[32]의 i-node에 마운트한다.

하드디스크의 파일 시스템이 설치된 이후, 전체 구조는 그림 5.1과 같다.

"mount /dev/hd1/mnt" 명령은 쉘에서 파일 시스템을 설치하기 위해서 사용한다. 이 명령은 세 개의 파라미터 mount, /dev/hd1 그리고 /mnt로 이루어진다. "mount"는 파일 시스템을 설치하는 명령이다. "/dev/hd1"과 "/mnt"는 파일 경로 이름으로 "/dev/hd1" 디바이스의 파일 시스템을 "/mnt" 디렉토리에 마운트되도록 지정하는 것이다. 쉘이 이 명령을 받으면 새로운 프로세스를 생성하고 이 프로세스가 mount() 함수를 호출한다. mount() 함수는 시스템 콜 sys_mount() 함수로 연결된다. 즉, 실제 파일 시스템을 설치하는 일은 sys_mount()에서 처리한다.

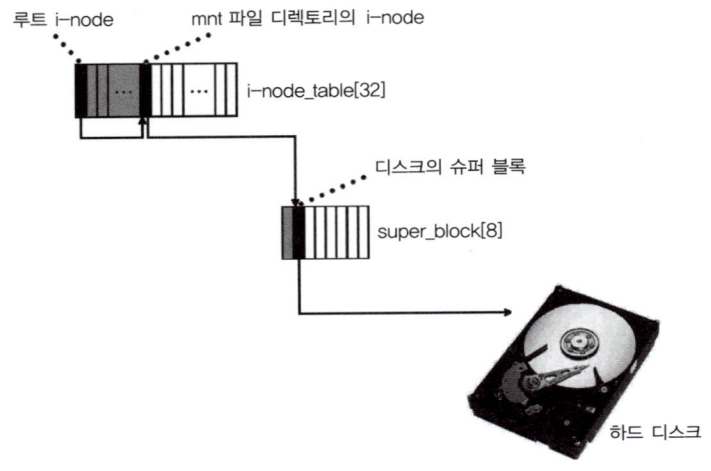

루트 i-node mnt 파일 디렉토리의 i-node

i-node_table[32]

디스크의 슈퍼 블록

super_block[8]

하드 디스크

그림 5.1 파일 시스템의 설치 과정

5.1.1 주변 기기의 슈퍼 블록 가져오기

TIP ▶ 하드디스크는 파티션으로 나누어져 있다. 각 파티션은 각각 디바이스로 취급된다. 이번 챕터와 다음 챕터에서는 전체 하드디스크
가 하나의 파티션으로 되어 있다고 가정한다. 앞에서 보았던 hd1이 하드디스크를 의미한다.

sys_mount() 함수가 호출되면 먼저 namei() 함수가 호출되어 hd1 디바이스의 i-node를 가져온다. 이때
hd1 파일은 /dev/hd1을 이용한다. 이 i-node를 통해 디바이스 ID를 구하고 디바이스 ID를 이용해서 슈퍼 블
록을 읽어 들인다. 이와 관련된 코드는 다음과 같다.

```
//코드 경로:fs/super.c:
int sys_mount(char * dev_name, char * dir_name, int rw_flag)
{
   struct m_inode * dev_i, * dir_i;
   struct super_block * sb;
   int dev;

   if (!(dev_i=namei(dev_name)))       // hd1 디바이스 파일의 i-node를 구한다.
      return -ENOENT;
   dev = dev_i->i_zone[0];             // i-node에서 디바이스 넘버를 구한다.
   if (!S_ISBLK(dev_i->i_mode)) {      // hd1 파일이 블록 디바이스가 아니면
      iput(dev_i);                     // i-node를 해제한다.
      return -EPERM;
   }
   iput(dev_i); // hd1 디바이스 파일의 i-node를 해제한다.
                // i-node의 디바이스 넘버를 얻기 위해 필요하다
   if (!(dir_i=namei(dir_name)))
      return -ENOENT;
```

```
        if (dir_i->i_count != 1 || dir_i->i_num == ROOT_INO) {
            iput(dir_i);
            return -EBUSY;
        }
        if (!S_ISDIR(dir_i->i_mode)) {
            iput(dir_i);
            return -EPERM;
        }
        if (!(sb=read_super(dev))) {     // 디바이스 넘버를 이용해서 슈퍼 블록을 가져온다.
            iput(dir_i);
            return -EBUSY;
        }
        if (sb->s_imount) {
            iput(dir_i);
            return -EBUSY;
        }
        if (dir_i->i_mount) {
            iput(dir_i);
            return -EPERM;
        }
        sb->s_imount=dir_i;
        dir_i->i_mount=1;
        dir_i->i_dirt=1;                        /* NOTE! iput(dir_i)하지 않았다. */
        return 0;                               /* 이건 umount 할 때 하게 된다. */
    }
```

namei() 함수에서 i-node를 가져오는 과정은 섹션 4.1.1에서 설명했던 것과 같다. read_super() 함수에서 슈퍼 블록을 읽는 과정에는 총 3 단계가 있다. 첫 번째, 커널의 super_block[]에서 슈퍼 블록을 저장할 빈 아이템을 찾는 것이다. 두 번째는 앞에서 찾은 빈 아이템에 디바이스 슈퍼 블록을 저장하는 것이고 마지막으로 i-node 비트맵과 논리 블록 비트맵을 슈퍼 블록의 정보를 이용해서 로드하는 것이다. 부가적으로 이 동작을 하기 전에 슈퍼 블록 테이블 아이템에 락을 걸어서 다른 동작들때문에 영향을 받지 않도록 해야 한다. 처리가 끝나면 앞서 걸었던 락을 풀어 준다. 코드는 다음과 같다.

```
//코드 경로:fs/super.c:
static struct super_block * read_super(int dev)
{
    struct super_block * s;
    struct buffer_head * bh;
    int i,block;

    if (!dev)
        return NULL;
    check_disk_change(dev);
    if (s = get_super(dev))                 // hd1의 슈퍼 블록이 로드되었으면 로드된 값을 리턴한다.
```

```
          return s;
    for (s = 0+super_block ;; s++) {  // hd1이 사용할 super_block 내의 빈 아이템을
                                      // 찾는다.
        if (s >= NR_SUPER+super_block)
            return NULL;
        if (!s->s_dev)                // 슈퍼 블록의 두 번째 아이템이 비어 있다.
            break;
    }
    s->s_dev = dev;                   // 다음 s->)... 코드들은 슈퍼 블록 아이템의 파라미터를
                                      // 설정하는 것이다.

    s->s_isup = NULL;
    s->s_imount = NULL;
    s->s_time = 0;
    s->s_rd_only = 0;
    s->s_dirt = 0;
    lock_super(s);                    // 다른 것에 영향을 받지 않도록 락을 걸어 둔다.
    if (!(bh = bread(dev,1))) {
            // 디바이스 넘버와 hd1의 블록 넘버를 이용해서 슈퍼 블록을 읽는다.
            // 위 파라미터 중 1은 디바이스의 두 번째 블록을 가리키는 것으로
            // 슈퍼 블록의 논리 블록 넘버다.
        s->s_dev=0;
        free_super(s);
        return NULL;
    }
    *((struct d_super_block *) s) =   // 슈퍼 블록을 super_block으로 로드한다.
        *((struct d_super_block *) bh->b_data);
    brelse(bh);
    if (s->s_magic != SUPER_MAGIC) {  // 디바이스 파일 시스템이 사용 가능한지
        s->s_dev = 0;                 // 매직 넘버로 확인한다.
        free_super(s);
        return NULL;
    }
    for (i=0;i<I_MAP_SLOTS;i++)       // i-node 비트맵과 논리 블록 비트맵을 로드한다.
                                      // 이것들은 s_imap와 s_zmap에 대응한다.
        s->s_imap[i] = NULL;
    for (i=0;i<Z_MAP_SLOTS;i++)
        s->s_zmap[i] = NULL;
    block=2;
    for (i=0 ; i < s->s_imap_blocks ; i++)
        if (s->s_imap[i]=bread(dev,block))
            block++;
        else
            break;
    for (i=0 ; i < s->s_zmap_blocks ; i++)
        if (s->s_zmap[i]=bread(dev,block))
            block++;
        else
            break;
    if (block != 2+s->s_imap_blocks+s->s_zmap_blocks) {
// 논리 블록 개수가 디바이스가 가져야 할 블록 개수와 동일한지 확인한다.
```

```
                for(i=0;i<I_MAP_SLOTS;i++)
                    brelse(s->s_imap[i]);
                for(i=0;i<Z_MAP_SLOTS;i++)
                    brelse(s->s_zmap[i]);
            s->s_dev=0;
            free_super(s);
            return NULL;
        }
    s->s_imap[0]->b_data[0] |= 1;
    s->s_zmap[0]->b_data[0] |= 1;
    free_super(s);        // 설정 과정이 끝나면 슈퍼 블록 아이템의 락을 풀어 준다.
    return s;
}
```

5.1.2 루트 파일 시스템의 마운트 위치 확인

시스템은 namei()를 호출해서 mnt 디렉토리의 i-node를 가져온다. 이때 i-node 속성을 분석해서 i-node에 파일 시스템을 연결할 수 있는지 확인한다. 코드는 다음과 같다.

```
//코드 경로:fs/super.c:
int sys_mount(char * dev_name, char * dir_name, int rw_flag)
{
    struct m_inode * dev_i, * dir_i;
    struct super_block * sb;
    int dev;

    if (!(dev_i=namei(dev_name)))        // hd1 디바이스 파일의 i-node를 구한다.
        return -ENOENT;
    dev = dev_i->i_zone[0];              // i-node에서 디바이스 넘버를 구한다.
    if (!S_ISBLK(dev_i->i_mode)) {       // hd1 파일이 블록 디바이스가 아니면
        iput(dev_i);                     // i-node를 해제한다.
        return -EPERM;
    }
    iput(dev_i);                         // hd1 디바이스 파일의 i-node를 해제한다.
    if (!(dir_i=namei(dir_name)))        // mnt 디렉토리 파일의 i-node를 구한다.
        return -ENOENT;
    if (dir_i->i_count != 1 || dir_i->i_num == ROOT_INO) {
// mnt의 i-node의 참조 카운터가 1이고 루트 i-node가 아니면 사용 가능한 것이다.
        iput(dir_i);
        return -EBUSY;
    }
    if (!S_ISDIR(dir_i->i_mode)) {       // mnt가 디렉토리인지 확인한다.
        iput(dir_i);
        return -EPERM;
    }
    if (!(sb=read_super(dev))) {         // 디바이스 넘버를 이용해서 슈퍼 블록을 가져온다.
        iput(dir_i);
        return -EBUSY;
```

```
    }
    if (sb->s_imount) {
        iput(dir_i);
        return -EBUSY;
    }
    if (dir_i->i_mount) {
        iput(dir_i);
        return -EPERM;
    }
    sb->s_imount=dir_i;
    dir_i->i_mount=1;
    dir_i->i_dirt=1;                    /* NOTE! iput(dir_i) 하지 않았다. */
    return 0;                          /* 언마운트할 때 하게 된다. */
}
```

우리가 가정한 시스템의 경우 mnt 디렉토리는 파일 시스템을 마운트할 수 있다.

5.1.3 슈퍼 블록을 루트 파일 시스템으로 마운트시키기

마운트할 포인트(/mnt)와 마운트되는 포인터(hd1)가 마운트되기 전에 모든 준비가 끝나 있어야 한다. 즉, hd1 디바이스의 파일 시스템이 아직 설치되지 않고 다른 파일 시스템들도 mnt 디렉토리에 설치되지 않았다. 모든 준비가 끝나면 시스템을 마운트한다. 이에 대한 코드는 다음과 같다.

```
//코드 경로:fs/super.c:
int sys_mount(char * dev_name, char * dir_name, int rw_flag)
{
    ......
    if (!(sb=read_super(dev))) {        // 디바이스의 슈퍼 블록을 가져온다.
        iput(dir_i);
        return -EBUSY;
    }
    if (sb->s_imount) {                 // hd1의 파일 시스템이 다른 곳에 마운트되었는지
        iput(dir_i);                    // 확인한다.
        return -EBUSY;
    }
    if (dir_i->i_mount) {               // mnt의 i-node를 확인해서 다른 파일 시스템이 마운트
        iput(dir_i);                    // 되었는지 확인한다.
        return -EPERM;
    }
    sb->s_imount=dir_i;                 // 슈퍼 블록의 s_imount에 루트 파일 시스템의 dir_i를
                                        // 마운트시킨다.
    dir_i->i_mount=1;                   // dir_i에 파일 시스템이 마운트되었다는 것을 표시한다.
    dir_i->i_dirt=1;                    // dir_i에 i-node의 정보가 변경된 것을 표시한다.
    return 0;
}
```

우리는 섹션 5.2와 섹션 5.8에서 파일 오퍼레이션에 대한 세 개의 예제를 통해 파일 시스템이 동작하는 원리를 살펴볼 예정이다.

예제 1: 유저 프로세스가 하드디스크의 파일을 열어 내용을 읽는다.

예제 2: 유저 프로세스가 새로운 파일을 하드디스크에 만들고 파일에 내용을 쓴다.

예제 3: 유저 프로세스가 파일을 닫고 삭제한다.

예제 1: 유저 프로세스가 기존에 하드디스크에 있던 파일을 열어서 내용을 읽는다. 이 예제는 2 단계로 나눌 수 있는데 하나는 파일을 여는 동작이고, 나머지는 파일을 읽는 동작이다. 코드는 다음과 같다.

```
void main() {
    // 파일을 오픈한다.
    char buffer[12000];
    int fd = open("/mnt/user/user1/user2/hello.txt", O_RDWR, 0644);
    // 파일을 읽어 들인다.
    int size = read(fd, buffer, sizeof(buffer));
    return;
    }
```

5.2 파일 열기

파일을 열기 위한 첫 단계는 작업할 파일을 찾는 일이다. 파일을 찾는 과정은 다시 두 단계로 나눌 수 있다.

1. 유저 프로세스 task_struct의 *filp[20]과 커널의 file_table[64]를 바인딩시킨다.
2. 파일에 해당하는 i-node를 file_table[64]에 등록한다.

OS는 유저 프로세스의 요청에 따라 파일에 액세스한다. 커널은 *filp[20]을 통하면 한 파일을 여러 번 오픈하는 것이나 많은 파일을 오픈하는 것을 제어할 수 있다. 일단 파일(같은 파일 혹은 다른 파일)이 오픈되면 *filp[20]의 아이템에 파일의 포인터를 저장해 둔다(예를 들어 파일 "hello.txt"가 유저 프로세스에서 두 번 오픈되면 *filp[20]의 두 아이템이 쓰인다). 따라서 한 프로세스에서 동시에 열수 있는 파일의 수는 최대 20개를 넘을 수 없다.

OS에서 file_table[64]는 데이터 구조체로 모든 프로세스들이 오픈한 파일들을 관리한다. 이 구조체에서 관리하는 정보들을 다음과 같은 것들이다. 각각의 프로세스들이 각각 다른 파일을 오픈했다는 정보, 프로세스들이 같은 파일을 오픈한 정보, 그리고 한 프로세스가 다양한 파일들을 여러 번 오픈했는지에 대한 정보들이 file_table[]에서 관리하는 정보들이다. *filp[20]과 비슷하게 파일을 오픈하면 이 정보는 file_table[64]에 기록된다.

i-node는 파일 정보를 저장하고 있는 가장 중요한 데이터 구조체이다. OS에서 i-node는 파일에 일대일 대응한다. 따라서 i-node는 하나의 파일을 의미한다. 커널은 inode_table[32]를 통해서 파일 i-node를 추적할 수 있다. 그리고 사용한 파일 i-node를 기록해 둔다. 파일을 오픈한다는 것은 근본적으로 filp[20], file_table[64] 그리고 inode_table[32] 간의 관계를 만드는 작업이다. 즉, 그림 5.2의 주황색 선으로 표시된

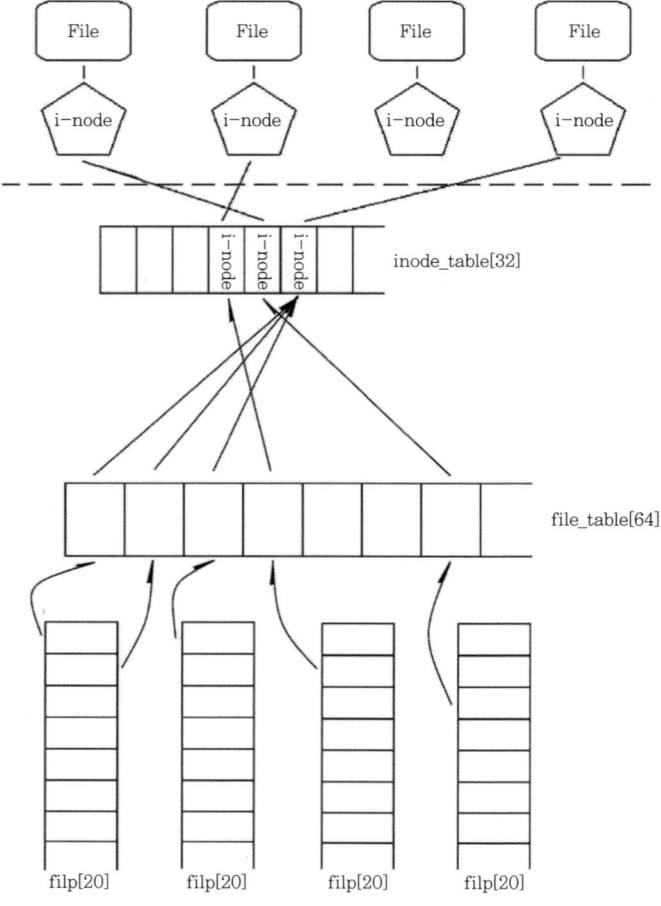

그림 5.2 파일을 오픈한다는 것의 의미

관계를 만드는 것이다.

이 과정은 3단계로 이루어진다.

1단계: 유저 프로세스의 task_struct의 *filp[20]과 커널의 file_table[64]를 연결한다.

2단계: "mnt/user/user1/user2/hello.txt" 디렉토리 명으로 hello.txt 파일의 i-node를 찾는다.

3단계: hello.txt에 해당하는 i-node를 file_table[64]에 저장한다

파일을 오픈하는 작업은 open() 함수를 호출하는 것이 전부다. 이 함수는 결국에는 커널의 sys_open() 함수에 맵핑되어 있다. sys_open() 함수의 맵핑과 기본적인 구현은 섹션 4.4.1에서 소개한 바 있다. 이번 섹션에서는 sys_open()의 자세한 구현 내용을 소개하고 설계 내용에 대해서 분석해 볼 것이다.

5.2.1 유저 프로세스의 *filp[20]에 file_table[64]를 연결

sys_open() 함수에서 filp[20]과 file_table[64]를 바인딩하는 코드는 다음과 같다.

```
//코드 경로:include/linux/fs.h:
#define NR_OPEN 20              // 프로세스가 열 수 있는 최대 파일 개수
#define NR_INODE 32             // OS가 열 수 있는 최대 파일 개수
......
struct file {
    unsigned short f_mode;      // 파일 모드
    unsigned short f_flags;     // 파일 동작에 대한 플래그
    unsigned short f_count;     // 파일 핸들러 개수
    struct m_inode * f_inode;   // 연결된 i-node
    off_t f_pos;                // 파일 내의 커서 위치(읽기/쓰기 시 오프셋)
};


//코드 경로:include/linux/sched.h:
struct task_struct {
    ......
    struct file * filp[NR_OPEN];    // 파일을 위한 프로세스의 관리 포인터 배열
    ......
};


//코드 경로:fs/file_table.c:
struct file file_table[NR_FILE];    // OS가 오픈한 파일을 관리하기 위한 구조체


//코드 경로:fs/open.c
int sys_open(const char * filename,int flag,int mode)
{
    struct m_inode * inode;
    struct file * f;
    int i,fd;

    mode &= 0777 & ~current->umask;     // 파일 모드 설정(사용자가 정의한
                                        // umask 적용)
    for(fd=0 ; fd<NR_OPEN ; fd++)       // 현재 프로세스의 filp[20]에서 사용
        if (!current->filp[fd])         // 하지 않는 아이템 찾기
            break;
    if (fd>=NR_OPEN)                    // filp[20]을 체크해서 허용 개수를
        return -EINVAL;                 // 넘었는지 확인한다.
    current->close_on_exec &= ~(1<<fd); // close_flag를 0으로 설정(챕터 6에서 설명할 것)
    f=0+file_table;
    for (i=0 ; i<NR_FILE ; i++,f++)     // file_table[64]에 빈 아이템이 있는지 찾는다.
        if (!f->f_count) break;
    if (i>=NR_FILE)                     // file_table[64]가 허용하는 개수를
        return -EINVAL;                 // 넘는지 확인(최대 64개임)
```

```
(current->filp[fd]=f)->f_count++;     // 프로세스의 filp[20]과
                                      // file_table을 연결하고
                                      // 참조 카운트를 증가시킨다.
if ((i=open_namei(filename,flag,mode,&inode))<0) {
    current->filp[fd]=NULL;
    f->f_count=0;
    return i;
}
......
}
```

이 작업을 하기 위해서 *filp[20]과 file_table[64]에 각각 사용하지 않는 아이템이 있어야 한다. 시스템은 현재 프로세스의 *filp[20]의 한 아이템에 file_table[64]를 바인드시키고 file_table[64]의 아이템에 작업하려는 파일 핸들을 연결한다(파일 핸들에 대해서는 챕터 7에서 다룰 것이다).

여기서 한 가지 알아야 할 것은 이 과정이 복잡하고 파일을 다루는 많은 상황이 있기 때문에 모든 것이 잘 되리라고 미리 예측할 수 없다는 것이다. 예를 들어서 *filp[20]과 file_table[64]에 사용하지 않는 아이템이 없을 수 있다. 이 말은 다시 말하면 두 데이터 구조체를 한계치까지 사용했을 때, 커널이 에러를 발생시킨다는 말이다. 따라서 항상 에러를 먼저 체크하고 나중에 사용하도록 디자인해야 한다.(역주 : 이 원리는 커널 뿐 아니라 다른 모든 소프트웨어에서도 동일하게 적용되는 것이다. 실제로 사용 수준의 제품들은 이런 에러 처리가 전체 소스의 상당수를 차지하게 된다. 당연하지만 중요한 지적이다.)

5.2.2 파일의 i-node 구하기

이번 섹션에서는 "/mnt/user/user1/user2/hello.txt" 경로명을 분석해서 hello.txt 파일의 i-node를 구하는 방법을 알아보려고 한다.

섹션 4.1.1에서 소개했던 i-node를 찾는 함수와 다른 점은 hello.txt 파일이 하드디스크에 저장되어 있어서 검색 과정이 램디스크 즉, 루트 파일 시스템에서 시작해서 하드디스크의 파일을 찾는다는 점이다.

그림 5.3에서 보는 것처럼 파일명을 분석하는 과정은 동일하다. 분석 과정은 다음과 같다.

i-node 찾기 → i-node를 이용해서 디렉토리 파일 찾기 → 디렉토리 파일로 디렉토리의 엔트리 찾기 → 디렉토리 엔트리를 이용해서 디렉토리 파일의 i-node 찾기 → 디렉토리 파일로 디렉토리의 엔트리 찾기 → 디렉토리 엔트리를 이용해서 디렉토리 파일의 i-node 찾기 → ……

이렇게 해서 결국, hello.txt 파일을 찾는다.

5.2.2.1 디렉토리 파일의 i-node 구하기

그림 5.4에서 i-node를 찾으려는 프로그램 호출 과정을 보여 준다.

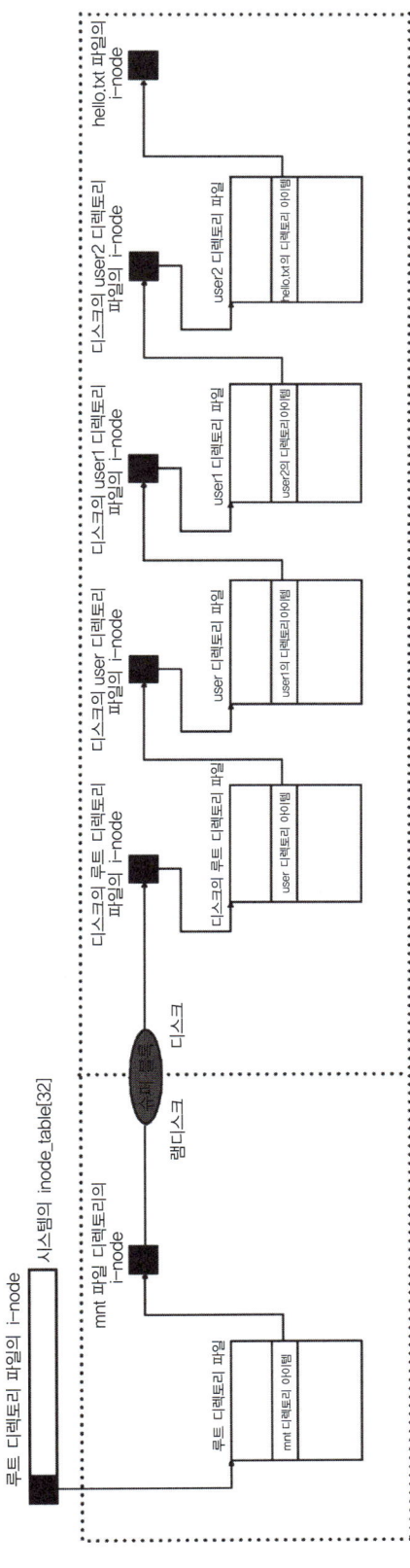

그림 5.3 파일 경로 분석 과정

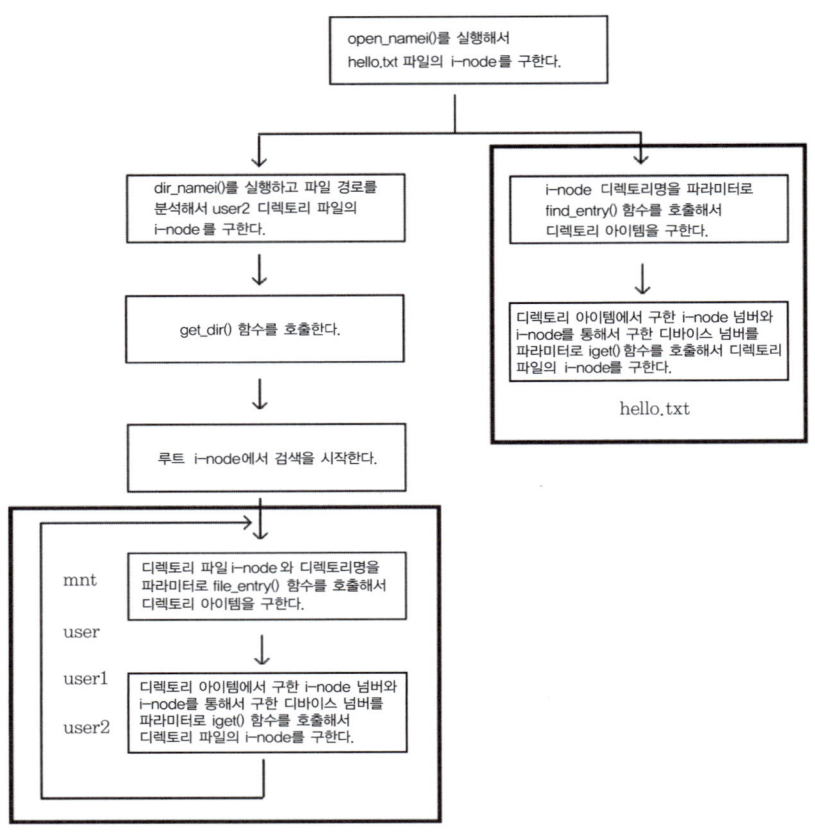

그림 5.4 i-node를 구하는 과정

디렉토리 파일의 i-node를 구하는 작업은 open_namei()를 통해서 한다. 코드는 다음과 같다.

```
//코드 경로:fs/open.c:
int sys_open(const char * filename,int flag,int mode)
{
    ......
    if ((i=open_namei(filename,flag,mode,&inode))<0) {
        current->filp[fd]=NULL;
                // hello.txt 파일의 i-node를 구한다.
                // i-node를 찾지 못하면 앞에서 구한 fd에 대한 filp를 NULL로
                // 설정한다.
        f->f_count=0;  // file_table[] 내의 참조 카운터 값을 0으로 설정한다.
        return i;
    }
    ......
}
```

open_namei() 함수는 먼저 유저의 요청에 따라 오픈한 파일의 플래그와 모드를 설정한다. 코드는 다음과
같다.

```
//코드 경로:include/fcntl.h          // 8진수로 값 표시
#define O_ACCMODE      00003         // 파일 접근 모드 마스크
#define O_RDONLY       00            // 읽기 전용 모드
#define O_WRONLY       01            // 쓰기 전용 모드
#define O_RDWR         02            // 읽기/쓰기 모드
#define O_CREAT        00100 /* not fcntl */    // 새 파일 생성 플래그
#define O_EXCL         00200 /* not fcntl */    // 배타적 사용 플래그
#define O_NOCTTY       00400 /* not fcntl */    // 터미널 제어 사용안함 플래그
#define O_TRUNC        01000 /* not fcntl */    // 기존 파일 제거 플래그
#define O_APPEND       02000                    // 기존 파일 덧붙임 플래그
#define O_NONBLOCK     04000 /* not fcntl */    // 블록 되지 않음 플래그
#define O_NDELAY       O_NONBLOCK
......


//코드 경로:include/fcntl.h    // 2진수로 값 표시
......
#define O_ACCMODE        0000 0000 0000 00011
#define O_RDONLY         0000 0000 0000 00000
#define O_WRONLY         0000 0000 0000 00001
#define O_RDWR           0000 0000 0000 00010
#define O_CREAT          0000 0000 0100 00000 /* not fcntl */
#define O_EXCL           0000 0000 1000 00000 /* not fcntl */
#define O_NOCTTY         0000 0001 0000 00000 /* not fcntl */
#define O_TRUNC          0000 0010 0000 00000 /* not fcntl */
#define O_APPEND         0000 0100 0000 00000
#define O_NONBLOCK       0000 1000 0000 00000 /* not fcntl */
#define O_NDELAY         O_NONBLOCK
......

//코드 경로:fs/namei.c:
// pathname은 /mnt/user/user1/user2/hello.txt
int open_namei(const char * pathname, int flag, int mode,
    struct m_inode ** res_inode)
{
    const char * basename;  // basename 변수는 "/"를 가리킨다.
    int inr,dev,namelen;
    struct m_inode * dir, *inode;
    struct buffer_head * bh;
    struct dir_entry * de;  // 디렉토리 엔트리 포인터

    if ((flag & O_TRUNC) && !(flag & O_ACCMODE))  // 파일이 읽기 전용이고
                                                  // 파일 크기가 0이면
        flag |= O_WRONLY;                         // 쓰기 전용으로 설정한다.
    mode &= 0777 & ~current->umask;
    mode |= I_REGULAR;                            // 파일을 일반파일로 설정한다.
    if (!(dir = dir_namei(pathname,&namelen,&basename)))
```

```
                    // 파일명을 분석하고 파일을 가지고 있는 디렉토리의 i-node를 구한다.
        return -ENOENT;
    if (!namelen) {                        /* '/usr/'와 같이 파일명이 없는 특별한 경우 */
        if (!(flag & (O_ACCMODE|O_CREAT|O_TRUNC))) {
            *res_inode=dir;
            return 0;
        }
        iput(dir);
        return -EISDIR;
    }
    bh = find_entry(&dir,basename,namelen,&de);   // 디렉토리 i-node로
                                                  // 목표한 파일의 디렉토리
                                                  // 엔트리를 구한다.
......
}
```

설정이 끝나면 dir_namei()를 호출해서 파일명을 분석한다. 그리고 모든 디렉토리를 조회해서 최종 디렉토리 파일의 i-node를 구한다.

dir_namei() 함수는 get_dir() 함수를 호출해서 i-node를 얻는다. 코드는 다음과 같다.

```
//코드 경로:fs/namei.c:
//pathname은 /mnt/user/user1/user2/hello.txt
static struct m_inode * dir_namei(const char * pathname,
    int * namelen, const char ** name)
{
    char c;
    const char * basename;
    struct m_inode * dir;

    if (!(dir = get_dir(pathname)))     // get_dir() 함수를 호출해서 경로명과
                                        // i-node를 구한다.

        return NULL;
    basename = pathname;
    while (c=get_fs_byte(pathname++))   // pathname은 \0까지 한 글자씩 진행하면
                                        // 다음 로직을 처리한다.
        if (c=='/')
            basename=pathname;          // 결국, basenmae은 마지막 '/'를
                                        // 가리키게 된다.
    *namelen = pathname-basename-1;     // hello.txt 파일명의 길이를 계산한다.
    *name = basename;                   // hello.txt 바로 앞의 '/'를 가리킨다.

    return dir;
}
```

get_dir() 함수는 i-node 정보를 가져온다. 이 과정은 이전에 섹션 4.1.1에서 소개했다. 함수는 디렉토리 엔트리를 찾고 그 속의 i-node를 찾는 작업을 반복해서 원하는 정보를 구한다

디렉토리 엔트리를 찾는 함수는 find_entry()이고, iget() 함수는 i-node를 구하는 함수다.

이 두 함수를 더 자세히 알아보자. 코드는 다음과 같다.

```c
//코드 경로:fs/namei.c:
static struct m_inode * get_dir(const char * pathname)
{
    char c;
    const char * thisname;
    struct m_inode * inode;
    struct buffer_head * bh;
    int namelen,inr,idev;
    struct dir_entry * de;

    if (!current->root || !current->root->i_count)
            // 현재 루트 i-node가 없거나 참조 카운터가 0인 경우
        panic("No root inode");
    if (!current->pwd || !current->pwd->i_count)
            // 현재 디렉토리의 i-node가 없거나 참조 카운터가 0인 경우
        panic("No cwd inode");
    if ((c=get_fs_byte(pathname))=='/') { // pathname이 절대 경로인지?
        inode = current->root;
        pathname++;
    } else if (c)
        inode = current->pwd;
    else
        return NULL; /* 파일명이 비어 있다. */
    inode->i_count++;           // 참조 카운터를 1 증가시킨다.

    while (1) {                 // 최종 디렉토리를 찾을 때까지 반복한다.
        thisname = pathname;  // thisname은 'm'이 이는 부분을 가리키고 있다.
        if (!S_ISDIR(inode->i_mode) || !permission(inode,MAY_EXEC)) {
            iput(inode);
            return NULL;
        }
        for(namelen=0;(c=get_fs_byte(pathname++))&&(c!='/');namelen++)
                // 문자열 내에서 '/'를 찾거나 '\0'일때 루프를 빠져 나간다.
            /* 처리할 내용 없음 */ ;
        if (!c)
            return inode;
        if (!(bh = find_entry(&inode,thisname,namelen,&de))) {
                // i-node를 통해서 디렉토리 엔트리를 구하고
                // 발견하지 못하면 i-node를 해제하고 NULL을 리턴한다.
            iput(inode);
            return NULL;
        }
```

```
        inr = de->inode;
        idev = inode->i_dev;
        brelse(bh);
        iput(inode);     // 필요없어진 각 디렉토리 엔트리의 i-node를
                         // 해제해서 inode_table을 낭비하지 않도록 한다.
        if (!(inode = iget(idev,inr)))   // i-node를 구한다.
            return NULL;
    }
}
```

find_entry() 함수의 주요 작업은 다음과 같다. 먼저 i-node의 디렉토리 파일에서 디렉토리 엔트리의 크기를 구하고 디렉토리 파일에 해당하는 첫 번째 논리 블록부터 로드하기 시작한다. 주변 장치에서 버퍼로 논리 블록이 계속 로드되면서 find_entry() 함수가 찾으려는 특정 디렉토리 엔트리를 찾을 때까지 조사한다.

코드는 다음과 같다.

```
//코드 경로:include/linux/fs.h:
#define BLOCK_SIZE 1024

//코드 경로:fs/namei.c:
static struct buffer_head * find_entry(struct m_inode ** dir,
    const char * name, int namelen, struct dir_entry ** res_dir)
{
    int entries;
    int block,i;
    struct buffer_head * bh;
    struct dir_entry * de;
    struct super_block * sb;

#ifdef NO_TRUNCATE
    if (namelen > NAME_LEN) // 파일명의 길이가 14를 넘으면 NULL 리턴
            return NULL;
#else
    if (namelen > NAME_LEN) // 파일명의 길이를 14로 설정
            namelen = NAME_LEN;
#endif
    entries = (*dir)->i_size / (sizeof (struct dir_entry));
            // 파일 크기 정보(i_size)를 이용해서 디렉토리 엔트리 개수를 계산한다.
    *res_dir = NULL;
    if (!namelen)  // 파일명이 0인지 검사
            return NULL;
/* '..' 인지 검사한다. 커널은 이 파일명을 만나면 특별한 작업을 해야 한다 */
    if (namelen==2 && get_fs_byte(name)=='.' && get_fs_byte(name+1)=='.') {
            // '..' 디렉토리 엔트리를 만나면 여기서 처리한다.
            ......
    }

    if (!(block = (*dir)->i_zone[0]))
```

```
                  // 디렉토리 파일의 논리 블록 넘버가 0인지 확인한다.
                  return NULL;
        if (!(bh = bread((*dir)->i_dev,block)))
                  // 논리 블록을 특정 버퍼에 로드한다.
                  return NULL;
        i = 0;
        de = (struct dir_entry *) bh->b_data;
        while (i < entries) {
                if ((char *)de >= BLOCK_SIZE+bh->b_data) {
                        // 논리 블록에서 원하는 디렉토리 엔트리를 찾지 못하면
                        brelse(bh);
                        bh = NULL;
                        if (!(block = bmap(*dir,i/DIR_ENTRIES_PER_BLOCK)) ||
                            !(bh = bread((*dir)->i_dev,block))) {
                            i += DIR_ENTRIES_PER_BLOCK;
                            continue;
                        }
                        de = (struct dir_entry *) bh->b_data;
                }
                if (match(namelen,name,de)) {   // 디렉토리 엔트리와 일치한다.
                    *res_dir = de;                // "mnt"라면 *res_dir에 이 값을 넘긴다.
                    return bh;
                }
                de++;
                i++;
        }
        brelse(bh);
        return NULL;   // 검색을 완료했는데 mnt가 없으면 NULL이 리턴된다.
}
```

iget() 함수의 주요 기능은 디렉토리 엔트리의 디바이스 ID와 i-node ID에 해당하는 i-node 정보를 찾는 것이다. 이런 과정은 다음과 같은 절차를 거친다. 첫째로 함수는 inode_table[32]에서 i-node를 찾는다. 찾는 i-node가 있으면 이 i-node를 사용한다. 각 파일이 하나의 i-node를 가지고 있고 한 파일을 다수의 프로세스가 사용할 수 있다. 만약 이미 로드된 i-node가 있는데 다시 i-node를 로드하게 되면 문제가 발생할 뿐 아니라 아까운 시간을 낭비하는 꼴이다.

한편, i-node가 파일 시스템에 마운트되면 파일 시스템의 루트 i-node는 로드되고 이 로드된 i-node가 다른 파일 시스템의 파일을 찾는 시작점이 된다.

"mnt"의 i-node는 첫 시작점이 된다. 섹션 5.1에서 파일 시스템은 mnt의 i-node에 마운트되었다. 이제 파일 시스템의 루트 i-node는 i-node 테이블에 로드되어야 한다.

코드는 다음과 같다.

```
//코드 경로:fs/namei. c:
struct m_inode * iget(int dev,int nr) // mnt의 i-node를 구한다.
                                      // dev는 디바이스 ID이고
                                      // nr은 i-node의 ID다.

{
   struct m_inode * inode, * empty;

   if (!dev)
      panic("iget with dev==0");
   empty = get_empty_inode();      // inode_table[32]에서 빈 슬롯을 찾는다.
   inode = inode_table;
   while (inode < NR_INODE+inode_table) {
// 찾고자하는 i-node가 이미 로드되어 있는지 찾는다.
// mnt의 i-node가 이미 로드되어 있다.
      if (inode->i_dev != dev || inode->i_num != nr) {
// 디바이스 ID, i-node ID를 비교한다
         inode++;
         continue;
      }
      wait_on_inode(inode); // i-node가 언락 상태일 때까지 대기한다.
   if (inode->i_dev != dev || inode->i_num != nr) {
               // 찾는 i-node가 해제되었으면 inode_table을 다시 찾아 보아야 한다.
               // i-node가 해제된 것이 아니라면 사용된다.
               // mnt의 경우, 해제되어 있지 않기 때문에 다음 단계로 진행한다.

         inode = inode_table;
         continue;
         }
      inode->i_count++;
   if (inode->i_mount) {  // i-node가 파일 시스템에 마운트되었다면
                          // "mnt"가 이 경우에 해당한다.

      int i;

      for (i = 0 ; i<NR_SUPER ; i++) // super_block에서 마운트된
                                     // 파일 시스템의 디스크 hd1을
                                     // 찾는다.
         if (super_block[i].s_imount==inode)
         break;
      if (i >= NR_SUPER) {
         printk("Mounted inode hasn't got sb\n");
         if (empty)
            iput(empty);
         return inode;
      }
      iput(inode);
      dev = super_block[i].s_dev;  // hd1의 슈퍼 블록에서
                                   // 디바이스ID를 얻는다.
      nr = ROOT_INO;               // 디스크의 루트 i-node,
                                   // ROOT_INO는 1이다.
      inode = inode_table;         // 디스크의 i-node를 다시 조사
```

```
                continue;                        // 해서 로드되었는지 확인한다.
        }
        if (empty)
            iput(empty);
        return inode;
    }
    if (!empty)   // inode_table[32]에 빈 슬롯이 없으면
        return (NULL);
    inode=empty;
    inode->i_dev = dev;
    inode->i_num = nr;
    read_inode(inode);      // i-node를 읽는다.
    return inode;           // mnt의 i-node가 파일 시스템에 마운트되어서 hd1의
                            // 루트 i-node를 리턴한다.

}
```

read_inode()를 호출하기 위한 준비가 끝나면 read_inode()가 호출되고 주변장치(하드디스크)에서 i-node를 실제로 읽어 들인다. i-node가 inode_table[32]에 로드된다.

코드는 다음과 같다.

```
//코드 경로:fs/inode.c:
static void read_inode(struct m_inode * inode)   // i-node를 읽는다.
{
    struct super_block * sb;
    struct buffer_head * bh;
    int block;

    lock_inode(inode);      // inode_table[32]의 inode에 락을 건다.
    if (!(sb=get_super(inode->i_dev)))  // i-node의 슈퍼 블록을 가져온다.
                                        // 이 i-node는 이미 로드되어 있다.
        panic("trying to read inode without dev");
    block = 2 + sb->s_imap_blocks + sb->s_zmap_blocks +
        (inode->i_num-1)/INODES_PER_BLOCK;  // i-node를 저장한 논리
                                            // 블록을 계산한다.
    if (!(bh=bread(inode->i_dev,block)))    // 논리 블록을 버퍼로 로드한다.
        panic("unable to read i-node block");
    *(struct d_inode *)inode =              // inode_table[]의 한 슬롯에 데이터를 로드한다.
        ((struct d_inode *)bh->b_data)
            [(inode->i_num-1)%INODES_PER_BLOCK];
    brelse(bh);
    unlock_inode(inode);   // inode의 락을 해제한다
}
```

하드디스크에서 파일 시스템의 루트 i-node를 얻고 나면 get_dir()이 find_entry()와 iget() 함수를 반복적으로 호출해서 user, user1의 i-node 즉, 디렉토리 파일들을 가져온다. 이 과정을 통해서 최종 목표인 user2의 i-node를 구할 수 있다. 실행 과정은 mnt의 i-node를 구하는 과정과 동일하다. 차이점이 있다면 이 디렉토리 파일들의 i-node가 파일 시스템과 마운트되지 않았다는 점이다. 이 때문에 함수 실행 경로도 약간 차이가 있다.

코드는 다음과 같다.

```
//코드 경로:fs/namei.c:
struct m_inode * iget(int dev,int nr)  // 주어진 디렉토리 파일의 i-node를 구한다.
{
   struct m_inode * inode, * empty;

   if (!dev)  // 디바이스 ID가 0이면 시스템이 정지한다.
      panic("iget with dev==0");
   empty = get_empty_inode(); // inode_table[32]에서 빈 슬롯을 찾는다.
   inode = inode_table;
   while (inode < NR_INODE+inode_table) {
            // 찾고자하는 i-node가 이미 로드되어 있는지 찾는다.
            // 여기서 찾고자하는 디렉토리 파일들은 로드된 적이 없다.
      if (inode->i_dev != dev || inode->i_num != nr) {
            // 모든 슬롯을 비교해 보고 루프를 빠져나간다.
         inode++;
         continue;
      }
      ......
   }
   if (!empty)
      return (NULL);
      // 디렉토리 파일이 로드된 적이 없기 때문에 i-node를 로드할 준비를 한다.
   inode=empty;
   inode->i_dev = dev;
   inode->i_num = nr;
   read_inode(inode);   // i-node를 읽는다.
   return inode;         // user, user1, user2의 i-node를 차례대로 검색하고
                         // 리턴한다.
}
```

함수를 실행한 후 user2의 i-node가 반환되고 dir_namei()로 반환된다. 코드는 다음과 같다.

```
//코드 경로:fs/namei.c
static struct m_inode * dir_namei(const char * pathname,
    int * namelen, const char ** name)    // pathname은 "/mnt/user/user1/
                                          // user2/hello.txt"다.
{
    char c;
    const char * basename;
    struct m_inode * dir;

    if (!(dir = get_dir(pathname)))       // i-node를 구한다.
        return NULL;
    basename = pathname;
    while (c=get_fs_byte(pathname++))
            // "/mnt/user/user1/user2/hello.txt"를 한 루프가 돌 때마다 한 자씩
            // 조회해서 c에 저장한다. 이것은 pathname이 '\0'이 될 때까지 반복한다.
        if (c=='/')
            basename=pathname;            // basename은 마지막 '\' 다음을 가리킨다.
    *namelen = pathname-basename-1;       // hello.txt의 길이를 계산한다.
    *name = basename;                     // hello.txt를 가리킨다.
    return dir;
}
```

마지막으로 함수는 open_namei()로 반환되고 user2의 i-node 즉, hello.txt를 가지고 있는 디렉토리의
i-node를 반환한다.

```
//코드 경로:fs/namei.c:
int open_namei(const char * pathname, int flag, int mode,
    struct m_inode ** res_inode)
{
    ……
    if (!(dir = dir_namei(pathname,&namelen,&basename))) // pathname을
                    // 분석해서 파일을 가지고 있는 디렉토리의 i-node를 가져온다.
        return -ENOENT;
    ……
}
```

파일 경로를 분석해 파일을 가지고 있는 디렉토리 파일의 i-node를 구하는 것으로 open_namei()의 주요
작업이 끝났다. 다음으로 실행할 작업은 앞에서 구한 i-node로 hello.txt의 i-node를 찾아야 한다.

5.2.2.2 오픈할 파일의 i-node 가져오기

hello.txt의 i-node를 가져오는 과정은 섹션 5.2.2.1에서 디렉토리 i-node를 구하는 것과 동일하다. 즉, find_entry()와 iget() 함수를 호출해서 i-node를 조회한다.

코드는 다음과 같다.

```c
//코드 경로:fs/namei.c:
int open_namei(const char * pathname, int flag, int mode,
   struct m_inode ** res_inode)
{
   ......
   if (!(dir = dir_namei(pathname,&namelen,&basename))) // pathname을
                    // 분석해서 파일을 가지고 있는 디렉토리의 i-node를 가져온다.
   if (!namelen) {    // 파일 길이가 0인지 확인
      if (!(flag & (O_ACCMODE|O_CREAT|O_TRUNC))) { // 플래그 확인
                                        // 섹션 5.2.2.1 참조

         *res_inode=dir;
         return 0;
      }
      iput(dir);
      return -EISDIR;
   }

   bh = find_entry(&dir,basename,namelen,&de);
         // hello.txt 파일을 버퍼에 로드한다. de는 hello.txt 파일을 가리킨다.

   if (!bh) {  // hello.txt 파일이 로드되면 bh는 NULL이 아니다.
      ......
   }
   inr = de->inode;    // i-node ID를 구한다.
   dev = dir->i_dev;   // 디바이스 ID를 구한다.
   brelse(bh);
   iput(dir);             // user2의 i-node를 해제한다.
   if (flag & O_EXCL)  // 섹션 5.2.2.1에서 언급한 플래그
      return -EEXIST;
   if (!(inode=iget(dev,inr))  // hello.txt의 i-node를 구한다.
   return -EACCES;
   if ((S_ISDIR(inode->i_mode) && (flag & O_ACCMODE)) ||
            // 섹션 5.2.2.1에서 언급한 플래그
      !permission(inode,ACC_MODE(flag))) {  // 접근 권한 확인
      iput(inode);
      return -EPERM;
   }
   ......
}
```

hello.txt의 i-node를 구하고 나면 i-node는 inode_table[32]에 로드된다 이제 이것을 file_table[64]에 바인딩해야 한다.

5.2.3 파일의 i-node를 file_table[64]에 바인딩시키기

섹션 5.2.2.2에서 hello.txt의 i-node를 inode_table[32]에 로드시켰다. 이 i-node는 file_table[64]와 바인딩되어야 한다. 그래서 file_table[64]에서 inode_table[32]의 i-node를 찾을 수 있어야 한다. 또 OS는 file_table[64]에 hello.txt의 파일 속성, 참조 카운터 그리고 읽기-쓰기 포인터 오프셋을 저장한다.

코드는 다음과 같다.

```c
//코드 경로:fs/open.c:
int sys_open(const char * filename,int flag,int mode)
{
    ......
    if (S_ISCHR(inode->i_mode))    // hello.txt는 문자 디바이스가 아니다.
        if (MAJOR(inode->i_zone[0])==4) {
            if (current->leader && current->tty<0) {
                current->tty = MINOR(inode->i_zone[0]);
                tty_table[current->tty].pgrp = current->pgrp;
            }
        } else if (MAJOR(inode->i_zone[0])==5)
            if (current->tty<0) {
                iput(inode);
                current->filp[fd]=NULL;
                f->f_count=0;
                return -EPERM;
            }
    /* 블록 디바이스과 마찬가지로 floppy_change를 확인한다. */
    if (S_ISBLK(inode->i_mode))    // hello.txt는 블록 디바이스 파일도 아니다.
        check_disk_change(inode->i_zone[0]);
    f->f_mode = inode->i_mode;    // i-node 속성 설정
    f->f_flags = flag;            // 파일 플래그 설정
    f->f_count = 1;               // 참조 카운터는 1
    f->f_inode = inode;           // 파일과 i-node 간의 참조 관계 설정
    f->f_pos = 0;                 // 읽기-쓰기 포인터 오프셋
    return (fd);                  // 파일 핸들을 유저에게 반환
}
```

지금까지 file_table[64]가 프로세스의 *filp[20]의 포인터에 바인딩되고 또 inode_table[32]에 hello.txt의 i-node가 바인딩되는 절차들을 살펴보았다. OS는 fd 즉, filp[20]에서의 마운트 포인터(filp[20]내의 인덱스) 값을 반환한다. 유저 프로세스는 이 값을 파일 핸들로 사용한다. 시스템은 프로세스가 fd를 전달해 주면 어떤 파일이 필요한지 바로 판단할 수 있다. 예를 들어 다음과 같은 코드가 있다고 하자.

```c
int size = read(fd,buffer,sizeof(buffer));
```

이 코드는 hello.txt 파일을 읽으려는 코드이다. 여기서 fd는 hello.txt를 의미한다. 이 파라미터가 커널에 전달되면 OS는 fd값을 사용해서 마운트 포인터를 찾을 수 있다.

파일을 읽는 동작에 대한 상세한 내용은 다음 섹션에서 소개할 것이다.

5.3 파일 읽기

파일을 읽는다는 것은 유저 프로세스가 오픈한 파일에서 데이터를 읽어 들이는 것을 말한다. 파일 읽기는 read() 함수를 사용한다.

5.3.1 주변 장치의 데이터 블록 위치 파악하기

read() 함수는 시스템 콜 sys_read() 함수를 호출한다. 주요 동작이 실행되기 전에 시스템은 먼저 이 함수가 실행될 수 있는지 파악한다. 이때 유저 프로세스가 소유한 핸들이 있는지, 혹은 읽으려는 데이터의 크기가 허용된 범위 내인지 확인한다. 또 읽는 데이터를 저장한 유저 프로세스의 버퍼가 읽기 전용인지 알아본다. 이런 확인 작업을 거치고 나서야 읽기 작업을 시작한다. 즉, file_read() 함수를 호출하고 프로세스가 원하는 파일 데이터를 읽을 수 있도록 한다. 코드는 다음과 같다.

```
//코드 경로:fs/read_write.c:
int sys_read(unsigned int fd,char * buf,int count) // "hello.txt"에서
                                                    // 데이터를 읽는다.
{
    struct file * file;
    struct m_inode * inode;

    if (fd>=NR_OPEN || count<0 || !(file=current->filp[fd]))
            // fd, count는 사용 가능한 값인지 파일은 오픈되어 있는지 확인한다.
        return -EINVAL;
    if (!count)     // 읽으려는 데이터의 크기가 0이면 바로 리턴한다.
        return 0;
    verify_area(buf,count);    // buf가 있는 페이지의 속성을 확인한다.
                               // 이 버퍼가 읽기 전용이면 이 페이지를 복사한다.
                               // 챕터 6을 참조할 것
    inode = file->f_inode;
    if (inode->i_pipe)
        return (file->f_mode&1)?read_pipe(inode,buf,count):-EIO;
    if (S_ISCHR(inode->i_mode))
        return rw_char(READ,inode->i_zone[0],buf,count,&file->f_pos);
    if (S_ISBLK(inode->i_mode))
        return block_read(inode->i_zone[0],&file->f_pos,buf,count);
    if (S_ISDIR(inode->i_mode) || S_ISREG(inode->i_mode)) {
            // "hello.txt" 파일의 i-node 속성을 분석한다. 파일은 일반 파일이다.
        if (count+file->f_pos > inode->i_size)
            count = inode->i_size - file->f_pos;
        if (count<=0)
            return 0;
        return file_read(inode,file,buf,count); // 데이터를 읽는다.
    }
    printk("(Read)inode->i_mode=%06o\n\r",inode->i_mode);
    return -EINVAL;
}
```

file_read() 함수에서 시스템은 bmp() 함수를 사용해서 주변 장치의 지정한 파일 데이터 블록의 논리 블록 개수를 확인한다. 이 작업에 대한 코드는 다음과 같다.

```
//코드 경로:include/linux/fs.h:
#define BLOCK_SIZE 1024
```

```
//코드 경로:fs/file_dev.c
int file_read(struct m_inode * inode, struct file * filp, char * buf, int count)
{
   int left,chars,nr;
   struct buffer_head * bh;

   if ((left=count)<=0)
      return 0;
   while (left) { // 버퍼 블록(1KB) 이상의 데이터면 매 루프마다 buf 메모리로
                  // 복사된다.
      if (nr = bmap(inode,(filp->f_pos)/BLOCK_SIZE)) {
                     // 파일 연산 포인터 오프셋은 BLOCK_SIZE(1024)로 나누어져서
                     // 데이터의 위치를 가리킨다.
                     // 여기서 filp->f_pos는 0이다.
          if (!(bh=bread(inode->i_dev,nr))) // 주변 장치(디스크)에서
                                            // 데이터를 읽는다.

             break;
      } else
         bh = NULL;
      ......
   }
```

bmp() 함수를 호출하면 _bmp() 함수가 호출되고 이때 또 다른 파라미터가 더해진다. 코드는 다음과 같다.

```
//코드 경로:fs/inode.c:
int bmap(struct m_inode * inode,int block)
{
   return _bmap(inode,block,0);          // 마지막 파라미터가 추가된다.
                                         // 0은 기존에 존재하던 블록을 사용하는 것이고
                                         // 1은 새 블록을 생성하는 것을 의미한다.

}
```

우리는 먼저 i-node가 어떻게 파일을 관리하는지 알아봐야 한다.

i-node는 그림 5.5에서 보여 주고 있는 것처럼 파일 데이터 블록을 i_zone 구조체를 통해서 관리한다.

i_zone[9]는 파일 데이터 블록 정보를 기록한다. 파일 데이터 블록의 수가 9 이상이 되면 리눅스는 다른 방법을 찾아야 한다. 이 방법을 통해서 계층적으로 데이터 블록을 관리하기 위해 데이터 영역의 데이터 블록을 논리 블록의 인덱스 값으로 저장한다. 이 방법은 관리할 수 있는 데이터 블록의 개수를 늘리기 위해서 방법이다.

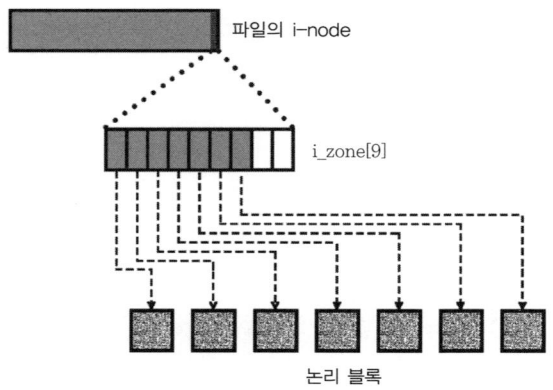

파일 데이터 블록의 크기는 7KB 보다 작거나 같다.

그림 5.5 파일 데이터가 7 블록 이하일 때 i-node의 관리 다이어그램

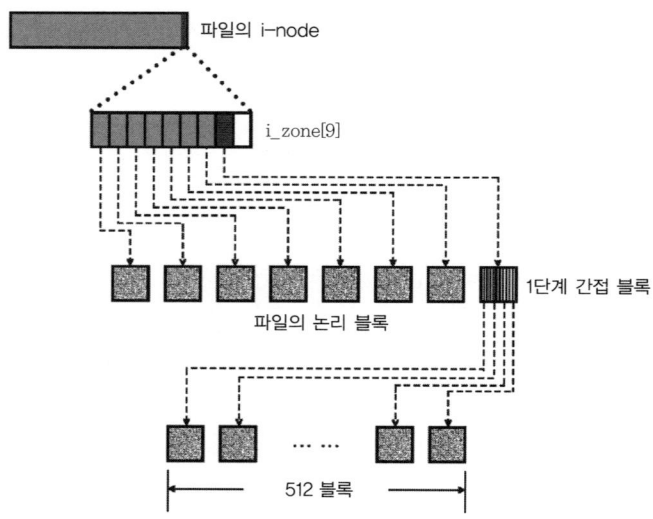

파일 데이터 블록의 크기가 7KB 이상이고 (7+512)KB 이하다.

그림 5.6 파일 데이트가 7 ～ (7+512) 사이의 블록을 사용할 때, i-node 관리 다이어그램

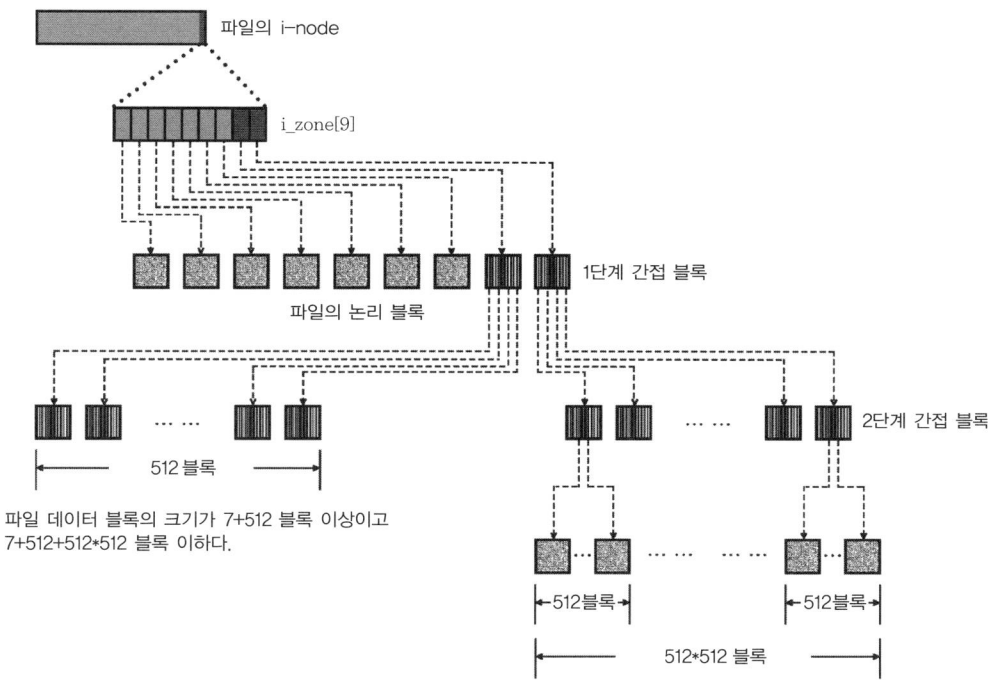

그림 5.7 파일 데이터가 (7+512) 블록 이상일 때, i-node 관리 다이어그램

데이터의 최대 크기가 7KB 미만일 때 i_zone[9]의 첫 일곱 개 아이템에는 데이터 저장에 사용되는 데이터 블록 넘버를 기록한다. 데이터의 최대 크기가 7KB 이상일 때, 1단계 간접 블록 관리 방법을 쓰게 된다. 즉, i_zone[9]의 여덟 번째 아이템에 주변 장치(디스크)의 다음 512개 데이터 블록 넘버를 저장할 데이터 블록 넘버를 저장한다. 이렇게 간접 블록에 저장된 데이터 블록 넘버로 원하는 데이터 블록을 찾을 수 있다. 데이터 블록 크기가 1024바이트이고 각 블록 넘버가 2바이트이기 때문에 데이터 블록은 총 512개 데이터 블록 넘버를 저장할 수 있다. 이런 방식으로 관리할 수 있는 최대 크기는 7 + 512 블록이 되고 이것은 (7+512)KB다.

데이터 크기가 (7+512)KB 이상이면 2차 간접 블록 관리 방법을 사용해야 한다. i_zone[9]의 아홉 번째 아이템에 주변 장치(디스크)의 512개 데이터 블록 넘버를 저장할 수 있는 블록을 가리키는 블록 넘버를 저장한다. 이 512개의 데이터 블록은 다시 다른 512개 데이터 블록 넘버를 저장한다. 이런 방식으로 최대 관리 가능한 블록 수는 7+512+512*512개다. 이것을 다시 계산하면 (7+512+512*512)KB가 된다(262,663KB, 약 262MB).

예제의 경우, 위 3가지 경우 중에 첫 번째에 해당한다. 즉, hello.txt는 7개 이하의 블록을 가지고 있다. 다음 코드를 보자.

```
//코드 경로:fs/inode.c:
static int _bmap(struct m_inode * inode,int block,int create)
{
    struct buffer_head * bh;
    int i;

    if (block<0)                                  // 파일 데이터 블록이 0 미만인지 확인
        panic("_bmap: block<0");
    if (block >= 7+512+512*512)                   // 파일 데이터 블록이 허용 최대치 이상인지 확인
        panic("_bmap: block>big");

//===================== 7 블록 미만일 때 =======================

    if (block<7) {  // 파일 데이터 블록이 7 미만인지 확인
        if (create && !inode->i_zone[block])  // 새 데이터 블록을 생성할지 확인
            if (inode->i_zone[block]=new_block(inode->i_dev)) {
                inode->i_ctime=CURRENT_TIME;
                inode->i_dirt=1;
            }
        return inode->i_zone[block];           // i_zone에 기록된 논리 블록 넘버를 반환한다.
    }


//================= 7 이상 (7+512) 미만 블록일 때 ====================

    block -= 7;
    if (block<512) {
        if (create && !inode->i_zone[7])       // 새 데이터 블록 생성
            if (inode->i_zone[7]=new_block(inode->i_dev)) {
                inode->i_dirt=1;
                inode->i_ctime=CURRENT_TIME;
            }
        if (!inode->i_zone[7])                 // 1 레벨 간접 블록이 비어 있으면 중지
            return 0;
        if (!(bh = bread(inode->i_dev,inode->i_zone[7]))) // 1 레벨 간접 블록 로드
            return 0;
        i = ((unsigned short *) (bh->b_data))[block];  // 간접 블록에서
                                                       // 논리 블록 넘버 조사
        if (create && !i)                      // 새 블록을 생성해야 하는지 말아야 하는지 판단
        if (i=new_block(inode->i_dev)) {
                ((unsigned short *) (bh->b_data))[block]=i;
                bh->b_dirt=1;
            }
        brelse(bh);
        return i;
    }
```

```
//============ (7+512) 이상 (7+51+512*5122) 미만 블록일 때 =============

    block -= 512;
    if (create && !inode->i_zone[8]) // 새 데이터 블록을 생성할지 확인
        if (inode->i_zone[8]=new_block(inode->i_dev)) {
            inode->i_dirt=1;
            inode->i_ctime=CURRENT_TIME;
        }
    if (!inode->i_zone[8])     // 1 레벨 간접 블록이 없으면 중지, 0을 리턴
        return 0;
    if (!(bh=bread(inode->i_dev,inode->i_zone[8])))  // 1 레벨 간접 블록 로드
        return 0;
    i = ((unsigned short *)bh->b_data)[block>>9]; // 간접 블록에서
                                            // block/512 블록 넘버를 구한다.
    if (create && !i)
        if (i=new_block(inode->i_dev)) {
            ((unsigned short *) (bh->b_data))[block>>9]=i;
            bh->b_dirt=1;
        }
    brelse(bh);
    if (!i)
        return 0;
    if (!(bh=bread(inode->i_dev,i)))  // 2 레벨 간접 블록을 로드한다.
        return 0;
    i = ((unsigned short *)bh->b_data)[block&511]; // 2 레벨 간접 블록에서
                                            // block&512의 블록 넘버를 구한다.
    if (create && !i)
        if (i=new_block(inode->i_dev)) {
            ((unsigned short *) (bh->b_data))[block&511]=i;
            bh->b_dirt=1;
        }
    brelse(bh);
    return i;
}
```

5.3.2 데이터 블록을 버퍼 블록으로 읽어들이기

read() 함수를 호출해서 파일 "hello.txt"의 첫 데이터 블록을 하드디스크에서 지정된 버퍼로 읽어 들인다.

코드는 다음과 같다.

```
//코드 경로:fs/file_dev.c:
int file_read(struct m_inode * inode, struct file * filp, char * buf, int count)
{
    ......
while (left) {  // 매 루프마다 1블록(1KB)의 데이터를 읽어 들인다.
        if (nr = bmap(inode,(filp->f_pos)/BLOCK_SIZE)) {
                        // 논리 블록 넘버를 찾는다.
```

```
            if (!(bh=bread(inode->i_dev,nr)))   // 데이터를 읽어 온다.
                break;
        } else
            bh = NULL;
......
    }
```

bread() 함수에 대해서는 섹션 3.3.1을 참고하면 된다.

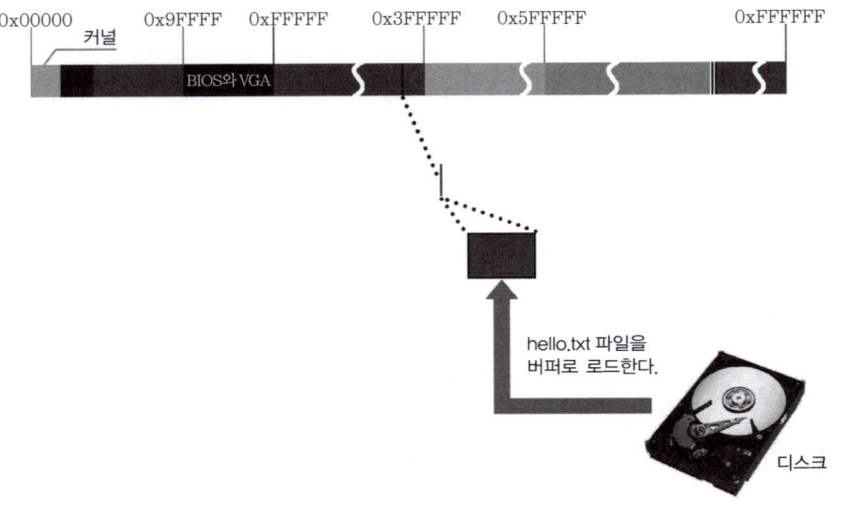

그림 5.8 파일에서 버퍼로 데이터를 읽어 들인다.

5.3.3 버퍼의 데이터를 프로세스 메모리로 복사

버퍼로 데이터 블록을 로드하고 나서 시스템은 이 데이터를 다시 유저 프로세스의 데이터 메모리 (*buf)로 복사한다. 코드는 다음과 같다.

```c
//코드 경로:fs/file_dev.c:
int file_read(struct m_inode * inode, struct file * filp, char * buf, int count)
{
    ......
    while (left) {
    ......
        } else
            bh = NULL;
        nr = filp->f_pos % BLOCK_SIZE;          // 다음 네 줄의 코드를 복사할 때 필요한 데이터
                                                // 크기를 계산한다.

        chars = MIN( BLOCK_SIZE-nr , left );
        filp->f_pos += chars;
        left -= chars;
        if (bh) {                               // 디스크에서 데이터를 가져오면
            char * p = nr + bh->b_data;
            while (chars-->0)                   // 바이트 단위로 메모리를 복사한다.
                put_fs_byte(*(p++),buf++);
            brelse(bh);
        } else {                                // 데이터를 못가져 왔으면 0으로 복사한다.
            while (chars-->0)
                put_fs_byte(0,buf++);
        }
    }
    inode->i_atime = CURRENT_TIME;
    return (count-left)?(count-left):-ERROR;
}
```

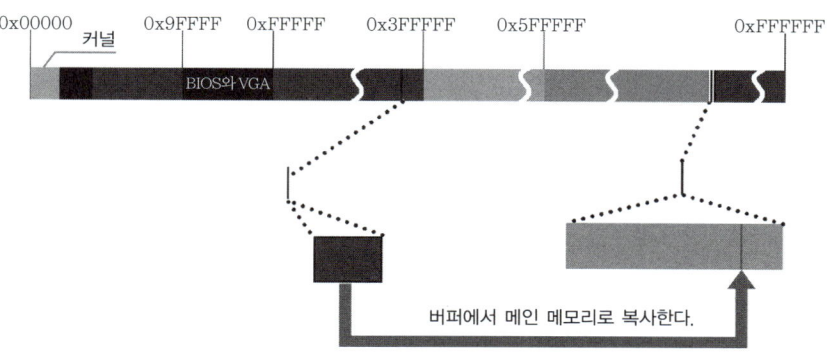

그림 5.9 버퍼 데이터를 메인 메모리로 읽어 들인다.

버퍼에 저장된 데이터를 복사해서 지정한 메모리로 복사하는 과정은 그림 5.9에서 보여 준다.

우리 프로그램에서 시스템은 "hello.txt" 파일에서 한 데이터 블록(1KB)만을 읽어 들인다. "while" 루프는 *buf 영역에 지정된 양 만큼의 데이터를 복사하게 한다.

이것으로 파일을 읽는 과정은 끝났다. 이제 예제 2를 통해서 새로운 파일을 생성하고 파일에 데이터를 쓰는 과정을 알아보자.

예제 2 : 유저 프로세스는 하드디스크에 새 파일을 생성하고 데이터를 기록한다. 이 예제는 두 부분으로 나눌 수 있다. 즉, 새 파일을 생성하는 부분과 데이터를 기록하는 부분이다. 코드는 다음과 같다.

```
void main()
{
    char str1[] = "Hello, world";
    // 파일 생성
    int fd = creat("/mnt/user/user1/user2/hello.txt", 0644);
    // 데이터 기록
    int size = write(fd, str1, strlen(str1));
}
```

5.4 새 파일 생성하기

새 파일을 생성한다는 것은 유저 프로세스의 요청에 따라서 기존 파일 시스템에 없던 파일을 새로 만드는 과정이다. 이 작업은 creat() 함수를 통해서 수행된다.

5.4.1 파일 찾기

creat() 함수는 시스템 콜 함수인 sys_creat() 함수에 맵핑된다. 새 파일을 생성하는 코드는 파일을 오픈하는 코드와 형태가 유사하다. 시스템은 sys_creat() 함수 내부에서 새로운 파일을 생성하기 위해서 sys_open() 함수를 호출하게 된다. 코드는 다음과 같다.

```
//코드 경로:fs/file_dev.c:
int sys_creat(const char * pathname, int mode)   // 새 파일 생성
{
    return sys_open(pathname, O_CREAT | O_TRUNC, mode);
    // 주의 : 파일 생성 플래그인 O_CREAT과 기존 내용 삭제 플래그인 O_TRUNC를 모두 설정한다.
    // 파라미터 플래그가 앞서 본 섹션 5.2.2와는 다르다.
}
```

시스템은 open_namei() 함수를 호출해서 "hello.txt" 파일의 i-node를 찾는다. 다음 코드를 보자.

```
//코드 경로:fs/open.c:
int sys_open(const char * filename,int flag,int mode)
{
    ……
        mode &= 0777 & ~current->umask;  // umask 설정에 따라 모드 설정
    for(fd=0 ; fd<NR_OPEN ; fd++)
        if (!current->filp[fd])
    ……
        return -EINVAL;
    (current->filp[fd]=f)->f_count++;
    if ((i=open_namei(filename,flag,mode,&inode))<0) {
                                    // "hello.txt"의 i-node를 조회해 본다.
        current->filp[fd]=NULL;
    ……
}
```

이 예제에서 원하는 파일이 존재하기 않기 때문에 open_namei() 함수의 동작은 섹션 5.2.2에서 설명했던 것과는 다른 결과를 리턴한다. 디렉토리명을 분석하기 위해 dir_namei()를 호출해서 i-node를 가져온 뒤 "hello.txt" 디렉토리 아이템을 찾을 수 없으면 bh값은 NULL로 설정된다.

코드는 다음과 같다.

```
//코드 경로:fs/namei.c:
int open_namei(const char * pathname, int flag, int mode,
    struct m_inode ** res_inode)
{
    ……
    mode &= 0777 & ~current->umask;
    mode |= I_REGULAR;    // 이 파일을 정규 파일로 설정한다.
    if (!(dir = dir_namei(pathname,&namelen,&basename)))
                                    // 경로명을 분석하고 파일을 가지고 있는
                                    // 디렉토리 i-node를 가져온다.
        return -ENOENT;
    if (!namelen) {                    /* '/usr/'와 같이 파일명이 없는 특별한 경우 */
        if (!(flag & (O_ACCMODE|O_CREAT|O_TRUNC))) {
            *res_inode=dir;
            return 0;
        }
        iput(dir);
        return -EISDIR;
    }
    bh = find_entry(&dir,basename,namelen,&de); // 파일명을 검색한다.
    ……
}
```

```
//코드 경로:fs/namei.c:
static struct buffer_head * find_entry(struct m_inode ** dir,
    const char * name, int namelen, struct dir_entry ** res_dir)
{
    ......
    i = 0;
    de = (struct dir_entry *) bh->b_data;//de는 디렉토리 엔트리 첫 포인터
    while (i < entries) { // "hello.txt"를 찾을 때까지 반복
        if ((char *)de >= BLOCK_SIZE+bh->b_data) {
            brelse(bh);
            bh = NULL;
            if (!(block = bmap(*dir,i/DIR_ENTRIES_PER_BLOCK)) ||
                !(bh = bread((*dir)->i_dev,block))) {
                            // 디렉토리 아이템을 로드하는 동안에도 계속 검색
                i += DIR_ENTRIES_PER_BLOCK;
                continue;
            }
            de = (struct dir_entry *) bh->b_data;
        }
        if (match(namelen,name,de)) { // 디렉토리 아이템이 일치하는지 확인
                                      // 찾으면 다음 명령들을 수행
            *res_dir = de;
            return bh;
        }
        de++;
        i++;
    }
    brelse(bh);
    return NULL; // "hello.txt" 파일을 못찾으면 NULL 리턴
}
```

섹션 5.2.1에서 파일을 오픈하는 과정에서 mode 파라미터를 사용하지 않았다는 것을 기억할 것이다. 하지만 이번에는 i-node 속성을 설정하기 위해서 사용되었다.

5.4.2 새 파일을 위한 i-node 만들기

"hello.txt" 파일의 디렉토리 아이템을 찾을 수 없다는 것만으로 파일을 생성해야 된다고 판단할 수 없다. 새로운 i-node를 생성하기 전에, 시스템은 O_CREAT 플래그가 설정되었는지 아닌지 확인해야 한다. 만약 O_CREAT 플래그가 설정되어 있다면 유저 프로세스는 새 파일을 생성하려는 의도가 있는 것으로 판단할 수 있다(설정 과정은 섹션 5.4.1에서 소개했다). 또 프로세스가 쓰기 권한을 가지고 있는지 체크한다. 권한을 확인하고 나서 new_inode()를 호출해서 새로운 i-node를 생성하고 i-node 속성과 같은 정보들을 설정하게 된다.

코드는 다음과 같다.

```
//코드 경로:fs/namei.c:
int open_namei(const char * pathname, int flag, int mode,
    struct m_inode ** res_inode)
{
    ......
    if (!(dir = dir_namei(pathname,&namelen,&basename))) // 경로명을 분석하고
                                                         // 디렉토리 i-node를 구한다.
        return -ENOENT;
    if (!namelen) {                          /* '/usr/'와 같이 파일명이 없는 특별한 경우 */
        if (!(flag & (O_ACCMODE|O_CREAT|O_TRUNC))) {
            *res_inode=dir;
            return 0;
        }
        iput(dir);
        return -EISDIR;
    }
    bh = find_entry(&dir,basename,namelen,&de);    // 디렉토리 i-node를 통해서
                                                   // 지정한 파일명을 찾는다.
    if (!bh) {                                      // 파일이 없으면 버퍼 블록이 NULL이다.
        if (!(flag & O_CREAT)) {                    // 새 파일을 생성하려는 것인지 플래그 확인
            iput(dir);
            return -ENOENT;
        }
        if (!permission(dir,MAY_WRITE)) {           // user2 디렉토리에 대한
                                                    // 쓰기 권한이 있는지 확인

            iput(dir);
            return -EACCES;
        }
        inode = new_inode(dir->i_dev);              // i-node 생성
        if (!inode) {
            iput(dir);
            return -ENOSPC;
        }
        inode->i_uid = current->euid;               // i-node의 uid 설정
        inode->i_mode = mode;                       // 접근 모드 설정
        inode->i_dirt = 1;                          // i_dirt는 1로 설정
        bh = add_entry(dir,basename,namelen,&de);   // 디렉토리 아이템 생성
        if (!bh) {
            inode->i_nlinks--;
            iput(inode);
            iput(dir);
            return -ENOSPC;
        }
        de->inode = inode->i_num;
        bh->b_dirt = 1;
        brelse(bh);
        iput(dir);
        *res_inode = inode;
        return 0;
    }
    ......
}
```

new_inode() 함수가 새로운 i-node를 만들기 위해서 필요한 작업에는 두 단계가 있다.

1. i-node 비트맵에 새로운 i-node에 해당하는 비트를 설정한다.
2. i-node 속성 정보를 inode_table[32]로 로드한다.

코드는 다음과 같다.

```
//코드 경로:fs/bitmap.c:
struct m_inode * new_inode(int dev)
{
    struct m_inode * inode;
    struct super_block * sb;
    struct buffer_head * bh;
    int i,j;

    if (!(inode=get_empty_inode())) // inode_table[32]에서 빈 아이템을 찾는다.
        return NULL;
    if (!(sb = get_super(dev)))        // 디바이스의 슈퍼 블록을 가져온다. (파일 시스템
                                       // 설치 때 이미 로드되었다.)
        panic("new_inode with unknown device");

        // 슈퍼 블록의 i-node 비트맵 정보를 이용해서 i-node 비트맵을 설정한다.
    j = 8192;
    for (i=0 ; i<8 ; i++)
        if (bh=sb->s_imap[i])
            if ((j=find_first_zero(bh->b_data))<8192)
                break;
    if (!bh || j >= 8192 || j+i*8192 > sb->s_ninodes) {
        iput(inode);
        return NULL;
    }
    if (set_bit(j,bh->b_data))
        panic("new_inode: bit already set");

        // 지금까지는 슈퍼 블록의 비트맵을 이용해서 속성을 설정했다.

    bh->b_dirt = 1;        // b_dirt를 1로 설정하는 것을 시작으로 여러 속성을 변경한다.
    inode->i_count=1;
    inode->i_nlinks=1;
    inode->i_dev=dev;
    inode->i_uid=current->euid;
    inode->i_gid=current->egid;
    inode->i_dirt=1;
    inode->i_num = j + i*8192;
    inode->i_mtime = inode->i_atime = inode->i_ctime = CURRENT_TIME;
    return inode;
}
```

5.4.3 새로운 디렉토리 아이템 생성

"hello.txt" 파일의 디렉토리 아이템은 user2 디렉토리 파일에 저장된다. 저장하는 것을 다루기에 앞서 먼저 디렉토리 파일의 구조를 보여 주는 그림을 먼저 보자(그림 5.10).

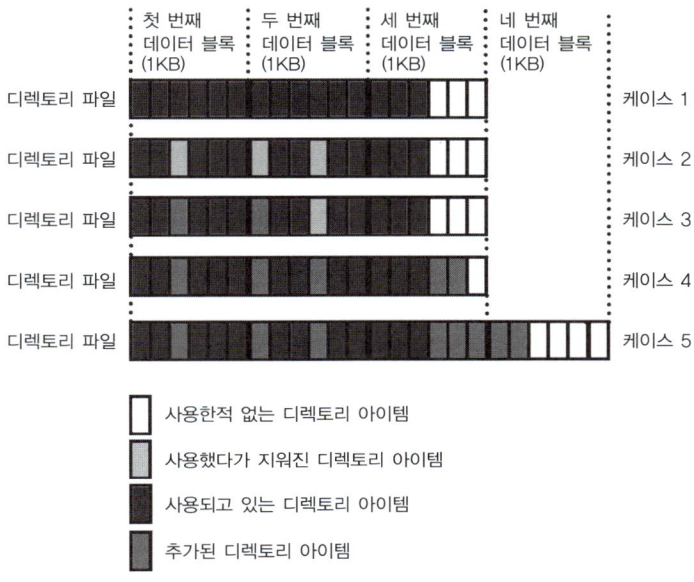

그림 5.10 디렉토리 파일의 구조

그림에서 케이스 1은 초기 디렉토리 파일의 상태이다. 케이스 2는 디렉토리 아이템을 삭제한 상태를 보여 주고 있다(디렉토리 아이템의 i-node 넘버를 0으로 초기화하는 방식이다). 케이스 3, 4 그리고 5는 아이템들이 계속 추가되었을 때의 상태를 보여 준다.

시스템은 add_entry() 함수를 호출해서 새로운 디렉토리 아이템을 생성한다. 코드는 다음과 같다.

```
//코드 경로:fs/namei.c:
int open_namei(const char * pathname, int flag, int mode,
  struct m_inode ** res_inode)
{
    ......
        inode = new_inode(dir->i_dev);    // i-node를 생성한다.
        if (!inode) {
            iput(dir);
            return -ENOSPC;
        }
        inode->i_uid = current->euid;    // i-node의 uid 설정
        inode->i_mode = mode;            // 접근 모드 설정
```

```
            inode->i_dirt = 1;                    // i_dirt는 1로 설정
            bh = add_entry(dir,basename,namelen,&de); // 디렉토리 아이템 생성
            if (!bh) {
                inode->i_nlinks--;
                iput(inode);
                iput(dir);
                return -ENOSPC;
            }
            de->inode = inode->i_num;  // 디렉토리 아이템에 i-node 넘버를 설정
            bh->b_dirt = 1;
            brelse(bh);
            iput(dir);
            *res_inode = inode;
            return 0;
    }
    ......
}
```

add_entry() 함수의 임무는 디렉토리 파일에 사용할 수 있는 빈 아이템이 있을 때, 그 빈 아이템에 디렉토리 아이템을 로드하고 더 이상 빈 아이템이 없으면 새로운 데이터 블록을 주변 장치(디스크)에 만들고 이 블록에 디렉토리 아이템을 로드하는 것이다. 로딩 시나리오는 이전에 설명했다.

코드는 다음과 같다.

```
//코드 경로:fs/namei.c:
static struct buffer_head * add_entry(struct m_inode * dir,
    const char * name, int namelen, struct dir_entry ** res_dir)
            // user2 디렉토리 파일에 디렉토리 아이템을 추가한다.
{
    int block,i;
    struct buffer_head * bh;
    struct dir_entry * de;

    *res_dir = NULL;
#ifdef NO_TRUNCATE
    if (namelen > NAME_LEN)
        return NULL;
#else
    if (namelen > NAME_LEN)
        namelen = NAME_LEN;
#endif
    if (!namelen)
        return NULL;
    if (!(block = dir->i_zone[0])) // user2의 디렉토리 파일에 첫 논리 블록이
                                    // 있는지 확인한다.
        return NULL;
    if (!(bh = bread(dir->i_dev,block)))
        return NULL;
    i = 0;
```

```
        de = (struct dir_entry *) bh->b_data;
        while (1) {        // 디렉토리 파일에서 비어 있는 디렉토리 아이템을 찾는다.
// ===== 데이터 블록에서 빈 아이템을 찾지 못하면 다음 데이터 블록을 로드해서 계속 검색한다.
// 다 검색을 했는데 빈 아이템이 없으면 새 데이터 블록을 생성한다.
            if ((char *)de >= BLOCK_SIZE+bh->b_data) {
                brelse(bh);
                bh = NULL;
                block = create_block(dir,i/DIR_ENTRIES_PER_BLOCK);
                if (!block)
                    return NULL;
                if (!(bh = bread(dir->i_dev,block))) {
                    i += DIR_ENTRIES_PER_BLOCK;
                    continue;
                }
                de = (struct dir_entry *) bh->b_data;
            }
// ==== 데이터 블록의 끝에서 빈 아이템을 찾았다. 그러면 이 위치에 디렉토리 아이템을 로드시킨다.
            if (i*sizeof(struct dir_entry) >= dir->i_size) {
                de->inode=0;
                dir->i_size = (i+1)*sizeof(struct dir_entry);
                dir->i_dirt = 1;
                dir->i_ctime = CURRENT_TIME;
            }
// ==== 데이터 블록의 중간에 빈 아이템을 찾으면 그곳에 디렉토리 아이템을 로드시킨다.
            if (!de->inode) {
                dir->i_mtime = CURRENT_TIME;
                for (i=0; i < NAME_LEN ; i++)
                    de->name[i]=(i<namelen)?get_fs_byte(name+i):0;
                bh->b_dirt = 1;
                *res_dir = de;
                return bh;
            }
            de++;
            i++;
        }
        brelse(bh);
        return NULL;
}
```

create_block() 함수는 다음과 같다.

```
//코드 경로:fs/inode.c:
int create_block(struct m_inode * inode, int block)
{
    return _bmap(inode,block,1);
            // 마지막 파라미터는 생성 플래그다. 여기서는 1로 설정해서
            // 새 데이터 블록을 생성할 수 있다는 것을 지정한다.
            // 챕터 5.3.1에서 이 플래그를 0으로서 설정했던 것과는 대조된다.
}
```

_bmp() 함수에서 아래 코드가 매우 중요하다.

```
//코드 경로:fs/inode.c:
static int _bmap(struct m_inode * inode,int block,int create)
{
    struct buffer_head * bh;
    int i;

    if (block<0)                  // 파일 데이터 블록이 0 미만인지 확인
        panic("_bmap: block<0");
    if (block >= 7+512+512*512) // 파일 데이터 블록이 허용 최대치 이상인지 확인
        panic("_bmap: block>big");

//===================== 7 블록 미만일 때 =====================

    if (block<7) {   // 파일 데이터 블록이 7 미만인지 확인
        if (create && !inode->i_zone[block])  // 새 데이터 블록을
                                              // 생성한다면 다음 코드를 실행한다.
            if (inode->i_zone[block]=new_block(inode->i_dev)) {
                inode->i_ctime=CURRENT_TIME;
                inode->i_dirt=1;
            }
        return inode->i_zone[block];  // i_zone에 기록된 논리 블록 넘버를 반환한다.
    }


//================== 7 이상 (7+512) 미만 블록일 때 =====================

    block -= 7;
    if (block<512) {
        if (create && !inode->i_zone[7])  // 새 데이터 블록을 생성한다면
                                          // 다음 코드를 실행한다.
            if (inode->i_zone[7]=new_block(inode->i_dev)) {
                inode->i_dirt=1;
                inode->i_ctime=CURRENT_TIME;
            }
        if (!inode->i_zone[7])    // 1 레벨 간접 블록이 비어 있으면 0을 리턴
            return 0;
        if (!(bh = bread(inode->i_dev,inode->i_zone[7]))) // 1 레벨
                                                          // 간접 블록 로드
            return 0;
        i = ((unsigned short *) (bh->b_data))[block];  // 간접 블록에서
                                                       // 논리 블록 넘버 조사
        if (create && !i)  // 새 블록을 생성해야 하면 다음 코드를 실행한다.
            if (i=new_block(inode->i_dev)) {
                ((unsigned short *) (bh->b_data))[block]=i;
                bh->b_dirt=1;
            }
        brelse(bh);
```

```
            return i;
    }


//============ (7+512) 이상 (7+51+512*5122) 미만 블록일 때 ============

    block -= 512;
    if (create && !inode->i_zone[8]) // 새 데이터 블록을 생성한다면 다음 코드를 실행한다.
        if (inode->i_zone[8]=new_block(inode->i_dev)) {
            inode->i_dirt=1;
            inode->i_ctime=CURRENT_TIME;
        }
    if (!inode->i_zone[8])      // 1 레벨 간접 블록이 없으면 중지, 0을 리턴
        return 0;
    if (!(bh=bread(inode->i_dev,inode->i_zone[8])))  // 1 레벨 간접 블록 로드
        return 0;
    i = ((unsigned short *)bh->b_data)[block>>9];   // 간접 블록에서
                                                    // block/512 블록 넘버를 구한다.
    if (create && !i)      // 새 데이터 블록을 생성해야 하면 다음 코드를 실행한다.
        if (i=new_block(inode->i_dev)) {
            ((unsigned short *) (bh->b_data))[block>>9]=i;
            bh->b_dirt=1;
        }
    brelse(bh);
    if (!i)
        return 0;
    if (!(bh=bread(inode->i_dev,i)))  // 2 레벨 간접 블록을 로드한다.
        return 0;
    i = ((unsigned short *)bh->b_data)[block&511]; // 2 레벨 간접 블록에서
                                // block&512의 블록 넘버를 구한다.
    if (create && !i)      // 새 데이터 블록을 생성해야 하면 다음 코드를 실행한다.
        if (i=new_block(inode->i_dev)) {
            ((unsigned short *) (bh->b_data))[block&511]=i;
            bh->b_dirt=1;
        }
    brelse(bh);
    return i;
}
```

_bmt() 함수의 create 플래그가 1이라고 설정되어 있다고 해도 무조건 데이터 블록을 만들지는 않는다. 사용하려는 블록 넘버에 해당하는 데이터 블록이 i-node에 존재하지 않아야 한다. 즉, !inode->izone[......] 또는 !i에 해당하는 코드가 참인지 확인하는 것이다(이 조건식이 참이면, 데이터 블록이 없는 것으로 볼 수 있다). 데이터 블록이 없으면 새로운 데이터 블록을 생성한다. 지금 다루고 있는 예제와 같이 데이터 블록에 사용할 수 있는 빈 아이템을 못 찾는다면 다음 데이터 블록에서 빈 아이템에서 찾을 수 있다. 반면, _bmt() 함수에서 무조건 데이터 블록을 할당하기만 하면 기존 데이터에 덧씌워지게 되고, 나아가 디렉토리 파일 관리 시스템에 문제를 일으킬 수 있다.

새 데이터 블록을 생성하는 작업은 new_block() 함수에서 처리된다. 이 부분에 대해서는 섹션 5.5에서 상세히 다룰 예정이다.

새 디렉토리 아이템을 생성하는 시나리오는 그림 5.11과 같다.

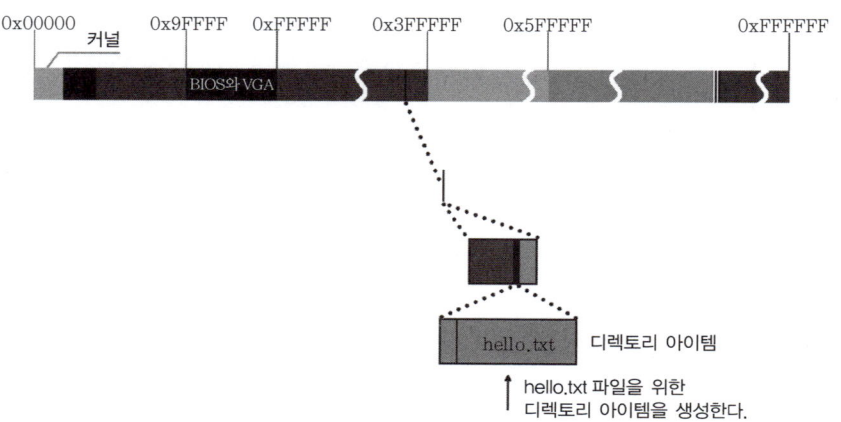

그림 5.11 빈 디렉토리 아이템을 찾고 hello.txt에 대한 디렉토리 아이템을 추가한다.

5.5 파일에 데이터 기록하기

OS의 파일 쓰기 작업은 다음과 같이 진행된다. 먼저 프로세스 메모리에서 데이터를 버퍼에 기록한다. 그리고 버퍼의 데이터를 올바른 조건 하에서 주변 장치와 동기화시킨다. 동기화할 때, OS는 데이터 블록 단위 (1KB)로 버퍼에서 저장 장치로 동기화시킨다. 동기화를 위해서 버퍼와 논리 블록이 저장 장치에 쓰여지기 전에 서로 바인딩되어야 한다. 또 유저 메모리의 버퍼 블록에 쓰여진 데이터가 특정 논리 블록에 정확히 동기화되었는지 확인해야 한다.

먼저 소개할 부분은 바인딩 관계를 어떻게 결정하는지 살펴보자.

5.5.1 파일 상에서 데이터가 쓰일 위치로 이동

write() 함수는 시스템 콜 함수인 sys_write() 함수에 맵핑되어 있다. 이 함수는 파라미터부터 확인한다. 그리고 나서 file_write() 함수를 호출해서 데이터를 쓴다.

코드는 다음과 같다.

```
//코드 경로:fs/read_write.c
int sys_write(unsigned int fd,char * buf,int count)
{
    struct file * file;
    struct m_inode * inode;

    if (fd>=NR_OPEN || count <0 || !(file=current->filp[fd]))
                    // fd, count가 허용 범위 내에 있는지 확인하고 파일이 열려 있는지도 조사한다.
        return -EINVAL;
    if (!count)     // 쓸 데이터의 사이즈가 0이면 바로 리턴한다.
        return 0;
    inode=file->f_inode;
    if (inode->i_pipe)
        return (file->f_mode&2)?write_pipe(inode,buf,count):-EIO;
    if (S_ISCHR(inode->i_mode))
        return rw_char(WRITE,inode->i_zone[0],buf,count,&file->f_pos);
    if (S_ISBLK(inode->i_mode))
        return block_write(inode->i_zone[0],&file->f_pos,buf,count);
    if (S_ISREG(inode->i_mode))   // 정규 파일인지 꼭 확인한다.
        return file_write(inode,file,buf,count); // 파일에 데이터를 쓴다.
    printk("(Write)inode->i_mode=%06o\n\r",inode->i_mode);
        return -EINVAL;
}
```

유저 프로세스에서 전달된 파라미터로 데이터가 기록될 위치를 결정한다. file_write() 함수에서 시스템은 먼저 f_flags를 확인해서 데이터가 쓰일 위치를 계산하고 create_block() 함수를 호출한다. create_block()은 파일의 위치에 해당하는 논리 데이터 블록을 생성하고 이 데이터 블록 넘버를 리턴한다.

다음 코드를 보자.

```
//코드 경로:fs/file_dev.c:
int file_write(struct m_inode * inode, struct file * filp, char * buf, int count)
{
    off_t pos;
    int block,c;
    struct buffer_head * bh;
    char * p;
    int i=0;

/*
 * 동시에 많은 프로세스가 데이터를 추가하면 정상적으로 동작할 수 없다.
 * 그렇게 되면 모든 것들이 엉망이 된다.
 */
    if (filp->f_flags & O_APPEND)      // 플래그에 O_APPEND가 설정되어 있으면
        pos = inode->i_size;           // pos를 파일의 맨 뒤로 이동시킨다.
    else
        pos = filp->f_pos;             // 파일 위치를 f_pos 값으로 바로 이동한다.
```

```
                                      // 이동시킨다(현재 f_pos는 0이다).
    while (i<count) {
        if (!(block = create_block(inode,pos/BLOCK_SIZE)))
            break;
        if (!(bh=bread(inode->i_dev,block)))
            break;
    ......
}
```

i-node의 i_zone[9]에 대응되는 새 데이터 블록을 생성하는 코드는 아래와 같다.

```
//코드 경로:fs/inode.c:
int create_block(struct m_inode * inode, int block)
{
    return _bmap(inode,block,1);
            // 마지막 파라미터는 생성 플래그다. 이 값이 1이면 새 블록을 생성한다.

}

//코드 경로:fs/inode.c:
static int _bmap(struct m_inode * inode,int block,int create)
{
    struct buffer_head * bh;
    int i;

    if (block<0)                 // 파일 데이터 블록이 0 미만인지 확인
        panic("_bmap: block<0");
    if (block >= 7+512+512*512) // 파일 데이터 블록이 허용 최대치 이상인지 확인
        panic("_bmap: block>big");
    if (block<7) {   // 파일 데이터 블록이 7 미만인지 확인
        if (create && !inode->i_zone[block])  // 새 데이터 블록을
                                              // 생성한다면 다음 코드를
                                              // 실행한다.
            if (inode->i_zone[block]=new_block(inode->i_dev)) {
                inode->i_ctime=CURRENT_TIME;
                inode->i_dirt=1;
            }
        return inode->i_zone[block];  // i_zone에 기록된 논리 블록 넘버를
                                      // 반환한다.
    }
    ......
}
```

새 블록 생성은 new_block() 함수에서 처리한다. new_block()은 두 단계로 작업을 수행한다.

1. 새로 생성된 데이터 블록에 해당하는 논리 블록 비트맵에 비트를 1로 설정한다.
2. 버퍼 영역에 생성된 데이터 블록을 위한 버퍼 블록을 만든다. 이 버퍼 블록은 기록될 데이터 내용을 로드하는 데 사용된다.

코드는 다음과 같다.

```
//코드 경로:fs/bitmap.c:

int new_block(int dev)
{
    struct buffer_head * bh;
    struct super_block * sb;
    int i,j;

    if (!(sb = get_super(dev)))   // 디바이스 슈퍼 블록을 구한다.
        panic("trying to get new block from nonexistant device");
    j = 8192;
//== 아래 코드는 슈퍼 블록의 논리 블록 비트맵으로 새 데이터 블록의 논리 블록
// 비트맵을 설정한다.
    for (i=0 ; i<8 ; i++)
        if (bh=sb->s_zmap[i])
            if ((j=find_first_zero(bh->b_data))<8192)
                break;
    if (i>=8 || !bh || j>=8192)
        return 0;
    if (set_bit(j,bh->b_data))
        panic("new_block: bit already set");

//== 위 코드는 슈퍼 블록의 논리 블록 비트맵으로 새 데이터 블록의 논리 블록
// 비트맵을 설정한다.

    bh->b_dirt = 1;              // 버퍼 수정 플래그를 1로 설정한다.
    j += i*8192 + sb->s_firstdatazone-1; // 데이터 블록의 논리 블록 넘버를
                                         // 계산한다.
    if (j >= sb->s_nzones)
        return 0;
    if (!(bh=getblk(dev,j)))   // 버퍼 영역에 데이터 블록을 하나 할당한다.
        panic("new_block: cannot get block");
    if (bh->b_count != 1)
        panic("new block: count is != 1");
    clear_block(bh->b_data);  // 논리 블록의 데이터를 초기화한다.
    bh->b_uptodate = 1;        // 업데이트 플래그를 1로 설정
    bh->b_dirt = 1;            // 수정 플래그를 1로 설정
    brelse(bh);
    return j;
}
```

5.5.2 버퍼 블록 생성

시스템은 bread() 함수를 호출한다. new_block() 함수를 통해서 새 버퍼 블록을 만들었기 때문에 주변 장치(디스크)에서 논리 데이터 블록을 다시 로드할 필요가 없다. 코드는 다음과 같다.

```
//코드 경로:fs/file_dev.c:
int file_write(struct m_inode * inode, struct file * filp, char * buf, int count)
{
    ......
    while (i<count) {
        if (!(block = create_block(inode,pos/BLOCK_SIZE))) // 새 데이터
                                                            // 블록 생성
            break;
        if (!(bh=bread(inode->i_dev,block)))    // 버퍼 블록을 로드한다.
            break;
        c = pos % BLOCK_SIZE;
    ......
}


//코드 경로:fs/buffer.c:
struct buffer_head * bread(int dev,int block)
{
    struct buffer_head * bh;

    if (!(bh=getblk(dev,block))) // 데이터 블록이 해쉬 테이블에 로드되어 있기
                                 // 때문에 다시 읽어올 필요가 없다.
        panic("bread: getblk returned NULL\n");
    if (bh->b_uptodate)              // new_block()에서 b_uptodate가 1로 되었다.
        return bh;
    ll_rw_block(READ,bh);
    wait_on_buffer(bh);
    if (bh->b_uptodate)
        return bh;
    brelse(bh);
    return NULL;
}
```

5.5.3 프로세스 메모리에서 특정 데이터를 복사해서 버퍼 블록에 복사

그림 5.12는 프로세스 메모리의 특정 데이터를 버퍼 블록으로 복사하는 순간을 보여 주고 있다.

"hello, world" 문자열을 파일에 쓰려고 한다. 이를 위해서 버퍼 블록 하나면 충분하기 때문에 while문을 한번만 수행하면 된다.

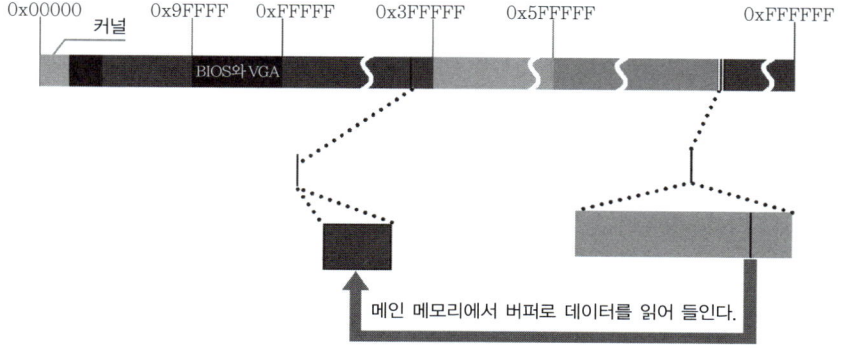

메인 메모리에서 버퍼로 데이터를 읽어 들인다.

그림 5.12 메모리에서 버퍼로 데이터를 복사한다.

코드는 다음과 같다.

```
//코드 경로:fs/file_dev.c:
int file_write(struct m_inode * inode, struct file * filp, char * buf, int count)
{
    ......
        if (!(bh=bread(inode->i_dev,block)))   // 버퍼 블록 적용
            break;
        c = pos % BLOCK_SIZE;                  // 버퍼 블록에 기록될 위치 계산
        p = c + bh->b_data;
        bh->b_dirt = 1;
        c = BLOCK_SIZE-c;
        if (c > count-i) c = count-i;
        pos += c;
        if (pos > inode->i_size) {
            inode->i_size = pos;
            inode->i_dirt = 1;
        }
        i += c;
        while (c-->0)
            *(p++) = get_fs_byte(buf++);       // 버퍼 블록에 데이터를
                                               // 기록한다.
        brelse(bh);
    }
    inode->i_mtime = CURRENT_TIME;
    if (!(filp->f_flags & O_APPEND)) {
        filp->f_pos = pos;
        inode->i_ctime = CURRENT_TIME;
    }
    return (i?i:-1);
}
```

아직 유저 프로세스의 데이터는 하드디스크에 기록되지 않고 버퍼에만 기록되어 있다. 다음으로 이야기 할 것은 어떻게 버퍼 데이터를 하드디스크에 기록하느냐 하는 것이다.

5.5.4 버퍼에서 하드디스크로 데이터를 동기화시키는 두 가지 방법

버퍼에서 하드디스크로 데이터를 동기화시키는 두 가지 방법이 있다. 하나는 정규 동기화로 업데이트 (update) 프로세스를 이용하는 방식이고, 다른 하나는 버퍼 영역이 부족해서 OS가 강제로 동기화시키는 방식이다.

첫 번째 방법은 다음과 같다.

쉘 프로세스가 처음 수행될 때, 업데이트 프로세스가 시작된다. 이 프로세스는 메모리에 상주하면서 실행된다. 업데이트 프로세스의 임무는 데이터를 버퍼에서 저장 장치로 데이터 동기화하는 것이다.

이 프로세스는 pause() 함수를 실행시키게 되는데, 이 함수는 시스템 콜인 sys_pause() 함수로 맵핑되어 있어 결과적으로 프로세스가 인터럽트 가능한 대기 상태(인터럽터블 상태)가 된다. OS는 업데이트 프로세스를 주기적으로 대기 상태에서 깨워서 sync() 함수를 호출하게 하고 버퍼의 데이터를 저장 장치로 동기화시킨다.

sync() 함수는 시스템이 sys_sync() 함수를 호출하도록 한다. 파일 동기화의 무결성을 보장하기 위해서 데이터 블록 파일의 i-node 비트맵, i-node, 파일 데이터 블록 그리고 논리 블록의 비트맵을 동기화시켜야 한다. sys_sync() 함수는 변경된 i-node를 버퍼 영역에 기록한다. 그리고 모든 버퍼들을 하나 하나 확인하기 시작한다. 이때 버퍼 블록의 내용이 수정되었다면(블록이 수정되면 b_dirt가 1이 됨), 버퍼 블록의 내용이 저장 장치와 동기화된다.

코드는 다음과 같다.

```
//코드 경로:fs/buffer.c:
int sys_sync(void)
{
    int i;
    struct buffer_head * bh;

    sync_inodes();              /* i-node의 변경을 버퍼에 쓴다. */
    bh = start_buffer;
    for (i=0 ; i<NR_BUFFERS ; i++,bh++) { // 모든 버퍼 영역을 조사한다.
        wait_on_buffer(bh);               // 버퍼 블록이 사용 중이면 락이 풀릴
                                          // 때까지 대기한다.
        if (bh->b_dirt)                   // 버퍼의 내용이 변경되었다면
            ll_rw_block(WRITE,bh);        // 디스크에 기록한다.
    }
    return 0;
}
```

i-node의 동기화 작업은 sync_inode()가 담당한다. 코드는 다음과 같다.

```
//코드 경로:fs/inode.c:
void sync_inodes(void)
{
    int i;
    struct m_inode * inode;

    inode = 0+inode_table;
    for(i=0 ; i<NR_INODE ; i++,inode++) {        // 모든 i-node를 조회한다.
        wait_on_inode(inode);                     // i-node의 락이 풀릴 때까지
                                                  // 대기한다.

        if (inode->i_dirt && !inode->i_pipe)      // i-node가 변경되었고
                                                  // 파이프 파일이 아니면
                                                  // 버퍼에 변경 내용을 기록한다.
            write_inode(inode);
    }
}
```

```
//코드 경로:fs/inode.c:
static void write_inode(struct m_inode * inode)
{
    struct super_block * sb;
    struct buffer_head * bh;
    int block;

    lock_inode(inode);                            // 충돌을 피하기 위해서 i-node에
                                                  // 락을 건다.

    if (!inode->i_dirt || !inode->i_dev) {
        unlock_inode(inode);
        return;
    }
    if (!(sb=get_super(inode->i_dev)))            // 주변 장치의 슈퍼 블록을 가져온다.
        panic("trying to write inode without device");
    block = 2 + sb->s_imap_blocks + sb->s_zmap_blocks +
        (inode->i_num-1)/INODES_PER_BLOCK;        // i-node 비트맵의 논리 블록
                                                  // 넘버를 계산한다.

    if (!(bh=bread(inode->i_dev,block)))          // i-node가 들어갈 논리 블록을
                                                  // 로드한다.

        panic("unable to read i-node block");
    ((struct d_inode *)bh->b_data)                // i-node를 버퍼 영역에
                                                  // 기록한다.

        [(inode->i_num-1)%INODES_PER_BLOCK] =
            *(struct d_inode *)inode;
    bh->b_dirt=1;                                 // 버퍼 블록의 b_dirt 설정
    inode->i_dirt=0;                              // i-node의 i_dirt는 0으로 설정
    brelse(bh);
    unlock_inode(inode);                          // i-node의 락을 풀어 준다.
}
```

동기화를 끝내면 업데이트 프로세스는 다시 서스펜드된다. 그리고 다음 번 업데이트 프로세스가 동작할 때 다시 동기화 작업을 계속한다.

동기화 두 번째 방법은 다음과 같이 진행한다.

예제 2는 간단한 프로그램이지만 기록될 데이터의 양이 많아서 버퍼 영역이 부족하게 된다. 이런 상황에서는 약간 다른 처리 방법을 적용해야 한다. 예제 코드는 다음과 같다.

```c
//코드 경로:fs/inode.c:
void main()
{
        char str1[] = "Hello, world";
        int i;
        // 새 파일 생성
        int fd = creat("/mnt/user/user1/user2/hello.txt", 0644);
        // 데이터 기록
        for(i=0;i<1000000;i++)
    {
            int size = write(fd, str1, strlen(str1));
        }
}
```

다음과 같은 시나리오가 있다고 하자. 기록할 데이터가 10MB 이상이지만 버퍼 영역은 확실히 10MB 이하인 경우다. 그럼 업데이트 프로세스가 깨어나지 않은 상태에서 버퍼 영역이 꽉 차게 되면 데이터는 어떻게 파일을 기록할까? 데이터를 계속 기록하기 위해서는 버퍼 내에 있는 데이터를 하드디스크에 강제로 동기화시켜서 작업을 계속할 수 있는 버퍼 공간을 확보해야 한다.

이 작업은 섹션 3.3.1.2에서 소개했던 getblk() 함수에서 한다. 버퍼 영역의 모든 블록들이 꽉 차서 데이터를 기록할 수 있는 블록이 없다는 것은(즉, 모든 데이터 블록이 b_dirt가 1로 설정된 경우) 공간 확보를 할 필요가 있다는 뜻이다. 코드는 다음과 같다.

```c
//코드 경로:fs/buffer.c:
struct buffer_head * getblk(int dev,int block)
{
    struct buffer_head * tmp, * bh;

repeat:
    if (bh = get_hash_table(dev,block))
        return bh;
    tmp = free_list;
    do {
        if (tmp->b_count)
            continue;
        if (!bh || BADNESS(tmp)<BADNESS(bh)) {
            bh = tmp;
            if (!BADNESS(tmp))
```

```
                break;
            }
/* 사용할 만한 블록을 찾을 때까지 반복 */
    } while ((tmp = tmp->b_next_free) != free_list); // 사용하지 않는 블록을 찾는다.
    if (!bh) {
        sleep_on(&buffer_wait);
        goto repeat;
    }
    wait_on_buffer(bh);
    if (bh->b_count)
        goto repeat;
    while (bh->b_dirt) {            // 사용하지 않는 블록이 있어도 b_dirt가 1이기
                                    // 때문에 버퍼 블록을 사용할 수 없다.
                                    // 이때 공간 확보를 위해 동기화가 필요하다.

        sync_dev(bh->b_dev);        // 동기화한다.
        wait_on_buffer(bh);
        if (bh->b_count)
                goto repeat;
    }
/* NOTE!! 이 블록을 사용할 수 있을 때까지 대기하는 동안 다른 프로세스가 이 블록을
   캐쉬에 추가했을 수 있다. 확인할 것 */
    if (find_buffer(dev,block))
        goto repeat;
/* OK, 마지막으로 이 버퍼가 앞으로 사용할 버퍼다. 이 버퍼는 사용된 적이 없고
   (b_count=0) 락이 걸려있지도 않고 (b_lock=0) 내용이 초기화되어 있다. */
    bh->b_count=1;
    bh->b_dirt=0;
    bh->b_uptodate=0;
    remove_from_queues(bh);
    bh->b_dev=dev;
    bh->b_blocknr=block;
    insert_into_queues(bh);
    return bh;
}
```

이 두 가지 방법으로 데이터를 동기화한다. 이것들에 대해서 좀 더 이야기 해보는 것이 좋겠다.

섹션 5.5.3에서 p 포인터가 가리키고 있는 데이터 블록은 새로 할당된 데이터 블록이다. 그래서 블록의 처음부터 데이터를 기록하는 것이 기존에 존재하는 데이터에 영향을 주지는 않았다. 하지만 지금은 "hello.txt" 파일이 새로 만들어진 파일이 아니라 기존에 있던 파일이다. p가 가리키는 데이터 블록에 데이터를 쓰게 되면 이 데이터 블록의 쓰기 포인터가 가리키는 위치부터 기존의 데이터를 덮어 쓰게 된다(p가 파일의 끝을 가리키고 있지 않는 한 그렇다).

이것은 유저가 데이터를 파일 마지막에만 추가할 수 있다는 뜻이다. 파일 중간에 데이터가 변경되는 상황이라면 sys_write() 함수만으로는 부족하다. 그럼 데이터를 수정하는 더 복잡한 상황을 OS는 어떻게 해결할까? 이것에 대해서 다음에 이어지는 섹션에서 알아보자.

5.6 파일 수정

파일을 수정한다는 것은 파일의 기존 데이터에 영향을 주지 않으면서 데이터를 추가하거나 삭제하는 것이다. 이를 위해서 sys_read(), sys_write() 그리고 sys_lseek() 함수들을 호출해야 한다. sys_read()와 sys_write() 함수는 섹션 5.3과 섹션 5.5에서 이미 설명을 했다. 여기서는 sys_lseek() 함수를 소개하고 이 함수가 다른 함수들과 어떻게 결합되어서 사용되는지 설명하려고 한다.

5.6.1 파일의 작업 포인터를 변경하기

유저 프로세스가 현재 작업 위치 f_pos를 변경하기 위해서 lseek() 함수를 호출한다. 이 함수는 나중에 sys_lseek() 함수를 호출한다. 코드는 다음과 같다.

```
//코드 경로:include/unistd.h:
#define SEEK_SET 0   // 파일의 처음을 기준으로 한다.
#define SEEK_CUR 1   // 파일의 현재 포인터 위치를 기준으로 한다.
#define SEEK_END 2   // 파일의 끝을 기준으로 한다.

//코드 경로:fs/read_write.c:
int sys_lseek(unsigned int fd,off_t offset, int origin)
// 파일 작업 포인터를 조정한다. offset은 기준점(origin)에서 이동할 바이트 값이다.
{
    struct file * file;
    int tmp;

    if (fd >= NR_OPEN || !(file=current->filp[fd]) || !(file->f_inode)
        || !IS_SEEKABLE(MAJOR(file->f_inode->i_dev)))
        return -EBADF;
    if (file->f_inode->i_pipe)
        return -ESPIPE;
    switch (origin) {
        case 0:          // 파일의 앞 부분부터 offset 만큼 떨어진 위치를
                         // f_pos에 설정한다.
            if (offset<0) return -EINVAL;
            file->f_pos=offset;
            break;
        case 1:          // 현재 위치를 기준으로 offset 만큼 떨어진 위치를
                         // f_pos로 설정한다.
            if (file->f_pos+offset<0) return -EINVAL;
            file->f_pos += offset;
            break;
        case 2:          // 파일의 뒷 부분부터 offset 만큼 떨어진 위치를
                         // f_pos에 설정한다.
            if ((tmp=file->f_inode->i_size+offset) < 0)
                return -EINVAL;
            file->f_pos = tmp;
            break;
        default:
            return -EINVAL;
    }
    return file->f_pos;
}
```

5.6.2 파일 내용 수정하기

여기서 우리는 "hello.txt" 파일이 하드디스크에 이미 있었다고 가정하자. 그리고 파일에는 "Hello,world." 라는 내용이 쓰여 있다. 그럼 sys_read(), sys_write() 그리고 sys_lseek()를 조합해서 "hello.txt" 파일에 데이터를 추가하려고 한다.

코드는 다음과 같다.

```c
#include <fcntl.h>
#include <stdio.h>
#include <string.h>

#define LOCATION  6

int main(char argc, char **argv)
{
    char str1[] = "Linux";
    char str2[1024];
    int fd, size;

    memset(str2, 0, sizeof(str2));
    fd = open("hello.txt", O_RDWR, 0644);
    lseek(fd, LOCATION, SEEK_SET);
    strcpy(str2, str1);
    size = read(fd, str2+5, 6);

    lseek(fd, LOCATION, SEEK_SET);
    size = write(fd, str2, strlen(str2));

    close(fd);
    return 0;
}
```

이 프로그램은 "hello.txt" 파일에 "Linux" 문자열을 추가한다. 프로그램을 마치고 나면 "hello.txt"파일은 "Hello, Linuxworld"가 된다.

```c
    fd = open("hello.txt", O_RDWR, 0644);
```

open() 함수는 sys_open()으로 이어지고 파일을 오픈한다.

```c
    lseek(fd, LOCATION, SEEK_SET);
```

lseek() 함수는 sys_lseek() 함수를 호출한다. 세 번째 파라미터는 SEEK_SET이기 때문에 파일의 처음을 기준으로 6바이트 만큼 떨어진 곳으로 쓰기 포인터를 변경한다.

```c
    strcpy(str2, str1);
```

이 명령은 "Linux" 문자를 str2[1024] 배열의 앞으로 복사한다.

```
size = read(fd, str2+5, 6);
```

read() 함수는 sys_read() 함수를 호출하고 이 함수를 통해서 "hello.txt" 파일의 내용을 읽는다. 파라미터 "str2+5"는 "hello.txt" 파일의 내용을 str2 배열의 여섯 번째 위치에 복사하는 것을 의미한다. 파라미터 6은 파일의 내용을 여섯 개의 문자들만 읽도록 한다. lseek(fd, LOCATION, SEEK_SET) 함수는 현재 작업 위치를 파일의 앞에서 여섯 번째 뒤로 이동시킨다. 즉 이때 파일을 읽으면 "world." 문자열을 읽게 된다.

```
lseek(fd, LOCATION, SEEK_SET);
```

위 명령은 앞에서 설명했다. 이 명령은 현재의 작업 위치를 파일에 데이터를 쓸 위치로 이동시킨다.

```
size = write(fd, str2, strlen(str2));
```

write() 함수는 sys_write() 함수가 맵핑되어 있다. 위 명령은 문자열 "Linuxworld"를 "hello.txt" 파일에 기록한다. 프로그램의 최종 결과는 "Hello, Linuxworld."가 된다.

예제 3 : 파일을 닫고 파일 시스템에서 제거한다. 섹션 5.6에서 본 코드를 변경시켜 보자. 다음은 새로 작성한 코드이다.

```c
#include <fcntl.h>
#include <stdio.h>
#include <string.h>

#define LOCATION  6

int main(char argc, char **argv)
{
    char str1[] = "Linux";
    char str2[1024];
    int fd, size;

    memset(str2, 0, sizeof(str2));
    fd = open("/mnt/user/user1/user2/hello.txt", O_RDWR, 0644);
    lseek(fd, LOCATION, SEEK_SET);
    strcpy(str2, str1);
    size = read(fd, str2+5, 6);

    lseek(fd, LOCATION, SEEK_SET);
    size = write(fd, str2, strlen(str2));

    // 파일을 닫는다.
```

```
    close(fd);

    // 파일을 제거한다.
    unlink("/mnt/user/user1/user2/hello.txt");
    return 0;
}
```

5.7 파일 닫기

파일을 닫는 작업은 close() 함수에서 처리한다.

5.7.1 현재 프로세스의 flip[ ]와 file_table[64] 간의 관계 끊기

close() 함수는 시스템 콜 sys_close() 함수를 호출하게 된다. 이 함수는 현재 프로세스의 file_table[64]와 task_struct의 *filp[20] 간의 관계를 정리한다. 그림 5.13에서 이 상태를 보여 주고 있다.

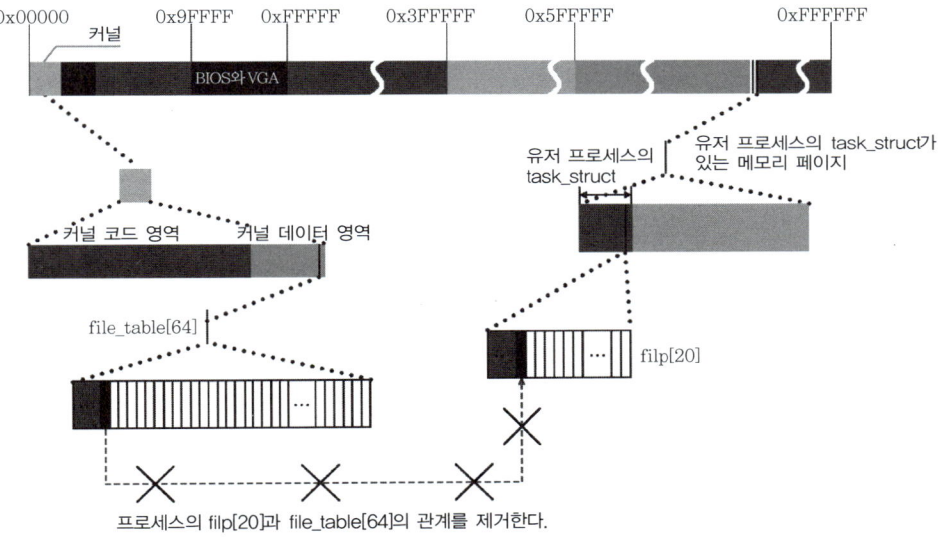

그림 5.13 파일을 닫는 과정

코드는 다음과 같다.

```
//코드 경로:fs/open.c:
int sys_close(unsigned int fd)
{
    struct file * filp;
```

```
    if (fd >= NR_OPEN)
        return -EINVAL;
    current->close_on_exec &= ~(1<<fd);
    if (!(filp = current->filp[fd]))
        return -EINVAL;
    current->filp[fd] = NULL;       // filp[20]의 fd에 해당하는 아이템을 NULL로
                                     // 설정
    if (filp->f_count == 0)
        panic("Close: file count is 0");
    if (--filp->f_count)             // file_table[64]의 파일 참조 카운터를
                                     // 1 낮춘다.
        return (0);
    iput(filp->f_inode);             // file_table[64]와 연결된 i-node와
                                     // 관계를 제거한다.

    return (0);
}
```

> **NOTE**
>
> file_table[64]는 모든 파일의 오퍼레이션을 관리한다. 다른 프로세스들이 hello.txt 파일을 동시에 사용할 때 같은 구조체를
> 사용하게 된다(이것을 섹션 5.2.1에서 설명했다). filp->f_count을 바로 0으로 설정하지 않고 참조 카운트를 하나 줄인다. 물
> 론 예제 3은 hello.txt 파일로 작업하는 다른 프로세스가 없어 filp->f_count를 줄이면 0이 된다. 그리고 file_table[64]에 할
> 당되었던 아이템도 해제한다.

5.7.2 파일의 i-node 해제하기

i-node의 해제하는 과정은 다음과 같은 과정을 거친다. 먼저 i-node의 여러 가지 속성들을 확인한다. 예
를 들어 예제 3은 파일을 변경하였기 때문에 i-node 내용이 변경되었는지 확인해야 한다. 만약 변경되었다
면 i-node가 가리키는 지정된 버퍼 블록과 동기화가 먼저 이루어져야 한다. 그리고 나서 i_count를 0으로 줄
여서 inode_table[32]의 i-node를 해제한다. 코드는 다음과 같다.

```
//코드 경로:fs/inode.c:
void iput(struct m_inode * inode)     // 파일의 i-node를 릴리즈한다.
{
    if (!inode)
        return;
    wait_on_inode(inode);                 // 사용 중이라면 대기한다.
    if (!inode->i_count)                  // 참조 카운터가 0인지 확인한다.
        panic("iput: trying to free free inode");
    if (inode->i_pipe) {                  // i-node가 파이프인지 확인한다.
        wake_up(&inode->i_wait);
        if (--inode->i_count)
            return;
```

```
            free_page(inode->i_size);
            inode->i_count=0;
            inode->i_dirt=0;
            inode->i_pipe=0;
            return;
    }
    if (!inode->i_dev) {                    // 디바이스 넘버가 0인지 확인한다.
        inode->i_count--;                   // i-node의 참조 카운터를 줄인다.
        return;
    }
    if (S_ISBLK(inode->i_mode)) {           // i-node가 블록 디바이스 파일의
                                            // i-node인지 확인한다.
        sync_dev(inode->i_zone[0]);         // i-node를 디스크에 동기화시킨다.
        wait_on_inode(inode);
    }
repeat:
    if (inode->i_count>1) {                 // i-node의 참조 카운터가 1이상이면
        inode->i_count--;                   // 카운터를 하나 낮춘다.
        return;
    }
    if (!inode->i_nlinks) {                 // i-node의 링크 카운터가 0인지 확인한다.
        truncate(inode);                    // i-node의 논리 블록을 해제한다.
        free_inode(inode);                  // i-node를 해제한다.
        return;
    }
    if (inode->i_dirt) {                    // 지금 다루고 있는 예제의 경우에는 i-node의 내용이
                                            // 변경되었기 때문에 디스크와 먼저 동기화를 해야 한다.
        write_inode(inode);                 /* 쓰는 동안 프로세스가 슬립(sleep)에 들어갔을 수도 있으니
                                               repeat으로 돌아가서 다시 확인한다. */
        wait_on_inode(inode);
        goto repeat;
    }
    inode->i_count--;                       // i-node 참조 카운터를 낮춘다.
    return;
}
```

5.8. 파일 삭제

파일 삭제는 파일을 단순히 닫는 것과는 다른 과정이다. 파일을 닫는 것이 현재 프로세스의 file_table[64] 와 hello.txt 파일 간의 연결 포인터를 끊는 일에 불과하다면, 파일을 삭제하는 것은 컴퓨터의 모든 프로세스 들이 파일에 접근하지 못하도록 만드는 것이다.

TIP▶ 리눅스 0.11에서 시스템 콜 sys_link()를 이용해서 "/mnt/user/Zhang/chengxu.c"를 "/mnt/usr/hello.txt" 파일로 연결할 수 있다. 이 기능은 윈도우에서 ShortCut 파일 기능과 비슷하다. 이 기능을 이용하면 각각 다른 유저들이 원본 파일의 경로를 기억하는 대신 원하는 위치의 경로와 파일명을 만들 수 있다. i-node 입장에서는 얼마나 많은 경로들이 파일에 연결되었는지 판단하기 위 해서 i_nlinks를 이용한다. 그래서 링크를 만들 때 i_nlinks 값을 1씩 증가시키는 것이다.

5.8.1 파일 삭제가 가능한지 확인

예제 3에서 unlink() 함수를 호출한다 그리고 이 호출은 결국 sys_unlink() 함수에 연결된다. "hello.txt" 파일의 i-node를 구하고 파일의 속성들을 체크한다. 그리고 파일이 삭제할 수 있는 조건을 확인한다.

코드는 다음과 같다.

```
//코드 경로:fs/namei.c:
int sys_unlink(const char * name)
{
    const char * basename;
    int namelen;
    struct m_inode * dir, * inode;
    struct buffer_head * bh;
    struct dir_entry * de;

    if (!(dir = dir_namei(name,&namelen,&basename)))
            // 경로명을 분석해서 삭제할 파일을 가진 디렉토리 파일의 i-node를 찾는다.
        return -ENOENT;
    if (!namelen) {  // 파일명이 없을 때
        iput(dir);   // 디렉토리 파일의 i-node를 릴리즈한다.
        return -ENOENT;
    }
    if (!permission(dir,MAY_WRITE)) {
                    // 유저 프로세스가 디렉토리에 쓰기 권한이 없는 경우
        iput(dir);   // 디렉토리 파일의 i-node를 릴리즈한다.
        return -EPERM;
    }
    bh = find_entry(&dir,basename,namelen,&de);  // 파일의 디렉토리 엔트리를 찾는다.
    if (!bh) {
        iput(dir);
        return -ENOENT;
    }
    if (!(inode = iget(dir->i_dev, de->inode))) {
        // 삭제하려는 파일의 i-node를 구한다.
        iput(dir);
        brelse(bh);
        return -ENOENT;
    }
    if ((dir->i_mode & S_ISVTX) && !suser() &&
        current->euid != inode->i_uid &&
        current->euid != dir->i_uid) {
         // 유저 프로세스가 파일 쓰기 권한이 없는 경우
        iput(dir);
        iput(inode);
        brelse(bh);
        return -EPERM;
```

```
    }
    if (S_ISDIR(inode->i_mode)) {    // 삭제할 파일이 디렉토리면
        iput(inode);                 // 파일의 i-node를 릴리즈하고
        iput(dir);                   // 파일을 가지고 있는 디렉토리의 i-node도
        brelse(bh);                  // 릴리즈한다.
        return -EPERM;
    }
    if (!inode->i_nlinks) {
        // i-node의 link가 0이면 1로 설정한다.
        printk("Deleting nonexistent file (%04x:%d), %d\n",
            inode->i_dev,inode->i_num,inode->i_nlinks);
        inode->i_nlinks=1;
    }
    // 다음은 파일을 제거하는 과정이다.
    de->inode = 0;
    bh->b_dirt = 1;
    brelse(bh);
    inode->i_nlinks--;
    inode->i_dirt = 1;
    inode->i_ctime = CURRENT_TIME;
    iput(inode);
    iput(dir);
    return 0;
}
```

5.8.2 실제로 파일 삭제

"hello.txt" 파일을 삭제하는 작업을 그림 5.14에서 보여 주고 있다. 상세 코드는 다음과 같다.

```
//코드 경로:fs/namei.c:
int sys_unlink(const char * name)
{
    const char * basename;
    int namelen;
    struct m_inode * dir, * inode;
    struct buffer_head * bh;
    struct dir_entry * de;

    ......
    // 다음은 파일을 제거하는 과정이다.
    de->inode = 0;          // user2 디렉토리의 hello.txt 디렉토리 아이템을
                            // 제거한다.
    bh->b_dirt = 1;         // 버퍼 블록의 b_dirt를 1로 설정한다.
    brelse(bh);
    inode->i_nlinks--;      // 파일의 links 수를 하나 줄인다.
    inode->i_dirt = 1;      // 파일의 i-node가 수정되었기 때문에 i_dirt를 1로 설정
                            // 한다.
    inode->i_ctime = CURRENT_TIME;
```

```
        iput(inode);        // hello.txt 파일의 i-node를 릴리즈한다.
        iput(dir);          // user2 디렉토리 파일의 i-node를 릴리즈한다.
        return 0;
}
```

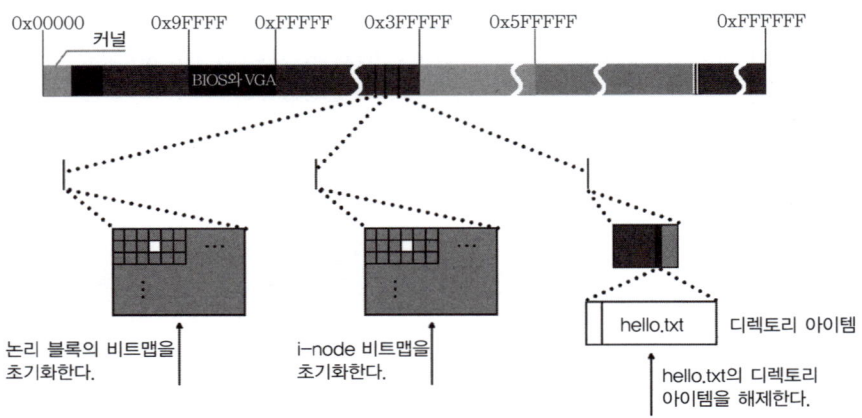

그림 5.14 hello.txt 파일 삭제

iput() 함수의 실행 과정이 섹션 5.7.2에서 설명했던 것과 다르다는 사실을 주의해야 한다. 코드는 다음과 같다.

```
//코드 경로:fs/open.c:
void iput(struct m_inode * inode)  // 파일의 i-node를 릴리즈한다.
{
    ......
repeat:
    if (inode->i_count>1) {  // i-node의 참조 카운트가 1보다 크면
        inode->i_count--;     // 참조 카운터를 줄인다.
        return;
    }
    if (!inode->i_nlinks) {
        // 지금 다루고 있는 예제의 경우 link는 0이다. 즉, 이 i-node로 작업하는
        // 프로세스가 없다는 것이다.
        truncate(inode);
        // i-node의 i_zone[9]에 연결된 파일의 논리 블록을 릴리즈한다.
        free_inode(inode);
        // i-node 비트맵에서 inode에 해당하는 것을 초기화하고 inode_table[32]에
        // 있는 값도 제거한다.
        return;
    }
```

```
    if (inode->i_dirt) {
        // 예제에서 i-node의 내용이 변경되었기 때문에 변경된 i-node를 동기화한다.
        write_inode(inode);   /* 쓰는 동안 프로세스가 슬립(sleep)에 들어갔을 수도 있으니
                                  repeat으로 돌아가서 다시 확인한다.   */
        wait_on_inode(inode);
        goto repeat;
    }
    inode->i_count--;     // i-node의 참조 카운터를 줄인다.
    return;
}
```

시스템은 truncate() 함수를 실행시킨다. i-node의 i_zone[9]에 따라서 주변장치(디스크)에 기록된 파일들의 논리 블록을 릴리즈한다. 코드는 다음과 같다.

```
//코드 경로:fs/open.c:
void truncate(struct m_inode * inode)
{
    int i;

    if (!(S_ISREG(inode->i_mode) || S_ISDIR(inode->i_mode)))
            // hello.txt 파일이 일반 파일이 아니거나 디렉토리 파일인지 확인한다.
        return;
    for (i=0;i<7;i++)
        if (inode->i_zone[i]) {
            free_block(inode->i_dev,inode->i_zone[i]);
             // i_noze의 앞의 7 비트를 0으로 설정한다.
            inode->i_zone[i]=0;
        }
    free_ind(inode->i_dev,inode->i_zone[7]);
            // 1 단계 간접 레벨 논리 블록을 0으로 설정한다.
    free_dind(inode->i_dev,inode->i_zone[8]);
            // 2 단계 간접 레벨 논리 블록을 0으로 설정한다.
    inode->i_zone[7] = inode->i_zone[8] = 0;
    inode->i_size = 0;
    inode->i_dirt = 1;
    inode->i_mtime = inode->i_ctime = CURRENT_TIME;
}
```

시스템은 free_inode() 함수를 호출해서 i-node 비트맵과 테이블 아이템을 제거한다. 코드는 다음과 같다.

```
//코드 경로:fs/bitmap.c:
void free_inode(struct m_inode * inode)
{
        struct super_block * sb;
        struct buffer_head * bh;
```

```
if (!inode)                 // i-node가 NULL인지 확인
        return;
if (!inode->i_dev) {        // 디바이스 넘버가 0인지 확인
        memset(inode,0,sizeof(*inode));
        return;
}
if (inode->i_count>1) {    // 다른 프로세스 i-node를 사용하고 있으면
        printk("trying to free inode with count=%d\n",inode->i_count);
        panic("free_inode");
}
if (inode->i_nlinks)        // i-node에 링크로 연결이 되어 있는지 확인
        panic("trying to free inode with links");
if (!(sb = get_super(inode->i_dev)))
   // i-node의 파일 시스템에 슈퍼 블록이 없으면
        panic("trying to free inode on nonexistent device");
if (inode->i_num < 1 || inode->i_num > sb->s_ninodes)
   // i-node 넘버의 범위를 확인한다.
        panic("trying to free inode 0 or nonexistant inode");
if (!(bh=sb->s_imap[inode->i_num>>13]))
   // i-node의 비트맵이 없으면
        panic("nonexistent imap in superblock");
if (clear_bit(inode->i_num&8191,bh->b_data))
   // i-node 비트맵에 hello.txt에 대응하는 비트를 0으로 초기화한다.
        printk("free_inode: bit already cleared.\n\r");
bh->b_dirt = 1;                          // 버퍼 블록의 b_dirt를 1로 설정한다.
memset(inode, 0, sizeof(*inode)); // i-node 테이블에 있는 hello.txt의
                                  // i-node부분을 초기화한다.
}
```

OS는 깨끗하게 초기화된 i-node 비트맵, 논리 블록 비트맵 그리고 i-node 테이블 정보들을 하드디스크에 동기화시킨다(하지만 이때 논리 블록의 내용을 초기화시키지는 않는다). "hello.txt" 파일에 관련된 관리 정보들이 사라진 것이다. 비록 논리 블록에 있는 파일의 내용들이 그대로 있겠지만 이 논리 블록에 접근할 수 있는 방법이 사라진 것이다.(역주 : 디스크에서 파일을 삭제하는 것은 디스크의 실제 파일 내용을 삭제하는 것이 아니라 그 파일을 찾을 수 있는 정보를 제거하는 것이다. 따라서 보안을 위해서라면 삭제하기 전에 논리 블록의 내용을 초기화한 후에 파일을 제거해야 한다.)

유저 프로세스와 메모리 관리

현대적인 OS가 가지고 있어야 하는 가장 중요한 기능은 실시간 멀티태스킹이다. 즉, 여러 프로그램을 동시에 실행시킬 수 있어야 한다. 여기서 말하는 실행 중인 프로그램은 프로세스를 의미한다. 이렇게 보면 UNIX 시스템 디자이너 관점에서 OS의 핵심은 프로세스다. 즉, 소위 말하는 OS는 사실 다수의 프로세스들의 모임에 불과하다. 이런 원리에 따라서 프로세스를 생성하는 것도 프로세스가 해야 한다. 이것을 부모-자식 프로세스 생성 메커니즘이라고 한다. OS에서는 어떤 경우이건 최소한 프로세스 하나는 실행된다. 이 프로세스가 바로 프로세스 0이다. 그리고 또 하나의 특별한 프로세스가 사용자와의 인터랙션을 책임지는데 이 프로세스가 바로 쉘 프로세스다. 이처럼 OS에 있어서 프로세스는 OS의 모든 것이라고 말할 수 있다.

컴퓨터의 실행 코어가 하나만 있을 때, 동시에 다수의 프로그램을 실행해야 하는 멀티 프로세스를 지원하는 데 있어서 핵심은 시간을 나누어 사용하는 것이다. 이른바 시분할 방식이다. 또 멀티 프로세스의 동시 실행을 보장하기 위해서 두 가지 문제를 반드시 해결해야 한다. 하나는 다른 프로세스로부터 코드와 데이터를 어떻게 격리시킬 것인가에 대한 문제이고, 다른 하나는 어떻게 다수의 프로세스를 순차적으로 실행시킬 수 있는가 이다.

첫 번째 문제는 프로세스 보호 문제이고, 두 번째 문제는 프로세스의 스케줄링에 대한 문제이다.

인텔 IA-32 아키텍처에서 프로세스 보호는 메모리 공간의 보호로 구현된다. 그리고 프로세스 메모리 공간의 보호는 선형 어드레스 보호와 물리적 어드레스 보호 기능을 이용해서 해결한다.

6.1 선형 어드레스 보호

현대 컴퓨터들은 기본적으로 폰 노이만 시스템 방식을 따른다. 즉, 시스템에서 명령어와 데이터는 동일한 메모리에 저장된다. RAM(random access memory)으로 설계된 메모리는 데이터나 명령어를 임의로 읽거나 쓸 수 있다. 메모리 보호 모드가 없으면 다른 유저 프로세스의 코드나 데이터들을 물리적으로 구별할 수 없다. 코드나 데이터 모두는 그저 0과 1의 연속일 뿐이다. 즉, 서로 다른 유저 프로그램 간에 간섭을 막을 방법이 없다.

실시간 멀티태스킹을 지원하려 할 때 첫 번째 문제는 프로세스가 다른 프로세스를 간섭할 수 없도록 격리시킬 수 있느냐이다. 즉 한 프로세스가 다른 프로세스의 코드나 데이터에 액세스할 수 없도록 해야 한다.

6.1.1 프로세스 선형 어드레스 공간을 이용한 OS 디자인 패턴

인텔 IA-32 CPU 아키텍처에서 PE와 PG 플래그가 1로 설정되면 컴퓨터에서 실행되고 있는 모든 프로세스들이 각자의 선형 어드레스를 사용할 수 있을 뿐 아니라 자동으로 선형 어드레스를 물리적 어드레스로 변환한다. 이런 어드레스 변환 과정은 하드웨어적으로 이루어진다.

선형 어드레스는 CPU가 지정할 수 있는 어드레스이다. IA-32 아키텍처에서 어드레스 버스가 32비트일 때 선형 어드레스는 0에서 4GB 영역을 커버한다. 어드레스 메모리 공간을 구분하기 위해서 리눅스 0.11은 4GB 선형 어드레스를 64개의 영역으로 나눈다. 각 영역은 64MB이고 모든 프로세스는 하나의 영역을 차지하기 때문에 최대 64개의 프로세스를 사용할 수 있다. 프로세스가 사용하는 영역의 시작 지점과 끝 지점이 겹치지 않도록 해야 한다. 이런 방식으로 프로세스의 선형 어드레스 공간이 다른 프로세스의 어드레스 공간과 겹치지 않도록 한다. 결국 프로세스 메모리 공간을 보호하는 것이다. 이것이 리눅스 0.11 디자인의 핵심이다. 다른 디자인 패턴들은 이 디자인 패턴을 기초로 한다.

task[64]는 이 패턴의 출발점이다. task[64]로 모든 프로세스들의 등록과 해제를 관리한다. 이 구조체에 등록된 프로세스만 선형 어드레스 공간 상에 배치된다. task[64]의 nr 필드에 따라서 OS는 GDT에서 대응되는 LDT를 찾는다. task[64]가 모든 프로세스들을 제어하는 키 역할을 해서 GDT의 TSS와 LDT를 프로세스와 연결한다.

4GB를 선형 어드레스 공간 구조상에서 64개의 동일한 크기 영역으로 나누는 것만으로 프로세스가 64MB 영역 이외의 영역에 접근하는 것을 막을 수 있을까? 다시 말해 앞에서 설명한 방식만으로 프로세스의 선형 어드레스 공간이 서로 겹치지 않도록 할 수 있을까?

OS 커널이 프로세스의 선형 어드레스 구조를 만들 때, 알고리즘과 프로세스의 영역이 겹치는 않도록 조정하는 것에만 의존할 수는 없다. CPU는 구조적으로 한 순간에 하나의 코드만 실행할 수 있기 때문이다. 유저 프로세스의 명령이 실행되고 있을 때 커널 코드는 실행될 수 없다. 프로세스 영역을 관리하는 아무리 정교한 알고리즘이 있다고 하더라도 관리 코드가 매 순간 실행될 수는 없기 때문에 정해진 영역 이외의 곳을 침범하는 프로세스를 근본적으로 막을 수 있는 방법이 없다.

소프트웨어로는 이런 일을 할 수 없다. 반드시 하드웨어의 도움이 필요하다. 인텔 IA-32 아키텍처는 메모리 경계를 감시하는 CPU 프로세스 컨트롤 방식의 하드웨어를 이용한다.

6.1.2 세그먼트 베이스 어드레스, 세그먼트 크기, GDT, LDT 그리고 접근 권한

인텔 IA-32의 선형 어드레스 공간을 보호하는 데는 세그먼트를 이용한다.

역사적으로 볼 때, 메모리를 세그먼트 단위로 분할하는 방식은 함수(서브루틴)를 연결이라는 필요에 의해 만들어지게 되었다. 리눅스 0.11의 OS 설계는 모두 이 세그먼트를 기초로 사용한다. 선형 어드레스 공간은 일차원적이다. 즉 메모리가 한 줄로 쭉 늘어선 형태다. 그래서 우리는 프로세스 간 경계가 겹치지 않는 세그먼트를 만들기 위해서 선형 어드레스 공간의 앞 뒤 경계만 고려하면 된다. 세그먼트는 다른 세그먼트에 영향을 주지 않는다.

초기 인텔 CPU는 비용을 낮추기 위해서 세그먼트의 끝나는 지점을 표시하는 레지스터를 만들지 않고 시작

시점을 위한 레지스터만 설계했다. 이 때문에 초기 CPU들과 호환성을 유지시키기 위해서 IA-32에서도 세그먼트 크기를 헤더 레지스터에 넣도록 했다. 하나의 레지스터가 두 개의 레지스터처럼 동작하도록 한 것이다.

(**역주**: 일반 모드에서의 세그먼트의 크기는 64KB로 고정되어 있다. 반면 보호 모드에서는 세그먼트 디스크립터 구조를 이용해서 시작 위치와 세그먼트 크기 등을 지정할 수 있다. 앞의 설명에서 헤드 레지스터는 이 세그먼트 디스크립터를 의미한다.)

리눅스 0.11은 세그먼트 베이스 어드레스(segment base)와 세그먼트 크기(limit)를 사용할 수 있는 인텔 IA-32 CPU의 도움으로 세그먼트 경계를 넘는 프로그램을 막는다. 예를 들어 JMP x 명령에서 x가 허용된 크기 이상인 경우, 하드웨어가 이 명령의 동작을 막고 일반 보호 오류(GP, general protection)를 즉시 발생시킨다.

프로세스에서 세그먼트 영역을 넘을 수 있는 ljmp 코드의 경우, 세그먼트 베이스 어드레스와 크기 설정 만으로 프로세스 코드 영역을 넘는 ljmp를 막을 수 없다. 리눅스 0.11은 프로세스 영역을 넘는 허용되지 않는 침범을 무슨 방법으로 막았을까?

경계를 불법적으로 침입하는 데는 두 가지 유형이 있다. 하나는 프로세스가 다른 프로세스의 영역을 침범하는 것이고 또 다른 하나는 커널 영역을 침범하는 것이다.

프로세스가 다른 프로세스의 영역으로 침범해 들어간다고 하자. IA-32에서는 ljmp 명령으로 다른 프로세스의 영역으로 침범할 수 있다. 두 프로세스의 코드 세그먼트는 권한 레벨 3이고 리눅스 0.11의 모든 프로세스는 4GB 선형 어드레스 공간상에 배치된다. 따라서 ljmp 명령으로 다른 프로세스에 접근할 수 있다. 세그먼트 베이스 어드레스와 크기만으로 영역 간의 침범을 막을 수 없는 것이다. 리눅스 0.11은 LDT를 이용해서 이런 영역 간의 접근 문제를 해결했다.

챕터 2에서 우리는 리눅스의 GDT와 LDT를 이용하는 방법을 소개한 바 있다. 64개의 프로세스가 있고 각 프로세스는 아이템 두 개를 GDT에 가지게 된다. 이 중 하나는 TSS를 위한 것이고 다른 하나는 LDT를 위한 아이템이다. 모든 프로세스의 LDT는 동일하게 만들어진다. 각 LDT는 세 개의 아이템을 갖는다. 첫 번째는 비어 있는 상태로 두고, 두 번째 것은 코드 세그먼트를 위한 것이고, 마지막 하나는 데이터 세그먼트를 위한 것이다. 만약 프로세스에서 의도하지 않은 영역 침범 코드가 있는 경우, 예를 들어 ljmp 명령이 수행될 때 명령어 다음에 있는 것은 세그먼트 셀렉터 상의 오프셋이다. 코드 세그먼트의 세그먼트 셀렉터는 CS 레지스터에 저장된다. 자세히 보면 리눅스 0.11의 모든 프로세스의 CS값이 동일하다는 것을 알 수 있다. 이진수로 표시하면 0000000000001111이 된다. CPU 관점에서 CS가 어떤 프로세스에 속하는지 알 수는 없다. 즉, 특정 세그먼트 디스크립터를 선택할 수 없다. 단지 기본 세그먼트 디스크립터로 현재 LDT를 사용할 수 밖에 없다. 세그먼트 간 점프를 할 수 있는 ljmp 명령은 오퍼랜드가 어떤 것이든 상관 없이 현재 프로세스의 코드 영역을 넘는 것이 불가능하다. 그리고 세그먼트를 넘어갈 수도 없다. 이 명령은 현재 세그먼트에서만 실행된다. 이런 이유 때문에 리눅스 0.11에서 여러 개의 같은 값의 LDT를 중복한 것이다. 정말 천재적인 방법이 아닐 수 없다.

리눅스 0.11이 이렇게 설계되지 않았다고 생각해 보자. GDT에 프로세스의 코드 세그먼트 디스크립터를 모두 기록했다고 생각해 보자. 리눅스 0.11에서 모든 프로세스는 4GB의 선형 어드레스 공간을 공유하고 이로 인해서 프로세스를 넘을 수 있는 점프 명령을 막을 수 없게 된다.

따라서 GDT로 프로세스를 관리하면 리눅스 0.11은 불법적인 프로세스 간 점프를 막을 수 없게 된다. 우리는 챕터 2에서 TSS와 LDT를 소개했다. 이들 모두 104바이트로 크기가 동일하다. 이 크기는 TTS에는 적합하지만 LDT로 쓰기에는 너무 큰 영역이다. LDT는 세 개의 엔트리만 쓰고 각 엔트리는 8바이트로 총 24바이트만 필요할 뿐이다. 프로세스 0의 INIT_TASK에서 본 것처럼 LDT는 TSS 바로 위에 위치한다. 그리고 이 데이터 구조는 자식 프로세스가 생성될 때마다 자식 프로세스에게 전달된다. 따라서 모든 프로세스의 task_struct의 LDT와 TSS는 동일하다. 만약 프로세스 코드가 다음과 같다고 하면 말이다.

ljmp [오프셋], CS(CS값은 0000000000111111으로 권한 레벨 3이고 LDT의 8번째 아이템을 가리킨다).

이 명령은 세그먼트 내에서 실행되는 명령이지만 LDT의 여덟 번째 아이템에 어떤 값이 있을지 불명확해서 에러가 발생할 수도 있다. 하지만 확실한 것은 어떤 에러가 발생하더라도 프로세스 경계를 넘는 것은 불가능하고 LDT의 내용 역시 변경할 수 없다.

LDT와 관련된 이슈를 더 살펴보자. 프로세스 경계를 넘는 불법적인 ljmp 명령이 실행될 수 있다고 하더라도 점프 명령일 뿐, 데이터나 스택 세그먼트를 변경할 수는 없다. 따라서 프로세스 코드가 실행되더라도 데이터 세그먼트나 스택 세그먼트가 변경되지 않은 상태에서는 일반적으로 실행이 중지된다. 이것을 역으로 생각해보면 프로세스 전환을 할 때 왜 TSS를 이용해서 코드와 데이터 그리고 스택을 변경하는지 잘 이해할 수 있다. 프로세스 전환이 된 후에도 프로세스가 정상적으로 동작하기 위해서 OS는 프로세스의 현재 실행 상태를 모두 저장하고 다른 프로세스로 전환해야 한다.

지금까지 ljmp 명령으로 프로세스에서 다른 프로세스로 불법적인 점프를 실행하는 문제를 살펴봤다. 다음으로 살펴볼 것은 ljmp를 사용해서 커널 영역으로 침범해 들어가는 문제이다.

불법적인 방법을 통해서 커널로 진입하려 할 때 유저 프로세스의 권한 레벨은 3이고, 커널의 권한 레벨은 0이다. 인텔 IA-32 아키텍처에서는 프로그램이 높은 권한의 코드로 점프하는 것이 금지되어 있다. 즉, 권한 레벨 3에서 권한 레벨 0으로 점프하지 못한다. 또 권한 레벨 0에서 권한 레벨 3으로 넘어가는 것도 허용하지 않는다. 따라서 CPU의 롱점프(LJMP 명령)를 효과적으로 막을 수 있어 프로세스와 커널 간의 영역을 보호할 수 있다. 권한 레벨 0의 코드는 권한 레벨 3의 데이터 영역에 접근하는 것은 가능하지만 권한 레벨 3인 코드가 권한 레벨 0의 데이터 영역에 접근할 수는 없다. 앞에서 살펴본 CPU의 접근 제한은 하드웨어로 아주 빠르게 처리된다.

앞에서 소개한 것처럼 GDT와 LDT의 설정은 프로세스가 다른 프로세스를 불법적으로 접근하는 것을 막는다. 그럼 유저 프로세스가 GDT와 LDT를 수정할 수는 있을까? 당연히 답은 "아니오"이다. 리눅스 0.11은 GDT와 LDT 구조체를 커널의 데이터 영역에 두고 있기 때문이다. 커널 데이터 영역의 권한 레벨은 0으로 권한 레벨 0인 코드만이 이 값을 수정할 수 있다.

그럼 유저 프로세스가 자신들의 데이터 세그먼트에 GDT와 LDT를 마음대로 만들 수는 없을까? GDT와 LDT 같은 데이터 구조를 만드는 것 자체는 물론 가능하다. 하지만 GDT와 LDT로 쓰일 수 있도록 할 수는 없다. 실제로 GDT와 LDT로 사용하기 위해서는 CPU가 이 값을 인식할 수 있도록 해야 한다. 이 데이터들이 위치한 주소를 CPU의 GDTR과 LDTR에 설정할 수 있어야 하는 것이다. 실행 중인 CPU는 GDTR과 LDTR에서 가리키고 있는 데이터 구조만 본다. GDT와 LDT를 위한 데이터 구조체가 어떤 주소에 만들어져 있다고 해도 CPU가 실제로 인식하도록 할 수는 없다. 리눅스 0.11 커널은 초기화 과정에서 GDT와 LDT 구조체를 만들어 GDTR과 LDTR에 설정한다.

유저 프로세스가 자신의 GDT, LDT를 GDTR과 LDTR에 설정할 수 있을까? 답은 역시 "아니오"다. LGDT와 LLDT과 같은 GDTR과 LDTR를 위한 설정 명령들 때문이다. 이 명령들을 권한 레벨 0에서만 실행될 수 있다.

이제 우리는 리눅스가 세그먼트 베이스 어드레스, 세그먼트 크기, GDT, LDT 그리고 권한 레벨 등의 인텔 IA-32 아키텍처를 바탕으로 하드웨어 보호 메커니즘을 이용할 수 있도록 디자인된 것을 분명히 알 수 있게 되었다. 리눅스는 프로세스 간의 분명한 경계와 프로세스와 커널 간의 경계를 선형 어드레스 상에 만들고 효과적으로 불법적인 접근을 막았다.

그럼, 어떻게 프로세스 간의 경계를 넘어서 데이터 통신을 할 수 있을까? 또 프로세스 스위칭을 할 때나 프로세스가 커널의 도움이 필요할 때는 어떻게 할까?

첫 번째 질문에 대해서 우리는 챕터 8에서 프로세스 간의 통신을 다루면서 소개할 것이다. 또 두 번째 질문은 TSS와 CPU 하드웨어의 인터럽트와 관련있다.

리눅스 0.11에서 프로세스 스위칭은 schedule() 함수와 테스크-게이트와 같은 기술적인 루트(실제 테스크 게이트는 아니다)로 수행된다. 스위칭은 권한 레벨 0에서 스위칭하려는 프로세스의 TSS로 직접 ljmp를 사용한다(코드에서 데이터 영역으로 점프를 하는 것이 좀 이상하지만 CPU는 여러 가지 작업을 수행해서 결국에서 원하는 타겟 프로세스의 코드 세그먼트로 다시 점프한다).

프로세스가 읽기 명령과 같이 커널의 도움이 필요할 때, 인텔 IA-32 아키텍처가 제공하는 인터럽트를 이용한다. 이 방법을 이용하면 권한 레벨 3에서 권한 레벨 0으로 점프할 수 있다. 이때 사용하는 점프 명령은 일반적인 점프 명령이 아니기 때문에 CPU 인터럽트 메커니즘이 필요하다. 커널 코드를 실행하고 나면 iret 명령을 통해서 권한 레벨 0에서 권한 레벨 3으로 돌아와서 원래의 프로세스 명령을 계속 수행하도록 한다.

6.2 페이징

6.2.1 선형 어드레스에서 물리적 어드레스로의 변환

앞에서 우리는 선형 어드레스에 대해서 소개했다. 그리고 선형 어드레스를 물리적 어드레스로 변경해야 한다고도 했다. 리눅스 0.11은 대기 상태가 되기 전에 CPU의 PG 플래그를 1로 설정해서 페이지 디렉토리 테이블, 페이지 테이블, 페이지를 이용해서 선형 어드레스가 물리적 어드레스로 맵핑되도록 하고 있다. 코드는 다음과 같다.

```
//코드 경로:boot/head.s:
......
    xorl %eax,%eax          /* pg_dir 값은 0x0000에 있다. */
    movl %eax,%cr3          /* cr3 - 페이지 디렉토리 시작 위치 지정 */
    movl %cr0,%eax
    orl $0x80000000,%eax
    movl %eax,%cr0          /* 페이징 비트(PG) 설정 */
    ret                     /* 프리패칭 큐를 비워서 페이징이 적용되도록 한다. */
......
```

챕터 1에서 소개했던 것처럼 PG를 설정하고 보호 모드로 전환하기 전에 PE를 먼저 설정해야 한다. 보호 모드에서 CPU는 기본적으로 선형 어스레스를 물리적 어드레스와 동일한 것으로 본다. 단 PG가 설정되고 나면 선형 어드레스가 MMU를 통해서 해석되고 세 가지 맵핑 정보인 페이지 디렉토리 테이블, 페이지 테이블, 페이지를 통해서 물리적 어드레스로 맵핑된다.

그림 6.1에서 보여 주고 있는 것처럼 보호 모드에서 PG가 설정되는지 여부에 따라 선형 어드레스를 물리적 어드레스로 맵핑하느냐 아니냐에 영향을 주게 된다.

그럼 왜 리눅스 0.11은 PG를 설정해서 페이징 기능을 사용하는 것일까? 이미 언급했듯이 IA-32 시스템에서 선형 어드레스 공간의 크기는 0에서 4GB이고, 이 공간은 64개의 프로세스가 동일하게 나누어서 사용한다. 각 프로세스는 64MB를 갖는다. PG가 0이면 선형 어드레스는 CPU의 기본적인 룰에 따라서 물리적 어드레스로 맵핑된다. 리눅스 0.11은 16MB 물리적 메모리만 지원한다. 즉, 대부분의 선형 어드레스 공간은 사용하지 못하고 멀티 프로세스를 동시에 실행시키지도 못한다. 그래서 리눅스는 멀티 프로세스를 지원하기 위해서 PG를 설정해서 프로세스의 선형 어드레스를 물리적 어드레스로 맵핑하도록 하는 것이다.

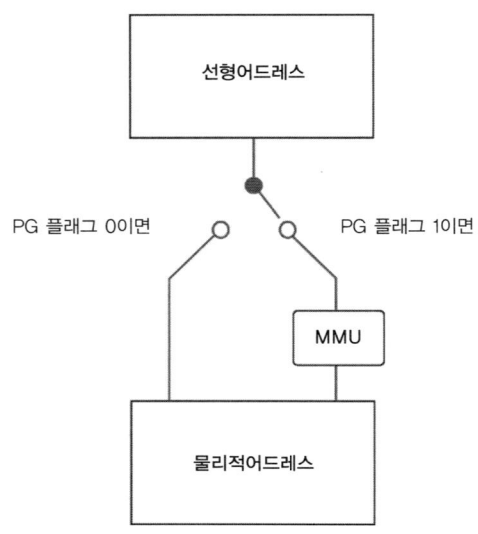

그림 6.1 PG 플래그의 영향

선형 어드레스의 물리 어드레스로의 변형 과정은 다음과 같다. 선형 어드레스는 32비트이고 MMU에 의해서 각 선형 어드레스를 10-10-12비트 길이로 나누고 이들을 각각 페이지 디렉토리의 인덱스, 페이지 테이블의 인덱스 그리고 페이지 오프셋으로 분석해서 최종 물리 어드레스로 맵핑한다. 이 과정은 그림 6.2에서 보여 주고 있다.

리눅스 0.11은 페이지 디렉토리 테이블 하나만 갖는다. CR3 레지스터는 페이지 디렉토리 테이블의 어드레스를 저장한다. MMU가 선형 어드레스를 분석할 때 CR3에서 맵핑 테이블 정보를 찾을 수 있어야 한다.

MMU는 페이지 디렉토리 테이블 정보를 찾으면 이 정보를 바탕으로 변환을 진행한다. 따라서 가장 중요한 것은 페이지 디렉토리 테이블의 베이스 어드레스 즉, 시작 어드레스를 PG 플래그를 설정하기 전에 CR3에 저장해야 한다.

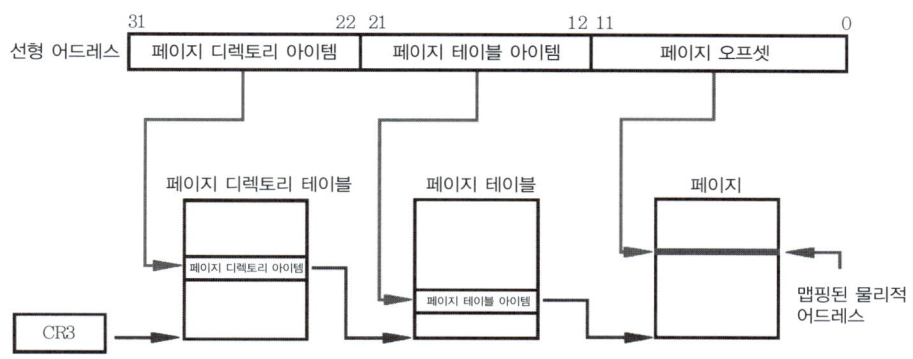

그림 6.2 페이지 디렉토리, 페이지 테이블을 이용해서 선형 어드레스를 물리 어드레스로 변환하는 과정

코드는 다음과 같다.

```
//코드 경로:boot/head.s:
    ......
1:  stosl                       /* 페이지를 뒤에서부터 채운다. 이게 더 효과적이다 */
    subl $0x1000,%eax
    jge 1b
    xorl %eax,%eax              /* pg_dir 값은 0x0000에 있다. */
    movl %eax,%cr3              /* cr3 - 페이지 디렉토리 시작 위치 지정 */
                               // CR3 레지스터에 페이지 디렉토리 테이블이 있는
                               // 0x0000 주소를 설정한다.
    movl %cr0,%eax
    orl $0x80000000,%eax
    movl %eax,%cr0             /* 페이징 비트(PG) 설정 */
    ret                        /* 프리패칭 큐를 비워서 페이징이 적용되도록한다. */
......
```

페이지 디렉토리 테이블에서 페이지 디렉토리 아이템을 찾을 때 선형 어드레스의 처음 10비트를 이용한다. 페이지 디렉토리 아이템에는 페이지 테이블의 물리적 어드레스가 기록되어 있다. 이 어드레스에서 페이지 테이블 어드레스를 찾는다. 페이지 테이블 아이템은 선형 어드레스의 다음 번 10비트를 이용해서 찾을 수 있다. 페이지 테이블을 찾을 때와 비슷하게 페이지 테이블 아이템에는 페이지의 물리적 어드레스가 있어서 페이지의 어드레스를 찾을 수 있다. 그리고 나서 페이지 오프셋인 선형 어드레스의 마지막 12비트를 분석해서 찾고자 하는 정확한 물리적 어드레스를 찾게 된다.

커널은 페이지 디렉토리 테이블, 페이지 테이블 그리고 페이지의 세 맵핑 관계를 만든다. 커널은 다른 선형 어드레스를 다른 물리적 어드레스로 맵핑하거나 같은 물리 어드레스로 맵핑할 수 있도록 맵핑 정보를 구성할 수 있다. 어드레스의 관계에 대해서 알아봤으니 다음에는 프로세스의 실행과 페이징에 대해서 알아보자. 구체적으로 프로세스가 사용하는 선형 어드레스를 물리적 어드레스로 맵핑하는 방법에 대해 설명할 것이다.

6.2.2 페이징을 이용한 프로세스 실행

커널이 물리적 페이지로 페이징과 맵핑을 지원하기 위해서는 다음과 같은 일들을 할 수 있어야 한다.

1. 커널은 사용하지 않는 페이지(free page)에서 새로운 페이지를 할당할 수 있지만 다른 프로세스가 사용 중이거나 다른 프로세스의 실행에 관련 페이지들을 할당할 수 없다. 또 커널 영역의 페이지들은 다른 목적으로 전환될 수 없다.

챕터 2에서 배웠던 것처럼 커널은 대기 상태가 되기 전에 mem_map 구조체를 통해서 1MB 상위 영역의 페이지를 관리한다. (**역주** : 커널이 사용하는 0~1MB 영역을 제외한 영역에 대해서 관리하게 된다.) 메인 메모리에 있는 각 페이지의 참조 카운트는 할당되지 않은 페이지의 기본 값인 0으로 설정한다.

코드는 다음과 같다.

```
//코드 경로:mm/memory.c:
......
#define LOW_MEM 0x100000                    // 1MB
#define PAGING_MEMORY (15*1024*1024)
#define PAGING_PAGES (PAGING_MEMORY>>12)    // 총 페이지 수
#define MAP_NR(addr) (((addr)-LOW_MEM)>>12)
#define USED 100
......
void mem_init(long start_mem, long end_mem)
{
    int i;

    HIGH_MEMORY = end_mem;
    for (i=0 ; i<PAGING_PAGES ; i++)
        mem_map[i] = USED;
    i = MAP_NR(start_mem);
    end_mem -= start_mem;
    end_mem >>= 12;
    while (end_mem-->0)        // 페이지의 참조 카운트를 0으로 초기화한다.
        mem_map[i++]=0;
}
```

프로세스가 사용할 페이지를 할당할 때 커널은 mem_map의 제어 범위에서만 동작하고 이때 참조 카운트가 0인 페이지만 선택한다. 페이지가 선택되면 참조 카운트를 1로 설정해서 다른 목적으로 설정되거나 문제가 발생하지 않도록 한다. 코드는 다음과 같다.

```
//코드 경로:mm/memory.c:
......
#define PAGING_PAGES (PAGING_MEMORY>>12)
......
#define MAP_NR(addr) (((addr)-LOW_MEM)>>12)
......
unsigned long get_free_page(void)
{
register unsigned long __res asm("ax");

__asm__("std ; repne ; scasb\n\t"    // 참조 카운트가 0인 페이지를 선택한다.
    "jne 1f\n\t"
    "movb $1,1(%%edi)\n\t"                // 페이지가 선택되면 참조 카운트를 1로 설정한다.
    "sall $12,%%ecx\n\t"
    "addl %2,%%ecx\n\t"
    ......
    "1:"
    :"=a" (__res)
    :"0" (0),"i" (LOW_MEM),"c" (PAGING_PAGES),
    "D" (mem_map+PAGING_PAGES-1)         // mem_map이 관리하는 범위의
                                          // 페이지를 대상으로만 찾는다.
    :"di","cx","dx");
return __res;
}
```

페이지를 할당받지 못하면 강제로 실행을 중단시킨다.

```
//코드 경로:kernel/fork.c:
int copy_process(int nr,long ebp,long edi,long esi,long gs,long none,
                long ebx,long ecx,long edx,
                long fs,long es,long ds,
                long eip,long cs,long eflags,long esp,long ss)
{
    ......
    struct task_struct *p;
    int i;
    struct file *f;
    p = (struct task_struct *) get_free_page(); // task_struct 구조체와
                    // 커널 스택으로 사용할 페이지를 할당한다.
    if (!p)          // 페이지 할당을 받지 못하면 에러를 리턴하고 실행 중단된다.
        return -EAGAIN;
    task[nr] = p;
    *p = *current;      /* 주의: 이번 복사로 supervisor 스택까지 복사하는 것은 아니다. */
    ......
}

//코드 경로:mm/memory.c:
int copy_page_tables(unsigned long from,unsigned long to,long size)
{
    unsigned long * from_page_table;
    unsigned long * to_page_table;
```

```
    unsigned long this_page;
    unsigned long * from_dir, * to_dir;
    unsigned long nr;
}
......
        if (!(1 & *from_dir))
            continue;
        from_page_table = (unsigned long *) (0xffffff000 & *from_dir);
        if (!(to_page_table = (unsigned long *) get_free_page()))
                        // 페이지 테이블을 복사하기 위해서 새 페이지를 할당받는다.
            return -1;          /* 메모리 부족 */ // 현재는 이럴 일은 없다.
        *to_dir = ((unsigned long) to_page_table) | 7;
        nr = (from==0)?0xA0:1024;
    ......
}


void do_no_page(unsigned long error_code,unsigned long address)
{
    ......
    if (share_page(tmp))
        return;
    if (!(page = get_free_page()))     // 프로세스를 로드하는 과정에서 적용할 페이지를 할당받는다.
        oom();                         // 페이지를 할당받지 못하면 중지됨
/* 꼭 기억할 것 : 블럭 1(첫번째 블록)은 헤더를 저장하는데 사용된다. */
    block = 1 + tmp/BLOCK_SIZE;
    for (i=0 ; i<4 ; block++,i++)
        nr[i] = bmap(current->executable,block);
    ......
}


static inline volatile void oom(void)
{
    printk("out of memory\n\r");
    do_exit(SIGSEGV);                  // 프로세스가 중지된다.
}


#define PAGING_MEMORY (15*1024*1024)   // 메모리의 처음 1MB는 관리하지 않는다.
......
#define MAP_NR(addr) (((addr)-LOW_MEM)>>12)
......
unsigned long get_free_page(void)
{
register unsigned long __res asm("ax");

__asm__("std ; repne ; scasb\n\t"
    "jne 1f\n\t"
    ......
    "1:"
    :"=a" (__res)
    :"0" (0),"i" (LOW_MEM),"c" (PAGING_PAGES),
    "D" (mem_map+PAGING_PAGES-1) // mem_map에서 관리하는 범위 내에서 페이지를 검색한다.
    :"di","cx","dx");
return __res;
}
```

2. 프로세스에 새로운 페이지를 할당할 때와 하지 말아야 할 때

챕터 1에서 우리는 각 페이지 디렉토리 엔트리와 페이지 테이블 엔트리의 마지막 세 비트는 페이지의 속성을 표시한다는 사실을 알았다(페이지 테이블 한 개라도 페이지 하나를 차지한다). 이 세 비트는 U/S, R/W 그리고 P 플래그로 선형 어드레스를 분석하는 과정에서 새 페이지를 할당할지 말지를 결정한다. 이때 가장 중요한 플래그는 P 플래그다.

페이지 디렉토리 엔트리나 페이지 테이블 엔트리가 실제 물리적 페이지와 관련이 있으면 P 플래그가 1로 설정된다. 맵핑 관계가 없으면 플래그 값이 0이 된다. 선형 어드레스 값은 프로세스가 실행될 때 MMU가 분석한다. P 비트가 0이면 선형 어드레스와 연결된 페이지가 없다는 것을 의미하기 때문에 페이지 폴트 예외가 발생한다. 페이지 폴트는 앞에서 설명했다. P 비트가 1이면 특정 페이지와 관련된 엔트리라는 것을 의미한다. 즉 선형 어드레스에 해당하는 메모리 페이지를 찾을 수 있다. 따라서 이 P 비트는 아주 중요하다. OS 디자이너가 커널을 설계할 때 이 값의 정보를 정확히 사용해서 쓰레기 값이 되지 않도록 해야 한다. 이 플래그에 쓰레기 값이 있으면 에러가 발생할 수 있다.

커널이 페이징 기능을 적용할 때 페이지 디렉토리 테이블과 네 개의 페이지 테이블을 0으로 초기화하고 P 비트를 1로 설정한다.

```
//코드 경로:boot/head.s:
setup_paging:                     // 페이지 관련 테이블을 0으로 초기화한다.
    movl $1024*5,%ecx                 /* 5 페이지 - pg_dir+4 페이지 테이블 */
    xorl %eax,%eax
    xorl %edi,%edi                    /* pg_dir 는 0x000에 위치한다. */
    cld;rep;stosl
    movl $pg0+7,_pg_dir               /* USER, R/W, P 플래그 설정 */
    movl $pg1+7,_pg_dir+4             /* --------- " " --------- */
    movl $pg2+7,_pg_dir+8             /* --------- " " --------- */
    movl $pg3+7,_pg_dir+12            /* --------- " " --------- */
    movl $pg3+4092,%edi
    movl $0xfff007,%eax               /*  16Mb - 4096 + 7 (r/w user,p) */
    std
1:  stosl                /* 페이지를 뒤에서부터 채운다. 이게 더 효과적이다. */
    subl $0x1000,%eax
    jge 1b
    ......
```

위 코드에서 보이는 7은 이진수로 111이다. 이 값을 페이지에 적용하면 플래그 중 P 비트는 1로 설정된다.

프로세스를 생성할 때 커널은 프로세스의 페이징을 위해서 페이지를 할당받는다. get_free_page() 함수를 호출할 당시에는 이 페이지 메모리가 어떻게 사용될지 모르기 때문에 메모리를 0으로 초기화한다. 만약 할당받은 페이지를 페이지 테이블로 사용한다고 했을 때, 페이지가 0으로 초기화되어 있지 않고 쓰레기 값으로 남겨져 있다면 이것은 잠재적인 위험이 된다.

코드는 다음과 같다.

```
//코드 경로:mm/memory.c:
unsigned long get_free_page(void)
{
    ……

    "leal 4092(%%edx),%%edi\n\t"
    "rep ; stosl\n\t"                 // 0으로 초기화한다.
    ……
}
```

커널이 페이지 테이블을 복사할 때 맵핑 관계를 만들어야 한다. 맵핑 관계를 만들고 나면 P 비트를 1로 설정한다.

```
//코드 경로:mm/memory.c:
int copy_page_tables(unsigned long from,unsigned long to,long size)
{
    ……
        from_page_table = (unsigned long *) (0xfffff000 & *from_dir);
        if (!(to_page_table = (unsigned long *) get_free_page()))
        return -1;    /* 메모리 부족, 해제하는 절차 참조 */
        *to_dir = ((unsigned long) to_page_table) | 7;
                        // 페이지 디렉토리 페이지의 P 플래그를 1로 설정한다.
        nr = (from==0)?0xA0:1024;
        for ( ; nr-- > 0 ; from_page_table++,to_page_table++) {
            this_page = *from_page_table;
            if (!(1 & this_page))
                continue;
            this_page &= ~2;   // 페이지 테이블 아이템의 R/W 비트를 0으로 설정한다.
                            // ~2 ⇒ 101
            *to_page_table = this_page;
            if (this_page > LOW_MEM) {
                *from_page_table = this_page;
        ……
}
```

페이지 테이블과 페이지의 맵핑 관계를 제거하고 나서 페이지 테이블 아이템을 0으로 초기화한다. 또 페이지 디렉토리 아이템과 페이지 테이블 간의 맵핑 관계를 정리하고 나서 페이지 디렉토리 아이템도 0으로 초기화한다. 이렇게 되면 P 비트가 0으로 초기화된다.

```
//코드 경로:mm/memory.c:
int free_page_tables(unsigned long from,unsigned long size)
{
    ……
            if (1 & *pg_table)
                free_page(0xfffff000 & *pg_table);
            *pg_table = 0;   // 페이지 테이블 아이템을 0으로 초기화한다.
            pg_table++;
        }
```

```
        free_page(0xfffff000 & *dir);
        *dir = 0;                  // 페이지 디렉토리 테이블 아이템을 0으로
                                   // 초기화한다.
    ......
}
```

프로세스의 프로그램을 로드해야 하는 단계에서 커널은 처음에 free_page_tables() 함수를 호출해서 페이지 테이블의 엔트리나 페이지 디렉토리 엔트리의 P 비트를 0으로 설정한다. 이것은 선형 어드레스에 해당하는 페이지가 없고 프로세스가 프로그램을 실행하면 페이지 폴트가 발생한다는 것을 의미한다.

커널은 프로세스에 프로그램을 로드시키고 나서 새로운 페이지와 페이지 맵핑 관계를 만들고 P 비트를 1로 설정한다. 이것에 대한 코드는 다음과 같다.

```
//코드 경로:mm/memory.c:
unsigned long put_page(unsigned long page,unsigned long address)
{
    ......
    if ((*page_table)&1)
        page_table = (unsigned long *) (0xfffff000 & *page_table);
    else {
        if (!(tmp=get_free_page()))
            return 0;
        *page_table = tmp|7;      // 페이지 디렉토리 엔트리의 P 플래그를 1로 설정한다.
        page_table = (unsigned long *) tmp;
    }
    page_table[(address>>12) & 0x3ff] = page | 7; // 페이지 테이블 엔트리의
                                                  // P 플래그를 1로 설정한다.
    ......
}
```

3. 프로세스 새 페이지를 선형 어드레스에 맵핑

리눅스 0.11는 세그먼트에 기초한 페이징 구조를 만든다. 즉, 세그먼트를 기초로 해서 각 프로세스의 선형 어드레스 공간에 서로 영향을 주지 않도록 엄격히 제한하면 페이지들이 뒤엉키지 않고 사용할 수 있다. 우리는 앞에서 이미 프로세스 선형 어드레스 공간에 대한 규칙들을 살펴보았다. IA-32 시스템에서 커널은 4GB 선형 어드레스 공간을 64개의 구역으로 나눈다. 각 프로세스는 다른 프로세스와 간섭이 없도록 64개 중 정해진 하나의 구역만 사용해야 한다. 리눅스 0.11의 페이지 디렉토리 테이블은 하나만 갖는데, 이 페이지 디렉토리 테이블 하나는 1024개 페이지 테이블을 관리하고, 하나의 페이지 테이블은 1024개 페이지를 관리할 수 있다. 여기서 한 페이지는 4KB 크기를 갖는다. 따라서 페이지 디렉토리 테이블은 총 1024*1024*4KB = 4GB 메모리 공간을 관리할 수 있게 된다. 이 메모리 공간을 프로세스가 사용할 64개 영역으로 나누기 위해서 페이지 디렉토리 테이블을 64개로 나눈다. 그러면 각 프로세스는 16개의 페이지 디렉토리 아이템을 갖게 되서 16개의 페이지 테이블을 관리할 수 있다. 즉, 총 16*1024*4KB = 64MB의 물리적 페이지를 관리할 수 있는 것이

다. 이렇게 프로세스 별로 메모리 영역을 나누는 방식은 각 프로세스에서 사용하는 메모리가 다른 페이지 테이블에 맵핑되고 페이지 테이블 역시 다른 페이지 디렉토리 엔트리에 맵핑되도록 한다. 그래서 MMU가 프로세스의 선형 어드레스를 분석할 때, 최종적으로 다른 물리적 메모리에 맵핑이 되도록 할 수 있다. 물론 공유 페이지를 사용해야 할 때는 같은 물리적 어드레스를 다른 선형 어드레스에서 접근할 수 있도록 맵핑할 수도 있다. 단 이렇게 공유 페이지를 사용하는 것은 꼭 필요한 경우에만 하는 일종의 변칙 전략 같은 것이다.

페이지 공유 문제는 바로 다음 섹션에서 살펴 볼 것이다.

6.2.3 페이지를 공유하는 절차

프로세스가 페이징을 사용할 때 각 프로세스 페이지들은 프로세스 자체의 선형 어드레스 공간으로 맵핑된다. 그래서 프로세스의 실행이 다른 프로세스에 영향을 주지 않는다. 하지만 어떤 경우에는 프로세스들이 페이지를 공유해야 할 필요가 있다. 예를 들어 부모와 자식 프로세스는 페이지를 공유해야 한다. 여기에 해당하는 가장 적합한 예는 프로세스 1이 프로세스 2를 생성하는 것이다. 그리고 프로세스 2가 쉘 프로그램을 로드하기 전에 이 프로세스들은 코드를 공유한다. 다음 코드를 보자.

```
//코드 경로:init/main.c:

void init(void)
{
    ……
    if (!(pid=fork())) {
        close(0);      // 부모 프로세스와 코드를 공유한다.
        if (open("/etc/rc",O_RDONLY,0))
            _exit(1);
        execve("/bin/sh",argv_rc,envp_rc);
        _exit(2);
    }
    if (pid>0)
        while (pid != wait(&i))
    ……
}
```

앞에서 언급했던 것처럼 공유 페이지를 사용해야 하는 예로 가장 좋은 것은 자식 프로세스를 생성할 때다. 자식 프로세스는 만들어지고 나서 처음에는 부모 프로세스의 코드를 사용한다. 또 부모 프로세스의 메모리 페이지를 공유한다. 그리고 나서 자신의 프로그램을 로드하면서 다시 맵핑한다. 여기서 질문 하나가 떠오른다. 멀티 프로세스들이 같은 페이지를 사용하고 읽기 쓰기를 한다고 하면 이건 프로세스 독립 환경에 구멍이 생긴 것과 동일하다. 따라서 우리는 이 헛점을 막기 위해서 조치를 취해야 한다.

리눅스 0.11은 이 문제를 방지하기 위해서 페이지 테이블의 두 개의 비트를 사용한다.

먼저, U/S 비트를 소개한다. U/S 비트가 0으로 설정되었다면 권한 레벨 3인 프로그램은 해당 페이지에 접근하지 못한다. U/S 비트가 1로 설정되면 권한 레벨 3인 프로그램이 접근할 수 있다. 이 기능은 커널만 접근할 수 있는 페이지를 유저 프로세스가 사용하지 못하도록 감시할 수 있다. 물론 리눅스 0.11의 보호 메커니즘은 세그먼트의 사용에 더 초점을 둔다.

커널이 대기 상태가 되기 전에 커널 일부 페이지들의 U/S 비트를 1로 설정한다. 코드는 다음과 같다.

```
//코드 경로:boot/head.s:
......
setup_paging:
    movl $1024*5,%ecx                /* 5 페이지 - pg_dir+4 페이지 테이블 */
    xorl %eax,%eax
    xorl %edi,%edi                   /* pg_dir 는 0x000에 위치한다. */
    cld;rep;stosl
    movl $pg0+7,_pg_dir              /* USER, R/W, P 플래그 설정 */
    movl $pg1+7,_pg_dir+4            /* ---------- " " ---------- */
    movl $pg2+7,_pg_dir+8            /* ---------- " " ---------- */
    movl $pg3+7,_pg_dir+12           /* ---------- " " ---------- */
    movl $pg3+4092,%edi
    movl $0xfff007,%eax             /*  16Mb - 4096 + 7 (r/w user,p) */
    std
1:  stosl              /* 페이지를 뒤에서부터 채운다. 이게 더 효과적이다. */
    subl $0x1000,%eax
    jge 1b
......
```

코드에 보이는 7은 이진수로 111이다. 이 값은 U/S 비트를 1로 설정한다는 의미다.

자식 프로세스를 만들 때 자식 프로세스 페이지 디렉토리 엔트리와 페이지 테이블의 U/S 비트를 1로 설정한다. 코드는 다음과 같다.

```
//코드 경로:mm/memory.c:
int copy_page_tables(unsigned long from,unsigned long to,long size)
{
    ......
        from_page_table = (unsigned long *) (0xfffff000 & *from_dir);
        if (!(to_page_table = (unsigned long *) get_free_page()))
            return -1;        /* 메모리 부족, 해제하는 절차 참조 */
        *to_dir = ((unsigned long) to_page_table) | 7;
                    // 페이지 디렉토리 테이블 엔트리의 U/S 비트를 1로 설정한다.
        nr = (from==0)?0xA0:1024;
        for ( ; nr-- > 0 ; from_page_table++,to_page_table++) {
            this_page = *from_page_table;
            if (!(1 & this_page))
                continue;
            this_page &= ~2;
                    // 페이지 테이블 엔트리의 U/S 비트를 1로 설정한다.
                    // ~2는 이진수로 1010이다.
            *to_page_table = this_page;
            if (this_page > LOW_MEM) {
                *from_page_table = this_page;
    ......
}
```

프로세스의 선형 어드레스 공간에 적용되는 새 어플리케이션 페이지를 가리키는 페이지 테이블 엔트리의 U/S 비트를 1로 설정한다. 또 새 페이지 테이블이 만들어지게 되면 페이지 테이블을 가리키는 페이지 디렉토리 엔트리의 U/S 비트도 1로 설정한다.

```
//코드 경로:mm/memory.c:
unsigned long put_page(unsigned long page,unsigned long address)
{
    ......
    if ((*page_table)&1)
        page_table = (unsigned long *) (0xfffff000 & *page_table);
    else {
        if (!(tmp=get_free_page()))
            return 0;
        *page_table = tmp|7;   // 페이지 디렉토리 엔트리의 U/S 비트가 1로
                               // 설정된다.
        page_table = (unsigned long *) tmp;
    }
    page_table[(address>>12) & 0x3ff] = page | 7; // 페이지 테이블 엔트리
                                                  // U/S 비트가 1로
                                                  // 설정된다.
    ......
}
```

다음으로 R/W 비트를 소개한다. 이 비트가 0으로 설정되어 있다면 이건 페이지가 읽기만 가능하고 쓰기는 하지 못하는 것을 의미한다. 1로 설정되어 있으면 읽기/쓰기 모두 가능하다.

프로세스가 페이지를 공유하는 일은 가능하다. 만약 다수의 프로세스들이 같은 페이지에 동시에 데이터를 쓴다고 하면 이 페이지의 내용이 어떻게 될지는 아무도 모르는 일이다. 따라서 뭔가 보호 장치가 필요하다. R/W 비트가 이런 류의 보호 장치에 해당한다.

자식 프로세스를 생성할 때 부모 프로세스와 자식 프로세스는 페이지를 공유할 수 있다. 그리고 공유된 페이지는 데이터를 쓰지 못하도록 한다. 즉, R/W 비트를 0으로 설정하는 것이다. 코드는 다음과 같다.

```
//코드 경로:mm/memory.c:
int copy_page_tables(unsigned long from,unsigned long to,long size)
{
    ......
            if (!(1 & this_page))
                continue;
            this_page &= ~2;   // 페이지 테이블 아이템의 R/W 비트를 0으로 설정한다.
                               // ~2는 이진수로 101이다.
            *to_page_table = this_page;
            if (this_page > LOW_MEM) {
                *from_page_table = this_page;
    ......
}
```

또 부모–자식 관계와 상관 없이 프로세스들은 페이지를 공유할 수 있어서 같은 데이터를 중복해서 로드할 필요가 없다. 이때 공유되는 페이지들의 R/W 비트를 0으로 설정해서 데이터를 쓰지 못하도록 설정한다.

```c
//코드 경로:mm/memory.c:
void do_no_page(unsigned long error_code,unsigned long address)
{
    ......
    if (!current->executable || tmp >= current->end_data) {
        get_empty_page(address);
        return;
    }
    if (share_page(tmp))
        return;
    if (!(page = get_free_page()))
        oom();
    ......
}


static int share_page(unsigned long address)   // 페이지를 공유할 준비를 한다.
{
    ......
        if ((*p)->executable != current->executable)
            continue;
        if (try_to_share(address,*p))
            return 1;
    }
    return 0;
}


static int try_to_share(unsigned long address, struct task_struct * p)
    // 페이지를 공유할 수 있는지 확인한다.
{
    ......
    to &= 0xfffff000;
    to_page = to + ((address>>10) & 0xffc);
    if (1 & *(unsigned long *) to_page)
        panic("try_to_share: to_page already exists");
/* 페이지 공유: 쓰기 보호 */
    *(unsigned long *) from_page &= ~2;   // 페이지 테이블 아이템의 R/W 비트를
                                          // 0으로 설정한다. ~2는 이진수로
                                          // 1010이다.
    *(unsigned long *) to_page = *(unsigned long *) from_page;
    invalidate();
    ......
}
```

위에서 소개한 내용을 통해서 페이지를 공유하는 프로세스를 만드는 것이 어렵지 않다는 것을 알았다. 또 공유 페이지에 읽기 혹은 쓰기 동작만 가능하다는 것도 알 수 있다. 페이지를 읽는 과정은 아무런 문제 없이 수행할 수 있지만 공유된 페이지에 데이터를 쓸 경우에는 데이터 혼란을 일으킬 수 있다. 따라서 공유된 페이지에 쓰기 동작은 되도록 하지 말아야 한다. 데이터를 꼭 써야 하는 경우에, 리눅스 0.11은 데이터를 쓴 페이지를 프로세스로 복사하는 쓰기 시 복사 전략(copy on write, 흔히 COW라고 줄여서 말하는 전략으로, 데이터가 변경되어야 할 때 데이터를 복사한 후에 변경하는 방식이다.)을 사용한다. 두 개의 프로세스가 별도의 페이지를 갖게 되므로 프로세스 자신의 페이지에 데이터를 쓸 수 있도록 한다. 이렇게 하면 쓰기로 인한 문제를 피할 수 있다. 이번 챕터의 마지막 부분에 쓰기 시 복사 전략(copy on write) 메커니즘을 설명하는 예제를 보여 줄 것이다.

리눅스 0.11은 파이프라인과 같이 프로세스 간 통신을 지원한다. 이를 위해서 두 프로세스가 공유하는 페이지를 이용한다. 챕터 8에서는 어떻게 데이터들이 문제 없이 전송되는지에 대해서 상세히 알아볼 것이다.

6.2.4 커널 페이징

커널은 보호 모드 진입 후 초기화 과정에서 자신의 페이지를 설정한다. 페이징은 선형 어드레스 공간을 사용하기 위한 기초 과정이다. 앞 섹션에서 커널의 세그먼트가 0이고, 코드와 데이터 세그먼트의 크기가 16MB라고 했다. 각 페이지의 크기는 4KB이고, 각 페이지 테이블은 1024개 페이지를 관리한다. 또 각 페이지 디렉토리는 1024개 페이지 테이블들을 관리한다. 커널의 세그먼트의 크기가 16MB이기 때문에 16MB 메모리를 관리하기 위해서 4개의 페이지 테이블이 필요하다. 코드는 다음과 같다.

```
//코드 경로:boot/head.s:
setup_paging:
    movl $1024*5,%ecx            /* 5 페이지 - pg_dir+4 페이지 테이블 */
    xorl %eax,%eax
    xorl %edi,%edi               /* pg_dir는 0x000에 위치한다. */
    cld;rep;stosl
    movl $pg0+7,_pg_dir          /* USER, R/W, P 플래그 설정 */
    movl $pg1+7,_pg_dir+4        /*  --------- " " --------- */
    movl $pg2+7,_pg_dir+8        /*  --------- " " --------- */
    movl $pg3+7,_pg_dir+12       /*  --------- " " --------- */
    movl $pg3+4092,%edi
    movl $0xfff007,%eax          /*  16Mb - 4096 + 7 (r/w user,p) */
    std
1:  stosl                        /* 페이지를 뒤에서부터 채운다. 이게 더 효과적이다. */
    subl $0x1000,%eax
    jge 1b
```

그림 6.3을 통해서 우리는 커널의 선형 어드레스와 물리적 어드레스가 동일하다는 것을 알 수 있다. 이렇게 구성한 목적은 커널이 다른 프로세스의 메모리 영역을 볼 수 있도록 하기 위함이다.

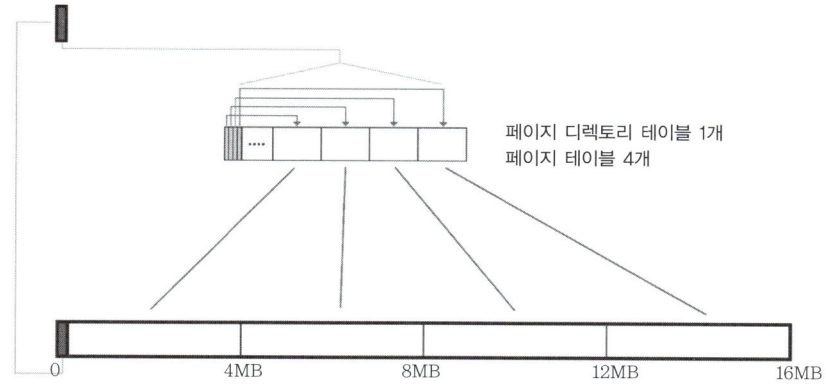

페이지 디렉토리 테이블 1개
페이지 테이블 4개

0   4MB   8MB   12MB   16MB

0~16MB는 물리적 어드레스이면서 커널이 관리하는 커널 관리 공간이다.

그림 6.3 커널 페이징

동일 맵핑 모드는 맵핑 모드 중에 하나다. 커널은 선형 어드레스를 사용해서 물리적 어드레스를 바로 사용할 수 있다. 커널 입장에서 이 모드가 아주 편리하다. 예를 들어 커널이 프로세스에 사용할 페이지 하나를 할당해야 한다고 할 때, 페이지는 페이지 테이블 엔트리를 통해서 맵핑되어야 한다. 따라서 페이지의 물리적 어드레스를 페이지 테이블 엔트리에 기록해야 한다. 이럴 때 동일 맵핑 모드라면 get_free_page() 함수를 호출해서 얻어진 선형 어드레스가 물리적 어드레스와 동일하므로, 물리적 어드레스로 보고 바로 사용할 수 있다.

커널은 모든 메모리 페이지에 대한 접근 권한을 관리할 뿐 아니라 각 페이지의 읽기/쓰기 속성을 설정할 수 있다. 또 페이지 디렉토리 테이블과 페이지 테이블에 정보를 작성할 수 있다. 코드는 다음과 같다.

```
//코드 경로:boot/head.s:
setup_paging:
    movl $1024*5,%ecx          /* 5 페이지 - pg_dir+4 페이지 테이블 */
    xorl %eax,%eax
    xorl %edi,%edi             /* pg_dir 는 0x000에 위치한다. */
    cld;rep;stosl
    movl $pg0+7,_pg_dir        /* USER, R/W, P 플래그 설정 */
    movl $pg1+7,_pg_dir+4      /* --------- " " --------- */
    movl $pg2+7,_pg_dir+8      /* --------- " " --------- */
    movl $pg3+7,_pg_dir+12     /* --------- " " --------- */
    movl $pg3+4092,%edi
    movl $0xfff007,%eax        /* 16Mb - 4096 + 7 (r/w user,p) */
    std
1:  stosl                      /* 페이지를 뒤에서부터 채운다. 이게 더 효과적이다. */
    subl $0x1000,%eax
    jge 1b
```

소스의 "7"의 의미에 대해서 첫 번째 챕터에서 소개했다.

CPU가 선형 어드레스를 분석할 때 페이지 디렉토리 테이블을 먼저 찾는다. 만약 찾을 수 없으면 페이지 테이블과 페이지 분석도 할 수 없다. 페이지 디렉토리의 시작 어드레스는 CPU 레지스터인 CR3에 저장되어 있다. 선형 어드레스를 분석해야 할 때는 CR3를 통해서 디렉토리 테이블의 시작 주소를 찾는다. 따라서 커널은 CR3 레지스터에 페이지 디렉토리 테이블의 어드레스를 설정해야 한다.

```
//코드 경로:boot/head.s:
......
xorl %eax,%eax                 /* pg_dir은 0x0000이다. */
xorl %edi,%edi                 /* CR3 - 페이지 디렉토리 시작 위치 */
......
```

CR3 레지스터와 관련된 명령은 오직 권한 레벨 0 코드만 수행할 수 있다. 즉, 프로세스가 커널을 모방해서 페이지 디렉토리 테이블을 만든다고 하더라도 권한 레벨 3이기 때문에 CR3를 수정하거나 다른 프로세스에서 사용하는 페이지를 찾을 수는 없다. 이 방법을 통해서 유저 프로세스들이 다른 프로세스에 영향을 주는 행위를 막을 수 있다.

커널 어드레스 공간은 유저 프로세스의 어드레스 공간과 다른 모드를 사용하고 있어서 커널이 선형 어드레스를 통해 직접 프로세스 데이터에 접근할 수는 없다. 단 커널이 모든 페이지를 소유하고 있고 권한 레벨이 0이기 때문에, 강제적으로 페이지의 내용을 변경할 수 있고 프로세스가 할 수 있는 모든 페이지 동작을 동일하게 할 수 있기는 하다. 하지만 이것이 선형 어드레스 세그먼트를 통해서 프로세스 영역에 커널이 직접 접근한다는 이야기는 아니다. 이것에 대한 좋은 예가 하나 있다. 프로세스가 디스크를 읽으려 할 때, 커널은 항상 커널 내부에 있는 버퍼의 데이터를 유저 공간으로 복사하게 된다. 이때 모든 동작들은 커널을 통해서 이루어진다.

```
//코드 경로:mm/memory.c:
int file_read(struct m_inode * inode, struct file * filp, char * buf, int count)
{
    ......
        chars = MIN( BLOCK_SIZE-nr , left );
        filp->f_pos += chars;
        left -= chars;
        if (bh) {
            char * p = nr + bh->b_data;
            while (chars-->0)
                put_fs_byte(*(p++),buf++);   // 데이터를 복사한다.
            brelse(bh);
        } else {
            while (chars-->0)
                put_fs_byte(0,buf++);
```

```
        }
    }
    ......
}


//코드 경로:include/asm/Segment.h:
extern inline void put_fs_byte(char val,char *addr)
{
__asm__ ("movb %0,%%fs:%1"::"r" (val),"m" (*addr)); // fs 레지스터에 저장된 세그먼트의
                                                    // 어드레스에 val 값을 저장한다.

}


//코드 경로:kernel/system_call.s:
......
_system_call:
    ......
    movl $0x10,%edx
    mov %dx,%ds
    mov %dx,%es
    movl $0x17,%edx
    mov %dx,%fs     // 커널은 fs로 유저 프로세스의 LDT의 데이터 세그먼트
                    // 디스크립터를 할당한다.
    call _sys_call_table(,%eax,4)
    ......
```

위에서 보여 주는 코드를 통해서 우리는 커널이 프로세스 LDT를 직접 접근할 수 있다는 것을 알 수 있다. 하지만 이것이 커널이 선형 어드레스 세그먼트를 넘나들고 프로세스의 선형 어드레스 공간을 접근할 수 있다는 뜻은 아니다. 즉, 세그먼트 보호 메커니즘이 페이징 메커니즘 때문에 깨지지는 않는다.(역주 : 간단히 설명하면 각 프로세스가 사용하는 선형 어드레스로 그것에 해당하는 데이터를 커널이 바로 찾아서 접근할 수는 없다는 뜻으로 해석할 수 있다. 물론 프로세스가 사용하는 모든 물리적 페이지에 대해서 접근할 수 있고, 또 각 프로세스의 선형 어드레스를 분석하는 기초 데이터를 가지고 있기 때문에 원한다면 프로세스가 사용하는 어드레스를 통해서 사용하는 물리적 페이지를 찾는 것이 근본적으로 불가능하지는 않다.)

6.3 유저 프로세스의 생성에서 종료까지

앞에서 설명했던 원리를 바탕으로 유저 프로세스의 생성에서 종료까지의 모든 과정을 예제를 통해서 상세히 설명할 것이다.

6.3.1 str1 프로세스 생성

str1 프로세스의 생성을 위해서 준비한다.

먼저, str1 프로세스의 소스 코드를 보자.

```
#include <stdio.h>
int foo(int n)
{
    char text[2048];
    if (n == 0)
        return 0;
    else {
        int i = 0;
        for(i; i<2048; i++)
            text[i] = '\0';
        printf("text_%d = x0%x, Pid = %d\n", n, text, getpid());
        sleep(5);
        foo(n-1);
    }
}
int main(int argc, char **argv)
{
    foo(6);
    return 0;
}
```

디스크에 str1으로 되어 있는 실행 파일이 하나 있다. 사용자는 쉘 인터페이스를 통해서 다음과 같이 명령어를 입력한다.

`./str1 shell`

쉘이 사용자의 명령을 받으면 명령어를 분석해서 str1 유저 프로세스를 생성하게 된다.

쉘의 명령어 분석을 통해서 커널은 str1 프로그램을 실행해야 한다는 것을 알았다. 쉘은 프로세스 생성을 위해서 fork() 함수를 호출한다. 이 함수는 int 0x80 소프트 인터럽트를 발생시키고 시스템 콜인 sys_fork() 함수를 호출한다. find_empty_process() 함수가 호출되면서 str1 프로세스가 사용할 프로세스 ID와 task[64]의 빈 엔트리를 부여받는다. 우리는 여기서 str1 프로세스가 OS가 시작한 이후 첫 번째로 실행되는 프로세스라고 가정한다. 앞 챕터에 이어 여기서 할당받는 프로세스 ID는 5가 된다. task[64]의 엔트리도 다섯 번째를 사용한다(task[4]를 사용한다).

str1 프로세스가 사용할 프로세스 ID와 task[64] 내의 사용하지 않는 엔트리를 찾는다(그림 6.4).

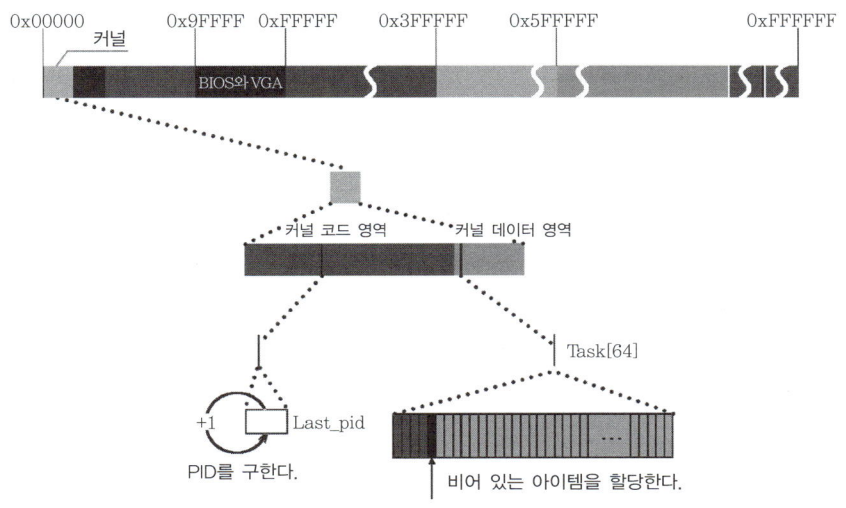

그림 6.4 프로세스 ID를 구하고 task[64]에 빈 엔트리를 찾는다.

이후에 task[64]의 아이템 인덱스에 따라서 프로세스 str1이 선형 어드레스 공간상의 어떤 64MB 영역에 위치할지, LDT와 TSS가 어떤 GDT의 두 아이템과 바인딩될지 결정된다. 다음 설명을 보자.

프로세스 str1의 관리 구조체를 위한 저장 공간을 마련해야 한다. copy_process() 함수를 통해서 프로세스 str1를 위한 페이지를 하나 얻는다. 이 페이지는 프로세스의 task_struct와 커널 스택으로 사용될 것이다. 우리는 앞에서 프로세스를 안전하게 보호하기 위해서 시스템이 각 프로세스를 위해서 특별한 구조를 만들었다고 설명했다. 이게 바로 task_struct 구조체다. 각 프로세스는 서로 간섭을 하지 못하도록 사용자 계정과 같은 것을 갖게 된다. 프로세스가 커널로 들어가면 커널 코드를 실행하게 된다. 하지만 이때 실행 경로는 같지 않다. 따라서 프로세스 별로 실행 경로도 다르고, 스택에 들어가는 데이터들도 다르다. 이렇게 커널 스택에 저장되는 것들은 각 프로세스의 유저 영역에 저장될 수는 없다. 이 때문에 각 프로세스들을 위해서 커널 스택이 필요하다.

앞에서 설명한 커널 페이지 전략에 따르면 보호 모드로 전환할 때 모든 페이지들은 커널의 16MB 선형 어드레스 공간에 맵핑된다. 이제 커널은 get_free_page() 함수를 호출한다. 이 함수는 커널 내에서 실행되어서 커널의 선형 어드레스 공간에서 사용되는 task_struct와 커널 스택에 사용될 페이지를 리턴한다. 이렇게 리턴된 페이지를 프로세스 선형 어드레스 공간으로 맵핑하는 OS 코드는 없다. 즉, 할당받은 페이지가 str1 프로세스를 관리하기 위한 것이기는 하지만, str1 프로세스로 페이지 맵핑이 되는 것은 아니다. 이 페이지는 커널 내에서 관리하기 때문에 str1 프로세스가 해당 페이지에 접근하는 것은 불가능하다.

get_free_page() 함수로 페이지를 할당받는 과정을 보면 OS가 메모리 효율을 높이기 위해서 페이지들을 할당할 때 상위 메모리의 것을 먼저 사용하도록 하고 있다. 프로세스가 실행되다 보면, 특히 다수의 프로세스들이 실행되면, 해지하는 페이지가 여기저기 무작위로 발생한다. 이렇게 되면 사용하지 않는 페이지들이 메모리의 여기저기로 흩어지게 된다(이것을 메모리 파편화라고 한다). 그래서 get_free_page() 함수는 항상 페이지를 할당할 때 상위 어드레스에서 하위 어드레스로 사용할 수 있는 페이지를 검색한다. 이 과정을 통해서 메모리에서 사용되는 페이지들이 가까이에 모이도록 하고 프로세스 메모리의 4GB 선형 어드레스 공간의 분산을 제한된 물리적 메모리 공간에 집중시킨다.

물론, 이렇게 한다고 해서 없는 메모리 페이지가 만들어지는 것은 아니다. 프로세스가 사용할 페이지가 없으면 에러 메시지를 반환하고 프로세스 생성 과정을 종료해 버린다. 지금 예제를 실행하고 있는 시스템은 여분의 사용 가능한 메모리 페이지가 많아 str1 프로세스를 생성하면서 필요한 메모리를 할당할 수 있다. 커널은 프로세스 task_struct로 사용할 페이지를 task[64]에 연결한다. task[64]의 각 아이템들은 선형 어드레스 공간 상에 나누어진 64개의 영역에 하나하나 대응된다. 또 이들 각각은 프로세스를 만들고 task_struct 어드레스 포인터를 저장하게 된다. 시스템이 프로세스를 검색한다는 의미는 task[64]를 검색하는 것으로 이를 통해서 원하는 프로세스의 task_struct를 쉽게 찾을 수 있다.

코드는 다음과 같다.

```
//코드 경로:kernel/fork.c:
int copy_process(int nr,long ebp,long edi,long esi,long gs,long none,
                 long ebx,long ecx,long edx,
                 long fs,long es,long ds,
                 long eip,long cs,long eflags,long esp,long ss)
{
    struct task_struct *p;
    int i;
    struct file *f;
    p = (struct task_struct *) get_free_page(); // str1 프로세스가 사용할 페이지를 할당받는다.
    if (!p)                    // 메모리가 없으면 에러 리턴
        return -EAGAIN;
    task[nr] = p;              // str1 프로세스의 task_struct를 task[64]에 연결한다.
    *p = *current;    /* 주의: 이번 복사로 supervisor 스택까지 복사하는 것을 아니다. */
    p->state = TASK_UNINTERRUPTIBLE;
    p->pid = last_pid;
    ......
}
```

커널은 그림 6.5에서 보여 주고 있는 것처럼 메인 메모리에 있는 할당된 페이지에 대해서 커널 데이터 영역의 mem_map 구조체에 사용된 것을 표시한다. 그림 6.5에서 task[64]와 사용할 페이지가 연결되는 순간을 보여 주고 있다.

프로세스 str1은 쉘 프로세스의 task_struct을 복사한다. 리눅스 0.11은 항상 프로세스 하나는 동작을 해야 한다. current 포인터는 현재 실행하고 있는 프로세스를 가리킨다. 프로세스가 포크로 생성되면, 부모 프로세스가 자식 프로세스의 생성 작업을 해주어야 한다. 더 자세히 말하면 현재 프로세스가 생성 작업을 책임져야 한다. 쉘 프로세스가 자신의 task_struct를 프로세스 str1의 것으로 복사한다. 이런 식으로 프로세스를 생성하도록 한 것도 디자인 철학에 바탕한 것이다.

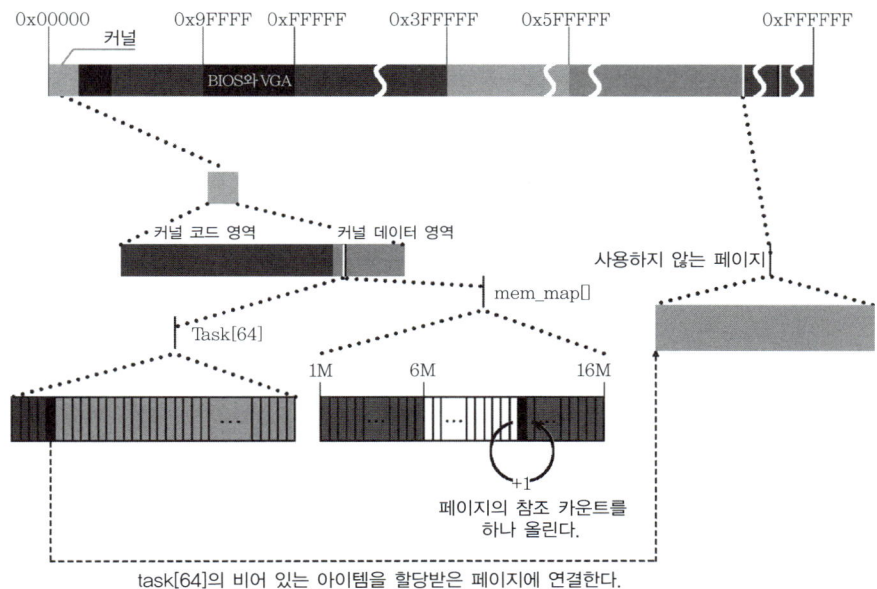

그림 6.5 str1 프로세스의 task_struct를 위한 새 페이지를 할당한다.

코드는 다음과 같다.

```
//코드 경로:kernel/fork.c:
int copy_process(int nr,long ebp,long edi,long esi,long gs,long none,
                 long ebx,long ecx,long edx,
                 long fs,long es,long ds,
                 long eip,long cs,long eflags,long esp,long ss)
{
    ......
    if (!p)
        return -EAGAIN;
    task[nr] = p;
    *p = *current;    /* NOTE! 이 명령이 커널 스택까지 복사해 주지는 않는다.*/
                      // task_struct를 str1 프로세스로 복사한다.
    p->state = TASK_UNINTERRUPTIBLE;
    p->pid = last_pid;
    ......
}
```

그림 6.6은 복사 과정을 보여 주고 있다.

task_struct가 str1 프로세스로 복사되면 프로세스 str1은 쉘의 모든 관리 정보들을 상속받게 된다. 하지만 관리하기 위한 정보들은 각 프로세스마다 다르기 때문에 일부 정보들을 수정해야 한다. 그러기 위해서 먼저 프로세스 상태를 언인터럽터블 상태로 만든다. 커널 코드가 실행 중일 때 리눅스 0.11은 프로세스가 바뀌는 것을 허용하지 않기 때문에 이 설정을 꼭 해야 하는 것은 아니다. 하지만 커널 실행 중에 프로세스 스케줄링이 허용되는 상황에서는 반드시 프로세스의 상태를 언인터럽터블로 설정해야 한다. 프로세스의 task_struct 구조체가 task[64] 구조체에 이미 연결되어 있기 때문에, task_struct의 데이터를 변경하는 가운데 인터럽트가 발생을 하면 설정 변경 작업이 끝나지 않아도 실행이 될 수 있다. 이렇게 완전하지 않은 프로세스가 실행이 되면 프로세스가 오동작을 하게 된다.

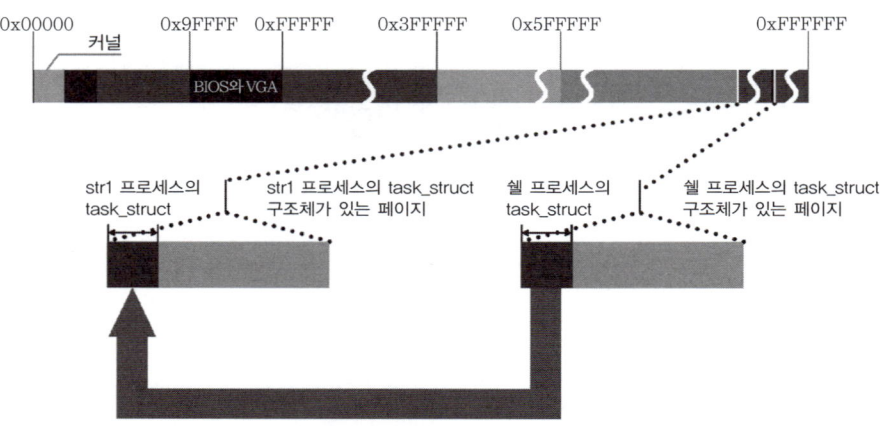

그림 6.6 task_struct 구조체의 복사

코드는 다음과 같다.

```
//코드 경로:kernel/fork.c:
int copy_process(int nr,long ebp,long edi,long esi,long gs,long none,
                long ebx,long ecx,long edx,
                long fs,long es,long ds,
                long eip,long cs,long eflags,long esp,long ss)
{
    ......
    task[nr] = p;
    *p = *current;    /* NOTE! 이 명령이 커널 스택까지 복사해 주지는 않는다.*/
    p->state = TASK_UNINTERRUPTIBLE; // str1 프로세스의 상태를 언인터럽터블로 변경한다.
    p->pid = last_pid;
    p->father = current->pid;
    ......
}
```

다음 과정은 그림 6.7에서 설명하고 있다.

부모 프로세스의 task_struct를 복사하고 프로세스에 맞게 task_struct를 수정한다. task_struct에도 수정해야 할 항목들이 있다. 쉘 프로세스의 PID도 부모 프로세스와 다른 것처럼 프로세스 str1도 쉘 프로세스와 다른 PID를 갖는다. PID 정보는 프로세스 별로 변경해야 한다. 코드는 다음과 같다.

```
//코드 경로:kernel/fork.c:
int copy_process(int nr,long ebp,long edi,long esi,long gs,long none,
                long ebx,long ecx,long edx,
                long fs,long es,long ds,
                long eip,long cs,long eflags,long esp,long ss)
{
    ......
    *p = *current;    /* NOTE! 이 명령이 커널 스택까지 복사해주지는 않는다. */
    p->state = TASK_UNINTERRUPTIBLE;
    p->pid = last_pid;          // str1 프로세스의 PID를 설정한다.
    p->father = current->pid;  // 쉘 프로세스를 부모 프로세스로 설정한다.
    p->counter = p->priority;
    p->signal = 0;
    ......
}
```

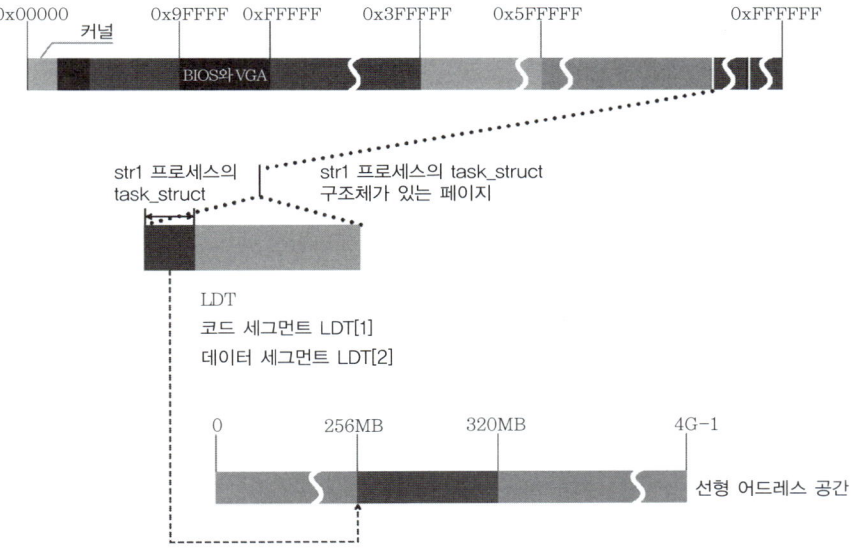

그림 6.7 str1 프로세스의 task_struct를 위한 새 페이지를 할당한다.

프로세스 str1은 쉘 프로세스에서 타임 슬라이스 값도 상속받는다. 따라서 str1의 타임 슬라이스는 쉘 프로세스가 사용한 만큼 줄어 있다. 하지만 이 값이 온전히 사용되지는 않는다. str1 프로세스는 쉘에서 직접 상속받은 타임 슬라이스를 사용하지 않고 쉘의 우선 순위 값으로 계산된 타임 슬라이스 값을 사용한다. 쉘 프로세스의 우선 순위를 사용자가 지정하지 않았다면 프로세스의 타임 슬라이스는 기본적으로 15가 된다.

코드는 다음과 같다.

```
//코드 경로:kernel/fork.c:
int copy_process(int nr,long ebp,long edi,long esi,long gs,long none,
                 long ebx,long ecx,long edx,
                 long fs,long es,long ds,
                 long eip,long cs,long eflags,long esp,long ss)
{
    ......
    *p = *current;    /* 주의: 이번 복사로 supervisor 스택까지 복사하는 것은 아니다. */
    p->state = TASK_UNINTERRUPTIBLE;
    p->pid = last_pid;
    p->father = current->pid;
    p->counter = p->priority;    // 현재 프로세스의 우선 순위 값을 타임 슬라이스
                                 // 값으로 설정한다.

    p->signal = 0;
    p->alarm = 0;
    ......
}
```

다음 섹션은 시그널과 관련된 정보를 조정하게 된다. task_struct 구조에는 시그널과 관련된 세 개의 필드가 있다. signal, sigaction[32] 그리고 blocked로 이것들은 각각 시그널 비트맵, 시그널 핸들러 함수 포인트 그리고 시그널 블로킹 코드다. 프로세스 str1이 포크될 때, signal만 리셋되고 다른 필드들은 변경되지 않는다. str1의 signal 필드를 0으로 설정하지 않으면 부모 프로세스의 값을 상속받게 된다. 이런 상태에서 str1 프로세스가 실행되고, 커널의 코드가 실행된다. 커널 코드가 끝나고 유저 코드로 리턴되기 전에 시그널을 확인한다. str1 프로세스는 시그널을 받지 말아야 하지만, signal 값이 잘못 설정되어 불필요한 시그널 처리를 하게 된다. 시그널을 처리하려면 유저 스택 정보를 수정해야 하고 특정 프로세스의 시그널 핸들러를 연결해야 한다. 프로세스 str1은 유저 스택을 변경하고 핸들러를 연결할 준비도 되지 않았다. 프로세스가 커널에서 프로세스로 전환될 때 이런 불확실한 요소들 때문에 프로세스가 오동작을 할 수 있다. 이런 이유 때문에 커널 task_struct 값에서 signal 값을 리셋한 것이다.

우리가 다루는 예제는 시그널을 받지 않는다. 따라서 우리는 시그널 핸들러 연결 포인터와 블로킹 코드를 신경쓰지 않아도 되기 때문에 이것과 관련된 필드를 수정하지 않는다. 자세한 코드는 다음과 같다.

```
//코드 경로:kernel/fork.c:
int copy_process(int nr,long ebp,long edi,long esi,long gs,long none,
                 long ebx,long ecx,long edx,
                 long fs,long es,long ds,
                 long eip,long cs,long eflags,long esp,long ss)
{
    ......
    p->father = current->pid;
    p->counter = p->priority;
    p->signal = 0;
    p->alarm = 0;
    p->leader = 0;
    ......
}
```

시그널 처리의 자세한 절차는 챕터 8에서 설명할 것이다.

그리고 나서 다른 필드도 값을 조정해 보자. 앞서 설명한 것과 비슷하게 기본적인 동작으로 리셋과 상속을 이용해서 타임과 세션을 설정한다. 상세한 코드는 다음과 같다.

```
//코드 경로:kernel/fork.c:
int copy_process(int nr,long ebp,long edi,long esi,long gs,long none,
                long ebx,long ecx,long edx,
                long fs,long es,long ds,
                long eip,long cs,long eflags,long esp,long ss)
{
    ......
    p->counter = p->priority;
    p->signal = 0;
    p->alarm = 0;        // 알람 시간을 초기화한다.
    p->leader = 0;       // 프로세스 leadership 값은 상속하지 않는다.
    p->utime = p->stime = 0;
    p->cutime = p->cstime = 0;
    p->start_time = jiffies;
    p->tss.back_link = 0;
    p->tss.esp0 = PAGE_SIZE + (long) p;
    ......
}
```

시간 설정과 세션과 관련된 다른 필드들은 모두 상속한다. 위에서 설정한 필드들은 커널의 관리를 위한 것이다.

다음으로 설명할 것은 TSS이다. TSS는 프로세스 전환을 위한 데이터다. 프로세스 전환은 프로세스 보호 메커니즘을 이용한다. 따라서 프로세스 보호 방식이 달라지면 프로세스 전환 방식도 달라진다. 프로세스가 실행될 때 다양한 레지스터들이 사용된다. 프로세스 전환은 결국 현재 실행하는 코드를 이동시키는 것뿐 아니라 실행에 사용되는 레지스터들도 바꿔야 한다. 프로세스 순서를 보장하기 위해서 프로세스 전환 전과 후의 상태가 유지되어야 한다. 그렇기 때문에 리눅스 0.11은 task_struct에 모든 레지스터들을 저장한다. 이 값이 저장되는 위치가 바로 TTS다. 프로세스 전환은 TSS를 이용해서 레지스터 값들을 보존한다. 프로세스 전환 전에 TTS는 현재 프로세스의 상태(현재 프로세스의 레지스터값)를 모두 저장한다. 그리고 프로세스가 다시 원래의 프로세스로 전환될 때 TSS에 저장되었던 레지스터 값들이 복원된다.

코드는 다음과 같다.

```
//코드 경로:kernel/fork.c:
int copy_process(int nr,long ebp,long edi,long esi,long gs,long none,
                long ebx,long ecx,long edx,
                long fs,long es,long ds,
                long eip,long cs,long eflags,long esp,long ss)
{
    ......
    p->cutime = p->cstime = 0;
```

```
        p->start_time = jiffies;
        p->tss.back_link = 0;            // 이어지는 코드가 TSS에 저장하는 것이다
        p->tss.esp0 = PAGE_SIZE + (long) p;
        p->tss.ss0 = 0x10;
        p->tss.eip = eip;
        p->tss.eflags = eflags;
        p->tss.eax = 0;
        p->tss.ecx = ecx;
        p->tss.edx = edx;
        p->tss.ebx = ebx;
        p->tss.esp = esp;
        p->tss.ebp = ebp;
        p->tss.esi = esi;
        p->tss.edi = edi;
        p->tss.es = es & 0xffff;
        p->tss.cs = cs & 0xffff;
        p->tss.ss = ss & 0xffff;
        p->tss.ds = ds & 0xffff;
        p->tss.fs = fs & 0xffff;
        p->tss.gs = gs & 0xffff;
        p->tss.ldt = _LDT(nr);            // 여기까지 코드가 TSS에 저장하는 것이다.
        p->tss.trace_bitmap = 0x80000000;
        if (last_task_used_math == current)
            __asm__("clts ; fnsave %0"::"m" (p->tss.i387));
        ......
}
```

코드에서 볼 수 있는 것처럼 copy_process() 함수의 대부분의 파라미터들은 레지스터 값들을 저장하는 데 사용된다. str1 프로세스가 실행되면 프로세스가 전환된다. 프로세스 전환이 일어나면 TSS에 저장된 모든 값들이 복원되면서 CPU 레지스터 값으로 초기화되고 프로세스 str1의 초기 상태가 결정된다.

이런 레지스터 값들이 CPU에 의해서 자동으로 설정된다는 것을 주목해야 한다. 그래서 레지스터를 설정하는 코드를 찾을 수 없다. 그럼 어떻게 CPU는 알맞은 값을 각 레지스터에 설정할 수 있을까? 이건 CPU 회로가 레지스터를 설정하는 기본 순서를 가지고 있기 때문이다. 즉, 위 코드에서 저장하는 순서와 같다. 만약 CPU가 진행하는 것과 다른 순서로 실행하면 프로세스가 제대로 동작하지 못한다.

프로세스 보호 메커니즘이 프로세스와 프로세스 전환을 위한 커널의 관리 메커니즘으로만 관여하는 것이 아니다. 프로세스가 실행 중일 때, 이 메커니즘은 항상 프로세스가 정해진 경계를 침범하지 않는지 계속 지켜보는 역할도 한다. 이 메커니즘이 바로 페이징과 세그먼테이션 기법이다. 이것들에 대한 설명은 다음 섹션에서 더 자세히 살펴볼 것이다.

str1의 페이지 테이블을 복사하고 여기에 대응하는 페이지 디렉토리 엔트리를 설정한다. 이때 copy_mem() 함수가 호출되면서 프로세스 선형 어드레스 공간을 정의한다.

앞에서 배운 지식을 바탕으로 생각해 보자면 선형 어드레스 공간을 정의하는 핵심은 세그먼트 베이스 어드레스와 세그먼트 크기를 정하는 것이다.

코드는 다음과 같다.

```
//코드 경로:kernel/fork.c:

int copy_mem(int nr,struct task_struct * p)
{
    unsigned long old_data_base,new_data_base,data_limit;
    Unsigned long old_code_base,new_code_base,code_limit;

    code_limit=get_limit(0x0f);    // 현재 프로세스(쉘)의 코드 세그먼트 크기
    data_limit=get_limit(0x17);    // 현재 프로세스(쉘)의 데이터 세그먼트 크기
    old_code_base = get_base(current->ldt[1]);
    old_data_base = get_base(current->ldt[2]);
    if (old_data_base != old_code_base)
        panic("We don't support separate I&D");
    if (data_limit < code_limit)
        panic("Bad data_limit");
    new_data_base = new_code_base = nr * 0x4000000; // task[64]의 nr 값으로
                                                    //세그먼트 베이스먼트 어드레스를 정한다.

    p->start_code = new_code_base;
    set_base(p->ldt[1],new_code_base); // str1의 코드 세그먼트 어드레스를
                                       // LDT에 설정한다.
    set_base(p->ldt[2],new_data_base); // str1의 데이터 세그먼트 어드레스를
                                       // LDT에 설정한다.
    if (copy_page_tables(old_data_base,new_data_base,data_limit)) {
        free_page_tables(new_data_base,data_limit);
        return -ENOMEM;
    }
    return 0;
}
```

코드에서 눈여겨 보아야 할 것은 str1 프로세스의 세그먼트 베이스가 task[64]의 아이템 인덱스인 nr 값에 의해서 결정된다는 것이다. 프로세스에서 사용한 세그먼트 베이스 어드레스는 str1의 LDT에 저장된다. 그런데 크기를 설정하는 코드는 보이지 않는다. 우리가 앞에서 배운 것을 떠올려 보면 프로세스의 세그먼트의 크기는 LDT에 저장되어야 한다. 이 값은 task_struct가 복사되면서 LDT 값도 변경없이 복사된다. 즉, str1 프로세스가 부모 프로세스 즉, 쉘의 LDT를 복사한 것이다. 이렇게 하는 이유는 str1 프로세스가 시작할 때 str1의 프로그램이 아직 로드되지 않은 상태에서 코드가 실행되어야 하기 때문이다.

세그먼테이션에 대해서 알아봤으니 이제 페이징에 대해서 생각해보자. 페이징은 세그먼테이션을 이용한다. 즉, 세그먼트 베이스 어드레스와 세그먼트 크기를 이용해서 페이지 테이블 엔트리 정보를 어디에서 복사하는지, 어디로 복사할 것인지 그리고 얼마나 많은 엔트리를 복사할지를 결정하기 때문이다. 구체적인 내용은 코드를 보자.

```
//코드 경로: kernel/fork.c:
int copy_mem(int nr,struct task_struct * p)
{
    ......
    new_data_base = new_code_base = nr * 0x4000000;
    p->start_code = new_code_base;
    set_base(p->ldt[1],new_code_base);
    set_base(p->ldt[2],new_data_base);
    if (copy_page_tables(old_data_base,new_data_base,data_limit)) {
                // str1이 사용할 페이지 테이블을 복사한다.
        free_page_tables(new_data_base,data_limit);
        return -ENOMEM;
    }
    return 0;
}
```

세그먼테이션을 소개하면서 언급했던 것처럼 str1 프로세스가 포크하고 난 이후에 코드가 아직 로드되지 않고 부모 프로세스인 쉘 프로세스의 코드를 공유하고 있다. 이에 따라서 str1은 쉘과 페이지를 같이 공유한다. 다시 말해서 우리는 새로운 페이지 디렉토리 엔트리와 페이지 테이블 엔트리를 이용해서 쉘과 동일한 페이지를 가리키도록 설정하는 것이다. 코드는 다음과 같다.

```
//코드 경로:mm/memory.c:
int copy_page_tables(unsigned long from,unsigned long to,long size)
{
    ......
    for( ; size-->0 ; from_dir++,to_dir++) { // 세그먼테이션을 이용한 페이징
        if (1 & *to_dir)
            panic("copy_page_tables: already exist");
        if (!(1 & *from_dir))
            continue;
        from_page_table = (unsigned long *) (0xfffff000 & *from_dir);
        if (!(to_page_table = (unsigned long *) get_free_page()))
                    // 페이지 테이블을 위한 페이지 생성
            return -1;       /* 메모리 부족, 해제하는 절차 참조 */
        *to_dir = ((unsigned long) to_page_table) | 7;
                    // 페이지 디렉토리 엔트리 설정
        nr = (from==0)?0xA0:1024;
        for ( ; nr-- > 0 ; from_page_table++,to_page_table++) {
                    // 페이지 테이블 복사
            this_page = *from_page_table;
            if (!(1 & this_page))
                continue;
            this_page &= ~2;     // 쉘 프로세스의 페이지를 읽기 전용으로 공유한다.
            *to_page_table = this_page;
                            // str1 프로세스의 페이지를 읽기 전용으로 공유한다.
```

```
            if (this_page > LOW_MEM) {
                *from_page_table = this_page;
                this_page -= LOW_MEM;
                this_page >>= 12;
                mem_map[this_page]++;
            }
        }
    }
    invalidate();
    return 0;
}
```

그림 6.8은 페이지 테이블과 페이지 디렉토리 엔트리 설정들을 복사하는 과정을 보여 준다.

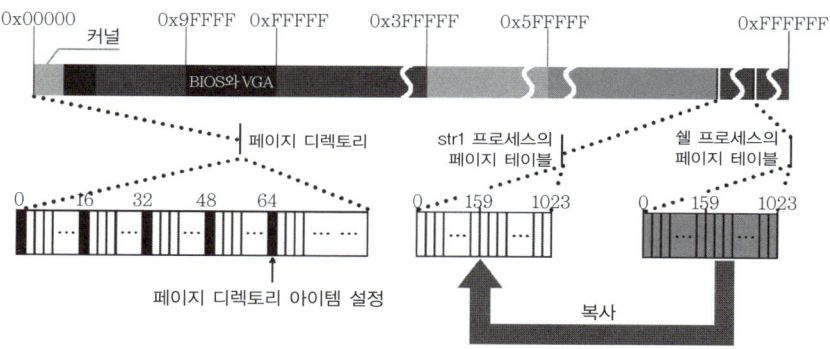

그림 6.8 str1 프로세스가 사용할 페이지 테이블을 복사하고 페이지 디렉토리를 설정한다.

새 프로세스에 사용될 페이지 테이블이 만들어질 때 get_free_page() 함수가 호출되서 새 페이지를 할당받은 것을 잘 봐두어야 한다.

이 시점에서 할당받은 페이지들은 새 프로세스의 페이지 테이블 엔트리를 만들기 위해서 사용된다. 즉 프로세스가 직접 사용하기 위한 것이 아니라 str1 프로세스가 소유하는 페이지들을 관리하기 위한 용도이다. 그렇기 때문에 페이지를 할당만 하고 str1 프로세스의 선형 어드레스 공간에 맵핑하지 않는다. task_struct와 프로세스의 커널 스택을 위해서 페이지를 할당할 때와 같이 페이지를 할당할 때 커널 프로그램이 커널의 선형 어드레스 공간에서 실행된다. 따라서 이때 할당받은 페이지들은 커널의 선형 어드레스 공간에 맵핑이 된다. 커널만 이 페이지로 엑세스할 수 있다. 이와 동일하게 페이지 테이블을 로딩하기 위해서 할당된 페이지들은 커널이 프로세스를 관리하기 위해서 사용된다. 이 페이지들 역시 커널만 접근할 수 있고, 유저 프로세스는 접근할 수 없다. 이런 접근성 차이의 근본적 이유는 커널이 페이지를 프로세스의 선형 어드레스에 맵핑을 해두지 않았기 때문이다.

세그먼테이션과 페이징 설정을 마치고 나면 이제 파일 상속에 관련된 이슈들을 처리해야 한다. 쉘 프로세스가 오픈한 파일들은 자식 프로세스에 상속된다. 구체적으로는 파일 참고 카운트와 관련된 파일들의 i-node 참조 카운트를 증가시키는 방식으로 상속한다. 이 때문에 자식 프로세스는 부모 프로세스가 오픈한 파일이 필요할 때 다시 파일을 오픈하지 않아도 사용할 수 있는 것이다. 예를 들어 쉘 프로세스가 tty 파일을 오픈한 상태에서 자식 프로세스를 생성하면 쉘은 이 핸들을 자식 프로세스에 복사한다. 이 때문에 자식 프로세스가 tty 파일을 다시 오픈하지 않고도 사용할 수 있다. 파일의 참조 카운트에 대한 처리는 다음과 같다.

```
//코드 경로:kernel/fork.c:
int copy_process(int nr,long ebp,long edi,long esi,long gs,long none,
                 long ebx,long ecx,long edx,
                 long fs,long es,long ds,
                 long eip,long cs,long eflags,long esp,long ss)
{
    ......
    if (copy_mem(nr,p)) {
        task[nr] = NULL;
        free_page((long) p);
        return -EAGAIN;
    }
    for (i=0; i<NR_OPEN;i++)
        if (f=p->filp[i])
            f->f_count++;                    // 파일 참조 카운트를 증가시킨다.
    if (current->pwd)
        current->pwd->i_count++;             // 현재 작업 디렉토리의 i-node의 참조
                                             // 카운트를 증가시킨다.
    if (current->root)
        current->root->i_count++;            // 루트 디렉토리의 i-node의 참조 카운트를
                                             // 증가시킨다.
    if (current->executable)
        current->executable->i_count++; // 실행 파일 i-node의 참조 카운트를
                                             // 증가시킨다.
    set_tss_desc(gdt+(nr<<1)+FIRST_TSS_ENTRY,&(p->tss));
    set_ldt_desc(gdt+(nr<<1)+FIRST_LDT_ENTRY,&(p->ldt));
    ......
}
```

str1 프로세스와 GDT(전역 디스크립터 테이블, global descriptor table) 간의 관계를 만든다. 지금까지 파일 상속과 관련된 이슈들을 살펴보았다. 그런 후에 TSS와 프로세스 str1의 LDT를 GDT의 특정 위치에 연결시키는 작업을 해야 한다. 이와 관련된 코드는 다음과 같다.

```
//코드 경로:kernel/fork.c:
int copy_process(int nr,long ebp,long edi,long esi,long gs,long none,
                 long ebx,long ecx,long edx,
                 long fs,long es,long ds,
                 long eip,long cs,long eflags,long esp,long ss)
```

```
{
    ......
    if (current->pwd)
        current->pwd->i_count++;
    if (current->root)
        current->root->i_count++;
    if (current->executable)
        current->executable->i_count++;
    set_tss_desc(gdt+(nr<<1)+FIRST_TSS_ENTRY,&(p->tss));
            // str1 프로세스의 TSS를 GDT에 연결하고 세그먼트를 설정한다.
    set_ldt_desc(gdt+(nr<<1)+FIRST_LDT_ENTRY,&(p->ldt));
            // str1 프로세스의 LDT를 GDT에 연결하고 세그먼트를 설정한다.
    p->state = TASK_RUNNING; /* 프로세스 상태는 가장 나중에 설정해서 혹시 모를 오류를 막는다. */
    return last_pid;
}
```

설정 과정은 그림 6.9에서 보여 주고 있다.

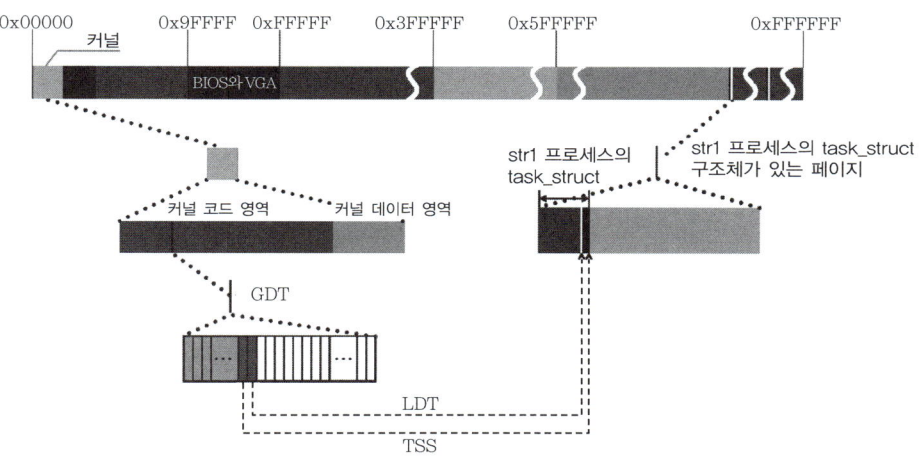

그림 6.9 프로세스 str1의 TTS와 LDT를 GDT에 연결한다.

TSS와 LDT는 프로세스 보호에 중요한 역할을 한다. 프로세스 보호의 핵심은 프로세스 실행 중에 다른 프로세스에 영향을 주는 프로세스를 막는 것이다. 세그먼트 관점에서 보면 다른 프로세스 영역으로 점프하는 방법이 두 개 있다.

첫 번째 방법은 앞에서 설명했던 것처럼 현재 세그먼트를 사용하지만 점프하려는 위치가 현재 세그먼트의 크기를 넘는 경우다. 하드웨어는 항상 허용된 세그먼트 크기를 넘는 점프 동작을 감시한다. 이때 사용되는 LDT는 프로세스의 세그먼트 베이스 어드레스와 세그먼트 크기를 가지고 있다. 점프 명령이 실행될 때 하드웨어가 자동으로 허용된 영역을 넘어서는 점프인지 확인한다. 이때 허용된 영역을 벗어나는 경우라면 GP(일반 보호 오류, General Protection Fault)로 감지되서 오류를 처리할 인터럽트가 발생한다.

두 번째 방법은 세그먼트 간의 점프 명령을 수행하는 것이다. 리눅스 0.11에서 프로세스들은 권한 레벨 3으로 실행하며 각자가 LDT를 가지고 있다. LDT는 세그먼트 디스크립터로 세그먼트에 대한 정보를 가지고 있다. 이때 다른 세그먼트로 점프하는 명령을 실행하면 세그먼트 디스크립터의 베이스 어드레스가 수정되어야 한다. 즉, 현재의 LDT를 다른 세그먼트의 LDT로 교체하는 것이다. 이를 위해서 LLDT 명령을 실행해야 한다. 하지만 LLDT 명령은 권한 레벨 0에서만 실행된다. 따라서 LDT는 프로세스에 의해 변경되지 않아 현재 프로세스가 다른 세그먼트로 점프할 수 있는 방법이 없다. 즉, 프로세스는 다른 프로세스로 점프할 수 없다.

리눅스 0.11에 프로세스들이 LDT를 사용하지 않고 GDT를 사용해서 세그먼트를 관리하는 형태의 프로세스 보호 패턴을 사용했다고 치자. 그러면 세그먼트 간 점프를 하기 위해 LGDT 명령으로 GDT를 변경하는 것 이외에도 다른 방법이 있다. 이렇게 되면 프로세스 간 점프가 가능해지고 프로세스 보호 메커니즘이 무너지게 된다. 이런 여러 가지 관점에서 보면 리눅스 디자이너들은 세그먼트 레벨의 보호 메커니즘을 잘 설계했다고 볼 수 있다.

앞에서 살펴본 세그먼트 레벨에서의 프로세스 보호 메커니즘은 잘 동작한다. 세그먼트 레벨 보호 메커니즘에 대해서 모두 살펴보았다. 이제 이 메커니즘을 바탕으로 페이지 레벨 보호 메커니즘에 대해서 살펴볼 차례다.

두 번의 get_free_page() 함수 호출로 추측할 수 있는 것처럼, 모든 페이징 과정은 커널이 담당한다. get_free_page() 함수로 할당받은 페이지들이 프로세스의 선형 어드레스 공간에 맵핑되지 않으면 프로세스는 이 페이지에 접근할 수 없다. 선형 어드레스에서 물리적 어드레스로 변환하는 과정을 생각해 보면 페이지 디렉토리 테이블과 페이지 테이블들은 명확히 구분되어 사용된다. 그리고 프로세스의 선형 어드레스에 의해서 사용될 페이지 디렉토리 테이블의 엔트리가 결정된다. 이것들을 종합해 보면 선형 어드레스 공간이 겹치지 않는 한 프로세스 메모리가 섞이는 오류는 일어나지 않는다.

프로세스 str1의 상태를 준비 상태로 설정한다. 여기까지가 프로세스 str1의 생성 과정이었다. 이제 우리는 str1 프로세스가 스케줄링의 대상이 될 수 있도록 프로세스 상태를 준비 상태로 설정한다. 코드는 다음과 같다.

```
//코드 경로:kernel/fork.c:
int copy_process(int nr,long ebp,long edi,long esi,long gs,long none,
                 long ebx,long ecx,long edx,
                 long fs,long es,long ds,
                 long eip,long cs,long eflags,long esp,long ss)
{
    ......
    set_tss_desc(gdt+(nr<<1)+FIRST_TSS_ENTRY,&(p->tss));
    set_ldt_desc(gdt+(nr<<1)+FIRST_LDT_ENTRY,&(p->ldt));
    p->state = TASK_RUNNING; /* 상태 변경은 마지막에 한다. */
                                // 프로세스 상태를 준비 상태로 변경한다.
    return last_pid;
}
```

프로세스의 상태를 TASK_RUNNING으로 설정하는 과정은 그림 6.10에서 보여 주고 있다.

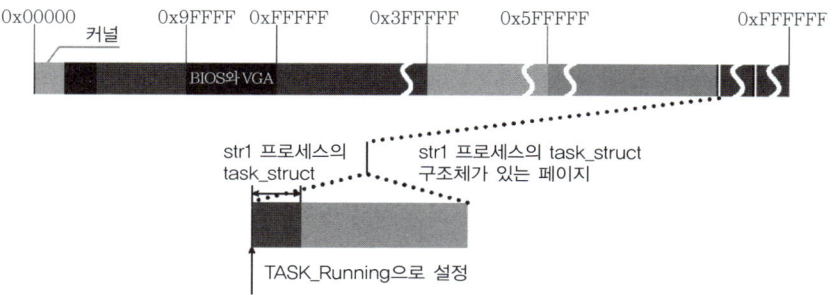

0x00000 커널 0x9FFFF 0xFFFFF 0x3FFFFF 0x5FFFFF 0xFFFFFF

BIOS와 VGA

str1 프로세스의
task_struct

str1 프로세스의 task_struct
구조체가 있는 페이지

TASK_Running으로 설정

그림 6.10 프로세스 str1의 상태를 준비 상태로 설정한다.

6.3.2 str1 프로그램의 로드 준비

유저 프로세스 str1 로딩을 위한 준비. 유저 프로세스 str1를 로딩하는 것이나 쉘 프로세스를 로딩하기 위한 준비 작업은 다음과 같은 동작으로 비슷하다. 파라미터, 환경 변수와 같은 외부 환경 검사, str1의 실행 코드 검사, 프로세스 str1의 task_struct의 필드값 조정 그리고 마지막으로 EIP와 ESP의 설정 등이다.

do_execve() 함수에 들어가면 실행을 위한 외부 환경 준비를 한다. 프로세스 str1의 파라미터와 환경 변수를 저장하기 위해서 페이지를 설정한다. 그리고 나서 str1 코드가 저장된 str1 파일의 i-node를 읽는다. i-node 정보를 사용해서 파일에 문제가 없는지 확인한다. i-node를 통해서 파일을 읽고 코드 세그먼트와 데이터 세그먼트의 길이 정보를 조사해서 코드와 데이터가 64MB의 선형 어드레스 공간에서 수용 가능한지 확인한다. 이와 같은 코드는 다음과 같다.

```
//코드 경로:fs/exec.c:
int do_execve(unsigned long * eip,long tmp,char * filename,
    char ** argv, char ** envp)
{
    ......
    if (N_MAGIC(ex) != ZMAGIC || ex.a_trsize || ex.a_drsize ||
        ex.a_text+ex.a_data+ex.a_bss>0x3000000 ||
                        // 코드, 데이터 그리고 힙 메모리의 크기가 48MB 이하여야 한다.
        inode->i_size < ex.a_text+ex.a_data+ex.a_syms+N_TXTOFF(ex)) {
        retval = -ENOEXEC;
        goto exec_error2;    // 길이 48MB를 초과하면 에러 발생
    }
    ......
}
```

이런 확인 절차를 다 통과하면 str1의 코드가 실행 가능한 파일이고, 64MB의 선형 어드레스 공간에 수용 가능한 것을 의미한다. 모든 조건이 만족할 때만 다음 처리 과정을 진행한다.

str1 프로세스를 생성할 때 오픈된 파일과 시그널 필드들이 셸 프로세스로부터 상속된 것은 이미 알고 있을 것이다. 이제 str1 프로세스 자신의 프로그램을 로드할 차례다. 프로그램을 로드하면 프로세스의 일부는 해제되거나 초기화된다. 코드는 다음과 같다.

```
//코드 경로:fs/exec.c:
int do_execve(unsigned long * eip,long tmp,char * filename,
    char ** argv, char ** envp)
{
    ……
    if (!sh_bang) {
        p = copy_strings(envc,envp,page,p,0);
        p = copy_strings(argc,argv,page,p,0);
        if (!p) {
                retval = -ENOMEM;
                goto exec_error2;
        }
    }
/* OK, 여기서부터 에러를 리턴하지 않는다. */
    if (current->executable)    // str1의 실행 파일에서 프로그램을 로딩한다.
                                // 더 이상 셸의 i-node를 공유받지 않아도 된다.
        iput(current->executable); // 셸의 실행 파일과의 관계를 끝낸다.
    current->executable = inode;    // 실행 파일 i-node를 교체한다.
    for (i=0 ; i<32 ; i++)
        current->sigaction[i].sa_handler = NULL; // 시그널 핸들러를 초기화한다.
    for (i=0 ; i<NR_OPEN ; i++)
        if ((current->close_on_exec>>i)&1)
            sys_close(i);
    current->close_on_exec = 0;
    free_page_tables(get_base(current->ldt[1]),get_limit(0x0f));
    free_page_tables(get_base(current->ldt[2]),get_limit(0x17));
    ……
}
```

str1의 페이지 테이블을 해제한다. 앞에서 설명했던 것처럼 str1 프로세스는 현재 셸 프로세스와 같은 메모리 페이지를 공유하고 있다. 이번에는 str1 프로세스가 자신의 프로그램을 로딩하고 이 공유 관계를 끊어야 한다. 이 작업을 위해 free_page_tables() 함수를 호출한다. 코드는 다음과 같다.

```
//코드 경로:fs/exec.c:
int do_execve(unsigned long * eip,long tmp,char * filename,
    char ** argv, char ** envp)
{
    ……
    for (i=0 ; i<NR_OPEN ; i++)
        if ((current->close_on_exec>>i)&1)
            sys_close(i);
```

```
    current->close_on_exec = 0;
    free_page_tables(get_base(current->ldt[1]),get_limit(0x0f));
            // 코드 세그먼트의 공유된 페이지를 해제한다.
    free_page_tables(get_base(current->ldt[2]),get_limit(0x17));
            // 데이터 세그먼트의 공유된 페이지를 해제한다.
    if (last_task_used_math == current)
        last_task_used_math = NULL;
    current->used_math = 0;
    ......
}
```

```
//코드 경로:mm/memory.c:
int free_page_tables(unsigned long from,unsigned long size)
{
        ......
            if (1 & *pg_table)
                free_page(0xfffff000 & *pg_table); // 공유 페이지를 해제한다.
            *pg_table = 0;                          // 페이지 테이블을 초기화한다.
            pg_table++;
        }
        free_page(0xfffff000 & *dir);           // 페이지 테이블이 차지하는 페이지를 해제한다.
        *dir = 0;                               // 페이지 테이블 인덱스를 초기화한다.
    ......
}
```

페이지 테이블 해제 과정은 그림 6.11에서 보여 주고 있다. 페이지 디렉토리 엔트리의 변경에 주목해야 한다.

전에 언급했던 것처럼 str1 프로세스와 쉘 프로세스는 페이지를 공유하고 있고 읽기 전용 모드로 설정되어 있다. 이제 str1과의 공유 관계를 끊어야 한다. 페이지들을 쉘 프로세스에게는 여전히 읽기 전용 모드로 설정될 것이다. 이것이 쉘 프로세스에 영향을 줄까? 이 문제는 다음 섹션에서 쓰기 시 복사(copy-on-write)와 관련해서 설명할 것이다.

str1의 코드 세그먼트와 데이터 세그먼트를 재설정한다. str1 프로세스는 이제 자신의 프로그램을 로드했다. 그리고 LDT는 프로그램의 크기에 따라서 설정된다. 관련된 코드는 다음과 같다.

```
//코드 경로:fs/exec.c:
int do_execve(unsigned long * eip,long tmp,char * filename,
    char ** argv, char ** envp)
{
    ......
    p += change_ldt(ex.a_text,page)-MAX_ARG_PAGES*PAGE_SIZE;
            // 세그먼트 크기 재설정
    ......
}
```

```
static unsigned long change_ldt(unsigned long text_size,unsigned long * page)
{
    ......
    code_limit = text_size+PAGE_SIZE -1;
    code_limit &= 0xFFFFF000;    // 코드 길이에 따라서 코드 세그먼트 크기를 설정한다.
    data_limit = 0x4000000;       // 데이터 세그먼트의 크기는 64MB로 설정한다.
    code_base = get_base(current->ldt[1]);
    data_base = code_base;        // 세그먼트 베이스먼트 어드레스는 변경하지 않는다.
    set_base(current->ldt[1],code_base);
    set_limit(current->ldt[1],code_limit);
    set_base(current->ldt[2],data_base);
    set_limit(current->ldt[2],data_limit);
    ......
}
```

이것이 str1의 세그먼트 크기를 설정하는 마지막 단계이다. 크기는 항상 64MB 이하다. 만약 새로운 프로세스가 str1에서 포크되면 프로세스 복사 메커니즘에 따라서 str1의 자식 프로세스의 세그먼트 크기도 64MB 이하가 될 것이다. 따라서 시스템에 만드는 각각의 프로세스는 64MB 메모리 공간으로 크기가 제한된다. 세그먼트 크기를 설정하는 과정은 그림 6.12에서 보여 준다.

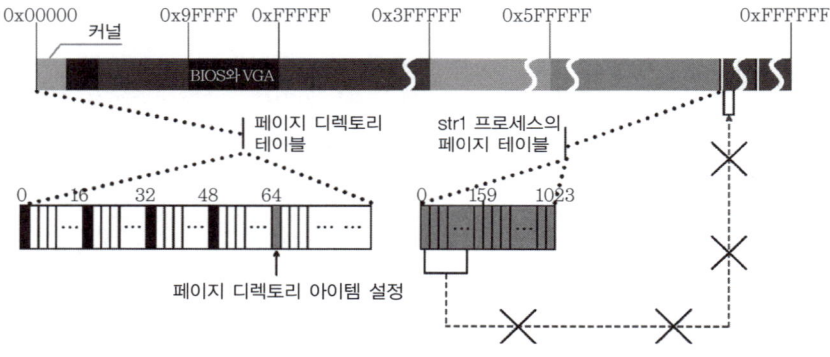

그림 6.11 프로세스 str1의 페이지를 해제한다.

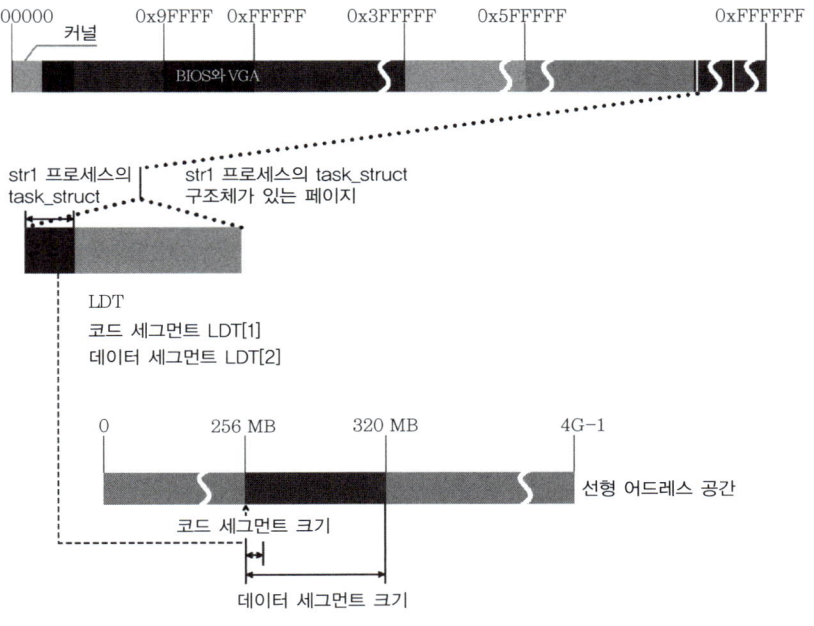

그림 6.12 str1 프로세스의 코드 세그먼트와 데이터 세그먼트를 재설정한다.

str1 프로세스의 task_struct를 수정한다. str1 프로세스의 task_struct의 brk, start_stack과 같은 필드를 설정하는 의도는 프로세스 관리 과정에서 실수를 막고자 하는 것이다. 즉, 여기서 하는 설정은 프로세스 보호를 위한 것이 아니라 순수한 관리적 측면에서 하는 것이다.

코드는 다음과 같다.

```
//코드 경로:fs/exec.c:
int do_execve(unsigned long * eip,long tmp,char * filename,
    char ** argv, char ** envp)
{
    ......
    current->used_math = 0;
    p += change_ldt(ex.a_text,page)-MAX_ARG_PAGES*PAGE_SIZE;
    p = (unsigned long) create_tables((char *)p,argc,envc);
    current->brk = ex.a_bss +                   // 프로세스의 제어 필드를 설정한다.
            (current->end_data = ex.a_data +    // 파일의 ex 정보를 이용한다.
            (current->end_code = ex.a_text));
    current->start_stack = p & 0xfffff000;
    current->euid = e_uid;
    current->egid = e_gid;
    i = ex.a_text+ex.a_data;
    while (i&0xfff)
            put_fs_byte(0,(char *) (i++));
    eip[0] = ex.a_entry;                    /* eip, 마법이 시작되는 지점 */
    eip[3] = p;                             /* 스택 포인터 */
    ......
}
```

str1 프로세스의 task_struct 구조체의 필드값 변경 작업은 그림 6.13에서 잘 보여 주고 있다.

위 코드의 마지막에 보이는 것처럼 EIP와 ESP 값을 변경해서 소프트 인터럽트가 반환될 때 str1 프로세스의 코드를 실행되도록 한다. str1 프로세스와 쉘 프로세스의 페이지 공유 관계가 깨졌기 때문에 페이지 테이블이 해제되었다. 이것은 str1과의 맵핑 관계가 끝난 것을 의미한다. 또 페이지 디렉토리 엔트리가 P 비트를 포함해 모두 0으로 초기화된 것을 의미한다. str1이 실행이 되면 MMU는 대응하는 페이지 디렉토리 엔트리의 P 비트가 0인 것을 알게 될 것이다. 이렇게 되면 CPU는 페이지 폴트를 발생시킨다.

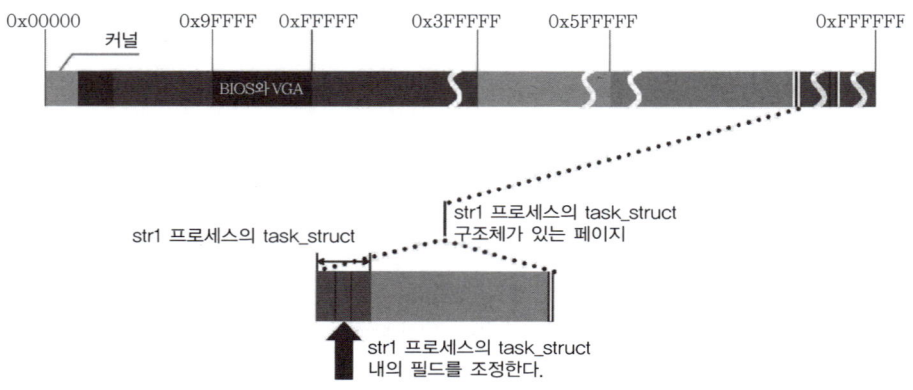

그림 6.13 프로세서 str1의 task_struct 필드값을 조정한다.

6.3.3 프로세스 str1의 로딩과 실행

인터럽트의 발생과 OS의 처리. 페이지 폴트 인터럽트가 발생되면 페이지 폴트 인터럽트 서비스가 실행된다. 최종적으로 인터럽트는 _page_fault() 함수 내의 페이지 폴트 핸들러인 _do_no_page() 함수를 호출해서 처리한다.

코드는 다음과 같다.

```
//코드 경로:mm/page.s:
_page_fault:
    ......
    testl $1,%eax
    jne 1f
1:  call _do_no_page
......
```

do_no_page() 함수 내부에서 str1를 로드하기 전에 두 가지를 먼저 확인한다. 첫 번째로 str1이 이미 로드되어 있는지 확인하고, 페이지 폴트를 발생시킨 선형 어드레스가 코드 영역을 벗어나지는 않았는지 확인한다. 이 두 가지 조건이 만족되면 str1의 코드가 하드디스크에서 읽혀져 메모리에 로드된다.

코드는 다음과 같다.

```
//코드 경로:mm/memory.c:
void do_no_page(unsigned long error_code,unsigned long address)
{
    ......
    address &= 0xfffff000;
    tmp = address - current->start_code;
    if (!current->executable || tmp >= current->end_data) {
                // executable은 str1 파일의 i-node이고,
                // end_data는 코드의 끝을 의미한다.
        get_empty_page(address);
        return;
    }
    if (share_page(tmp))
        return;
    ......
}
```

두 번째로 do_no_page() 함수는 str1이 현재 프로세스와 코드를 공유하는지 확인한다. 예를 들어 다른 프로세스가 str1을 이미 로드했는지 확인하는 것이다. 물론 우리가 진행하고 있는 예제는 이 경우에 해당하지 않는다.

코드는 다음과 같다.

```
//코드 경로:mm/memory.c:
void do_no_page(unsigned long error_code,unsigned long address)
{
    ......
    if (!current->executable || tmp >= current->end_data) {
        get_empty_page(address);
        return;
    }
    if (share_page(tmp))     // 다른 프로세스와 페이지를 공유하고 있는지 확인한다.
        return;
    if (!(page = get_free_page()))
        oom();
    ......
}
```

현재는 상황은 앞에서 셸 프로세스를 로드할 때와 같은 상황이다. 프로세스는 하드디스크에서 데이터를 읽어야 한다. 다음으로 메모리에 빈 페이지를 할당하고 str1을 작업한다.

str1이 사용할 메모리 페이지를 할당한다. 메인 메모리에 빈 페이지를 할당한다. 그리고 이 페이지에 str1의 첫 번째 부분을 로드한다. 코드는 다음과 같다.

```
//코드 경로:mm/memory.c:
void do_no_page(unsigned long error_code,unsigned long address)
{
    ......
    if (share_page(tmp))
        return;
    if (!(page = get_free_page()))   // str1에 사용할 빈 페이지를 할당받는다.
        oom();                       // 메모리가 없으면 str1을 종료한다.
/* 1 블록은 헤더를 위해서 사용된다는 것을 기억할 것 */
    block = 1 + tmp/BLOCK_SIZE;
    ......
}
```

빈 페이지를 할당하는 과정과 관리 구조체인 mem_map를 등록하는 과정은 그림 6.14에서 볼 수 있다.

앞에서 소개하면서 살펴본 것처럼 프로세스에 할당된 모든 페이지들은 두 개의 맵핑 관계를 갖는다. 하나는 커널의 선형 어드레스 공간에 맵핑되는 것이고, 다른 하나는 프로세스의 어드레스 공간에 맵핑되는 것이다. 커널과 페이지 간의 맵핑 관계는 항상 존재한다. 커널에 맵핑된 페이지들을 프로세스에 맵핑시키고 나서 커널과의 관계를 끊어버린다고 생각을 해보자. 이렇게 하면 커널이 더 이상 이 페이지에 접근할 수 없게 된다.

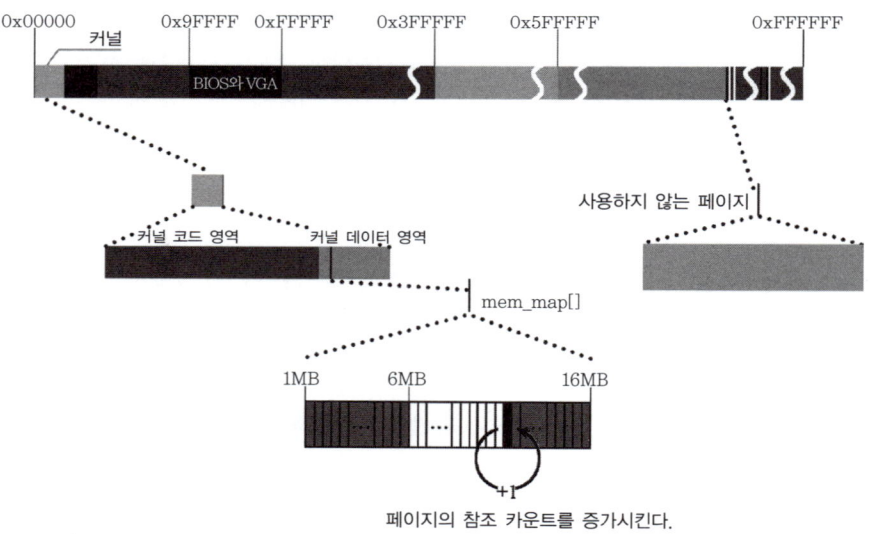

그림 6.14 str1이 사용할 메모리 페이지를 할당한다.

str1의 프로그램을 할당받은 새 페이지에 로딩한다. 이제 프로그램이 하드디스크에서 메모리 페이지로 로드된다. 한번 루프를 돌 때마다 4KB 단위로 로드된다. 코드는 다음과 같다.

```
//코드 경로:mm/memory.c:
void do_no_page(unsigned long error_code,unsigned long address)
{
    ......
    if (!(page = get_free_page()))
        oom();
/* 1 블록은 헤더를 위해서 사용된다는 것을 기억할 것 */
    block = 1 + tmp/BLOCK_SIZE;
    for (i=0 ; i<4 ; block++,i++)
        nr[i] = bmap(current->executable,block);
    bread_page(page,current->executable->i_dev,nr);
                    // str1를 하드디스크에서 읽어들인다.
    i = tmp + 4096 - current->end_data;
    tmp = page + 4096;
    ......
}
```

위 코드에서 bmap() 함수는 챕터 5의 섹션 5.5에서 설명했다. bread_page() 함수 처리 과정의 주요 내용은 bread()와 동일하다. 그림 6.15에서 처리 절차를 보여 준다.

앞에서 새로 받은 페이지가 커널의 선형 어드레스 공간에 이미 맵핑되어 있어서 데이터가 로드될 때 커널의 필요에 따라서 수정될 수 있다. 이렇게 한 것은 앞으로 로드될 데이터를 위한 것이다.

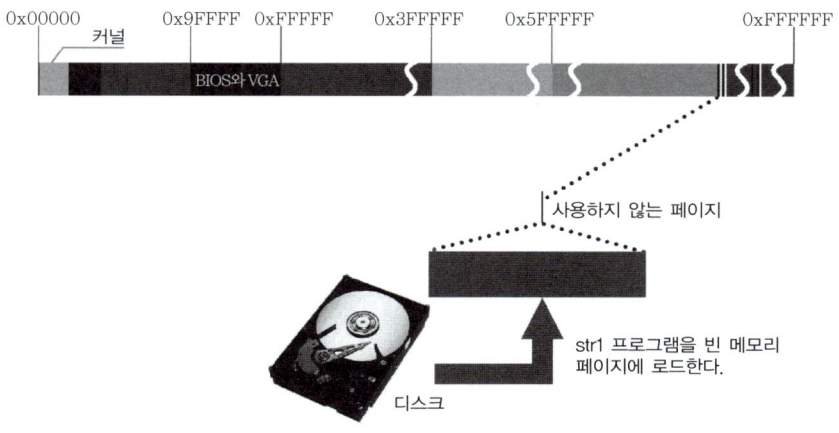

그림 6.15 str1 프로그램의 앞부분을 읽어서 할당받은 페이지에 로드한다.

str1 프로세스의 물리적 메모리 어드레스를 프로세스의 선형 어드레스 공간에 맵핑한다. str1 프로그램이 로드된 후, 우리는 이것을 str1 프로세스의 선형 어드레스 공간에 맵핑한다. 이 부분에 대한 코드는 다음과 같다.

```
//코드 경로:mm/memory.c:
void do_no_page(unsigned long error_code,unsigned long address)
{
    ......
    while (i-- > 0) {
        tmp--;
        *(char *)tmp = 0;
    }
    if (put_page(page,address))  // str1 프로세스의 선형 어드레스 공간에
                                 // 맵핑한다.
        return;
    free_page(page);
    oom();
}
```

그림 6.16에서 맵핑 과정을 볼 수 있다. 이 과정에서 페이지 디렉토리가 초기화된다는 것을 주목해야 한다.

맵핑 과정이 끝나고 나면 프로세스는 로드된 코드를 실행할 수 있게 될 것이다.

페이지 폴트가 반복되면서 str1 프로세스의 모든 데이터들이 로드된다. 해당 프로그램이 페이지의 크기보다 크면 프로그램 실행 중에 필요할 때마다 필요한 부분의 프로그램이 로드되도록 페이지 폴트 에러가 계속 발생한다. 이것으로 str1 프로세스의 프로그램 로드 작업이 끝났다. 다음으로 str1 프로그램이 실행된 이후의 상황을 설명할 것이다.

str1 프로그램은 스택에 데이터를 넣기 시작한다. 프로그램이 실행되면 스택에 데이터를 푸쉬한다.

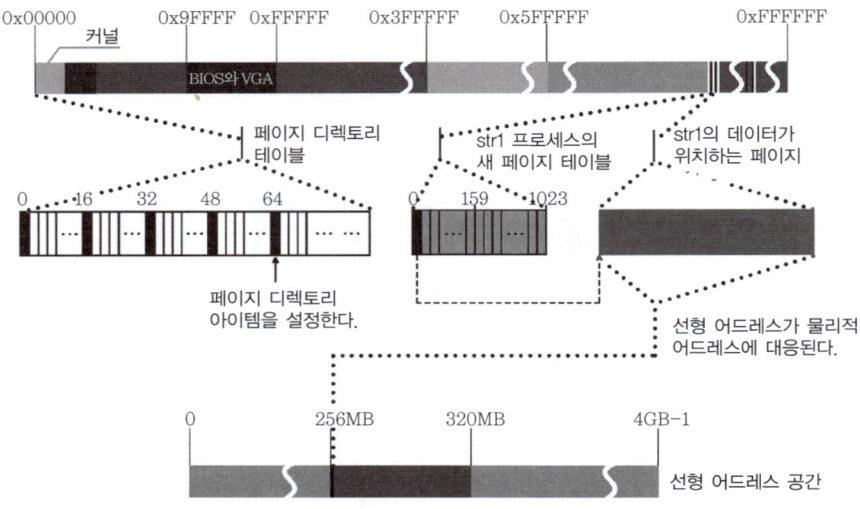

그림 6.16 str1의 물리적 어드레스를 선형 어드레스에 맵핑한다.

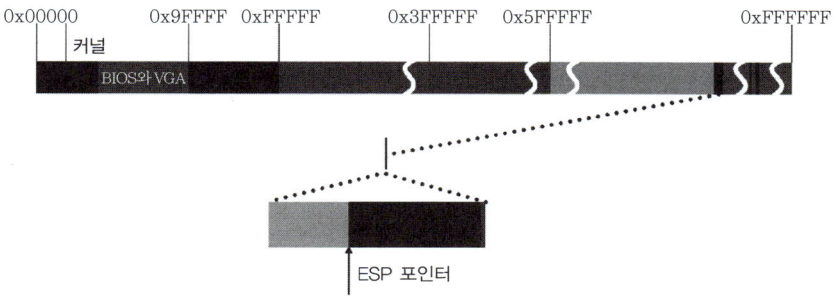

그림 6.17 str1 프로그램이 처음으로 스택을 사용할 때

str1 프로그램의 foo() 함수가 반복적으로 호출된다. 예제에서 우리는 길이 2048바이트로 str1의 스택을 채워나갈 수 있도록 text라는 문자 배열을 만들었다. 따라서 페이지 폴트가 더 빨리 발생하게 된다(스택에 푸쉬를 두 번하면 페이지 폴트가 발생한다). foo() 함수가 매번 실행될 때마다 str1의 스택(ESP)이 2048바이트씩 증가한다.

프로세스 str1이 처음 foo() 함수를 호출할 때, 스택의 데이터가 푸쉬된다. foo() 함수가 처음 호출되면 ESP는 2048바이트만큼 증가한다. 스택이 증가하기 전에 ESP는 프로세스 파라미터와 환경 변수를 저장하기 위해서 페이지의 어떤 위치를 가리키고 있다. 2048바이트가 증가하고 나면 사용한 양만큼 크기가 증가하게 되는데, ESP는 아직은 4KB 범위 내(페이지 사이즈)에 있다. 즉, 프로그램은 아직 한 페이지 내에서 동작할 수 있다. 그림 6.17에서 설명하고 있는 것처럼, 그림의 우측 하단의 좀 더 검은 색 부분은 파라미터와 환경 변수들이 이미 사용하고 있는 부분이다. 그림을 통해 파라미터와 환경 변수들이 스택 데이터와 같은 페이지에 있다는 것을 알 수 있다.

str1 프로세스가 두 번째 스택에 푸쉬를 하면 페이지 폴트가 발생된다. foo() 함수가 두 번째로 호출되면 다른 상황이 연출된다. 이미 데이터가 있는 물리적 페이지 공간에 또 다른 2048바이트의 데이터가 들어가면 페이지의 용량을 초과하게 된다. MMU는 선형 어드레스 값을 맵핑하려 한다. 새 페이지 테이블 엔트리의 P 비트는 0이기 때문에 페이지 폴트가 다시 발생한다. 이렇게 해서 새 페이지를 할당받게 한다.

두 번째 스택 사용으로 발생한 페이지 폴트를 처리한다. 새 물리적 페이지가 str1의 선형 어드레스 공간에 맵핑된다. do_no_page() 함수가 이번 페이지 폴트를 처리하면서 호출된다. 하지만 실행되는 코드는 앞에서 살펴본 것과 다르다. 코드는 다음과 같다.

```
//코드 경로:mm/memory.c:
void do_no_page(unsigned long error_code,unsigned long address)
{
    ......
    address &= 0xfffff000;
    tmp = address - current->start_code;
    if (!current->executable || tmp >= current->end_data) {
                // 허용된 범위를 넘으면
        get_empty_page(address);
```

```
                              // 스택에 사용할 새 페이지를 할당받는다.
        return;
    }
    ......
}
```

프로그램에서 프로세스의 end_data를 초과한 선형 어드레스를 사용하게 되면 tmp >= current->end_data 조건이 참이 되면서 get_empty_page() 함수가 호출된다. 하지만 이번에는 다른 데이터들이 새로 할당한 데이터로 로드되지 않는다. 스택 연산으로 발생한 페이지 폴트이기 때문에 하드디스크와는 관계가 없다.

get_empty_page() 함수에서 필요한 페이지가 할당되고 str1 프로세스의 선형 어드레스 공간에 맵핑된다.

코드는 다음과 같다.

```
//코드 경로:mm/memory.c:
void get_empty_page(unsigned long address)
{
    unsigned long tmp;

    if (!(tmp=get_free_page()) || !put_page(tmp,address)) {
                    // 페이지를 할당하고 str1의 선형 어드레스 공간에 맵핑한다.
        free_page(tmp);            /* tmp가 0이어도 OK - 무시됨 */
        oom();
    }
}
```

스택에 데이터를 계속 넣고 페이지 폴트도 계속 되면서 프로세스가 계속 실행된다. 프로세스는 계속 실행된다. 그리고 이 과정은 다음과 같은 식으로 진행된다. 스택에 데이터를 넣는다. → 페이지 테이블 엔트리의 P 비트가 0인가? → 페이지 폴트 발생 → 물리적 메모리 할당 → 스택에 데이터 넣기…. foo() 함수가 n번 실행될 때, 유저 프로세스 스택과 물리적 메모리 간의 맵핑 관계는 그림 6.18과 같다. 스택 데이터의 메모리 페이지 변환을 주목해서 보기 바란다.

str1 종료 후 스택을 정리한다. 프로그램이 종료하면 foo() 함수의 반복 실행이 끝난다(if (n==0) return 0). 이 순간 프로세스 스택이 정리된다. ESP는 주소가 커지는 방향으로 줄어든다. 그리고 유저 프로세스가 사용하는 공간도 실제로 줄어든다. 따라서 스택에 사용하기 위해 선형 어드레스에 맵핑했던 이전 물리적 메모리도 해제되어야 한다. 그럼에도 불구하고 리눅스 0.11의 소스를 분석하고 실제로 테스트해 본 결과, 이 과정은 정확히 실행되지 않는다. 그 이유는 다음과 같다. 프로세스가 실행하고 있을 때, 커널은 동작하지 않는다. 그리고 프로세스가 실행을 하면서 해제한 페이지들을 커널이 파악할 수 없다. 또 CPU에도 이런 일을 할 수 있는 회로가 없다. 즉 사용하지 않는 페이지를 감지할 수 있는 메커니즘이 없다. 커널이 이런 함수를 만든다고 해도 이 함수를 실행할 기회가 없는 것이다. 따라서 스택을 정리한 이후에도 페이지들이 해제되지 못하고 남는다.

스택을 정리한 결과는 그림 6.19와 같다.

6.3.4 str1 프로세스의 종료

여기서 우리는 str1 프로세스의 종료 과정을 소개하려고 한다. 점유하고 있던 메모리 공간을 해제하고 프로세스의 task_struct가 차지했던 메모리를 처리하는 방법도 설명한다. 사실 str1 프로세스와 셸 프로세스의 종료 과정은 근본적으로 동일하다. 모두 exit() 함수를 통해 처리한다. 부모 프로세스는 task_struct가 있던 메모리들의 해제를 담당한다. 그럼 구체적인 과정을 살펴보자.

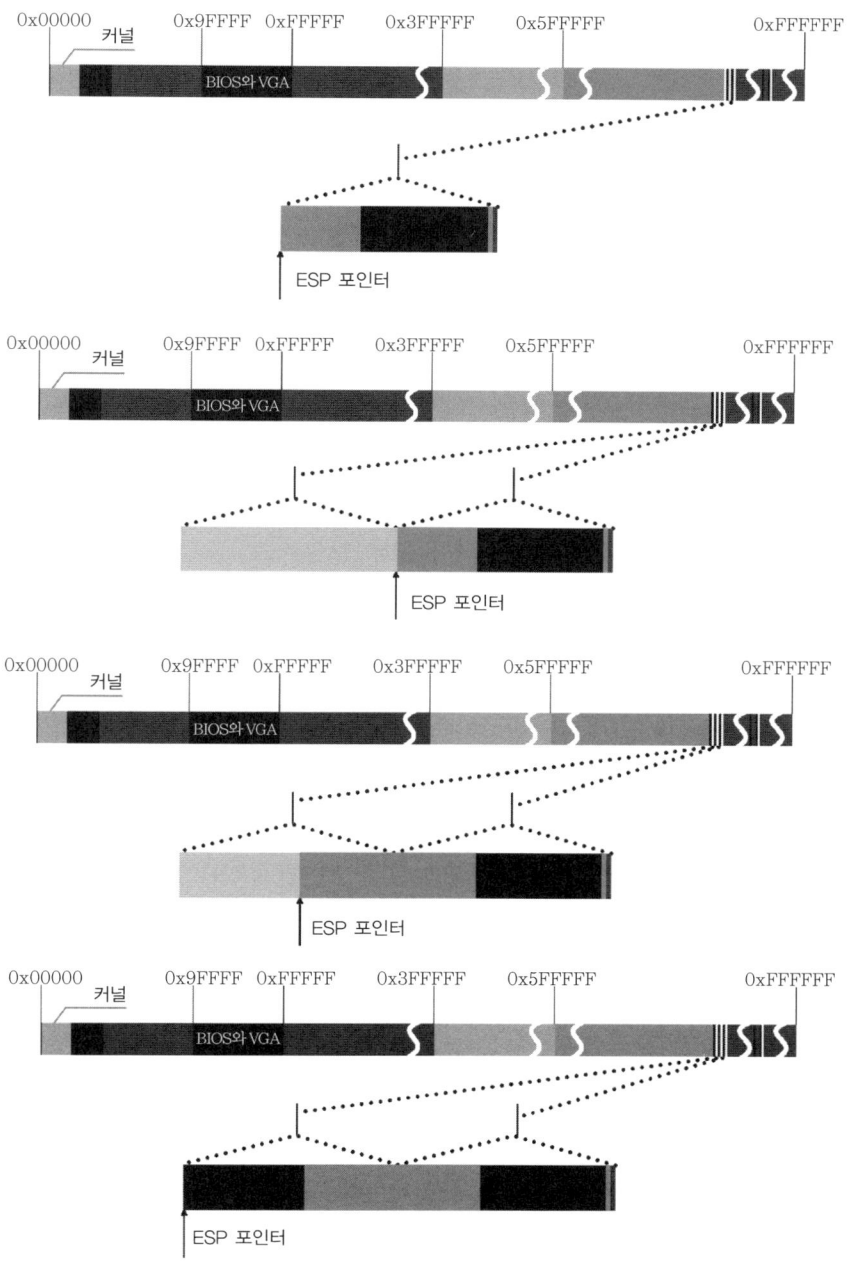

그림 6.18 str1의 스택 사용

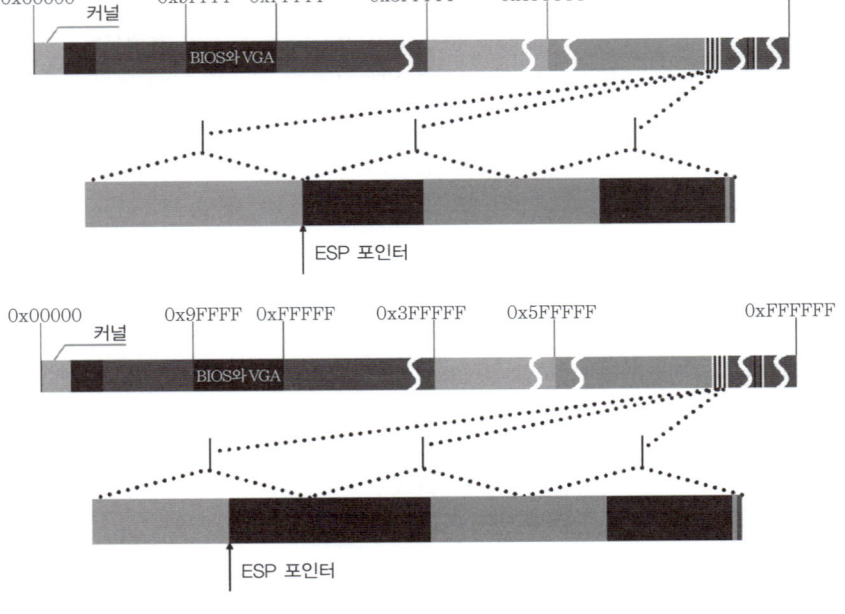

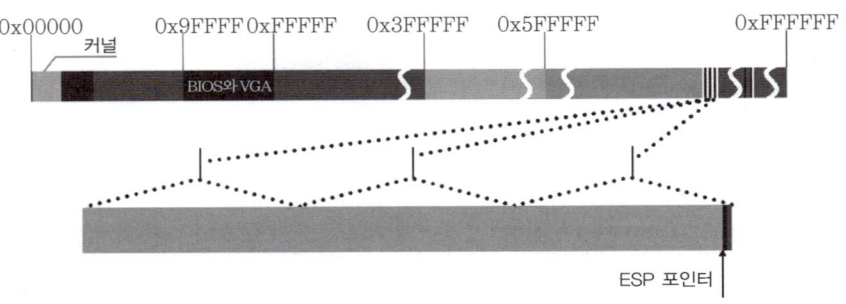

그림 6.18 str1의 스택 사용(계속)

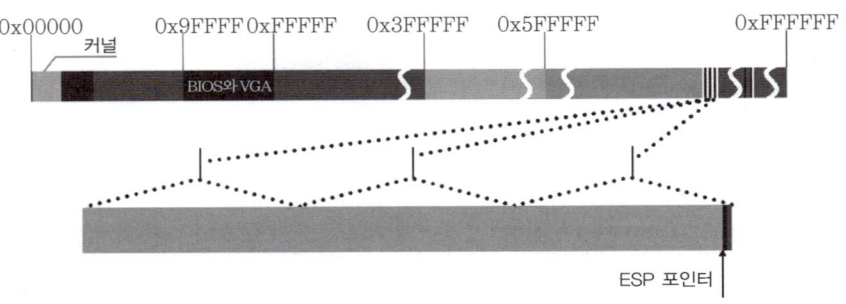

그림 6.19 str1 프로세스 종료 후 스택 정리

str1 프로세스는 종료할 준비가 됐다. str1 프로세스는 프로세스를 종료하기 위해 exit() 함수를 호출한다. 이 함수는 시스템 콜 sys_exit()를 호출한다. 그리고 str1 프로세스의 종료에 관련된 작업을 처리하기 위해서 do_exit() 함수가 호출된다. 구체적인 코드는 다음과 같다.

```
//코드 경로:include/unistd.h:
volatile void exit(int status);

//코드 경로:kernel/exit.c:
int sys_exit(int error_code)
{
    return do_exit((error_code&0xff)<<8);
}
```

프로세스 종료와 관련된 작업에는 두 가지 측면을 봐야 한다. 첫 번째는 str1 프로세스가 차지하고 있던 코드와 데이터 메모리를 해제하는 것과 str1과 관련된 리소스를 해제하는 것이다. 그리고 두 번째는 str1 프로세스 관리 구조체인 task_struct가 있던 메모리 해지와 task[64]와의 관계도 끝내는 것이다. 이 작업은 부모 프로세스인 쉘 프로세스가 처리한다.

str1 프로세스가 사용하던 페이지를 해제한다. do_exit() 함수를 실행하면서 시스템은 free_page_tables() 함수를 호출해서 str1 프로세스가 가지고 있던 페이지들을 해제시킨다. 여기에는 앞에서 살펴보았던 스택이 포함된다. 스택의 내용은 정리되었지만 페이지는 해제되지 않은 상태로 남아 있었다. 또 페이지들을 관리하던 페이지 테이블과 페이지 디렉터리도 해제한다. 이 페이지들은 str1 프로세스들의 데이터들은 지워지지 않은 채 남아있지만, 맵핑 정보들은 제거되어서 프로세스 str1이 이 페이지를 다시 사용할 수 없도록 한다.

코드는 다음과 같다.

```
//코드 경로:kernel/exit.c:
int do_exit(long code)
{
    int i;
    free_page_tables(get_base(current->ldt[1]),get_limit(0x0f));
                    // str1 코드 세그먼트의 페이지를 해제한다.
    free_page_tables(get_base(current->ldt[2]),get_limit(0x17));
                    // str1 데이터 세그먼트의 페이지를 해제한다.
    for (i=0 ; i<NR_TASKS ; i++)
        if (task[i] && task[i]->father == current->pid) {
            task[i]->father = 1;
            if (task[i]->state == TASK_ZOMBIE)
                /* task[1]은 항상 init 프로세스라고 가정한다. */
                (void) send_sig(SIGCHLD, task[1], 1);
        }
        ......
}
```

처리 과정은 그림 6.20과 같다.

str1의 파일과 관련된 정보를 제거하고 부모 프로세스에 시그널을 보낸다. str1 프로세스와 실행 파일 간의 관계를 제거하는 구체적인 절차는 먼저 부모 프로세스와 공유하는 파일을 해제하는 것이다. 그리고 나서 커널이 str1 프로세스를 좀비 상태로 설정하고 부모 프로세스인 쉘 프로세스에게 자식 프로세스가 종료되었다는 것을 알린다. 마지막 과정을 시그널이라고 하는데, 이 시그널 처리 과정은 챕터 8에서 다룰 것이다.

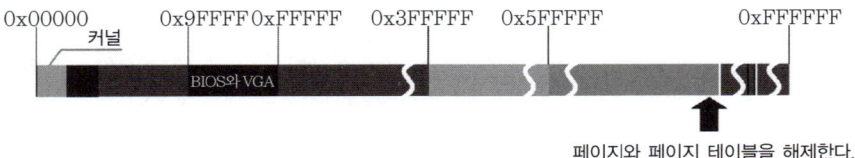

페이지와 페이지 테이블을 해제한다.

그림 6.20 str1 프로세스가 차지하던 페이지들을 해제한다.

코드는 다음과 같다.

```
//코드 경로:kernel/exit.c:
int do_exit(long code)
{
    ......
    for (i=0 ; i<NR_OPEN ; i++)         // 부모 프로세스가 사용하고 있는 파일들 해제
        if (current->filp[i])
            sys_close(i);
    iput(current->pwd);                 // 현재 디렉토리 i-node 해제
    current->pwd=NULL;
    iput(current->root);                // 루트 디렉토리 i-node 해제
    current->root=NULL;
    iput(current->executable);          // 현재 프로세스의 실행 파일 i-node 해제
    current->executable=NULL;
    ......
    current->state = TASK_ZOMBIE;       // str1 프로세스를 좀비 상태로 설정한다.
    current->exit_code = code;
    tell_father(current->father);       // 부모 프로세스에 자식 프로세스가 종료
                                        // 되었다는 것을 알린다.
    ......
}
```

여러 리소스와의 관계를 정리하고 부모 프로세스에 시그널을 보내는 과정은 그림 6.21과 같다.

str1 프로그램 종료 이후, 프로세스 스케줄링을 실행한다. 지금까지 프로세스 종료를 위한 str1 프로세스의 후속 작업이 끝났다. str1 프로세스는 다른 프로세스로 스위칭된다. 현재 우리 시스템은 유저 프로세스 하나만 생성된 상태다. 시스템에는 프로세스 0, 프로세스 1, 업데이트 프로세스, 쉘 프로세스 그리고 str1 프로세스가 있다.

코드는 다음과 같다.

```
//코드 경로:kernel/exit.c:
int do_exit(long code)
{
    ......
    current->state = TASK_ZOMBIE;
    current->exit_code = code;
    tell_father(current->father);
    schedule();        // 쉘 프로세스로 전환한다.
    return (-1);       /* warnings 메시지를 없애기 위해서 추가한 코드 */
}
```

그림 6.22에서 프로세스 스위칭 과정을 보여 주고 있다.

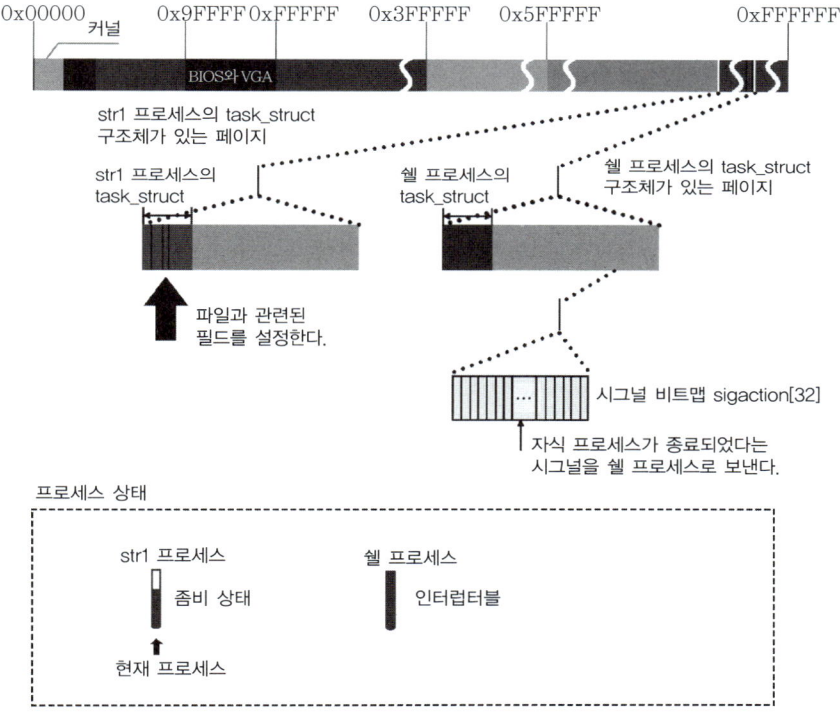

그림 6.21 str1 프로세스의 실행과 관련된 데이터 제거

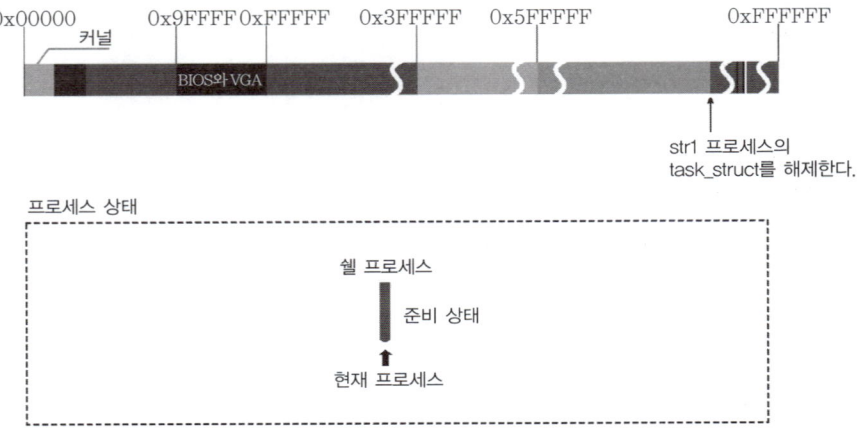

그림 6.22 str1 프로세스가 종료되고 쉘 프로세스로 전환된다.

쉘 프로세스는 str1 프로세스가 보내는 시그널을 받고 깨어난다. 즉, 프로세스가 준비 상태로 설정된다. 이렇게 되면 쉘 프로세스로 프로세스가 전환된다. 쉘 프로세스의 커널 코드가 실행되면서 커널이 str1 프로세스가 있던 task_struct 페이지를 제거하고 task[64]와 프로세스 간의 관계를 제거한다. 이렇게 str1이 시스템에서 완전히 제거된다. task[64]의 빈 자리는 다른 프로세스가 사용하게 될 것이다. task[64]의 같은 자리를 차지한 프로세스는 같은 선형 어드레스 공간과 str1 프로세스의 페이지 디렉토리 엔트리를 사용하게 된다.

6.4 멀티 프로세스의 동시 실행

이번 섹션에서 우리는 어떻게 멀티 프로세스들이 실행되고 프로세스 간 스위칭이 이루어지는지 살펴보려고 한다. 이를 위해서 세 개의 유저 프로세스인 str1, str2, str3 프로세스를 가지고 설명하려고 한다.

6.4.1 프로세스 스케줄링

str1, str2 그리고 str3 프로세스를 순서대로 생성한다. 시스템에 유저 프로세스가 하나도 없다고 가정하자. 그리고 앞 섹션에서 소개했던 str1 프로세스의 코드와 동일한 프로그램인 str1, str2, str3가 실행 파일로 있다고 가정한다. 이런 가정 하에서 세 프로세스인 str1, str2, str3를 차례로 생성한다.

이때 last_pid는 4로 증가한 상태다. 따라서 생성되는 세 프로세스의 PID는 각각 5, 6 그리고 7이 된다. 또 task[64]의 처음 네 개의 엔트리는 사용 중이기 때문에 task[64]에서 사용하게 될 인덱스는 4, 5, 6이 된다. 여기서 선형 어드레스 상의 프로세스의 위치가 결정된다. 즉, 4*64MB~5*64MB, 5*64MB~6*64MB 그리고 6*64MB~7*64MB 영역이 각각 str1, str2 그리고 str3 프로세스가 사용하게 된 메모리 영역이다.

선형 어드레스 공간에서 세 프로세스가 위치하는 곳은 그림 6.23과 같다.

그림 6.24는 세 프로세스의 task_struct의 위치와 물리적 어드레스에서 스택에 들어갈 데이터의 위치를 보여 준다.

str1 프로세스가 스택에 데이터를 푸쉬한다. str1 프로세스가 실행된다. str1 프로세스는 프로그램에 따라서 foo() 함수를 호출한다. 그러면 페이지 폴트가 발생한다. 페이지 폴트를 처리하면서 커널은 새 물리적 페이지를 str1 프로세스에 할당하고 프로세스의 선형 어드레스에 맵핑시킨다. 이 과정이 끝나면 프로세스의 문자열이 새로 할당된 페이지에 기록된다. (역주: str1 프로세스의 스택 사용으로 페이지가 할당되는 과정은 섹션 6.3에서 상세히 다루고 있다.)

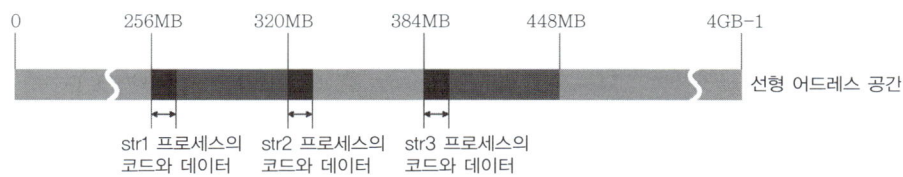

그림 6.23 선형 어드레스에 위치한 str1, str2, str3 프로세스들

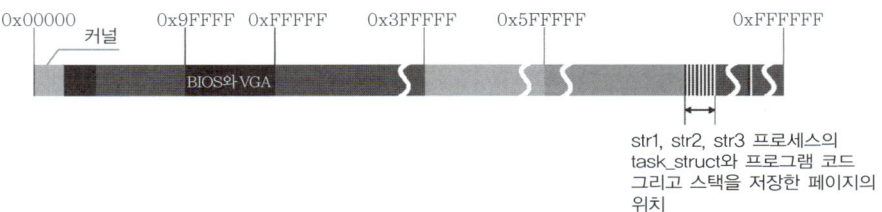

그림 6.24 메인 메모리 상에서 세 개의 프로세스의 task_struct와 스택에 저장되는 데이터 분포

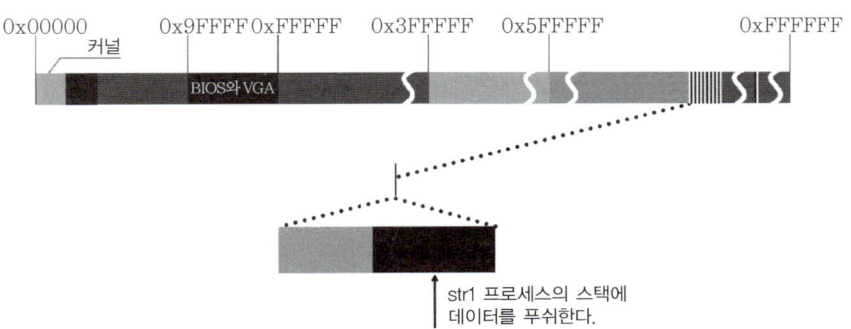

그림 6.25 str1 프로세스가 스택을 사용할 때

str1 프로세스의 수행 결과는 그림 6.25와 같다.

str1 프로세스가 실행하는 중간에 타이머 인터럽트가 발생하고 str2 프로세스로 스위칭된다. 리눅스 0.11에는 프로세스가 스위칭되는 두 가지 경우가 있다. 하나는 타이머 인터럽트로 이것을 실행 중인 프로세스와는 아무 상관없이 동작한다. 어떤 프로세스가 실행 중이든, 또는 권한 레벨 0이든, 권한 레벨 3이든 상관하지 않고 타이머 인터럽트가 발생한다. 프로세스를 스위칭해야 하는 조건이 되면 프로세스가 스위칭된다.

또 다른 경우는 실행 중인 프로세스에 의해서 이루어진다. 프로세스가 커널에서 동작할 때, 프로세스에서 하드디스크의 데이터를 읽어야 한다면 프로세스는 데이터가 읽힐 때까지 실행될 수 없다. 그리고 이때 현재 프로세스는 대기 상태가 되고 다른 프로세스로 스위칭된다. 그럼 타이머 인터럽트에 의해서 스위칭이 되는 경우를 살펴보자.

str1 프로세스가 실행 중일 때 타이머 인터럽트가 매 10ms마다 발생한다. 이 인터럽트가 발생할 때마다 타임 슬라이스가 줄어든다. 이 타이머 인터럽트 덕분에 우리는 실행을 지연시킬 수 있는 sleep() 함수를 프로그램에서 쓸 수 있다. 현재 프로세스의 타임 슬라이스가 0이 될 때까지 프로그램은 계속 실행된다. 이때의 권한 레벨이 0 혹은 3이다. 만약 str1 프로세스가 유저 프로그램을 실행하고 있고 권한 레벨이 3이라면 프로세스 전환을 위해 schedule() 함수가 실행된다.

코드는 다음과 같다.

```
//코드 경로:kernel/sched.c:
void do_timer(long cpl)
{
    ......
    if ((--current->counter)>0) return;      // 타임 슬라이스가 0인지 확인한다.
        current->counter=0;
    if (!cpl) return;                        // 권한 레벨 3에서만 프로세스가 스위칭될 수 있다.
                                             // 권한 레벨 0 프로세스는 스위칭되지 않는다.

    schedule();
}
```

str2 프로세스로 스위칭되면 str1 프로세스와 동일한 로직의 프로그램이 실행된다. 여기서 중요한 것은 text 배열을 만들 때다. printf 명령으로 화면에 찍힌 text의 논리적 어드레스가 str1과 동일하다. 하지만 str1, str2의 선형 어드레스는 다를 뿐 아니라 프로세스 str2와 str1은 물리적 메모리에서도 역시 겹치지 않는다.

str2 프로세스가 스택을 사용했을 때의 상황을 그림 6.26에서 보여 주고 있다.

str2 프로세스가 실행되고 있을 때 타이머 인터럽트가 발생해서 str3로 프로세스 스위칭이 된다. str2 프로세스에게 부여된 시간이 다 되면 타임 슬라이스가 0으로 줄어들고 str3 프로세스로 스위칭된다. 그리고 이 프로세스 역시 스택 작업을 할 것이다. 구현된 코드는 str2 프로세스와 동일하다. 이 프로세스도 스택 작업을 하고 text 배열을 설정한다.

str3 프로세스의 수행으로 변경된 스택은 그림 6.27에서 보여 주고 있다.

우리는 프로세스 str3의 코드를 약간 수정하고 open(), read() 그리고 close() 함수를 호출해서 하드디스크에서 파일을 읽도록 해보자. read() 함수는 시스템 콜 sys_read() 함수로 연결된다. 하드디스크에서 읽기 명령을 실행한다고 해서 데이터가 즉시 버퍼에 들어오지는 않는다. str3 프로세스는 데이터없이는 로직을 계속 진행할 수 없다. 이때 프로세스는 자신을 스스로 서스펜드시키고 다른 프로세스가 실행될 수 있도록 프로세스를 전환시킨다.

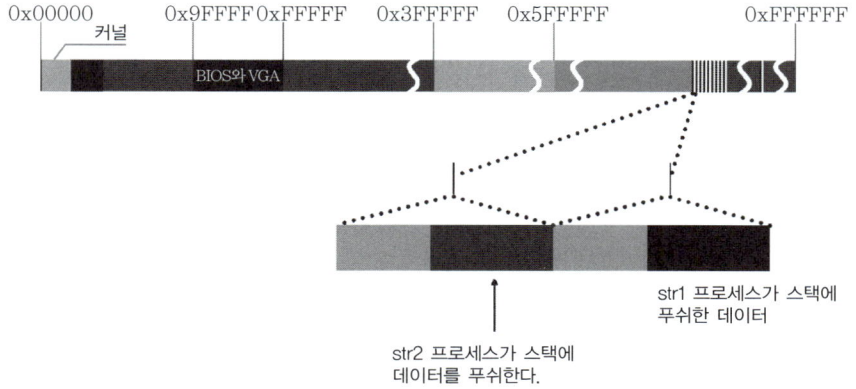

str2 프로세스가 스택에
데이터를 푸쉬한다.

str1 프로세스가 스택에
푸쉬한 데이터

그림 6.26 str2 프로세스가 스택에 데이터를 넣을 때

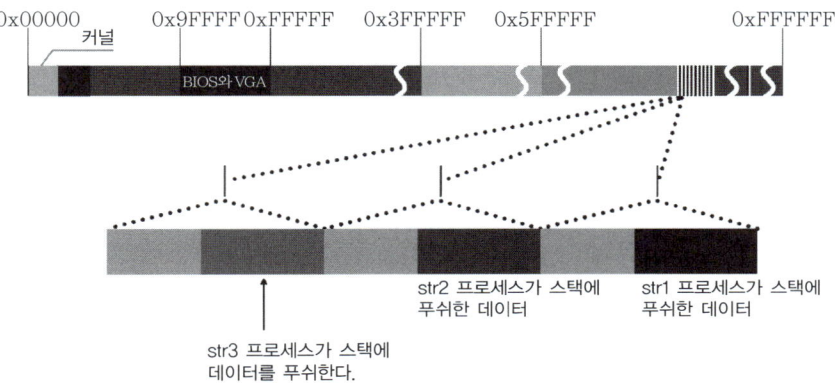

str3 프로세스가 스택에
데이터를 푸쉬한다.

str2 프로세스가 스택에
푸쉬한 데이터

str1 프로세스가 스택에
푸쉬한 데이터

그림 6.27 str3 프로세스가 스택에 데이터를 넣을 때

코드는 다음과 같다.

```c
//코드 경로:fs/buffer.c:
struct buffer_head * bread(int dev,int block)
{
    struct buffer_head * bh;

    if (!(bh=getblk(dev,block)))
        panic("bread: getblk returned NULL\n");
    if (bh->b_uptodate)
        return bh;
    ll_rw_block(READ,bh);
    wait_on_buffer(bh);                    // 버퍼 블록을 사용하기 위해서 기다려야 하는지 확인하고
```

```
                                              // 프로세스를 서스펜드시킨다.
        if (bh->b_uptodate)
            return bh;
        brelse(bh);
        return NULL;
    }


    static inline void wait_on_buffer(struct buffer_head * bh)
    {
        cli();
        while (bh->b_lock)
            sleep_on(&bh->b_wait);            // 버퍼 블록이 아직 락이 걸려 있다. 따라서
                                              // 프로세스는 대기 상태로 남겨두어야 한다.
        sti();
    }


    void sleep_on(struct task_struct **p)
    {
        ......
        tmp = *p;
        *p = current;
        current->state = TASK_UNINTERRUPTIBLE;    // 현재 프로세스(str3)를
                                                  // 대기 상태로 변경하고
        schedule();                               // 다른 프로세스로 전환시킨다.
        if (tmp)
            tmp->state=0;
    }
```

세 프로세스들이 계속 실행되면 메인 메모리 상에서의 데이터 분포는 어떻게 될까? str3 프로세스의 실행이 길어지면 타임 슬라이스를 다 쓰게 된다. 세 개의 유저프로세서는 아직 해야 할 작업들이 남아서 계속 실행되어야 하지만 주어진 타임 슬라이스를 다 써버린 상태다. 타이머 인터럽트가 다시 발생하면 do_timer() 함수가 schedule() 함수를 호출해서 프로세스가 전환된다. 그리고 시스템은 다시 프로세스에 타임 슬라이스를 부여한다.

커널은 task[]의 끝에서부터 시스템의 모든 프로세스들의 타임 슬라이스를 다시 부여한다(프로세스 0을 제외하고 잠자고 있는 프로세스를 포함해서 모두). 타임 슬라이스는 counter /2 + priority 공식에 따라서 설정된다. 여기서 priority는 프로세스의 우선 순위다. 그래서 프로세스가 높은 우선 순위이면 priority의 값도 더 크고 더 많은 타임 슬라이스를 받는다. 그러면 타임 슬라이스에 따라서 프로세스가 선택되고 이것이 반복되는 것이다.

코드는 다음과 같다.

```
//코드 경로:kernel/sched.c:
void schedule(void)
{
    ......
        for(p = &LAST_TASK ; p > &FIRST_TASK ; --p)
            if (*p)
                (*p)->counter = ((*p)->counter >> 1) +
                                (*p)->priority;
    ......
}
```

타임 슬라이스를 부여할 때 프로세스 0에는 할당하지 않아도 된다는 것을 알아두는 것이 좋겠다. 시스템에서 모든 프로세스가 실행할 수 없는 상태이면 무조건 프로세스 0으로 전환되기 때문이다. 프로세스 0는 타임 슬라이스가 0이어도 실행할 수 있다. 실행할 다른 프로세스가 없다면 시스템은 프로세스 0의 실행에 의존하게 된다. 따라서 프로세스 0에게 타임 슬라이스 값은 의미가 없다. 이런 이유 때문에 프로세스 0을 특별 프로세스라고 하는 것이다. 이 프로세스의 실행은 시스템의 요구에 의해서 결정되는 것이지 타임 슬라이스 메커니즘이 적용되지는 않는다. 프로세스들을 그림 6.35와 같이 스택을 계속 사용할 것이다. 데이터들은 스택에 저장된다. 선형 어드레스 공간에서 스택의 데이터들은 각각 연속적으로 배치된다. 하지만 물리적 메모리 공간 상에서 데이터들은 불규칙적으로 위치하게 된다.

세 프로세스가 일정 시간 이상 계속 반복되면 메인 메모리 상에서의 데이터 분포가 그림 6.28과 같이 된다.

리눅스는 어떤 순간이든 하나의 프로세스만 실행할 수 있다. 따라서 같은 시간에 다수의 프로세스들이 동시에 실행되는 것을 불가능하다. 여러 프로세스들이 동시에 실행된다고 느끼는 것은 사람들이 그렇게 느끼는 것 뿐이다. ^{(역주} 리눅스 0.11이 만들어질 당시에는 현재와 같이 멀티 코어 프로세서가 일반적이지 않았고 리눅스에서 지원하지도 못했다.) 다수의 프로세스가 동시에 실행되면서 프로세스의 데이터들이 서로 겹치지 않는다. 또 프로세스 스위칭 작업은 어떤 경우건 schedule() 함수에서 처리된다. 이 함수가 실행되어서 프로세스가 전환될 때, 프로세스 보호를 위해서 정해진 절차에 따라서 TSS와 LDT 데이터를 사용한다.

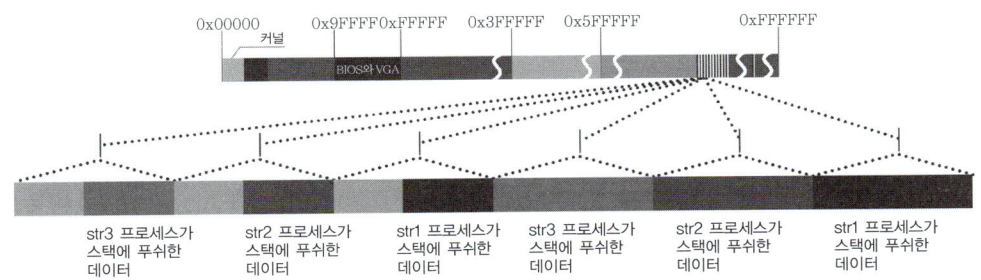

그림 6.28 세 프로세스들이 일정 시간 동안 동작했을 때, 메인 메모리 상에서의 데이터의 배치

6.4.2 페이지 보호

프로세스 A와 B의 페이지 공유. 시스템에 유저 프로세스 A가 있고 이 프로세스의 프로그램 코드가 메모리에 로드되어 있다고 가정하자. 이 프로세스가 가지고 있는 페이지의 참조 카운트가 1이다. 이 상황에서 fork() 함수가 실행되면서 새로운 프로세스 B가 생성되고 실행된다. 프로세스가 생성될 때 시스템은 프로세스 A의 페이지 테이블을 프로세스 B로 복사하고 프로세스 B의 페이지 디렉토리 엔트리에 설정한다. 이때, 두 프로세스는 같은 페이지를 공유하게 된다. 그리고 공유된 페이지의 참고 카운트가 2가 된다. 공유 페이지들은 읽기 전용으로 설정되어서 프로세스 A나 B가 공유된 페이지를 읽기만 할 수 있다.

코드는 다음과 같다.

```
//코드 경로:mm/memory.c:
int copy_page_tables(unsigned long from,unsigned long to,long size)
{
    ......
        for ( ; nr-- > 0 ; from_page_table++,to_page_table++) {
            this_page = *from_page_table;
            if (!(1 & this_page))
                continue;
            this_page &= ~2;              // 프로세스 A의 페이지 속성이 읽기 전용으로
                                          // 설정된다.
            *to_page_table = this_page;   // 프로세스 B의 페이지 속성이
                                          // 읽기 전용으로 설정된다.
            if (this_page > LOW_MEM) {
                *from_page_table = this_page;
                this_page -= LOW_MEM;
                this_page >>= 12;
                mem_map[this_page]++;     // mem_map의 참조 카운트를 2로
                                          // 증가시킨다.
            }
        }
    ......
}
```

페이지가 공유된 상태를 그림 6.29에서 보여 주고 있다.

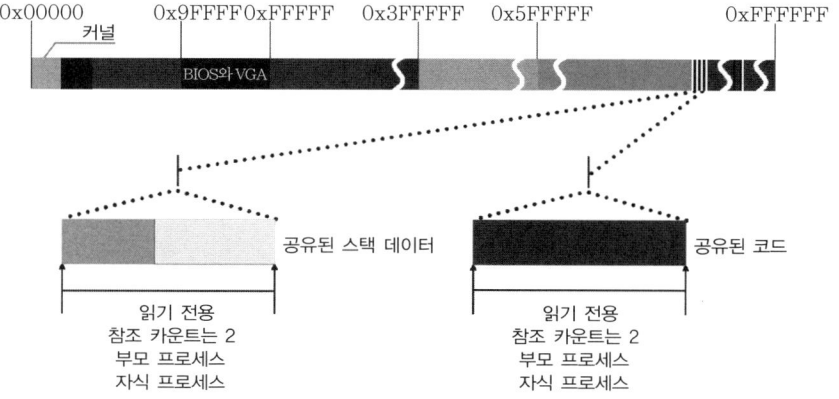

그림 6.29 프로세스 A와 B의 공유 페이지

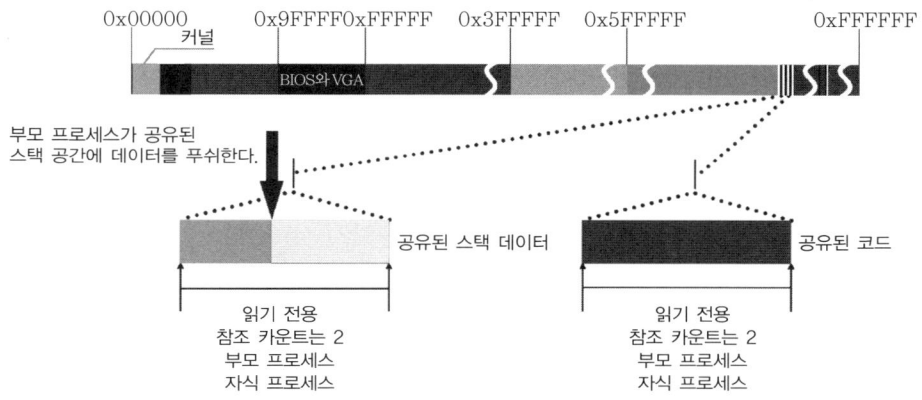

그림 6.30 프로세스 A의 스택 사용 준비

프로세스 A가 스택의 푸쉬를 위해 준비한다. 프로세스 A가 로직을 계속 실행한다고 하자. 이때 실행되는 것은 스택 연산으로 푸쉬 동작이다. 이때 어떤 일이 일어나는지 알아보자.

현재 프로세스 A의 모든 프로그램 메모리 페이지들이 읽기 전용으로 설정되어 있다. 이렇게 되면 코드와 스택 모두 메모리에 데이터를 쓰는 동작을 할 수 없고 읽기 동작만 가능하다. 하지만 스택의 푸쉬 동작은 쓰기 연산이다. 푸쉬 연산을 하면서 선형 어드레스를 사용하게 되고 이 어드레스는 읽기 전용으로 설정된 페이지로 맵핑되어 있다. 따라서 페이지 쓰기 보호 인터럽트가 발생한다. 그림 6.30은 이런 상황을 보여 주고 있다.

프로세스 A의 스택 연산은 페이지 쓰기 보호 인터럽트를 발생시킨다. 페이지 쓰기 보호 인터럽트가 발생할 때 페이지 폴트 핸들러 함수와 같은 역할을 하는 un_wp_page() 함수가 호출된다. 이 함수는 다음과 같은 일을 한다. 첫 번째 작업으로 메인 메모리에 사용하지 않는 페이지(이 페이지를 새 페이지라고 하고)를 할당 받아 기존 페이지(이 페이지를 원본 페이지라 하겠다)를 복사한다. 그러고 나서 우리는 원본 페이지의 참조 카운트 값을 하나 뺀다. 이것은 원본 페이지의 데이터가 새 페이지로 복사되었기 때문이다.

그리고 프로세스 A는 데이터를 처리하기 위해서 새 페이지를 사용한다. 원본 페이지와의 관계를 유지할 필요가 없다. 따라서 원본 페이지의 참조 카운트를 1만큼 낮추는 것이다.

코드는 다음과 같다.

```
//코드 경로:mm/memory.c:
void un_wp_page(unsigned long * table_entry)
{
    ......
    if (!(new_page=get_free_page()))         // 새 페이지를 할당받는다.
        oom();
    if (old_page >= LOW_MEM)
        mem_map[MAP_NR(old_page)]--;          // 원본 페이지의 참조 카운터를 하나 낮춘다.
    ......
}
```

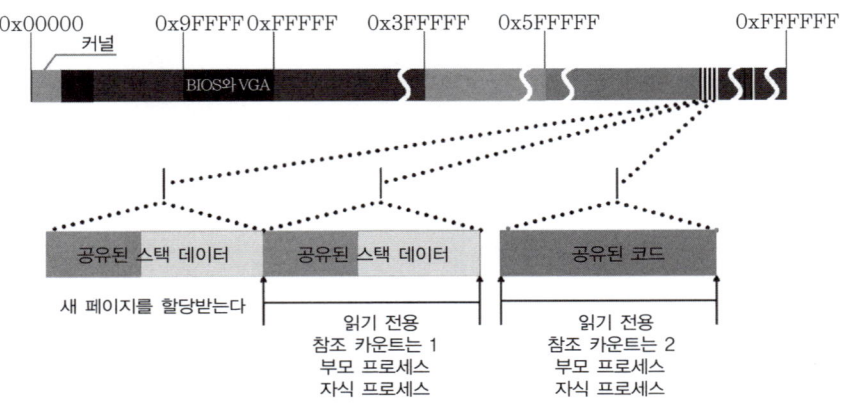

그림 6.31 스택에 데이터를 푸쉬하려고 새 페이지를 할당받는다.

페이지에 쓰기 보호 속성이 설정되고 나서 프로세스 A가 새 페이지를 할당받은 순간의 메모리 배치를 그림 6.31에서 보여 주고 있다.

주목할 것은 원본 페이지를 릴리즈하지 않고 원본 페이지의 참조 카운트만 낮췄다는 점이다. 이것은 OS에서 모든 리소스를 다중 프로세스들이 공유할 수 있도록 구성했기 때문이다. 예를 들어 파일의 i-node, 파일 관리 정보, 메모리 페이지 테이블과 같은 것들은 참고 카운트를 통해서 상태를 추적한다. 어떤 프로세스가 리소스와 관계를 끝내려고 한다고 해도 다른 프로세스는 그렇지 않을 수 있다. 따라서 무작정 리소스를 릴리즈시키는 것은 적절치 못하다.

프로세스 A의 페이지 테이블에 새로 할당받은 페이지 설정한다. 프로세스가 새 페이지를 할당받았지만 프로세스 A의 페이지 테이블 엔트리는 아직 원본 페이지를 가리키고 있다. 새 페이지를 가리키는 페이지 테이블 엔트리가 없어서 물리적 어드레스로 맵핑할 수 없다. 그래서 프로세스는 원본 페이지를 가리키고 있던 페이지 테이블 엔트리가 새 페이지를 가리키게 변경한다. 그리고 읽기 전용 속성을 읽기/쓰기 속성으로 설정해서 프로세스 A가 새 페이지에 데이터를 쓸 수 있도록 한다.

코드는 다음과 같다.

```
//코드 경로:mm/memory.c:
void un_wp_page(unsigned long * table_entry)
{
    ......
    if (old_page >= LOW_MEM)
            mem_map[MAP_NR(old_page)]--;
    *table_entry = new_page | 7;        // 7은 이진수로 111로 페이지를
                                        // 읽기/쓰기 속성으로 변경한 것이다.

    invalidate();
    copy_page(old_page,new_page);
}
```

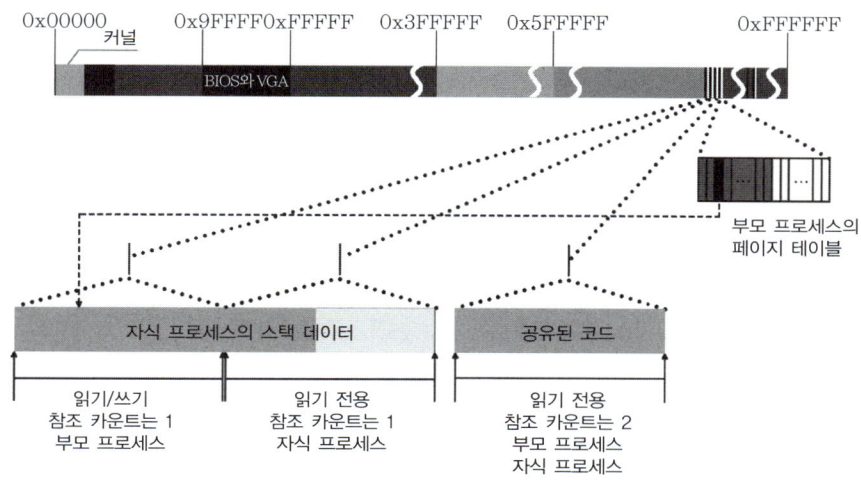

그림 6.32 새 페이지를 가리키도록 수정된 프로세스 A의 페이지 테이블

페이지 테이블 수정이 끝나면, 프로세스 A에 할당된 새 페이지의 상태는 그림 6.32와 같다.

원본 페이지의 내용을 새 페이지에 복사한다. 모든 준비가 끝났을 때, 원본 페이지를 새 페이지로 복사할 수 있다. 복사가 끝나면 프로세스 A는 새 페이지의 스택에 푸쉬를 할 수 있게 된다.

코드는 다음과 같다.

```
//코드 경로:mm/memory.c:
void un_wp_page(unsigned long * table_entry)
{
    ......
    if (old_page >= LOW_MEM)
        mem_map[MAP_NR(old_page)]--;
    *table_entry = new_page | 7;
    invalidate();
    copy_page(old_page,new_page);  // 여기서 원본 페이지를 새 페이지에
                                    // 복사해서 프로세스 A가 쓸 수 있도록 한다.
}
```

복사 과정 후 새 메모리 페이지의 상태를 그림 6.33에서 보여 준다.

프로세스 B는 공유 페이지를 사용할 준비를 한다. 프로세스 A가 정해진 시간만큼 실행된 후, 자식 프로세스인 프로세스 B로 스위칭된다. 프로세스 B는 아직 원본 페이지를 사용하고 있고 이 원본 페이지에 쓰기 작업을 하려고 한다. 하지만 현재 원본 페이지의 속성이 읽기 전용으로 되어 있다. 프로세스 A가 프로세스 B를 생성할 때 설정한 것이다. 이런 경우에, 다시 페이지 쓰기 보호 처리가 필요하다. 이것을 위해 un_wp_page() 함수가 호출된다. 원본 페이지의 참조 카운트가 1로 줄었기 때문에 원본 페이지 속성의 읽기/쓰기 속성을 설정한다.

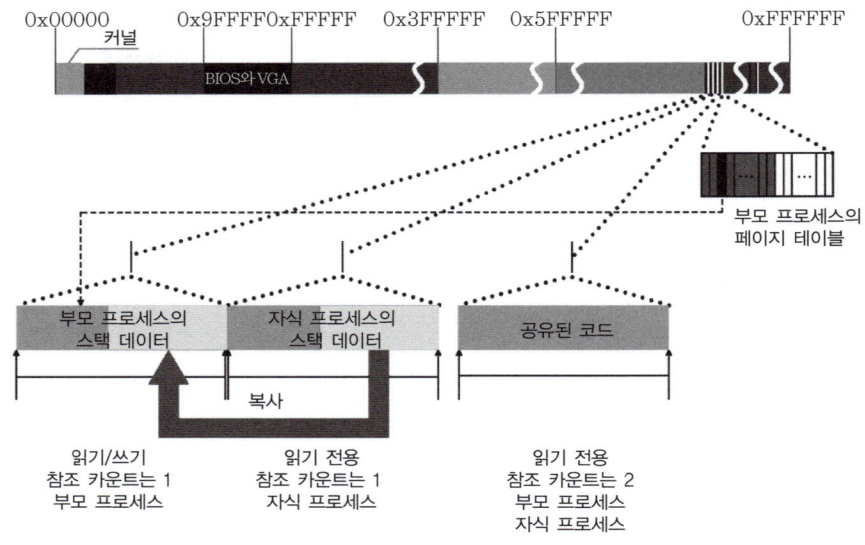

그림 6.33 원본 페이지를 프로세스 A의 새 페이지로 복사한다.

코드는 다음과 같다.

```
//코드 경로:mm/memory.c:
void un_wp_page(unsigned long * table_entry)
{
    ......
    old_page = 0xfffff000 & *table_entry;
    if (old_page >= LOW_MEM && mem_map[MAP_NR(old_page)]==1) {
                                // 원본 페이지의 참조 카운트가 1로, 공유하고 있지 않으면
        *table_entry |= 2;      // R/W 비트를 1로 설정한다.
        invalidate();
        return;
    }
    ......
}
```

이제 프로세스 A와 B는 스택를 처리하기 위해 각각 다른 페이지를 사용하게 됐다. 이 페이지들은 모두 읽기/쓰기 속성이고, 참조 카운트는 1이다. 즉, 프로세스들이 서로 영향을 주지 않는다(그림 6.34).

이제 프로세스 B에서 더 처리할 것이 없다. 앞으로 이런 작업을 하게 된다면 원본 페이지와의 연결도 끊을 것이다. 즉, 원본 페이지의 참조 카운트는 1이 줄어들어 0이 된다. 그러면 시스템은 이 페이지를 쓰지 않는 페이지로 본다.

프로세스 B가 푸쉬 연산을 먼저 한다고 가정한다. 부모 프로세스(프로세스 A)보다 자식 프로세스(프로세스 B)가 먼저 실행이 된다고 가정해 보자. 그러면 어떻게 될까?

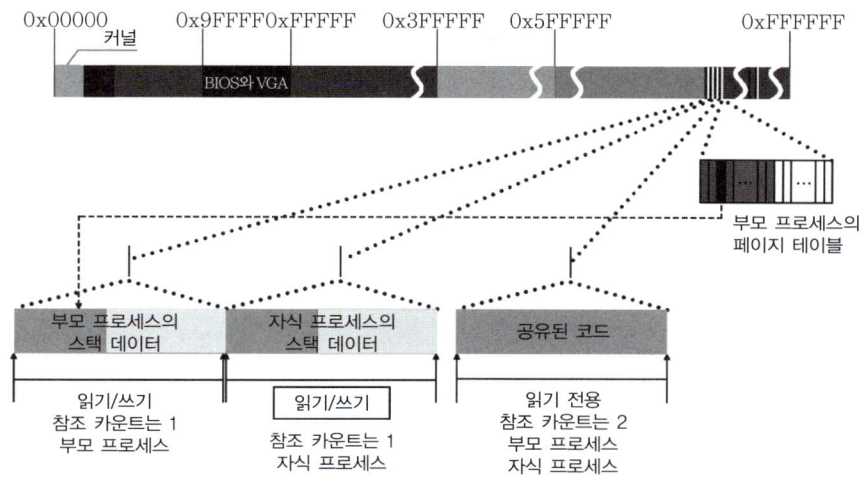

그림 6.34 프로세스 B는 원본 공유 페이지의 특성을 변경한다.

이 경우는 앞서 설명한 것과 동일하다. 그리고 시스템은 프로세스 B를 위한 페이지를 할당하고, 기존의 프로세스 B의 페이지 테이블의 원본 페이지를 가리키던 것을 새 페이지를 가리키도록 페이지 테이블 엔트리를 설정한다. 마지막으로 원본 페이지의 내용을 프로세스 B의 새 페이지로 복사한다. 프로세스 A로 전환되면 프로세스 A는 원본 페이지가 필요할 때 속성을 바꿔서 계속 사용한다.

푸쉬 연산을 하고 난 이후의 프로세스 B의 메모리 상황은 그림 6.35와 같다.

여기서 눈여겨 볼 것은 페이지 쓰기 보호와 관련된 일련의 동작들이 커널에 의해서 수행된다는 점이다. 앞에서 설명한 이런 모든 동작들이 실행될 때, 유저 프로세스는 일반적인 수행을 한다. 프로세스는 메모리가 복사되었는지 어떤 페이지가 복사되었는지도 알지 못한다.

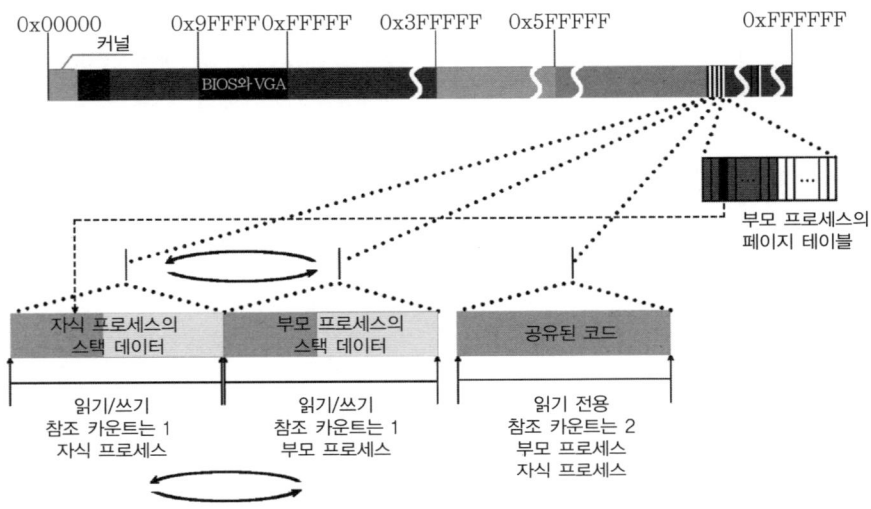

그림 6.35 푸쉬를 하고 나서 프로세스 B의 메모리 상태

CHAPTER 07

버퍼와 멀티 프로세스 파일

챕터 6에서 프로세스, 파일 그리고 메모리 관리에 대해서 설명했다. 앞의 내용을 바탕으로 여러분들은 운영체제를 이해할 수 있을 것이다. 프로세스, 파일 시스템 그리고 버퍼의 복잡한 관계는 세 요소들이 서로 얽혀있기 때문이다. OS, 프로세스, 파일 시스템 그리고 메모리 관리를 깊게 이해하고 싶다면 먼저 버퍼의 기능이 무엇인지 분명히 하는 것이 선행되어야 한다.

7.1 버퍼의 기능

버퍼의 기능이 무엇인지 정확하게 이해하기 위해서 우리는 이런 질문을 할 수 있다. 과연 버퍼가 없어도 OS는 잘 동작할까? 그리고 버퍼가 없으면 어떤 일들이 일어날까?

컴퓨터의 물리적인 관점에서 버퍼는 물리 메모리에 있는 하나의 공간일 뿐이다. 프로세스가 쓰고 있는 메모리와 버퍼 메모리는 물리적인 속성이 근본적으로 동일하다. 블록 디바이스(이번 챕터에서는 편의상 하드디스크에 대해서만 다룬다)와 버퍼 사이의 데이터 교환은 물리적인 관점에서 프로세스의 메모리와 하드디스크 간의 데이터 교환 과정과 동일하다. 데이터의 정확성이나 전송 속도에 영향을 주지 않는다. 이런 관점에서 보면 버퍼가 없더라도 프로세스와 하드디스크 간의 데이터 교환이 가능하다.

따라서, 버퍼는 꼭 필요하지 않다. 버퍼를 디자인한 것은 운영체제가 좀 더 잘 동작하도록 하기 위함이다.

버퍼를 적용하면 OS의 동작에 어떤 이점이 있을까?

우리는 두 가지 관점에서 살펴 볼 수 있다.

1. 버퍼는 모든 블록 디바이스의 데이터 통신을 동일한 형태로 만들어서 OS의 설계를 더 쉽고 유연하게 한다.
2. 버퍼는 블록 디바이스의 동작을 더 효과적으로 만들어 준다.

첫 번째 관점은 비교적 쉽게 이해할 수 있다. 하지만 두 번째는 OS를 이해하는 데 어려운 문제 중 하나이다. 그래서 이번 챕터에서 우리는 멀티 프로세스로 동작하는 두 개의 실행 파일을 통해서 블록 디바이스의 파일 오퍼레이션에 있어서 효율을 올리는 버퍼의 역할에 대해서 상세히 다뤄보려 한다.

그림 7.1을 보면 우리는 프로세스 메모리 공간과 버퍼 메모리 공간이 같아서 문제가 될 것이라 생각할 수 있다. 프로세스 메모리와 하드디스크 간에 데이터를 교환할 때, 버퍼가 중간에서 끼어든다. 버퍼를 이용한 데이

터 교환을 위해서는 처리 시간이 더 든다. 그렇다고 이 데이터를 교환할 때 복잡한 처리를 하는 것도 아니다. 말 그대로 간단한 데이터 교환일 뿐 아니라 CPU 리소스를 소모한다. 그런데 왜 버퍼를 사용하는 방식이 하드 디스크와 직접적으로 데이터를 교환하는 방식보다 빠른 것일까?

그건 바로 버퍼를 공유할 수 있기 때문이다. 컴퓨터의 메모리 간의 데이터 교환 속도가 메모리와 하드디스크 간의 교환 속도보다 훨씬 빠르다. 예를 들어 프로세스 A가 하드디스크에서 버퍼로 데이터를 읽어 들였고, 프로세스 B도 같은 데이터를 읽어야 한다면 데이터를 하드디스크에서 다시 읽을 필요없이 버퍼에서 바로 읽을 수 있다. 그러면 프로세스 B의 데이터 읽는 속도가 프로세스 A보다 100배는 빨라진다. 즉, 효율성이 그만큼 높아지는 것이다. 또 프로세스 C, D 그리고 E가 모두 같은 데이터를 읽어야 하면, 컴퓨터의 전체 효율이 매우 높아진다. 이것을 버퍼 공유 모델(buffer sharing)이라고 한다. 즉, 버퍼를 통해서 프로세스들이 데이터를 공유할 수 있다. 또 이런 경우도 있다. 프로세스 A가 데이터를 읽어 사용하고 시간이 지나서 다시 같은 데이터를 읽으려 할 때, 데이터가 아직 버퍼에 있으면 프로세스 A는 버퍼에서 데이터를 읽을 수 있다. 이렇게 하면 다시 하드디스크에서 데이터를 읽을 때 걸리는 시간을 절약할 수 있다. 버퍼 공유의 또 다른 사용 패턴이다. 버퍼를 이용해 같은 프로세스가 같은 데이터를 다른 시간에 공유할 수 있다. 앞에서 본 두 종류의 패턴이 동시에 사용되기도 한다. 지금까지 분석한 내용은 읽기 오퍼레이션에 대한 것이었다. 하지만 쓰기 오퍼레이션에서도 동일하게 적용될 수 있다.

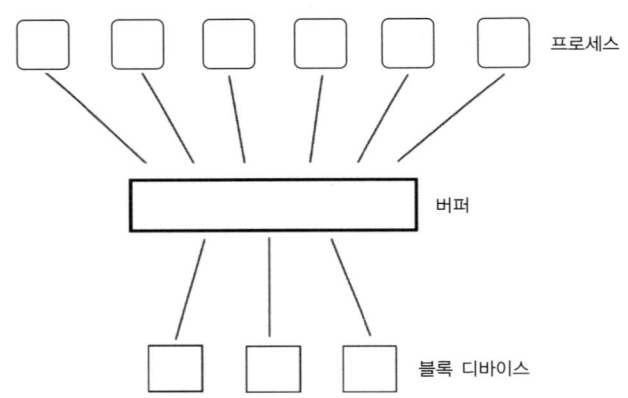

그림 7.1 프로세스, 버퍼 그리고 블록 디바이스의 연결 구조

위에서 분석한 내용을 보면 우리는 다음과 같은 사실을 알 수 있다. 우리가 파일의 읽기/쓰기 오퍼레이션의 전체적인 효율을 높이고자 한다면 가능한 버퍼를 통해서 데이터를 공유시켜야 한다. 즉, 시스템을 효율적으로 만들고 싶을 때, **가장 효과적이고 직접적인 방법은 데이터를 버퍼에 가능한 오래 유지시키는 것이다.**

커널에 있어서 버퍼를 관리하는 코드는 데이터 정확성을 어떻게 보장하고 버퍼에 데이터를 가능한 오래 유지하는지에 대한 것이다. 이번 챕터에서는 두 예제를 통해서 OS가 어떻게 버퍼에 가능한 오래 데이터를 보존하게 만들 것인가에 대해서 설명하려고 한다.

7.2 버퍼 구조

버퍼는 프로세스, 메모리 그리고 파일과 관련 있다. 버퍼는 복잡하고 긴 코드로 되어 있어 OS에서 가장 이해하기 어려운 것 중 하나다. 그래서 버퍼의 설계를 잘 이해하고 마스터 하기 위해서 먼저 버퍼의 구조를 살펴보아야 한다(그림 7.2).

리눅스에서 버퍼를 지원하기 위해서 두 가지 중요한 관리 구조체가 있다. buffer_head와 request가 그것이다. buffer_head는 프로세스와 버퍼 간의 버퍼 블록으로 이들 간의 데이터 교환을 책임진다. 데이터 교환이 정확히 이루어지는 조건 하에서 버퍼 데이터를 최대한 오래 유지해야 한다. request는 버퍼와 블록 디바이스 간의 상호 연동을 책임진다. 데이터 연동이 정확히 이루어진다는 조건 하에서 프로세스가 변경한 버퍼 데이터를 최대한 빨리 블록 디바이스와 동기화되도록 한다.

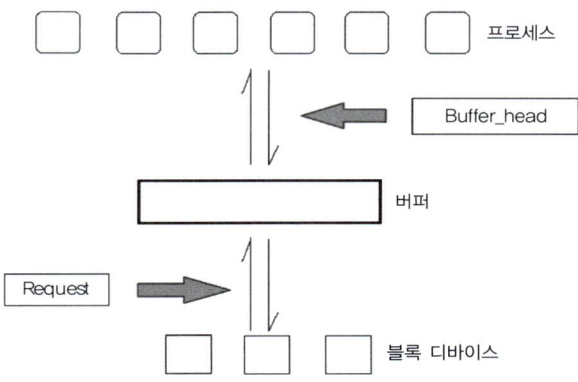

그림 7.2 buffer, buffer_head 그리고 request의 연결 구조

두 종류의 관리 정보를 관리하기 위해서 다음과 같은 데이터 구조체를 사용한다.

```
//코드 경로:include/linux/fs.h:
struct buffer_head {
        char * b_data;                      /* 데이터 블록 포인터 (1024바이트)*/
        unsigned long b_blocknr;            /* 블록 넘버 */
        unsigned short b_dev;               /* 디바이스 넘버 (0 = 사용되지 않음) */
        unsigned char b_uptodate;
        unsigned char b_dirt;               /* 0-수정안됨,1-수정됨 */
        unsigned char b_count;              /* 참조 카운트 */
        unsigned char b_lock;               /* 0 - 언락, 1 -락 */
        struct task_struct * b_wait;
        struct buffer_head * b_prev;
        struct buffer_head * b_next;
        struct buffer_head * b_prev_free;
```

```
        struct buffer_head * b_next_free;
};

//코드 경로:kernel/blk_drv/blk.h:
struct request {
        int dev;                /* -1 이면 사용하지 않음 */
        int cmd;                /* READ 혹은 WRITE */
        int errors;
        unsigned long sector;
        unsigned long nr_sectors;
        char * buffer;
        struct task_struct * waiting;
        struct buffer_head * bh;
        struct request * next;
};
```

앞으로 우리는 데이터 구조체가 왜 이렇게 디자인되었는지 설명하고 이 데이터 구조체를 이용해서 어떻게 데이터를 버퍼에 오래 유지하도록 하는지에 대해서 자세히 설명하려고 한다.

7.3 b_dev, b_blocknr 그리고 request의 기능

b_dev와 b_blocknr는 buffer_head 구조체에서 가장 중요한 필드이자, 멀티 프로세스가 파일을 공유할 수 있도록 지원하는 기반을 제공하는 필드다. 이 정보들은 데이터의 정확성을 보장할 뿐 아니라 버퍼에 데이터를 오래 보존할 수 있도록 한다. 우리는 이 두 필드들이 어떻게 데이터의 정확성을 보장하는지 알아볼 것이다.

7.3.1 프로세스와 버퍼 블록 간의 데이터 교환에서 데이터의 정확성 보장하기

프로세스와 버퍼는 파일 단위가 아니라 버퍼 블록 단위로 데이터를 교환한다. 여기서 여러 개의 블록이 사용될 수 있고 사이즈가 작은 데이터도 하나의 버퍼 블록을 차지한다. 버퍼와 디스크 간의 데이터 교환도 블록 단위로 처리한다. 프로세스가 파일을 요청하면 OS가 하드디스크와 연결된 버퍼를 통해서 처리한다. 프로세스와 하드디스크 사이에 버퍼가 있기 때문에 프로세스와 하드디스크가 직접 데이터를 주고 받지 않아도 된다.

우리가 데이터 교환을 정확히 하려면 먼저 하드디스크의 데이터 블록이 특정 버퍼 블록에 정확히 연결되어 있다는 보장을 해야 한다.

하드디스크의 디바이스 넘버와 블록 넘버로 디스크의 특정 블록을 명시할 수 있다. 또 챕터 2에서 배웠던 것처럼 버퍼 블록을 관리하는 buffer_head 구조체가 버퍼 블록마다 하나씩 있다. 이런 요소들을 이용해 OS는 다음과 같은 전략을 사용할 수 있다. 먼저 버퍼 블록과 하드디스크를 buffer_head의 b_dev(하드디스크 디바이스 넘버)와 b_blocknr(블록 넘버)을 이용해서 연결시킨다. 이 정보를 통해서 디스크 블록과 버퍼 블록 간의 관계의 유일성을 보장한다. 또 버퍼 블록과 하드디스크 간의 관계가 프로세스와 버퍼 사이에도 동일하게 적용될 수 있다. 따라서 데이터 오류 없이 데이터 교환이 가능하다. 코드는 다음과 같다.

```
//코드 경로:fs/buffer.c:
struct buffer_head * getblk(int dev,int block)      // 버퍼 블록을 구한다.
{
struct buffer_head * tmp, * bh;

repeat:
        if (bh = get_hash_table(dev,block))         // 특정 디바이스(dev)와 데이터 블록
                                                    // (block)에 연결된 버퍼 블록을 찾아 본다.
        return bh;                                  // 찾으면 찾은 블록을 반환한다.
        tmp = free_list;                            // 찾지 못했으면 새 버퍼 블록을 생성한다.
        do {
            if (tmp->b_count)
        continue;
            if (!bh || BADNESS(tmp)<BADNESS(bh)) {
                bh = tmp;
                if (!BADNESS(tmp))
            break;
/* 적당한 블록을 찾을 때까지 반복한다. */
        } while ((tmp = tmp->b_next_free) != free_list);
        ......
/* OK, 최종적으로 찾은 버퍼 블록이 우리가 찾는 버퍼 블록으로 */
/* 다른 용도로 사용되지 않고 (b_count=0), 락이 걸려있지도 않고 (b_lock=0) 깨끗하다. */
        bh->b_count=1;
        bh->b_dirt=0;
        bh->b_uptodate=0;
        remove_from_queues(bh);
        bh->b_dev=dev;                              // 새 버퍼 블록에 디바이스 넘버를 설정한다.
        bh->b_blocknr=block;                        // 새 버퍼 블록에 블록 넘버를 설정한다.
        insert_into_queues(bh);
        return bh;
}
```

위 코드에서 보면 새 버퍼 블록을 할당할 때, 버퍼 블록과 데이터 블록 간의 연결 관계를 만들고 있다는 것을 알 수 있다. 이렇게 해서 프로세스와 연결되는 부분을 만든다. 이때 파일의 위치(f_pos 필드)를 이용해서 필요한 b_dev와 b_blocknr 값을 계산한다. 하드디스크의 데이터 블록과 버퍼 블록 사이의 관계에 대해서 지금 걱정하지 않아도 된다. 하드디스크와의 동기화도 동일한 방법을 사용한다.

커널은 파일을 읽을 때 파일 포인터를 통해서 파일 데이터가 있는 b_dev와 b_blocknr 값을 계산한다. 프로세스에게 있어서 이 값은 버퍼 블록을 가리킨다. bread() 함수가 실행되면 하드디스크의 데이터 블록을 읽어와서 버퍼에 저장하기 때문에 하드디스크의 데이터 블록을 직접적으로 건드리지 않아도 된다.

```
//코드 경로:fs/file_dev.c:
int file_read(struct m_inode * inode, struct file * filp, char * buf, int count)
{
......
        if ((left = count)< = 0)
        return 0;
        while (left) {
```

```
            if (nr = bmap(inode,(filp->f_pos)/BLOCK_SIZE)) {
                        // 파일의 오프셋 포인터를 통해서 블록 넘버를 계산한다.
                if (!(bh=bread(inode->i_dev,nr)))
                        // 실제 파라미터에 쓰인 inode->i_dev는 디바이스 넘버,
                        // nr은 블록 넘버 값이다.
                break;
        } else
            bh = NULL;
        nr = filp->f_pos % BLOCK_SIZE;
        chars = MIN( BLOCK_SIZE-nr , left );
        ......
        }
......
}


//코드 경로:fs/buffer.c:
struct buffer_head * bread(int dev,int block)    // 버퍼 블록에 데이터를 읽어 들인다
{
        struct buffer_head * bh;

        if (!(bh=getblk(dev,block)))              // 버퍼 블록을 구할 때, 사용할 디바이스
                                                  // 넘버와 블록 넘버를 파라미터로 사용한다.
        panic("bread: getblk returned NULL\n");
        if (bh->b_uptodate)
        return bh;
        ......
}
```

파일에 데이터를 기록할 때도 앞에서 살펴본 읽기 동작과 동일하다. 커널은 파일 포인터를 통해서 실제 위치인 b_dev 와 b_blocknr를 계산한다. 이 값은 프로세스 입장에서 보면 버퍼 블록을 가리킨다.

```
//코드 경로:fs/file_dev.c:
int file_write(struct m_inode * inode, struct file * filp, char * buf, int count)
{
......
if (filp->f_flags & O_APPEND)
        pos = inode->i_size;
        else
        pos = filp->f_pos;
        while (i<count) {
        if (!(block = create_block(inode,pos/BLOCK_SIZE)))
                        // 파일 포인터의 오프셋으로 블록 넘버를 계산한다.
        break;
        if (!(bh=bread(inode->i_dev,block)))
                        // 파라미터인 inode->i_dev는 디바이스 넘버 값이고
                        // block은 블록 넘버 값이다.
```

```
            break;
            c = pos % BLOCK_SIZE;
            p = c + bh->b_data;
            bh->b_dirt = 1;
            ......
        }
    ......
}
```

//코드 경로:fs/buffer.c:
```
struct buffer_head * bread(int dev,int block)    // 버퍼 블록에 데이터를 읽어 들인다.
{
        struct buffer_head * bh;

        if (!(bh=getblk(dev,block))) // 버퍼 블록을 구할 때, 사용할 디바이스
                                     // 넘버와 블록 넘버를 파라미터로 사용한다.
        panic("bread: getblk returned NULL\n");
        if (bh->b_uptodate)
        return bh;
        ......
}
```

커널이 i-node 데이터를 읽을 때, 커널은 하드디스크의 데이터 블록을 사용하지 않고 슈퍼 블록 정보와 i-node 넘버를 통해서 i-node의 b_dev와 b_blocknr 값을 계산한다. 이와 관련된 코드는 다음과 같다.

//코드 경로:fs/inode.c:
```
static void read_inode(struct m_inode * inode)
{
        ......
lock_inode(inode);
if (!(sb=get_super(inode->i_dev)))
        panic("trying to read inode without dev");
        block = 2 + sb->s_imap_blocks + sb->s_zmap_blocks +
                    // i-node 넘버와 슈퍼 블록의 데이터를 가지고 블록 넘버를 계산한다.
        (inode->i_num-1)/INODES_PER_BLOCK;
        if (!(bh=bread(inode->i_dev,block))) // inode->i_dev는 디바이스 넘버,
                                             // block은 블록 넘버다.
        panic("unable to read i-node block");
        *(struct d_inode *)inode =
        ((struct d_inode *)bh->b_data)
        [(inode->i_num-1)%INODES_PER_BLOCK];
                        // 버퍼에서 i-node를 추출해서 inode_table[32]에 저장한다.
brelse(bh);
unlock_inode(inode);
}
```

```
//코드 경로:fs/buffer.c:
struct buffer_head * bread(int dev,int block) // 블록 디바이스 데이터를 읽는다
{
        struct buffer_head * bh;

        if (!(bh=getblk(dev,block)))   // 새 버퍼를 할당받을 때 디바이스 넘버와
                                        // 블록 넘버가 필요하다.
        panic("bread: getblk returned NULL\n");
        if (bh->b_uptodate)
        return bh;
        ......
}
```

커널이 i-node에 뭔가를 쓰려고 할 때도 커널이 i-node를 읽는 때와 비슷하게 i-node의 넘버(i_num)와
슈퍼 블록의 정보를 이용해서 i-node의 b_dev와 b_blocknr을 계산한다. 코드는 다음과 같다.

```
//코드 경로:fs/buffer.c:
static void write_inode(struct m_inode * inode)
{
......
if (!(sb=get_super(inode->i_dev)))
        panic("trying to write inode without device");
        block = 2 + sb->s_imap_blocks + sb->s_zmap_blocks +
                        // i-node 넘버와 슈퍼 블록의 데이터를 가지고 블록 넘버를 계산한다.
        (inode->i_num-1)/INODES_PER_BLOCK;
        if (!(bh=bread(inode->i_dev,block)))            // inode->i_dev는 디바이스 넘버,
                                                        // block은 블록 넘버다.
        panic("unable to read i-node block");
        ((struct d_inode *)bh->b_data)
        [(inode->i_num-1)%INODES_PER_BLOCK] =
        *(struct d_inode *)inode;
                                // inode_table[32]의 inode 값을 버퍼에 저장한다.
        bh->b_dirt=1;
        inode->i_dirt=0;
        ......
}


//코드 경로:fs/buffer.c:
struct buffer_head * bread(int dev,int block)   // 블록 디바이스 데이터를 읽는다.
{
        struct buffer_head * bh;

        if (!(bh=getblk(dev,block)))            // 새 버퍼를 할당받을 때 디바이스 넘버와
                                                // 블록 넘버가 필요하다.
        panic("bread: getblk returned NULL\n");
```

```
        if (bh->b_uptodate)
        return bh;
        ......
}
```

슈퍼 블록을 로드할 때를 생각해 보자. 슈퍼 블록은 각 디바이스의 첫 번째 블록이다. 그리고 두 종류의 비
트맵 정보가 이어진다. 커널은 주어진 디바이스 넘버의 첫 번째 블록을 로드한다. 슈퍼 블록의 비트맵에 대한
정보를 이용해서 비트맵 블록을 로드한다. 슈퍼 블록을 로드하는 코드는 다음과 같다.

```
//코드 경로:fs/super.c:
static struct super_block * read_super(int dev) // 슈퍼 블록을 읽는다.
{
      ......
s->s_time = 0;
        s->s_rd_only = 0;
        s->s_dirt = 0;
        lock_super(s);
        if (!(bh = bread(dev,1))) {   // 1는 블록 넘버로 슈퍼 블록은 디바이스의
                                      // 첫 번째 블록이다.

        s->s_dev=0;
        free_super(s);
        return NULL;
        }
        *((struct d_super_block *) s) =
        *((struct d_super_block *) bh->b_data);
brelse(bh);
        if (s->s_magic != SUPER_MAGIC) {
        s->s_dev = 0;
        free_super(s);
        return NULL;
        }
        ......
        block=2;        // 2는 첫 번째 i-node 비트맵의 블록 넘버다.
        for (i=0 ; i < s->s_imap_blocks ; i++)
        if (s->s_imap[i]=bread(dev,block))
        block++;
        else
        break;
        for (i=0 ; i < s->s_zmap_blocks ; i++) // 슈퍼 블록 비트맵을 로드한다.
                                               // 비트맵 블록이 쭉 이어져 있다.
        if (s->s_zmap[i]=bread(dev,block))
        block++;
        else
            break;
if (block != 2+s->s_imap_blocks+s->s_zmap_blocks) {
        for(i=0;i<I_MAP_SLOTS;i++)
```

```
        brelse(s->s_imap[i]);
        ......
}


//코드 경로:fs/buffer.c:
struct buffer_head * bread(int dev,int block)    // 블록 디바이스 데이터를 읽는다.
{
        struct buffer_head * bh;
        if (!(bh=getblk(dev,block)))             // 새 버퍼를 할당받을 때 디바이스 넘버와
                                                 // 블록 넘버가 필요하다.
        panic("bread: getblk returned NULL\n");
        if (bh->b_uptodate)
        return bh;
        ......
}
```

지금까지 보아 왔던 코드를 보면 프로세스와 버퍼가 디바이스 넘버와 블록 넘버를 통해서 단단히 연결되어 있음을 알 수 있다. 이 연결을 이용해서 데이터를 정확히 교환할 수 있다. 버퍼 블록과 프로세스 간의 실질적인 연결은 getblk() 함수에서 담당한다.

이제 버퍼와 하드디스크와의 연결에 대해서 살펴보자. 커널은 리퀘스트 데이터 구조체를 통해서 버퍼와 하드디스크 사이의 연동을 지원한다. 디바이스 넘버와 블록의 첫 번째 섹터 넘버(블록은 OS의 개념이고 하드디스크는 같은 의미로 섹터를 사용한다)를 통해서 버퍼와 하드디스크 사이의 데이터를 교환한다. 이때 사용되는 두 값은 buffer_head의 b_dev와 b_blocknr 값으로 설정한다. 버퍼의 디바이스 넘버와 블록 넘버가 결정되기만 하면 커널은 리퀘스트 구조체를 만들어 하드디스크와 데이터를 교환할 수 있다. 이 단계에서는 파일 오퍼레이션을 생각할 필요가 없다.

코드는 다음과 같다.

```
//코드 경로:kernel/blk_drv/ll_rw_blk.c:
void ll_rw_block(int rw, struct buffer_head * bh)
{
        unsigned int major;
        if ((major=MAJOR(bh->b_dev)) >= NR_BLK_DEV ||
        !(blk_dev[major].request_fn)) {
            printk("Trying to read nonexistent block-device\n\r");
            return;
        }
        make_request(major,rw,bh);  // 리퀘스트 아이템을 만든다.
}
static void make_request(int major,int rw, struct buffer_head * bh)
{
        ......
        if (req < request) {          // 사용할 수 있는 여분의 request 아이템이 없을 때
```

```
            if (rw_ahead) {
                unlock_buffer(bh);
                return;
            }
            sleep_on(&wait_for_request);
            goto repeat;
        }
        req->dev = bh->b_dev;        // 버퍼 블록의 b_dev를 리퀘스트의 dev로 설정한다.
        req->cmd = rw;
        req->errors=0;
        req->sector = bh->b_blocknr<<1;   // 버퍼 블록의 b_blocknr 값을 이용해
                                          // 리퀘스트의 sector 값을 설정한다.
        req->nr_sectors = 2;
        req->buffer = bh->b_data;
        req->waiting = NULL;
        req->bh = bh;
        req->next = NULL;
        add_request(major+blk_dev,req);   // 리퀘스트 아이템을 추가한다.
}
static void add_request(struct blk_dev_struct * dev, struct request * req)
{
        ......
if (!(tmp = dev->current_request)) {
        dev->current_request = req;
        sti();
        (dev->request_fn)();    // 하드디스크 명령을 만든다.
        return;
        }
        ......
}
```

//코드 경로:**kernel/blk_drv/hd.c**:

```
void do_hd_request(void)
{
    ......
INIT_REQUEST;
        dev = MINOR(CURRENT->dev);   // 리퀘스트에서 디바이스 넘버를 가져오고
block = CURRENT->sector;             // 리퀘스트에서 블록 넘버를 가져온다.
if (dev >= 5*NR_HD || block+2 > hd[dev].nr_sects) {
        end_request(0);
        goto repeat;
        }
......
__asm__("divl %4":"=a" (block),"=d" (sec):"0" (block),"1" (0),
                // 블록 넘버를 사용해서 디스크의 헤더, 섹터, 실린더 수를
                // 계산한다.
        "r" (hd_info[dev].sect));
__asm__("divl %4":"=a" (cyl),"=d" (head):"0" (block),"1" (0),
        "r" (hd_info[dev].head));
```

```
      sec++;
      nsect = CURRENT->nr_sectors;
      ......
}
```

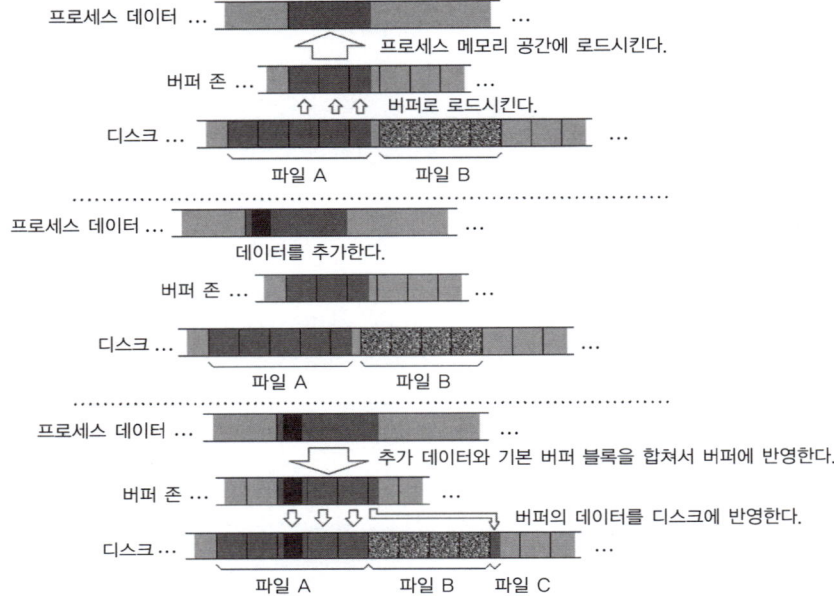

그림 7.3 블록 내에 데이터를 추가할 때

정리해 보면 프로세스에서 데이터를 수정, 삽입, 삭제와 같은 복잡한 파일 오퍼레이션을 해도 두 개의 값 (b_dev와 b_blocknr)을 통해서 버퍼 블록과 데이터 블록이 정확하게 연결된다는 것을 확인할 수 있다. 이와 같은 방식은 하드디스크와 버퍼 간에도 동일하게 적용된다.

로드된 블록 내에서 데이터를 추가했을 때의 처리 과정을 그림 7.3에서 보여주고 있다. 또 두 블록 사이에 걸쳐서 데이터를 추가할 때의 처리 과정은 그림 7.4와 같다.

7.3.2 데이터를 가능한 오래 버퍼에 유지하기

b_dev와 b_blocknr는 데이터의 정확성을 보장할 뿐 아니라 데이터를 버퍼에 오래 유지시키는 데도 쓰인다.

데이터가 버퍼에 남느냐 아니냐는 버퍼와 하드디스크의 데이터 블록 간의 연결 관계가 설정되어 있느냐에 의존한다. 코드는 다음과 같다.

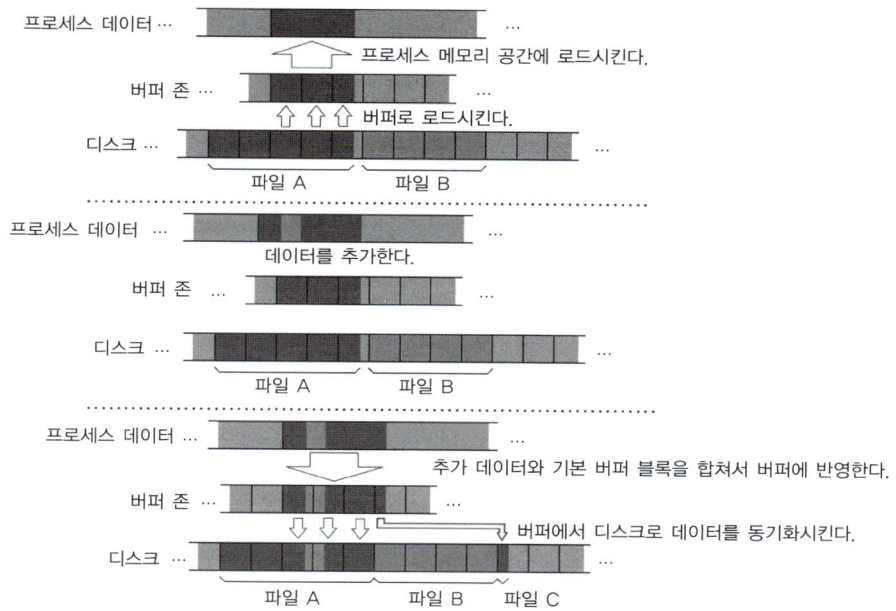

프로세스 데이터 ... 프로세스 메모리 공간에 로드시킨다.

버퍼 존 ... 버퍼로 로드시킨다.

디스크 ...

파일 A 파일 B

프로세스 데이터 ... 데이터를 추가한다.

버퍼 존 ...

디스크 ...

파일 A 파일 B

프로세스 데이터 ... 추가 데이터와 기본 버퍼 블록을 합쳐서 버퍼에 반영한다.

버퍼 존 ... 버퍼에서 디스크로 데이터를 동기화시킨다.

디스크 ...

파일 A 파일 B 파일 C

그림 7.4 블록들 사이에 데이터를 추가할 때

```
//코드 경로:fs/buffer.c:
struct buffer_head * getblk(int dev,int block)  // 버퍼를 할당한다.
{
    struct buffer_head * tmp, * bh;

repeat:
if (bh = get_hash_table(dev,block))  // 기존에 연결되어 있는 버퍼 블록을 찾아본다.
        return bh;
    tmp = free_list;
    ......
}


struct buffer_head * get_hash_table(int dev, int block)
{
    struct buffer_head * bh;
    {
    ......
    for (;;) {
        if (!(bh = find_buffer(dev,block))) // 주어진 디바이스 넘버, 블록 넘버를
                                            // 가진 버퍼 블록을 찾는다.
            return NULL;
            bh->b_count++;
        wait_on_buffer(bh);
        ......
    }
}
```

```
static struct buffer_head * find_buffer(int dev, int block)
{
    struct buffer_head * tmp;
    for (tmp = hash(dev,block) ; tmp != NULL ; tmp = tmp->b_next)
                                    // 해쉬 테이블을 찾아 본다.
        if (tmp->b_dev==dev && tmp->b_blocknr==block)
            return tmp;             // 테이블에서 원하는 블록을 찾으면 리턴하고 없으면
    return NULL;                    // NULL를 리턴한다.
}
```

위 코드를 보면 커널이 해쉬 테이블에 저장된 기존 버퍼 블록을 검색할 때 디바이스 넘버와 블록 넘버만 사용하는 것을 알 수 있다. 커널은 이 두 정보를 가지고 데이터 블록이 버퍼 블록에 남아 있는지 관리하고 버퍼와 하드디스크의 데이터 블록 간의 연결이 있는지 하드디스크를 직접 읽어보지 않아도 알 수 있다. 이런 방식을 사용하면 하드디스크에서 데이터를 직접 읽는 것에 비해서 100배는 더 빠르다.

버퍼를 이용해서 작업을 하게 되면 모든 버퍼들은 디스크와 b_dev, b_blocknr 값으로 연결이 된다. 물론 이 값은 프로세스의 입장에서는 필요없는 값이기는 하지만 말이다. b_dev, blocknr 값으로 기존에 등록된 버퍼 블록을 못 찾으면 커널은 새 버퍼를 할당받는다(이때 b_count는 0이다). 이 블록을 큐에서 빼서 b_dev, b_blocknr 값을 설정하고 다시 큐에 넣는다. 즉, b_dev, b_blocknr 값에 대응하는 버퍼 블록을 만든 것이다. 아직까지 버퍼 블록만 만들었지, 디스크의 데이터 블록이 버퍼 블록에 읽혀지지는 않았다. 코드를 통해서 자세히 알아보자.

```
//코드 경로:fs/buffer.c:
struct buffer_head * getblk(int dev,int block) // 새 버퍼를 할당한다.
{
    ......
    if (find_buffer(dev,block))
        goto repeat;
    bh->b_count=1;
    bh->b_dirt=0;
    bh->b_uptodate=0;
    remove_from_queues(bh);     // free list에서 버퍼 블록을 꺼낸다.
    bh->b_dev=dev;              // 디바이스 넘버를 설정한다.
    bh->b_blocknr=block;        // 블록 넘버를 설정한다.
    insert_into_queues(bh);     // 다시 버퍼 큐에 추가한다.
    return bh;
}
```

위 두 줄의 코드는 앞에서 할당된 버퍼와 데이터 블록 간의 연결 관계를 만든다. 새로운 버퍼가 할당되는 경우는 두 가지가 있다. 첫 번째 경우는 시스템이 막 실행되어서 데이터 블록과 연결된 버퍼가 없는 경우이다. 그리고 또 다른 경우는 OS가 실행을 계속하면서 파일의 읽기/쓰기 동작을 충분히 해서 모든 버퍼 블록이 하드디스크의 데이터 블록과 연결되어 있고, 디바이스 넘버와 블록 넘버에 일치하는 블록도 없어 공유할 수

없는 경우다. 마지막 경우가 발생하면 프로세스가 사용하지 않는 버퍼(b_count가 0인)를 강제로 가져오는 방법 밖에 없다. 이런 경우 앞의 두 줄의 코드는 두 가지 의미를 갖는다.

1. 버퍼와 하드디스크의 데이터 블록 간의 새로운 관계를 만든다.
2. 동시에 기존의 버퍼와 하드디스크의 데이터 블록과의 바인딩 관계를 제거한다.

여기서 중요한 점은 버퍼와 하드디스크 간의 연결 관계를 커널이 의도적으로 미리 제거하는 코드나 메커니즘이 없다는 점이다. 버퍼를 많이 사용하는 경쟁 상황에서 이미 바인딩된 버퍼를 강제로 교체하는 방식만 사용할 뿐이다. 이런 모든 것들의 목적은 하나뿐이다. 버퍼 데이터를 최대한 오래 유지시키기 위함이다. 이것으로 우리는 b_dev와 b_blocknr가 버퍼를 오래 유지시켜주는 아주 중요한 정보라는 것을 알 수 있다.

리눅스 설계에 있어서 리퀘스트를 만든 것은 버퍼와는 반대 목적에서이다. 즉, 버퍼가 하드디스크와 가능한 빨리 데이터 교환을 하도록 하는 데 있다. 앞서 소개했던 것처럼 리퀘스터 구조체에 b_dev와 b_blocknr과 비슷한 필드가 있다. 디바이스 넘버인 "dev"와 첫 섹터 넘버인 "sector" 필드가 그것이다. 이 필드를 통해서 버퍼와 하드디스크의 데이터 블록 간의 데이터를 정확하게 하도록 보장할 뿐 아니라 데이터 교환을 최대한 빨리 할 수 있도록 한다. 다음 코드를 보면 더 자세히 알 수 있다.

```c
//코드 경로:kernel/blk_drv/ll_rw_blk.c:
void ll_rw_block(int rw, struct buffer_head * bh)
{
    unsigned int major;

    if ((major=MAJOR(bh->b_dev)) >= NR_BLK_DEV ||
    !(blk_dev[major].request_fn)) {
        printk("Trying to read nonexistent block-device\n\r");
        return;
    }
    make_request(major,rw,bh);    // 리퀘스트 구조체를 만든다.
}


static void make_request(int major, int rw, struct buffer_head * bh)
{
    ......
        if (req < request) {    // 사용할 수 있는 여분의 리퀘스트 아이템이 없을 때
            if (rw_ahead) {
                unlock_buffer(bh);
                return;
            }
            sleep_on(&wait_for_request);
            goto repeat;
        }

    req->dev = bh->b_dev;    // 버퍼의 디바이스 넘버를 리퀘스트 구조체에 설정한다.
    req->cmd = rw;
    req->errors=0;
```

```
        req->sector = bh->b_blocknr<<1;     // 버퍼의 블록 넘버를 이용해 리퀘스트 구조체
                                            // sector 필드에 설정한다.
                                            // 버퍼 블록은 1024바이트이고 섹터는 512
                                            // 바이트이기 때문에 "<<1"으로 보정한다.
        req->nr_sectors = 2;
        req->buffer = bh->b_data;
        req->waiting = NULL;
        req->bh = bh;
        req->next = NULL;
        add_request(major+blk_dev,req);         // 블록 디스크에 요청한다.
}

static void add_request(struct blk_dev_struct * dev, struct request * req)
{
    struct request * tmp;
    req->next = NULL;
    cli();
    if (req->bh)
        req->bh->b_dirt = 0;      // 여기서 dirty 플래그를 0으로 설정한다.
    if (!(tmp = dev->current_request)) {
                                    // 하드디스크에 처리 중인 리퀘스트가 없으면
                                    // 가능한 빨리 버퍼 블록의 요청을 처리한다.
        dev->current_request = req;
        sti();
        (dev->request_fn)();
        return;
    }
    for ( ; tmp->next ; tmp=tmp->next)
                    // 하드디스크가 요청을 처리하고 있으면 큐에 리퀘스트를 추가한다.
        if ((IN_ORDER(tmp,req) ||
        !IN_ORDER(tmp,tmp->next)) &&
        IN_ORDER(req,tmp->next))
        break;
    req->next=tmp->next;   // 큐에 데이터를 조정하기 위해서 next 필드를 이용한다.
    tmp->next=req;
    sti();
}
```

add_reqest() 함수를 실행할 때, 두 가지 시나리오가 가능하다. 만약 하드디스크가 처리하고 있는 리퀘스트가 없는 경우, 하드디스크는 바로 리퀘스트를 처리한다. 하지만 하드디스크가 다른 리퀘스트를 처리하고 있어서 바쁜 상태면, 리퀘스트를 큐에 추가해서 다음에 처리할 수 있도록 한다. 리퀘스트 구조체의 next 필드를 사용하는 방법은 그림 7.5와 같다.

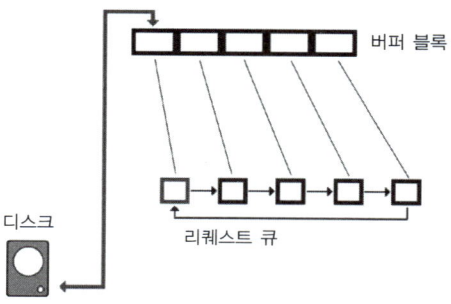

그림 7.5 요청 큐를 구성한다.

이제, 리퀘스트 큐에 등록된 리퀘스트를 처리하는 코드를 살펴 보자.

```
//코드 경로:kernel/blk_drv/hd.c:
static void read_intr(void)
{
    if (win_result()) {
        bad_rw_intr();
        do_hd_request();
        return;
    }
    port_read(HD_DATA,CURRENT->buffer,256);
    CURRENT->errors = 0;
    CURRENT->buffer += 512;
    CURRENT->sector++;
    if (--CURRENT->nr_sectors) {
        do_hd = &read_intr;
        return;
    }
    end_request(1);        // 리퀘스트 처리 후, 후속 처리를 한다.
    do_hd_request();       // 큐에 남아 있는 리퀘스트가 있으면 계속 하드디스크에
                           // 명령을 보내고 아니면 리턴한다.
}


static void write_intr(void)
{
    if (win_result()) {
        bad_rw_intr();
        do_hd_request();
        return;
    }
    if (--CURRENT->nr_sectors) {
        CURRENT->sector++;
        CURRENT->buffer += 512;
        do_hd = &write_intr;
        port_write(HD_DATA,CURRENT->buffer,256);
```

```
        return;
    }
    end_request(1);        // 리퀘스트 처리 후, 후속 처리를 한다.
    do_hd_request();       // 큐에 남아 있는 리퀘스트가 있으면 계속 하드디스크에
                           // 명령을 보내고 아니면 리턴한다.
}


void do_hd_request(void)
{
    int i,r;
    unsigned int block,dev;
    unsigned int sec,head,cyl;
    unsigned int nsect;

    INIT_REQUEST;      // 여기서 남아 있는 리퀘스트가 있는지 확인한다.
    dev = MINOR(CURRENT->dev);
    block = CURRENT->sector;
    if (dev >= 5*NR_HD || block+2 > hd[dev].nr_sects) {
        end_request(0);
        goto repeat;
    }
    ......
}


//코드 경로:kernel/blk_drv/hd.h:

extern inline void end_request(int uptodate)
{
    ......
    wake_up(&CURRENT->waiting);
    wake_up(&wait_for_request);
    CURRENT->dev = -1;
    CURRENT = CURRENT->next;   // 다음에 실행할 리퀘스트를 설정하기 위해서 next
                               // 필드의 값을 CURRENT에 설정한다.
}

#define INIT_REQUEST \
repeat: \
    if (!CURRENT) \                    // CURRENT가 없다는 것은 큐에 남아 있는 리퀘스트가
                                       // 없다는 의미다.
        return; \
    if (MAJOR(CURRENT->dev) != MAJOR_NR) \
        panic(DEVICE_NAME ": request list destroyed"); \
    if (CURRENT->bh) { \
        if (!CURRENT->bh->b_lock) \
            panic(DEVICE_NAME ": block not locked"); \
    }
```

우리는 코드를 통해서 다음과 같은 것을 알 수 있다. 읽기 인터럽트 루틴이든 쓰기 인터럽트 루틴이든 상관없이 하드디스크 요청을 처리하고 나서 모두 end_request() 함수와 do_hd_request() 함수를 호출한다. 이 두 함수를 통해서 큐 요청을 처리하는 동작을 반복한다. do_hd_request() 함수의 INIT_REQUEST 매크로는 루프가 완료되었는지 판단하는 로직이 있다. 만약 남은 리퀘스트가 큐에 있다면 데이터 교환이 필요한 리퀘스트와 상응하는 버퍼가 남았다는 것을 의미한다. 요청한 모든 작업을 처리할 때까지 모든 리퀘스트 명령을 처리하고 CURRENT 값이 NULL이면 리턴한다. 앞에서 설명한 리퀘스트 처리를 위한 반복 작업은 그림 7.6과 같이 처리한다.

디스크의 리퀘스트 구조체를 이용한 디자인의 목적은 버퍼와 하드디스크 간의 처리를 가능한 빨리 하는 데 있다.

여기서 알고 넘어 갈 것 한 가지가 있다. OS 리퀘스트를 관리하는 request[32] 변수에서 32는 리퀘스트 구조체를 저장할 수 있는 최대 개수를 말한다. 그럼 16개나 64개가 아니고 왜 32개 일까?

이유는 호스트 컴퓨터 내의 데이터 교환 속도가 하드디스크에서 처리할 수 있는 속도보다 100배나 더 빠르기 때문이다. 평균적으로 버퍼 데이터 1개를 하드디스크와 동기화하는 동안 프로세스는 100개의 버퍼 데이터를 버퍼와 교환할 수 있다. 호스트의 최대 버퍼 블록은 3000개다. 버퍼 블록의 개수와 처리 가능한 리퀘스트의 개수 간의 비율은 대략 100:1로 이들 간의 처리 속도의 차이와 일치한다. 만약 요청 가능한 개수를 너무 많이 잡아 두면 사용하지 않는 아이템이 많아지고 결과적으로 메모리를 낭비하는 꼴이다. 반면 리퀘스트 할 수 있는 개수가 너무 적으면 하드디스크에 처리 요청을 할 수가 없어서 프로세스가 버퍼의 데이터를 기다리는 경우가 많아져 자주 대기 상태가 되기 때문에 전체 시스템의 효율성이 떨어지는 결과를 가져온다. 32라는 숫자는 이것들을 다 고려한 딱 필요한 개수다.

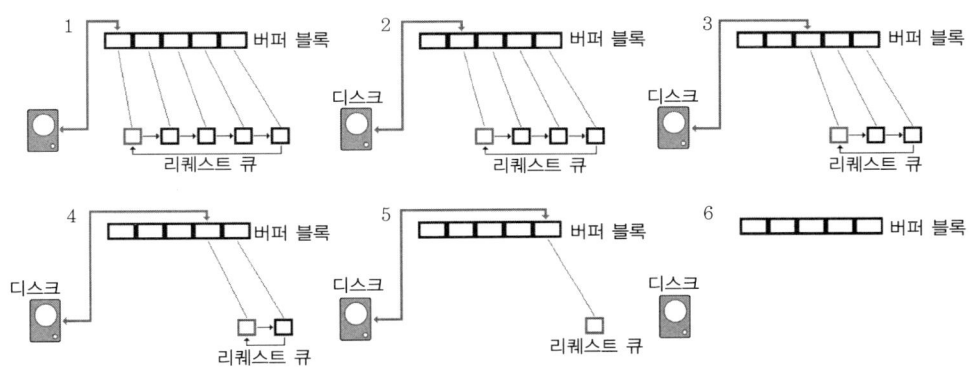

그림 7.6 디스크의 리퀘스트 큐를 처리한다.

7.4 uptodate와 dirt 필드의 기능

앞 섹션에서 소개했던 것과 같이 b_dev와 b_blocknr는 버퍼를 공유하는 과정에 필요한 기본 정보 값이다. 이 값들로 데이터가 버퍼에 있는지 없는지 알 수 있다. 데이터가 버퍼에 있으면 데이터를 공유할 수 있다. 버퍼는 두 가지 입장에서 쓰일 수 있다. 하나는 프로세스 입장으로 프로세스들 간에 공유될 수 있는지 아닌지 판단하는 데 사용한다. 또 다른 하나는 하드디스크 입장으로 하드디스크와 동기화가 필요한지 그렇지 않은지 버퍼를 통해서 알 수 있다. 버퍼가 이렇게 쓰이는 목적은 버퍼와 데이터 블록 간의 데이터의 정확성을 보장하기 위해서다.

buffer_head의 b_uptodate와 b_dirt 두 필드는 버퍼와 데이터 블록 간의 데이터 정확성을 보장하는 데 쓰인다.

b_uptodate는 프로세스 쪽 데이터 관리를 위한 것으로 버퍼의 b_uptodate가 1이면 프로세스 간에 데이터의 공유가 가능하다. 그리고 버퍼의 데이터가 최신 데이터라는 것도 보장한다. 하지만 b_uptodate가 0이면 버퍼의 데이터 블록이 최신 데이터가 아니라는 것을 의미하는 것으로 버퍼를 공유할 수 없게 된다.

b_dirt는 하드디스크 쪽 데이터 관리를 위한 것으로 버퍼의 b_dirt가 1이면 프로세스에서 버퍼의 데이터를 변경했다는 것을 표시하고, 커널에게 하드디스크와 동기화를 해야 한다고 알려 준다. 반면 이 값이 0이면 하드디스크와의 동기화는 필요없다는 것을 표시한다.

7.4.1 b_uptodate의 기능

먼저 프로세스 입장에서 생각해 보자. 버퍼에 b_uptodate가 없으면 어떤 일이 일어날까?

하드디스크 블록과 바인딩된 버퍼에 b_uptodate를 무시하고 파일을 읽을 때는 그림 7.7에서 보여 주는 것과 같은 문제가 생긴다.

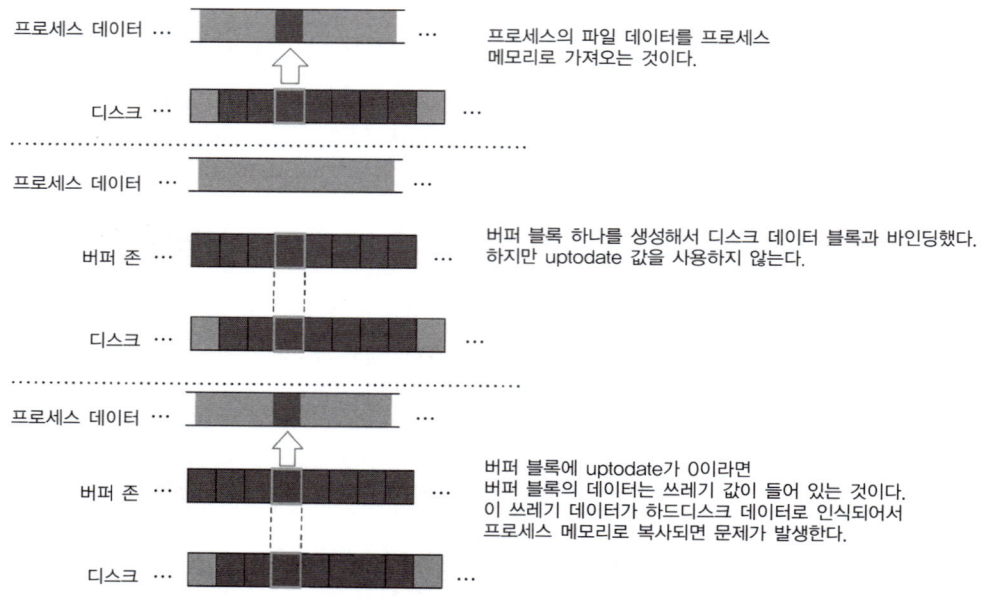

그림 7.7 b_uptodate를 사용하지 않고 파일을 읽을 때 문제

그림을 보면 데이터 블록의 데이터 때문에 버퍼의 데이터가 제대로 업데이트되지 못하고 있다는 것을 알수 있다. b_uptodate가 0이면 버퍼에 있는 데이터가 쓰레기 값이라는 것이다. 따라서 이때 프로세스가 프로세스 영역으로 읽어오면 읽은 데이터 역시 쓰레기 데이터일 수 밖에 없다. 이 결과는 하드디스크 데이터를 읽으려고 했던 의도와 다를 뿐 아니라 데이터 역시 올바르지 않다.

그럼 파일을 쓸 때는 어떨까? 이때 역시 문제가 발생한다. 그림 7.8은 b_uptodate를 쓰지 않고 파일을 쓸때 발생하는 문제를 보여 주고 있다.

그림에서 보면 프로세스가 쓰려고 하는 데이터가 블록 크기(1024바이트)보다 작다는 것을 알 수 있다. 데이터 블록의 데이터를 버퍼에 가져오지 않아서 b_uptodata는 0이다. 프로세스에 의해서 변경된 버퍼를 데이터 버퍼에 동기화시킬 때, 프로세스가 쓰려는 데이터와 쓰레기 데이터가 함께 동기화된다. 이런 결과 역시 프로세스의 의도가 아닐 뿐 아니라 에러가 발생할 수 있다.

하드디스크의 데이터를 버퍼로 아직 가져오지 않았을 때, 프로세스에서 버퍼에 대해서 읽기/쓰기를 하는 것은 원래 하려고 했던 하드디스크 데이터를 사용하는 것이 아니기 때문에 데이터 에러에 해당한다. b_uptodate를 1로 설정한다는 것은 버퍼의 데이터가 하드디스크 데이터를 가져왔다는 것을 의미한다. 또 커널은 이 값을 통해서 프로세스와 버퍼의 데이터 교환을 안전하게 할 수 있다는 의미이기도 하다.

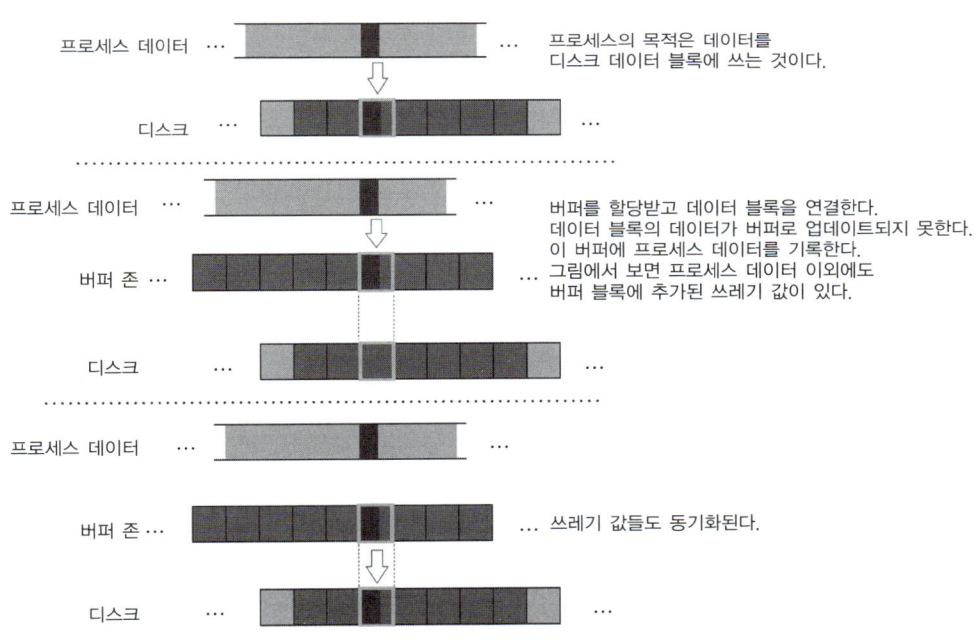

그림 7.8 b_uptodate를 사용하지 않고 파일을 쓸 때 문제

따라서 하드디스크의 인터럽트 서비스 루틴이 실행될 때, b_uptodate를 1로 설정한다. 코드는 다음과 같다.

```
//코드 경로:kernel/blk_drv/hd.c:
static void read_intr(void)      // 읽기 인터럽트 서비스 루틴
{
    ......
        CURRENT->buffer += 512;
    CURRENT->sector++;
    if (--CURRENT->nr_sectors) {
        do_hd = &read_intr;
        return;
    }
    end_request(1);     // 하드디스크 명령 처리 후 후속 작업을 한다.
    do_hd_request();
}

//코드 경로:kernel/blk_drv/hd.c:
static void write_intr(void)    // 쓰기 인터럽트 서비스 루틴
{
    ......
        if (--CURRENT->nr_sectors) {
        CURRENT->sector++;
        CURRENT->buffer += 512;
        do_hd = &write_intr;
        port_write(HD_DATA,CURRENT->buffer,256);
        return;
        }
        end_request(1);      // 하드디스크 명령 처리 후 후속 작업을 한다.
        do_hd_request();
    }

//코드 경로:kernel/blk_drv/blk.h:
extern inline void end_request(int uptodate)
{
        DEVICE_OFF(CURRENT->dev);
        if (CURRENT->bh) {
        CURRENT->bh->b_uptodate = uptodate;   // b_uptodate를 1로 설정해서
                                              // 데이터가 업데이트되고 동기화
                                              // 되었다는 것을 표시한다.

        unlock_buffer(CURRENT->bh);
    }
    ......
}
```

한 가지 기억해야 할 것이 있다. b_uptodate에 1이 설정된 것은 데이터 블록의 데이터가 버퍼에 업데이트됐다는 것을 표시할 뿐, 버퍼 블록의 데이터와 데이터 블록의 데이터가 정확히 일치해야 한다는 것을 의미하지는 않는다. 예를 들어보자. 디스크에 파일을 만들려고 하면 파일에 해당하는 데이터 블록을 만들어야 하고 이 데이터 블록과 연결된 버퍼 블록을 만들어야 한다. 데이터 블록과 버퍼 블록 간의 바인딩 작업을 하면서

버퍼를 초기화 시키고 b_uptodate 값을 1로 설정한다. 물론, 이 시점에 데이터는 동기화되지 않았다. 즉, 버퍼의 데이터와 하드디스크에 있는 데이터는 일치하지 않는다. 하지만 이것으로 인해서 데이터 동기화 시에 문제가 발생하거나 하지는 않는다.

챕터 5에서 새로 만들어진 데이터 블록은 두 가지로 쓰인다고 배웠다. 파일 내용을 저장하기 위해서 쓰이거나 파일의 i_zone의 간접 블록 관리 정보를 저장하기 위해서 쓰인다. 파일 내용을 저장하는 데 데이터 블록이 사용되면 데이터 블록과 새 하드디스크 데이터 블록들은 쓰레기 값들이다. 프로세스에게는 이런 쓰레기 데이터가 버퍼에 있든 없든 상관이 없기 때문에 버퍼의 b_uptodate 필드를 1로 설정한다(간단히 생각해보면 이 작업에는 버퍼가 비어있든 아니든 상관없다).

데이터 블록이 간접 블록 관리 정보로 쓰인다면 데이터 블록은 반드시 0으로 초기화해서 간접 데이터 블록을 인덱스하지 않고 있음을 명시해야 한다. 그렇지 않으면 쓰레기 데이터로 인해서 인덱스 에러가 발생하고 파일 오퍼레이션의 정확성에 문제를 일으킨다. 버퍼의 데이터와 하드디스크의 데이터 블록이 지금까지는 다르지만 앞에서와 같은 이유로 b_uptodate는 1로 설정한다.

커널 디자이너는 전체적인 내용들을 고려해서 전략을 선택한다. 우리가 새 데이터 블록을 위해서 버퍼를 할당하면 버퍼가 어떻게 쓰이건 할당 당시의 데이터는 필요없기 때문에 데이터를 모두 0으로 초기화해버린다. 즉, 데이터 블록에 연동된 정보와 상관 없이 버퍼의 b_uptodate 값을 1로 설정해서 업데이트 문제를 해결한다.

코드는 다음과 같다.

```
//코드 경로:fs/inode.c:
int create_block(struct m_inode * inode, int block)  // 새 데이터 블록을 만든다.
{
    return _bmap(inode,block,1);
}
static int _bmap(struct m_inode * inode,int block,int create)
{
    ......
    if (block<7) {
        if (create && !inode->i_zone[block])
            if (inode->i_zone[block]=new_block(inode->i_dev)) {
                inode->i_ctime=CURRENT_TIME;
                inode->i_dirt=1;
            }
        return inode->i_zone[block];
    }
    ......
}


//코드 경로:fs/bitmap.c:
int new_block(int dev)     // 디바이스에 데이터 블록을 할당한다.
}
```

```
    ......
    if (bh->b_count != 1)
        panic("new block: count is != 1");
clear_block(bh->b_data);
bh->b_uptodate = 1;
bh->b_dirt = 1;
brelse(bh);
return j;
}
```

b_uptodate가 1로 설정되면 버퍼는 두 가지 경우로 쓰일 수 있다. 각 경우를 살펴보자.

먼저 살펴볼 것은 읽기에 쓰일 때다. 비록 쓰레기 값들이 들어 있기는 하지만 새 버퍼가 만들어졌다. 새로 파일이 만들어진 경우, 빈 파일의 데이터 블록을 읽어야 할 필요가 없다. 커널은 이런 쓸데 없는 일을 하지 않는다.

그럼 파일을 쓸 때는 어떨까? 새로 생성한 버퍼는 데이터가 초기화되었고 하드디스크의 데이터 블록은 초기화되지 않는다. 그리고 프로세스는 버퍼의 데이터와 데이터 블록의 데이터를 읽을 필요가 없다. 따라서 이들 데이터들이 업데이트되든 그렇지 않든 상관없기 때문에 그냥 업데이트된 것으로 보아도 아무 문제 없다. 이렇게 하면 쓰기 오퍼레이션에 아무 문제가 없다.

그림 7.9의 다이어그램을 보자.

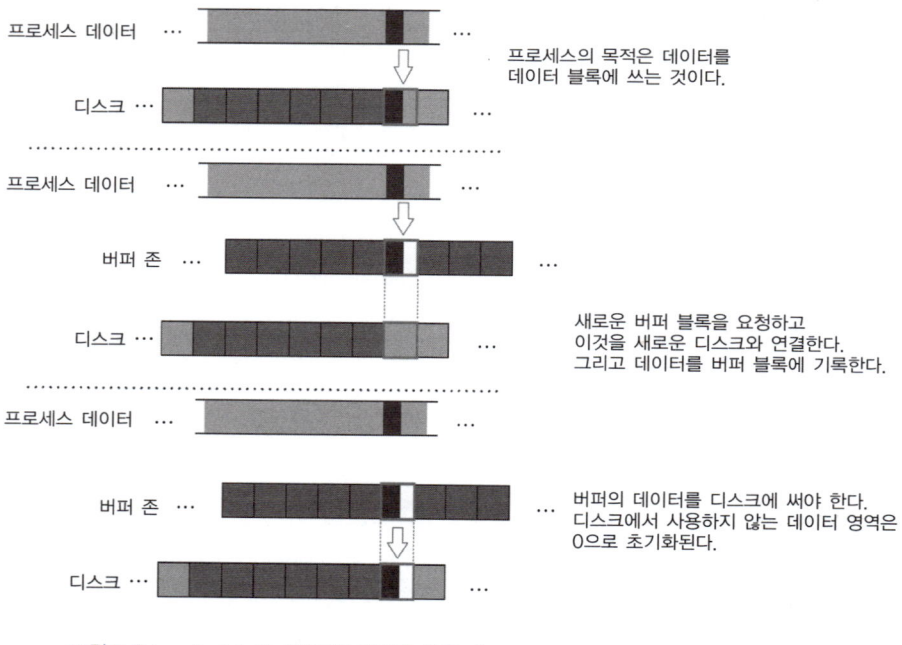

그림 7.9 b_uptodate를 사용해서 파일을 읽을 때

그림에서 보여 주는 시나리오에서 커널은 b_uptodate를 1로 설정한다. 프로세스는 데이터를 하드디스크 데이터 블록에 저장하고 있다. 그림에서 흰색 부분은 0으로 초기화된 부분을 표시하고 있다. 저장되는 데이터가 파일 데이터 블록이든 아니든 상관없다.

반대로, 버퍼의 데이터가 업데이트되지 않았다면 b_uptodate는 0이고 커널은 버퍼의 데이터를 공유하는 프로세스를 막는다. 우리가 앞에서 논의했던 것처럼 업데이트가 되지 않아서 발생하는 데이터의 불일치를 방지하기 위한 목적으로 읽기/쓰기에 상관 없이 공유하지 못하도록 하는 것이다. 커널은 블록 디바이스 데이터를 읽을 때, 이 값을 두 번 체크한다. 다음 코드를 보자.

```
//코드 경로:fs/buffer.c:
struct buffer_head * bread(int dev,int block)
{
        struct buffer_head * bh;
        if (!(bh=getblk(dev,block)))
            panic("bread: getblk returned NULL\n");
        if (bh->b_uptodate)   // 블록을 할당하고 업데이트가 되었는지 확인한 후
                              // 이 블록을 그대로 쓸지 결정한다.
            return bh;
        ll_rw_block(READ,bh);
        wait_on_buffer(bh);
        if (bh->b_uptodate)   // 하드디스크에서 데이터를 읽고 업데이트 여부를
                              // 다시 확인한 후 버퍼를 쓸 수 있는지 결정한다.
            return bh;
        brelse(bh);
        return NULL;
}
```

위 코드에서 getblk() 함수는 b_dev와 b_blocknr와 일치하는 버퍼를 찾는다. 찾은 버퍼는 동일한 디바이스 넘버와 블록 넘버를 가지고 있기 때문에 공유해서 사용할 수 있지만 b_uptodate를 통해서 이 값이 공유해도 되는 블록인지 확인해야 한다. 만약 b_uptodate가 0이면 찾은 버퍼를 사용할 수 없다.

다른 예를 보자. 디스크에 파일이 있을 때 디스크 데이터 블록과 새로 할당된 버퍼 블록은 연동된다. b_uptodata를 0으로 설정해서 버퍼 데이터가 아직 업데이트되지 못하고 공유될 수 없다고 표시한다. 코드는 다음과 같다.

```
//코드 경로:fs/buffer.c:
struct buffer_head * getblk(int dev,int block)
{
......
if (find_buffer(dev,block))
        goto repeat;
        bh->b_count=1;
        bh->b_dirt=0;
        bh->b_uptodate=0;   // 데이터가 버퍼로 로드되지 않아서 공유할 수 없다.
```

```
        remove_from_queues(bh);
        bh->b_dev=dev;
        bh->b_blocknr=block;
        insert_into_queues(bh);
        return bh;
}
```

위 코드는 섹션 7.1에서 소개를 했던 코드이다. 위 코드에서 새 버퍼가 만들어지면 사용할 준비를 하게 된다. 버퍼의 데이터와 하드디스크의 데이터는 초기에 동일하지 않다. 따라서 데이터를 사용하지 못하도록 b_uptodate 값을 0으로 설정한다.

7.4.2 b_dirt의 기능

b_uptodate를 1로 설정하면 커널은 프로세스가 버퍼 블록의 데이터를 공유해서 읽고 쓸 수 있도록 지원한다. 읽기 오퍼레이션은 버퍼 데이터를 수정하지 않지만 쓰기 오퍼레이션은 버퍼의 데이터를 수정한다. 블록 디바이스 파일에 데이터를 쓰거나 프로세스가 파일에 데이터를 쓰는 것과 같이 데이터가 변경되면 b_dirt를 1로 설정한다. 구체적인 코드는 다음과 같다.

```
//코드 경로:fs/blk_dev.c:
int block_write(int dev, long * pos, char * buf, int count)
        // 블록 디바이스에 데이터를 기록한다.
{
    ......
        offset = 0;
        *pos += chars;
        written += chars;
        count -= chars;
        while (chars-->0)
            *(p++) = get_fs_byte(buf++);
        bh->b_dirt = 1;   // b_dirt를 1로 변경한다.
        brelse(bh);
    ......
}

//코드 경로:fs/file_dev.c:
int file_write(struct m_inode * inode, struct file * filp, char * buf, int count)
// 파일에 데이터를 기록한다.
{
    ......
        c = pos % BLOCK_SIZE;
        p = c + bh->b_data;
        bh->b_dirt = 1;            // b_dirt를 1로 변경한다.
        c = BLOCK_SIZE-c;
        if (c > count-i) c = count-i;
        pos += c;
        if (pos > inode->i_size) {
            inode->i_size = pos;
```

```
                inode->i_dirt = 1;
        }
        i += c;
        while (c-->0)
            *(p++) = get_fs_byte(buf++);
    ......
}

//코드 경로:fs/namei.c:
static struct buffer_head * add_entry(struct m_inode * dir,
    const char * name, int namelen, struct dir_entry ** res_dir)
            // 디렉토리 엔트리를 디렉토리 파일에 추가한다.
{
    ......
        if (i*sizeof(struct dir_entry) >= dir->i_size) {
            de->inode=0;
            dir->i_size = (i+1)*sizeof(struct dir_entry);
            dir->i_dirt = 1;
            dir->i_ctime = CURRENT_TIME;
        }
        if (!de->inode) {
            dir->i_mtime = CURRENT_TIME;
            for (i=0; i < NAME_LEN ; i++)
                de->name[i]=(i<namelen)?get_fs_byte(name+i):0;
            bh->b_dirt = 1;
            *res_dir = de;
            return bh;
        }
    }
```

버퍼 데이터를 변경하면 b_uptodate를 0으로 다시 설정하고 커널이 버퍼를 공유하지 못하도록 강제해야 할까? 그림 7.10을 보자.

그림을 보면 버퍼의 데이터가 하드디스크 데이터 블록의 데이터로 업데이트되는 것을 알 수 있다. 그렇기 때문에 데이터의 일부가 변경되어도 수정되지 않은 부분은 하드디스크의 데이터와 일치한다. 나중에 데이터 블록을 동기화할 때, 프로세스의 모든 데이터를 하드디스크 블록으로 동기화할 것이다. 쓰레기 값이 동기화 된 것은 아니기 때문에 b_uptodate를 1로 유지해도 된다. 즉, 변경할 필요가 없다. 또 이 버퍼 블록의 데이터 는 읽기 혹은 쓰기를 하려는 다른 프로세스가 공유해서 쓸 수 있다. 데이터를 연속으로 쓰는 과정을 살펴보자 (그림 7.11).

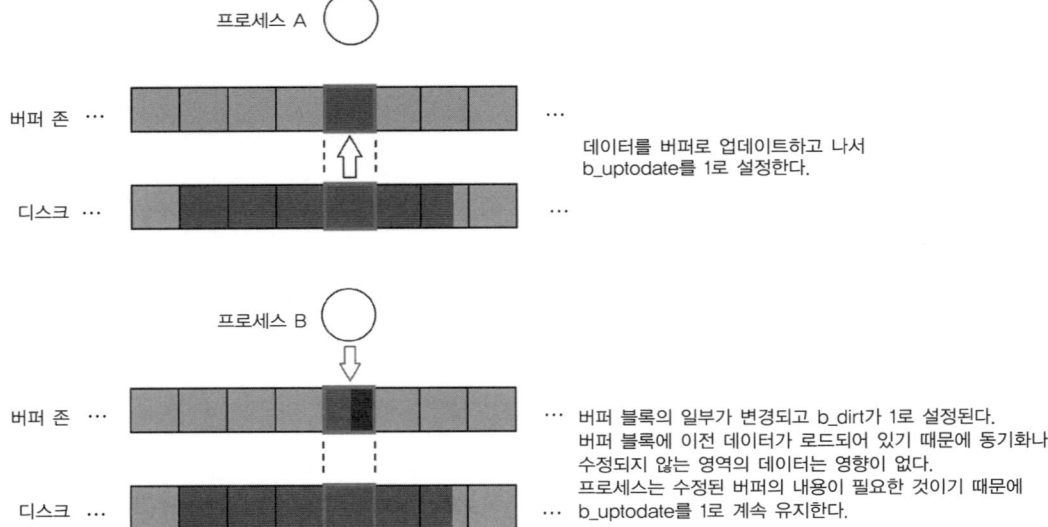

데이터를 버퍼로 업데이트하고 나서
b_uptodate를 1로 설정한다.

버퍼 블록의 일부가 변경되고 b_dirt가 1로 설정된다.
버퍼 블록에 이전 데이터가 로드되어 있기 때문에 동기화나
수정되지 않는 영역의 데이터는 영향이 없다.
프로세스는 수정된 버퍼의 내용이 필요한 것이기 때문에
b_uptodate를 1로 계속 유지한다.

그림 7.10 버퍼에 데이터 쓰기

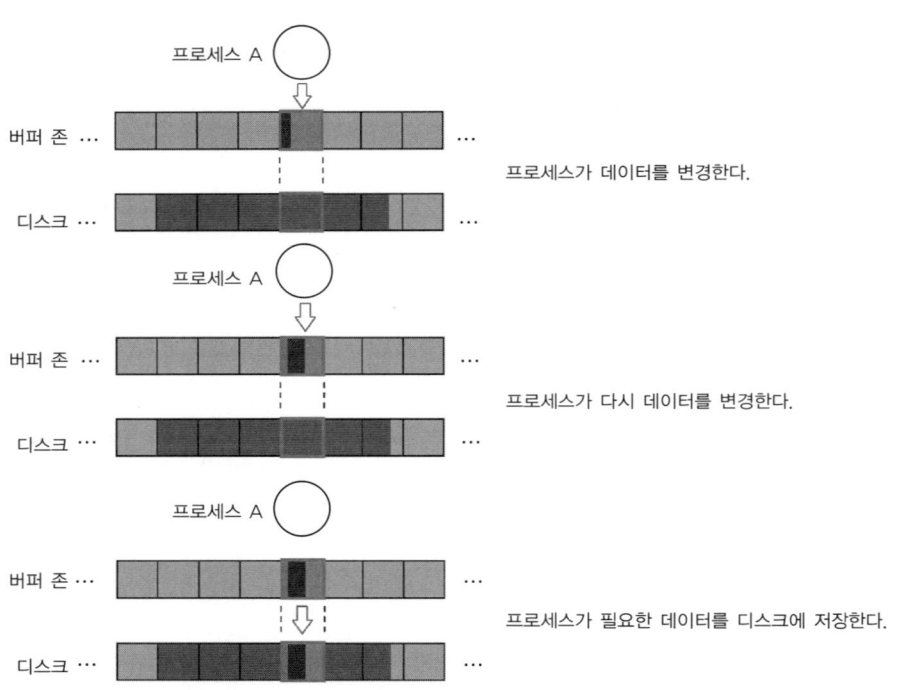

프로세스가 데이터를 변경한다.

프로세스가 다시 데이터를 변경한다.

프로세스가 필요한 데이터를 디스크에 저장한다.

그림 7.11 버퍼의 데이터를 연속으로 수정한다.

그와 유사하게 버퍼에 데이터를 연속적으로 기록해도 버퍼의 데이터는 변경된 내용들을 반영한다. 나중에 이렇게 수정된 데이터들은 자연스럽게 하드디스크 데이터 블록에 동기화될 것이다.

buffer_head의 두 변수는 프로세스를 위한 변수인 b_uptdate와 하드디스크를 위한 변수인 b_dirt를 모두 가지고 있다. request 구조체 역시 프로세스와 하드디스크를 위한 필드를 가지고 있다. 하드디스크의 동작에서 쓰기 오퍼레이션에 비해서 읽기 오퍼레이션을 좀 더 빨리 처리해야 한다. 이 때문에 두 오퍼레이션에 대해서 사용할 수 있는 request 개수가 다르다. 이와 관련된 코드는 다음과 같다.

```
//코드 경로:kernel/blk_drv/ll_rw_blk.c:
static void make_request(int major,int rw, struct buffer_head * bh)
{
    ......
    lock_buffer(bh);
    if ((rw == WRITE && !bh->b_dirt) || (rw == READ && bh->b_uptodate)) {
        unlock_buffer(bh);
        return;
    }
repeat:
    if (rw == READ)
        req = request+NR_REQUEST;        // 읽기 명령에는 전체 리퀘스트를 사용 가능
else
    req = request+((NR_REQUEST*2)/3);    // 쓰기 명령에는 3분의 2의 리퀘스트만
                                         // 사용 가능
    /* 사용하지 않는 리퀘스트를 찾는다. */
    while (--req >= request)
        if (req->dev<0)
            break;
    ......
}
```

위 코드를 보면 하드디스크의 요청을 담을 수 있는 request[32]에서 쓰기 명령은 최대 3분의 2 만큼만 쓸 수 있는 반면, 읽기 명령은 전체를 다 쓸 수 있다. 즉, 같은 조건에서 읽기 연산이 더 많이 실행되도록 한 것이다.

설명을 덧붙이자면 프로세스는 버퍼 블록에 b_uptodate가 1로 설정되어 있으면 데이터를 다른 프로세스들과 공유할 수 있다. 공유할 데이터 블록이 없으면 b_count가 0인 블록을 할당받아서 사용할 수 있다. 물론 이때 버퍼를 다른 데이터 블록에 바인딩시켜서 데이터 에러가 발생하지 않도록 해야 한다. 하지만 여기에 b_dirt가 1로 설정되어 있으면 상황이 달라진다. 버퍼의 데이터는 연결된 데이터 블록과 일치하지 않는 상황이기 때문에 동기화가 필요하다. 바로 동기화를 할 필요는 없지만 동기화 전에는 버퍼를 다른 목적으로 사용할 수 없다. 그렇지 않으면 버퍼가 가지고 있던 기존 데이터가 지워져서 하드디스크에는 변경 내용이 반영되지 않는 문제가 발생한다. 프로세스가 사용할 버퍼가 부족하면 버퍼의 동기화가 될 때까지 대기한다. 커널은 버퍼를 동기화한 후 b_dirt 필드를 0으로 설정해서 프로세스가 사용할 버퍼를 확보할 수 있도록 한다. 이와 관련된 소스 코드는 다음과 같다.

```
//코드 경로:kernel/blk_drv/ll_rw_blk.c:
static void add_request(struct blk_dev_struct * dev, struct request * req)
{
        struct request * tmp;

        req->next = NULL;
        cli();
        if (req->bh)
                req->bh->b_dirt = 0;       // 여기서 플래그를 0으로 설정한다.
        if (!(tmp = dev->current_request)) {
                dev->current_request = req;
                sti();
                (dev->request_fn)();
                return;
        }
        ......
}
```

7.4.3 i_update, i_dirt 그리고 s_dirt의 기능

파일 데이터의 정확성을 위해서 하는 작업들을 앞에서 살펴봤다. 버퍼 데이터와 하드디스크 데이터 블록의 정확성은 버퍼의 b_uptodate와 b_dirt 필드값을 이용해서 보장한다. inode_table[32]에 저장되는 i-node와 같은 파일 관리 정보(file management information)에도 비슷한 필드가 있다. 서로 다른 프로세스가 같은 파일을 사용할 때, 이 프로세스들은 같은 i-node를 공유하게 된다. 이런 경우를 위해서 i-node에는 i_update(리눅스 0.11에서는 이 필드는 사용하지 않는다)와 i_dirt 필드가 있다. 코드는 다음과 같다.

```
//코드 경로:include/linux/fs.h:
struct m_inode {
    unsigned short i_mode;
    unsigned short i_uid;
    unsigned long i_size;
    unsigned long i_mtime;
    unsigned char i_gid;
    unsigned char i_nlinks;
    unsigned short i_zone[9];
/* 아래 필드들은 메모리에도 존재한다. */
    struct task_struct * i_wait;
    unsigned long i_atime;
    unsigned long i_ctime;
    unsigned short i_dev;
    unsigned short i_num;
    unsigned short i_count;
    unsigned char i_lock;
    unsigned char i_dirt;
    unsigned char i_pipe;
    unsigned char i_mount;
    unsigned char i_seek;
```

```
    unsigned char i_update;
};
```

i_dirt 필드를 만든 이유는 쉽게 이해할 수 있다. 파일 사이즈가 변경되면 관리 구조체의 i_size 필드를 수정해야 한다. 그러면 inode_table[32]의 i-node가 하드디스크의 i-node와 일치하지 않는다. 따라서 동기화가 필요하다. i_node의 i_update 필드는 시스템에서 실제로 쓰이지는 않는다. 파일 관리 정보가 하드디스크에 저장될 때는 하드디스크 데이터 블록 형태로 저장되고, 버퍼로 로드될 때 역시 블록 형태로 로드되기 때문이다. 하드디스크 데이터가 버퍼로 로드되는 데이터와 형태가 같아서 기존의 버퍼 관리 구조체의 b_uptodate를 이용한다.

super_block[8]에서 super_block에도 공유 문제가 있다. 슈퍼 블록은 전체 파일 시스템 정보를 저장하고 있다. 이 정보는 멀티 프로세스가 파일 작업을 할 때 공유해서 사용된다. 이 데이터 구조체에는 s_dirt 필드가 있다. 코드는 다음과 같다.

```
//코드 경로:include/linux/fs.h:
struct super_block {
    unsigned short s_ninodes;
    unsigned short s_nzones;
    unsigned short s_imap_blocks;
    unsigned short s_zmap_blocks;
    unsigned short s_firstdatazone;
    unsigned short s_log_zone_size;
    unsigned long s_max_size;
    unsigned short s_magic;
/* 아래 필드들은 메모리에도 존재한다 */
    struct buffer_head * s_imap[8];
    struct buffer_head * s_zmap[8];
    unsigned short s_dev;
    struct m_inode * s_isup;
    struct m_inode * s_imount;
    unsigned long s_time;
    struct task_struct * s_wait;
    unsigned char s_lock;
    unsigned char s_rd_only;
    unsigned char s_dirt;
};
```

슈퍼 블록 구조체에 uptodate와 같은 필드가 없는 이유는 i_update가 i-node에서 사용되지 않는 것과 같은 이유다. 슈퍼 블록은 하드디스크의 데이터 블록과 같은 형태로 버퍼에 로드된다. 슈퍼 블록이 버퍼로 로딩된 이후에는 데이터를 관리하는 것과 동일하게 처리되기 때문에 관리 구조상 uptodate와 같은 관리 정보는 필요하지 않다. 슈퍼 블록의 데이터는 읽히기만 하기 때문에 s_dirt 필드는 사용되는 일이 없어 0으로 고정된다. 사실 리눅스 0.11에는 s_dirt에 대한 로직이 없다. 프로세스는 슈퍼 블록 정보를 공유하는 super_block[8]에서 슈퍼 블록 데이터를 읽기만 하기 때문이다.

7.5 count, lock, wait, request의 기능

데이터가 버퍼에 로드되고 나서 프로세스 쪽에서 쓰일 때 데이터 문제는 여전히 남아 있다. 이번 섹션에는 이 문제를 해결하기 위한 필드로 b_count, b_lock 그리고 *b_wait에 대해서 알아보도록 하겠다.

7.5.1 b_count의 기능

커널이 프로세스를 만들 때, 프로세스는 두 가지 중 하나다.

1) 프로세스가 다른 프로세스와 같은 버퍼를 공유하게 해서 컨트롤 필드의 모든 값들을 공유하거나 혹은

2) 프로세스를 위해서 다른 프로세스가 사용하지 않는 별도의 버퍼를 할당하고 컨트롤 필드를 설정하는 것이다.

프로세스는 위에서 이야기한 두 개 중에 하나를 결정하기 위해서 어떤 버퍼가 사용되고 있는지 사용 여부를 확인해야 한다. 어떤 버퍼들은 여러 프로세스가 공유할 수 있기 때문에 버퍼의 필드에 얼마나 많은 프로세스들이 공유되고 있는지 알 수 있도록 해야 한다. 이런 목적으로 쓰이는 필드가 b_count 필드다.

버퍼를 초기화할 때는 버퍼 블록을 사용하는 프로세스가 없기 때문에 b_count를 0으로 설정한다.

코드는 다음과 같다.

```
//코드 경로:fs/buffer.c
void buffer_init(long buffer_end)
{
        ......
        h->b_dev = 0;
        h->b_dirt = 0;
        h->b_count = 0; // 버퍼를 사용하는 프로세스가 없기 때문에 0으로 설정한다.
        h->b_lock = 0;
        h->b_uptodate = 0;
        h->b_wait = NULL;
        h->b_next = NULL;
        h->b_prev = NULL;
        h->b_data = (char *) b;
        h->b_prev_free = h-1;
        h->b_next_free = h+1;
......
}
```

새 버퍼 블록이 막 할당되었을 때는 어떤 프로세스도 사용하고 있지 않기 때문에 b_count는 0이다. 초기화 이후, 첫 번째 프로세스가 공유하면 b_count가 1이 된다.

```
//코드 경로:fs/buffer.c
struct buffer_head * getblk(int dev,int block)
{
    ......
    tmp = free_list;
do {
        if (tmp->b_count)    // 참조 카운트가 0이어야 한다.
            continue;
        if (!bh || BADNESS(tmp)<BADNESS(bh)) {   // 사용되지 않은 버퍼를 고른다.
            bh = tmp;
        if (!BADNESS(tmp))
            break;
        }
/* 적당한 블록을 찾을 때까지 반복한다. */
    } while ((tmp = tmp->b_next_free) != free_list);
    ......
    bh->b_count=1;     // 새 버퍼로, 현재 프로세스만 이 버퍼를 사용한다. 따라서
                       // b_count를 1로 설정한다.
    bh->b_dirt=0;
    bh->b_uptodate=0;
    remove_from_queues(bh);
    bh->b_dev=dev;
    bh->b_blocknr=block;
    insert_into_queues(bh);
    return bh;
}
```

버퍼는 나중에 다른 프로세스들이 공유해서 사용할 수 있다. 이렇게 공유가 되면 b_count의 값은 기존 값에서 차츰 증가하게 된다. 코드는 다음과 같다.

```
//코드 경로:fs/buffer.c
struct buffer_head * getblk(int dev,int block)
{
        struct buffer_head * tmp, * bh;
repeat:
        if (bh = get_hash_table(dev,block)) // 다른 프로세스와 공유할 수 있는 블록이
                                            // 있는지 해쉬 테이블에서 찾는다.
        return bh;
......
}

struct buffer_head * get_hash_table(int dev, int block)
{
        struct buffer_head * bh;

        for (;;) {
        if (!(bh=find_buffer(dev,block)))
            return NULL;
```

```
    bh->b_count++;        // 공유할 수 있는 버퍼를 찾으면 b_count를 증가시킨다.
    wait_on_buffer(bh);
    if (bh->b_dev == dev && bh->b_blocknr == block)
    return bh;
    bh->b_count--;
    }
}
```

프로세스가 파일을 다 읽고 나서 버퍼를 더 이상 사용할 필요가 없으면 커널은 프로세스와 버퍼 간의 바인딩(연결)을 해제한다. 즉, b_count 값을 1만큼 줄인다. 이런 식으로 모든 프로세스와 버퍼와의 연결이 해제되면 b_count는 0이 되고 이 버퍼는 다른 목적으로 할당될 수 있다. 코드는 다음과 같다.

```
//코드 경로:fs/file_dev.c
int file_read(struct m_inode * inode, struct file * filp, char * buf, int count)
{
    ......
        while (chars-->0)
            put_fs_byte(*(p++),buf++);
        brelse(bh);    // 참조 카운트를 줄인다.
    } else {
        while (chars-->0)
            put_fs_byte(0,buf++);
    ......
}

int file_write(struct m_inode * inode, struct file * filp, char * buf, int count)
{
    ......
        while (c-->0)
            *(p++) = get_fs_byte(buf++);
            brelse(bh);  // 참조 카운트를 줄인다.
    }
    inode->i_mtime = CURRENT_TIME;
    if (!(filp->f_flags & O_APPEND)) {
    filp->f_pos = pos;
    inode->i_ctime = CURRENT_TIME;
    }
    ......
}

//코드 경로:fs/buffer.c:
void brelse(struct buffer_head * buf)
{
    if (!buf)
        return;
    wait_on_buffer(buf);
        if (!(buf->b_count--))
```

```
    panic("Trying to free free buffer");
        wake_up(&buffer_wait);
}
```

여기서 한 가지 알아야 할 것은 버퍼가 프로세스와의 공유 관계를 모두 해제해서 b_count가 0이라고 해도 버퍼와 데이터 블록 간의 바인딩 관계가 완전히 끝난 것이 아니라는 점이다. 프로세스에서 같은 하드디스크 블록을 읽으려고 할 때 이 버퍼가 다시 쓰인다. 버퍼의 b_dev와 b_blocknr 값이 변경되지 않으면 프로세스는 같은 블록을 다시 사용할 수 있다.

7.5.2 i_count의 기능

프로세스와 버퍼 블록은 파일 데이터를 공유한다. 이런 파일 데이터를 관리하기 위해 버퍼의 b_count 뿐 아니라 비슷한 필드 값들, 예를 들면 파일 관리 정보에 "사용하지 않는 엔트리"를 찾기 위한 데이터 구조체와 "엔트리 재사용"을 위한 데이터 구조체 등이 필요하다. inode_table[32]가 이런 것들 중 하나다. 구체적인 코드는 다음과 같다.

```
//코드 경로:include/linux/fs.h:
struct m_inode {
        unsigned short i_mode;
        unsigned short i_uid;
        unsigned long i_size;
        unsigned long i_mtime;
        unsigned char i_gid;
        unsigned char i_nlinks;
        unsigned short i_zone[9];
/* 아래 필드들은 메모리에도 존재한다. */
        struct task_struct * i_wait;
        unsigned long i_atime;
        unsigned long i_ctime;
        unsigned short i_dev;
        unsigned short i_num;
        unsigned short i_count;
        unsigned char i_lock;
        unsigned char i_dirt;
        unsigned char i_pipe;
        unsigned char i_mount;
        unsigned char i_seek;
        unsigned char i_update;
};
```

inode_table[32]는 파일 관리 정보들을 담고 있다. (역주 : inode_table[32]는 m_inode 구조체 배열로 OS에서 가질 수 있는 i-node는 최대 32개다.) 프로세스는 버퍼 블록을 통해서 파일 데이터 블록을 참조한다. 결국 프로세스가 파일 작업을 하기 위해서는 inode_table[32]의 i-node 엔트리를 참조해서 사용할 수 밖에 없다. inode_table[32]도 공유해서 사용하게 된다. 따라서 inode_table[32]의 엔트리들이 얼마나 많은 프로세스들에 의해서 공유되고 있는지 알기 위해 i_count 필드가 필요하다. 프로세스가 i-node를 사용하지 않으면 i_count는 0이 되어 해당 엔트리는 사용하지 않는 것으로 인식된다. 이 사용하지 않는 엔트리는 다음과 같이 쓰인다. 예를 들어 어떤 프로세스가 지금까지 한 번도 사용하지 않던 파일을 오픈하려고 할 때 inode_table[]에서 사용하지 않은 엔트리가 없다고 해보자. 이때 i_count가 0인 사용하지 않는 엔트리를 찾는다. 이렇게 찾은 엔트리에 i-node를 로드한다.

하지만 super_block[8]은 앞에서 살펴본 inode_table[32]와는 다르다. 디바이스에는 하나의 슈퍼 블록만 있을 수 있고, 리눅스 시스템 전체적으로는 단 8개의 슈퍼 블록만 등록할 수 있다. 최대 등록 가능한 슈퍼 블록 개수는 고정 값이다. 슈퍼 블록의 이런 특징들을 보면 하나의 디바이스를 의미한다고 할 수 있다.

그래서 super_block[8]의 엔트리가 사용 중인지 아닌지는 크게 고려할 사항이 아니다. 많은 프로세스들이 같은 파일 시스템을 사용할 수 있기 때문에 같은 슈퍼 블록을 사용해야 한다. 다시 말해 참조 카운트를 저장하기 위한 count와 같은 필드는 불필요하다. 구체적인 코드는 다음과 같다.

```
//코드 경로:include/linux/fs.h:
struct super_block {
        unsigned short s_ninodes;
        unsigned short s_nzones;
        unsigned short s_imap_blocks;
        unsigned short s_zmap_blocks;
        unsigned short s_firstdatazone;
        unsigned short s_log_zone_size;
        unsigned long s_max_size;
        unsigned short s_magic;
/* 아래 필드들은 메모리에도 존재한다. */
        struct buffer_head * s_imap[8];
        struct buffer_head * s_zmap[8];
        unsigned short s_dev;
        struct m_inode * s_isup;
        struct m_inode * s_imount;
        unsigned long s_time;
        struct task_struct * s_wait;
        unsigned char s_lock;
        unsigned char s_rd_only;
        unsigned char s_dirt;
};
```

코드를 통해서 알 수 있는 것처럼 다른 블록 구조체에서 봤던 count와 같은 필드는 찾아볼 수 없다.

주목할 만한 점은 파일 관리 정보를 가지고 있는 구조체에 i-node와 슈퍼 블록 외에도 i-node 비트맵과 논리 블록 비트맵이 있다는 점이다. 마지막 두 타입은 전용 데이터 구조체를 가지고 있지 않다. 하지만 이것들도 공유해서 사용해야 한다. 리눅스는 이를 위해서 i-node 비트맵과 논리 블록 비트맵을 모두 로드해서 버퍼 블록에 저장해 둔다. 그리고 이 버퍼 블록들을 i-node 비트맵과 논리 블록 비트맵 전용으로 쓰도록 한다.

```c
//코드 경로:fs/super.c:
static struct super_block * read_super(int dev)
{
    ……
    for (i=0 ; i < s->s_imap_blocks ; i++)
        if (s->s_imap[i] = bread(dev,block)) // 버퍼 블록에 i-node 비트맵을 로드한다.
            block++;
        else
            break;
    for (i=0 ; i < s->s_zmap_blocks ; i++)    // 버퍼 블록에 논리 블록 비트맵을 로드한다.
        if (s->s_zmap[i] = bread(dev,block))
            block++;
        else
            break;
    if (block != 2+s->s_imap_blocks+s->s_zmap_blocks) { // 비정상이면 모두 해제한다.
        for(i=0;i<I_MAP_SLOTS;i++)
            brelse(s->s_imap[i]);
        for(i=0;i<Z_MAP_SLOTS;i++)
            brelse(s->s_zmap[i]);
        s->s_dev=0;
        free_super(s);
        return NULL;
    }
    s->s_imap[0]->b_data[0] |= 1;
    s->s_zmap[0]->b_data[0] |= 1;
    free_super(s);
    return s;
}


//코드 경로:fs/buffer.c:
struct buffer_head * bread(int dev,int block) // 디바이스 데이터 블록을 읽는다.
{
    struct buffer_head * bh;
    if (!(bh=getblk(dev,block)))  // 디바이스 넘버와 블록 넘버를 이용해서
                                  // 사용할 데이터 블록을 찾는다.
        panic("bread: getblk returned NULL\n");
    if (bh->b_uptodate)
        return bh;
    ……
}
```

```
struct buffer_head * getblk(int dev,int block)
{
    ......
    if (find_buffer(dev,block))
        goto repeat;
    bh->b_count=1;   // 참조 카운트를 1로 설정한다.
    bh->b_dirt=0;
    bh->b_uptodate = 0
    ......
}
```

코드에서 알 수 있는 것처럼 i-node 비트맵과 논리 블록 비트맵은 한번 버퍼 블록에 로드되면 버퍼 블록의 b_count를 1로 설정해서 블록이 해제되지 않도록 설정한다. 따라서 버퍼 블록의 참조 카운트가 0이 될 수 없다. 결과적으로 이 버퍼 블록은 다른 용도로 사용될 수 없다. 즉, 이런 버퍼 블록들은 i-node 비트맵과 논리 블록 비트맵의 전용 버퍼 블록이 된다.

7.5.3 b_lock과 *b_wait의 기능

커널이 프로세스에 새 버퍼 블록을 할당하려고 할 때, b_count가 0인 버퍼 블록들을 동기화시킨다. 이때가 버퍼 블록이 하드디스크와 동기화할 적기이기 때문이다. 이를 위해서 buffer_head에 b_lock 필드가 있는 것이다. 이 필드가 1로 설정되면 버퍼 블록이 하드디스크와 동기화하고 있다는 뜻이다. 커널은 하드디스크와 데이터 교환이 끝날 때까지 버퍼 블록과 관련된 오퍼레이션을 하지 못하도록 프로세스를 대기시킨다. 프로세스는 b_lock 필드가 0이 되고 나서야 대기 상태에서 빠져 나온다.

프로세스가 가지고 있는 버퍼 블록의 b_lock 필드가 1로 설정되었다고 해보자. 그럼 프로세스가 이미 필요한 버퍼 블록을 가지고 있다고 해도 중지되어야 한다. 버퍼 블록의 락이 풀린 이후에나 버퍼를 사용할 수 있다. 버퍼 블록이 락이 되어 있으면 버퍼를 사용하는 프로세스가 무엇이든 프로세스는 버퍼를 사용할 수 없다. 이 프로세스들 모두 서스펜드되고 다른 프로세스로 프로세스 전환이 된다. 이럴 때 리눅스는 어떤 프로세스가 대기하고 있는지 기록하고 있어야 한다. *b_wait 필드가 이런 목적으로 사용된다. *b_wait 필드는 대기 프로세스를 저장하는 대기 큐로 사용된다.

b_lock와 *b_wait 두 필드는 조합해서 사용된다. 구체적인 코드는 다음과 같다. 버퍼 블록을 초기화할 때 b_lock은 0으로 설정되어 있고 *b_wait는 null로 설정된다.

```
//코드 경로:fs/buffer.c
void buffer_init(long buffer_end)
{
        ......
        h->b_dev = 0;
    h->b_dirt = 0;
    h->b_count = 0;
    h->b_lock = 0;
    h->b_uptodate = 0;
```

```
    h->b_wait = NULL;
    h->b_next = NULL;
    h->b_prev = NULL;
    h->b_data = (char *) b;
    h->b_prev_free = h-1;
    h->b_next_free = h+1;
......
  }
```

버퍼 블록이 새로 할당되고 나면 디스크에 데이터를 요청하는 작업을 시작하기 전에 버퍼 블록의 b_block 필드를 1로 설정해서 락을 걸어 두어야 한다. 관리 코드는 다음과 같다.

```
//코드 경로:kernle/blk_drv/ll_rw_block.c:
static void make_request(int major,int rw, struct buffer_head * bh)
{
    ......
    if (rw!=READ && rw!=WRITE)
        panic("Bad block dev command, must be R/W/RA/WA");
        lock_buffer(bh);
    if ((rw == WRITE && !bh->b_dirt) || (rw == READ && bh->b_uptodate)) {
        unlock_buffer(bh);
        return;
    }
    ......
}

static inline void lock_buffer(struct buffer_head * bh)
{
        cli();
        while (bh->b_lock)          // 버퍼 블록이 이미 락이 걸려 있으면 대기 상태로 만든다.
            sleep_on(&bh->b_wait);
        bh->b_lock=1;              // 버퍼에 락을 건다.
        sti();
}
```

하드디스크의 데이터를 가져오기 전에 lock_buffer() 함수가 버퍼 블록에 락이 걸렸는지 확인을 하게 된다. 만약 락이 걸려 있으면 다른 프로세스가 버퍼 블록을 사용하고 있을 가능성이 있다. 혹은 하드디스크와 데이터를 교환하고 있을 수도 있다. 따라서 우리는 sleep_on() 함수를 호출해서 프로세스를 중지시키고 다른 프로세스가 실행되도록 스위칭시킨다. 나중에 버퍼 블록을 사용할 수 있게 되면 버퍼 블록을 락시켜서 다른 프로세스가 사용하지 못하도록 한다.

b_lock과 *b_wait의 조합이 앞에서 살펴본 경우에만 사용되는 것은 아니다. 버퍼 블록 상태를 알아야 하는 모든 상황에 쓰인다. 가령 하드디스크에 데이터를 요청하고 버퍼가 채워질 때까지 대기하는 경우에도 쓰인다. 구체적인 코드는 다음과 같다.

```
//코드 경로:fs/buffer.c
struct buffer_head * bread(int dev,int block)
{
        struct buffer_head * bh;

        if (!(bh=getblk(dev,block)))
            panic("bread: getblk returned NULL\n");
        if (bh->b_uptodate)
            return bh;
        ll_rw_block(READ,bh);
        wait_on_buffer(bh);     // 프로세스는 버퍼 블록의 락이 풀리기를 기다린다.
                                // 락이 풀렸다는 것은 버퍼 블록에 데이터가 들어왔다는 것이다.
        if (bh->b_uptodate)
            return bh;
        brelse(bh);
        return NULL;
}



static inline void wait_on_buffer(struct buffer_head * bh)
{
        cli();
        while (bh->b_lock)              // 버퍼 블록이 이미 락이 걸려 있으면 대기 상태로 만든다.
            sleep_on(&bh->b_wait);
        sti();
}
```

버퍼에 락을 걸고 프로세스를 중지시킬 때 이 필드들을 조합해서 사용한다. 또 버퍼 블록을 언락하고 프로세스를 깨우는 데도 사용한다. 구체적인 코드는 다음과 같다.

```
//코드 경로:kernel/blk_drv/ll_rw_block.c:
static void make_request(int major,int rw, struct buffer_head * bh)
{
    ......
        lock_buffer(bh);
        if ((rw == WRITE && !bh->b_dirt) || (rw == READ && bh->b_uptodate)) {
        unlock_buffer(bh);    // 버퍼 블록에 락을 해제하고 프로세스를 깨운다.
        return;
    }
        repeat:
        if (rw == READ)
        req = request+NR_REQUEST;
    ......
}



static inline void unlock_buffer(struct buffer_head * bh)
{
```

```
    if (!bh->b_lock)
        printk(DEVICE_NAME ": free buffer being unlocked\n");
    bh->b_lock=0;              // 락 해제
    wake_up(&bh->b_wait);  // 대기 큐에서 프로세스를 깨운다.
}
```

하드디스크와의 데이터 동기화가 끝나면 인터럽트 서비스 루틴이 실행된다. 그리고 여기서 버퍼 블록을 언락시킨다. 그리고 나서 버퍼의 대기 큐에 있는 프로세서들을 깨운다. 구체적인 코드는 다음과 같다.

```
//코드 경로:kernel/blk_drv/blk.h:
extern inline void end_request(int uptodate) // 하드디스크 명령이 완료되고 나서
                                              // 후속 조치를 한다.
{
    DEVICE_OFF(CURRENT->dev);
    if (CURRENT->bh) {
        CURRENT->bh->b_uptodate = uptodate;
    unlock_buffer(CURRENT->bh);      // 버퍼 블록의 락을 해제하고 프로세스들을 깨운다.
        }
if (!uptodate) {
        printk(DEVICE_NAME " I/O error\n\r");
        printk("dev %04x, block %d\n\r",CURRENT->dev,
            CURRENT->bh->b_blocknr);
    }
    ......
}


static inline void unlock_buffer(struct buffer_head * bh)
{
    if (!bh->b_lock)
        printk(DEVICE_NAME ": free buffer being unlocked\n");
    bh->b_lock=0;                  // 락 해제
    wake_up(&bh->b_wait);      // 대기 큐의 프로세스를 깨운다.
}
```

7.5.4 i_lock, i_wait, s_lock 그리고 *s_wait의 기능

우리가 파일 데이터를 공유하려고 할 때, 버퍼 블록의 b_lock과 *b_wait 필드들이 쓰이는 것을 이전 섹션에서 알아보았다. 파일의 관리 정보들 역시 파일 데이터와 마찬가지로 공유되어야 한다. 그래서 파일 관리 정보들을 다루는 데이터 구조체들, 예를 들면 inode_table[32]와 super_block[8]과 같은 구조체에도 버퍼 블록의 b_block, *b_wait과 비슷한 필드들이 있다. 실제 코드를 보자.

```
//코드 경로:include/linux/fs.h:
struct m_inode {
        unsigned short i_mode;
        unsigned short i_uid;
        unsigned long i_size;
        unsigned long i_mtime;
        unsigned char i_gid;
        unsigned char i_nlinks;
        unsigned short i_zone[9];
/* 메모리에만 있는 데이터들 */
        struct task_struct * i_wait;
        unsigned long i_atime;
        unsigned long i_ctime;
        unsigned short i_dev;
        unsigned short i_num;
        unsigned short i_count;
        unsigned char i_lock;
        unsigned char i_dirt;
        unsigned char i_pipe;
        unsigned char i_mount;
        unsigned char i_seek;
        unsigned char i_update;
};


struct super_block {
        unsigned short s_ninodes;
        unsigned short s_nzones;
        unsigned short s_imap_blocks;
        unsigned short s_zmap_blocks;
        unsigned short s_firstdatazone;
        unsigned short s_log_zone_size;
        unsigned long s_max_size;
        unsigned short s_magic;
/* 메모리에만 있는 데이터들 */
        struct buffer_head * s_imap[8];
        struct buffer_head * s_zmap[8];
        unsigned short s_dev;
        struct m_inode * s_isup;
        struct m_inode * s_imount;
        unsigned long s_time;
        struct task_struct * s_wait;
        unsigned char s_lock;
        unsigned char s_rd_only;
        unsigned char s_dirt;
};
```

lock과 wait 같은 필드들은 파일 관리를 위한 데이터 구조체에 포함된 것을 코드에서 확인할 수 있다. 이 필드들은 독립적으로 사용되지 않고 함께 사용된다. 이 정보들은 파일 정보의 공유를 위해서 사용된다. inode_table[32]의 i_lock과 i_wait가 어떻게 같이 쓰이는지 다음 코드를 통해서 확인할 수 있다.

```
//코드 경로:fs/inode.c:
static void read_inode(struct m_inode * inode)
{
      ……
      lock_inode(inode);     // i-node에 락을 건다.
      if (!(sb=get_super(inode->i_dev)))
            panic("trying to read inode without dev");
      ……
      *(struct d_inode *)inode =
            ((struct d_inode *)bh->b_data)
                  [(inode->i_num-1)%INODES_PER_BLOCK];
      brelse(bh);
      unlock_inode(inode);   // i-node 락을 해제한다.
}


static void write_inode(struct m_inode * inode)
{
      ……
      lock_inode(inode);     // i-node에 락을 건다.

      if (!inode->i_dirt || !inode->i_dev) {
          unlock_inode(inode);
          return;
      }
      ……
      bh->b_dirt=1;
      inode->i_dirt=0;
      brelse(bh);
      unlock_inode(inode);   // i-node 락을 해제한다.
}


static inline void lock_inode(struct m_inode * inode)
{
      cli();
      while (inode->i_lock)             // 락이 걸려 있으면
      sleep_on(&inode->i_wait);         // 프로세스를 대기 상태로 만들어 대기한다.
      inode->i_lock=1;                  // i-node에 락을 건다.
      sti();
}
```

```
static inline void unlock_inode(struct m_inode * inode)
{
        inode->i_lock=0;              // i-node 락을 해제한다.
        wake_up(&inode->i_wait);      // i-node 대기 큐에 있는 프로세스를 깨운다.
for i-node to be unlocked
}
```

super_block[8]에 있는 s_lock과 *s_wait는 다음 코드와 같이 사용된다.

```
//코드 경로:fs/inode.c:
static struct super_block * read_super(int dev)     // 슈퍼 블록을 읽는다.
{
        ......
        s->s_time = 0;
        s->s_rd_only = 0;
        s->s_dirt = 0;
        lock_super(s);                               // 슈퍼 블록에 락을 건다.
        if (!(bh = bread(dev,1))) {
        s->s_dev=0;
        free_super(s);
        return NULL;
        }
        ......
        s->s_imap[0]->b_data[0] |= 1;
        s->s_zmap[0]->b_data[0] |= 1;
        free_super(s);                               // 슈퍼 블록에 락을 해제한다.
return s;
}

void put_super(int dev)                              // 슈퍼 블록을 해제한다.
{
        ......
        if (sb->s_imount) {
        printk("Mounted disk changed - tssk, tssk\n\r");
        return;
        }
        lock_super(s);                               // 슈퍼 블록에 락을 건다.
        sb->s_dev = 0;
        for(i=0;i<I_MAP_SLOTS;i++)
        brelse(sb->s_imap[i]);
        for(i=0;i<Z_MAP_SLOTS;i++)
        brelse(sb->s_zmap[i]);
        free_super(s);                               // 슈퍼 블록에 락을 해제한다.
        return;
......
}
```

```
static void lock_super(struct super_block * sb)
{
        cli();
        while (sb->s_lock)           // 슈퍼 블록에 락이 걸렸는지 확인해서
            sleep_on(&(sb->s_wait));  // 락이 걸려 있으면 대기 상태로 만든다.
        sb->s_lock = 1;              // 슈퍼 블록에 락을 건다.
        sti();
}


static void free_super(struct super_block * sb)
{
        cli();
        sb->s_lock = 0;              // 슈퍼 블록에 락을 해제한다.
        wake_up(&(sb->s_wait));      // 대기하고 있던 프로세스를 깨운다.
        sti();
}
```

7.5.5 request의 기능

버퍼 블록, i-node 그리고 슈퍼 블록의 필드들은 프로세스들 간의 버퍼 블록을 공유하는 데 쓰인다. 그리고 이 정보들을 이용해서 버퍼 블록이 공유될 수 있는지 아닌지를 알 수도 있다. 이번 섹션에서는 버퍼 블록을 좀 더 효율적으로 공유할 수 있는지 알아볼 것이다.

우리는 지금까지 프로세스가 버퍼 블록을 사용할 때의 문제를 집중적으로 알아봤다. 이번 섹션은 버퍼가 사용되는 반대쪽, 즉 하드디스크와 관련된 버퍼 블록에 대한 문제들을 살펴보려고 한다. 먼저 request 데이터 구조체를 살펴보자.

```
//코드 경로:kernel/blk_drv/Blk.h:
struct request {
    int dev;           /* -1은 쓰지 않고 있다는 것을 뜻함 */
    int cmd;           /* READ 혹은 WRITE */
    int errors;
    unsigned long sector;
    unsigned long nr_sectors;
    char * buffer;
    struct task_struct * waiting;
    struct buffer_head * bh;
struct request * next;
};
```

request 구조체는 하드디스크에게 명령을 보내고 데이터를 받는 데 쓰인다. 구조체 내의 cmd 필드는 하드디스크를 읽을지 혹은 쓸지를 결정한다. 또 어떤 버퍼 블록과 연결이 되어 있는지 표시하기 위해서 *bh와 *buffer 필드를 만들었다. 하드디스크 내의 데이터 블록과 섹터를 맵핑하기 위해서 sector와 nr_sector 필드를 디자인했다. 그리고 하드디스크와의 통신에 에러가 발생했을 때 어떻게 할지도 고려해야 하는데 이때를

위해서 errors 필드를 통해서 몇 번이나 문제가 발생했는지 추적한다. 이런 모든 필드들은 하드디스크와의 통신을 위해서 디자인된 것들이다.

트랜잭션(transaction, 여기서는 하드디스크와 데이터 블록을 주고 받는 한 주기를 의미한다)은 전적으로 버퍼 블록과 데이터 블록이 1:1로 정보를 주고 받는 것에 대한 것이다. 그래서 여기는 공유 문제를 생각하지 않아도 된다. 이 때문에 request 구조체에 b_count와 같은 필드가 없는 것이다. request에는 두 가지의 상태만 있을 수 있다. 사용 중이거나 아니거나이다. 구조체에 dev 필드는 디바이스 넘버를 의미하기도 하지만 request 구조체가 사용 중인지 아닌지도 표시한다. 코드는 다음과 같다.

```
//코드 경로:kernel/blk_drv/ll_rw_block.c:
void blk_dev_init(void)
{
    int i;
    for (i=0 ; i<NR_REQUEST ; i++) {
        request[i].dev = -1;    // request 구조체를 사용하지 않는다는 것을 표시하기
                                // 위해서 -1로 초기화한다.
        request[i].next = NULL;
    }
}


static void make_request(int major,int rw, struct buffer_head * bh)
{
    ......
    /* 사용하지 않는 리퀘스트를 찾는다. */
    while (--req >= request)        // 사용하지 않는 request 구조체를 찾는다.
        if (req->dev<0)             // 음수 즉, -1로 표시된 request를 찾는다.
        break;
        ......
        req->dev = bh->b_dev;             // dev는 디바이스 넘버로 음수가 될 수 없다.
        req->cmd = rw;
        req->errors=0;
        req->sector = bh->b_blocknr<<1;
        req->nr_sectors = 2;
        req->buffer = bh->b_data;
        req->waiting = NULL;
        req->bh = bh;
        req->next = NULL;
        add_request(major+blk_dev,req);
}

//코드 경로:kernel/blk_drv/blk.h:
extern inline void end_request(int uptodate)
{
    ......
    wake_up(&CURRENT->waiting);
    wake_up(&wait_for_request);
```

```
        CURRENT->dev = -1;          // 모든 임무를 완료하면 -1로 설정해서 사용하지 않는 상태를
                                    // 표시한다.

        CURRENT = CURRENT->next;
}
```

또 한 가지 여기서 주목해야 할 것은 리눅스의 request 구조체는 호스트(CPU측)와 하드디스크(주변기기측) 간에 데이터 교환이 최대한 균형(balance of data interaction)을 맞추도록 설계되었다는 점이다. 여기서 말하는 균형은 절대적이지는 않다. 예를 들어 쓰기 연산이 너무 자주 일어나거나 하드디스크에서 데이터 교환 중에 에러가 발생하면 처리해야 하는 request에 쌓이게 된다. 이렇게 되면 결국에는 하드디스크에 요청하기 위한 여분의 request가 부족해진다. 그래서 커널이 할당할 수 있는 버퍼 블록이 많이 있더라도 프로세스는 사용할 수 있는 request가 부족해서 서스펜드될 수 밖에 없다. 이때 request의 *waiting 필드는 대기중인 프로세스들이 큐를 형성하는 데 사용된다. 이와 관련된 코드는 다음과 같다.

```
//코드 경로:kernel/blk_drv/ll_rw_block.c:
static void make_request(int major,int rw, struct buffer_head * bh)
{
    ……
        if (req < request) {           // 사용할 수 있는 여분의 request 아이템이 없을 때
            if (rw_ahead) {
            unlock_buffer(bh);
            return;
        }
        sleep_on(&wait_for_request);   // 프로세스가 대기 상태가 된다.
        goto repeat;
    }
}
```

사용 가능한 request가 생기면 큐에 있던 프로세스가 깨어난다. 다음 코드를 보자.

```
//코드 경로:kernel/blk_drv/blk.h:
extern inline void end_request(int uptodate)
{
    ……
    wake_up(&CURRENT->waiting);
    wake_up(&wait_for_request);              // request 구조체가 필요한 프로세스를 깨운다.
    CURRENT->dev = -1;
    CURRENT = CURRENT->next;
}
```

하나 이상의 프로세스가 request를 사용하고자 하면 다수의 프로세스 목록을 request에서 저장할 수 있어야 한다. 이것이 프로세스 대기 큐가 필요한 이유다. 버퍼 블록의 *b_wait 필드를 통해서 버퍼 블록을 대기하

는 프로세스들을 큐로 기록할 수 있다고 앞에서 설명했다. 프로세스 대기 큐 기술은 하나 이상의 프로세스를 기록하는 필수 기술이다.

7.6 예제 1: 버퍼 블록의 프로세스 대기 큐

이번 섹션에서는 다수의 프로세스들이 한 파일을 동시에 사용하려고 하는 케이스를 가지고 설명하려 한다. 우리는 이 예제를 통해서 파일 공유 문제를 알아보고 해결 방법으로 사용한 대기 큐의 원리를 설명할 것이다.

하드디스크에 hello.txt 파일이 있고 파일 크기는 700B이다(한 데이터 블록보다 크기가 작다). 버퍼 블록은 파일이 로드될 때 파일의 데이터를 저장한다. 한 파일을 오픈해서 작업하는 세 개의 프로세스가 실행되면 파일을 로드한 버퍼 블록을 세 프로세스가 공유해서 사용한다. 여러 프로세스가 같은 파일을 사용하려 할 때 발생하는 문제 때문에 프로세스 대기 큐가 생겨났다. 이번 섹션은 큐를 만드는 절차에 대해서 자세히 살펴보고 큐에서 프로세스를 깨우는 방법에 대해서도 알아볼 예정이다.

이번 섹션 예제를 먼저 알아보자.

프로세스 A는 디스크를 읽는다. hello.txt 파일의 100바이트를 읽어서 buffer[100]에 저장한다. 구체적인 코드는 다음과 같다.

```c
void FuncA();
void main()
{
    ......
    FuncA();
    ......
}

void FuncA()
{
    char buffer[100];
    int i,j;
    // 파일 열기
    int fd = open("/mnt/user/user1/user2/hello.txt", O_RDWR, 0644);
    // 파일 읽기
    read(fd, buffer, sizeof(buffer));
    // 파일 닫기
    close(fd);
    for(i=0; i<1000000; i++) { // 잠시 멈춤
        for(j=0; j<1000000; j++)
        {
            ;
        }
    }
    return;
}
```

프로세스 B 역시 디스크를 읽는다. 프로세스 B의 목적은 hello.txt 파일에서 200바이트를 읽어서 buffer[200]에 저장하는 것이다. 구체적인 코드는 다음과 같다.

```
void FuncB();
void main()
{
    ......
    FuncB();
    ......
}

void FuncB()
{
    char buffer[200];
    int i,j;
    // 파일 열기
    int fd = open("/mnt/user/user1/user2/hello.txt", O_RDWR, 0644);
    // 파일 읽기
    read(fd, buffer, sizeof(buffer));
    // 파일 닫기
    close(fd);
    for(i=0; i<1000000; i++) { // 잠시 대기
        for(j=0; j<1000000; j++)
        {
            ;
        }
    }
    return;
}
```

프로세스 C는 디스크에 데이터를 기록하는 작업을 한다. 이 프로세스는 str1[]의 "ABCDE" 문자열을 hello.txt 파일에 쓴다. 코드는 다음과 같다.

```
void FuncC();
void main()
{
    ......
    FuncC();
    ......
}

void FuncC()
{
    char str1[] = "ABCDE";
    int i,j;
    // 파일 열기
```

```
    int fd = open("/mnt/user/user1/user2/hello.txt", O_RDWR, 0644);
    // 파일에 쓰기
    write(fd, str1, strlen(str1));
    // 파일 닫기
    close(fd);
    for(i=0; i<1000000; i++) { // 잠시 대기
        for(j=0; j<1000000; j++){
            ;
        }
    }
    return;
}
```

이 세 프로세스의 실행 순서는 프로세스 A가 먼저이고, 프로세스 B가 두 번째, 프로세스 C가 마지막이다. 이 세 프로세스는 부모-자식 관계로 얽혀 있지 않다.

구체적인 실행 과정을 보면 다음과 같다.

프로세스 A는 파일을 다 읽고 서스펜드된다. 프로세스 A가 시작되고 "int fd = open ("/mnt/user/user1/user2/hello.txt", O_RDWR, 0644)" 명령을 실행한다. open() 함수는 sys_open() 함수로 실행된다. sys_open() 함수는 챕터 5에서 소개했다. 구체적인 코드는 다음과 같다.

```
//코드 경로:fs/open.c:
int sys_open(const char * filename,int flag,int mode)
{
    ......
    (current->filp[fd]=f)->f_count++;        // 프로세스 A의 *filp[20]를
                                             // file_table[64]의 한 아이템과 연결하고
                                             // 참조 카운트를 하나 올린다.
    ......
    if ((i = open_namei(filename,flag,mode,&inode))<0) {
                    // hello.txt 파일에 대한 i-node를 구한다.
    ......
    f->f_mode = inode->i_mode;        // i-node의 속성을 이용해서 파일의 속성을 설정한다.
    f->f_flags = flag;                // flag 값으로 파일의 플래그를 설정한다.
    f->f_count = 1;                   // 파일 참조 카운트를 1로 설정한다.
    f->f_inode = inode;               // i-node와 파일을 연결한다.
    f->f_pos = 0;                     // 파일의 읽기/쓰기 위치
    return (fd);                      // 파일 핸들 반환한다.
}
```

실행과정은 그림 7.12과 같다.

그리고 나면 "read(fd, buffer, sizeof (buffer))"가 실행된다. read() 함수는 내부적으로 sys_read()가 실행되고 sys_read() 함수는 file_read() 함수를 실행시켜서 파일의 데이터를 읽는다. file_read() 함수는 bread()를 호출해서 하드디스크에서 데이터를 읽는다. 구체적인 코드는 다음과 같다.

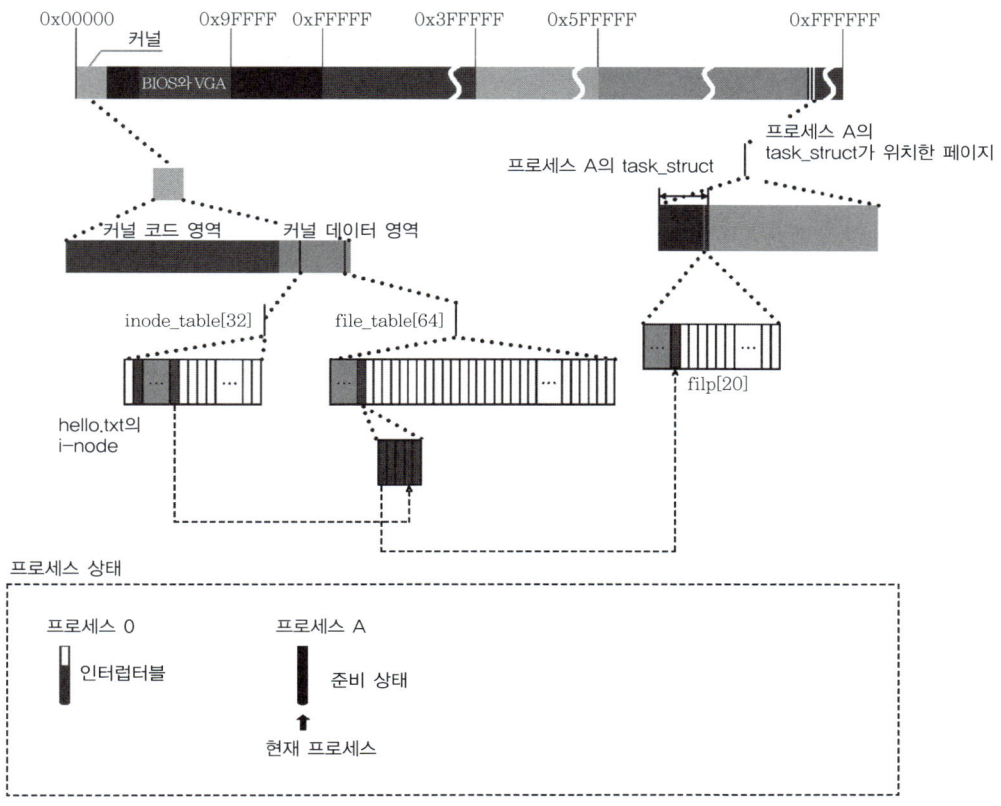

그림 7.12 시스템은 프로세스 A를 대신해서 hello.txt 파일을 오픈한다.

```
//코드 경로:fs/read_write.c:
int sys_read(unsigned int fd,char * buf,int count)
        // hello.txt 파일에서 데이터를 읽는다. fd는 파일 핸들이고 buf는 유저 공간의
        // 포인터를 의미한다. 그리고 count는 읽으려는 바이트 수를 나타낸다.
{
    if (S_ISDIR(inode->i_mode) || S_ISREG(inode->i_mode)) {
        if (count+file->f_pos > inode->i_size)
            count = inode->i_size - file->f_pos;
        if (count<=0)
            return 0;
        return file_read(inode,file,buf,count); // 프로세스의 데이터를 읽는다.
    }
    printk("(Read)inode->i_mode=%06o\n\r",inode->i_mode);
    return -EINVAL;
}


//코드 경로:fs/file_dev.c:
int file_read(struct m_inode * inode, struct file * filp, char * buf, int count)
{
    ......
```

```
    if (nr = bmap(inode,(filp->f_pos)/BLOCK_SIZE)) {
        if (!(bh=bread(inode->i_dev,nr))) // 하드디스크에서 데이터를 읽는다.
                                                                 //

            break;
        } else
            bh = NULL;
    ......
}
```

bread() 함수 내부의 실행 과정은 섹션 3.3.1에서 상세히 소개한 바 있다. 코드는 다음과 같다.

```
//코드 경로:fs/buffer.c:
struct buffer_head * bread(int dev,int block) // 하드디스크에서 데이터를 읽는다.
{
    ......
    if (!(bh=getblk(dev,block)))   // 사용하지 않는 버퍼 블록을 할당받는다.
    ll_rw_block(READ,bh);          // 버퍼 블록에 락을 걸고 request 아이템과 바인딩을
                                   // 걸고 하드디스크에 데이터 읽기 명령을 보낸다.

    wait_on_buffer(bh);            // 프로세스를 중지시키고 하드디스크에 보낸 명령이 다 실행되고
                                   // 락이 풀릴 때까지 대기한다.

    if (bh->b_uptodate)
            return bh;
    ......
}
```

프로세스 A는 wait_on_buffer() 함수를 통해서 대기 상태가 된다. 코드는 다음과 같다.

```
//코드 경로:fs/buffer.c:
static inline void wait_on_buffer(struct buffer_head * bh)
    // 버퍼 블록의 락이 풀릴 때까지 기다린다.
{
        cli();                     // 인터럽트 발생 중지
        while (bh->b_lock)         // 버퍼에 락이 걸렸는지 검사한다.
        sleep_on(&bh->b_wait);     // 락이 걸려 있으면 프로세스 A가 대기 상태가 되도록
                                   // 해서 다른 프로세스에게 스위칭되도록 한다.
        sti();                     // 인터럽트 발생 허용
}
```

ll_rw_block() 함수가 실행되면 내부에서 버퍼 블록에 락을 건다(섹션 3.3.1.3에서 상세히 설명했던 내용이다). bh->b_lock의 값이 참이면 sleep_on() 함수가 호출된다. 이때 사용되는 파라미터는 &bh->b_wait로 bh->b_wait는 버퍼 블록을 사용하기 위해서 대기 중인 프로세스의 포인터 값이다. 시스템이 초기화될 때 모든 버퍼 블록의 b_wait는 NULL로 설정된다(섹션 2.10에서 설명한 것처럼). 그리고 이렇게 대기 중인 프로세스가 있는 버퍼 블록은 다른 프로세스에 재할당되지 않는다. 현재 설명하고 있는 예제에서는 bh->b_wait의

값은 NULL이다. 다음으로 프로세스는 sleep_on() 함수로 들어간다.

```
//코드 경로:kernel/sched.c:
void sleep_on(struct task_struct **p)
{
    struct task_struct *tmp;
    if (!p)
        return;
    if (current == &(init_task.task))
        panic("task[0] trying to sleep");
    tmp = *p;                          // 현재 예제에서는 tmp는 NULL이다.
    *p = current;                      // *p는 현재 프로세스인 프로세스 A이다.
    current->state = TASK_UNINTERRUPTIBLE;
                                       // 프로세스 A를 언인터럽터블로 설정한다.
    schedule();                        // 다른 프로세스가 실행할 수 있도록 스위칭시킨다.
    if (tmp)
        tmp->state=0;
}
```

sleep_on() 함수의 파라미터를 통해서 변수 *p가 bh->b_wait를 가리키고 있다는 것을 알 수 있다. sleep_on() 함수를 통해서 *p에 프로세스 A의 task_struct 포인터가 저장된다. 즉, 프로세스 A를 버퍼 블록의 대기 큐에 추가한다.

sleep_on() 함수에서 프로세스 A의 프로세스 상태를 언인터럽터블로 변경하고 schedule() 함수를 호출해서 프로세스 B로 전환되도록 한다. 동시에 하드디스크는 데이터를 데이터 레지스터 포트로 전송한다. 진행 상황을 좀 더 알아보자.

그림 7.13에서 프로세스 A를 나타내는 진행 바가 회색으로 바뀌었다. 즉, 프로세스 A가 서스펜드된 것이다.

코드에서 보아야 한 것은 tmp 변수로 이 변수는 프로세스 A의 커널 스택에 위치한다. 현재 우리가 보고 있는 예제에서 이 값은 NULL로 설정된다. 그리고 bh->b_wait 변수는 프로세스 A의 포인터를 저장하게 된다 (그림 7.14).

프로세스 B는 파일을 읽은 후 서스펜드된다. 프로세스 B는 int fd = open ("/mnt/user/ user1/ user2/hello.txt", O_RDWR,0644)) 명령을 실행한다. open() 함수는 시스템의 sys_open() 함수와 맵핑되어 있다. sys_open() 함수는 파일 관리 테이블인 file_table[64]에서 비어 있는 엔트리를 찾는다. 찾은 아이템은 *filp[20] 엔트리와 연결된다. 즉, 프로세스 B의 task_struct의 *filp와 커널의 file_table[64]가 연결되는 것이다. 프로세스 A와 B가 같은 파일을 오픈해서 작업하고 있지만 이 두 프로세스의 파일 오퍼레이션은 서로 독립적이다. 따라서 각각 독립된 데이터 저장 공간이 필요하다. 실제 코드는 다음과 같다.

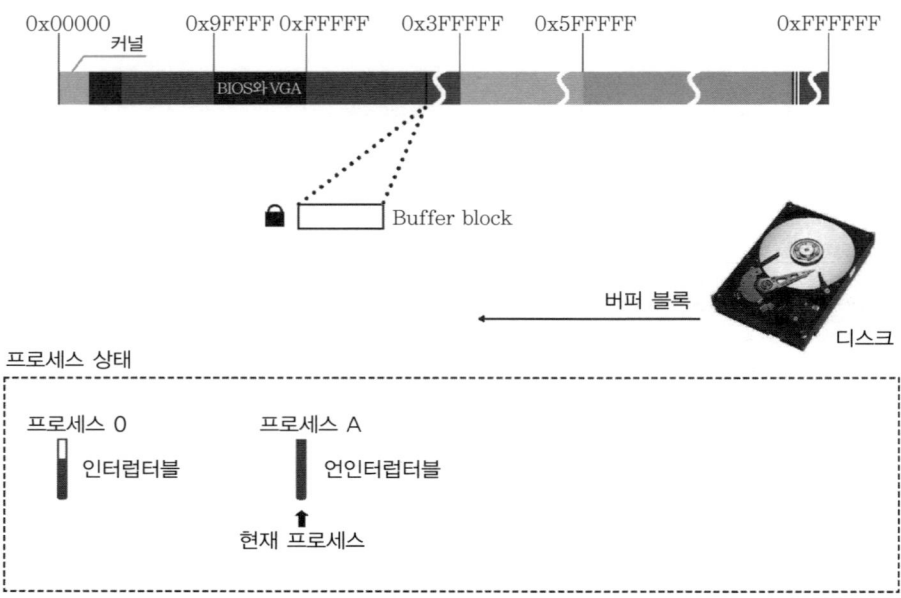

그림 7.13 시스템은 hello.txt 파일 데이터를 읽고 프로세스 A를 서스펜드 시킨다.

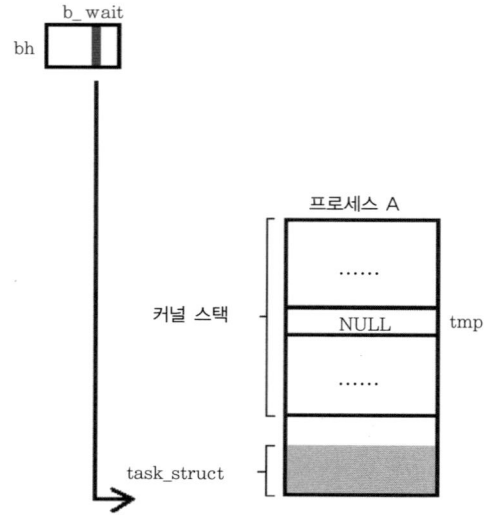

그림 7.14 프로세스 A가 버퍼 블록의 대기 큐에 들어간다.

```
//코드 경로:fs/open.c:
int sys_open(const char * filename,int flag,int mode)
{
    ......
    for(fd=0 ; fd<NR_OPEN ; fd++)
        if (!current->filp[fd])
            break;
    ......
    for (i=0 ; i<NR_FILE ; i++,f++)
        if (!f->f_count) break;
    ......
    (current->filp[fd]=f)->f_count++;    // 프로세스 B의 *filp[20]과
                                         // file_table[64]의 아이템을 연결하고 참조 카운트를
                                         // 증가시킨다.
    if ((i=open_namei(filename,flag,mode,&inode))<0) {
                                         // hello.txt 파일의 i-node를 구한다.
    ......
    f->f_mode = inode->i_mode;       // i-node의 속성으로 파일 속성을 설정한다.
    f->f_flags = flag;               // 파라미터 flag로 파일의 플래그를 설정한다.
    f->f_count = 1;                  // 파일 레퍼런스 카운트를 1로 설정한다.
    f->f_inode = inode;              // i-node와 파일을 연결한다.
    f->f_pos = 0;                    // 파일의 위치 포인트를 0으로 설정한다.
    return (fd);                     // 파일 핸들을 리턴한다.
}
```

서로 다른 프로세스 A와 B가 연결되는 시나리오는 다음과 같은 경우다.

하드디스크는 프로세스 A의 요청으로 데이터를 계속 읽는다. 즉, 프로세스 A가 요청한 처리가 아직 완료되지 않았다(그림 7.15).

프로세스 B는 open_namei() 함수를 호출하고 hello.txt 파일의 i-node를 구한다. 그리고 마지막으로 i-node와 file_table[64]를 연결한다. 코드는 다음과 같다.

```
//코드 경로:fs/open.c:
int sys_open(const char * filename,int flag,int mode)
{
    ......
        if ((i=open_namei(filename,flag,mode,&inode))<0) {
                        // hello.txt 파일의 i-node를 구한다.
        ......
    f->f_mode = inode->i_mode;       // i-node의 속성으로 파일 속성을 설정한다.
    f->f_flags = flag;               // 파라미터 flag로 파일의 플래그를 설정한다.
    f->f_count = 1;                  // 파일 레퍼런스 카운트를 1로 설정한다.
    f->f_inode = inode;              // i-node와 파일을 연결한다.
    f->f_pos = 0;                    // 파일의 위치 포인트를 0으로 설정한다.
    return (fd);                     // 파일 핸들을 리턴한다.
}
```

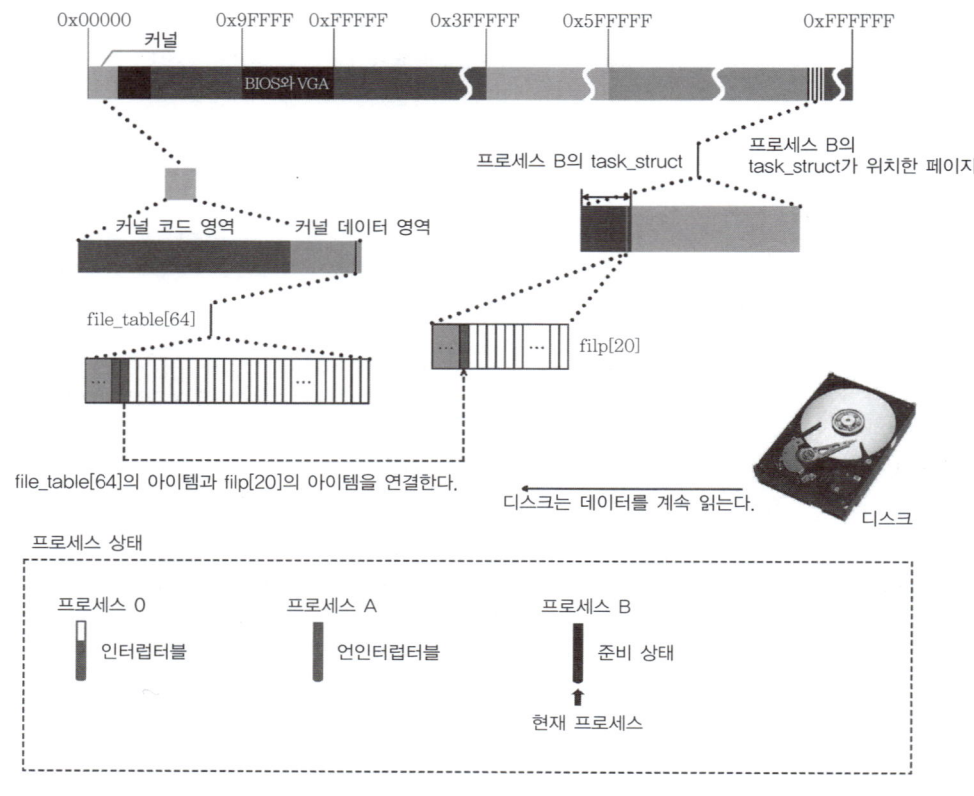

0x00000   0x9FFFF   0xFFFFF   0x3FFFFF   0x5FFFFF   0xFFFFFF

커널

BIOS와 VGA

프로세스 B의 task_struct

프로세스 B의
task_struct가 위치한 페이지

커널 코드 영역   커널 데이터 영역

file_table[64]

...   ...   filp[20]

...   ...

file_table[64]의 아이템과 filp[20]의 아이템을 연결한다.

디스크는 데이터를 계속 읽는다.

디스크

프로세스 상태

프로세스 0   프로세스 A   프로세스 B

인터럽터블   언인터럽터블   준비 상태

현재 프로세스

그림 7.15 시스템은 프로세스 B와 커널의 파일 관리 테이블을 연결한다.

위 소스에서 프로세스 B가 hello.txt 파일의 i-node를 구하는 방법은 앞에서 살펴본 프로세스 A가 i-node를 구하는 방법과 다르다. 구체적인 차이점은 다음 코드를 보자.

```
//코드 경로:fs/namei.c:
int open_namei(const char * pathname, int flag, int mode,
    struct m_inode ** res_inode)
{
    ......
    if (flag & O_EXCL)
        return -EEXIST;
    if (!(inode=iget(dev,inr)))        // i-node를 구한다.
        return -EACCES;
    ......
}
```

```
//코드 경로:fs/namei.c:
struct m_inode * iget(int dev,int nr)
{
    ......
empty = get_empty_inode();  // inode_table[32]에서 빈 엔트리를 찾는다.
......
while (inode < NR_INODE+inode_table) {
        if (inode->i_dev != dev || inode->i_num != nr) {
            inode++;
            continue;
        }
        wait_on_inode(inode);
        if (inode->i_dev != dev || inode->i_num != nr) {
            inode = inode_table;
            continue;
        }
        inode->i_count++;   // 기존에 같은 파일에 대한 i-node를 찾았으면
                            // 참조 카운트를 증가시킨다.
        ......
        if (empty)          // 앞에서 찾은 빈 엔트리가 필요없어서 제거한다.
            iput(empty);
        return inode;       // hello.txt의 i-node를 리턴한다.
        }
        ......
}
```

새로운 i-node를 로드하기 위한 준비 과정은 그림 7.16에서 볼 수 있다.

기본적으로 파일은 반드시 서로 대응하는 하나의 i-node에 연결된다. 프로세스 A와 B의 파일 오퍼레이션 자체는 서로 독립적이기 때문에 독립된 공간이 필요하다. 하지만 hello.txt 파일을 연결하는 i-node는 하나만 있다. 프로세스 A가 앞에서 i-node를 로드해서 inode_table[32]에 이미 데이터를 로드해 놓은 상태이다. 이때 프로세스 B가 프로세스 A가 로드했던 i-node를 공유하려고 한다.

바로 앞에서 보았던 코드의 i-node를 공유하는 상황은 그림 7.17에서 잘 보여 주고 있다.

프로세스 B가 파일을 오픈하고 "read(fd,buffer,sizeof(buffer))" 명령을 실행해서 hello.txt 파일의 데이터를 읽는다. read() 함수는 sys_read() 함수로 이어진다. sys_read() 함수는 file_read() 함수를 호출해서 파일 데이터를 읽어온다. file_read() 함수는 하드디스크에서 데이터를 읽기 위해서 bread() 함수를 호출한다. 구체적인 코드는 다음과 같다.

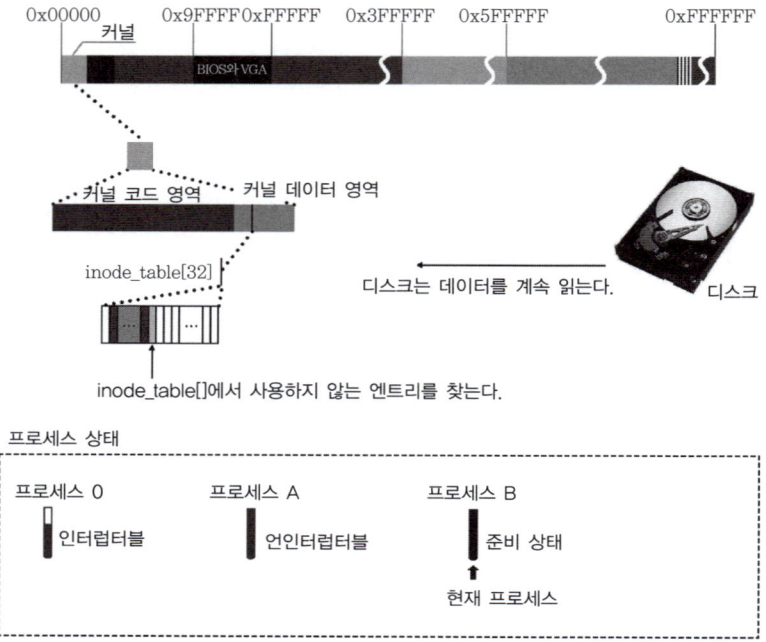

그림 7.16 시스템은 i-node를 읽어 올 준비를 한다.

```
//코드 경로:fs/read_write.c:
int sys_read(unsigned int fd,char * buf,int count)
                // hello.txt 파일에서 데이터를 읽어온다.
                // fd는 파일 핸들이고 buf는 유저 영역의 데이터를 담을 영역에 대한 포인터이다.
                // count는 읽어들일 데이터 사이즈이다.
{
    ......
    if (S_ISDIR(inode->i_mode) || S_ISREG(inode->i_mode)) {
        if (count+file->f_pos > inode->i_size)
            count = inode->i_size - file->f_pos;
        if (count<=0)
            return 0;
        return file_read(inode,file,buf,count);   // 특정 영역 데이터를 읽는다.
    }
    printk("(Read)inode->i_mode=%06o\n\r",inode->i_mode);
    return -EINVAL;
}
```

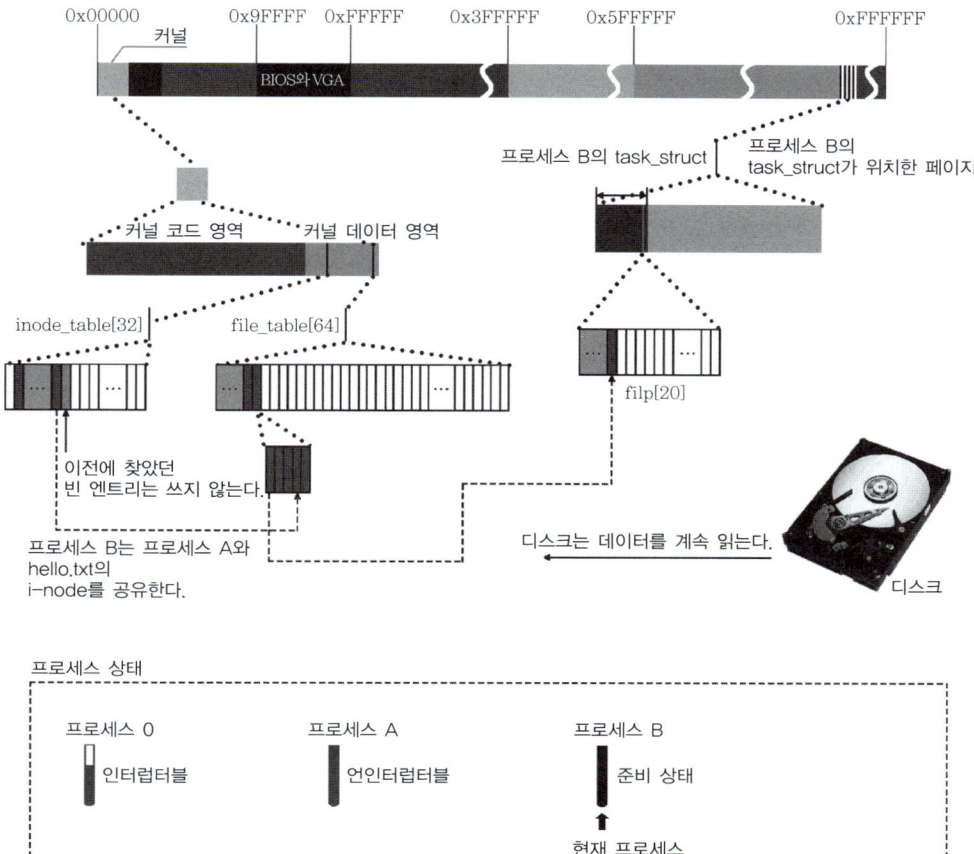

프로세스 상태

프로세스 0   프로세스 A   프로세스 B

인터럽터블   언인터럽터블   준비 상태

현재 프로세스

그림 7.17 시스템은 프로세스 A에서 찾은 i-node를 프로세스 B도 사용할 수 있도록 공유한다.

```
//코드 경로:fs/file_dev.c:
int file_read(struct m_inode * inode, struct file * filp, char * buf, int count)
{
      ......
      if (nr = bmap(inode,(filp->f_pos)/BLOCK_SIZE)) {
            if (!(bh=bread(inode->i_dev,nr)))  // 하드디스크에서 데이터를 읽는다.
break;
      } else
            bh = NULL;
      ......
}
```

bread() 함수의 실행 과정은 섹션 3.3.1에서 상세히 소개한 바 있다. 관련 코드는 다음과 같다.

```
//코드 경로:fs/buffer.c:
struct buffer_head * bread(int dev,int block) // 하드디스크에서 데이터를 읽는다.
{
    ......
    if (!(bh=getblk(dev,block)))    // 빈 버퍼 블록을 적용한다.
    ......
    ll_rw_block(READ,bh);           // 버퍼 블록에 락을 걸고 리퀘스트 아이템과
                                    // 연결을 시키고 하드디스크에 읽기 요청을 보낸다.
    wait_on_buffer(bh);             // 요청이 완료될 때까지 대기한다.
                                    // 완료가 되면 버퍼의 락이 해제가 될 것이다.
    if (bh->b_uptodate)
        return bh;
    ......
}
```

프로세스 B의 getblk() 함수와 ll_rw_block() 함수의 실행 경로가 프로세스 A와 다르다. bread() 함수는 getblk() 함수를 실행하고 바로 반환한다. hello.txt 파일과 연동된 데이터 블록이 버퍼 블록에 이미 있기 때문이다. 구체적인 코드는 다음과 같다.

```
//코드 경로:fs/buffer.c:
struct buffer_head * getblk(int dev,int block)  // 버퍼 블록을 찾는다.
{
    ......
    if (bh = get_hash_table(dev,block))   // 현재 상황에서는 찾는
                                          // 버퍼 블록이 이미 해쉬테이블에 있다.
    return bh;                            // 찾은 버퍼 블록을 바로 리턴한다.
    ......
}
```

그리고 나서 ll_rw_block() 함수가 바로 실행된다. 여기서는 버퍼 블록의 락을 확인하는데 아직 프로세스 A가 요청한 데이터가 오지 않아서 락이 걸려 있는 상태다. 이 때문에 프로세스 B는 서스펜드가 된다. 이 상태로 데이터가 버퍼 블록에 올 때까지 대기한다. 자세한 코드는 다음과 같다.

```
//코드 경로:kernel/blk_drv/ll_rw_block.c:
void ll_rw_block(int rw, struct buffer_head * bh)
{
    unsigned int major;

    if ((major=MAJOR(bh->b_dev)) >= NR_BLK_DEV ||
    !(blk_dev[major].request_fn)) {
        printk("Trying to read nonexistent block-device\n\r");
```

```
        return;
    }
    make_request(major,rw,bh);    // 리퀘스트를 만든다.
}


static void make_request(int major,int rw, struct buffer_head * bh)
{
    ......
    lock_buffer(bh);    // 버퍼 블록에 락을 건다.
    if ((rw == WRITE && !bh->b_dirt) || (rw == READ && bh->b_uptodate)) {
        unlock_buffer(bh);
        return;
    }
    ......
}


static inline void lock_buffer(struct buffer_head * bh)
                            // 버퍼 블록에 락을 건다.
{
    cli();
    while (bh->b_lock)          // 버퍼 블록이 락이 걸려 있으면 프로세스를
        sleep_on(&bh->b_wait);  // 대기 상태로 만들고 기다린다.
    bh->b_lock=1;               // 프로세스가 다시 시작돼서 이 코드가 시작되었다는 것은
                                // 버퍼 블록의 락이 풀렸다는 의미다.
                                // 여기에 다시 락을 건다.
    sti();
}
```

앞에서 ll_rw_block() 함수를 호출했던 커널은 내부에서 결국 sleep_on() 함수를 실행시킨다. 예제 1에서 프로세스 A와 B가 다루고 있는 파일은 동일한 파일이다. 프로세스들은 이 파일 데이터를 담는 동일한 버퍼 블록 bh에 연결되어 있다. 현재 버퍼 블록의 b_wait은 프로세스 A의 task_struct 포인터로 설정되어 있다. 이런 상황에서 프로세스 B가 sleep_on() 함수를 실행한다. 이때 수행되는 절차는 앞서 설명한 프로세스 A의 것과는 다르다. 관련 코드는 다음과 같다.

```
//코드 경로:kernel/sched.c:
void sleep_on(struct task_struct **p)
{
    struct task_struct *tmp;

    if (!p)
        return;
    if (current == &(init_task.task))
        panic("task[0] trying to sleep");
    tmp = *p;                               // 여기서 tmp는 프로세스 A의 task_struct를
```

```
        *p = current;                              // 가리키게 된다.
        current->state = TASK_UNINTERRUPTIBLE;     // *p는 프로세스 B의 것을 가리킨다.
        schedule();                                // 프로세스 B의 상태를 언인터럽터블로 변경한다.
        if (tmp)                                   // 프로세스 전환을 한다.
            tmp->state=0;
}
```

위 코드처럼 프로세스 B가 언인터럽터블 상태가 되고 schedule() 함수가 실행되면서 프로세스 C가 실행된다. 이때 하드디스크는 읽은 데이터를 데이터 레지스터 포트로 전송한다. 이때의 상황은 그림 7.18에서 보여주고 있다.

코드 상의 tmp는 프로세스 B의 커널 스택에 저장되는데, 이때 tmp에 저장되는 값이 프로세스 A의 task_struct 포인터 값이라는 것을 주목해야 한다.

프로세스 C는 파일에 데이터를 쓰고 나서 서스펜드된다. 프로세스 C가 실행되면 다른 프로세스들처럼 hello.txt 파일을 오픈한 후 파일에 데이터를 쓰려고 한다. 프로세스 C가 실행하는 함수들은 프로세스 B와 대부분 일치한다. int fd = open("/mnt/user/ user1/user2/hello.txt", O_RDWR,0644)) 명령을 먼저 실행한다. open() 함수는 sys_open() 함수를 실행한다. sys_open() 함수를 끝내고 나면 프로세스 C의 task_struct의 *filp[20]의 한 엔트리와 커널의 file_table[64]의 엔트리가 바인딩된다.

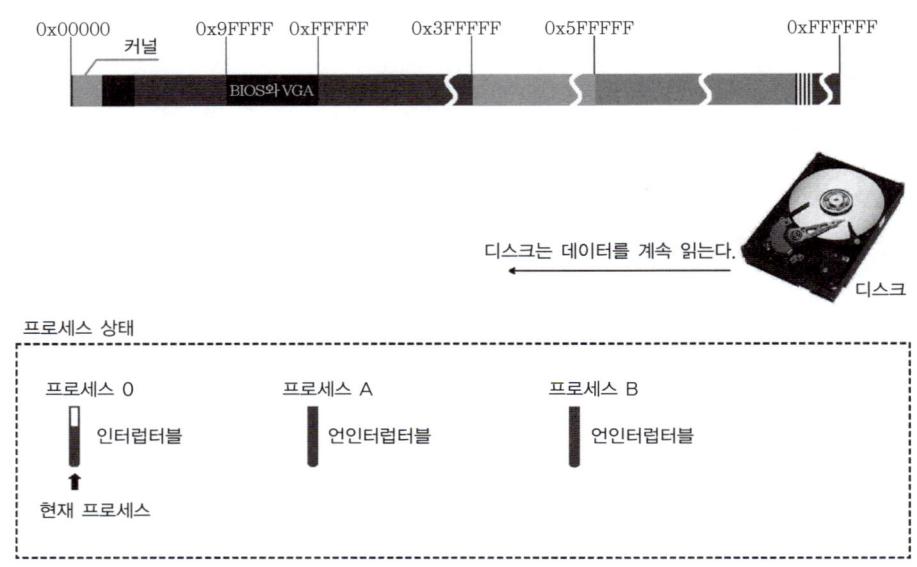

그림 7.18 프로세스 B의 상태가 TASK_UNINTERRUPTIBLE로 설정된다.

sys_open() 함수 내에서 open_namei()가 호출된다. 이때 찾고자 하는 파일의 i-node는 inode_table[32]에 이미 등록되어 있다. 다른 프로세스와 i-node를 공유해야 하기 때문에 참조 카운트를 하나 증가시킨다. 코드는 다음과 같다.

```
//코드 경로:fs/open.c:
int sys_open(const char * filename,int flag,int mode)
{
    ......
    (current->filp[fd]=f)->f_count++;      // 프로세스 C의 *filp[20]과
                                           // 커널의 file_table[64]를 연결하고
                                           // 파일 핸들의 참조 카운트를 늘린다.
    ......
    if ((i = open_namei(filename,flag,mode,&inode))<0) {
                                    // hello.txt 파일의 i-node를 구한다.
    ......
    }
    ......
    f->f_mode = inode->i_mode;    // i-node의 속성을 이용해서 파일의 속성을
                                  // 설정한다.
    f->f_flags = flag;            // flag 값으로 파일의 플래그를 설정한다.
    f->f_count = 1;               // 파일 참조 카운트를 1로 설정한다.
    f->f_inode = inode;           // i-node와 파일 간의 연결을 한다.
    f->f_pos = 0;                 // 파일의 읽기/쓰기 위치
    return (fd);                  // 파일의 핸들을 반환한다.
}
```

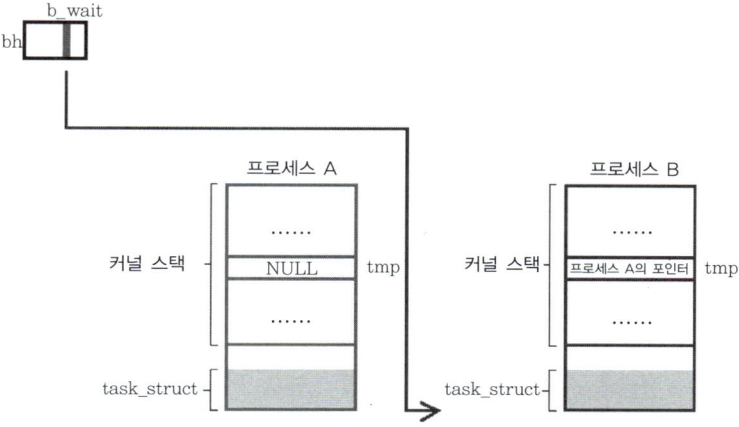

그림 7.19 프로세스 B는 TASK_UNINTERRUPTIBLE로 설정되고 프로세스 대기 큐에 추가된다.

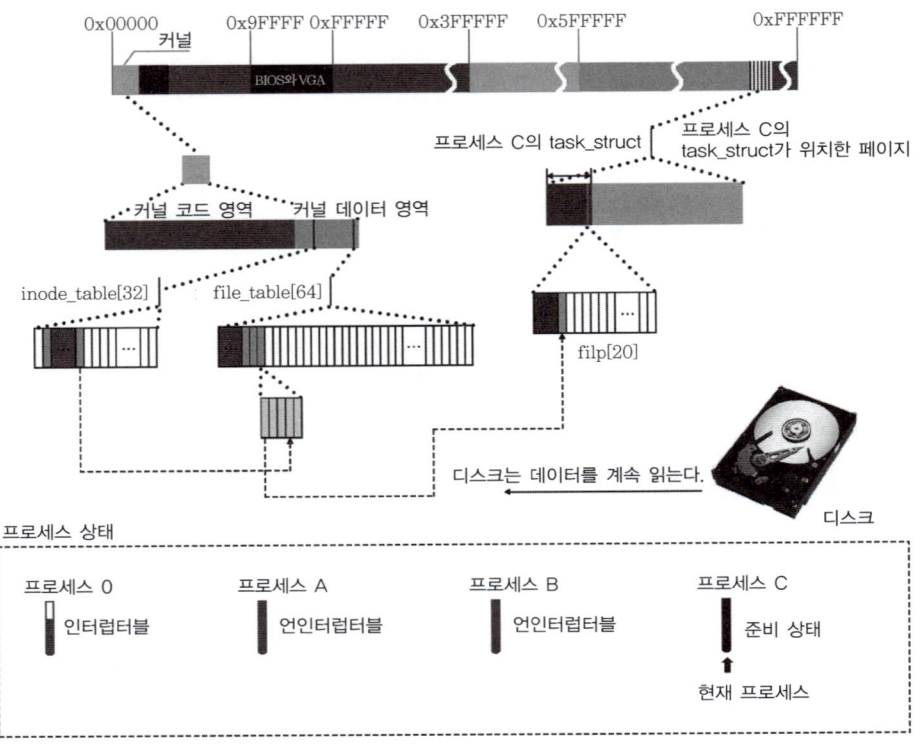

그림 7.20 프로세스 C는 hello.txt 파일을 읽을 준비한다.

프로세스 C는 write(fd, str1, strlen (str1)) 명령을 실행해서 데이터를 hello.txt 파일에 쓴다(그림 7.20).

write() 함수는 시스템 콜인 sys_write() 함수를 실행한다. sys_write() 함수는 file_read()를 호출해서 파일의 내용을 먼저 읽는다. file_read() 함수는 bread() 함수를 호출해 하드디스크에서 데이터를 읽는다. 코드는 다음과 같다.

```
//코드 경로:fs/read_write.c:
int sys_write(unsigned int fd,char * buf,int count)
        // fd는 파일 핸들이다. buf는 저장한 데이터를 가리키는 포인터이고
        // count는 저장할 데이터 크기다.
{
    ......
  if (S_ISCHR(inode->i_mode))
        return rw_char(WRITE,inode->i_zone[0],buf,count,&file->f_pos);
  if (S_ISBLK(inode->i_mode))
        return block_write(inode->i_zone[0],&file->f_pos,buf,count);
  if (S_ISREG(inode->i_mode))
        return file_write(inode,file,buf,count);
                        // 주어진 데이터를 파일에 기록한다.
printk("(Write)inode->i_mode=%06o\n\r",inode->i_mode);
```

```
        return -EINVAL;
    }


//코드 경로:/fs/file_dev.c:
int file_write(struct m_inode * inode, struct file * filp, char * buf, int count)
{
    ......
        if (!(block = create_block(inode,pos/BLOCK_SIZE)))
            break;
        if (!(bh = bread(inode->i_dev,block)))  // 하드디스크에 데이터를 쓴다.
            break;
        c = pos % BLOCK_SIZE;
        p = c + bh->b_data;
        bh->b_dirt = 1;
    ......
    }
}
```

bread() 함수 내부에 진행되는 내용은 프로세스 B와 동일하다. 코드는 다음과 같다.

```
//코드 경로:fs/buffer.c:
struct buffer_head * bread(int dev,int block)
{
    ......
    if (!(bh=getblk(dev,block)))   // 사용하지 않는 버퍼 블록을 할당받는다.
    ll_rw_block(READ,bh);          // 버퍼 블록에 락을 걸고 request 아이템과 바인딩을
                                   // 걸고 하드디스크에 데이터를 읽는 명령을 보낸다.
    wait_on_buffer(bh);            // 프로세스를 중지시키고 하드디스크 명령이 다 실행되고
                                   // 락이 풀릴 때까지 대기한다.

    if (bh->b_uptodate)
        return bh;
    ......
}
```

hello.txt 파일에 연결된 버퍼 블록이 이미 다른 프로세스에 의해서 만들어져 해쉬 테이블에 저장되어 있기 때문에 getblk() 함수는 실행되는 즉시 바로 리턴한다.

```
//코드 경로:fs/buffer.ch:
struct buffer_head * getblk(int dev,int block)
{
    struct buffer_head * tmp, * bh;
    repeat:
    if (bh = get_hash_table(dev,block))   // 해쉬 테이블에서 기존에 만들었던
                                          // 버퍼 블록을 찾는다. 버퍼는 프로세스 A를
                                          // 이미 만들었기 때문에 등록되어 있다.
```

```
        return bh;                        // 찾은 버퍼 블록을 바로 리턴한다.
        tmp = free_list;
......

}
```

그리고 나서 ll_rw_block() 함수를 실행한다. 버퍼 블록에 락이 걸려있기 때문에 프로세스 C는 버퍼 블록의 락이 풀릴 때까지 대기하기 위해서 서스펜드된다. 코드는 다음과 같다.

```
//코드 경로:kernel/blk_drv/ll_rw_block.c:
void ll_rw_block(int rw, struct buffer_head * bh)
{
    unsigned int major;

    if ((major=MAJOR(bh->b_dev)) >= NR_BLK_DEV ||
    !(blk_dev[major].request_fn)) {
        printk("Trying to read nonexistent block-device\n\r");
        return;
    }
    make_request(major,rw,bh);   // 하드디스크에 요청하기 위한 리퀘스트를 만든다.
}


static void make_request(int major,int rw, struct buffer_head * bh)
{
    ......
    lock_buffer(bh);    // 버퍼 블록에 락을 건다.
    if ((rw == WRITE && !bh->b_dirt) || (rw == READ && bh->b_uptodate)) {
        unlock_buffer(bh);
        return;
    }
    ......
}


static inline void lock_buffer(struct buffer_head * bh)
            // 버퍼 블록에 락을 건다.
{
    cli();
    while (bh->b_lock)              // 버퍼 블록에 락이 걸려 있으면
        sleep_on(&bh->b_wait);     // 버퍼 블록의 락이 풀릴 때까지 대기 상태로 기다린다.
    bh->b_lock=1;                  // 이 부분이 실행된 것은 버퍼 블록에 락이 풀린 것이다.
                                   // 이제 현재 프로세스가 하는 작업을 위해서 락을 건다.
    sti();
}
```

버퍼 블록에는 이미 락이 걸려 있기 때문에 sleep_on() 함수가 실행된다. 프로세스 A, B 그리고 C를 다루고 있는 파일은 동일한 파일이고, 이 파일은 동일 버퍼 블록 bh에 연결되어 있다. 버퍼 블록의 b_wait 값은 프로세스 B의 task_struct를 가리키고 있다. 따라서 sleep_on() 함수가 실행되는 상황은 앞에서 설명했던 프로세스 B과 다르다. 자세한 것은 코드를 보자.

```
//코드 경로:kernel/sched.c:
void sleep_on(struct task_struct **p)
{
    struct task_struct *tmp;

    if (!p)
        return;
    if (current == &(init_task.task))
        panic("task[0] trying to sleep");
    tmp = *p;                          // 현시점에는 tmp는 프로세스 B의 task_struct를 가리킨다.
    *p = current;                      // *p에 현재 프로세스의 task_strcut 포인터를 저장한다.
    current->state = TASK_UNINTERRUPTIBLE; // 프로세스 C의 상태를 언인터럽터블로 바꾼다.
    schedule();                        // 그리고 다른 프로세스가 되도록 프로세스를 전환한다.
    if (tmp)
        tmp->state=0;
}
```

프로세스 C의 상태를 변경하고 schedule() 함수를 호출한다. 현재 시스템에서 실행 가능한 프로세스가 없기 때문에 프로세스 0이 실행된다.

이때 하드디스크가 데이터를 읽어서 데이터 레지스터 포트에 저장한다. 이때의 상태를 그림 7.21에서 보여주고 있다.

코드의 tmp 변수가 프로세스 C의 커널 스택에 있다. 또 이 변수의 값은 프로세스 B의 task_struct 포인터를 저장하고 있다. 프로세스 C의 task_struct 포인터는 bh->b_wait 변수에 저장된다(그림 7.22).

현재 예제로 사용하는 세 프로세스는 모두 버퍼 블록의 락이 풀릴 때까지 대기하기 위해서 서스펜드되어 있다. 이 프로세스들이 서스펜드되기 전에 대기 큐를 만들었다. 각 프로세스는 바로 앞에서 서스펜드된 프로세스의 task_struct 포인터를 프로세스의 커널 스택에 저장한다(tmp 변수를 기억할 것이다). 이런 연결을 통해서 대기 큐를 만든다. 이 대기 큐의 목적은 버퍼 블록을 기다리기 위해서 서스펜드된 프로세스를 역순으로 깨우기 위해서다. 즉, 버퍼 블록의 락이 풀리면서 b_wait에 저장된 프로세스가 깨어나고 깨어난 프로세스가 이전에 서스펜드된 프로세스를 깨운다. 이런 식으로 버퍼 블록의 언락을 대기하는 모든 프로세스를 깨운다. **서스펜드된 세 프로세스가 역순으로 깨어난다.** 현재 프로세스 A, B 그리고 C가 모두 서스펜드되어 있기 때문에 실행할 수 있는 프로세스가 없다. 이런 경우 데이터 읽기가 완료되어서 프로세스가 깨어날 때까지 프로세스 0이 실행된다. 이러던 중 그림 7.23처럼 하드디스크에서 인터럽트가 발생한다.

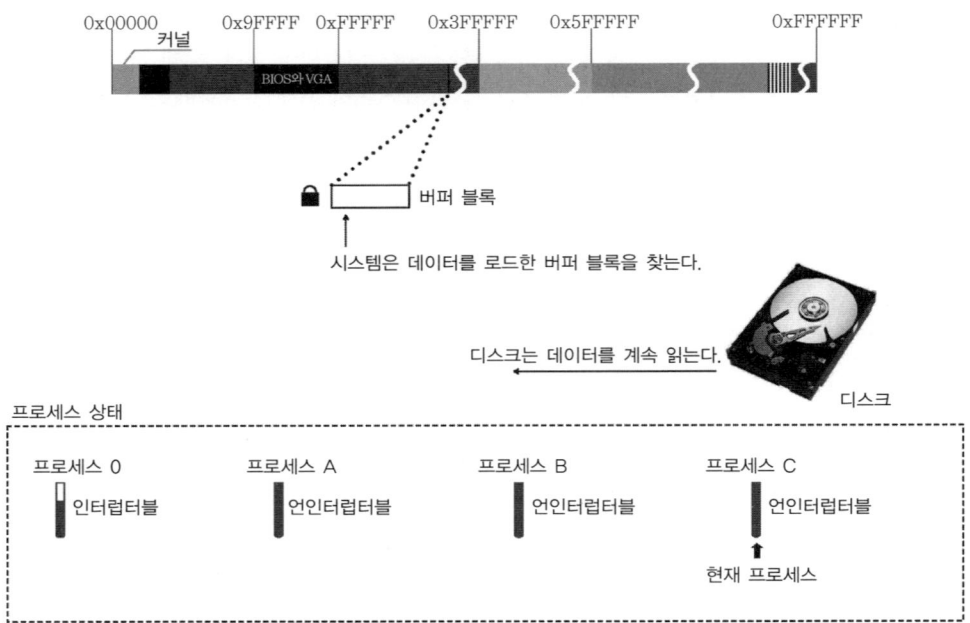

그림 7.21 프로세스 C가 TASK_UNINTERRUPTIBLE로 설정된다.

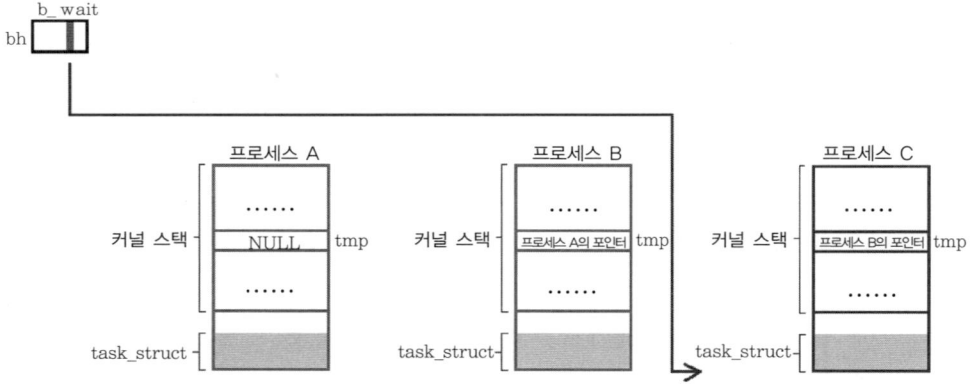

그림 7.22 프로세스 C가 TASK_UNINTERRUPTIBLE로 설정되고 대기 큐에 추가된다.

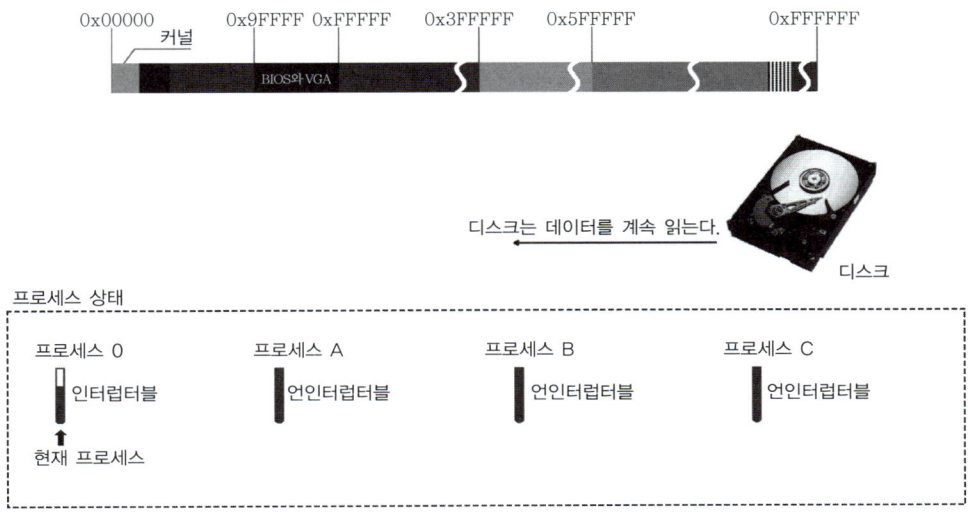

그림 7.23 프로세스 0으로 프로세스가 전환된다.

하드디스크 인터럽트가 발생하면 인터럽트 서비스 루틴이 실행된다. 이 루틴을 통해서 하드디스크에서 읽은 데이터를 버퍼 블록에 로드하고 버퍼 블록 bh의 락을 푼다. 그리고 wake_up() 함수가 호출되면서 bh의 b_wait 필드의 프로세스(이때는 프로세스 C가 된다)를 깨운다. 코드는 다음과 같다.

```
//코드 경로:kernel/blk_drv/blk.h:
extern inline void end_request(int uptodate)
{
    DEVICE_OFF(CURRENT->dev);
    if (CURRENT->bh) {
        CURRENT->bh->b_uptodate = uptodate;
        unlock_buffer(CURRENT->bh);    // 버퍼 블록을 언락한다.
    }
    ......
}

extern inline void unlock_buffer(struct buffer_head * bh)
{
    if (!bh->b_lock)
        printk(DEVICE_NAME ": free buffer being unlocked\n");
    bh->b_lock=0;              // 버퍼 블록을 언락한다.
    wake_up(&bh->b_wait);    // 버퍼 블록의 대기 큐에 있는 프로세스를 깨운다.
}
```

wake_up() 함수가 실행될 때 파라미터로 &bh->b_wait 값이 넘어간다. bh->b_wait는 프로세스 C의 task_struct 포인터다. 결국 wake_up() 함수는 프로세스 C를 깨운다.

wake_up() 함수의 코드는 다음과 같다.

```
//코드 경로:kernel/sched.c:
void wake_up(struct task_struct **p)
{
    if (p && *p) {
        (**p).state=0;    // 프로세스 C의 상태를 "준비 상태"로 만든다.
        *p=NULL;
    }
}
```

그림 7.24에서 이것과 관련된 설정 과정을 보여 준다.

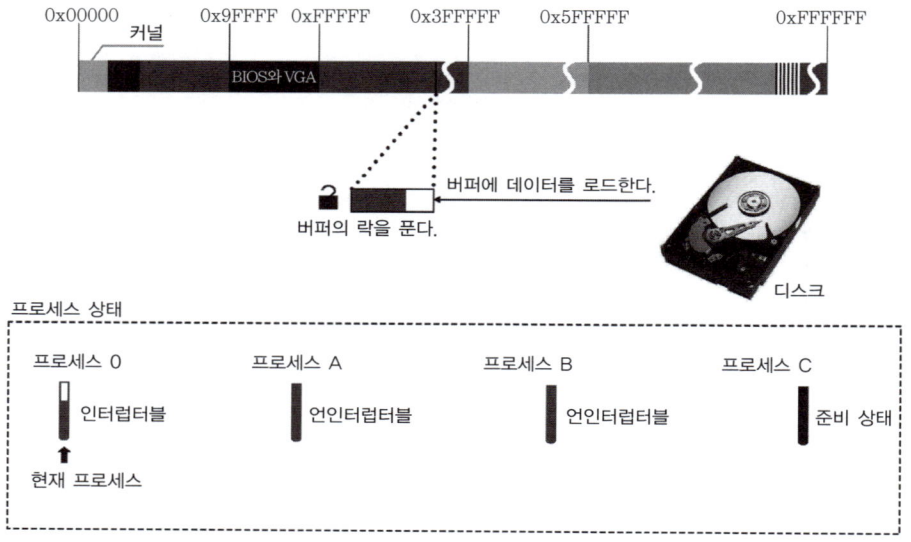

그림 7.24 프로세스 C가 깨어난다.

앞에서 발생한 인터럽트 서비스 루틴의 실행이 완료되면 다시 프로세스 0이 실행된다. 그리고 나서 프로세스 C로 프로세스 스위칭된다.^(역주 : 프로세스 C는 하드디스크의 파일을 읽기 위해서 가장 마지막에 서스펜드 되었던 프로세스다.) 프로세스 C는 앞에서 sleep_on() 함수 내에서 schedule() 함수를 호출하면서 서스펜드가 되었다. 이제 다시 프로세스 C가 실행되면 schedule() 명령 다음 줄이 실행된다. 코드는 다음과 같다.

```
//코드 경로:kernel/sched.c:
void sleep_on(struct task_struct **p)
{
    ......
    schedule();
    if (tmp)
        tmp->state=0;   // tmp가 가리키는 프로세스의 상태를 "준비 상태"로 만든다.
                        // tmp는 프로세스 C의 바로 앞에서 서스펜드되었던
                        // 프로세스 B의 포인터다.
}
```

프로세스의 연결 관계는 그림 7.25에서 확인할 수 있다.

이제 커널은 프로세스 C의 커널 스택을 사용한다. 이때 tmp 변수는 프로세스 B의 task_struct를 가리키고 있다. 커널은 tmp 변수가 가리키고 있는 프로세스 B를 준비 상태로 변경해서 실행 가능한 상태로 만든다. 그림 7.26은 프로세스 B가 준비 상태가 된 모습을 보여 주고 있다.

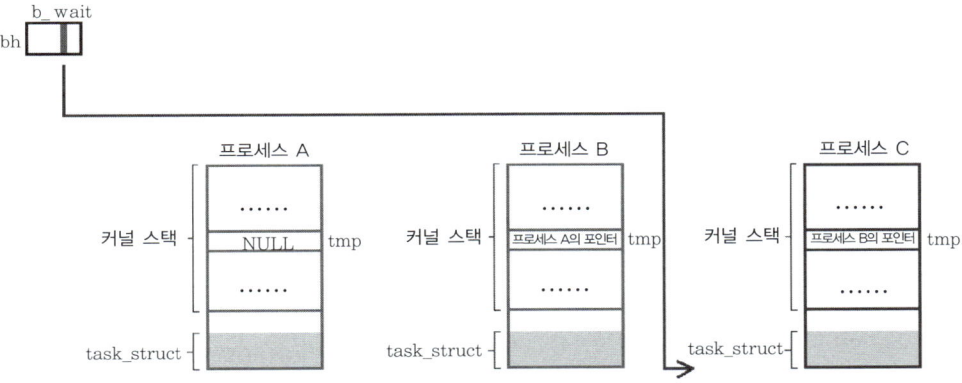

그림 7.25 프로세스 C가 깨어나서 대기 큐에서 빠진다.

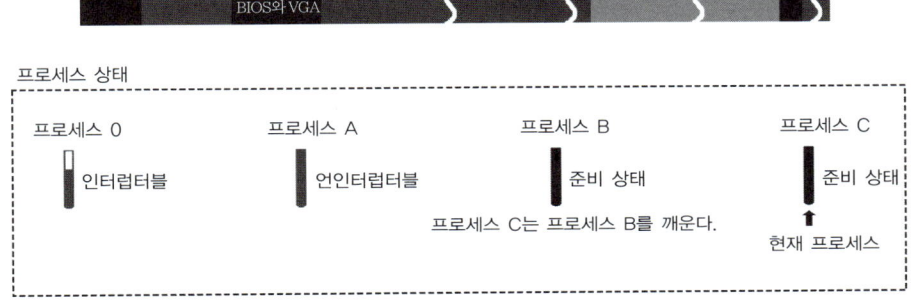

그림 7.26 프로세스 B가 깨어난다.

커널은 실행을 계속해서 프로세스 C가 하려고 했던 hello.txt 파일에 데이터를 저장하는 작업을 한다. 커널은 hello.txt 파일에 연결된 버퍼 블록에 데이터를 기록한다. 이것과 관련된 코드는 다음과 같다.

```
//코드 경로:fs/file_dev.c:
int file_write(struct m_inode * inode, struct file * filp, char * buf, int count)
{
......
if (pos > inode->i_size) {
        inode->i_size = pos;
        inode->i_dirt = 1;
    }
i += c;
        while (c-->0)
        *(p++) = get_fs_byte(buf++); // 버퍼에 데이터를 쓴다.
        brelse(bh);
        ......
}
```

커널이 버퍼 블록에 데이터를 기록하는 과정을 그림 7.27에서 보여 주고 있는 것과 같다.

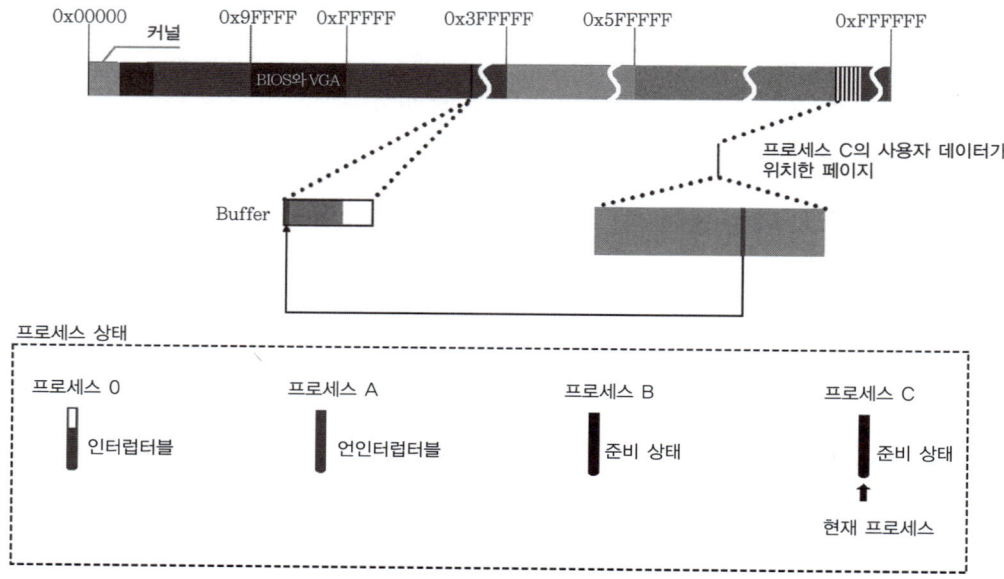

그림 7.27 시스템이 프로세스 C를 위해서 데이터를 버퍼 블록에 기록한다.

커널의 작업이 완료되면 프로세스 C는 유저 프로그램으로 돌아간다. 유저 프로그램 코드는 다음과 같다.

```
for(i = 0; i<1000000; i++) {          // 프로세스는 for문을 돌면서 중지한다.
        for(j = 0; j<1000000; j++){
        ;
        }
}
```

프로그램이 진행되면서 타이머 인터럽트가 계속 발생한다. 그럼 그림 7.28처럼 프로세스 C의 타임 슬라이스가 지속적으로 줄어들게 된다.

그림 7.29의 아랫 부분을 보면 각 프로세스에 부여된 진행 바가 보인다. 이 진행 바는 프로세스의 실행 가능 시간을 보여 준다. 프로세스 C가 실행되면서 타임 슬라이스가 계속 줄어든다.

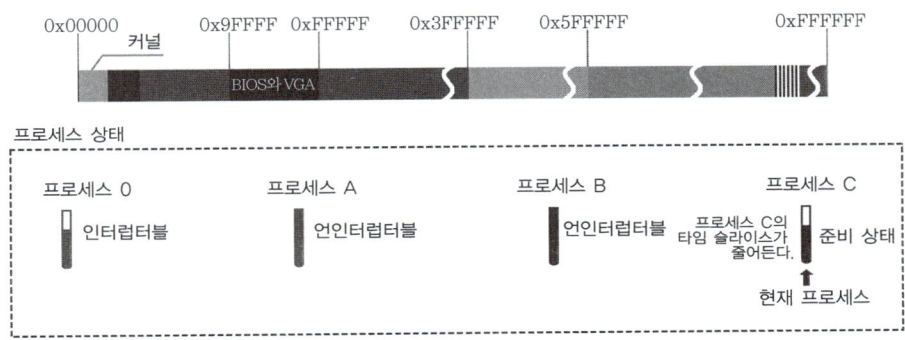

그림 7.28 프로세스 C가 실행되면서 부여된 타임 슬라이스는 계속 줄어든다.

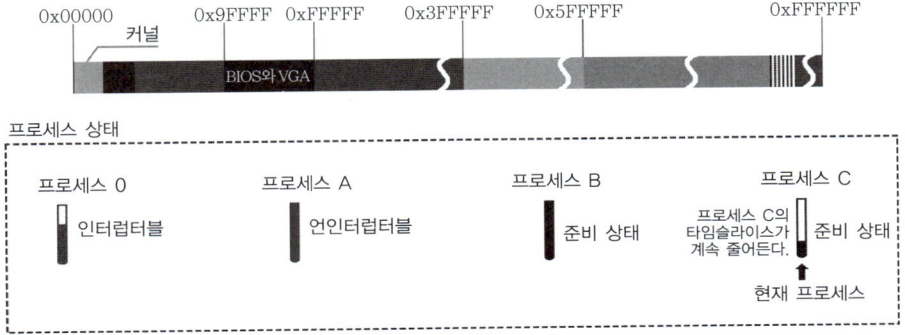

그림 7.29 프로세스 C의 타임 슬라이스가 0으로 줄어든다.

그렇게 프로세스 C의 타임 슬라이스가 0까지 줄어들면 프로세스 전환이 일어난다. 프로세스가 이렇게 전환되는 과정은 앞에서 설명했던 부분이다. 앞에서 프로세스 C가 막 깨어나서 첫 번째로 한 일이 프로세스 B를 준비 상태로 만드는 것이었다. 이 시점에 프로세스 B와 C가 준비 상태다. 하지만 프로세스 C는 이제 막 타임 슬라이스를 다 쓴 상태다. 따라서 커널은 그림 7.30처럼 프로세스 B로 스위칭시킨다.

프로세스 B도 프로세스 C처럼 sleep_on() 함수 내의 schedule() 함수를 호출해서 다른 프로세스로 스위칭되었다. 따라서 프로세스 B가 다시 실행되면 schedule() 함수를 호출했던 코드의 다음 명령에서 다시 시작한다. 이때 실행되는 코드는 다음과 같다.

```
//코드 경로:kernel/sched.c:
void sleep_on(struct task_struct **p)
{
    ......
    schedule();
    if (tmp)
        tmp->state=0;   // tmp가 가리키는 프로세스의 상태를 "준비 상태"로 만든다.
                        // tmp는 프로세스 B의 바로 앞에서 대기 상태가 된
                        // 프로세스 A의 포인터다.
}
```

현재 버퍼 블록의 대기 큐는 그림 7.31과 같은 모습을 하고 있다.

커널은 프로세스 B의 커널 스택을 사용해서 실행된다. 따라서 tmp 변수는 프로세스 A의 task_struct를 가리키는 포인터다. 위 명령을 수행하고 나면 프로세스 A의 프로세스 상태가 준비 상태로 바뀐다.

이렇게 프로세스 A가 깨어나는 상태를 그림 7.32에서 보여 준다.

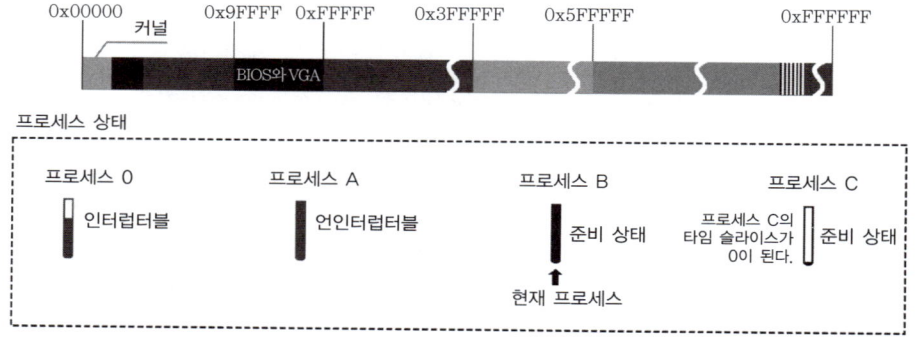

그림 7.30 프로세스 B로 프로세스 전환된다.

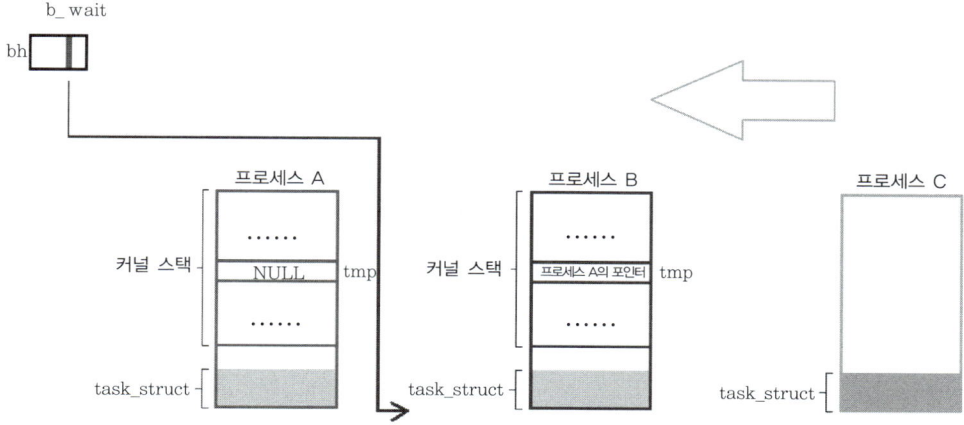

그림 7.31 프로세스 B가 깨어나고 대기 큐에서 빠진다.

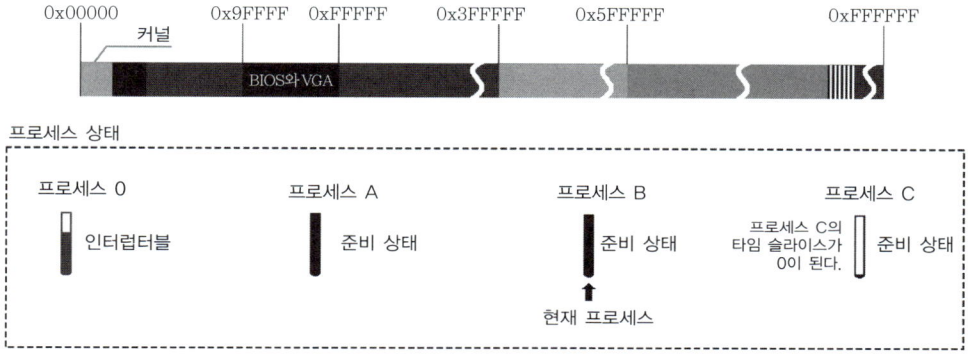

그림 7.32 프로세스 A를 깨운다.

현재 실행되는 프로세스는 B로 데이터를 버퍼 블록에서 읽어 들인다. 실행코드는 다음과 같다.

```
//코드 경로:fs/file_dev.c:
int file_read(struct m_inode * inode, struct file * filp, char * buf, int count)
{
......
if (bh) {
        char * p = nr + bh->b_data;
        while (chars-->0)
            put_fs_byte(*(p++),buf++); // 버퍼 블록의 데이터를 유저 영역의 메모리로 복사한다.
        brelse(bh);
    } else {
        while (chars-->0)
            put_fs_byte(0,buf++);
    }
    ......
}
```

여기까지 커널의 프로그램이 끝나면 실행 제어권이 다시 유저 영역으로 넘어간다. 그리고 나서 다음 코드가 실행된다.

```
for(i=0; i<1000000; i++) { // 잠시 딜레이를 준다.
    for(j=0; j<1000000; j++){
        ;
    }
}
```

타이머 인터럽트는 프로세스 B가 for문을 실행하는 중간에도 계속 발생한다. 그러면 프로세스 B의 타임 슬라이스도 계속 줄어서 0이 된다. 현재 시스템에는 타임 슬라이스가 0이 아니면서 준비 상태인 프로세스가 프로세스 A 뿐이기 때문에 그림 7.33처럼 프로세스 스위칭된다.

프로세스 A 역시 sleep_on() 함수 내에서 schedule() 함수를 호출하면서 서스펜드되었기 때문에 다시 프로세스가 실행되면 schedule() 함수 호출 다음 줄부터 실행된다. 코드는 다음과 같다.

```
//코드 경로:kernel/sched.c:
void sleep_on(struct task_struct **p)
{
    ......
    schedule();
    if (tmp)                    // tmp가 NULL이기 때문에 이 명령은 실행되지 않는다.
        tmp->state=0;
}
```

이번에는 앞에서 보았던 프로세스 B와 C의 경우와 실행경로가 다르다. 그림 7.34는 이때의 대기 큐의 모습이다.

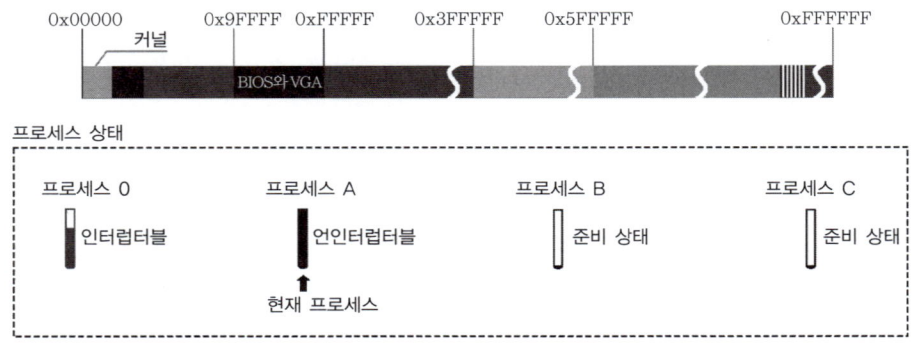

그림 7.33 프로세스 A로 전환된다.

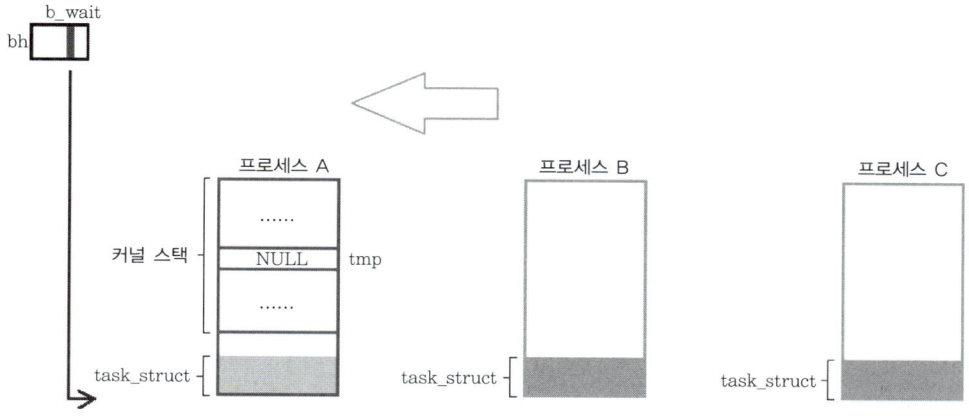

그림 7.34 프로세스 A가 깨어나고 대기 큐에서 빠져나온다.

프로세스 A의 커널 스택을 사용하면서 커널 프로그램이 실행된다. 이때 tmp는 NULL로 더 이상 깨울 프로세스가 없는 것을 의미한다.

지금까지 세 프로세스가 버퍼 블록의 대기 큐에서 다시 깨어났다. 이들 프로세스들은 A, B, C 순으로 대기 상태가 되었다가 C, B, A 순으로 깨어났다. 이것은 대기 상태가 되었던 순서에 정확히 반대 순서다.

7.7 버퍼 블록과 리퀘스트에 대해서 더 알아보기

커널은 b_dev와 b_blocknr을 이용해서 버퍼 블록에 있는 데이터를 메모리에 가능한 오래 유지한다. 그래서 버퍼 블록을 제거하기 위해 이 두 필드 값을 초기화하는 일을 일부러 하지 않는다. 이 말은 곧 버퍼 블록을 계속 사용하다 보면 모든 버퍼 블록이 사용될 수 있다는 뜻이다. 이 상태에서 버퍼 블록을 다른 곳에 적용해야 한다면 기존의 버퍼 블록의 연결을 제거해서 사용한다. 이때 버퍼에 연결된 데이터는 무효화한다. **이것은 버퍼 데이터를 가능한 오래 버퍼에 유지하기 위한 OS의 전략을 반영한 결과다.**

데이터를 오랫 동안 버퍼에 머물도록 하기 위해서 커널은 새 버퍼를 할당하기 보다는 기존에 사용하던 버퍼블록을 찾아 사용하는 것을 먼저 고려한다. 하지만 기존에 사용했던 블록이 없으면 새 버퍼 블록을 할당한다. 이 전략은 다음 코드에 반영되어 있다.

```
//코드 경로:fs/buffer.c:
struct buffer_head * getblk(int dev,int block) // 새 버퍼를 할당한다.
{
    ......
repeat:
    if (bh = get_hash_table(dev,block))
                // 커널은 같은 디바이스 ID와 블록 ID로 기존에 연결된 버퍼 블록을 찾아서
                // 해당하는 버퍼 블록이 해쉬테이블에 있으면 찾은 버퍼 블록을 사용한다.
        return bh;
```

```
    tmp = free_list;      // 기존에 사용하던 버퍼 블록이 없으면 새 버퍼를 하나 할당한다.
    do {
        ......
/* 적당한 블록을 찾을 때까지 반복한다. */
    } while ((tmp = tmp->b_next_free) != free_list);
        ......
}
```

코드를 보면 커널이 해쉬 테이블을 먼저 찾는 것을 알 수 있다. 이때 b_dev와 b_blocknr를 비교해서 해쉬에 있는지 확인한다. 없으면 do-While 루프를 실행하면서 사용할 수 있는 버퍼 블록을 찾는다.

지금부터 새 버퍼 블록을 할당할 때, 어떤 과정을 거치는지 살펴보자.

```
//코드 경로:fs/buffer.c:
#define BADNESS(bh) (((bh)->b_dirt<<1)+(bh)->b_lock)
struct buffer_head * getblk(int dev,int block)  // 버퍼 블록을 할당한다.
{
    ......
    tmp = free_list;
    do {
        if (tmp->b_count)        // 이미 사용 중이면 다음으로 넘긴다.
            continue;
        if (!bh || BADNESS(tmp)<BADNESS(bh)) {  // 사용하지 않는 버퍼에
                                                // 가중치 BADNESS를 적용

            bh = tmp;
            if (!BADNESS(tmp))
                break;
    }
/* 적당한 버퍼 블록을 찾을 때까지 반복한다.*/
    } while ((tmp = tmp->b_next_free) != free_list);
        ......
}
```

현재의 상황은 해쉬 테이블을 찾아보고 이 테이블에 있는 버퍼 블록 모두 사용할 수 없는 경우다. 커널은 새로운 버퍼 블록을 할당한다. 커널이 새로운 버퍼 블록을 할당하려고 할 때, 커널은 free_list의 헤더부터 검색해서 적당한 버퍼 블록을 찾는다. 이때 사용하지는 않지만 하드디스크의 데이터 블록과 연결된 버퍼 블록은 최대한 유지하는 방향으로 진행한다. 그래서 나중에 쓰일 수 있는 버퍼 블록이 해제되지 않고 최대한 오래 버퍼에 남아 있도록 하는 것이다. 하지만 이렇게 해도 방법이 없으면(모든 버퍼 블록들이 데이퍼 블록과 바인딩된 경우), 기존의 데이터 블록과의 관계를 깨고 새 연결관계를 만든다.

이런 전제에서 아래 구현을 살펴보자.

버퍼 블록을 찾을 때, b_uptodate 필드는 무시한다. 앞에서 해쉬 테이블에서 찾을 때 사용할 수 있는 버퍼가 없다는 것이 확인되었으니 더 이상 이 필드를 고려할 필요가 없다. 즉, 버퍼 존에 있는 버퍼 블록 중에는

현재 프로세스가 쓸 수 있는 것이 없다는 뜻이다. 이것은 b_uptodate 필드와는 무관하다. 따라서 여기서는 b_uptodate 필드를 조사하지는 않는다.

커널은 버퍼를 검사할 때, b_count가 0인지 검사해서 해당 버퍼 블록이 사용 중인지 아닌지만 검사한다. 이런 것을 검사하는 이유는 다른 프로세스에 의해서 사용하고 있는 버퍼 블록을 찾고자 하는 것이다. 이미 사용 중인 버퍼 블록을 제거할 수는 없다. 만약 리스트에 있는 모든 버퍼 블록을 조사했는데 b_count가 0인 버퍼 블록을 찾지 못하면 프로세스는 서스펜드가 되고 다음 번에 다시 사용할 수 있는 버퍼 블록을 찾는다.

코드는 다음과 같다.

```
//코드 경로:fs/buffer.c:
#define BADNESS(bh) (((bh)->b_dirt<<1)+(bh)->b_lock)
struct buffer_head * getblk(int dev,int block)
{
    ......
    tmp = free_list;
    do {
        if (tmp->b_count)                          // 사용 가능한 버퍼 블록을 찾는다.
            continue;
        if (!bh || BADNESS(tmp)<BADNESS(bh)) {   // 사용하지 않는 버퍼에
                                                   // 가중치 BADNESS를 적용
            bh = tmp;
            if (!BADNESS(tmp))
                break;
        }
/* 적당한 버퍼 블록을 찾을 때까지 반복한다.*/
    } while ((tmp = tmp->b_next_free) != free_list);
    if (!bh) {                       // b_count가 0인 버퍼 블록을 못 찾으면
        sleep_on(&buffer_wait); // 프로세스를 대기 상태로 만들고 대기한다.
        goto repeat;
    }
    ......
}
```

b_count가 0인 버퍼 블록이 있다고 하면 다음에 점검해야 할 필드가 두 개다. 하나는 b_dirt이고 다른 하나는 b_lock이다. 만약 이 두 필드가 0이면 적당한 버퍼 블록으로 바로 사용할 수 있다는 것을 의미한다. 만약 b_lock이 1이거나 b_dirt가 1이면 어떤 것이 더 적당할까? 이런 경우라면 b_lock이 1인 쪽이 더 유리하다. 두 필드 중에 어느 쪽이건 프로세스는 대기를 해야 한다. 따라서 기다리는 시간이 더 적은 것을 선택해야 한다. b_dirt일 경우, 버퍼 블록에 있는 데이터를 하드디스크에 동기화시켜야 한다. 동기화를 하게 되면 b_lock을 1로 설정하는 로직도 거쳐야 한다. 하지만 b_lock만 1로 설정된 것이라면 락이 풀릴 때까지만 기다리면 된다. 따라서 상대적으로 보았을 때 b_lock 쪽이 더 적은 시간을 대기한다.

코드는 다음과 같다.

```
//코드 경로:fs/buffer.c:
#define BADNESS(bh) (((bh)->b_dirt<<1)+(bh)->b_lock)
struct buffer_head * getblk(int dev,int block)
{
    ......
    tmp = free_list;
    do {
        if (tmp->b_count)                           // 사용 가능한 버퍼 블록을 찾는다.
            continue;
        if (!bh || BADNESS(tmp)<BADNESS(bh)) {      // 사용하지 않는 버퍼에
                                                    // 가중치 BADNESS를 적용한다.
            bh = tmp;
            if (!BADNESS(tmp))
                break;
        }
/* 적당한 버퍼 블록을 찾을 때까지 반복한다.*/
    } while ((tmp = tmp->b_next_free) != free_list);
    if (!bh) {                         // b_count가 0인 버퍼 블록을 못 찾으면
        sleep_on(&buffer_wait);        // 프로세스를 대기 상태로 만들고 대기한다.
        goto repeat;
    }
    ......
    while (bh->b_dirt) {               // b_dirt가 1이면 버퍼 블록의 데이터를 디스크에
                                       // 바로 동기화하고
                                       // 동기화가 완료되면 이 버퍼 블록을 사용한다.

        sync_dev(bh->b_dev);
        wait_on_buffer(bh);
        if (bh->b_count)
            goto repeat;
    }
    ......
}
```

코드에서 볼 수 있는 것처럼 b_dirt가 1이 아닌 버퍼 블록을 먼저 고려한다. 이렇게 하는 것이 효과적이기 때문이다. 매크로 #define BADNESS(bh) (((bh)->b_dirt<<1)+(bh)->b_lock) 에서 보면 b_dirt에 더 높은 가중치를 부여하기 위해서 b_dirt를 한 비트 왼쪽으로 이동시켰다. b_dev, b_blocknr, 그리고 b_count 등 모든 조건들이 동일할 때, BADNESS(tmp)<BADNESS(bh) 비교문을 통해서 b_dirt가 있는 버퍼 블록을 사용하지 않도록 한다.

7.8 예제 2: 다수의 프로세스가 파일을 사용할 때

파일 오퍼레이션에 사용할 버퍼 블록을 선택하는 문제와 다수의 프로세스가 파일을 사용할 때 디스크 요청을 위한 리퀘스트 사용에 대해서 자세히 알아보도록 하겠다. 예제로 사용할 세 개의 프로세스가 있다. 이 프로세스는 다음과 같은 조건 하에서 실행된다. 프로세스 A는 str1[]의 "ABCDE" 문자열을 hello1.txt에 기록하는 프로세스이다.

```c
void FuncA();
void main()
{
    ......
    FuncA();
    ......
}

void FuncA()
{
    char str1[] = "ABCDE";
    int i;
    // 파일 열기
    int fd = open("/mnt/user/user1/user2/hello1.txt", O_RDWR, 0644);

    for(i=0; i<1000000; i++) {
        // 파일에 데이터 쓰기
        write(fd, str1, strlen(str1));
    }
    // 파일 닫기
    close(fd);
    return;
}
```

프로세스 B는 str1[]의 ABCDE를 hello2.txt 파일에 기록하는 프로세스이다. 프로그램은 다음과 같다.

```c
void FuncB();
void main()
{
    ......
    FuncB();
    ......
}

void FuncA()
{
    char str1[] = "ABCDE";
    int i;
    // 파일 열기
    int fd = open("/mnt/user/user1/user2/hello2.txt", O_RDWR, 0644);
    for(i=0; i<1000000; i++) {
```

```
            // 파일에 데이터 쓰기
            write(fd, str1, strlen(str1));
    }
    // 파일 닫기
    close(fd);
    return;
}
```

프로세스 C는 읽기 프로세스로 hello3.txt 파일에서 버퍼로 20,000바이트를 읽어 들인다. 코드는 다음과 같다.

```
void Func();
void main()
{
    ......
    FunC();
    ......
}

void FunC()
{
    char buffer[20000];
    int i, j;
    // 파일 열기
    int fd = open("/mnt/user/user1/user2/hello3.txt", O_RDWR, 0644);
    // 파일 읽기
    read(fd, buffer, sizeof(buffer));
    // 파일 닫기
    close(fd);
    return;
}
```

세 프로세스의 실행 순서는 다음과 같다.

처음에 프로세스 A가 실행되고 프로세스 B가 뒤를 이어 실행된다. 프로세스 C가 마지막으로 실행된다. 이 세 프로세스는 부모–자식 관계가 아닌 독립적인 관계를 갖는다.

시스템은 프로세스 A가 쓴 데이터를 버퍼에 기록한다. 처음에 hello1.txt 파일에는 아무 것도 없다고 가정한다. 프로세스 A는 write() 함수를 연속으로 실행시킨다. 프로세스 A가 버퍼 블록을 할당받아 문자열("ABCDE"문자열)를 버퍼에 기록한다. 새로 할당받은 버퍼는 사용 가능하고 다른 프로세스에 의해서 데이터가 변경되지 않아야 한다. 우리는 시스템의 모든 버퍼 블록이 사용 가능하고 변경되지 않았으며 데이터가 없다고 가정한다. 이런 상태에서 프로세스 A가 버퍼에 데이터를 연속으로 기록한다. 그러면 그림 7.35와 같이 된다. 그림 7.35에서 더 진행이 된다면 어떤 모습이 되고 또 어떤 일들이 일어나는지 알아보자.

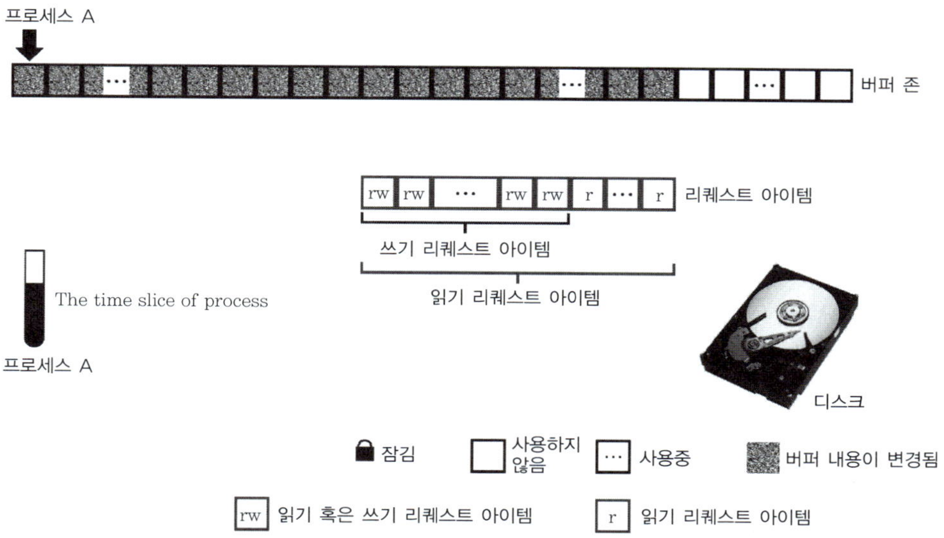

그림 7.35 시스템은 프로세스 A의 데이터를 버퍼에 계속 쓴다.

프로세스는 데이터를 버퍼 블록에 쓰게 되고 나중에 이 버퍼 블록은 디스크에 동기화된다. 아직까지 프로세스 A가 계속 쓰기 명령을 수행한다. 하지만 시스템은 프로세스 A의 파일 쓰기 오퍼레이션을 바로 디스크에 적용할 수 없다. 프로세스 A가 쓰려고 하는 데이터는 한동안 계속 버퍼 블록에 쓰여져야 한다. 이렇게 버퍼 블록에 계속해서 쓰려면 새 버퍼 블록을 할당받아야 한다.

getblk() 함수가 버퍼 존에 있는 버퍼 중에 사용하지 않는 버퍼 즉, b_count가 0인 블록을 찾는다.

실행 코드는 다음과 같다.

```
//코드 경로: fs/buffer.c
struct buffer_head * getblk(int dev,int block)
{
    ......
    tmp = free_list;
    do {
        if (tmp->b_count)                // 사용 가능한 버퍼 블록을 찾는다.
            continue;
        if (!bh || BADNESS(tmp)<BADNESS(bh)) {  // 사용하지 않는 버퍼에
                                               // 가중치 BADNESS를 적용

            bh = tmp;
            if (!BADNESS(tmp))
                break;
        }
/* 적당한 블록을 찾을 때까지 계속한다. */
    } while ((tmp = tmp->b_next_free) != free_list);
    ......
}
```

하지만 계속 버퍼 블록을 할당받을 수는 없다. 계속해서 버퍼 블록을 할당받아서 사용하다 보니 더 이상 사용 가능한 버퍼 블록이 없어지는 순간이 온다. 따라서 버퍼 블록을 확보하기 위해서 기존에 있던 버퍼 데이터를 하드디스크에 강제로 동기화시켜야 한다. 관련 코드는 다음과 같다.

```c
//코드 경로: fs/buffer.c
struct buffer_head * getblk(int dev,int block)
{
    ......
    if (bh->b_count)
        goto repeat;
    while (bh->b_dirt) {        // 여기까지 진행되었다는 것은 버퍼 블록들이
                                // 모두 수정되었다는 것을 의미하고 동기화해야
                                // 할 블록들이 많다는 뜻이기도 하다.
        sync_dev(bh->b_dev);    // 이렇게 되면 찾은 버퍼 블록을 바로
                                // 동기화시킨다.

        wait_on_buffer(bh);
        if (bh->b_count)
            goto repeat;
    }
    ......
}
```

버퍼에서 하드디스크로 데이터를 동기화시킨다. 동기화가 필요한 버퍼 블록은 sync_dev() 함수를 실행한다. 이 함수는 버퍼에서 하드디스크로 데이터를 동기화시키는 일을 한다. sync_dev() 함수의 실행 코드는 다음과 같다.

```c
//코드 경로: fs/buffer.c
int sync_dev(int dev)
{
    ......
    bh = start_buffer;
    for (i=0 ; i<NR_BUFFERS ; i++,bh++) {   // 모든 항목을 조사한다.
        if (bh->b_dev != dev)
            continue;
        wait_on_buffer(bh);
        if (bh->b_dev == dev && bh->b_dirt)  // 디바이스 넘버가 일치하고
                                             // 버퍼가 수정되었으면
                                             // 동기화를 진행

            ll_rw_block(WRITE,bh);
    }
    ......
}
```

sync_dev() 함수는 전체 버퍼를 검색해서 변경된 모든 블록들을 하드디스크에 동기화시킨다. 수정된 버퍼 블록들을 다음 순서대로 동기화한다.

첫 번째, 버퍼 블록을 빈 리퀘스트 아이템과 바인딩시킨다. 그리고 동기화에 필요한 데이터를 설정한다. 이렇게 입력된 데이터를 근거로 하드디스크와 동기화를 진행한다.

두 번째, 현재 하드디스크가 다른 명령을 수행하고 있지 않다면 바로 디스크에 쓰기 명령을 보내서 데이터를 동기화시킨다. 반대로 하드디스크가 명령을 수행할 수 없는 여건이라면 리퀘스트를 큐에 추가한다. 하드디스크가 현재 진행 중인 명령을 마치고 인터럽트가 발생해서 서비스 루틴이 실행되면 큐에 있는 리퀘스트를 하나 하나 모두 실행시켜서 데이터를 동기화시킨다.

sync_dev() 함수는 주어진 디바이스의 모든 버퍼들의 동기화 요청을 처리할 때까지 위 동작을 계속한다.

버퍼 블록의 동기화 과정은 최종적으로 ll_rw_block() 함수를 호출하게 된다. 이 함수는 버퍼 블록에 락을 걸어 다른 프로세스가 사용하지 못하도록 한다. 이렇게 락을 거는 것은 프로세스와 시스템이 버퍼 블록을 사용하지 못하도록 해서 동기화에 방해가 되지 않도록 막는 것이지, 하드디스크와 버퍼 블록 간의 데이터 교환을 막는 것은 아니다. 하드디스크에 동기화 명령을 보내기 전에 버퍼 블록의 b_dirt 플래그를 0으로 설정해서 버퍼 블록 데이터의 변경 내용이 없는 것으로 설정한다.

실행 과정: ll_rw_block() 함수에서는 make_request() 함수를 실행해서 리퀘스트와 버퍼 블록을 연결한다.

make_request() 함수는 먼저 버퍼 블록에 락을 걸고 리퀘스트로 사용할 수 있는 아이템이 있는지 찾는다. 리퀘스트할 수 있는 여분의 아이템이 있으면 버퍼 블록의 정보를 이용해서 리퀘스트 정보들을 채운다. 이 정보들로 리퀘스트와 버퍼 블록이 연결되는 것이다. 그리고 마지막으로 add_request() 함수를 통해서 리퀘스트를 큐에 추가한다. 리퀘스트가 큐에 추가되면 시스템은 do_hd_request() 함수를 호출해서 하드디스크에 실제로 디스크 쓰기 명령을 보낸다. do_hd_request() 함수는 등록된 리퀘스트에 명령에 따라서 특정 버퍼 블록의 데이터를 하드디스크의 데이터 블록에 기록한다. 이것에 대한 정확한 코드는 다음과 같다.

```
//코드 경로: kernel/blk drv/11 rw blk.c:
static void make_request(int major,int rw, struct buffer_head * bh)
{
......
    if (rw!=READ && rw!=WRITE)
        panic("Bad block dev command, must be R/W/RA/WA");
lock_buffer(bh);                          // 버퍼 블록에 락을 건다.
if ((rw == WRITE && !bh->b_dirt) || (rw == READ && bh->b_uptodate)) {
        unlock_buffer(bh);
        return;
    }
......
req->buffer = bh->b_data;
req->waiting = NULL;
req->bh = bh;
req->next = NULL;
```

```
    add_request(major+blk_dev,req);              // 블록 디스크에 요청한다.
}
static void add_request(struct blk_dev_struct * dev, struct request * req)
{
    ......
    if (req->bh)
    req->bh->b_dirt = 0;          // 버퍼 블록이 동기화될 것이므로 b_dirt를 0으로 설정한다.
    if (!(tmp = dev->current_request)) {
......
(dev->request_fn)();              // do_hd_request() 함수를 호출한다.
    ......
}
```

버퍼 블록의 동기화 과정은 그림 7.36에서 보여 주는 것과 같다. make_request() 함수에서 버퍼 블록에 락을 걸어서 다른 프로세스가 사용하지 못하도록 설정해 둔다. 또 add_request() 함수에서 b_dirt 플래그는 0으로 설정해서 데이터가 하드디스크에 동기화된 것으로 변경한다. 그림 7.35와 그림 7.36 간의 버퍼 블록의 상태 차이를 봐야 한다.

sync_dev() 함수를 수행한 최종 결과는 그림 7.37과 같다. 하드디스크에 쓰기 요청을 할 수 있는 리퀘스트가 남아 있지 않다. 프로세스는 리퀘스트를 얻을 수 있을 때까지 서스펜드 상태로 기다린다. 시스템은 하드디스크 요청들을 계속해서 처리한다.

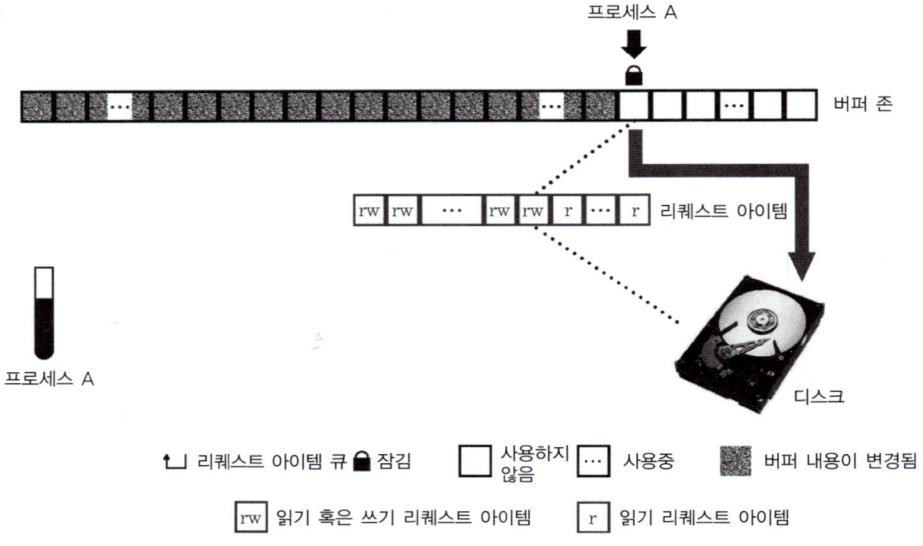

그림 7.36 쓰기 리퀘스트가 요청 큐에 추가된다.

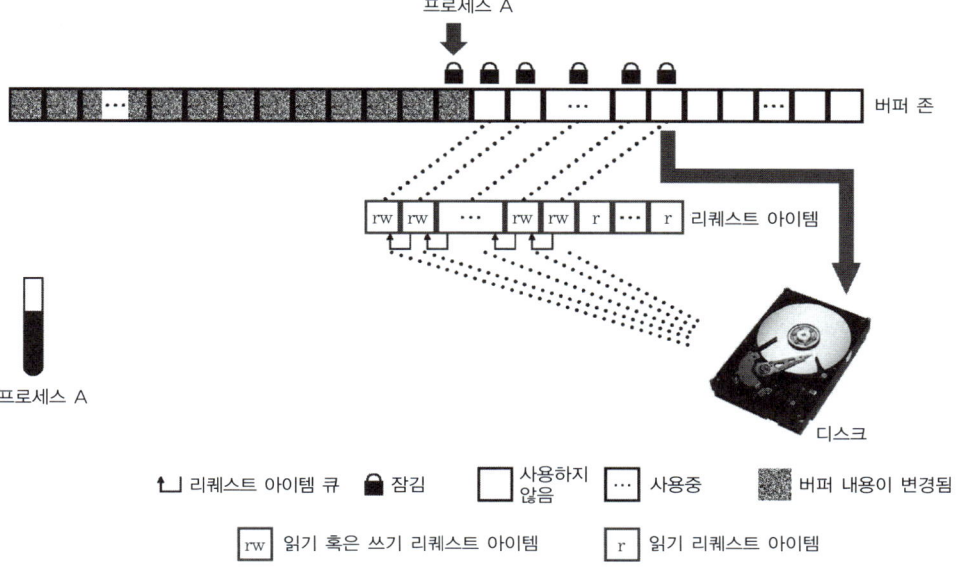

프로세스 A

버퍼 존

rw rw ··· rw rw r ··· r 리퀘스트 아이템

프로세스 A

디스크

↰ 리퀘스트 아이템 큐　🔒 잠김　□ 사용하지 않음　··· 사용중　▨ 버퍼 내용이 변경됨

rw 읽기 혹은 쓰기 리퀘스트 아이템　r 읽기 리퀘스트 아이템

그림 7.37 쓰기를 위한 리퀘스트를 모두 사용했다.

이 과정은 다음 코드와 같이 진행된다.

```
//코드 경로: fs/buffer.c
int sync_dev(int dev) {
    int i;
    struct buffer_head * bh;
    bh = start_buffer;
    for (i = 0; i < NR_BUFFERS; i++, bh++) { // 모든 항목을 조사한다.
        if (bh - > b_dev != dev) continue;
        wait_on_buffer(bh);
        if (bh - > b_dev == dev && bh - > b_dirt)
            ll_rw_block(WRITE, bh);
    }
    ......
}


//코드 경로: /kernel/blk_drv/ll_rw_blk.c
void ll_rw_block(int rw, struct buffer_head * bh) {
    unsigned int major;
    if ((major = MAJOR(bh - > b_dev)) >= NR_BLK_DEV ||
    !(blk_dev[major].request_fn)) {
        printk("Trying to read nonexistent block-device\n\r");
        return;
    }
    make_request(major, rw, bh);
}
```

```
static void make_request(int major, int rw, struct buffer_head * bh) {
    ......
    if (rw != READ && rw != WRITE)
    panic("Bad block dev command, must be R/W/RA/WA");
    lock_buffer(bh); // 버퍼 블록에 락을 건다.
    ......
    add_request(major + blk_dev, req); // 블록 디스크에 요청한다.
}


static void add_request(struct blk_dev_struct * dev, struct request * req) {
    ......
    req - > next = NULL;
    cli();
    if (req - > bh)
    req - > bh - > b_dirt = 0; // 여기서 dirty 플래그를 0으로 설정한다.
    ......
}
```

리퀘스트는 용도에 따라서 두 종류로 나눈다. 하나는 읽기/쓰기가 가능한 리퀘스트이고 다른 하나는 읽기 전용이다. 즉, 읽기 전용 리퀘스트가 남아 있어도 쓰기 리퀘스트를 위해서 쓰이지 않는다. 쓰기 리퀘스트로 사용할 수 있는 것은 전체 아이템에서 3분의 2만 사용할 수 있다. 다음은 이것에 대한 코드이다.

```
//코드 경로: kernel/blk_drv/ll_rw_blk.c
static void make_request(int major,int rw, struct buffer_head * bh)
{
    ......
    if (rw == READ)
        req = request+NR_REQUEST;         // 모든 request 아이템들을 읽기 동작에 쓸 수 있다.
    else
        req = request+((NR_REQUEST*2)/3);  // 전체 아이템에서 3분의 2만 쓰기 동작에 쓸 수 있다.
    ......
}
```

전체 리퀘스트 아이템의 3분의 2만이 읽기 혹은 쓰기를 위해서 사용할 수 있다. 현재는 쓰기 가능한 리퀘스트가 남아 있지 않은 상태다. 그림 7.37은 이런 상태일 때의 리퀘스트 큐를 보여 주고 있다.

프로세스 A는 사용할 수 있는 리퀘스트 아이템을 얻을 수 있을 때까지 서스펜드된다. 쓰기 동작을 위한 리퀘스트 아이템이 없지만 sync_dev() 함수는 make_request() 함수를 또 호출한다. 이때의 동작은 앞에서 살펴본 것과는 다르게 동작한다.

```
static void make_request(int major,int rw, struct buffer_head * bh)
{
        ......
        while (--req >= request)
        ......
        if (req < request) {    // 사용할 수 있는 아이템이 없으면
        ......
        sleep_on(&wait_for_request);  // 현재 프로세스는 대기 상태가 되고
                                      // 다른 프로세스로 전환된다.
        }
        ......
}
```

위 코드를 보면 사용 가능한 리퀘스트가 있는지 찾아보았는데, 사용할 수 있는 리퀘스트가 없으면 현재 프로세스를 서스펜드시킨다. 프로세스의 상태를 바꾸는 것은 sleep_on() 함수의 역할이다. 이 함수를 실행하면 프로세스 상태가 변경되고 사용 가능한 리퀘스트가 나타날 때까지 기다린다. 그림 7.38은 이때의 상태를 표시한다. 프로세스 A의 타임 슬라이스가 남아있지만 더 이상 진행할 수 없기 때문에 서스펜드된다. 이때도 하드디스크는 리퀘스트 큐에 있는 명령을 계속 처리 중이다.

프로세스 A가 원래 가지고 있던 타임 슬라이스와 상관없이 서스펜드되는 것에 반해서 하드디스크는 리퀘스트를 계속 처리한다.

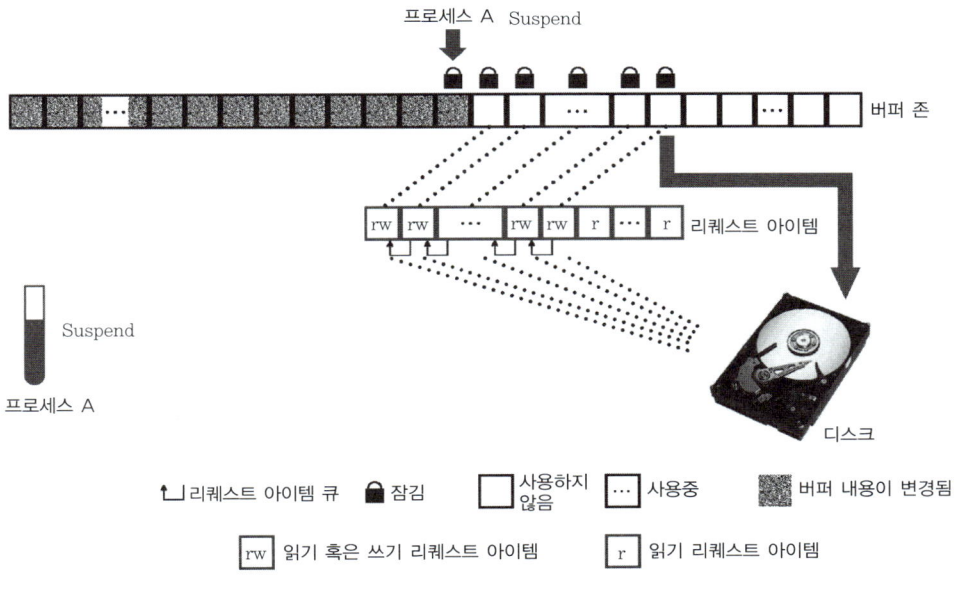

그림 7.38 프로세스 A가 서스펜드된다.

프로세스 B가 실행된다. 디스크에 데이터를 쓰는 프로세스 B가 시작된다. 시스템은 프로세스 B가 사용할 버퍼 블록을 할당해서 데이터를 쓸 수 있도록 한다. 실행 코드는 다음과 같다.

```
//코드 경로: fs/buffer.c
struct buffer_head * getblk(int dev,int block)
{
    ......
    tmp = free_list;
    do {
        if (tmp->b_count)
            continue;
        if (!bh || BADNESS(tmp)<BADNESS(bh)) {
            bh = tmp;
            if (!BADNESS(tmp))
                break;
        }
/* 사용 가능한 버퍼 블록을 찾을 때까지 반복한다. */
    } while ((tmp = tmp->b_next_free) != free_list);
    ......
}
```

그림 7.38에서 볼 수 있는 것처럼, 버퍼 존에 있는 버퍼 블록의 상태가 다르다. 시스템은 어떤 블록을 프로세스 B에 할당해야 하는지 조사하기 위해서 사용 가능한 모든 버퍼 블록들을 조사한다. 이때 시스템은 포괄적인 분석을 위해 BASNESS(tmp)를 실행시킨다.

BADNESS(tmp)는 다음과 같이 정의된다.

```
#define BADNESS(bh) (((bh)->b_dirt<<1)+(bh)->b_lock).
```

이 매크로를 사용해서 버퍼 블록을 네 개의 레벨로 나눌 수 있다. 버퍼 할당에 유리한 레벨을 순서대로 나열하면 다음과 같다.

레벨 1 : 버퍼 블록에 b_dirt와 b_lock 플래그가 모두 0인 블록으로 이 블록의 BADNESS 값은 0이다.
레벨 2 : b_dirt 플래그가 설정되어 있지 않지만 b_lock이 설정된 버퍼다. 이런 버퍼 블록의 BADNESS는 1이다.
레벨 3 : b_dirt 플래그는 설정되어 있지만 락이 걸려있지 않는 버퍼 블록이다. 이 버퍼 블록의 BADNESS는 2이다.
레벨 4 : b_dirt와 b_lock 플래그 모두 설정되어 있는 것으로 BADNESS는 3이다.

BADNESS의 값이 작을수록 다른 프로세스에 버퍼 블록을 할당할 때 유리하다.

시스템은 프로세스 A의 몇몇 버퍼 블록들을 처리하면서 디스크에 동기화를 했던 블록들에 락을 걸고 "dirty" 플래그(버퍼 블록의 dirty 플래그는 b_dirt이다)를 0으로 설정했다. 이런 블록들의 BADNESS는 1이다. 현재 시스템에 남아 있는 버퍼 블록 중에서 프로세스 B에 할당할 수 있는 것 중에서는 가장 이상적이다. 따라서 시스템은 이 버퍼 블록을 적용하려고 한다. 이 블록의 BADNESS는 1이다. 버퍼 블록에 락이 걸려 있기 때문에 바로 사용할 수 없다. 하지만 "dirty" 플래그가 설정된 버퍼 블록 보다는 더 낫다. 그림 7.39는 시스템이 프로세스 B에 적용한 블록을 보여 주고 있다.

프로세스 B도 역시 서스펜드된다. 프로세스 B에게 할당된 버퍼 블록에 락이 설정되어 있다. 이것은 버퍼 블록을 바로 사용할 수 없다는 것을 의미한다. 따라서 시스템은 wait_on_buffer() 함수를 호출하게 된다. 그러면 프로세스 B는 그림 7.40에서 보여 주고 있는 것처럼 서스펜드된다. 비록 프로세스가 서스펜드된 상태이기는 하지만 시스템과 하드디스크가 리퀘스트 처리는 계속 처리하고 있다는 점을 알아야 한다.

코드는 다음과 같다.

```
//코드 경로: fs/buffer.c
struct buffer_head * getblk(int dev,int block)
{
    ......
    if (!bh) {
        sleep_on(&buffer_wait);
        goto repeat;
    }
    wait_on_buffer(bh);    // 프로세스 B는 여기서 서스펜드된다.
    if (bh->b_count)
        goto repeat;
    ......
}
```

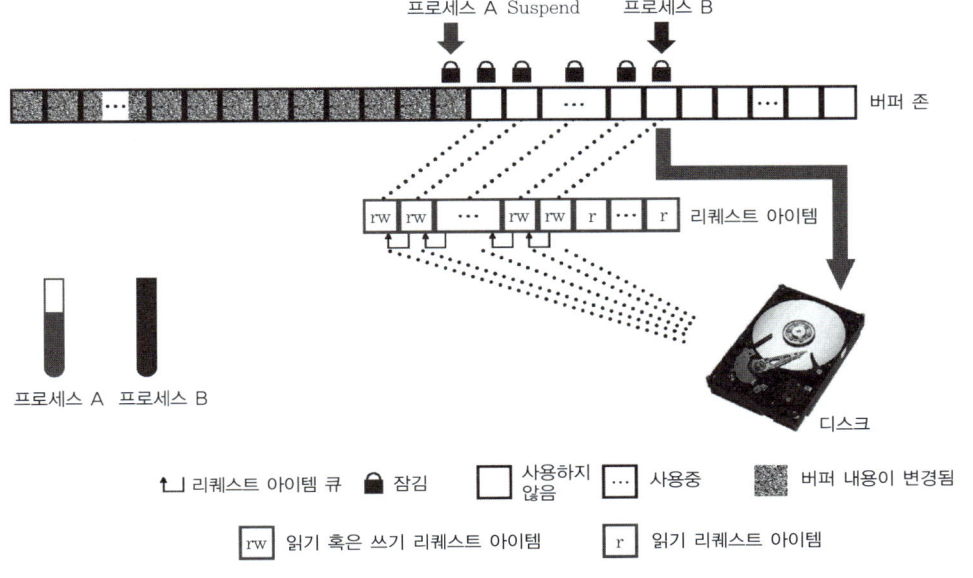

그림 7.39 시스템은 프로세스 B에서 사용할 버퍼 블록을 할당한다.

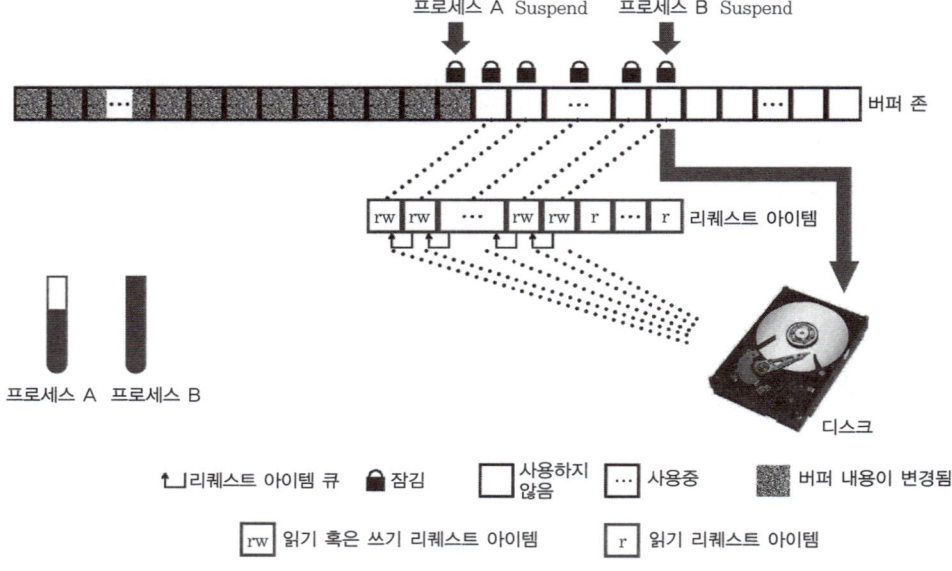

프로세스 A Suspend   프로세스 B Suspend

버퍼 존

리퀘스트 아이템

프로세스 A   프로세스 B

디스크

↑ 리퀘스트 아이템 큐   🔒 잠김   ☐ 사용하지 않음   ⋯ 사용중   ▦ 버퍼 내용이 변경됨

rw 읽기 혹은 쓰기 리퀘스트 아이템   r 읽기 리퀘스트 아이템

그림 7.40 프로세스 B도 서스펜드된다.

프로세스 C가 실행되고 바로 서스펜드된다. 프로세스 C는 디스크의 데이터를 읽는다. 시스템은 이 프로세스를 위해서 버퍼 블록을 할당한다. 아직까지 버퍼 블록들의 상태가 나아지지 않아서 프로세스 B에 할당했던 것과 같은 종류의 버퍼 블록을 할당한다(b_lock = 1, b_dirt = 0 인 버퍼). 섹션 7.2.6에서 설명했던 것처럼 이런 버퍼 블록은 바로 사용할 수 없다. 따라서 사용 가능할 때까지 프로세스는 서스펜드되어서 기다린다.

프로세스 C와 B는 같은 블록에 연결되어 있다. 두 프로세스는 이 블록의 락이 풀릴 때까지 서스펜드되어 기다리게 된다. 이 두 프로세스는 내부적으로 대기 큐를 구성한다.(역주: 섹션 7.6에 같은 버퍼를 기다리는 프로세스들이 대기 큐를 구성하는 것에 대해서 설명했다.)

현재, 세 유저 프로세스 모두 서스펜드되어 있는 상태다. 따라서 시스템은 프로세스 0으로 프로세스 전환할 수 밖에 없다. 프로세스의 현재 상태는 그림 7.41과 같다. 프로세스 A는 리퀘스트 아이템을 기다리고 있고, 프로세스 B와 C는 버퍼 블록의 락이 풀리기를 기다리고 있어서 대기 큐에 있다.

프로세스 A와 C는 깨어난다. 이제 대기 상태에서 깨어나는 세 유저 프로세스의 과정을 보여 줄 것이다. 프로세스들이 깨어나면 시스템은 버퍼 블록과 리퀘스트 아이템의 상태를 다양한 관점에서 살펴보고 프로세스 로직을 계속 수행해야 할지 아니면 더 대기해야 할지 결정한다.

시간이 흐르고 나면 하드디스크는 리퀘스트로 받은 동기화 명령을 다 처리하게 된다. 그러면 하드디스크 인터럽트가 발생하고 인터럽트는 서비스 루틴을 실행시키게 된다. 관련 코드는 다음과 같다.

```
//코드 경로: kernel/blk_dev/blk.h
extern inline void end_request(int uptodate)
{
```

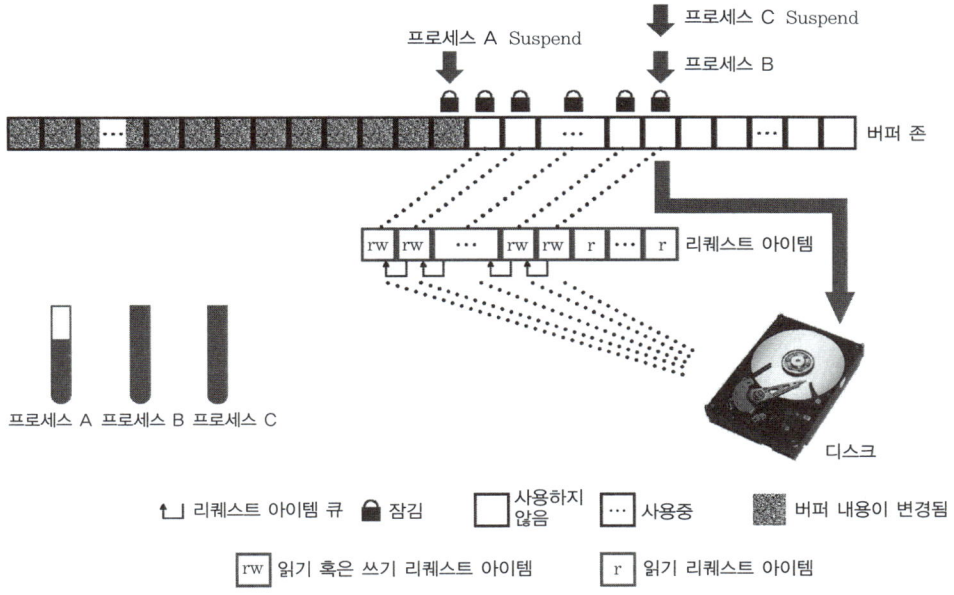

프로세스 A Suspend

프로세스 C Suspend

프로세스 B

버퍼 존

rw rw … rw rw r … r 리퀘스트 아이템

디스크

프로세스 A 프로세스 B 프로세스 C

↑」 리퀘스트 아이템 큐 🔒 잠김 사용하지 않음 … 사용중 버퍼 내용이 변경됨

rw 읽기 혹은 쓰기 리퀘스트 아이템 r 읽기 리퀘스트 아이템

그림 7.41 프로세스 A, B, C의 위치와 버퍼와 리퀘스트의 상태

```
        ......
        unlock_buffer(CURRENT->bh);
        ......
        wake_up(&wait_for_request);
        ......
}
extern inline void unlock_buffer(struct buffer_head * bh)
{
......
    bh->b_lock=0;
    wake_up(&bh->b_wait);
}
```

프로세스 A는 사용할 수 있는 리퀘스트 아이템을 얻기 위해서 서스펜드되었다. 하드디스크 인터럽트 핸들러가 실행되면 wake_up (&wait_for_ request) 명령이 실행되면서 프로세스 A가 깨어난다. 그림 7.42는 이때의 프로세스 A의 상태를 보여 준다.

프로세스 B와 C는 버퍼 블록의 대기 큐를 형성하고 있다. 프로세스 C가 프로세스 B보다 나중에 서스펜드되었기 때문에 프로세스 C가 먼저 깨어난다.

간단히 정리하면 시스템은 리퀘스트를 만들어 하드디스크에 요청한다. 이 요청이 완료되면 하드디스크는 인터럽트를 발생시키고 인터럽트 서비스 루틴이 실행된다. 여기서 시스템은 리퀘스트와 연결된 버퍼 블록의 락을 제거한다. 그리고 나서 다음으로 처리한 리퀘스트를 찾아서 do_hd_request() 함수를 호출한다. 더 처리할 리퀘스트 아이템이 있다면 다시 하드디스크에 명령을 보낸다. 이런 식으로 하드디스크는 주어진 일을 충실

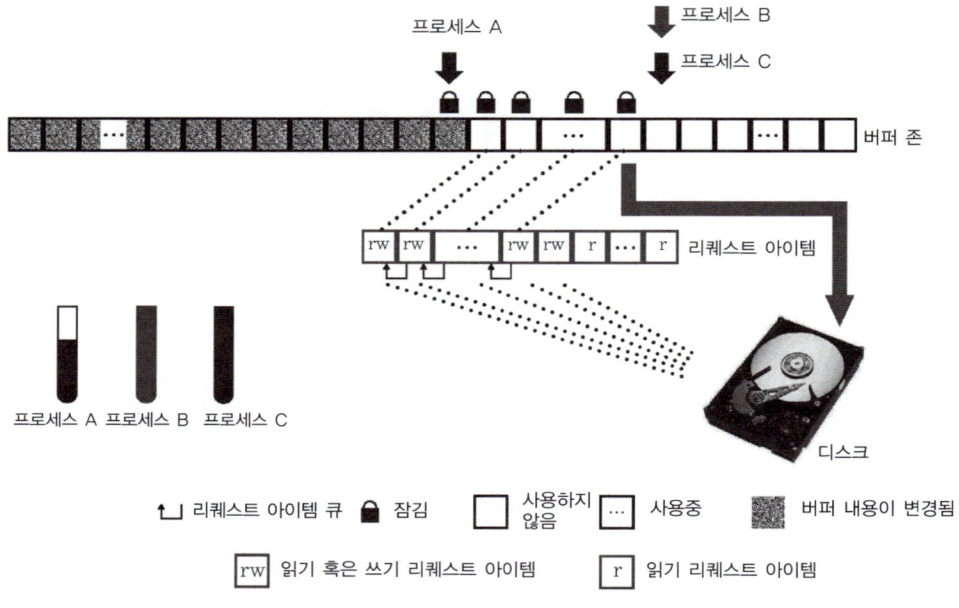

프로세스 A 프로세스 B 프로세스 C

↑⌐ 리퀘스트 아이템 큐　🔒 잠김　▢ 사용하지 않음　⋯ 사용중　▨ 버퍼 내용이 변경됨

rw 읽기 혹은 쓰기 리퀘스트 아이템　r 읽기 리퀘스트 아이템

그림 7.42 버퍼 블록의 데이터 동기화가 완료되고 나서 각 프로세스 상태

하게 수행한다. 그림 7.42의 오른쪽 부분은 이런 하드디스크의 처리 과정을 거친 후의 모습을 보여 준다. 남은 리퀘스트들도 이런 식으로 차례로 처리할 것이다. 이제 쓰기 동작에 쓸 수 있는 리퀘스트 아이템이 생겼다.

그림 7.42을 보면 프로세스 C의 타임 슬라이스가 프로세스 A의 것보다 더 많다는 것을 알 수 있다. 리눅스 스케줄러는 타임 슬라이스가 더 많이 남은 프로세스를 선택한다. 이제 프로세스 C로 프로세스 전환된다.

프로세스 C는 먼저 프로세스 B를 깨운다. 그림 7.43의 왼쪽 하단에서와 같이 프로세스 C는 먼저 프로세스 B를 깨운다. 코드는 다음과 같다.

```
//코드 경로: fs/buffer.c
struct buffer_head * getblk(int dev,int block)
{
......
    if (!bh) {
    sleep_on(&buffer_wait);
    goto repeat;
}

    wait_on_buffer(bh);          // 프로세스 C는 깨어나서 프로세스 B를 깨운다.
    if (bh->b_count)
        goto repeat;
    ......
}
static inline void wait_on_buffer(struct buffer_head * bh)
{
    cli();
```

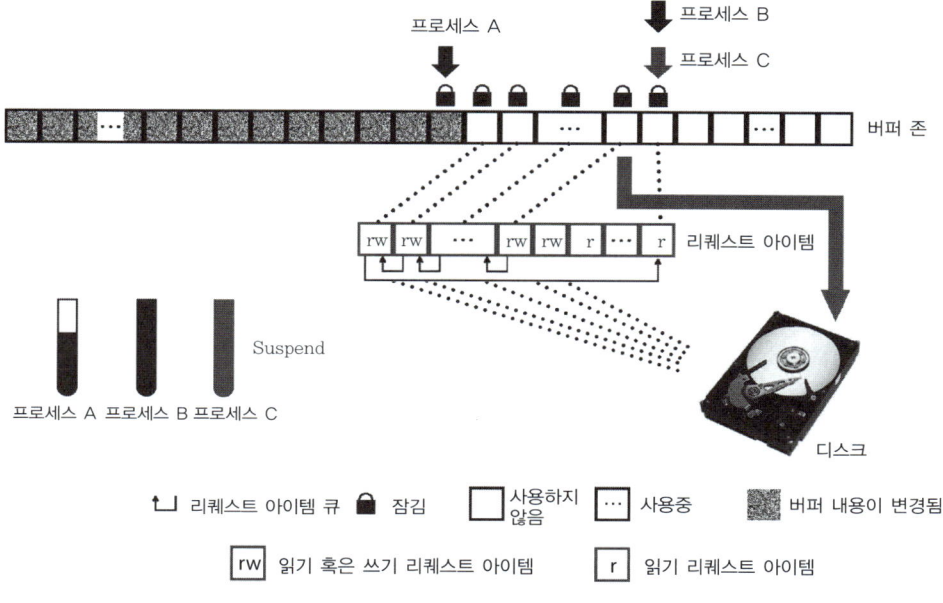

그림 7.43 프로세스 C의 읽기 요청이 대기 큐에 들어간 이후, 각 프로세스 상태

```
        while (bh->b_lock)
                sleep_on(&bh->b_wait);
        sti();
}
```

시스템이 프로세스 C에 할당한 버퍼 블록의 락을 풀어서 이제 사용할 수 있게 되었다. 먼저 이 버퍼 블록에
여러 가지 설정들을 하게 된다. 이때 참조 카운트는 1로 설정한다. 이것에 대한 코드는 다음과 같다.

```
//코드 경로: fs/buffer.c
struct buffer_head * getblk(int dev,int block)
{
......
    if (!bh) {
    sleep_on(&buffer_wait);
    goto repeat;
}
    wait_on_buffer(bh);     // 프로세스 C는 프로세스 B를 깨우고 다음 명령들을 계속 실행한다.
    if (bh->b_count)
            goto repeat;
    ......
    bh->b_count=1;          // 참조 카운트를 1로 설정한다.
    bh->b_dirt=0;
    bh->b_uptodate=0;
    ......
}
```

위 코드를 거치고 나면 버퍼 블록은 사용 중인 버퍼 블록이 된다. 이 버퍼 블록을 request[32]의 아이템과 바인딩시킨다. 그리고 나면 버퍼 블록에 락을 건다. 버퍼 블록과 리퀘스트가 만들어졌다고 해서 바로 처리되지는 않는다. 하드디스크에는 이미 처리해야 할 리퀘스트가 쌓여 있는 상태이기 때문이다. 현재 읽기 요청 전용 리퀘스트만 큐에 추가할 수 있다. 코드는 다음과 같다.

```
//코드 경로: kernel/blk_dev/ll_rw_blk.c
static void add_request(struct blk_dev_struct * dev, struct request * req)
{
    ......
    for ( ; tmp->next ; tmp=tmp->next)     // 디바이스가 사용 중이어서 request 아이템이
                                           // 큐에 추가된다.
            if ((IN_ORDER(tmp,req) ||
                !IN_ORDER(tmp,tmp->next)) &&
                IN_ORDER(req,tmp->next))
                  break;
    req->next=tmp->next;
    tmp->next=req;
    sti();
}
```

프로세스 C는 요청한 리퀘스트가 끝날 때까지 서스펜드된다.

그림 7.43는 현재 프로세스의 상태를 보여 주고 있다. 프로세스 C가 등록한 읽기 리퀘스트는 request[32]의 마지막 아이템이다. 리퀘스트 큐의 첫 번째 아이템은 마지막으로 등록 아이템을 가리키고 있다.(역주: 이렇게 하는 것은 읽기 리퀘스트의 우선 순위가 높기 때문이다. IN_ORDER는 버퍼 블록에서 우선 순위를 계산하는 매크로와 유사하다.)

프로세스 B에서 프로세스 A로 프로세스 전환된다. 프로세스 C가 대기 상태가 되면서 프로세스가 전환된다. 현재 프로세스 B의 타임 슬라이스가 프로세스 A의 것보다 더 많기 때문에 프로세스 B로 스위칭된다. 시스템은 버퍼 블록을 프로세스 B에 적용했지만 락이 걸려 있어서 대기 상태가 되었다. 아직까지 버퍼 블록의 락이 풀리지 않아서 프로세스 B는 다시 대기 상태가 된다. 시스템은 그림 7.44처럼 프로세스 A가 실행될 수 있도록 프로세스 스위칭시킨다.

현재 프로세스는 A이다. 프로세스 A는 버퍼 블록을 동기화시킬 리퀘스트 아이템이 없어서 대기 상태가 되었다. 프로세스 A가 깨어나면 동기화를 계속 진행한다. 그림 7.44처럼 다행히 리퀘스트 아이템이 하나 남아 있다. 이 리퀘스트에 프로세스 A가 가지고 있는 버퍼 블록을 연결한다. 그리고 나서 리퀘스트를 리퀘스트 큐에 추가한다. 이제 시스템에 남아 있는 리퀘스트 아이템이 없어서 그림 7.45처럼 서스펜드된다.

프로세스들은 위에서 설명한 절차들을 계속 반복한다. 하드디스크가 리퀘스트를 완료하면 시스템은 리퀘스트 아이템은 해제하고 이것과 연결된 버퍼 블록의 락도 풀어준다. 그러면 리퀘스트 아이템을 기다리는 프로세스나 버퍼 블록의 락을 기다리는 프로세스들이 깨어난다. 깨어난 프로세스는 버퍼와 하드디스크 간의 데이터 교환 요청을 하고 그림 7.46처럼 다시 서스펜드된다. 이 과정을 계속하면 그림 7.47처럼 모든 프로세스의 요청을 다 처리하게 된다.

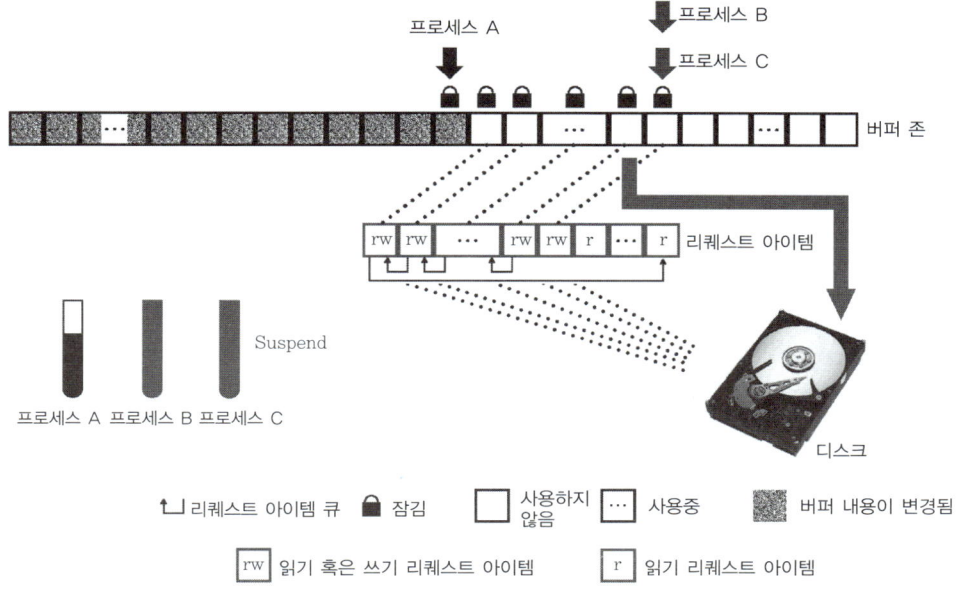

그림 7.44 프로세스 B가 대기 상태가 되고 프로세스 A가 실행된다.

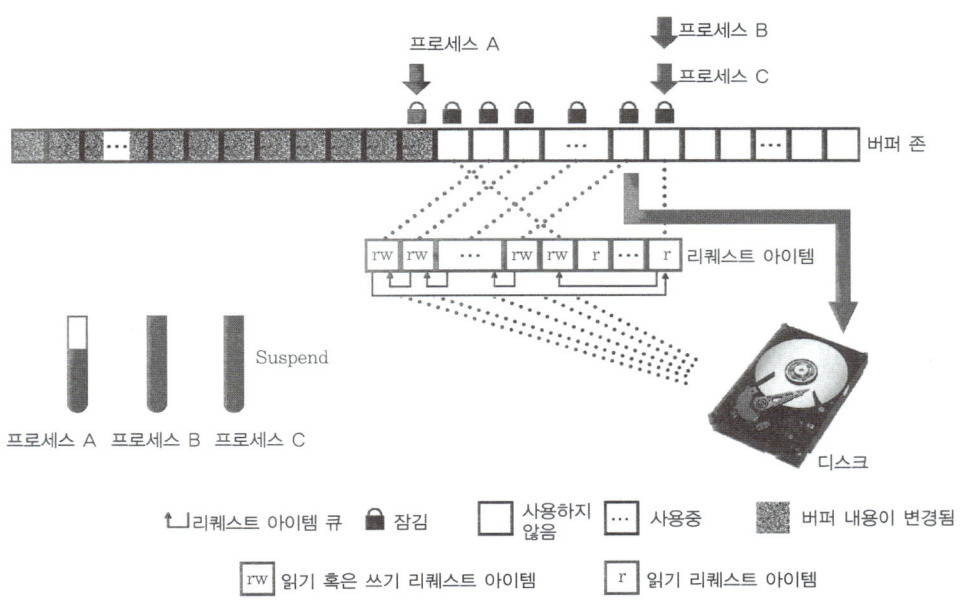

그림 7.45 프로세스 A가 다시 서스펜드된다.

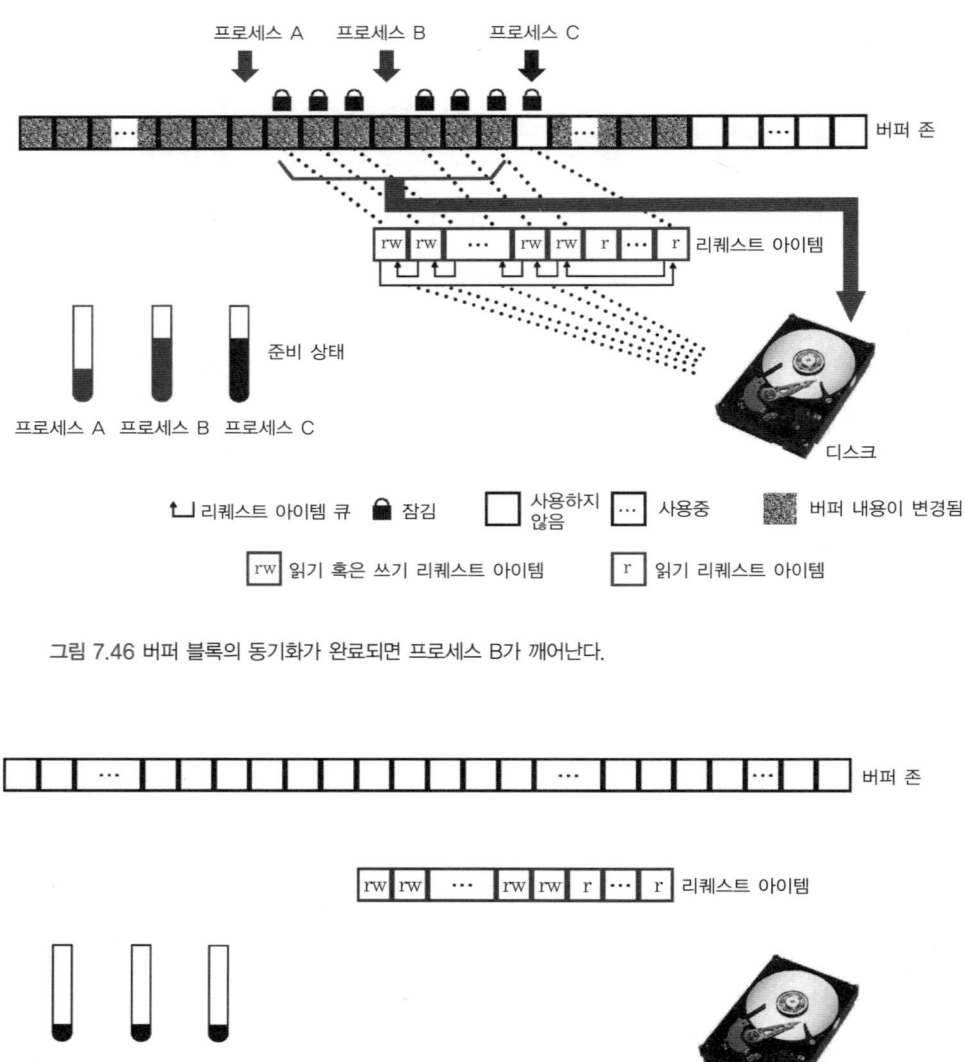

그림 7.46 버퍼 블록의 동기화가 완료되면 프로세스 B가 깨어난다.

그림 7.47 프로세스의 모든 리퀘스트가 처리되었다.

버퍼를 깊이 이해하기 위해서는 다수의 프로세스들이 파일을 어떻게 처리하고 있는지 이해하는 것이 중요하다. 우리가 지금까지 동기화 과정을 살펴보면서 알 수 있는 것처럼 버퍼를 디자인하는 데 있어서 중요한 것은 **버퍼의 데이터를 가능한 오래 버퍼에 유지시키는 것이다.** 하드디스크와 프로세스 간에 데이터를 바로 교환하는 것보다는 버퍼가 중간에 있는 것이 더 바람직 하다. 또 하드디스크를 읽고 쓰는 동작을 최대한 줄이는 것이 성능에 유리하다. 물론, 디자인 원칙과 현실은 차이가 있다. 앞에서 설명한 디자인 원칙으로 소스를 자세히 보면 원칙과는 다른 것을 보게 된다. 다음으로 볼 동기화 코드는 지금까지 이야기 했던 원칙과 다르게 구현된 코드다.

```c
//코드 경로: fs/buffer.c
int sys_sync(void)
{
        int i;
        struct buffer_head * bh;
        sync_inodes();                /* i-node를 버퍼에 쓴다. */
        bh = start_buffer;
        for (i=0 ; i<NR_BUFFERS ; i++,bh++) {   // 모든 버퍼 블록에 대해서 처리한다.
                wait_on_buffer(bh);
                if (bh->b_dirt)
                        ll_rw_block(WRITE,bh);
        }
        return 0;
}

int sync_dev(int dev)
{
        int i;
        struct buffer_head * bh;

        bh = start_buffer;
        for (i=0 ; i<NR_BUFFERS ; i++,bh++) {     // 모든 버퍼 블록에 대해서 처리한다.
        if (bh->b_dev != dev)
                continue;
        wait_on_buffer(bh);
        if (bh->b_dev == dev && bh->b_dirt)
                ll_rw_block(WRITE,bh);
        }
        sync_inodes();
        bh = start_buffer;
        for (i=0 ; i<NR_BUFFERS ; i++,bh++) {   // 모든 버퍼 블록에 대해서 처리한다.
                if (bh->b_dev != dev)
                continue;
        wait_on_buffer(bh);
        if (bh->b_dev == dev && bh->b_dirt)
                ll_rw_block(WRITE,bh);
        }
        return 0;
}
```

위 코드를 보면 b_count 필드에 대해서 어떤 처리도 하고 있지 않다는 것을 알 수 있다. b_count가 어떤 값이건 버퍼 블록은 b_dirt의 값이 1이기만 하면 동기화를 한다. 이런 처리는 우리가 디자인 원칙으로 세웠던 "가능한 공유 버퍼를 많이 사용하고 하드디스크의 읽기, 쓰기 명령을 줄인다"라는 것과 일치하지 않는다.

MEMO

CHAPTER 08
IPC (프로세스 간 통신)

챕터 7에서 설명한 것처럼 리눅스 0.11에서 프로세스는 프로세스 경계를 임의로 넘어서 다른 프로세스의 코드나 데이터에 접근할 수 없다. 이것은 운영체제가 시스템을 보호하기 위한 중요한 기능이다.

하지만 현실적으로 프로세스들이 서로 협력하고 때로는 서로의 정보를 공유해야 한다. 이렇게 하는 것이 프로세스 보호와는 반대되는 것이기는 해도 반드시 필요한 기능이다. 문제는 프로세스의 코드와 데이터를 보호하면서 프로세스 간 통신을 어떻게 할 수 있느냐 하는 것이다. 리눅스 0.11 운영체제는 이런 요구 사항에 부합하기 위해 두 가지 메커니즘을 제공한다. 하나는 파이프 메커니즘이고, 다른 하나는 시그널 메커니즘이다. 이번 챕터에서는 예제를 통해서 두 메커니즘에 대해서 자세히 다룰 것이다.

8.1 파이프 메커니즘

프로세스를 보호하고 프로세스 간의 경계를 침해하지 않으면서 IPC 통신을 하기 위해 리눅스 0.11은 프로세스의 경계를 우회하는 파이프 메커니즘을 설계했다. 파이프는 두 프로세스 간 데이터를 상호 교환할 수 있게 한다. 한쪽 프로세스가 데이터를 파이프로 넣으면 다른 쪽 프로세스가 파이프에서 데이터를 꺼낸다. 이 방법을 사용하면 프로세스 간 통신을 할 수 있으면서도 프로세스의 경계를 침범하지 않아도 된다(그림 8.1).

그림 8.1 파이프의 원리

운영체제는 각 파이프에 한 페이지의 메모리를 할당한다. 그리고 이 메모리에 파일 속성을 부여한다(파일 속성을 부여하는 이유는 챕터 9에서 설명한다). 메인 메모리에 할당된 이 메모리는 두 프로세스에 공유되지만 어떤 프로세스에도 속하지 않는다. 오직 커널만이 이 메모리를 제어한다.

파이프 동작은 두 부분으로 나눌 수 있다. 그중 하나는 파이프를 생성하는 것이고, 다른 하나는 파이프에 읽기/쓰기 부분이다. 여기에서는 이 두 부분을 예제 1을 통해서 소개할 것이다. 예제 1 코드는 다음과 같다.

```c
#include <stdio.h>
#include <unistd.h>
int main()
{
int n, fd[2];
pid_t pid; int i,j;
char str1[] = "ABCDEABCDEABCDEABCDEABCDEABCDEABCDEABCDEABCDEABCDE
ABCDEABCDEABCDEABCDEABCDEABCDEABCDEABCDEABCDEABCDE
ABCDEABCDEABCDEABCDEABCDEABCDEABCDEABCDEABCDEABCDE
ABCDEABCDEABCDEABCDEABCDEABCDEABCDEABCDEABCDEABCDE
ABCDEABCDEABCDEABCDEABCDEABCDEABCDEABCDEABCDEABCDE
ABCDEABCDEABCDEABCDEABCDEABCDEABCDEABCDEABCDEABCDE
ABCDEABCDEABCDEABCDEABCDEABCDEABCDEABCDEABCDEABCDE
ABCDEABCDEABCDEABCDEABCDEABCDEABCDEABCDEABCDEABCDE
ABCDEABCDEABCDEABCDEABCDEABCDEABCDEABCDEABCDEABCDE
ABCDEABCDEABCDEABCDEABCDEABCDEABCDEABCDEABCDEABCDE
ABCDEABCDEABCDEABCDEABCDEABCDEABCDEABCDEABCDEABCDE
ABCDEABCDEABCDEABCDEABCDEABCDEABCDEABCDEABCDEABCDE
ABCDEABCDEABCDEABCDEABCDEABCDEABCDEABCDEABCDEABCDE
ABCDEABCDEABCDEABCDEABCDEABCDEABCDEABCDEABCDEABCDE
ABCDEABCDEABCDEABCDEABCDEABCDEABCDEABCDEABCDEABCDE
ABCDEABCDEABCDEABCDEABCDEABCDEABCDEABCDEABCDEABCDE
ABCDEABCDEABCDEABCDEABCDEABCDEABCDEABCDEABCDEABCDE
ABCDEABCDEABCDEABCDEABCDEABCDEABCDEABCDEABCDEABCDE
ABCDEABCDEABCDEABCDEABCDEABCDEABCDEABCDEABCDEABCDE
ABCDEABCDEABCDEABCDEABCD";

char str2[512];
    if (pipe(fd) < 0){//파이프 생성
        printf("pipe error\n");
         return -1; }
    if ((pid = fork()) < 0){
        printf("fork error\n");
        return -1;
    }
    else if (pid > 0) // 부모 프로세서는 파이프에 데이터를 쓴다.
    {
        close(fd[0]);
        for(i = 0;i<10000;i++)
        write(fd[1],str1,strlen(str1));
    }
    else { // 자식 프로세스는 파이프에서 데이터를 읽는다.
        close(fd[1]);
        for(j = 0;j<20000;j++)
        read(fd[0],str2,strlen(str2));
    }
    return 0;
}
```

예제 1은 프로세스 간의 데이터를 공유하는 예를 보여 준다. 부모 프로세스는 str1 문자열 데이터를 파이프에 쓴다. 그리고 자식 프로세스는 파이프에서 데이터를 읽어 들인다. 이때의 str1 데이터 크기는 1024바이트(1KB)이다.

8.1.1 파이프 생성 과정

기술적 관점에서 보면 파이프는 한 페이지의 메모리지만 프로세스는 파일을 다루듯 파이프를 사용한다. 이 때문에 파이프에 사용되는 메모리는 파일 속성은 추가하고, 메모리 속성은 제거한다.

이 메모리에 파일 속성을 부여한다는 것은 다음과 같은 의미를 갖는다. 파이프를 생성하는 것은 파일을 생성하는 것과 동일하다. 예를 들면 filp[20]과 file_table[64]과의 연결, i-node의 생성 그리고 file_table[64]와 i-node 간의 연결이 파이프를 생성할 때 필요한 일들이다. 결국, 이런 절차는 프로세스에게 파이프가 파일로 보일 수 있도록 하는 것이다.

반면 메모리 속성을 제거한다는 의미는 결국 메모리 페이지가 파일처럼 사용되어야 한다는 것이다. 예를 들어, 프로세스는 유저 영역의 데이터에 접근하는 것처럼 파이프를 사용할 수 없다. 이것은 파이프 메모리를 프로세스 메모리 공간에 매핑하지 않기 때문이다. 다른 예로 메모리 페이지를 다루는 두 개의 프로세스가 있다고 하자. 이들은 한 쪽에서 데이터를 쓰고 있으면 다른 한쪽에는 데이터를 읽는다. 이때 쓰기에 의한 페이지 폴트가 발생하지 않는다.(역주 : 파이프에 할당되는 메모리 영역을 벗어나면 다시 처음으로 롤백되어 쓰이기 때문에 페이지 폴트는 발생하지 않는다.) 또 파이프는 공유할 수도 없다.

다음으로 파이프를 생성하는 상세 과정을 살펴보자.

파이프 파일을 위한 file_table[64]의 한 아이템을 할당받는다. 보통 파일이 현재 프로세스(한 프로세스)만 사용할 수 있는 반면, 파이프는 두 프로세스(한쪽은 쓰기, 다른 한쪽은 읽기를 위해)에 의해 사용된다. 예제 1에서 부모 프로세스가 파이프를 생성했다(파이프 쓰기 프로세스). 부모 프로세스에서 자식 프로세스(파이프 읽기 프로세스)에 필요한 절차를 수행한다. 일단 자식 프로세스가 만들어지면 자식 프로세스는 파이프를 사용할 수 있다.

우선, 부모 프로세스는 file_table[64]에 두 개의 아이템을 준비하고 두 아이템의 참조 카운터를 1로 설정한다. 참조 카운터를 1로 설정한 것은 각 아이템이 참조되는 것을 의미한다. 즉, 부모와 자식 프로세스는 파이프를 이용할 때 이 아이템들을 사용한다. 다음 코드를 보자.

```
//코드 경로:fs/pipe.c:
int sys_pipe(unsigned long * fildes) {
    struct m_inode * inode;
    struct file * f[2];
    int fd[2];
    int i,j;

    j = 0;
    for(i = 0;j<2 && i<NR_FILE;i++) // file_tabl[64]에서 두 개의 아이템을 찾는다.
```

```
            if (!file_table[i].f_count) // 사용하지 않는 아이템을 찾는다.
                (f[j++] = i+file_table)->f_count++; // f_count에 1을 설정한다.
    if (j = = 1)
        f[0]->f_count = 0;
    if (j<2)
        return -1;
    ......
}
```

파이프 파일을 생성하기 위해서 file_table[64]에 두 개의 아이템을 적용한 모습이 그림 8.2와 같다.

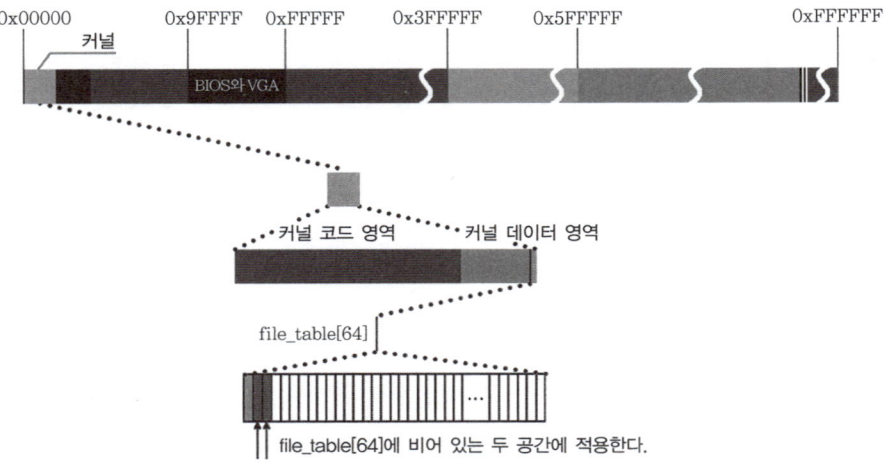

그림 8.2 파이프 파일을 만들기 위해서 file_table[64]에 두 아이템을 준비한다.

프로세스의 task_struct의 *flip[20]과 file_table[64]을 연결한다. 부모 프로세스 task_struct의 flip[20]에 두 아이템을 만든다. 이 두 아이템은 이전에 만들었던 file_table[64]의 테이블 아이템과 연결된다. 이것으로 *filp[20]와 file_table[64]를 연결한다. 부모 프로세스가 자식 프로세스를 만들게 되면 *filp[20]의 테이블 아이템이 자동으로 자식 프로세스에 복사되기 때문에 자식 프로세스의 *filp[20]의 아이템이 같은 file_table[64]의 파이프와 연결된다. 상세코드는 다음과 같다.

```
//코드 경로:fs/pipe.c:
int sys_pipe(unsigned long * fildes) {
    ......
    if (j == 1)
    f[0]->f_count = 0;
    if (j<2)
    return -1;
```

```
        j = 0;
        for(i = 0;j<2 && i<NR_OPEN;i++) // *filp[20]에서 적용할 두 아이템을 준비한다.
            if (!current->filp[i]) {      // 사용하지 않는 아이템을 찾는다.
                current->filp[fd[j] = i] = f[j]; // 두 아이템을 각각 연결한다.

                j++;
            }
        if (j == 1)
            current->filp[fd[0]] = NULL;
        if (j<2) {
            f[0]->f_count = f[1]->f_count = 0;
            return -1;
        }
        ......
    }
```

그림 8.3은 현재 프로세스와 파이프 파일 간의 관계를 설정한 이후를 보여 준다.

파이프 파일의 i-node를 생성한다. 프로세스에서 파이프 파일을 사용하기 위해서는 반드시 i-node와 file_table[64] 간의 연결 관계를 만들어야 한다. 이를 위해서 get_pipe_inode() 함수를 호출하고 이때 얻은 i-node를 inode_table[32]에 설정한다. 구체적인 코드는 다음과 같다.

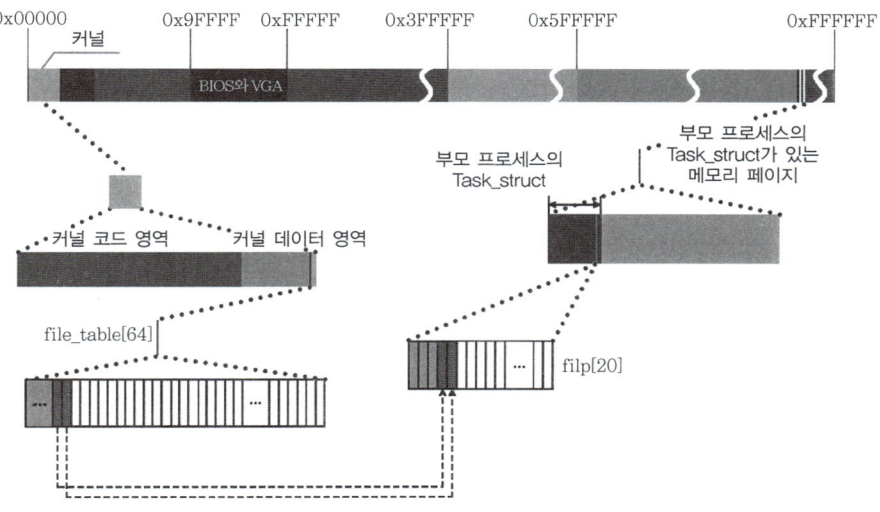

그림 8.3 파이프 파일과 현재 프로세스 간의 관계를 설정한다.

```
//코드 경로:fs/pipe.c:
int sys_pipe(unsigned long * fildes)
{
    ......
    if (j = =1)
        current->filp[fd[0]] = NULL;
    if (j<2) {
        f[0]->f_count = f[1]->f_count = 0;
        return -1;
    }
    if (!(inode = get_pipe_inode())) { // 파이프 파일의 i-node 생성
        current->filp[fd[0]] = current->filp[fd[1]] = NULL;
        f[0]->f_count = f[1]->f_count = 0;
        return -1;
    }
    ......
}
```

파이프는 결국 메모리이기 때문에 시스템은 메모리의 주소를 i-node에 설정해야 한다. 여기서 주목해야 할 것은 inode->i_size가 파일 크기가 아니라 메모리 페이지의 어드레스를 갖는다는 점이다. 이것에 대한 코드는 다음과 같다.

```
//코드 경로:fs/inode.c:
struct m_inode * get_pipe_inode(void)
{
    struct m_inode * inode;

    if (!(inode = get_empty_inode()))
        return NULL;
    if (!(inode->i_size = get_free_page())) {      // 메모리 크기를 i_size에
                                                   // 설정한다.

        inode->i_count = 0;
        return NULL;
    }
    inode->i_count = 2; // 파이프를 쓰는 프로세스와 읽는 프로세스의 총 갯수
    ......
}
```

파이프는 메모리면서 파일이다. 따라서 i-node를 가지고 있어야 한다. 또 참조 카운트도 가져야 한다. 리눅스 0.11은 파이프를 사용할 수 있는 프로세스를 두 개로 한정하고 있다. 하나는 읽기만 하는 프로세스고, 다른 하나는 쓰기만 하는 프로세스다. 따라서 참조 카운트를 2로 설정한다.

그리고 나서 읽기/쓰기 포인터 위치를 파이프의 초기 위치(메모리내에서의 초기 위치는 0이다)로 설정한다. i-node의 속성에는 파이프 타입을 설정해서 파이프 파일을 구별할 수 있도록 한다. 이것으로 하드디스크에 저장된 파일을 위한 i-node가 아니라는 것을 명시한다. 또 i-node가 메모리라는 것도 알려준다.

상세 코드는 다음과 같다.

```
//코드 경로:fs/inode.c:
struct m_inode * get_pipe_inode(void) {
    ......
    if (!(inode->i_size = get_free_page())) {
        inode->i_count = 0; return NULL;
    }
    inode->i_count = 2; // 파이프를 쓰는 프로세스와 읽는 프로세스의 총 갯수
    PIPE_HEAD(*inode) = PIPE_TAIL(*inode) = 0;   // PIPE_HEAD는 쓰기 파이프 포인터
                                                 // PIPE_TAIL는 읽기 파이프 포인터,
                                                 // 둘 다 0으로 설정한다.

    inode->i_pipe = 1;// 파이프 파일에 속성 부여
    return inode;
}
```

파이프의 i-node 설정과 프로세스 설정 과정은 그림 8.4에서 볼 수 있다.

파이프 파일의 i-node와 file_table[64] 간의 연결 관계를 만든다. 이제 파이프 파일의 i-node가 만들어 졌기 때문에 file_table[64]와 i-node 간의 연결 관계를 만들 수 있게 됐다. 구체적인 과정은 다음과 같다. file_table[64]의 두 아이템을 초기화하고 파이프의 i-node를 가리키도록 설정한다. 파일 쓰기/읽기 포인터를 파이프의 초기 위치, 0으로 설정한다. 이때 첫 번째 엔트리의 모드를 읽기로 하고, 두 번째 엔트리의 모드를 쓰기로 설정해야 한다.

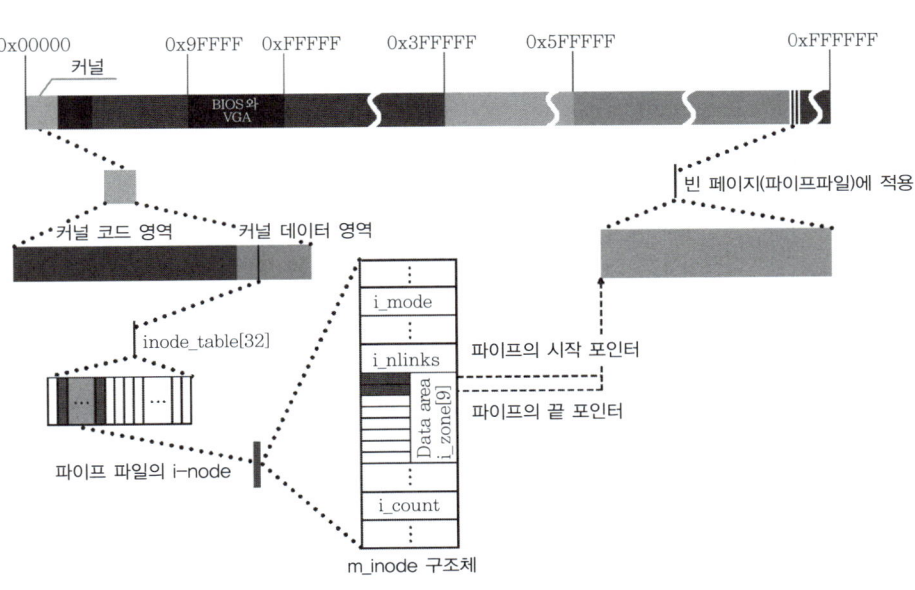

그림 8.4 파이프 파일의 i-node 생성

이렇게 해서 부모 프로세스는 파이프 파일을 사용할 수 있게 되었다. 그리고 부모 프로세스가 생성한 자식 프로세스도 자연스럽게 파이프 파일을 사용할 수 있게 된다. 관련 코드는 다음과 같다.

```
//코드 경로:fs/pipe.c:
int sys_pipe(unsigned long * fildes)
{
    ......
    if (!(inode = get_pipe_inode())) {
            current->filp[fd[0]] =
        current->filp[fd[1]] = NULL;
            f[0]->f_count = f[1]->f_count = 0;
            return -1;
    }
    f[0]->f_inode = f[1]->f_inode = inode; //i-node와 테이블 아이템을 연결
    f[0]->f_pos = f[1]->f_pos = 0;
    f[0]->f_mode = 1;      /* 읽기 */
    f[1]->f_mode = 2;      /* 쓰기 */
    put_fs_long(fd[0],0+fildes);
    put_fs_long(fd[1],1+fildes);
    return 0;
}
```

유저 프로세스에 파이프 파일 핸들을 반환한다. 이제 유저 프로세스에 파이프 핸들 두 개를 반환해야 한다. 예제 1의 fd[2]가 반환될 핸들이 저장될 배열이다. 이 배열(fd[2])은 핸들을 저장하기 위한 두 개의 공간을 가지고 있고 여기에 각각의 핸들이 저장된다.

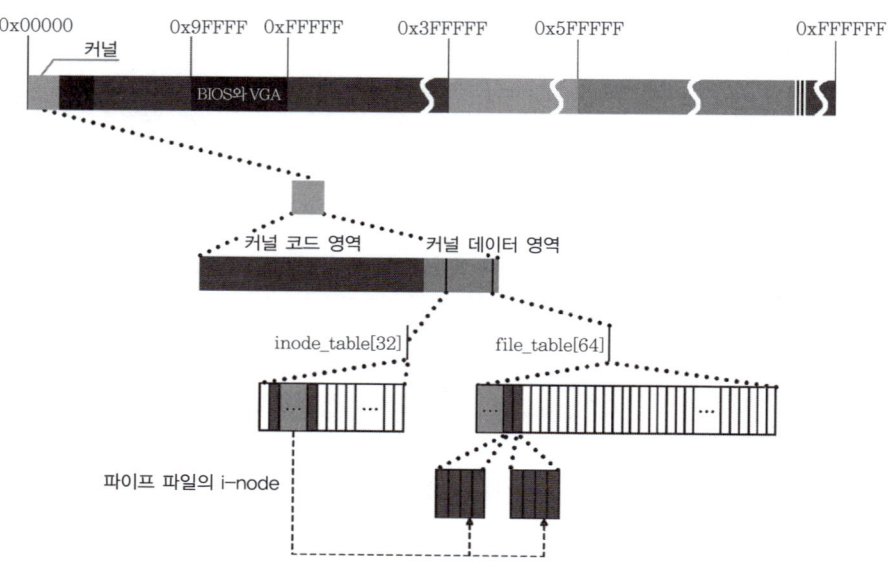

그림 8.5 파이프의 i-node와 file_table[64] 간의 연결 관계를 만든다.

자식 프로세스는 두 개의 파일 핸들을 상속받는다. 그리고 부모 프로세스와 자식 프로세스는 이 각자의 파일 핸들을 통해서 파이프를 이용할 수 있다. 구체적인 코드는 다음과 같다.

```
//코드 경로:fs/pipe.c:
int sys_pipe(unsigned long * fildes)
{
    ......
    f[0]->f_inode = f[1]->f_inode = inode;
    f[0]->f_pos = f[1]->f_pos = 0;
    f[0]->f_mode = 1; /* 읽기 */
    f[1]->f_mode = 2; /* 쓰기 */
    put_fs_long(fd[0],0+fildes); //읽기 파이프 파일 핸들러 설정
    put_fs_long(fd[1],1+fildes); //쓰기 파이프 파일 핸들러 설정
    return 0;
}
```

그림 8.6은 유저 프로세스에 전달된 파이프 파일 핸들을 보여 주고 있다.

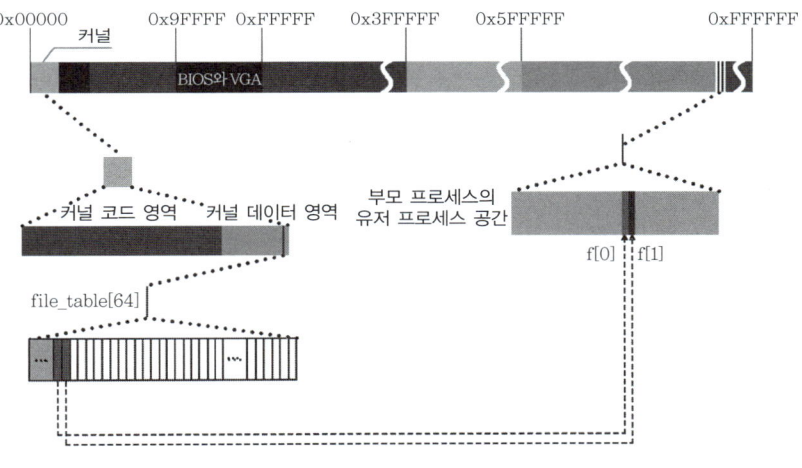

그림 8.6 유저 프로세스에 파이프 파일 핸들을 리턴한다.

8.1.2 파이프 동작

리눅스 0.11의 파이프 동작 방식은 다음과 같다. 파이프에 아직 읽지 않은 데이터가 남아 있을 때 읽기를 하면 반드시 데이터를 읽을 수 있다. 하지만 읽을 데이터가 없을 때 파이프를 읽으면 동작이 멈춘다. 즉, 한번 읽힌 데이터는 다시 읽히지 않는다. 파이프에 쓰기를 하는 과정에서 파이프에 데이터를 쓸 여유 공간이 있다면 쓰기 동작이 수행되지만, 쓸 수 있는 충분한 공간이 없으면 쓰기 과정은 중지된다. 즉, 읽히지 않는 데이터가 다른 데이터에 덮여 없어지지 않는다. 또 파이프의 크기는 메모리 한 페이지와 동일하다.(^{역주} : 메모리 한 페이지는 보통 4KB이다.) 따라서 읽고 쓰는 과정 중에 페이지의 끝 부분에 도착하면 읽기/쓰기 포인터가 페이지의 처음으로

돌아가 파이프의 읽기/쓰기 동작을 계속 수행할 수 있도록 한다.

이 롤링 백에 대한 코드는 다음과 같다.

```c
//코드 경로:fs/read_write.c:
int sys_read(unsigned int fd,char * buf,int count) // 파이프 읽기 포인터
{
    ......
    while (count>0) {
        ......
        if (chars > size)
            chars = size;
            count - = chars;
        read += chars;
        size = PIPE_TAIL(*inode);

        // 페이지 오프셋은 한 페이지를 초과할 때 자동으로 포인터를 처음으로 돌린다.
        // &= 연산으로 자동으로 수행한다.
        PIPE_TAIL(*inode) += chars;
        PIPE_TAIL(*inode) &= (PAGE_SIZE-1);

        while (chars? >0)
            put_fs_byte(((char *)inode->i_size)[size++],buf++);
    }
    ......
}


int write_pipe(struct m_inode * inode, char * buf, int count) // 파이프 쓰기 포인터
{
    ......
    while (count>0) {
        ......
        if (chars > size)
            chars = size;
        count -= chars;
        written += chars;
        size = PIPE_HEAD(*inode);

        // 페이지 오프셋은 한 페이지를 초과할 때 자동으로 포인터를 처음으로 돌린다.
        // &= 연산으로 자동으로 수행한다.
        PIPE_HEAD(*inode) += chars;
        PIPE_HEAD(*inode) &= (PAGE_SIZE-1);
        while (chars? >0)
            ((char *)inode->i_size)[size++] = get_fs_byte(buf++);
    }
    ......
}
```

계속해서 롤링 백이 일어날 때, 파이프에 대한 읽기와 쓰기, 프로세스의 상태 제어에 대한 코드는 다음과 같다.

```
//코드 경로:include/linux/fs.h:
......
#define PIPE_HEAD(inode) ((inode).i_zone[0])
#define PIPE_TAIL(inode) ((inode).i_zone[1])
#define PIPE_SIZE(inode) ((PIPE_HEAD(inode)-PIPE_TAIL(inode))&(PAGE_SIZE-1))
......


//코드 경로:fs/read_write.c:
int sys_read(unsigned int fd,char * buf,int count) // 파이프 읽기 포인터
{
    ......
    while (count>0) {
        while (!(size = PIPE_SIZE(*inode))) {
            // 읽기 포인터와 쓰기 포인터가 일치하는 것은
            // 프로세스가 파이프의 데이터를 읽었다는 것을 의미한다.
            // 파이프의 모든 데이터가 읽히면 파이프에 데이터를 쓰는 프로세스를 깨운다.
            wake_up(&inode->i_wait);

            if (inode->i_count ! = 2) /* 파이프에 연결된 다른 프로세스가 있나? */
                return read;
            sleep_on(&inode->i_wait);     // 읽을 데이터가 없으므로 파이프에서 읽기를
                                          // 요청한 프로세스를 대기 상태로 만든다.
        }
        chars = PAGE_SIZE-PIPE_TAIL(*inode);
        if (chars > count)
            chars = count;
        if (chars > size)
            chars = size;

        ......

    }

    wake_up(&inode->i_wait);  // 파이프 데이터를 읽어서 여분의 공간이 생겼다.
                              // 파이프에 쓰려는 프로세스를 깨운다.

    return read;
}


int write_pipe(struct m_inode * inode, char * buf, int count)// 파이프 쓰기 포인터
{
    ......
    while (count>0) {
        while (!(size = (PAGE_SIZE-1)-PIPE_SIZE(*inode))) {
                                // 쓰기 포인터는 최대 4095바이트를 쓸 수 있다.
                                // 즉, 파이프에 데이터를 최대로 썼을 때 그렇다.
                                // (한 페이지 사이즈가 4096바이트인 경우)
                                // 파이프에 데이터가 쓰여지면 파이프를 읽으려는 프로세스를 깨운다.
```

```
            wake_up(&inode->i_wait); // 파이프에 데이터가 가득 찼으니 파이프 읽기
                                     // 프로세스를 깨운다.

            if (inode->i_count != 2) {/* 파이프를 읽을 프로세스(readers)가 없다. */
                current->signal | = (1<<(SIGPIPE-1));
                return written?written:-1;
            }
            sleep_on(&inode->i_wait); // 파이프에 데이터를 쓸 공간이 없으므로
                                      // 대기 상태가 되어서 기다린다.
        }
        chars = PAGE_SIZE-PIPE_HEAD(*inode);
        if (chars > count)
            chars = count;
        if (chars > size)
            chars = size;
        ……
    }
    wake_up(&inode->i_wait);           // 파이프에 데이터를 쓰고 나서 파이프 읽기 프로세서를 깨운다.
    return written;
}
```

파이프에 쓸 수 있는 최대 데이터를 쓰면 파이프의 쓰기 포인터가 다시 앞으로 돌아간다(라운드 버퍼와 동일한 원리다). 그래서 파이프 읽기 포인터의 1바이트 뒤에 위치한다. 그리고는 서스펜드되어서 데이터를 더 쓸 수 있는 공간이 생길 때까지 기다린다. 리눅스 0.11은 sys_write() 함수를 설계할 때 한 번에 최대 4095바이트를 쓸 수 있도록 했다.

이제, 예제 1을 통해서 파이프 오퍼레이션의 내부 절차가 어떻게 되는지 알아보도록 하자.

파이프 읽기 프로세스가 파이프 파일을 읽는다. 예제 1에서 부모 프로세스는 파이프를 생성하고 나서 자식 프로세스를 생성한다. 현재 시스템에는 이 두 개의 프로세스만 있다고 가정한다. 즉, 준비 상태가 된 프로세스들로 파이프를 읽으려는 프로세스와 파이프에 데이터를 쓰려는 프로세스만 있다. 파이프를 읽는 프로세스가 먼저 실행된다. 이 프로세스는 소스코드 "read (fd[0],str2,strlen(str2))"를 실행한다. read() 함수가 시스템 콜 sys_read()로 연결되어 실행된다. 결국, 프로세스는 read_pipe() 함수를 실행한다. 시스템이 파이프를 읽으려고 하지만 지금 파이프에는 어떤 데이터도 없다. 시스템은 이 프로세스를 서스펜드시키고 파이프에 데이터를 쓰는 프로세스가 실행되도록 한다. 이것에 대한 코드는 다음과 같다.

```
//코드 경로: fs/read_write.c
int sys_read(unsigned int fd,char * buf,int count)
{
    …
    verify_area(buf,count);
    inode = file->f_inode;
    if (inode->i_pipe)
```

```
            return (file->f_mode&1)?read_pipe(inode,buf,count):-EIO; // read_pipe 호출
    if (S_ISCHR(inode->i_mode))
            return rw_char(READ,inode->i_zone[0],buf,count,&file->f_pos);

    ......
}


//코드 경로: fs/pipe.c
int read_pipe(struct m_inode * inode, char * buf, int count)  //read_pipe 함수
{
    int chars, size, read = 0;
    while (count>0) {
        while (!(size=PIPE_SIZE(*inode))) {    // 파이프에 데이터가 없을 때까지 while 루프 실행
            wake_up(&inode->i_wait);
            if (inode->i_count != 2) /* 파이프에 데이터를 쓸 프로세스(writers)가 있나? */
                return read;
            sleep_on(&inode->i_wait);          // 파이프를 읽는 프로세스가 대기 상태가 된다.
                                               // 파이프에 데이터를 쓰는 프로세스로 전환된다.
                                               // (시스템에는 두 개의 프로세스만
                                               // 있다고 가정한다.)
        }
        chars = PAGE_SIZE-PIPE_TAIL(*inode);
        if (chars > count)
            chars = count;
        ......
    }
    ......
}
```

현재 파이프에는 데이터가 없어서 파이프를 읽으려는 프로세스는 서스펜드되어서 데이터가 들어올 때까지 기다린다. 그림 8.7에서 프로세스 상태가 변경된 것을 확인할 수 있다.

파이프 쓰기 프로세스는 데이터를 파이프에 쓴다. 파이프 쓰기 프로세스가 실행된다. 예제 1의 str1 배열에 있는 1024바이트 데이터를 파이프에 주기적으로 쓴다. 이 프로세스는 "write(fd[1],str1,strlen(str1))" 명령을 실행한다. write() 함수는 시스템 콜 함수인 sys_write()로 연결되어 실행된다. 결과적으로 write_pipe() 함수가 실행된다. 프로세스가 파이프에 데이터를 쓰고 나면 파이프에는 읽을 수 있는 데이터가 생긴 것이다. 대기 상태로 있던 파이프 읽기 프로세스(프로세스가 깨어난다고 파이프 읽기 프로세스가 즉각 실행된다는 것은 아니다)가 깨어난다.

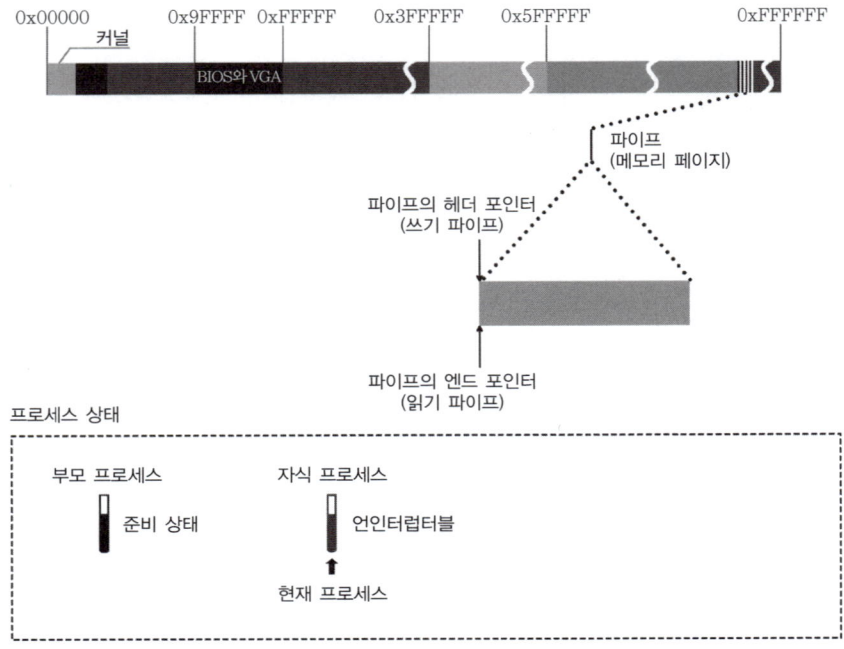

그림 8.7 파이프에서 데이터를 읽는 프로세스가 시작하자마자 대기 상태가 된다.

파이프에 데이터를 쓰는 상세 코드는 다음과 같다.

```c
//코드 경로:fs/read_write.c:
int sys_write(unsigned int fd,char * buf,int count)
{
    ......
    if (!count)
        return 0;
    inode=file->f_inode;
    if (inode->i_pipe)
        return (file->f_mode&2)?write_pipe(inode,buf,count):-EIO;
                        // write_pipe() 함수를 호출한다.
    if (S_ISCHR(inode->i_mode))
        return rw_char(WRITE,inode->i_zone[0],buf,count,&file->f_pos);
    ......
}


//코드 경로:fs/pipe.c:
int write_pipe(struct m_inode * inode, char * buf, int count)
{
    int chars, size, written = 0;

    while (count>0) {
        ......
```

```
            size = PIPE_HEAD(*inode);
            PIPE_HEAD(*inode) += chars;
            PIPE_HEAD(*inode) &= (PAGE_SIZE-1);
            while (chars-->0)
                ((char *)inode->i_size)[size++]=get_fs_byte(buf++);
                                  // 파이프에 데이터를 쓴다.
        }
    wake_up(&inode->i_wait);  // 파이프에 데이터가 들어오기만을 기다리는
                              // 프로세스를 깨운다.
}
```

파이프에 데이터를 쓰는 과정은 그림 8.8에서 보여 주고 있다.

파이프 쓰기 프로세스는 파이프에 계속해서 데이터를 쓴다. 현재 프로세스는 아직 파이프 쓰기 프로세스이다. 파이프에 데이터를 기록하고 나면 커널 영역에서 빠져나와서 유저 영역의 코드가 실행된다. 예제 1의 for(i = 0;i⟨10000;i++) 코드를 계속 실행하면서 프로세스에게 부여된 타임 슬라이스가 다 끝날 때까지 계속 반복한다.

반복문에 의해서 데이터를 계속 쓰면 그림 8.9와 같이 된다.

파이프 쓰기 프로세스가 계속 데이터를 쓰면 파이프 공간이 데이터로 가득 찬다. 데이터를 파이프에 쓰는 중간에 타이머 인터럽트가 발생하면서 타임 슬라이스가 줄게 된다. 프로세스는 타임 슬라이스가 0이 되지 않는 한 멈추지 않고 계속 명령을 수행한다. 관련 코드를 살펴보자.

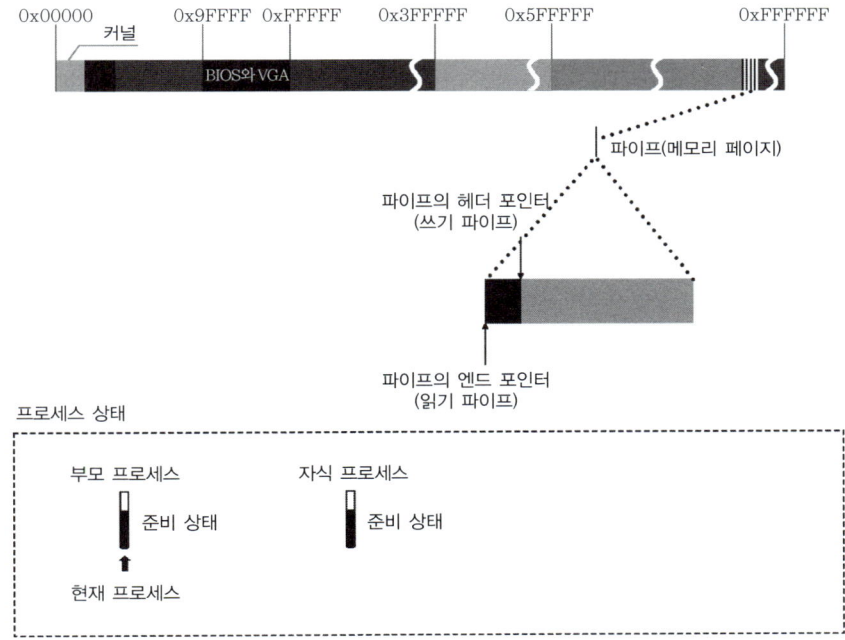

그림 8.8 파이프 쓰기 프로세서가 파이프에 데이터를 쓴다.

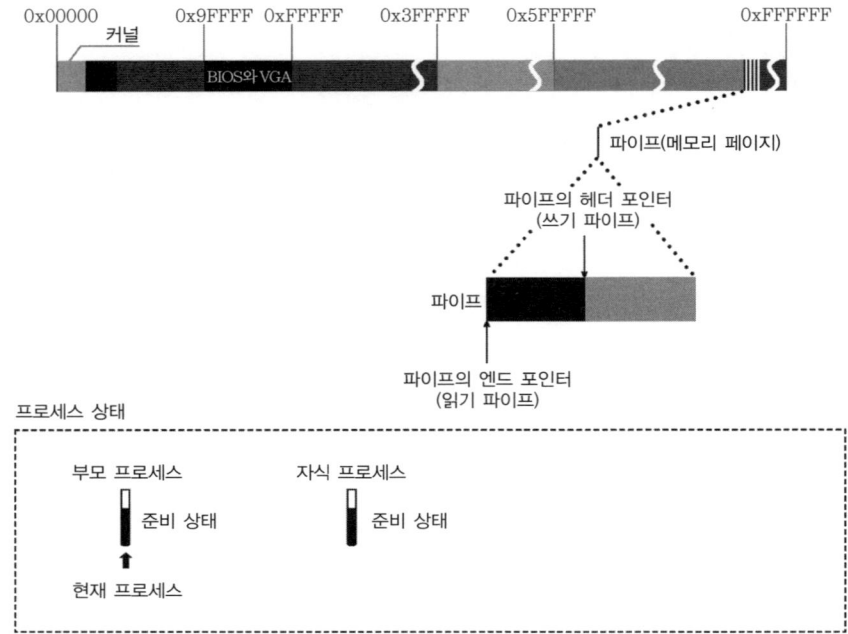

그림 8.9 파이프 쓰기 프로세스는 파이프에 계속 데이터를 쓴다.

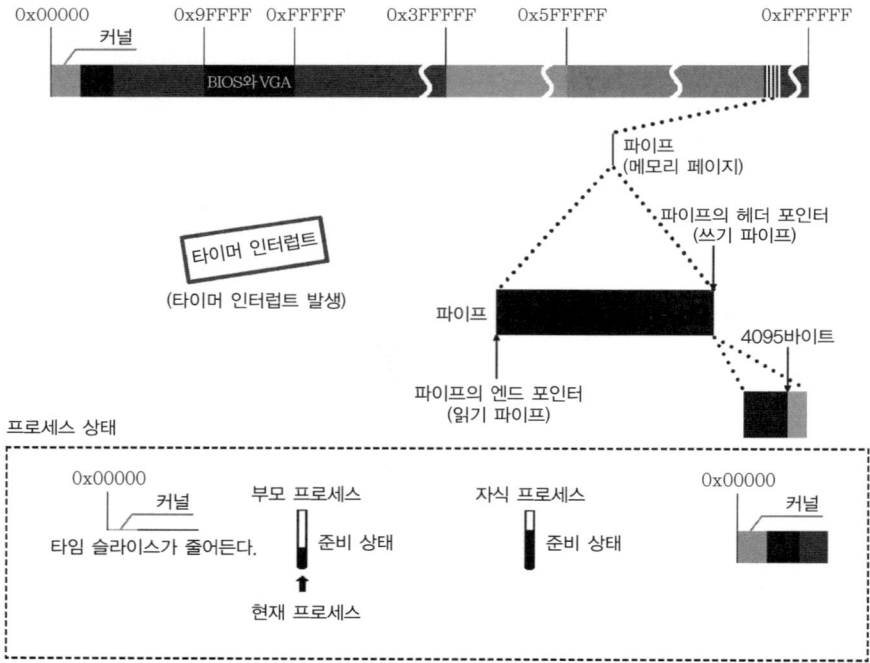

그림 8.10 파이프에 데이터를 쓰는 중에 타이머 인터럽트가 발생한다.

```
//코드 경로:kernel/sched.c:
void do_timer(long cpl)   // 타이머 인터럽트를 처리한다.
{
    ......
    if (next_timer) {
        next_timer->jiffies--;
        while (next_timer && next_timer->jiffies <= 0) {
            void (*fn)(void);

            fn = next_timer->fn;
            next_timer->fn = NULL;
            next_timer = next_timer->next;
            (fn)();
        }
    }
    if (current_DOR & 0xf0)
        do_floppy_timer();
    if ((--current->counter)>0) return;   // 현재 프로세스의 타임 슬라이스가
                                          // 0이 아니면 바로 리턴한다.

    current->counter=0;
    if (!cpl) return;
    schedule();
}
```

그림 8.10의 아래에 있는 프로세스의 상태를 표시하는 부분으로 부터 타이머 인터럽트 발생 이후 파이프 쓰기 프로세스에 어떤 영향을 주었는지 확인할 수 있다. 파이프에 데이터를 쓸 때, 파이프의 쓰기 포인터는 항상 데이터를 쓸 수 있는 위치를 가리킨다. 데이터가 채워지면 뒤로 이동한다(최대 크기가 4095바이트다).

파이프 쓰기 프로세스가 서스펜드된다. 파이프가 데이터로 가득 차면 시스템은 파이프 쓰기 프로세스를 서스펜드시킨다. 대신 파이프 읽기 프로세스로 다시 프로세스 전환시킨다. 관련 코드는 다음과 같다.

```
//코드 경로:fs/pipe.c:
int write_pipe(struct m_inode * inode, char * buf, int count)
{
    int chars, size, written = 0;
    while (count>0) {
        while (!(size=(PAGE_SIZE-1)-PIPE_SIZE(*inode))) {
                    // 파이프는 최대 4095바이트까지 저장할 수 있다.
                    // 위 조건식이 만족하면 while문에 실행한다.
            wake_up(&inode->i_wait);
            if (inode->i_count != 2) { /* 파이프를 읽을 프로세스(readers)가 없다. */
                current->signal |= (1<<(SIGPIPE-1));
                return written?written:-1;
            }
            sleep_on(&inode->i_wait);
                    // 파이프 쓰기 프로세스를 대기 상태로 만들고
                    // 파이프 읽기 프로세스로 전환시켜 실행한다.
        }
        ......
    }
    ......
}
```

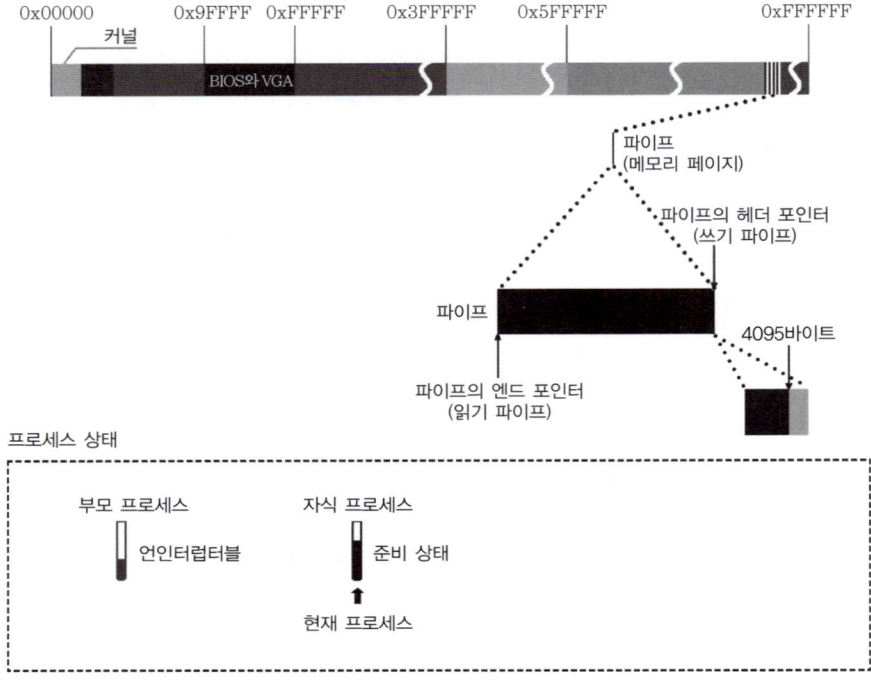

0x00000   0x9FFFF 0xFFFFF   0x3FFFFF   0x5FFFFF   0xFFFFFF

커널
BIOS와 VGA

파이프
(메모리 페이지)

파이프의 헤더 포인터
(쓰기 파이프)

파이프

4095바이트

파이프의 엔드 포인터
(읽기 파이프)

프로세스 상태

부모 프로세스   자식 프로세스

언인터럽터블   준비 상태

현재 프로세스

그림 8.11 파이프 쓰기 프로세스가 서스펜드되고 파이프 읽기 프로세스를 깨운다.

그림 8.11은 파이프 쓰기 프로세스가 서스펜드되고 파이프 읽기 프로세스가 다시 실행되는 것을 보여 준다.

파이프 읽기 프로세스가 데이터를 파이프에서 읽는다. 파이프 읽기 프로세스는 read_pipe() 함수를 실행한다. 예제 1의 코드에 따라 프로세스는 512바이트 데이터를 파이프에서 프로세스의 데이터 공간으로 읽어온다. 관련 코드는 다음과 같다.

```
//코드 경로:fs/pipe.c:
int read_pipe(struct m_inode * inode, char * buf, int count)
{
    ......
    while (count>0) {    // 512바이트 데이터를 읽는다.
        ......
        chars = PAGE_SIZE-PIPE_TAIL(*inode);
        if (chars > count)
            chars = count;
        if (chars > size)
            chars = size;
        count -= chars;
        read += chars;
        size = PIPE_TAIL(*inode);
        PIPE_TAIL(*inode) += chars;   // 포인터를 읽을 데이터 숫자만큼 이동한다.
        PIPE_TAIL(*inode) &= (PAGE_SIZE-1);
        while (chars-->0)
```

```
        put_fs_byte(((char *)inode->i_size)[size++],buf++);
                // 파이프 데이터를 유저 영역 메모리에 복사한다.
    }
    ......
}
```

파이프에서 데이터를 읽어내면 파이프에 다시 여분의 공간이 생긴다. 이제 시스템은 파이프 쓰기 프로세스를 다시 깨워서 파이프에 데이터를 채우도록 한다. 관련 코드는 다음과 같다.

```
//코드 경로:fs/pipe.c:
int read_pipe(struct m_inode * inode, char * buf, int count)
{
    ......
    while (count>0) {
        ......
        size = PIPE_TAIL(*inode);
        PIPE_TAIL(*inode) += chars;
        PIPE_TAIL(*inode) &= (PAGE_SIZE-1);
        while (chars-->0)
            put_fs_byte(((char *)inode->i_size)[size++],buf++);
    }
    wake_up(&inode->i_wait);  // 파이프 쓰기 프로세스를 깨운다.
    return read;
}
```

그림 8.12는 파이프 읽기 프로세스가 데이터를 파이프에서 읽어오는 과정을 보여 준다.

파이프 읽기 프로세스는 계속 실행되면서 파이프에서 데이터를 읽는다. 현재 프로세스는 파이프 읽기 프로세스다. 파이프에서 데이터를 읽고 나면 커널에서 빠져 나와서 유저 영역의 코드가 다시 실행된다. 예제 1의 코드 "for(j=0;j<20000;j++)"의 for 반복문에 따라서 read_pipe() 함수가 프로세스의 타임 슬라이스를 모두 쓸 때까지 20,000번 수행된다. 그림 8.13은 파이프 읽기 프로세스가 파이프에서 데이터를 계속 읽어올 때의 변화를 보여 준다.

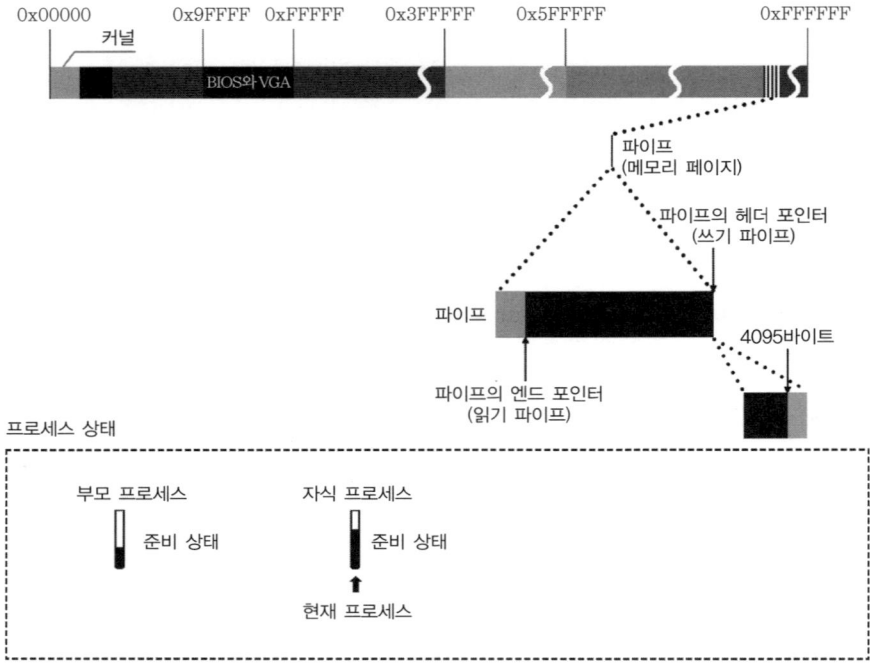

그림 8.12 파이프 읽기 프로세스는 파이프에서 데이터를 읽는다.

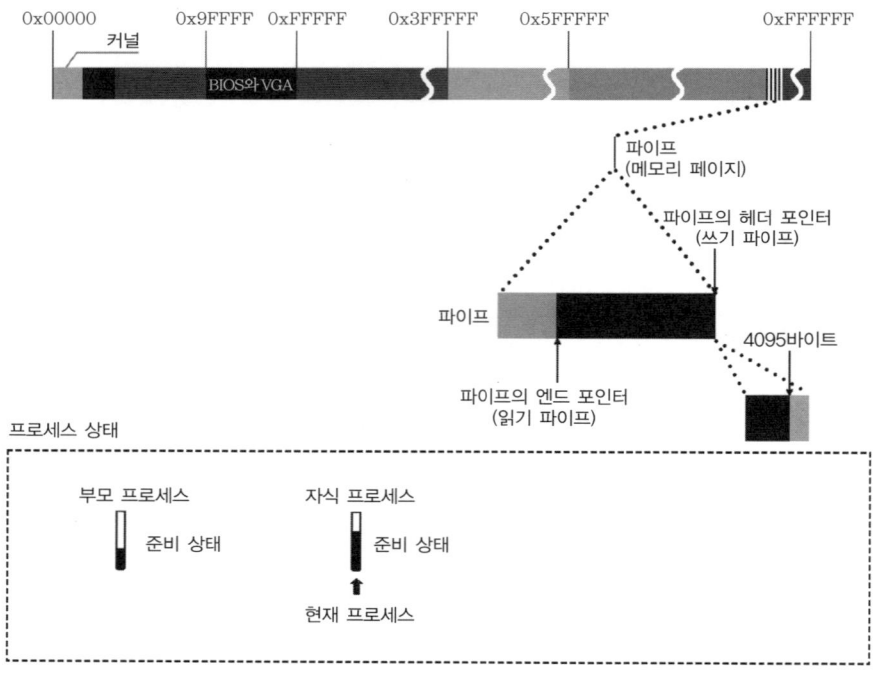

그림 8.13 파이프 읽기 프로세스는 파이프에서 데이터를 계속 읽어 들인다.

타이머 인터럽트가 파이프를 읽는 중에 발생을 한다. 타이머 인터럽트가 발생하면 타임 슬라이스가 하나씩 줄어든다. 이 값이 0이 될 때까지 프로세스는 계속 실행된다. 관련 코드는 다음과 같다.

```
//코드 경로:kernel/sched.c:
void do_timer(long cpl)
{
    ......
    if (next_timer) {
        next_timer->jiffies--;
        while (next_timer && next_timer->jiffies <= 0) {
            void (*fn)(void);

            fn = next_timer->fn;
            next_timer->fn = NULL;
            next_timer = next_timer->next;
            (fn)();
        }
    }
    if (current_DOR & 0xf0)
        do_floppy_timer();
    if ((--current->counter)>0) return;  // 타임 슬라이스가 0이 아니면 바로 리턴한다.
    current->counter=0;
    if (!cpl) return;
    schedule();
}
```

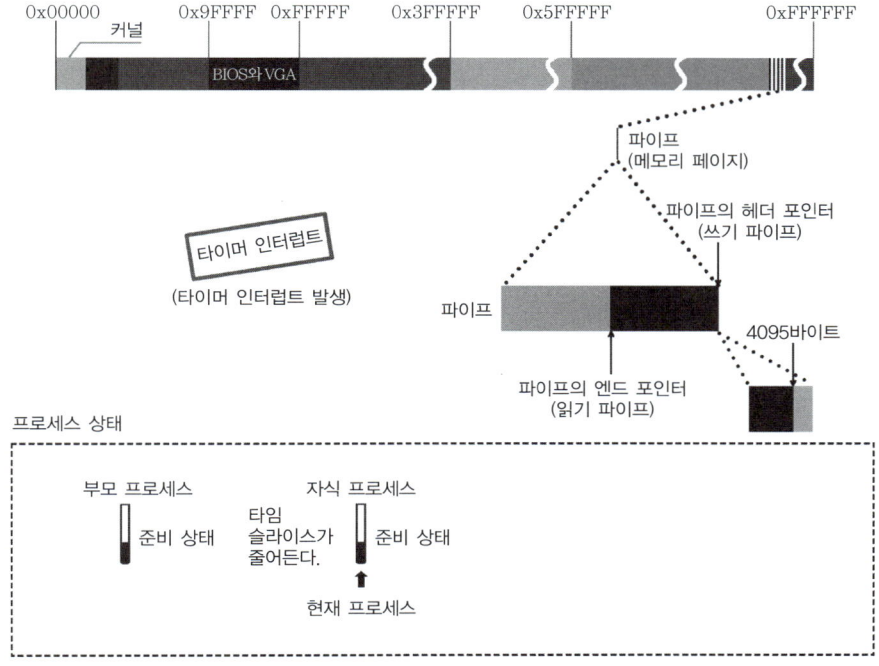

그림 8.14 타이머 인터럽트가 파이프에서 데이터를 읽는 중에 발생한다.

파이프에서 데이터를 읽고 있을 때 타이머 인터럽트가 발생하면 그림 8.14와 같이 처리한다. 그림 아래쪽에 있는 파이프 읽기 프로세스의 진행 바를 잘 봐야 한다. 프로세스의 타임 슬라이스가 줄어 들고 있다.

타이머 인터럽트가 다시 발생한다. 파이프 읽기 프로세스가 실행되고 있을 때 타이머 인터럽트가 또 발생한다. 이제 프로세스의 타임 슬라이스가 0이 되었다. 파이프 읽기 프로세스는 타이머 인터럽트에 의해서 대기 상태가 되고 파이프 쓰기 프로세스로 프로세스 전환된다. 관련 코드는 다음과 같다.

```
//코드 경로:kernel/sched.c:
void do_timer(long cpl)
{
    ......
    if (current_DOR & 0xf0)
        do_floppy_timer();
    if ((--current->counter)>0) return;   // 타임 슬라이스가 0이 되었다.
    current->counter=0;
    if (!cpl) return;
    schedule();   // 프로세스 전환된다.
}
```

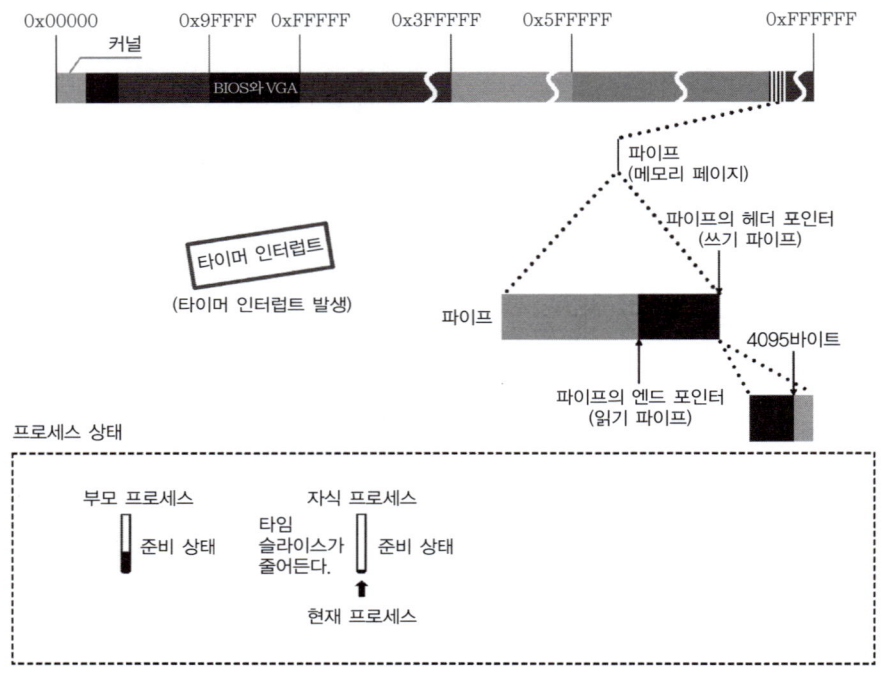

그림 8.15 타이머 인터럽트가 파이프 읽기 프로세스의 실행 중에 발생한다.

타이머 인터럽트의 처리는 그림 8.15에서 보여 주고 있다. 프로세스 진행 바는 파이프 읽기 프로세스의 타임 슬라이스가 0으로 줄어든 것을 의미한다.

여기서 알아둘 것은 두 번의 타이머 인터럽트가 파이프에서 데이터를 읽고 쓰는 데 영향을 주지는 않는다는 점이다. 인터럽트 서비스 루틴의 실행 자체가 특별 권한을 가지고 있는 커널에서 실행되고 시스템이 완전히 통제하기 때문이다. 타이머 인터럽트는 타이머 슬라이스만 줄일 뿐 데이터 오퍼레이션과는 관계 없다.

파이프 읽기 프로세스에서 파이프 쓰기 프로세스로 전환된다. 파이프 쓰기 프로세스가 대기 상태가 되기 전에 파이프 동작의 포인터가 파이프의 처음 부분으로 이동한다. 그러면 파이프 쓰기 프로세스는 파이프의 앞부분부터 데이터를 계속 기록해 나간다. 그림 8.16은 이 과정을 보여 주고 있다.

파이프 쓰기 프로세스는 서스펜드되고 파이프 읽기 프로세스로 스위칭된다. 파이프에 데이터가 가득 찼다. 시스템은 파이프 쓰기 프로세스를 서스펜드시키고 파이프 읽기 프로세스로 전환시킨다. 리눅스 0.11에서 타임 슬라이스 설정 방식은 준비 상태인 모든 프로세스의 타임 슬라이스가 0일 때 모든 프로세스의 타임 슬라이스를 다시 할당하는 것이다. 파이프 읽기 프로세스는 현재 준비 상태인 유일한 프로세스이고 타임 슬라이스도 모두 사용해 버렸기 때문에 프로세스의 타임 슬라이스를 다시 설정한다. 관련 코드는 다음과 같다.

```
//코드 경로:kernel/sched.c:
void schedule(void)
{
    ......
    while (1) {
        c = -1;
        next = 0;
        i = NR_TASKS;
        p = &task[NR_TASKS];
        while (--i) {
            if (!*--p)
                continue;
            if ((*p)->state == TASK_RUNNING && (*p)->counter > c)
                c = (*p)->counter, next = i;
        }
        if (c) break;
        for(p = &LAST_TASK ; p > &FIRST_TASK ; --p) // 타임 슬라이스를 다시 설정한다.
            if (*p)
                (*p)->counter = ((*p)->counter >> 1) +
                            (*p)->priority;
    }
    switch_to(next);
}
```

그리고 나서 스케줄러는 파이프 읽기 프로세스가 실행되도록 한다. 데이터를 읽는 과정은 그림 8.17에서 보여 주고 있다.

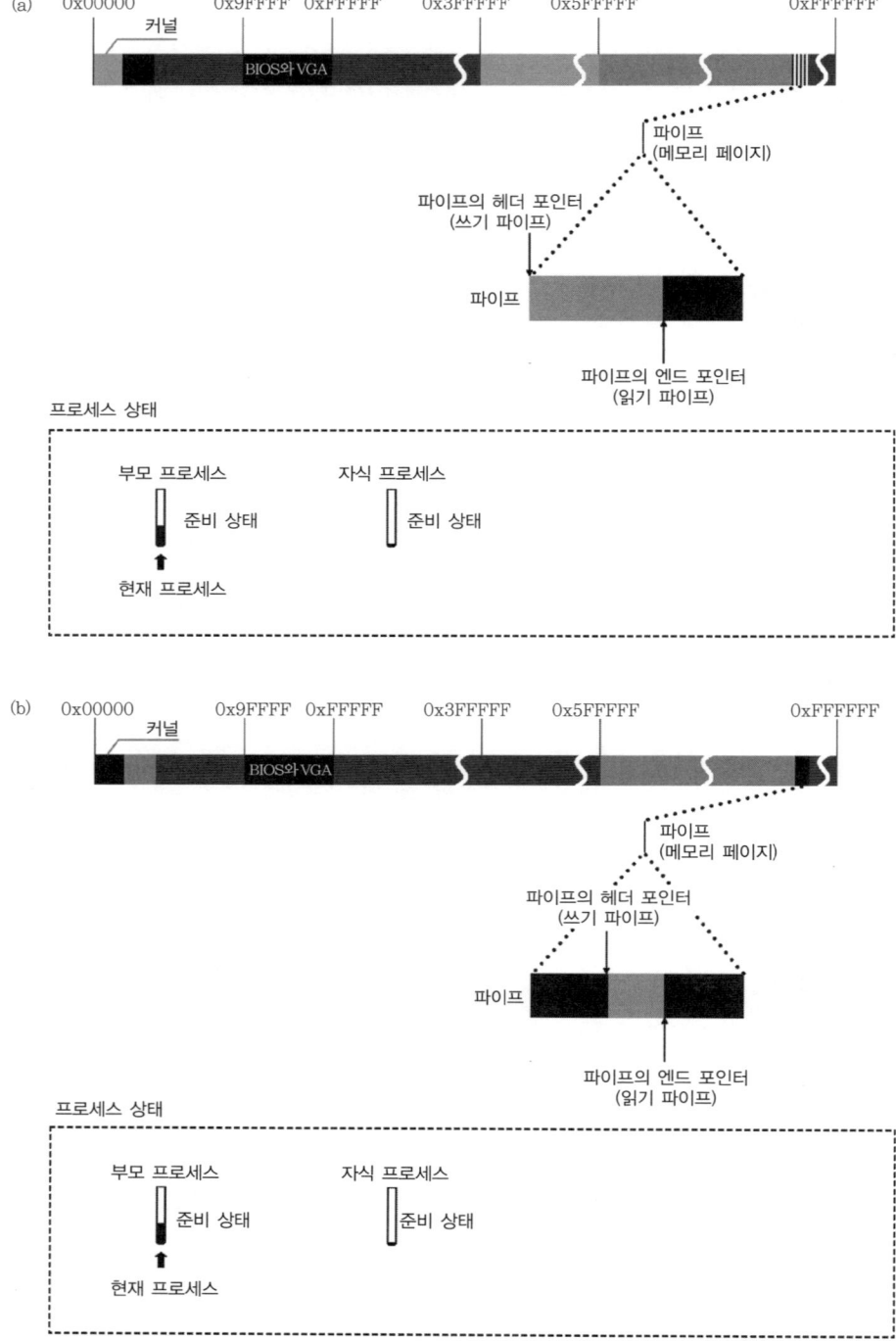

그림 8.16 파이프 쓰기 프로세스가 데이터를 계속 쓴다.

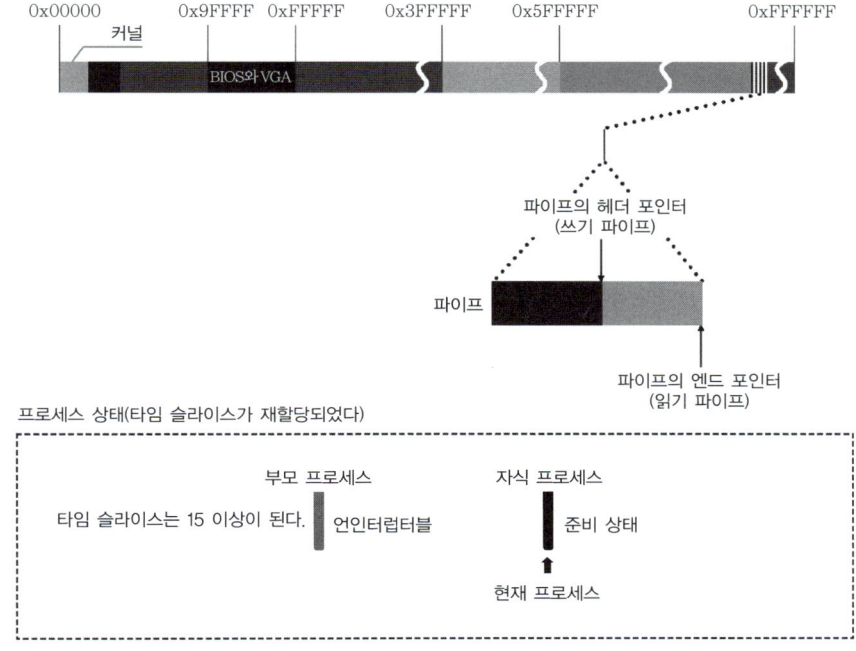

그림 8.17 파이프 읽기 프로세스가 파이프에서 데이터를 계속 읽는다.

```
//코드 경로:fs/pipe.c:
int read_pipe(struct m_inode * inode, char * buf, int count)
{
    ......
    while (count>0) {
        while (!(size=PIPE_SIZE(*inode))) {  // 데이터를 모두 읽어 내면
                                             // 읽기 포인터와 쓰기 포인터가 같아진다.
            wake_up(&inode->i_wait);         // 더이상 읽을 데이터가 없으면
                                             // 프로세스가 대기 상태가 되고
                                             // 다른 프로세스로 전환된다.
            if (inode->i_count != 2) /* 파이프를 읽을 프로세스(reader)가 없다. */
                return read;
            sleep_on(&inode->i_wait);
        }
        chars = PAGE_SIZE-PIPE_TAIL(*inode);
        if (chars > count)
            chars = count;
        if (chars > size)
            chars = size;
        count -= chars;
        read += chars;
        size = PIPE_TAIL(*inode);
        PIPE_TAIL(*inode) += chars;
        PIPE_TAIL(*inode) &= (PAGE_SIZE-1);
```

```
        while (chars-->0)
            put_fs_byte(((char *)inode->i_size)[size++],buf++);
                        // 데이터를 읽는다.
    }
    ......
}
```

그림 8.18은 파이프의 데이터를 모두 읽어냈을 때 상태를 보여 준다.

지금까지 우리는 파이프에 대해서 살펴보았다. 두 개의 프로세스는 file_table[64]에 있는 하나의 파이프 파일을 공유함으로써 파이프를 공유할 수 있었다. 이 파이프 파일을 통해서 한쪽 프로세스에서 데이터를 쓰면 다른 쪽 프로세스가 읽을 수 있었다.

이것을 좀 더 확장해서 프로세스 A가 두 개의 파이프를 생성하고 프로세스 B를 생성하면 프로세스 A와 B는 두 개의 파이프를 사용해서 그림 8.19와 같이 양방향 통신을 할 수 있다.

또, 프로세스 A가 여섯 개의 파이프를 생성하고 프로세스 B와 C를 자식 프로세스로 생성하면 여섯 개의 파이프를 통해서 그림 8.20처럼 세 프로세스들이 모두 양방향 통신이 가능하다.

위에서 설명한 것처럼 파이프를 이용하면 프로세스 간의 복합 연동 구조를 만드는 것도 가능하다. 물론 프로세스는 최대 64개를 넘을 수 없고, 파일 허용 개수 64개를 초과할 수는 없으니 이 점은 고려해야 한다.

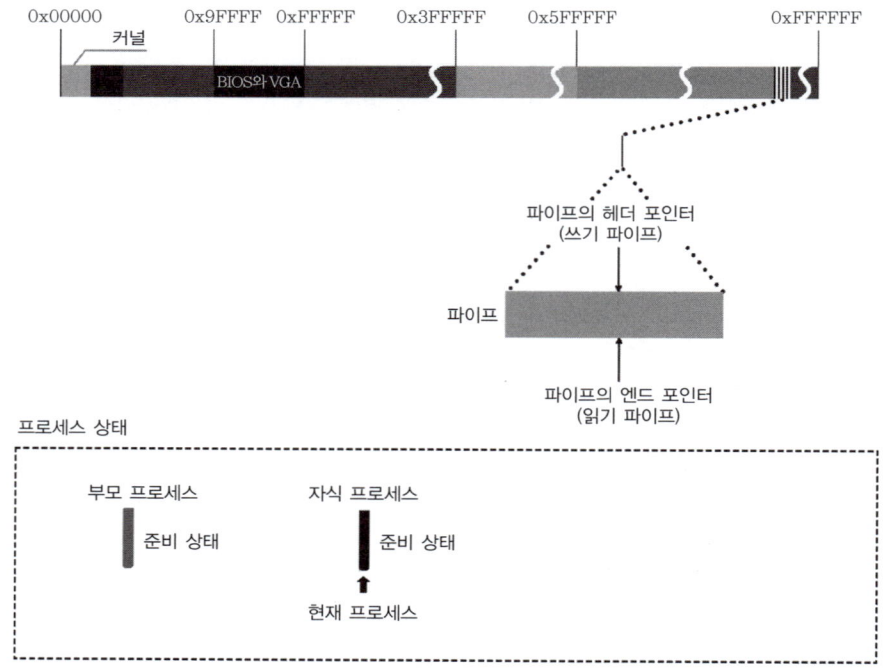

그림 8.18 파이프 읽기 프로세스는 파이프의 모든 데이터를 읽는다.

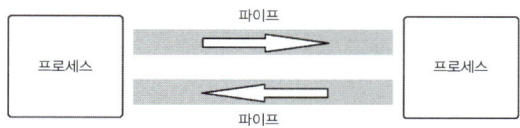

그림 8.19 두 프로세스가 파이프를 이용해 양방향 통신을 할 수 있다.

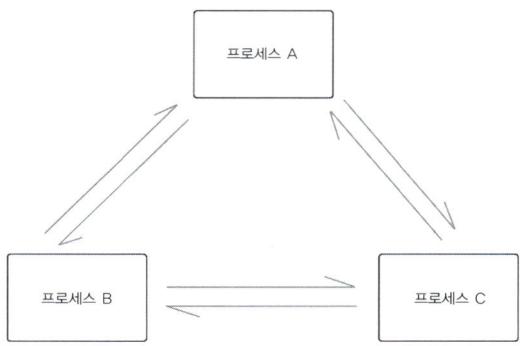

그림 8.20 파이프를 이용해서 프로세스 간 양방향 통신이 가능하다.

8.2 시그널 메커니즘

시그널 메커니즘은 리눅스 0.11에서 프로세스에게 제공하는 인터럽트 유사 메커니즘이다. 프로세스 실행 중에, 프로세스가 시그널을 받았다는 것을 시스템이 인지하면, 시스템은 프로세스의 실행을 잠시 중지시키고 프로세스의 시그널 처리 핸들러를 실행시킨다. 핸들러 수행이 끝나면 중지되었던 위치에서 다시 시작된다.

이번 섹션에서는 시그널 메커니즘을 설명하기 위해서 두 파트로 나누었다.

첫 번째 파트는 예제 2의 실행 과정을 통해서 시스템과 프로세스가 시그널을 처리하는 과정에 대해 상세히 다룬다. 두 번째 파트에서는 시스템이 시그널을 분석해서 프로세스의 실행 상태를 변경하는 부분에 대해서 설명한다.

먼저, 이번 섹션에서 사용할 예제 두 개를 보도록 하자. 이 예제는 시그널을 어떻게 보내고 받고 처리하는지 설명하기 위한 예제다. 우리는 시스템과 프로세스가 시그널을 어떻게 처리하는지 예제를 통해서 알아볼 것이다.

예제를 위해서 두 개의 프로그램을 준비했다. 하나는 시그널을 받아 처리하는 프로그램이다. 이제부터 이 프로그램을 실행하는 프로세스를 "processsig"라고 하자. 다음은 이 프로그램의 소스다.

```
#include <stdio.h>
    #include <signal.h>

    void sig_user(int signo)   // 시그널 핸들러 함수
    {
        if (signo == SIGUSR1)
            printf("received SIGUSR1\n");
        else
            printf("recieved %d\n", signo);
        signal(SIGUSR1, sig_usr);   // 시그널을 다시 설치해서 다음 번에도 시그널을
                                    // 받을 수 있도록 한다.
    }
        int main(int argc, char **argv)
        {
            signal(SIGUSR1, sig_usr);   // SIGUSER1 시그널에 sig_user 핸들러를 등록한다.
                for(;;)
            pause();
            return 0;
}
```

또 하나의 프로그램은 시그널을 보내는 쪽이다. 이것을 "sendsig"라고 하자. 다음은 이 프로그램의 소스다.

```
#include <stdio.h>
    int main(int argc, char **argv)
    {
        int pid, ret, signo;
        int i;

        if(argc != 3){
            printf("usage: sensig <signo> <pid>\n");
          return -1;
        }
        signo = atoi(argv[1]);
        pid = atoi(argv[2]);

        ret = kill(pid, signo);   // 시그널을 보낸다.
        for(i=0;I <1000000;i++)

        if(ret != 0)
            printf("send signal error\n");
        return 0;
}
```

시스템이 시그널 메커니즘을 지원하기 위해서 다음과 같은 기능을 제공해야 한다.

1. 시스템은 시그널을 보내고 받는 방법을 제공해야 한다.

시스템은 프로세스의 task_struct에 있는 "signal" (시그널 비트맵) 필드를 이용해서 프로세스가 시그널을 받았는지 기록한다. 프로세스가 받는 시그널은 비트로 signal 필드에 설정한다. 시스템은 프로세스에 시그널을 보내기 위해서 두 가지 방법을 제공한다. 한가지 방법은 프로세스에서 다른 프로세스로 시그널을 보내기 위해서 특별한 라이브러리 함수를 호출하는 방법이고, 다른 방법은 사용자가 키보드를 입력하면 발생하는 키보드 인터럽트를 이용해서 인터럽트 서비스 루틴 내에서 프로세스에 시그널을 보내는 방법이다. 앞에서 설명한 시그널을 보내는 두 가지 방법은 근본적으로 동일하다. 즉, 프로세스의 task_struct의 시그널 비트맵 필드에 시그널 비트를 설정하는 것이다.

예제는 시그널을 보내는 첫 번째 방법을 사용해서 프로세스가 다른 프로세스로 시그널을 어떻게 보내고 또 어떻게 받는지에 대해서 설명할 것이다.

2. 시스템은 프로세스가 시그널을 받으면 감지할 수 있어야 한다.

프로세스가 시그널을 받았는지 감지할 수 있는 두 가지 방법이 있다. 하나는 시스템 콜에서 반환하기 전에 시그널을 받았는지 확인하는 것이다. 또 다른 방법은 타이머 인터럽트가 발생했을 때 인터럽트 서비스 루틴이 끝나기 전에 현재 프로세스가 시그널을 받았는지 확인하는 방법이다.

시그널을 감지하는 두 가지 방법은 근본적으로 동일한 방법이다. 즉, 시그널이 왔는지 확인하는 시점에 차이가 있을 뿐이다. 우리는 예제를 통해 첫 번째 방법을 사용해서 시그널을 받는 방법을 보여 줄 것이다.

3. 시스템은 시그널을 처리할 수 있는 절차를 지원해야 한다.

유저 프로세스가 시그널을 처리하지 않았을 때, 시그널 처리 함수가 유저 프로세스에 영향을 주어서는 안된다. 반면 유저 프로세스가 시그널을 처리해야 할 때, 프로세스의 프로그램을 잠시 중단시키고 시그널 처리 함수를 실행할 수 있도록 시스템이 지원해야 한다. 그리고 시그널 처리 함수가 끝나면 프로세스가 멈췄던 위치로 돌아가 다시 실행되도록 해야 한다. 우리는 예제를 통해서 세 가지 절차를 중심으로 시스템이 어떻게 이런 것들을 처리하는지 보여 줄 것이다. 즉, 사용자가 정의한 시그널 처리 핸들러를 바인딩하는 절차, 시그널 처리 전 절차 그리고 시그널 처리 후 프로세스 상태를 다시 복원시켜주는 절차 등이다.

그럼 이제 예제 프로그램을 실행시키는 방법을 알아보자. 유저는 쉘을 실행시키고 있다.

1 단계 : 다음과 같이 명령을 넣고 processssig 프로세스를 실행시킨다.

```
[/usr/root]#./processsig &
<160>
[/usr/root]#
```

2 단계 : 다음과 같이 명령을 넣고 sendsig 프로세스를 실행시켜서 SIGUSR1 시그널을 processsig 프로세스에 보낸다.

```
[/usr/root]#./sendsig 10 160
received SIGUSR1
[/usr/root]#
```

두 프로세스가 어떻게 실행되는지 살펴볼 차례다. 위에서 processsig 프로세스를 먼저 실행했으니 processsig 프로세스가 어떻게 실행되는지 살펴보기로 하자.

8.2.1 시그널 사용하기

processsig 프로세스가 실행된다. processsig 프로세스가 시작하면 시그널을 받을 준비 작업을 한다. 시그널을 처리하는 성능은 어떤 종류의 시그널을 처리하느냐에 따라 다르다. 메인 함수에서 사용자 정의 시그널 핸들러를 processsig 프로세스에 적용한다. 유저 프로그램은 signal() 함수를 통해서 핸들러를 등록한다. 이 함수는 라이브러리 함수이다. 시그널 함수가 함수를 호출하면 INT 0x80 소프트 인터럽트가 발생하고 시스템 콜 sys_signal() 함수가 실행된다. 내부의 시스템 콜은 processsig에 사용자 정의 시그널 핸들러를 등록한다. 즉, processsig 프로세스가 시그널 SIGUSR1을 받으면 sig_usr() 함수가 시그널을 처리하기 위해서 호출된다. 이렇게 시그널과 핸들러를 묶는 바인딩을 함수로 처리한다.

sys_signal() 함수에 진입하면 시그널을 시스템에 적용하기 전에 허용된 범위의 시그널인지 먼저 확인한다. 리눅스 0.11의 프로세스는 32개 시그널만 처리할 수 있고 SIGKILL 시그널은 사용자가 사용할 수 없는 시그널로 규정하고 있다. 이런 조건들을 만족하지 못하면 시스템은 더 이상 진행하지 않고 리턴한다.

```
//코드 경로:kernel/signal.c:
int sys_signal(int signum, long handler, long restorer)
{
        struct sigaction tmp;
        if (signum<1 || signum>32 || signum==SIGKILL)
        return -1;
......
}
```

파라미터를 체크하고 나면 sys_signal() 함수는 processsig 프로세스의 task_struct 내부의 sigaction[32]를 설정한다. 이 필드는 32개 멤버를 가지고 있고 각 멤버는 32개의 시그널과 연동된다. 즉, sigaction[32]에는 각 멤버의 시그널을 처리할 수 있는 핸들러, 속성 등 여러 가지 정보를 저장한다.

구체적인 코드는 다음과 같다.

```
//코드 경로:kernel/signal.c:
int sys_signal(int signum, long handler, long restorer)
{
......
    if (signum<1 || signum>32 || signum==SIGKILL)
        return -1;
    tmp.sa_handler = (void (*)(int)) handler;
                        // processsig 프로세스에서 signal(SIGUSR1, sig_user)로
                        // 호출해서 sys_signal이 호출되면 handler 파라미터에
                        // sig_usr() 함수의 어드레스가 넘어온다.
                        // SIGUSR1이 나중에 발생하면 sig_usr() 함수가 호출되도록
                        // 핸들러를 등록한다.
        tmp.sa_mask = 0;
        tmp.sa_flags = SA_ONESHOT | SA_NOMASK;
        tmp.sa_restorer = (void (*)(void)) restorer; // restorer() 함수를 연결한다.
        handler = (long) current->sigaction[signum-1].sa_handler;
        current->sigaction[signum-1] = tmp; // sigaction[signum-1]은
                                            // SIGUSR1 시그널을 의미한다.
        return handler;
}
```

그림 8.21은 시그널 설정 과정을 보여 주고 있다.

코드를 보면 sys_signal() 함수에서 restorer() 함수가 시그널과 연결되는 것을 볼 수 있다. 이 함수는 중요한 함수로 이것에 대해서 나중에 자세히 소개할 것이다.

processsig 프로세스의 상태와 메모리에서 코드의 위치는 그림 8.22에서 볼 수 있다. 시그널 처리를 하고 있는 processsig 프로세스는 준비 상태이다.

processsig 프로세스가 인터럽트 가능 상태가 된다. processsig 프로세스의 프로그램에서 우리는 시그널이 발생했을 때 시그널 핸들러가 호출되는지 보기 위해서 pause() 함수를 호출한다. pause() 함수를 호출하면 프로세스가 "인터럽터블 상태"로 변경된다. 나중에 processsig 프로세스가 시그널을 받게 되면 프로세스 상태가 다시 "준비 상태"로 바뀌게 될 것이다.

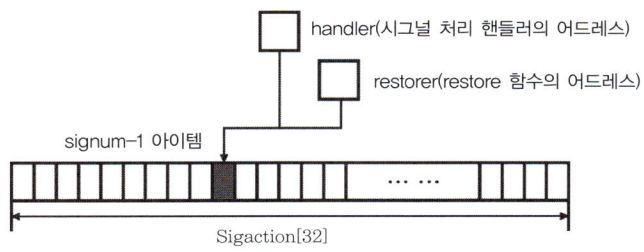

그림 8.21 사용자 시그널 처리 핸들러를 시스템에 등록한다.

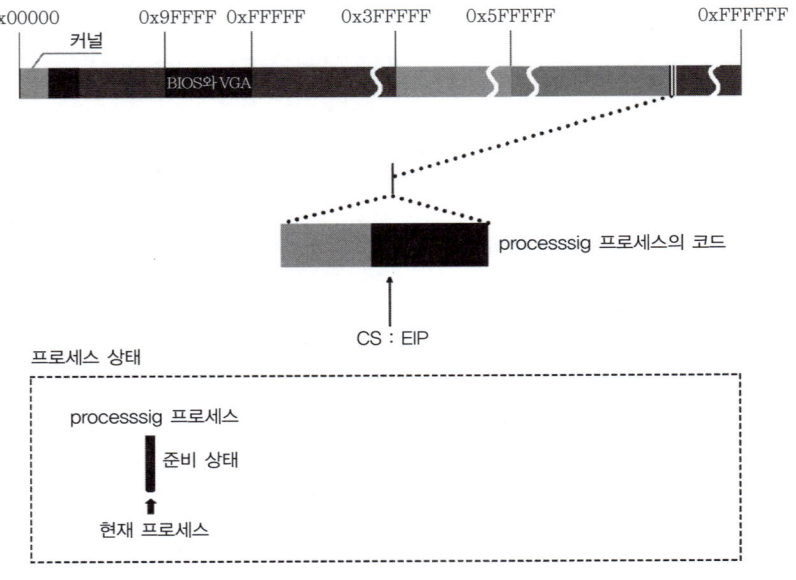

그림 8.22 메모리에 로드된 프로세스의 상태

signal() 함수 처리를 완료하고 나서 커널은 processsig 프로세스의 유저 공간으로 반환한다. 그리고 나서 pause() 함수를 호출한다. 이 함수는 sys_pause() 시스템 콜을 호출한다. 관련 코드는 다음과 같다.

```
//코드 경로:kernel/sched.c:
int sys_pause(void)
{
    current->state = TASK_INTERRUPTIBLE; // processsig 프로세스의 상태를
                                         // 인터럽터블로 변경한다.
    schedule();                          // 스케줄러를 호출해서 프로세스를
                                         // 변경한다.

    return 0;
}
```

processsig 프로세스는 그림 8.23과 같이 인터럽터블 상태로 변경된다.

sendsig 프로세스가 실행되고 processsig 프로세스에게 시그널을 보낸다. processsig 프로세스는 sendsig 프로세스가 실행되는 동안 잠시 실행이 멈춘다. sendsig 프로세스는 시그널을 processsig 프로세스에 보낸다. 그러면 processsig 프로세스는 다시 준비 상태가 되어서 실행된다.

sendsig 프로세스는 "ret = kill(pid, signo)"를 실행한다. kill() 함수는 라이브러리 함수로 sys_kill() 시스템 콜 함수를 호출한다. 이 함수를 통해서 sendsig 프로세스는 SIGUSR1 시그널을 processsig 프로세스로 보낸다. 현재 시스템에서 파라미터로 입력한 pid는 160이고 signo는 10이다. 관련 코드는 다음과 같다.

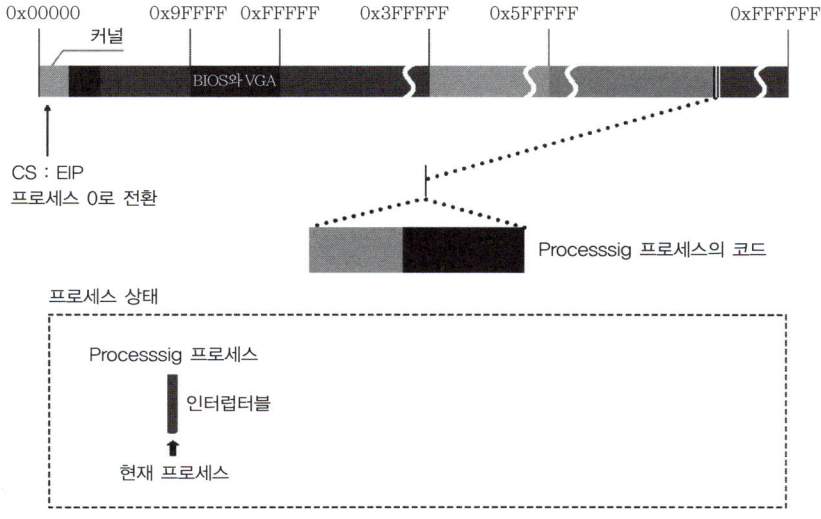

그림 8.23 processsig 프로세스가 인터럽터블 상태가 된다.

```c
//코드 경로:kernel/exit.c:
int sys_kill(int pid,int sig)
{
    ……
    if (!pid) while (--p > &FIRST_TASK) {
        if (*p && (*p)->pgrp == current->pid)
        if (err=send_sig(sig,*p,1))
            retval = err;
    } else if (pid>0) while (--p > &FIRST_TASK) {
        if (*p && (*p)->pid == pid)        // processsig 프로세스를 찾아서
            if (err=send_sig(sig,*p,0)) // 시그널을 보낸다.
                retval = err;
    } else if (pid == -1) while (--p > &FIRST_TASK)
        if (err = send_sig(sig,*p,0))
            retval = err;
    ……
}


//코드 경로:kernel/exit.c:
static inline int send_sig(long sig,struct task_struct * p,int priv)
{
    if (!p || sig<1 || sig>32)
        return -EINVAL;
    if (priv || (current->euid==p->euid) || suser())
        p->signal |= (1<<(sig-1));   // 시그널 비트맵에서 해당 시그널의 비트를 1로 설정한다.
    else
        return -EPERM;
    return 0;
}
```

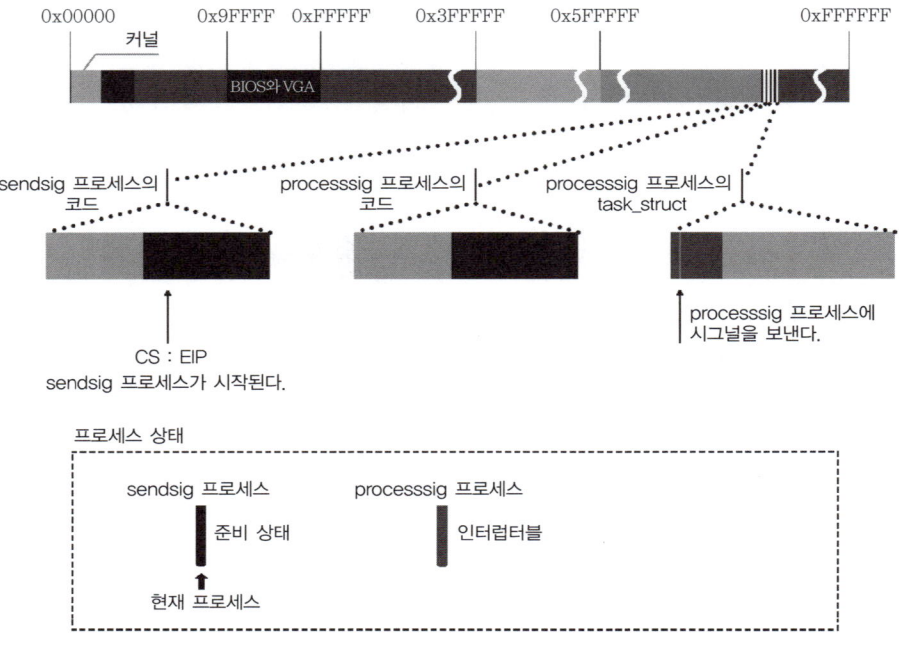

그림 8.24 processsig 프로세스에 시그널을 보낸다.

SIGUSR1 시그널을 processsig 프로세스에 보내면 processsig 프로세스의 관리 구조체인 task_struct의 필드에 그림 8.24처럼 영향을 준다.

시그널을 보냈던 sendsig 프로세스는 커널에서의 작업을 마치고 유저 영역으로 돌아가고 실행을 계속한다. 타이머 인터럽트가 발생하면서 타임 슬라이스가 줄어들어 0이 되면 다른 프로세스로 제어권이 넘어간다. 이때 schedule() 함수가 실행된다. 이것에 대한 코드가 다음과 같다.

```
//코드 경로:kernel/sched.c:
void schedule(void)
{
    ......
    for(p = &LAST_TASK ; p > &FIRST_TASK ; --p)
        if (*p) {
            if ((*p)->alarm && (*p)->alarm < jiffies) {
                    (*p)->signal |= (1<<(SIGALRM-1));
                    (*p)->alarm = 0;
                }
            if ((((*p)->signal & ~(_BLOCKABLE & (*p)->blocked)) &&
            (*p)->state==TASK_INTERRUPTIBLE)
                            // 현재 프로세스들을 검사한 뒤 시그널이 왔고
                            // 프로세스 상태가 인터럽터블인 프로세스의
                            // 상태를 준비 상태로 변경한다.
                            // 현시점에 이런 프로세스는 processsig 프로세스 뿐이다.
                (*p)->state=TASK_RUNNING;
```

```
            }
      ......
   }
```

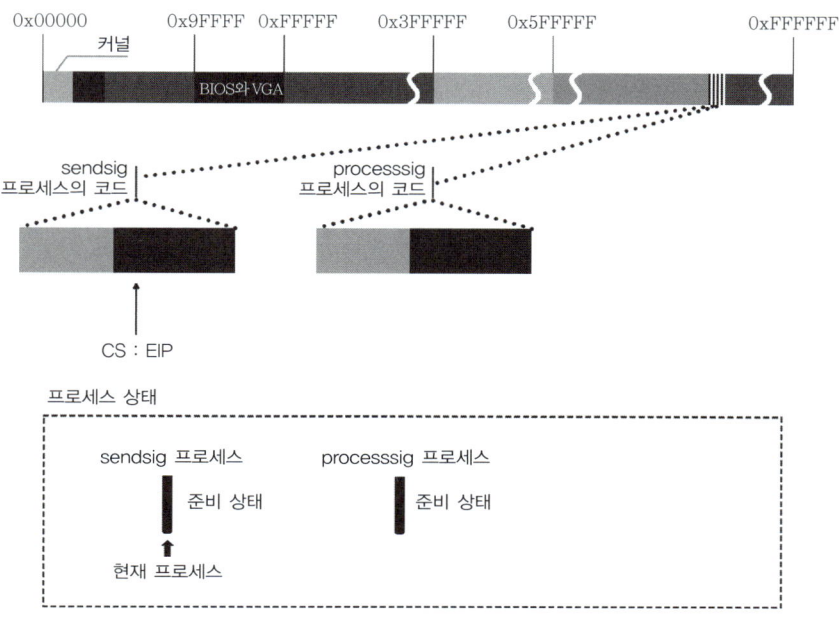

그림 8.25 시그널을 받는 processsig 프로세스의 상태가 준비 상태로 설정된다.

프로세스 상태를 변경한 내용은 그림 8.25에서 확인할 수 있다.

schedule() 함수의 두 번째 for 문을 실행하면서 processsig 프로세스로 전환된다. 상세 코드는 다음과 같다.

```
//코드 경로:kernel/sched.c:
void schedule(void)
{
......
while (1) {
        c = -1;
        next = 0;
        i = NR_TASKS;
        p = &task[NR_TASKS];
        while (--i) {
            if (!*--p)
                continue;
            if ((*p)->state == TASK_RUNNING && (*p)->counter > c)
                        // processsig 프로세스는 준비 상태가 되었다.
                c = (*p)->counter, next = i;
```

```
        }
        if (c) break;
        for(p = &LAST_TASK ; p > &FIRST_TASK ; --p)
            if (*p)
                (*p)->counter = ((*p)->counter >> 1) +
                                (*p)->priority;
    }
    switch_to(next);     // processsig 프로세스로 전환된다.
}
```

시스템은 현재 프로세스가 받은 시그널을 확인하고 처리할 준비를 한다. processsig 프로세스가 실행될
때, 반복 루프에서 pause() 함수를 실행했다. 이 함수는 sys_pause() 함수를 호출한다. 시스템이 반환할 때
ret_from_sys_call 라벨의 코드를 실행하고 do_signal() 함수가 실행된다. 이렇게 processsig 프로세스의 시
그널을 처리한다. 관련 코드는 다음과 같다.

```
//코드 경로:kernel/system_call.s:
......
ret_from_sys_call:
        movl _current,%eax         # task[0]는 시그널이 없다.
        cmpl _task,%eax
        je 3f
        cmpw $0x0f,CS(%esp)         # 기존 코드 세그먼트가 수퍼바이저 모드였는지?
        jne 3f
        cmpw $0x17,OLDSS(%esp)      # 스택 세그먼트가 0x17 였는가?
        jne 3f
        movl signal(%eax),%ebx
        movl blocked(%eax),%ecx
        notl %ecx
        andl %ebx,%ecx
        bsfl %ecx,%ecx
        je 3f
        btrl %ecx,%ebx
        movl %ebx,signal(%eax)
        incl %ecx
        pushl %ecx
        call _do_signal      // 시그널 처리를 위한 준비를 한다.
        ......
```

시스템은 시그널 처리 핸들러의 포인터가 유효한지 확인한다. 여기서는 실제로 시그널 처리를 하기 전에
준비하는 과정을 소개하려고 한다.

do_signal() 함수 진입 후에 processsig 프로세스의 시그널 처리 핸들러가 유효한지 먼저 확인한다. 앞에
서 소개했던 것처럼 processsig 프로세스의 시그널 처리 핸들러 포인터가 task_struct의 sigaction[32]에 저
장되어 있다. 시그널 처리 핸들러가 유효한지 확인하기 위해서 그림 8.26처럼 task_struct를 조사한다.

이제부터가 중요하다. sigaction[32]의 아이템의 시그널 핸들러 포인터가 NULL인지 확인한다. 이 값이

NULL이면 시그널 처리는 여기서 끝난다. 물론 우리가 지금 처리하고 있는 예제의 경우는 NULL이 아니다. processsig 프로세스의 시그널 핸들러는 sig_usr() 함수를 가리키고 있다. 핸들러 유효성 검증과 관련된 코드는 다음과 같다.

```
//코드 경로:kernel/signal.c:
    void do_signal(long signr,long eax, long ebx, long ecx, long edx,
    long fs, long es, long ds,
    long eip, long cs, long eflags,
    unsigned long * esp, long ss)
    {
        ......
        struct sigaction * sa = current->sigaction + signr - 1;
        int longs;
        unsigned long * tmp_esp;
        sa_handler = (unsigned long) sa->sa_handler;
        if (sa_handler==1)
            return;
        if (!sa_handler) {          // 시그널 핸들러 포인터가 NULL이면 다음 코드 실행
            if (signr==SIGCHLD)  // 시그널이 SIGCHLD이면 바로 리턴
                return;
            else
                do_exit(1<<(signr-1)); // 아니면 현재 프로세스 종료
        }
        ......
    }
```

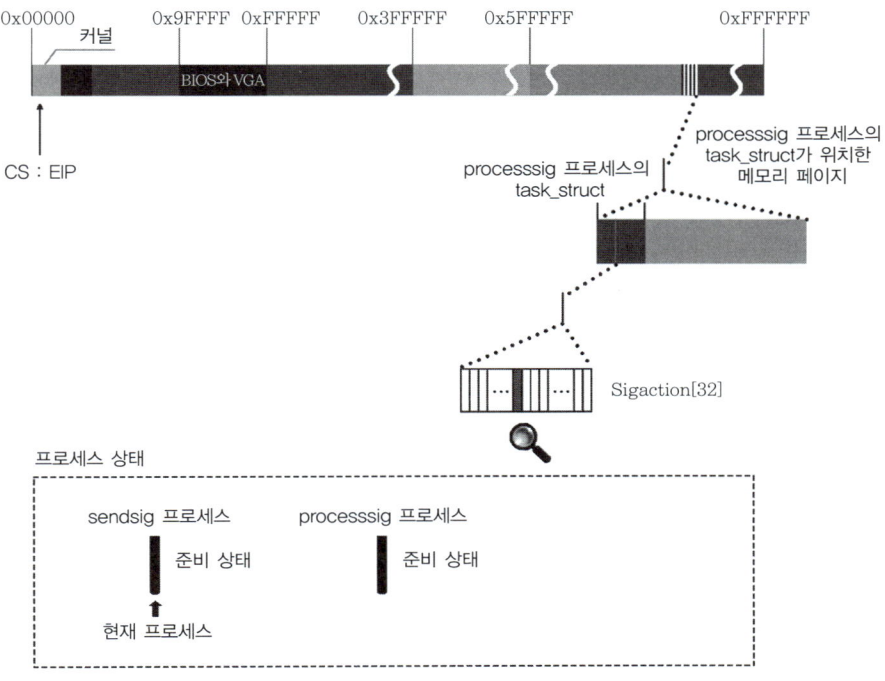

그림 8.26 시그널 처리 핸들러의 위치

시스템 콜에서 리턴할 때 시그널 처리 핸들러가 실행되도록 processssig 프로세스의 커널 스택을 조정한다. 앞에서 진행했던 시그널 처리 준비 과정의 주 목적은 유저 스택을 조정해서 시스템 콜 반환 후 processssig 프로세스의 시그널 처리 핸들러가 실행되도록 하는 데 있다. 시그널 처리 핸들러의 실행이 끝나면 프로세스가 중지되었던 위치에서 다시 실행한다. 앞에서 살펴봤던 것처럼 processssig 프로세스가 pause() 함수를 실행하면 INT 0x80 소프트 인터럽트를 트리거한다. 이때 INT 0x80 명령의 다음 명령어가 유저 프로세스에서 다시 실행될 위치다(물론, 프로세스가 시그널을 처리할 필요가 없다면 인터럽트되었던 위치로 바로 반환되지만 processssig의 경우에는 시그널을 먼저 처리해야 한다. 시그널 핸들러가 실행되고 나서 중지되었던 위치로 돌아간다).

소프트 인터럽트가 발생하면 CPU는 자동으로 현재 프로세스의 커널 스택에 명령과 데이터를 저장한다. 명령과 데이터에는 EIP, CS, EFlags, ESP, SS 레지스터들이 포함된다. 시스템 콜이 반환될 때 커널 스택의 이 값들은 원래 레지스터에 복원된다. 이렇게 해서 프로세스는 중지되었던 위치로 돌아가서 실행할 수 있는 것이다.

리눅스 0.11는 시스템 콜을 반환하기 전에 커널 스택에 저장되었던 레지스터 값들을 현재 프로세스의 유저 스택에 먼저 복원한다(커널은 모든 물리적 메모리 접근이 가능하기 때문에 커널 스택의 데이터를 유저 스택으로 복사하는 것도 가능하다). 그리고 나서 커널 스택의 원래 레지스터 값을 변경해서 반환할 때, 커널 스택의 변경 데이터에 따라서 시그널 처리 핸들러를 먼저 실행할 수 있도록 한다. 프로세스가 일단 유저 공간으로 넘어가면 프로그램은 유저 스택을 사용하게 된다. 시그널 처리 핸들러를 실행하고 나서, 앞에서 복사해 두었던 레지스터 값들을 이용해서 중지되었던 위치로 돌아온다.

```
//코드 경로:kernel/signal.c:
void do_signal(long signr,long eax, long ebx, long ecx, long edx,
        long fs, long es, long ds,
        long eip, long cs, long eflags,
        unsigned long * esp, long ss)
{
......
if (sa->sa_flags & SA_ONESHOT)
sa->sa_handler = NULL;
*(&eip) = sa_handler;      // 커널 스택의 EIP 값을 조정해서 리턴한 후에
                          // 실행될 수 있도록 한다.
longs = (sa->sa_flags & SA_NOMASK)?7:8;
*(&esp) -= longs;          // 유저 스택의 스택 포인터 ESP를 조정해서
                          // 데이터를 백업할 공간을 만든다.
                          // 이 공간에 시그널 처리 핸들러를 실행한 후
                          // 복원할 수 있는 데이터를 저장한다.
verify_area(esp,longs*4);
tmp_esp = esp;
put_fs_long((long) sa->sa_restorer,tmp_esp++);
put_fs_long(signr,tmp_esp++);
if (!(sa->sa_flags & SA_NOMASK))
    put_fs_long(current->blocked,tmp_esp++);
put_fs_long(eax,tmp_esp++);
put_fs_long(ecx,tmp_esp++);
```

```
            put_fs_long(edx,tmp_esp++);
            put_fs_long(eflags,tmp_esp++);
            put_fs_long(old_eip,tmp_esp++);
            current->blocked |= sa->sa_mask;
}
```

커널 스택을 변경하기 전의 커널과 유저 영역의 스택은 그림 8.27과 같고 커널의 데이터를 유저 영역 스택으로 백업하고 커널 스택을 수정하는 것은 그림 8.28에서 보여 주고 있다.

이것으로 시그널 처리를 위한 준비 작업이 끝났다. 그럼 이제 지금까지 조작했던 데이터들이 시스템 콜 반환 후 어떻게 사용되는지, 또 시그널 프로세스 함수 실행에 어떤 영향을 주고 실행 후에 과연 원래 실행 상태로 돌아갈 수는 있는지 보도록 하자.

우리는 앞에서 processsig 프로세스와 시그널 핸들러 sig_usr() 함수를 바인딩했다. 그래서 시스템 콜이 반환될 때 processsig 프로세스에 있는 sig_usr() 함수가 실행된다. 함수가 실행되고 나서 ret 명령을 실행한다. ret의 핵심은 스택에 저장되어 있던 EIP 값을 EIP 레지스터로 복원해서 실행 순서를 EIP가 가리키는 코드로 이동시키는 데 있다. 시그널 핸들러를 처리하고 난 시점에 스택의 최상 위에는 sa->sa_restorer 함수가 있기 때문에 sa->sa_restorer가 가리키는 함수로 점프한다.

앞에서 우리가 restorer라고 하는 함수 어드레스를 sigaction[32] 구조체에 바인딩을 했던 것을 기억하고 있을 것이다. restorer는 라이브러리 함수로 실제로는 sys_signal() 함수로 넘어오는 파라미터 값이다. restorer 함수는 시그널 처리를 끝내고 유저 프로세스가 다시 실행되도록 하는 명령과 데이터를 복원하는 일을 한다. 그리고 기존에 중단되었던 위치로 점프한다.

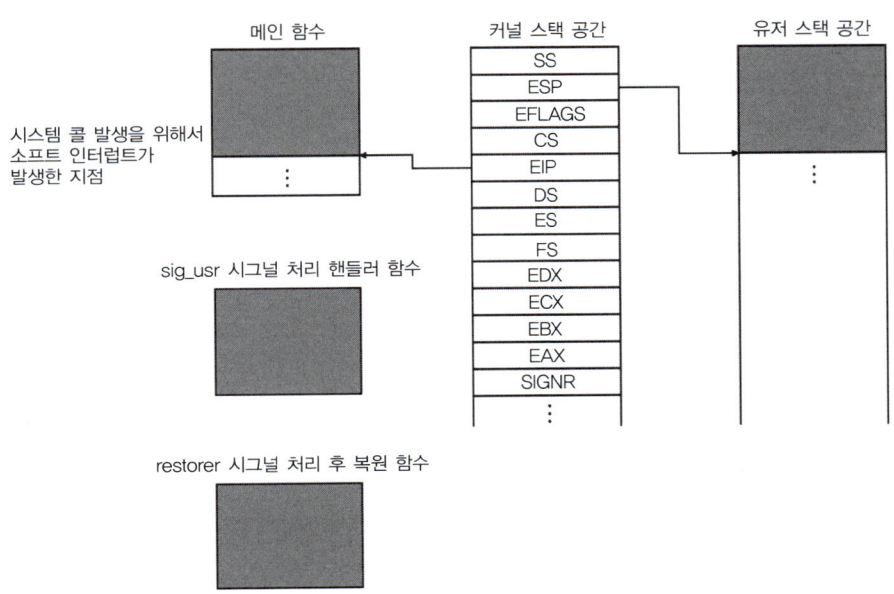

그림 8.27 시그널 처리 핸들러를 호출하기 위해서 커널 스택을 수정하기 전 상태

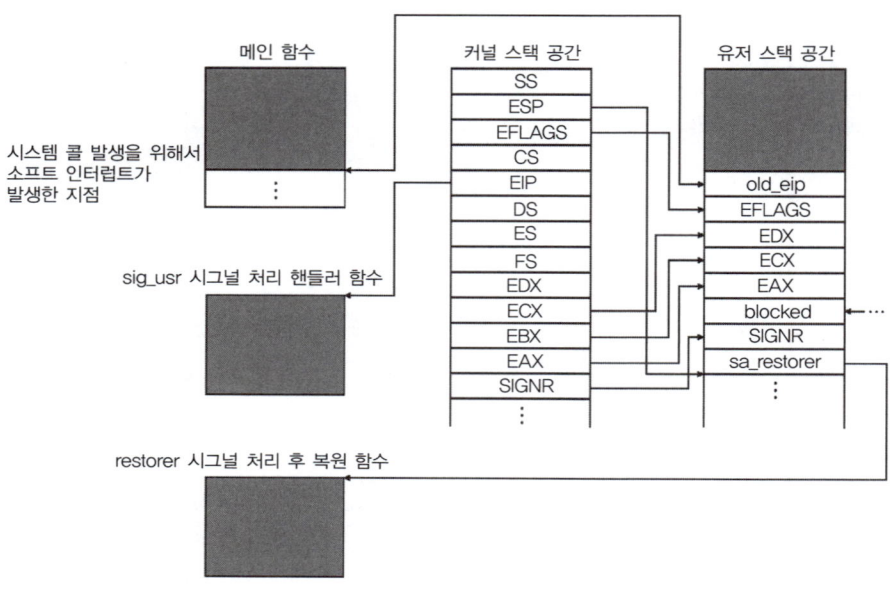

메인 함수

시스템 콜 발생을 위해서
소프트 인터럽트가
발생한 지점

커널 스택 공간

| SS |
| ESP |
| EFLAGS |
| CS |
| EIP |
| DS |
| ES |
| FS |
| EDX |
| ECX |
| EBX |
| EAX |
| SIGNR |

유저 스택 공간

| old_eip |
| EFLAGS |
| EDX |
| ECX |
| EAX |
| blocked |
| SIGNR |
| sa_restorer |

sig_usr 시그널 처리 핸들러 함수

restorer 시그널 처리 후 복원 함수

그림 8.28 시그널 처리 핸들러를 호출하기 위해서 커널 스택 데이터를 복사하고 변경한다.

시그널 처리 핸들러의 동작이 끝나면 restorer 함수가 호출된다. 이 함수에 대한 코드를 살펴보자.

```
.globl ____sig_restore
.globl ____masking_srestore
____sig_restore:
    addl $4,%esp
    popl %eax       // do_signal() 함수가 스택에 저장해 두었던 레지스터 값으로
                    // 레지스터 값을 복원하는 데 사용된다.

    popl %ecx
    popl %edx
    popfl
    ret


____masksig_restore
    addl $4,%esp
    call ____ssetmask
    addl $4,%esp
    popl %eax       // do_signal() 함수가 스택에 저장해 두었던 레지스터 값으로
                    // 레지스터 값을 복원하는 데 사용된다.

    popl %ecx
    popl %edx
    popfl
    ret
```

우리는 do_signal() 함수가 앞에서 스택 값을 조정한다고 말했다. 다음 코드가 바로 스택을 수정한다. 코드를 보도록 하자.

```
//코드 경로:kernel/signal.c:
void do_signal(long signr,long eax, long ebx, long ecx, long edx,
        long fs, long es, long ds,
        long eip, long cs, long eflags,
        unsigned long * esp, long ss)
        {
        ......
        put_fs_long((long) sa->sa_restorer,tmp_esp++);
        put_fs_long(signr,tmp_esp++);
        if (!(sa->sa_flags & SA_NOMASK))
                put_fs_long(current->blocked,tmp_esp++);
        put_fs_long(eax,tmp_esp++);
        put_fs_long(ecx,tmp_esp++);
        put_fs_long(edx,tmp_esp++);
        put_fs_long(eflags,tmp_esp++);
        put_fs_long(old_eip,tmp_esp++);
        current->blocked |= sa->sa_mask;
}
```

유저 스택 영역에 백업되었던 데이터가 restorer 함수를 통해서 복원되고 시그널 처리가 끝나면 프로세스는 다시 원래 하던 작업을 계속하게 된다.

시그널 처리 과정에서 restorer 함수의 마지막 줄에 있는 어셈블리 함수 ret 함수를 주의 깊게 봐야 한다. ret 명령의 원리는 스택을 클리어하고 스택의 최상의 값을 사용해서 EIP로 설정하고 프로그램 실행 위치를 EIP가 가리키고 있는 위치로 이동하는 데 있다. 위 코드의 마지막 부분에 put_fs_long (old_eip, tmp_esp++) 명령으로 들어간 값이 EIP가 된다. 이 코드의 old_EIP는 pause() 함수가 sys_pause() 함수를 호출하면서 발생된 INT 0x80 소프트 인터럽트 다음의 명령 어드레스 값이다. 따라서 restorer 함수에서 ret 명령이 실행되면 시그널 처리가 끝나고, puase() 함수 다음이 최종적으로 실행된다.

이것이 리눅스 0.11의 시그널 처리 과정의 전부다.

8.2.2 프로세스 상태 변화에 영향을 주는 시그널

다음으로 우리는 이 섹션의 두 번째 파트를 소개해 볼까 한다. 인터럽터블 상태와 언인터럽터블 상태의 두 프로세스를 비교해 보면서 시그널이 프로세스의 실행 상태에 어떤 영향을 주는지 알아볼 것이다.

인터럽터블 상태의 프로세스를 보여 주기 위해서 다음과 같은 프로그램을 사용한다.

```
#include <stdio.h>
main()
{
    exit();
}
```

셸은 위 코드의 프로세스(이 프로세스는 셸의 자식 프로세스가 된다)를 만든다. 자식 프로세스를 생성한 셸은 인터럽터블 상태가 되고 자식 프로세스는 시작하자 마자 종료하게 된다. 우리는 이 예제를 사용해서 프로세스 상태 변화에 시그널이 어떤 영향을 주는지 살펴보려고 한다.

유저 프로세스가 종료하고 셸 프로세스에게 시그널을 보낸다.

유저 프로세스가 exit() 함수를 호출하면 프로세스는 종료 전에 몇 가지 작업을 한다. 이때 프로세스가 가지고 있던 메모리를 해제하고 프로세스와 그 동안 작업하던 파일과의 연결도 끊는다. 또 자식 프로세스가 종료한다는 시그널을 셸 프로세스에게 알린다. 그리고 프로세스 자신의 상태를 좀비 상태(zombie)로 바꾸고 마지막에 schedule() 함수를 호출해서 프로세스 전환이 되도록 한다. 이와 관련된 코드는 다음과 같다.

```
//코드 경로: kernel/exit.c:
int do_exit(long code)
{
    ......
    if (current->leader)
        kill_session();
    current->state = TASK_ZOMBIE;
    current->exit_code = code;
    tell_father(current->father);   // 부모 프로세스에 시그널을 보낸다.
    schedule();                     // 프로세스 전환을 한다.
    return (-1);                    /* 컴파일 경고 때문에 삽입 */
}


static void tell_father(int pid)
{
    int i;
    if (pid)
        for (i=0;i<NR_TASKS;i++) {  // 부모 프로세스를 찾는다.
                                    // 현시점에서 부모 프로세스는 셸이 된다.
            if (!task[i])
                continue;
            if (task[i]->pid != pid)
                continue;
            task[i]->signal |= (1<<(SIGCHLD-1));  // 자식 프로세스가 종료한다는
                                    // 시그널을 셸에게 보낸다.
            return;
        }
    ......
}
```

유저 프로세스의 종료 과정에서 시그널을 보내는 것과 프로세스 상태를 좀비 상태로 설정하는 것은 그림 8.29에서 잘 보여 주고 있다.

쉘 프로세스가 깨어난다. schedule() 함수가 실행되면 먼저 모든 프로세스를 검색한다. 시그널을 받은 프로세스가 있고 이 프로세스가 인터럽터블 상태라면 프로세스를 준비 상태로 바꾼다. 현 시점에서 쉘 프로세스가 이 조건에 해당한다. 따라서 쉘 프로세스가 준비 상태가 된다. 그림 8.30은 이렇게 변경된 쉘 프로세스 상태를 볼 수 있다.

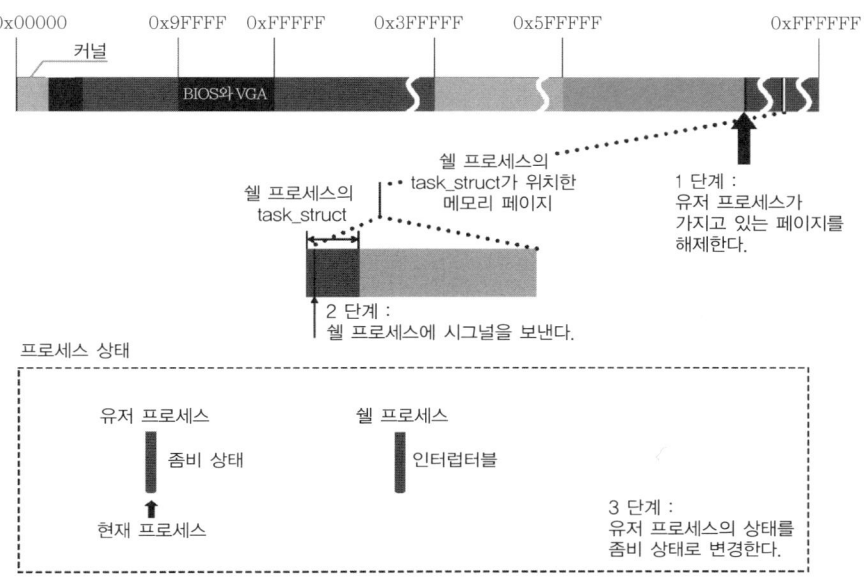

그림 8.29 유저 프로세스가 쉘 프로세스에게 시그널을 보낸다.

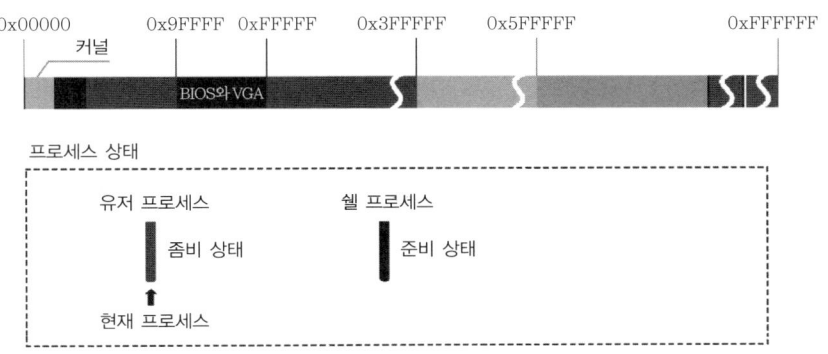

그림 8.30 쉘의 프로세스 상태가 준비 상태로 바뀐다.

관련 코드는 다음과 같다.

```c
//코드 경로:kernel/sched.c:
void schedule(void)
{
    ......
    for(p = &LAST_TASK ; p > &FIRST_TASK ; --p)
        if (*p) {
            if ((*p)->alarm && (*p)->alarm < jiffies) {
                (*p)->signal |= (1<<(SIGALRM-1));
                (*p)->alarm = 0;
            }
            if ((((*p)->signal & ~(_BLOCKABLE & (*p)->blocked)) &&
              (*p)->state==TASK_INTERRUPTIBLE)
                                        // 프로세스가 시그널을 받았는지 확인하고
                                        // 프로세스 상태가 인터럽터블인지 확인해서 맞으면
                                        // 프로세스 상태를 준비 상태로 변경한다.
                (*p)->state=TASK_RUNNING;
        }
    ......
}
```

앞에서 시그널을 받은 인터럽터블 상태의 프로세스가 준비 상태가 되었다. 이번에는 두 번째 전체 프로세스를 조사하는 절차를 거친다. 이때는 준비 상태인 프로세스는 쉘 프로세스뿐이다. 따라서 쉘 프로세스로 프로세스 전환된다. 실행 코드는 다음과 같다.

```c
//코드 경로:kernel/sched.c:
void schedule(void)
{
    ......
    while (1) {
        c = -1;
        next = 0;
        i = NR_TASKS;
        p = &task[NR_TASKS];
        while (--i) {
            if (!*--p)
                continue;
            if ((*p)->state == TASK_RUNNING && (*p)->counter > c)
                c = (*p)->counter, next = i;
        }
        if (c) break;
        for(p = &LAST_TASK ; p > &FIRST_TASK ; --p)
            if (*p)
                (*p)->counter = ((*p)->counter >> 1) +
                            (*p)->priority;
    }
    switch_to(next);    // 쉘 프로세스로 프로세스 전환한다.
}
```

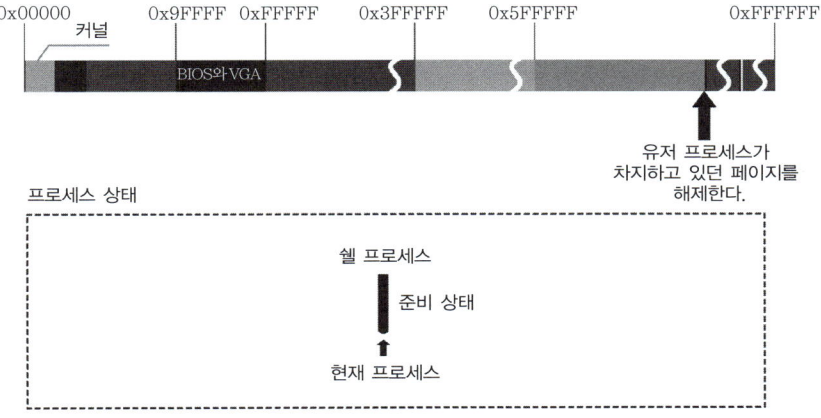

그림 8.31 유저 프로세스가 종료하고 쉘 프로세스가 종료와 관련된 후속 작업을 한다.

쉘 프로세스가 실행되고 자식 프로세스의 종료를 위한 마지막 작업을 한다. 쉘 프로세스는 자식 프로세스를 생성하고 wait() 함수를 호출해서 자식 프로세스가 종료되기를 기다린다. wait() 함수에서는 자식 프로세스가 좀비 상태가 되면 자식 프로세스가 사용하던 task_struct 페이지를 그림 8.31처럼 해제하는 작업을 한다.

코드는 다음과 같다.

```
//코드 경로:kernel/exit.c:
int sys_waitpid(pid_t pid,unsigned long * stat_addr, int options)
{
    ......
repeat:
    flag=0;
    for(p = &LAST_TASK ; p > &FIRST_TASK ; --p) {
        ......
        switch ((*p)->state) {
            case TASK_STOPPED:
                if (!(options & WUNTRACED))
                    continue;
                put_fs_long(0x7f,stat_addr);
                return (*p)->pid;
            case TASK_ZOMBIE:      // 자식 프로세스가 좀비 상태가 되면 다음을 실행한다.
                current->cutime + = (*p)->utime;
                current->cstime + = (*p)->stime;
                flag = (*p)->pid;
                code = (*p)->exit_code;
                release(*p);
                put_fs_long(code,stat_addr);
                return flag;
            default:
                flag=1;
                continue;
```

```
        }
if (flag) {
        if (options & WNOHANG)
                return 0;
        current->state=TASK_INTERRUPTIBLE;
        schedule();
        if (!(current->signal &= ~(1<<(SIGCHLD-1))))   // 자식 프로세스가
                                                        // 종료한다는 시그널을 받으면

                goto repeat;
        else
                return -EINTR;
        }
        return -ECHILD;
}
```

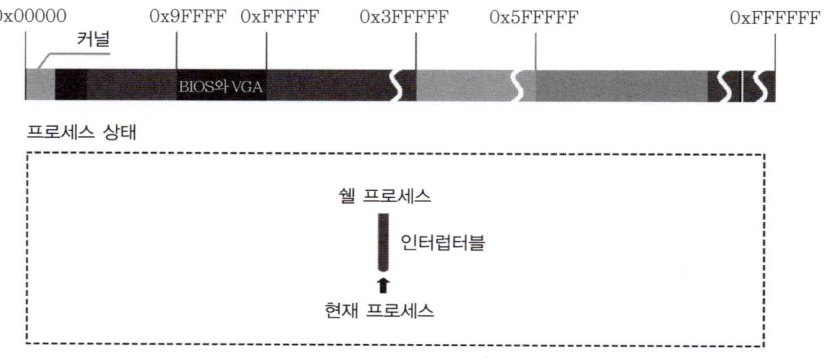

그림 8.32 쉘 프로세스가 다시 인터럽터블 상태가 된다.

쉘 프로세스가 다시 서스펜드된다. 쉘 프로세스가 자식 프로세스의 종료와 관련된 작업을 하고 나서 쉘은 터미널 디바이스 파일 tty0에서 데이터를 읽는다. 유저가 키보드로 아무런 데이터도 넣지 않는다고 가정하면 쉘 프로세스는 데이터를 읽지 못해서 인터럽터블 상태가 되고 유저의 입력을 기다린다. 그림 8.32는 이것을 보여 준다.

지금까지 살펴본 예제를 종합해 보면 schedule() 함수가 실행될 때, 프로세스의 상태와 시그널을 조사하게 된다. 이때 프로세스의 상태가 인터럽터블이고 시그널이 프로세스에 왔다면 프로세스의 상태를 준비 상태로 설정해서 스케줄링 가능 상태로 만들고 다시 깨어날 수 있도록 한다.

다음으로 우리는 프로세스의 언인터럽터블 상태를 설명한다. 일단 예제를 위해서 몇 가지 가정을 해 보자. 시스템에는 세 유저 프로세스가 있다. 이 프로세스들은 각각 프로세스 A, B, C라고 부른다. 이 프로세스들은 모두 준비 상태다. 프로세스 B는 프로세스 A의 자식 프로세스이고, 프로세스 A가 현재 실행 중이다. 우리는 시그널이 프로세스 실행 상태에 어떤 영향을 주는지 이 예제를 통해서 설명하려고 한다.

프로세스 A와 B의 프로그램은 다음과 같다.

```
main()
{
    char buffer[12000];
    int pid, i;
    int fd = open("/mnt/user/hello.txt", O_RDWR, 0644);
    read(fd,buffer,sizeof(buffer));     // 파일을 읽는다.
    if (!(pid = fork())) {
        exit();                          // 프로세스 B가 실행하는 코드(자식 프로세스)
    }
    if (pid>0)
        while (pid != wait(&i)){}        // 자식 프로세스가 종료할 때를 기다린다.
    close(fd);
    return;
}
```

프로세스 C는 다음과 같은 프로그램을 실행한다.

```
main()
{
    int i,j;
    for(i=0; i<1000000; i++)
        for(j=0; j<1000000; j++);
}
```

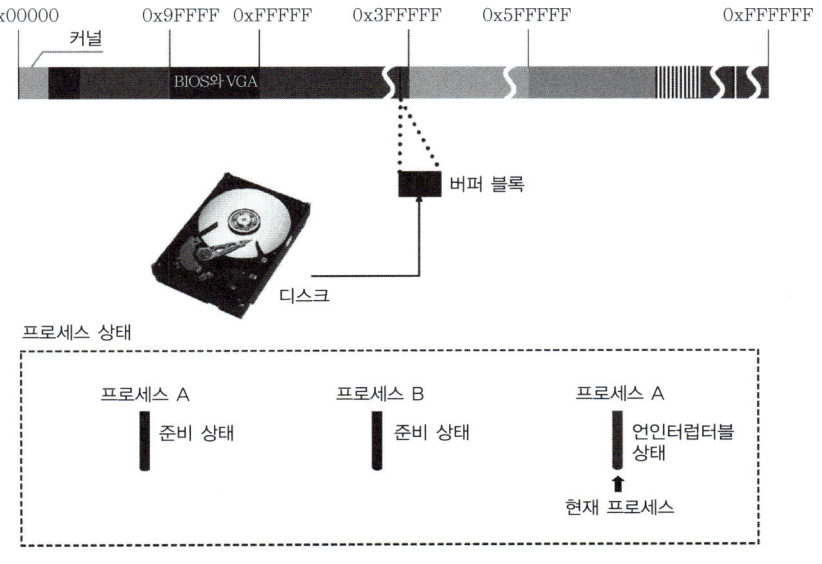

그림 8.33 프로세스 A가 대기 상태가 된다.

프로세스 A가 디스크에서 데이터를 읽을 때까지 서스펜드된다. 프로세스 A는 하드디스크에서 데이터를 읽어와야 한다. 그러기 위해서 read() 함수를 호출한다. 그러면 소프트 인터럽트를 발생하고 시스템 콜 sys_read() 함수가 실행된다. 일련의 함수 호출이 있고 나서 디스크 읽기 명령을 디스크에 보낸다. 디스크에 읽기 명령을 보내고 나서 프로세스 A는 언인터럽터블 상태가 된다. 이것은 프로세스 A가 실행을 계속하기 위해서 디스크의 데이터를 읽어내야 하기 때문이다. 데이터가 읽히기 전까지는 어떤 시그널을 받아도 무시한다. 즉, 프로세스가 깨어나지 못하는 것이다. 그렇지 않고 프로세스가 깨어나면 로직에 따라 버퍼의 데이터를 처리하려고 할 것이다. 하지만 이때 하드디스크에서 데이터를 읽어오지 못했으므로 오류가 발생한다. 이런 이유 때문에 그림 8.33과 같이 프로세스의 상태를 언인터럽터블로 설정한다.

프로세스 A가 디스크 데이터를 읽기 위해서 대기 상태가 되는 코드는 다음과 같다.

```
//코드 경로:fs/buffer.c:
struct buffer_head * bread(int dev,int block)
{
    ......
    if (bh->b_uptodate)
        return bh;
    ll_rw_block(READ,bh);
    wait_on_buffer(bh);    // 버퍼의 락이 풀릴 때까지 계속 대기한다.
    if (bh->b_uptodate)
        return bh;
    ......
}

static inline void wait_on_buffer(struct buffer_head * bh)
{
    cli();
    while (bh->b_lock)         // 버퍼 블록에 락이 걸려 있으면
        sleep_on(&bh->b_wait); // 프로세스를 대기 리스트에 등록하고
                               // 대기 상태가 된다.
    sti();
}


//코드 경로:kernel/sched.c:
void sleep_on(struct task_struct **p)
{
    ......
    tmp = *p;
    *p = current;
    current->state = TASK_UNINTERRUPTIBLE; // 프로세스 A를 언인터럽터블로 설정한다.
    schedule();
    if (tmp)
        tmp->state = 0;
}
```

프로세스 A에서 프로세스 B로 프로세스 전환된다. 프로세스 A는 schedule() 함수를 호출하게 되고 다른 프로세스로 전환된다. 이때 프로세스 A의 자식 프로세스, 말하자면 프로세스 B가 실행된다고 가정하자. 프로세스 B가 실행되면 바로 exit() 함수가 실행되고, 프로세스 종료를 위한 준비를 한다. 프로세스 B는 좀비 상태가 되고 부모 프로세스인 프로세스 A에게 시그널을 보낸다. 프로세스 A에게 자식 프로세스가 곧 종료한다는 사실을 알려주는 것이다. 그리고 schedule() 함수를 호출한다. 그림 8.34가 이런 과정을 보여 준다.

실행 코드는 다음과 같다.

```
//코드 경로:kernel/exit.c:
int do_exit(long code)
{
    ......
    if (current->leader)
        kill_session();
    current->state = TASK_ZOMBIE;
    current->exit_code = code;
    tell_father(current->father);       // 부모 프로세스에 시그널을 보낸다.
    schedule();                         // 프로세스 전환한다.
    return (-1);                        /* 컴파일러 경고 제어용 */
}
static void tell_father(int pid)
{
    int i;
        if (pid)
            for (i=0;i<NR_TASKS;i++) {
        if (!task[i])
            continue;
        if (task[i]->pid != pid)
            continue;
        task[i]->signal |= (1<<(SIGCHLD-1));
                            // 프로세스 A에게 자식 프로세스가 종료한다는
                            // 시그널(SIGCHLD)을 보낸다.

        return;
    }
    ......
}
```

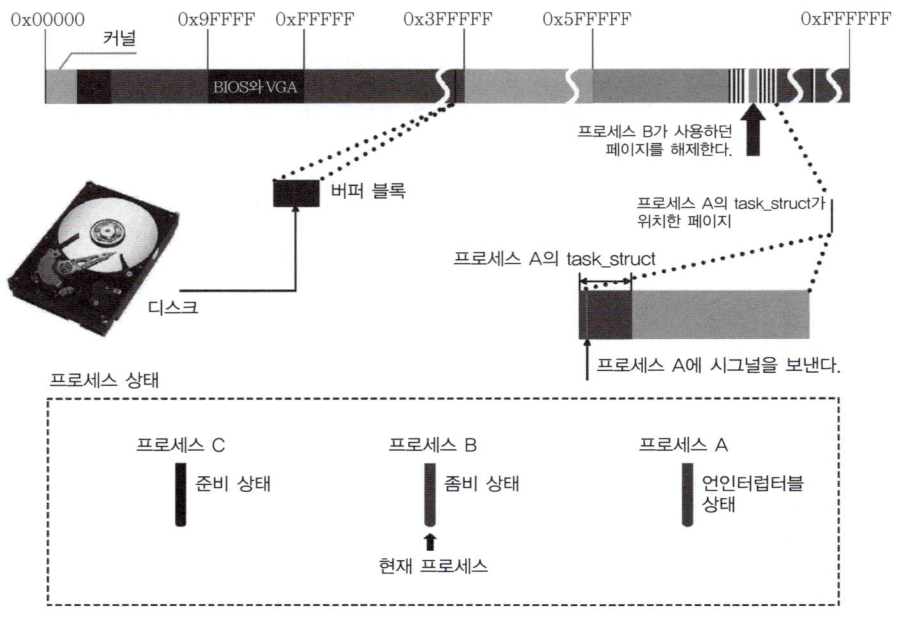

그림 8.34 프로세스 B가 종료하면서 프로세스 A에게 시그널을 보낸다.

프로세스 A는 시그널을 받았지만 깨어나지는 못한다. schedule() 함수에서는 먼저 모든 프로세스를 조사해서 시그널을 받은 프로세스가 있는지 확인한다. 하지만 이때 프로세스 A가 시그널을 받았다고 해도 프로세스는 언인터럽터블 상태이기 때문에 준비 상태가 될 수 없다. 그래서 프로세스 C가 실행된다(그림 8.35).

실행코드는 다음과 같다.

```
//코드 경로:kernel/sched.c:
void schedule(void)
{
    ......
    for(p = &LAST_TASK ; p > &FIRST_TASK ; --p)
        if (*p) {
            if ((*p)->alarm && (*p)->alarm < jiffies) {
                (*p)->signal |= (1<<(SIGALRM-1));
                (*p)->alarm = 0;
            }
            if ((((*p)->signal & ~(_BLOCKABLE & (*p)->blocked)) &&
            (*p)->state==TASK_INTERRUPTIBLE)
                            // 프로세스 A가 시그널을 받지만 언인터럽터블 상태이기
                            // 때문에 다음 코드는 실행되지 않는다.
                (*p)->state=TASK_RUNNING;
        }
    ......
}
```

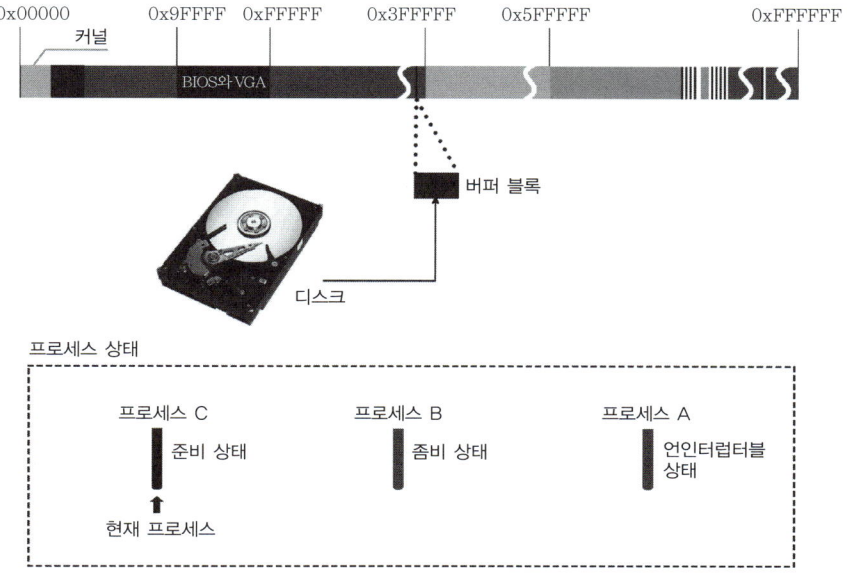

그림 8.35 언인터럽터블 상태의 프로세스는 시그널로 깨울 수 없다.

디스크에서 데이터를 읽어오면 프로세스 A가 깨어난다. 프로세스 C가 일정 시간 동안 실행되고 나면 프로세스 A가 요청한 데이터를 다 읽어올 수 있다. 그렇게 되면 하드디스크 인터럽트 서비스 루틴이 프로세스 A의 상태를 준비 상태로 설정한다(이 방법이 언인터럽터블 상태의 프로세스가 준비 상태가 되는 유일한 방법이다). 이것은 그림 8.36은 프로세스 A가 준비 상태가 된 것을 보여 준다.

실행 코드는 다음과 같다.

```
//코드 경로:kernel/blk_dev/blk.h:
extern inline void end_request(int uptodate)
{
    DEVICE_OFF(CURRENT->dev);
    if (CURRENT->bh) {
        CURRENT->bh->b_uptodate = uptodate;
        unlock_buffer(CURRENT->bh);   // 버퍼의 락을 푼다.
    }
    if (!uptodate) {
        printk(DEVICE_NAME " I/O error\n\r");
        printk("dev %04x, block %d\n\r",CURRENT->dev,
            CURRENT->bh->b_blocknr);
    }
    ......
}
extern inline void unlock_buffer(struct buffer_head * bh)
{
    if (!bh->b_lock)
        printk(DEVICE_NAME ": free buffer being unlocked\n");
```

```
        bh->b_lock = 0;
        wake_up(&bh->b_wait);        // 버퍼 블록의 대기 큐에 있던 프로세스를 깨운다.
}
```

프로세스 상태가 준비 상태가 되면 프로세스 A는 실행될 수 있다. 하지만 그렇다고 바로 실행되지는 않는다. 하드디스크 인터럽트 루틴이 끝나고 나도 그림 8.36의 왼쪽 아래에서 보여 주고 있는 것처럼 여전히 프로세스 C를 실행한다.

프로세스 A로 프로세스 전환되고 시그널을 처리한다. 프로세스 C에 부여된 타임 슬라이스를 다 사용하고 나면 스케줄러에 의해서 프로세스 전환이 이루어진다. 프로세스 C가 schedule() 함수를 호출하면 내부에서 프로세스 A만 준비 상태이기 때문에 프로세스 A로 전환한다. 프로세스 A가 다시 실행되면 하드디스크에서 가져온 데이터를 처리할 것이다. 이렇게 되면 디스크에서 데이터를 읽기 위해서 호출한 sys_read() 함수가 끝나고 리턴된다. 시스템 콜이 반환되기 전에 프로세스 A가 시그널을 받았는지 확인하는 절차를 거친다. 이때 시스템은 프로세스 A가 시그널을 받았음을 확인한다. 그러면 시그널을 처리하기 위해서 시그널 서비스 핸들러의 어드레스를 확인하고 내부적으로 커널 스택을 조작해서 그림 8.37처럼 핸들러가 실행되도록 한다.

지금까지 살펴본 것처럼 언인터럽터블 상태의 프로세스의 경우 시그널을 받았다고 해서 프로세스의 상태가 준비 상태로 바로 변경되지 않는다. 이런 상태의 프로세스에게 있어서 시그널은 아무런 의미가 없다. 그저 상태가 다시 변경되기만을 기다려야 한다.

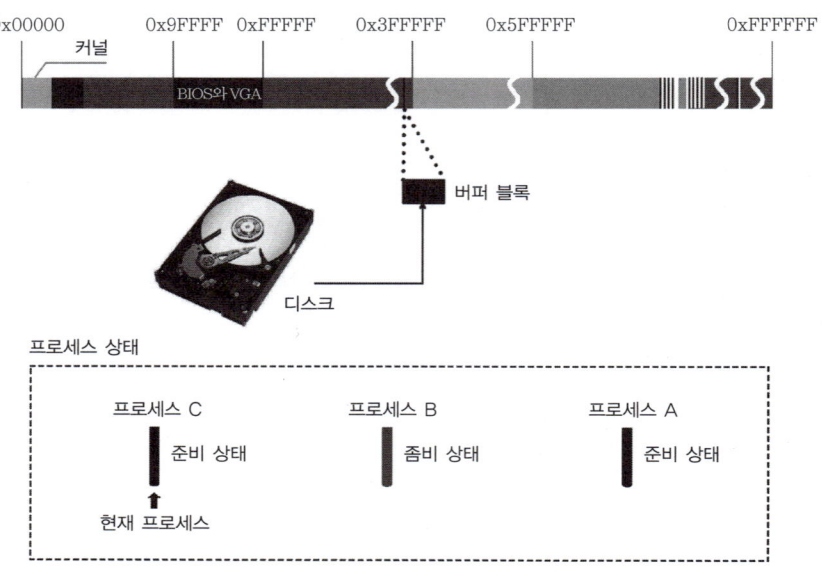

그림 8.36 프로세스 A가 깨어난다.

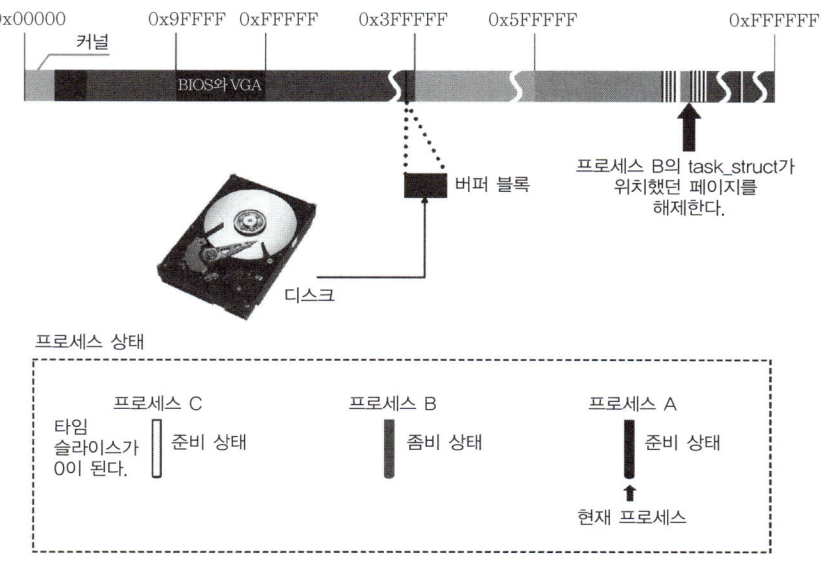

그림 8.37 프로세스 A가 실행되고 받은 시그널을 처리한다.

8.3 요약

이번 챕터에서는 프로세스 간 통신(IPC)를 설명하기 위한 예제를 사용해서 파이프의 동작 방식과 시그널 통신에 대해서 살펴보았다.

파이프의 동작 원리는 간단하다. 운영체제가 file_table[64]과 inode_table[32]에 파이프 파일을 만들고 파이프를 위한 메모리 페이지를 할당한다. 파이프가 만들어지면 두 프로세스와 연결 관계를 만들어 데이터를 교환한다. 한쪽 프로세스는 파이프에 쓰기만 가능하고 다른 프로세스는 읽기만 가능하다. 타이머 인터럽트가 프로세스의 데이터 교환 중에 발생하더라도 데이터가 잘못되는 일은 없다.

시그널을 이용한 통신의 경우, 시스템 콜에서 리턴할 때 시그널에 대한 처리 방식을 사용하고 있다. 프로세스가 일단 시그널을 받으면 시스템은 시그널을 처리하기 위해서 준비 작업을 한다. 즉, 사용자가 등록한 시그널 처리 핸들러를 시스템 콜 리턴 후에 바로 실행되도록 하고 그 다음에 원래 위치로 돌아가도록 하는 것이다. 그리고 또 한 가지 중요한 것은 schedule() 함수에서 시그널을 받은 프로세스의 상태를 변경한다는 점이다. schedule() 함수에서 시그널을 받으면 인터럽터블 상태의 프로세스를 준비 상태로 변경한다. 이때 프로세스가 언인터럽터블 상태이면 시그널을 받아도 프로세스의 상태에는 어떤 영향도 주지 못한다.

MEMO

운영체제의 디자인 가이드라인

위대한 왕은 모든 것을 관장한다. 왕의 영향 아래 모든 이는 왕의 신하일 뿐이다. - **속담**

앞에서 살펴본 여덟 개의 챕터를 통해서 OS의 원리와 리눅스의 메커니즘을 자세히 분석하고 설명했다. 이번 챕터에서는 OS 디자이너 관점에서 운영체제를 어떻게 디자인해야 하는지에 대한 가이드라인에 대해서 이야기해 보려고 한다.

9.1 간단한 프로그램을 통해서 알아보는 OS의 필수 작업들

OS를 이해하는 가장 효과적인 방법은 컴퓨터에서 간단한 프로그램을 실행해 보고 OS가 이 프로그램을 실행하기 위해서 어떤 일을 하고 있는지 알아보는 것이다.

여기서는 C 언어로 작성한 hello world 프로그램을 사용해서 OS가 하는 일을 알아보자.

```c
#include <stdio.h>
void main()
{
    printf("hello world\n");
}
```

위 프로그램이 컴파일되고 링크되면 실행 파일이 만들어진다. 우리는 이 프로그램을 리눅스 환경에서 실행할 것이다. 프로그램은 화면에 "hello world" 문자열을 출력한다. 겉으로 보면 우리가 작성한 프로그램이 화면에 "hello world" 문자열을 출력한 것 같지만, 사실 내부적으로는 우리가 작성한 프로그램은 아주 작은 역할만 한다. 코드상으로는 C 언어의 printf라는 라이브러리 함수를 사용하고 있지만 이 책은 OS를 다루고 있기 때문에 라이브러리 함수에 대해서 다루지는 않는다.

대신 hello 프로그램을 실행하기 위해서 리눅스 0.11이 어떤 일을 하는지에 대해서 간단하게나마 파헤쳐 보자. 다음에 이어지는 짤막한 글은 OS가 하는 일에 대한 간단한 설명으로 10,000줄 커널 소스가 하는 일을 설명하고 있다. IPC(프로세스 간 통신)를 제외하고 OS의 거의 모든 일을 설명하고 있다. 이 짧은 글을 통해서 리눅스가 간단한 프로그램을 실행시키기 위해서 내부적으로 무슨 일을 하는지 직관적으로 이해할 수 있었으면 한다.

상황 설명 : 하드디스크에 hello 라는 실행 파일이 하나 있다. 이 실행 파일의 소스는 앞에서 소개했던 것과 같다. 현재 시스템은 대기 상태로 유저는 쉘에 "./hello"라고 커맨드를 입력해서 하드디스크의 프로그램 파일을 로드하고 실행하려고 한다. 이 프로그램이 동작하면 최종적으로 "hello world" 문자열이 화면에 출력된다. 그럼 단계별로 살펴보자.

1단계 : 유저는 쉘에 명령을 입력하고 쉘 프로세스가 이 명령을 분석한다.
이 단계를 위해서 시스템은 최소한 다음과 같은 준비 작업들을 하게 된다.

⑴ 유저가 키보드로 타이핑을 하고 이렇게 입력된 정보가 터미널 파일인 tty0에 기록된다.

만약 시스템이 파일과 같은 형태로 터미널 장비를 다루고 있다면 시스템은 먼저 파일 시스템을 구성해야 하고 파일 시스템을 로드해야 한다. 파일 관련 동작들은 모두 이 파일 시스템 위에서 동작한다. 파일 시스템에는 슈퍼 블록(super block), 논리 블록 비트맵(logic block bitmap), i-node 비트맵 (i-node bitmap), 파일 i-node, 블록 등이 있다. 두 번째로 할 일은 파일을 기능에 따라서 나누는 것이다. 파일의 종류는 일반 파일, 디바이스 파일, 디렉토리 파일 등이 있다. 앞에서 언급한 tty0는 디바이스 파일에 속한다. tty0이라는 파일을 가지고 작업할 수 있는 것은 이런 작업들이 미리 선행되었기 때문이다.

⑵ 유저가 키보드로 명령을 입력하면 키보드 인터럽트가 발생한다. 시스템은 이렇게 발생한 인터럽트를 처리한다.

인터럽트가 발생하면 인터럽트는 먼저 프로그램 가능한 인터럽트 컨트롤러 8259A에 전달된다. 따라서 우리는 8259A 컨트롤러를 미리 설정해 두어야 한다. 8259A에 전달된 인터럽트는 다시 CPU까지 전달된다. 그러면 CPU는 IDTR(interrupt descriptor table register, 인터럽트 디스크립터 테이블 레지스터)을 통해서 메모리에서 인터럽트 디스크립터 테이블을 찾는다. 테이블에서 키보드 인터럽트 핸들러를 찾아 서비스 루틴을 실행시킨다. 이렇게 동작하는 메커니즘을 만들기 위해서 OS는 인터럽트 서비스 시스템을 만들어야 한다. 이를 위해 IDTR 설정과 인터럽트 디스크립터 테이블에 인터럽트 서비스 루틴을 연결하는 작업 등을 한다. 그리고 인터럽트 서비스 루틴들이 특정 인터럽트에 반응할 수 있도록 프로그래밍해야 한다.

(3) 인터럽트 서비스 루틴이 실행되고 쉘 프로세스가 깨어난다. 그러면 프로세스 0에서 쉘 프로세스로 스케줄링 메커니즘에 따라서 프로세스 전환된다.

시스템은 다수의 프로세스들로 구성되기 때문에 프로세스 관리 메커니즘을 만들어야 한다. 쉘을 예로 들어보자. 시스템은 프로세스를 생성하고 프로세스 쉘을 로드해야 한다. 쉘을 통해 유저와 상호소통하는 인터페이스를 마련하는 것이다. 또 쉘 프로세스 이외에 프로세스 0도 생성해야 한다. 다른 프로세스가 실행할 준비가 되지 않았을 때 프로세스 0이 대신 실행되다가 실행 가능한 프로세스가 나타나면 바로 프로세스 0에서 다른 프로세스로 전환된다. 이 메커니즘은 운영체제의 모든 프로세스에 적용된다. 우리가 멀티 프로세스를 지원하는 운영체제를 설계한다고 할 때, 이런 식의 프로세스 스케줄링 메커니즘을 설계해야 한다. 이 메커니즘에는 타이머 인터럽트를 이용해서 프로세스 전환이 될 수 있도록 한다. 이런 메커니즘 설계를 위해서 8253 타이머 설정과 타이머 인터럽트 핸들러 설계와 같은 것들을 고려해야 한다.

(4) 쉘 프로세스는 tty0 터미널 디바이스 파일을 통해 사용자가 입력한 명령을 읽는다. 그리고 그 명령을 분석해서 실행할 준비를 한다. 물론 이 명령은 키보드를 한 번 두드린 것으로 끝나지 않기 때문에 타이핑을 할 때마다 앞의 절차를 계속한다. 쉘 프로세스가 대기 상태에서 다음 키보드 인터럽트를 기다린다.

지금까지 시스템은 사용자가 입력한 명령에 대해서 준비 작업을 하기는 했지만 본격적인 절차로 들어가지는 않은 상태다. 위에서 설명한 절차들을 간단한 소개했지만 내부적으로는 복잡한 과정이 숨겨져 있다. 상세한 절차들은 이 책의 챕터 1, 2를 통해서 소개하고 있으니 참고하기 바란다.

2단계 : 쉘 프로세스가 유저가 입력한 명령을 분석하고 fork() 함수를 호출한다. fork() 함수는 유저 프로세스를 생성한다. 이렇게 우리는 "hello world" 프로그램을 실행할 수 있다.

이번 단계를 위해서 시스템은 최소한 프로세스 관리 구조를 만들어 두어야 한다. 각 프로세스는 제어를 위한 관리 구조체를 가지고 있다. 이 구조체는 여러 가지 정보들 즉, 타임 슬라이스, 우선 순위, 프로세스 상태, 파일이 다루고 있는 파일 정보, TSS, LDT 등의 정보를 가지고 있어서 복잡하다. 구조체에 있는 각 필드는 OS와 깊은 관계를 갖는다. TSS를 예로 들어보자. TSS는 현재 프로세스의 모든 레지스터 정보들이 들어갈 저장소 같은 곳이다. 일단 프로세스 전환이 일어나면 시스템은 TSS에 현재 프로세스의 레지스터 값을 모두 저장한다. 동시에 전환하려는 프로세스의 TSS에 저장되어 있는 레지스터 값들을 다시 CPU 레지스터에 복원시키는 방식으로 프로세스 전환을 시킨다. 프로세스 전환이 일어날 때 TSS의 데이터는 중요한 기본 정보로써 사용되는 것이다. 또 다른 예제로 LDT에는 코드 세그먼트 디스크립터와 데이터 세그먼트 디스크립터가 있다. 이 디스크립터를 통해서 프로세스가 프로그램을 제어할 수 있다. 커널이 프로세스를 제어하는 동작들은 사실 유저 프로세스를 잘 실행시키기 위한 것이다.

또, 운영체제를 디자인할 때는 각 프로세스가 가지고 있는 TSS와 LDT를 쉽게 관리하기 위해서 GDT(global descriptor table, 글로벌 디스크립터 테이블)와 같은 데이터 구조를 디자인해야 한다. 리눅스에서 모든 프로세스의 TSS와 LDT 인덱스는 GDT에 저장된다. GDT, LDT와 TSS들을 활용하기 위해서는 각각의 테이블 레지스터를 설정해야 한다. 이 레지스터들은 각각 GDTR(global descriptor table register), LDTR(local descriptor table register), 그리고 TR(task register)이다.

하지만 앞에서 설명한 것처럼 관련 레지스터를 수정하는 것 이상의 절차가 필요하다. 컴퓨터가 부팅하면 CPU는 리얼 모드로 동작한다. 리얼 모드에서 각 세그먼트 레지스터의 값들이 물리적 어드레스로 취급된다. 반면 보호 모드로 들어가면 세그먼트 레지스터의 값은 세그먼트 셀렉터로 쓰인다. 이 값은 GDT와 관련있다. 결과적으로 GDT는 어플리케이션을 실행하는 데 중요한 역할을 한다고 할 수 있다. 그렇기 때문에 시스템은 리얼 모드에서 보호 모드로 CPU 모드를 전환하기 위해서 많은 준비 작업들을 해야 한다.

위에서 설명한 것들은 모두 TSS와 LDT에 대한 것들이다. 프로세스 관리 구조체에 있는 다른 필드들역시 시스템에서 중요한 역할을 한다. 예를 들어서 프로세스 스케줄링의 가장 기본적인 방법은 타임슬라이스를 사용하는 것이다. 관리 구조체의 타임 슬라이스 필드는 프로세스에 현재 남은 타임 슬라이스 값을 의미한다. 또 다른 예를 들어보자. 리눅스에서 파일을 다룰 수 있는 것은 프로세스 뿐이다. 따라서 프로세스는 파일과의 복잡한 연결 관계를 형성한다. 이때 사용되는 것들이 파일 i-node, 파일 관리 테이블의 아이템 그리고 프로세스의 파일 관리 포인터 테이블 등이다.

프로세스를 만들기 위해서 우리는 프로세스 관리 구조를 만들어야 한다. 이때 각 필드들이 만들어지고 초기화되어야 한다. 또 페이지 테이블을 복사하고 페이지 디렉토리 엔트리를 새 프로세스를 위해서 만든다. 이 모든 것들은 메모리 페이지와 직접적인 관련이 있다. 메모리 관리 전략은 전체 OS에서 가장 복잡한 것 중 하나다.

3단계 : 새로운 프로세스를 생성하기 위해 "hello world" 파일의 프로그램을 로드한다.

이 단계를 완료하기 위해서 프로세스는 두 개의 관점에서 포괄적인 준비를 하게 된다. 하나는 파일이고 다른 하나는 메모리에 관련된 것들이다. hello world 프로그램은 하드디스크에 실행 파일 형태로 저장되어 있다. 따라서 파일이 로드되기 전에 실행 파일이 사용 가능한지 살펴봐야 한다. 이것은 파일 i-node를 확인하고 파일 헤더를 통해서 알 수 있다. i-node는 파일 관리 정보다. i-node를 사용하기 위해서는 먼저 i-node를 찾아야 한다. 따라서 OS는 파일 경로를 분석하고 디렉토리 파일과 디렉토리 엔트리를 확인해야 한다. 또 i-node 테이블을 확인하는 등의 작업도 해야 한다. 파일 헤더는 데이터 블록에 저장되어 있다. 논리 블록 비트맵의 도움 없이는 데이터 블록을 사용할 수 없다. 이처럼 간단한 "hello world" 프로그램을 로드하는 작업에도 파일 시스템의 모든 정보들이 활용된다.

하드디스크에 파일을 찾았으면 우리는 이 "hello world" 파일을 메모리에 로드시키게 된다. 그러기 위해서 시스템은 메모리와 관련된 모든 이슈들을 해결해야 한다. 부모 프로세스의 공유 페이지에 대한 처리, 페이지 참조 카운터, 세 단계(페이지 디렉토리 페이지, 페이지 테이블, 페이지)의 페이지 관리 메커니즘, 페이지 데이터(읽기 전용 혹은 읽기/쓰기 가능 상태) 그리고 이외에도 다양한 것들을 고려해야 한다. 시스템은 메모리 페이지 쓰기 보호 메커니즘을 사용해서 메모리 관련 이슈들을 처리한다.

하지만 앞에서 설명한 이슈들 말고도 해야 할 것이 많다. 프로그램을 로딩하는 작업에는 매우 정교한 방법들이 쓰인다. 커널은 프로그램 데이터를 로드하기 위해서 페이지가 필요한지 확인해야 한다. 그러기 위해서 선형 어드레스와 물리적 어드레스를 맵핑하는 데이터 구조가 필요하다. 이 데이터 구조를 통해서 선형 어드레스에 필요한 물리적 어드레스 할당 여부를 알 수 있다. 또 프로그램 로딩에 중요한 역할을 하는 페이지 폴트 인터럽트 메커니즘 역시 매우 섬세하게 적용되어야 할 부분이다. 페이지 폴트가 발생했다고 해서 디스크에서 데이터를 로드해야 하는 것은 아니다. 예를 들어 스택이 푸쉬 오퍼레이션을 하는 중에 페이지 폴트 예외가 발생했다면 스택을 위해 새 페이지가 필요하지만 이것은 디스크와 관계 없다. 페이지 폴트 인터럽트 메커니즘을 디자인할 때는 이런 것을 포괄적으로 고려해야 한다.

요약하자면, "hello world" 프로그램을 로드하는 작업은 파일 관리와 메모리 관리를 모두 포함하고 있다. 위에서 설명한 것은 "hello world" 프로세스 로딩을 위한 가장 기본적인 설명일 뿐이다. 겉으로 보면 리눅스는 프로세스를 지원할 뿐이고 각 프로세스가 자신의 프로그램을 로드하는 것처럼 보인다. 하지만 내부로 들어가서 보면 파일과 메모리는 모든 프로세스가 같이 사용하는 리소스이기 때문에 이들 간에는 복잡한 관계로 연결되어 있다. 예를 들어 두 프로세스가 같은 파일 "hello world"를 로드할 때, 공유를 할지, 어떻게 공유를 하는지, 공유 후에 참조 카운트를 어떻게 계산하는지, 읽기/쓰기의 속성을 어떻게 설정할지에 대한 것들도 운영체제가 처리해야 할 것들이다.

4단계 : "hello world" 프로그램이 동작하고 "hello world" 문자열이 화면에 출력된다.

"hello world" 프로그램이 메모리에 로드되면 프로그램이 동작한다. 프로그램 자체는 아주 간단하다. 문자열 "hello world"를 화면에 출력하는 것이다. 하지만 프로그램이 간단하다고 시스템이 해야 하는 일도 간단한 것은 아니다. 커널이 해야 할 중요한 작업은 화면 출력에 대한 것이다. 예를 들어 비디오 카드 속성을 어떻게 파악할 것인지(모노인지 컬러인지), 출력할 문자가 많다면 스크롤이 필요한지도 파악하고 또 실제로 문자는 어떻게 표시할지에 대한 것들이 있다. 이런 문제들은 모두 OS가 처리를 해 주어야 할 것들이다. OS는 디스플레이의 하드웨어와 통신을 통해서 이런 이슈들을 처리한다.

위 글을 통해서 우리는 OS가 간단한 프로그램을 실행시키는 데도 많은 일을 한다는 것을 알 수 있다. 반대로 생각해서 OS가 없다면 어떻게 될까? 우리는 "hello world"라는 간단한 문자열을 화면에 출력하는 프로그램을 작성하는 것조차도 OS의 기능을 가지고 있는 복잡한 프로그램을 통해 작성한다. 하지만 OS의 도움 없이 프로그램을 컴퓨터에 로드시키는 일이나 프로그램을 실행시켜서 결과를 얻는 것이 쉽지만은 않을 것이다. 이게 우리가 OS를 필요로 하는 이유이다.

그럼 여기서 한번 정리를 해보자. 운영체제는 어플리케이션을 실행시키기 위해서 무슨 작업을 하는 것일까?

전체적으로 살펴보면 다음과 같은 일들을 한다. OS는 하드디스크, 모니터 그리고 키보드를 사용할 수 있는 방법을 제공한다. 다시 말하면 OS는 어플리케이션이 주변 장치들을 사용할 수 있도록 해준다. OS의 지원이 없다면 각각의 어플리케이션이 주변 장치를 직접 제어해야 하는 프로그램을 작성해야 한다. 이런 주변 장치 제어용 프로그램은 유사한 형태를 갖는다. 이렇게 보면 OS는 어플리케이션이 공유하는 어떤 프로그램의 일부라고도 볼 수 있다.

리눅스와 현대적인 OS는 어플리케이션들이 주변 장치들을 사용할 수 있도록 지원할 뿐 아니라, 동시에 여러 프로그램이 실행되도록 지원한다. 이것은 OS가 주변 장치뿐 아니라 한 프로세스가 모든 CPU, RAM 혹은 주변 장치를 점유하는 것을 막아서 여러 프로그램이 동시에 실행되도록 체계적이고 효과적으로 리소스를 관리한다는 것을 의미한다. 더불어 OS는 관리하는 모든 프로세스들이 잘 동작하도록 하기 위해서 프로세스의 영역을 침범해서 데이터를 읽거나 수정하지 못하도록 해야 한다. 그러기 위해서 핵심은 어플리케이션이 직접 OS의 데이터를 읽거나 변경하지 못하도록 하는 것이다.

9.2 OS 디자인: 마스터/슬레이브 메커니즘

겉으로 당연한 것처럼 보이는 것들도 내부적으로 여러 가지 해결해야 하는 문제들이 숨어 있다. 예를 들어 다음과 같은 것들이다. 어플리케이션은 프로그램이다. 그리고 OS 역시 프로그램에 불과하다. 프로그램인 OS가 어떻게 어플리케이션에 영향을 주지 않으면서 어플리케이션들을 조직화하고 관리하고 협력하도록 만들 수 있을까?

이 문제는 권한 메커니즘을 이용하면 해결할 수 있다. OS가 어플리케이션들을 조직화 및 관리하고 서로 협력할 수 있도록 하면서도 어플리케이션이 동작하는 데 영향을 주지 않기 위해서 가장 효과적인 방법은 OS와 어플리케이션을 분리하는 것이다. 즉, OS가 임의로 어플리케이션에 액세스하지 못하도록 하고 어플리케이션도 OS 영역에 임의로 들어오지 못하도록 하는 것이다. 또 어플리케이션 간에도 간섭하지 못하도록 막는 방법이다.

이런 것들을 하기 위해서 OS는 다음과 같은 기능을 할 수 있어야 한다. 만약 OS가 어플리케이션의 특정 위치의 코드를 실행시키고 싶다면 실행 절차를 따라야 한다. OS가 어플리케이션이 사용할 RAM 영역을 할당하고 어플리케이션이 이 영역을 벗어나지 못하도록 막아야 한다. 그리고 어플리케이션이 CPU를 점유할 시간을 결정해서 제한된 시간 동안만 실행될 수 있도록 해야 한다. 주어진 시간이 지나면 어플리케이션은 CPU 사용 권한을 예외 없이 OS에게 반환해야 한다. 만약 어떤 프로그램이 주변 장치를 사용하고 싶다면 직접 주변 장치를 사용하지 못하게 하고 OS에게 사용 권한을 요청해야 한다. OS가 어플리케이션에게 사용 허가를 할 때만 사용할 수 있고, 그렇지 않으면 사용할 수 없도록 사용 요청을 무시해야 한다.

이 권한 메커니즘 상에서의 OS와 어플리케이션의 관계는 마스터/슬레이브 관계가 된다. 이 권한 메커니즘을 마스터/슬레이브 메커니즘이라고 한다.

9.2.1 마스터/슬레이브 메커니즘으로 본 프로세스와 프로세스 생성 메커니즘

9.2.1.1 프로그램 경계와 프로세스

마스터/슬레이브 메커니즘을 구현하기 위해서 무엇보다 먼저 우리는 커널과 어플리케이션 그리고 어플리케이션과 어플리케이션 간의 경계를 설정해야 한다.

현실 세계에서 대부분의 객체들은 자신만의 경계가 있다. 가령 우리 주변의 집, 책상, 벤치, 그리고 우리 자신은 각자의 경계가 있다. 우리는 피부가 있어서 외부 세계와 경계를 이룬다. 이 자연스런 경계는 사람과 사람 간, 물체와 물체 간 그리고 사람과 물체 간의 혼란을 막아 주는 역할을 한다. 이 경계를 통해서 각각은 독립적이고 완전한 객체를 유지하고 독립성과 순수성을 유지할 수 있다. 하지만 또 현실에서는 이와 다르게 경계가 분명하지 않은 것들도 있다. 가스, 액체 같은 것들이 그것이다. 가스는 경계가 없기 때문에 여러 종류의 가스들이 쉽게 섞일 수 있다. 그리고 한번 섞인 가스는 쉽게 분리되지 않는다. 따라서 물과 같은 경계가 분명치 않은 것을 가지고 다니고 싶으면 컵이나 물통과 같이 경계가 분명한 컨테이너를 사용하는 것이 가장 효과적이다.

컴퓨터에서 프로그램 코드는 가스나 물과 같은 것이다. 이런 것들은 분명한 경계가 없다. 따라서 프로그램을 다루는 OS는 인위적으로 경계를 만들어 주어야 한다. 이 경계는 코드를 담을 수 있고 분리할 수 있다. 따라서 현대적인 OS의 디자이너는 프로세스라는 개념을 이용하고 있다. 그래서 task_struct 구조를 통해서 경계를 정의한다. 따라서 "task_struct"는 프로세스 자체를 의미한다. OS 관점에서 보면 프로세스는 OS의 관리를 받는 실행 프로그램이다.

9.2.1.2 프로세스 생성

기술적으로 보면 프로세스를 생성하는 방법은 다양하다. 리눅스에서는 프로세스 생성을 위해 객체 생성 방식을 사용하고 있다. 객체 생성은 이미 존재하는 객체를 사용해서 새로운 객체를 생성하는 것이다. 리눅스는 이미 존재하는 프로세스를 사용해서 새로운 프로세스를 생성한다. 우리는 이런 방식을 부모-자식 프로세스 생성 메커니즘이라고 부른다. 본질적으로 프로세스 생성에서 가장 중요한 것은 task_struct를 생성하는 것이다.

논리적으로 추론해 보면 부모와 자식 프로세스의 생성은 최초의 부모 프로세스가 반드시 독립적으로 존재해야 한다. 이 프로세스가 바로 프로세스 0이다. 프로세스 0는 부모-자식 생성 메커니즘으로 만들어질 수 없다는 것을 이해해야 한다. 따라서 OS 디자이너는 프로세스 0의 task_struct를 손수 만들어야 한다. 프로세스가 생성될 때, 부모-자식 생성 메커니즘은 프로세스 0를 부모로 해서 자식 프로세스를 생성한다.

일단 우리가 프로세스를 가지게 되면 이 프로세스들을 마스터-메커니즘으로 조직화하고 협력할 수 있도록 한다.

9.2.2 OS 디자인을 할 때 어떻게 마스터/슬레이브 메커니즘을 적용할 수 있을까?

마스터/슬레이브 메커니즘을 구현하기 위해서 OS 커널과 유저 프로세스 간의 관계가 마스터/슬레이브 관계로 설계되어야 한다. 마스터/슬레이브 메커니즘으로 구현될 때만 OS가 안정적으로 동작한다.

따라서 OS 디자이너는 마스터/슬레이브 메커니즘을 OS의 전반적인 설계에 적용한다. 이번 섹션에서 우리는 OS 디자이너 관점에서 어떻게 마스터/슬레이브 메커니즘을 구현하는지 다음 세 가지 면으로 분석할 것이다. 첫 번째 관점은 프로세스 스케줄링에 적용된 마스터/슬레이브 메커니즘이다. 두 번째 관점은 RAM 관리 방식에 있어서 적용된 마스터/슬레이브 메커니즘이다. 그리고 마지막으로 세 번째 관점은 파일 시스템에 적용된 마스터/슬레이브 메커니즘이다.

9.2.2.1 프로세스 스케줄링에 적용된 마스터/슬레이브 메커니즘

OS가 프로세스를 스케줄링하려 할 때, 커널과 프로세스를 다루는 방식이 크게 다르다. 정확히 말하면 프로세스 스케줄링은 커널이 수행하는 것이다.

타이머 인터럽트가 발생할 때, 스케줄러가 동작해서 현재 동작하는 프로세스의 타임 슬라이스가 0인지 확인한다. 타임 슬라이스를 다 사용했으면 OS는 현재 프로세스를 스케줄링하려 한다. 이때 현재 프로세스의 작업이 끝났는지 아닌지는 중요하지 않다. 스케줄링을 위해서 현재 프로세스는 서스펜드된다. 그리고 나서 OS는 다른 프로세스를 스케줄링한다. 만약 현재 프로세스가 커널 영역의 코드를 실행 중이라면 스케줄러는 더 이상 작업을 하지 않고 반환한다. 즉, 커널에서 하는 작업을 끝낼 수 있도록 한다. 커널이 CPU를 얼마나 오래 차지하는지는 고려하지 않는다. 커널이 실행되면 모든 프로세스의 실행이 중지되고 커널의 동작이 완료할 때까지 그저 기다리게 된다. OS가 프로세스 스케줄링 권한을 갖는다고 하면 이것은 커널의 슬레이브 즉, 유저 프로세스를 대상으로 한다. 커널은 여기에 포함되지 않는다.

리눅스가 프로세스에게 부여한 실행 시간은 사실 여러 종류의 타임 슬라이스가 있다. 얼마의 시간을 부여하느냐 하는 것은 OS가 결정한다. 프로세스가 타임 슬라이스를 임의로 늘릴 수는 없다. 타임 슬라이스 시간을 다 쓰면 CPU 사용 권한이 커널에게 돌아온다. 타임 슬라이스는 OS에 요청할 수 있는 대상이 아니다. 프로세스의 타임 슬라이스는 강제로 설정된다. 또, 프로세스가 종료하면 OS는 프로세스의 CPU 사용 권한을 바로 빼앗는다. 이때는 타임 슬라이스가 남아있더라도 기다려주지 않는다.

만약 프로세스 스케줄링에 마스터/슬레이브 메커니즘을 적용하지 않는다면 프로세스가 스스로 실행 권한을 OS에 넘겨주도록 설계를 하게 된다. 이렇게 되면 프로세스의 프로그램 설계에 따라서 CPU의 실행 권한을 바로 OS에게 넘겨줄지 아닐지가 결정된다. 따라서 OS는 프로세스 스케줄링을 제어하는 데 어려움을 겪게 된다. 더 끔찍한 것은 악성 프로그램이나 오류가 있는 프로그램이 CPU 사용 권한을 양보해 주지 않아서 시스템 전체가 멈춰버리는 경우다.(**역주** : 여기서 설명하는 것은 흔히 말하는 비선점형 OS에 대한 설명이다. 예를 들어 MS의 윈도우 3.1의 경우 무한 루프가 있는 어플리케이션을 실행하면 시스템이 멈춰버리는 문제가 있었다. 리눅스는 선점형 OS로 설계되어서 이런 문제를 원천적으로 막고 있다.)

마스터/슬레이브 메커니즘 설계는 어플리케이션이 CPU을 사용할 수 있는 시간인 타임 슬라이스에 영향을 주었다. 프로세스에 부여된 타임 슬라이스가 다 사용되면 CPU의 실행 권한은 자연스럽게 OS로 돌아오고 이때 OS가 기존 프로세스를 종료하고 다른 프로세스로 전환시킨다.

이 절차에 대한 상세 설명은 챕터 6에서 자세히 소개했다.

9.2.2.2 메모리 관리에 적용한 마스터/슬레이브 메커니즘

앞에서 얘기했던 것처럼, 프로세스에서 가장 중요한 것은 task_struct 데이터 구조이다. task_struct 데이터 구조에 프로세스 경계가 분명하게 정의되어 있다. OS는 주어진 경계를 넘어서는 허용되지 않는 동작들을 막는다. 이 정해진 영역은 프로세스가 OS 커널의 영역을 침범하지 못하도록 막을 뿐 아니라 다른 프로세스의 영역도 접근하지 못하도록 막는다. 이것은 마스터/슬레이브 메커니즘을 적용한 예라고 할 수 있다.

리눅스 0.11의 커널과 유저 프로세스는 페이지 메커니즘이 적용된다. 이때 적용된 데이터는 두 종류다. 하나는 커널에 사용되는 것으로 커버하는 영역은 0~16M 전체 메모리 공간이다. 다른 하나는 유저 프로세스를 위한 것으로 이 영역은 1~16M(1M 앞의 영역은 커널만 사용할 수 있다)까지의 영역 중에 일부만 다룬다. 이 영역들은 그림 9.1에서 보여 주고 있다.

그림 9.1에서 보여 주고 있는 것은 분명하다. 커널 코드가 커널 만의 영역에 위치하면 프로세스는 절대 커널 코드를 볼 수 없는 반면, 커널은 자신이 관리하는 영역이 전체 메모리이기 때문에 프로세스 영역도 접근 가능하다. 마치 내 방에는 나만 들어갈 수 있고 다른 사람들은 못 들어오게 하면서 나는 모든 방에 들어갈 수 있는 것과 같다.

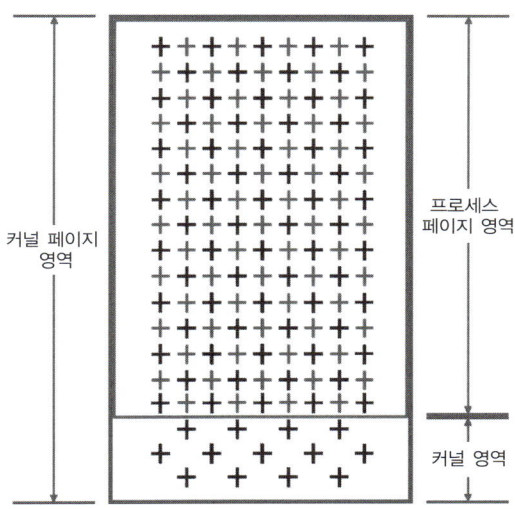

그림 9.1 커널과 유저 프로세스의 페이징 영역의 차이

또, 유저 프로세스는 논리적 어드레스만 사용할 수 있어서 물리 어드레스로 메모리에 접근하지 못한다. 프로세스가 RAM에 접근하려고 하면 커널이 정해둔 1~16M 영역의 일부로 맵핑되는 논리 어드레스만 사용할 수 있다. 커널은 전체 메모리를 같은 크기의 페이지로 나눈다. 프로세스가 실행하면 OS는 페이지들을 프로세스에 할당한다. OS가 메모리 페이지를 2개 이상 할당할 때, 이 페이지들은 연속적일 필요가 없다. 사실 리눅스에서 이런 경우에는 항상 불연속적인 페이지를 할당한다. 그래서 프로세스는 자신에게 할당된 페이지가 물리 메모리 어디에 위치하는지 또 얼마나 많은 페이지가 할당되어 있는지 알지 못한다. 좀 더 정확히 이야기하

면 프로세스는 페이징이 사용되고 있는지 아닌지도 알 수 없다. 프로세스가 보기에는 연속적인 메모리를 사용하고 있는 것으로 보일 뿐이다.

프로세스 메모리 상에 자신이 어디에 있는지 모를 뿐더러 다른 프로세스가 위치한 곳도 알지 못한다. 이 때문에 프로세스 간에 간섭을 한다는 것은 불가능하다. 커널 코드는 커널 영역에 위치한다. 그림 9.1에서 알 수 있는 것처럼 커널 영역은 프로세스가 접근할 수 없는 위치에 있다. 따라서 프로세스는 절대 커널 영역에 접근할 수 없다. 반면 프로세스가 위치하는 영역은 커널이 접근할 수 있는 영역에 포함된다. 즉, 커널은 프로세스의 메모리 공간에 마음대로 접근할 수 있다. 이것은 전형적인 마스터/슬레이브 관계에 해당한다.

기술적인 상세 설명은 앞서 챕터 3과 챕터 6에서 했다.

9.2.2.3 OS 파일시스템에 반영된 마스터/슬레이브 메커니즘

프로세스가 실제로 디스크에 파일을 기록할 때를 예로 들어 보자. 유저가 파일을 디스크에 기록하려고 한다고 하자. 이때 프로세스는 먼저 커널에 요청한다. 이 요청에는 요청한 프로세스가 뭔지, 데이터의 크기 그리고 리소스의 읽기/쓰기 권한 정보들이 포함된다. 커널이 요청을 받으면 커널은 디스크의 리소스와 버퍼의 상태에 따라서 요청을 수행할지 말지를 결정한다. 만약 여러 프로세스가 요청을 하고 있다면 커널은 어떤 프로세스가 요청한 것을 먼저 수행할지 결정하고 다른 것들은 대기시킨다. 커널은 커널의 입장에서 최선의 방법으로 대기 큐를 관리한다. 또, 프로세스의 요청에 문제가 있으면 커널은 해당 요청을 거부한다. 이것은 커널과 유저 프로세스 간의 마스터/슬레이브 메커니즘이 반영된 것이다. 프로세스는 리소스에 대한 처리를 직접 하지 못하고 커널에 요청한다. 프로세스는 하드웨어를 직접 제어할 권한을 가지지 못하기 때문이다. 커널은 프로세스를 대신해서 모든 종류의 하드웨어를 제어한다. 또 커널은 다수의 프로세스가 요청한 리소스를 적절하게 프로세스에 전달하는 책임을 가지고 있다.

이것에 대한 기술적인 내용은 챕터 5에서 볼 수 있다.

9.3 마스터/슬레이브 메커니즘 구현을 위한 세 가지 기술

우리는 앞에서 OS에 반영된 마스터/슬레이브 메커니즘에 대해서 자세히 알아보았다. 이번 섹션에서는 마스터/슬레이브 메커니즘을 현실화하는 방법에 대해서 설명하려고 한다. 여기에는 세 가지 핵심 기술이 있다. 즉, 보호 메커니즘과 페이징, 권한 레벨, 그리고 인터럽트다. 이 세 가지 기술은 모두 CPU가 제공하는 하드웨어 메커니즘을 이용하고 있다는 것이 공통적인 특징이다.

9.3.1 보호 메커니즘과 페이징

챕터 1에서 소개했던 것처럼, 리눅스 0.11은 부팅 과정에서 CPU의 PE와 PG 플래그를 1로 설정한다. 이 플래그를 사용한다는 것은 보호 모드와 페이지 메커니즘을 사용한다는 것을 의미한다. 보호 모드가 동작하면 CPU의 어드레스 지정 방식이 크게 바뀐다. 예를 들어 코드의 어드레스를 지정하는 방식을 살펴보자. 리얼 모드에서는 CS:IP를 사용한다. 반면 보호 모드에서는 IP가 EIP로 변경된다. 그리고 더 중요한 변화는 CS가 코드 세그먼트 주소를 직접 가리키는 것에서 코드 세그먼트 셀렉터로 변경된다는 점이다. 이 코드 세그먼트 셀렉터를 통해서 GDT에 의한 코드 세그먼트 디스크립터를 구할 수 있고, 이 디스크립터를 통해서 코드의 시작 어드레스를 구할 수 있다.

리얼 모드에서 보호 모드로 변경되면서 중요한 몇 가지 변화가 더 있다. 하나는 세그먼트 크기이고 다른 하나는 권한 레벨이다.

리얼 모드에서 CS는 코드 세그먼트의 시작 어드레스로 사용되었다. 이때는 세그먼트의 시작 위치를 나타내는 역할만 했다. 인텔 CPU는 코드 세그먼트의 끝나는 지점에 대한 설계는 하지 않았다. 한 세그먼트 크기가 64KB로 정해져 있기는 하지만 실제 코드는 64KB보다 작은 경우가 대부분이어서 세그먼트 간의 영역이 겹칠 수 있도록 설계했다.

반면 보호 모드에는 세그먼트 시작 어드레스 외에 세그먼트 크기(segment limit, 세그먼트 리미트)를 지정할 수 있다.(역주 : 보호 모드에서 세그먼트 디스크립터를 사용해서 세그먼트에 대한 정보들을 지정한다. 보호 모드에서 셀렉터는 이 세그먼트 디스크립터를 가리킨다.) 이런 식으로 크기 속성을 추가하는 방식은 리얼 모드에서 세그먼트 레지스터만 사용하는 방식과 호환 가능하면서도 세그먼트가 끝나는 지점도 지정할 수 있어서 코드 세그먼트로 지정한 영역이 겹치는 문제를 방지할 수 있다. 또 코드 세그먼트로 지정한 영역 이외에 영역에 접근하는 것도 막을 수 있다. 이것으로 메모리 보호 기능을 강화할 수 있다.

권한 레벨은 마스터/슬레이브 메커니즘에 중요한 역할을 한다.

챕터 1에서 계속 언급했던 것처럼 우리가 지정한 CS 값의 마지막 두 비트는 권한 레벨이다. 인텔은 낮은 권한 레벨의 코드 세그먼트 코드가 LGDT, LLDT, LTR 그리고 LIDT와 같은 중요한 명령을 실행하지 못하도록 하드웨어적으로 금지시켰다. 또 인텔은 OS 디자이너로 하여금 권한 설정만으로 cli, sti와 같이 시스템을 제어할 수 있는 중요한 명령어를 일반 유저 프로세스가 사용할 수 없도록 했다.

이런 하드웨어의 도움으로 OS는 높은 권한을 갖는 커널과 낮은 권한을 갖는 유저 프로세스로 설계할 수 있다. OS 디자이너는 커널이 모든 명령어를 실행할 수 있을 뿐 아니라, 원하는 모든 일의 수행의 수행이 가능하다는 것을 알고 있어야 한다. 예를 들어 OS는 GDT, LDT, TR의 값을 볼 수 있다. GDT, LDT는 논리 어드레스에서 선형 어드레스로 변환시키는 데 중요한 역할을 한다. 이 값을 통해서 OS가 선형 어드레스를 제어할 수 있지만 유저 프로세스는 레지스터 접근이 불가능하기 때문에 이를 이용할 수 없다. 유저 프로세스는 논리적 어드레스만 사용할 수 있다. 유저 프로세스의 논리 어드레스는 커널이 설정한 값에 따라서 선형 어드레스로 변경된다. 그리고 최종적으로 물리 어드레스로 변환된다. 선형 어드레스를 알고 있어야만 물리 어드레스를 계산할 수 있다. 따라서 선형 어드레스를 제어할 수 있는 OS는 실질적으로 모든 물리 어드레스에 접근할 수 있다. 유저 프로세스의 입장에서 보면 논리 어드레스 메모리 공간이 실제 물리 메모리 공간으로 보인다. 논리 어드레스를 물리 어드레스로 맵핑하는 것은 OS가 결정한다. 따라서 OS는 메모리에서 보고자 하는 유저 프로세스 메모리에 마음대로 접근할 수 있다. 이에 비해 유저 프로세스는 실제로 자신이 사용하고 있는 메모리가 물리 메모리의 어디에 있는지도 알 수 없다.

리눅스 0.11에서 유저 프로세스를 선형 어드레스 공간 상에 배치할 때, 4GB의 선형 어드레스 공간을 64개의 독립된 파트로 나누고 각 프로세스가 하나의 파트를 차지하도록 설계했다. 각 프로세스에서 사용할 수 있는 어드레스 공간은 64MB로 제한되어 있다. 다른 말로 하면 유저 프로세스 관점에는 사용할 수 있는 메모리가 64MB다. 64MB x 64 = 4GB로 동시에 실행 가능한 프로세스는 64개로 제한되어 있다. 리눅스 0.11의 설계에 따라서 유저 프로세스가 볼 수 있는 공간은 64MB를 넘을 수 없다. 각 프로세스의 선형 어드레스 공간은 절대 겹치지 않는다. 따라서 이론적으로 선형 어드레스 공간에서 직접적인 상호 접근이나 유저 프로세스 간의 접근은 허용되지 않을 뿐더러 유저 프로세스가 OS 커널의 데이터에 접근하는 것 역시 불가능하다.

보호 모드는 OS 디자이너가 커널을 유저 프로세스로부터 보호하고 프로세스 간의 간섭 문제도 쉽게 해결할 수 있는 방법을 제공해 준다. 그러면서도 커널이 유저 프로세스에 접근하는 것을 허용할 수 있다. 이것은 마스터/슬레이브 메커니즘을 반영한 것이다.

페이징을 하기 위해서는 CPU가 보호 모드로 동작해야 한다. 즉, PE와 PG 플래그가 동시에 설정되어 있어야 한다. PE 플래그를 1로 설정하지 않고는 PG 플래그를 설정할 수 없다. 이 때문에 페이징과 보호 모드가 하나라고 할 수 있다. 페이지 메커니즘의 중요한 부분은 하드웨어인 CPU가 담당한다. 페이징을 이용하면 메모리 공간을 효율적으로 사용할 수도 있고 OS 디자이너가 유저 프로세스 간의 간섭이나 커널을 보호하는 기능을 넣을 수도 있다. 또 커널은 페이징을 이용해서 유저 프로세스의 데이터를 볼 수 있다.

페이지 메커니즘에서 이론적으로 선형 어드레스를 물리 어드레스와 동일하게 만드는 방법이 있다. 이제 페이징 방법에 대해서 상세히 이야기해 보자.

우선 선형 어드레스와 물리 어드레스의 관계를 간단한 선형 방정식으로 나타낼 수 있다.

```
y = kx + b,
```

수식에서 x는 선형 어드레스를 의미하고 y는 물리 어드레스를 나타낸다. k는 선형 어드레스와 물리 어드레스 간의 스케일을 의미한다. 어드레스의 기본 단위가 바이트이고 증가하는 방향이 동일하기 때문에 스케일 값은 1이 된다.

```
k = 1.
```
따라서
```
y = kx + b.
```
는 아래와 같은 식이 된다.
```
y = x + b.
```
다음과 같은 조건이 되려면
```
y = x,
```
b가 0이 되면 항상 만족한다.
```
b = 0,
```
이렇게 되면 물리 어드레스와 선형 어드레스가 1:1로 동일하게 맵핑된다.

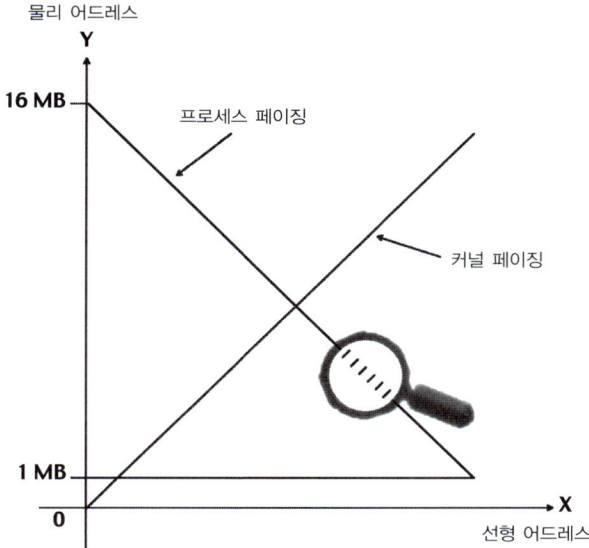

물리 어드레스

Y

16 MB

프로세스 페이징

커널 페이징

1 MB

0

X

선형 어드레스

그림 9.2 커널 페이징 방식과 유저 프로세스의 페이징 방식

만약 OS 커널이 선형 어드레스와 물리 어드레스를 동일하게 사용하려고 하면 OS 커널의 페이지 시작 어드레스를 물리 어드레스의 시작 어드레스로 설정해야 한다. 이것이 커널의 메모리 관리 핵심이다.

그림 1.23과 섹션 6.2에서 이야기했던 내용을 다시 생각해보면 커널 페이징이 시작하는 위치가 물리 메모리의 시작과 동일한 것의 중요성을 알 수 있다. 이렇게 하면 b=0이 되서 커널의 선형 어드레스가 물리 어드레스와 동일하게 된다.

커널의 입장에서 보면 커널이 동작하기 위해서는 물리 메모리를 직접 사용해야 한다. 이럴 때 가장 직접적인 방법은 선형 어드레스와 물리 어드레스를 1:1 관계로 만드는 것이다. 즉, 커널이 쓰는 메모리가 곧 물리 어드레스가 된다. 이것은 프로세스가 메모리를 사용하는 방식과 다르다. 프로세스는 물리 메모리 상에서 프로세스가 있는 위치도 알지 못한다.

페이지 메커니즘을 사용하면서 위 요구 사항을 만족시키기 위해서 OS는 커널만 사용하는 페이지 테이블을 만든다. 이 페이지 테이블은 선형 어드레스와 물리 어드레스 사이의 맵핑을 동일하게 한다. 그리고 맵핑 영역도 커널 자신의 1MB 영역에 한정하지 않고 16MB 전체 메모리를 사용할 수 있도록 한다. 즉, 커널은 어떤 프로세스의 메모리 공간이든 접근할 수 있게 된다. 이것에 대한 기술적인 내용은 그림 1.38, 그림 1.40과 섹션 6.2에서 자세히 소개했다.

유저 프로세스는 논리 어드레스로만 어드레스 공간을 본다. 프로세스가 어드레스를 사용하면 논리 어드레스가 선형 어드레스로 변환되고 커널이 제공하는 페이지 레이아웃에 따라서 MMU가 물리 어드레스로 변환된다. 선형 어드레스와 물리 어드레스 간의 변환은 커널이 사용하는 맵핑 방법과 다르다.

무엇보다 먼저, 유저 프로세스의 메모리 페이지 배치는 물리 어드레스의 상단에서 시작해서 아래로 프로세스에 따라서 분포하는 방식이다. 페이지 배치는 선형 어드레스와 반대 방향이다. 즉, k=−1 이 된다. 따라서 자연스럽게 b는 0이 될 수 없다. OS는 프로세스 페이지를 임시로 할당하고 실제로 사용될 때는 전적으로 다수의 프로세스들의 요청에 따라 결정한다. 물리 메모리의 페이지가 프로세스에 할당되기는 하지만 예측할 수는 없다. 정확히 이야기하면 OS 커널 조차 추측할 수 없다. 무작위로 페이지가 배치되는 것이다. 이런 특징으로 인해서 유저 프로세스가 사용하는 논리 어드레스와 물리 어드레스 사이에는 독립성이 보장된다. 커널의 입장에서 이렇게 되면 관리하기가 더 쉬워진다. 커널은 마스터로서 메모리를 관리할 수 있으면서 직접적인 조작도 할 수 있다. 또 전체 메모리를 관리하면서 사용할 수도 있고 각 프로세스가 있는 위치한 실제 메모리도 알 수 있다. 반면 프로세스는 슬레이브로서 자신이 위치한 메모리 상의 위치도 알지 못한다. 다른 프로세스가 있는 메모리에 대한 접근 권한도 없다. 커널 코드와 프로세스의 물리 메모리의 배치는 마스터/슬레이브 메커니즘에 따라서 커널이 모두 관할한다.

앞의 내용에 대한 상세한 설명은 섹션 6.3과 섹션 6.4에 제시되어 있다. 그림 9.2는 커널 페이징과 유저 프로세스의 페이징 원리를 보여 준다.

9.3.2 권한 레벨

커널에서 사용하는 권한 관련 기능은 전적으로 CPU의 보호 모드 권한의 기능을 사용한다. 권한은 세그먼트를 대상으로 한다. 세그먼트 셀렉터의 마지막 두 비트가 권한 레벨을 의미한다. 그리고 세그먼트에서 지정된 권한 레벨이 세그먼트에 영향을 준다. 이런 세그먼트 셀렉터에는 CS, SS, DS, ES, FS 그리고 GS가 있다. 여기서 중요한 것은 권한으로 제어할 수 있는 것이 세그먼트라는 점이다.

리눅스 운영체제 입장에서, 소위 커널 모드와 유저 모드는 코드 세그먼트, 데이터 세그먼트 혹은 스택 세그

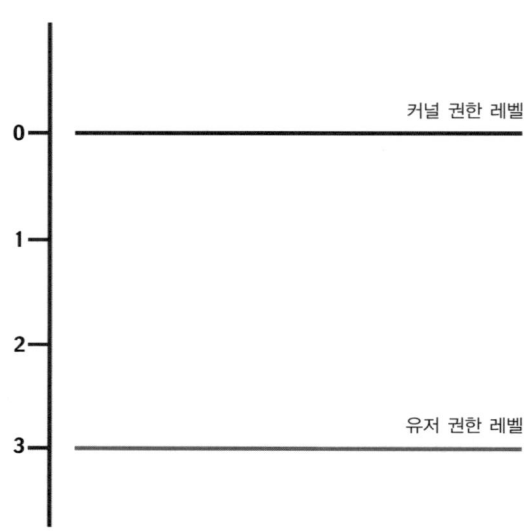

그림 9.3 커널과 유저의 권한 레벨

먼트의 특정 상태를 말한다. 현재의 권한 레벨은 커널 권한 레벨을 의미하는 0이거나 유저 권한 레벨의 3, 이렇게 둘 중 하나다.

커널 권한 레벨은 어떤 상황에서든 모든 명령을 사용할 수 있다. 반면 유저 레벨에서는 실행할 수 있는 명령이 제한되어야 한다. OS는 유저 레벨에서 시스템을 파괴할 수 있는 명령을 실행하지 못하도록 할 수 있다. 하드웨어적으로 커널 레벨의 코드는 커널 권한을 사용하고 유저 레벨 코드는 유저 권한을 사용하도록 할 수 있다. 그림 9.3은 이것을 표현하고 있다.

만약 OS 디자이너가 컴퓨터의 모든 코드가 유저 모드에서 실행되도록 디자인했다면 높은 권한이 필요한 명령어를 사용할 수 없게 된다. 또 모든 코드가 같은 레벨을 가지고 있으면 프로세스 간의 간섭 혹은 영역 침범이 발생할 수 있다. OS로는 이런 상황을 제대로 대처할 수 없다.

하지만 우리의 똑똑한 OS 디자이너들은 절대 이렇게 어리숙하게 운영체제를 디자인하지 않는다. 디자이너들은 OS의 커널 코드를 높은 권한에서 실행되도록 하고 유저 프로세스의 코드를 낮은 권한 레벨로 실행되도록 설계한다. 이렇게 하면 커널은 모든 명령어를 사용할 수 있으면서, 유저 프로세스는 중요한 명령들을 사용하지 못하도록 할 수 있다. 이것은 마스터/슬레이브 메커니즘을 반영한 결과다.

9.3.3 인터럽트

OS와 유저 프로그램이 실행될 때, 유저 권한 레벨과 커널 권한 레벨의 코드와 데이터가 번갈아 사용되는 것처럼 보인다. 이것은 권한 레벨이 중간 중간 바뀌기 때문이다. 인텔 CPU는 권한 레벨이 변경되는 다양한 방법을 제공하고 있다. 리눅스 0.11에서 주로 사용하는 방법은 인터럽트다. 인터럽트에 들어갈 때와 인터럽트를 끝내고 돌아갈 때 권한 레벨이 변경되는 것을 이용해서 리눅스 0.11은 권한 레벨 사이를 오갈 수 있는 방법을 사용한다. 그림 9.4는 인터럽트로 인한 권한 레벨의 변화를 잘 보여 주고 있다.

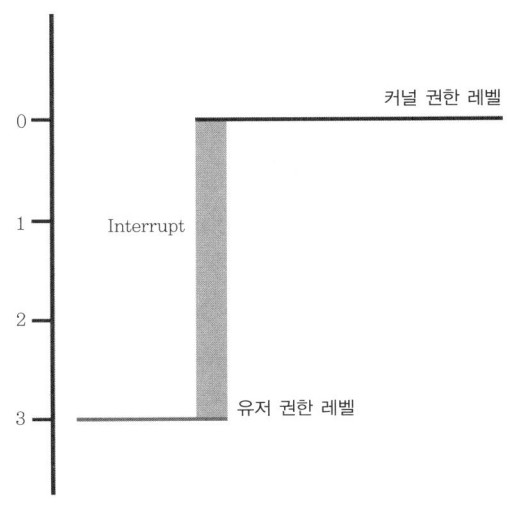

그림 9.4 인터럽트로 인한 권한 레벨 상승

그럼 인터럽트 기술을 사용해서 어떻게 권한 레벨을 바꾸는지 상세히 알아보자.

우리 관점으로 보면 컴퓨터에서 중요한 세 가지는 실행 순서, 인지 가능성, 예측 가능성이다.

그럼 먼저 실행 순서에 대해서 먼저 알아보자. 그림 9.5는 컴퓨터 프로그램 실행의 종류를 보여 주고 있다. 컴퓨터에는 크게 두 종류의 실행 순서, 즉 순차 실행과 분기가 있다. 순차 실행은 자동으로 증가하는 CPU의 프로그램 카운터 PC에 따라 매 순간마다 다음 명령어를 실행하는 것이다. PC는 매번 자동으로 증가한다. 명령 포인터인 IP 혹은 EIP를 가지고 있는 PC 레지스터는 순차적인 실행 순서를 결정한다. 이외에 분기는 두 개로 다시 나눌 수 있다. 반환될 분기와 반환되지 않는 분기다. 반환되지 않는 분기가 점프(jump)다. 점프는 특정 조건일 때 발생하는데 이런 상황이 발생하면 다시 원래 위치로 돌아오지 않는다. 다른 종류는 점프 후에 다시 리턴하는 분기다. 이것은 함수 호출, 인터럽트 혹은 더 일반적으로 말해서 서브루틴 호출들이다. 서브루틴의 실행이 끝나면 서브루틴을 호출했던 다음 명령으로 리턴해서 실행한다.

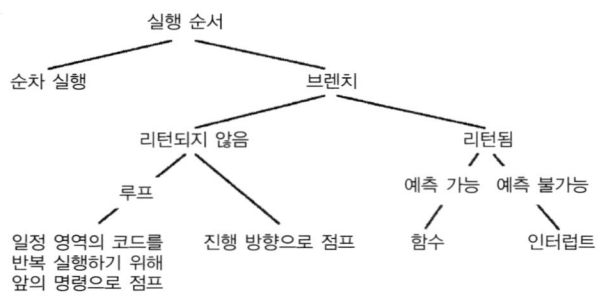

그림 9.5 프로그램 실행 순서

함수 호출을 했던 다음 위치로 리턴하기 위해서는 원래 위치로 되돌아가서 명령을 계속 실행할 수 있어야 한다. 따라서 함수 콜은 호출할 당시의 상태를 저장해야 한다. 이것을 호출 상태 보호(site protection)라고 한다. 이때 필수적으로 몇몇 필수 레지스터 값이 저장되어야 한다. 이 레지스터는 CPU의 상태나 메모리의 상태 플래그를 담고 있다. 함수 콜이 끝나고 저장되었던 값들이 복원되면 함수 콜에서 돌아와서 다음 명령을 실행할 수 있다. 이런 관점에서 보면 인터럽트와 함수가 상당히 비슷한 점이 많다. 하지만 프로그래머 입장에서 보면 이들 간의 차이점은 분명하다. 예측이 가능한 호출과 그렇지 않은 호출은 실제 동작에서 많은 차이가 있다.

함수 호출의 경우 프로그래머가 작성하는 것이기 때문에 예측 가능하다. 하지만 인터럽트 기술은 본래 주변 장치의 I/O 문제를 해결하기 위해서 만들어졌고, 나중에는 만들어진 소프트웨어 인터럽트도 하드웨어의 인터럽트를 모방했고 비슷하게 사용된다. 요약하면 인터럽트는 OS에게는 예측 불가능한 것이고 원래의 실행 순서를 깨는 많은 이벤트들이 예측할 수 없는 조건에서 발생할 수 있다. 그렇기 때문에 이것을 인터럽트라고 한다.

인터럽트 발생은 예측할 수 없기 때문에, 현재 실행 상태를 보존하는 작업을 프로그래머가 할 수 없다. 오직 CPU만 할 수 있다. 이렇기 때문에 하드웨어에 의한 함수 콜이라고 한다. 아래는 챕터 2에서 살펴보았던 코드다.

```
//코드 경로: kernel/fork.c
int copy_process(int nr,long ebp,long edi,long esi,long gs,long none,
            long ebx,long ecx,long edx,
            long fs,long es,long ds,
            long eip,long cs,long eflags,long esp,long ss)
```

파라미터들 중에 마지막 줄 "long eip, long cs, long eflags, long esp, long ss"는 이 함수를 호출할 때는 없던 값들이다. 원래 코드를 보거나 역컴파일을 해보아도 파라미터를 전달하거나 스택에 집어넣는 코드를 찾을 수 없다. 코드는 찾을 수 없지만 동작은 잘 된다. 수수께끼 같은 일이 벌어지고 있는 것이다. 사실 copy_process에 대한 함수 콜은 INT 0x80에서 시작한다. 이렇게 하면 CPU가 앞에서 살펴본 다섯 개의 파라미터를 자동으로 스택에 삽입한다. 여기서 주목해야 하는 것은 다섯 개의 파라미터가 스택에 들어가는 순서다. 파라미터의 순서가 인텔 IA-32 매뉴얼에 나와있는 대로 CPU가 스택에 넣는 순서와 동일하다. 이것은 인텔 CPU의 인터럽트의 특성이다. 인터럽트 서비스 루틴이 끝나면 하드웨어의 ret 명령인 iret을 호출해야 한다.

우리는 인터럽트 실행 과정에 숨어 있는 또 다른 특징을 하나 더 이야기해 주고 싶다. 이것은 일반적인 함수 콜과 인터럽트 간의 큰 차이점이기도 하다. 보통의 함수 콜의 경우 호출할 위치를 역으로 찾아갈 수 있다. 반면에 인터럽트는 그렇지 않다. 인터럽트는 기존에 사용하던 메모리와는 독립적이다. 일단 인터럽트가 발생하면 CPU에 의해서 인터럽트 서비스 루틴이 있는 위치로 바로 점프한다.

일반적인 프로그램에서 함수 콜을 사용하는 것은 전혀 문제가 되지 않는다. 하지만 시스템의 근간이 되는 OS를 작성할 때는 치명적이다. 왜냐하면 유저가 커널의 시스템 콜 코드를 사용하고자 할 때 함수 콜만 하면 되기 때문이다. 이렇게 되면 유저 프로세스는 커널에 마음대로 접근할 수 있다. 접근이 가능하면 커널을 조작할 수도 있고 심지어 코드나 데이터를 대체할 수도 있다. 이것은 마스터/슬레이브 메커니즘을 심각하게 훼손시키는 일이고 전체 시스템을 망치는 일이다.

OS 디자이너는 앞에서 살펴본 함수 콜 문제를 해결하기 CPU를 통해서 인터럽트 서비스 루틴을 호출하는 인터럽트의 특징에 주목한다. CPU를 통해서 인터럽트가 호출될 때, CPU는 세그먼트 권한 레벨을 변경할 수 있다. 이런 특징을 이용해서 유저 레벨과 커널 레벨 사이를 오가며 코드를 실행할 수 있다. 이외에 인터럽트 기술은 또 하나의 중요한 특징이 있다. 바로 하드웨어 시그널을 바로 처리할 수 있다는 점이다. OS의 스케줄링 관점에서 중요한 인터럽트는 타이머 인터럽트다.

신뢰할 수 있는 프로세스 스케줄링은 타이머 인터럽트를 처리하지 못하면 할 수 없다. 타이머 인터럽트를 처리하지 못하면 OS는 유저 프로세스가 자발적으로 CPU 사용권을 돌려줄 때까지 기다리고 사용권이 반환되면 다른 프로세스를 할당하는 방식으로 스케줄링을 디자인할 수 밖에 없다.

하지만 하드웨어의 타이머 인터럽트를 사용하게 되면 상황은 완전히 달라진다. 타이머 인터럽트는 OS 커널에게 있어서 왕의 권위를 나타내는 왕의 칼과 같다. 타이머 인터럽트를 사용하면 프로세스와 협상을 할 필요도 없다. 강제로 프로세스 실행을 중지시키고 CPU의 사용권을 회수할 수 있다. 주기적으로 호출되는 타이머 인터럽트에서 주인의 권한을 행사하기만 하면 된다. 이것이야 말로 마스터/슬레이브 메커니즘의 전형이다.

9.4 마스터/슬레이브 메커니즘을 만들기 위한 결정적 요소: 디자인 의도

지금까지 마스터/슬레이브 메커니즘을 설명해 왔다. 여기 한 가지 설명하지 않았던 문제를 남겨두고 있다. 유저 프로그램과 OS는 같은 CPU와 명령어 셋을 사용한다는 점에서 다 같은 프로그램이다. 다 같은 프로그램인데 OS 커널 프로그램이 사용할 수 있는 명령어를 유저 프로그램은 사용할 수 없다. 왜일까? 답은 커널의 권한이 유저의 권한보다 높기 때문이다. 그럼 왜 커널 프로그램은 높은 권한에서 실행되는데 유저 프로그램은 그렇지 못한 것일까?

우리가 볼 때, OS 디자인에 있어서 가장 중요한 것은 디자인 의도다.

컴퓨터가 부팅할 때, 최초 실행 모드는 리얼 모드이다. 이 모드에서는 권한에 대한 개념조차 없다. OS의 커널이 로딩될 때 프로그램은 BIOS와 OS뿐이다. OS를 초기화하는 과정에서 PE 플래그를 설정할 때, OS의 권한 레벨은 높은 권한을 가져야 한다. 그렇지 않으면 CPU 명령어 일부는 아예 사용할 수도 없다.

이때가 OS에게 있어서 가장 중요한 순간이다. OS 디자이너에게는 가장 흥미로운 순간이자 권한 레벨이 결정되는 순간이다. 이때 OS는 모든 권한을 갖게 되고 프로세스를 만들 수 있게 된다. 모든 프로세스들은 OS에 의해서 직접 혹은 간접적으로 만들어지기 때문에 OS는 낮은 레벨을 갖는 유저 프로세스에게 충분한 권한과 기회를 제공할 수 있다. 프로세스의 권한이 유저 레벨로 낮게 설정되면 OS에서 실수로 권한을 높이지 않는 한 변경되지 않는다. 하지만 OS 디자이너는 이런 실수를 하지 않도록 신중하게 테스트하기 때문에 이런 일은 없다. OS의 코드에 문제가 없다면 일단 프로세스가 만들어지고 나면 커널의 권한을 가질 수 없다. 프로세스가 존재하는 한 계속 슬레이브로 동작한다. 따라서 초기 디자인 의도가 OS의 마스터/슬레이브 메커니즘은 만드는 결정적인 요인이라고 할 수 있다.

반대로 어떤 악성 프로그램은 OS보다 늦게 실행되면서도 OS 디자인 상의 문제를 역이용해서 초기화를 다시 할 수 있다. 즉, OS 디자이너가 의도했던 것들을 뒤집을 수 있는 것이다. 악성 코드들은 이것을 이용해서 프로그램의 권한을 높여서 원하는 것을 모든 것을 할 수 있게 된다. 바이러스 프로그램 중에는 OS의 버그를 이용해서 하드디스크의 부트 섹터에 자리잡거나 심지어 BIOS에도 있을 수 있다. 책의 앞 부분에서 설명한 원리를 이해하면 BIOS와 하드디스크의 부트 섹터의 프로그램이 OS가 동작하기도 전에 먼저 메모리에 올라간다는 것을 알고 있을 것이다. 따라서 이런 종류의 바이러스 프로그램은 OS보다 먼저 메모리가 올라가서 초기화할 수 있으므로 높은 권한을 얻어서 OS에 문제를 일으킬 수 있다.

9.5 소프트웨어와 하드웨어의 관계

컴퓨터는 크게 나누면 호스트와 주변 장치로 이루어진다. 호스트에는 CPU, 메모리, 버스와 같은 것들이 속하고 주변 장치에는 하드디스크, 플로피 드라이브, CD-ROM, 모니터 그리고 네트워크 카드 등 호스트 이외의 것들이다. 소프트웨어 프로그램은 버스를 직접 제어할 수 없기 때문에 우리는 호스트에 있는 CPU와 메모리에만 신경쓰면 된다.

호스트의 주 임무는 산술 연산이고 주변 장치는 데이터 입력, 출력 그리고 데이터를 저장하는 것이다.

기본적으로 컴퓨터를 사용하는 목적은 유저가 가지고 있는 어떤 문제를 해결하는 데 있다. 이 문제에 대한 해결책이 바로 유저 어플리케이션이다. OS의 관점에서 보면 유저 어플리케이션을 실행하는 것이 곧 유저 프로세스다. 따라서 유저 프로세스가 유저를 위한 산술 연산을 담당한다고 볼 수 있다.

산술 연산을 위해서는 주변 장치가 필요하다. 먼저 사용할 어플리케이션과 데이터가 주변 장치 즉, 키보드, 하드디스크, 네트워크와 같은 것을 통해서 호스트에 입력된다. 그리고 나서 산술 연산을 한다. 연산 결과는 모니터, 프린터 그리고 다른 주변 장치를 통해서 출력되어야 한다. 또 하드디스크에 데이터가 저장되거나 전송된다. 하드디스크에 저장된 데이터는 전원이 꺼져 있을 때도 데이터를 보존할 수 있다. 하드디스크에 저장된 데이터는 OS의 파일에 맵핑된다. 우리는 이 파일 개념을 데이터에서 주변 기기까지 확장시킬 수 있다. 예를 들어 키보드, 모니터와 같은 주변 장치는 문자 디바이스 파일로 볼 수 있다. 이렇게 보면 유저는 파일을 통해서 주변 장치를 사용할 수 있다.

먼저 프로세스를 살펴보고 파일은 뒤에서 알아보도록 하자.

9.5.1 시스템 프로세스: 프로세스 0, 프로세스 1 그리고 쉘 프로세스

먼저, 우리는 OS가 이른바 쉘이라고 하는 유저 인터페이스를 가져야 한다는 것을 생각할 수 있다. 리눅스 0.11에서는 OS 자체에서 쉘을 처리하지 않고 쉘 프로세스에서 쉘 기능을 처리한다. 쉘 기능은 OS가 가져야 하는 기능이지만 리눅스에서는 왜 커널이 처리하지 않고 프로세스가 이 기능을 처리할까?

잘 생각해 보면 쉘 프로세스를 두는 것은 당연한 결과다. 리눅스가 개인용 컴퓨터로만 쓰인다면 커널에 쉘이 포함될 수 있을 것이다. 하지만 서버 영역까지 확장되는 리눅스를 생각할 때 서버 OS는 멀티−쉘이 지원되어야 한다. 따라서 커널에 쉘 기능을 넣는 것보다는 프로세스로 분리하는 것이 더 효과적이다.

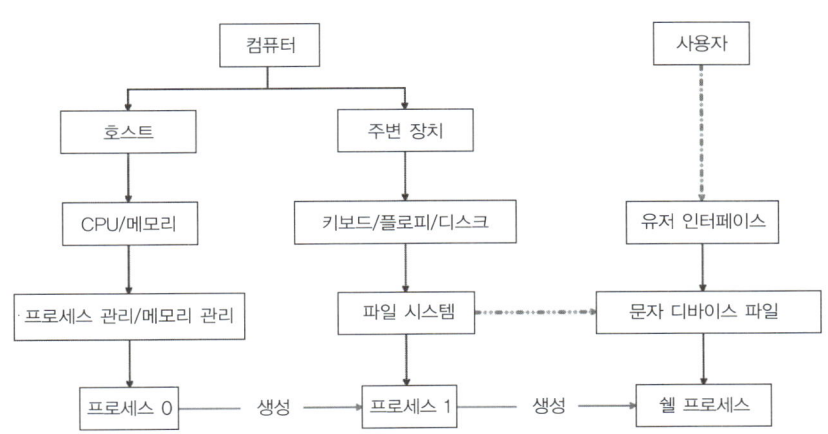

그림 9.6 프로세스와 하드웨어의 관계

하지만 쉘의 기능을 갖는 프로세스는 일반적인 유저 프로세스는 아니다. 예를 들어서 Go라는 일반 프로그램이 쉘 역할을 하게 되면 이상한 일들이 생긴다. Go 프로그램 자체가 일반 어플리케이션이기 때문에 쉘이 로드해 줘야 하는데 쉘이 없으니 프로그램을 로드해 줄 수 없다. 또 Go 프로그램이 어찌어찌 해서 쉘이 된다고 해도 Go 프로그램이 항상 실행되는 프로세스가 되어버려 역시 일반 프로세스가 되지 못한다. 또 Go 프로그램이 한번 실행되고 종료된다면 OS에 쉘이 없어지는 이상한 일이 벌어진다. 이렇게 쉘이 사라져버리면 유저는 OS는 사용할 수 없다. 이런 OS라면 어떤 의미가 있을까?

따라서 쉘은 유저가 OS를 사용하는 순간부터 OS가 종료할 때까지 종료되지 않는 OS의 특별한 프로세스여야 한다.

쉘 프로세스의 핵심은 디스플레이, 키보드와 같은 주변 장치를 제어하는 유저 인터페이스다. 리눅스의 프로세스 생성 메커니즘이 부모 프로세스가 자식 프로세스를 만드는 방식이라는 점을 생각해 볼 때, 쉘의 부모 프로세스는 주변 장치를 사용할 수 있는 환경과 능력을 가져야 한다. 즉, 쉘의 부모 프로세스는 프로세스 1과 같은 프로세스여야 한다. 한편 컴퓨터의 호스트(CPU, 메모리, 버스 등)는 주변 장치(디스플레이, 하드디스크 등)를 제어한다. OS의 모든 프로세스들이 호스트로써 주변 장치를 제어할 수 있어야 한다. 이런 관점에서 보면 프로세스 1의 부모 프로세스는 프로세스 0과 같아야 한다.

> **역주** : 설명이 다소 분명하지 않다. 간단히 다시 설명하면 쉘이 가지고 있는 유저 인터페이스 기능이 부모 프로세스인 프로세스 1과 프로세스 0으로부터 상속받았다는 것을 설명하고 있다. 책의 앞 부분인 챕터 2와 챕터 3의 내용을 잘 생각해 보기 바란다. 프로세스 0은 프로세스와 메모리 구조 그리고 주변 장치를 초기화했다. 그리고 프로세스 1은 파일 시스템을 시스템에 로드하는 등의 작업을 했다. 이 모든 것들이 쉘 프로세스가 쉘로써 tty0를 사용해서 유저 인터페이스를 만들 수 있는 기초를 마련해 주고 있는 것이다.

이것으로 우리는 챕터 2, 3, 4에서 설명했던 프로세스 0, 프로세스 1 그리고 쉘 프로세스의 생성에 대해서 보다 좀 더 잘 이해할 수 있게 되었다. 이 프로세스들은 호스트, 주변 장치, 그리고 유저 인터페이스를 구현하는 역할을 한다. 이 세 프로세스는 컴퓨터의 구성 요소와도 정확히 일치한다. 따라서 세 프로세스가 담당하는 부분은 나름의 큰 의미를 가지고 할 수 있다. 만약 세 프로세스가 하나로 합쳐진다면 구조가 불분명해진다. 그림 9.6는 프로세스 0, 프로세스 1 그리고 쉘 프로세스에 대응하는 하드웨어를 보여 주고 있다.

9.5.2 파일과 데이터의 저장

이 책의 전반부의 내용을 보면 파일 시스템이 차지하는 코드의 양이 가장 많아서 전체 소스의 반을 차지하지만 파일 시스템은 비교적 이해하기 쉬운 부분이다. 하드디스크를 예로 들면 파일은 디스크에 저장된 데이터에 맵핑된다. 데이터의 저장 공간은 메모리의 용량에 비하면 훨씬 크다. 하지만 앞에서 했던 분석을 생각해 보면 파일은 데이터의 저장 공간이고, 하드디스크는 컴퓨터의 데이터 창고와 같다고 할 수 있다. 저장하는 작업이 여러 단계로 나누어져 있지만 이런 작업들은 OS의 작업에 비하면 아주 간단하다. 저장 작업이 복잡한 주요 이유는 하드디스크가 굉장히 크기 때문이고 데이터의 조각 조각이 연결되기 때문이다. 만약 우리가 간단한 관리 방법을 사용한다면 관리하기 위해 필요한 메타 데이터가 커지게 되어서 이런 메타 데이터가 하드디스크를 채우게 된다. 하드디스크에서 관리 데이터를 줄이기 위해서 OS 디자이너는 슈퍼 블록, i-node, 논리 블록 비트맵, i-node 비트맵과 같은 관리 구조를 만들었다. 그리고 이 구조에는 몇 가지 처리 절차가 추가되면서 파일 시스템이 복잡해진 것이다. 하지만 일반적으로 볼 때 파일은 저장된 데이터(혹은 주변 장치)를 의미하는 것으로 산술 연산에 비해서 아주 간단하다.

9.5.2.1 메모리, 하드디스크, 버퍼: 컴퓨팅 스토리지, 저장 스토리지, 변환 상태 스토리지

하드디스크가 주변 장치에 속한다면 메모리는 호스트에 속한다. 표면적으로 보면 이것들의 기능은 데이터를 저장하는 것이다. 하지만 우리가 왜 이 장치들을 호스트와 주변 장치로 나누었을까? 그것은 이 둘이 다르기 때문이다. 빠른 속도, 높은 가격, 작은 용량을 특징으로 하는 메모리는 전원이 꺼지면 데이터도 같이 소멸된다. 반면 하드디스크는 속도는 느리지만 가격이 저렴하고 큰 용량을 갖는다. 그리고 무엇보다 전원이 꺼져도 저장된 데이터가 유지되는 특징이 있다. 따라서 하드디스크와 메모리는 상호 보완적인 관계다.

우리는 이것들에 대해서 또 다른 질문을 할 수 있다. 전원이 없을 때 데이터를 저장할 수 있는 능력의 차이뿐이라면 왜 이 둘을 관리하는 체계가 전혀 다른 것일까? OS는 프로세스, 페이지, 권한 레벨, 테이블 등으로 메모리를 관리한다(아주 아주 복잡한 데이터 구조). 반면 하드디스크는 파일, i-node, 비트맵, 블록 등으로 관리된다. 이 둘은 관리 방법에서 아주 큰 차이점을 보인다.

CPU와 메모리는 겉으로 보기에도 전혀 다르다. 사실 컴퓨터에서 중요한 작업이나 계산 작업을 할 때는 CPU와 메모리가 같이 사용된다. 즉, 계산 작업은 CPU와 메모리를 통해서 이루어진다. 계산 작업은 호스트에서 수행되고 CPU만으로는 수행할 수 없다. CPU에서 수행되는 명령어와 계산 결과는 모두 메모리에 저장된다. 이 뿐만 아니라 복잡한 계산은 명령 하나로는 끝나지 않는다. 메모리를 이용한 복잡한 알고리즘이 필요하다. 예를 들어, 복잡한 산술식은 후위 연산식으로 변환해서 스택을 이용한 알고리즘을 통해서 결과값을 얻을 수 있다. 이때 CPU와 메모리를 같이 사용해서 최종 결과값을 얻는다. 이 과정에서 메모리가 계산에 사용된다. 이렇게 저장하는 기능뿐 아니라 계산에 사용되는 메모리를 계산 레벨 스토리지(computing level storage)라고 한다. 이제 하드디스크를 보자. 하드디스크 역시 저장 능력을 가지고는 있지만 계산에 사용되기에는 힘들어 보인다. 그래서 이것을 순수 저장 디바이스 혹은 저장 레벨 스토리지(storage level storage)라고 한다.

계산 레벨 스토리지는 저장 레벨 스토리지가 가지지 못한 계산 기능을 가지고 있다. 계산 작업이 저장 작업보다 더 복잡한 과정이기 때문에 계산 레벨 스토리지가 당연히 더 많은 관리 정보가 필요하다. 예를 들어 파일 관리를 위해서 메모리에 저장된 파일 관리 정보인 i-node는 하드디스크의 파일 관리 정보보다 더 많은 필드가 있다. 하드디스크의 파일 관리 정보는 저장하는데 사용되고 에러 없이 올바른 정보를 찾기만 하면 된다. 하지만 메모리의 파일 관리 정보는 이것과는 다르다. 앞에서 요구 조건들 이외에 검색을 해야 한다. 이것 자체가 계산이 필요한 일이다. 그래서 메모리의 파일 관리 정보는 계산을 위한 정보들이 포함되어 있다. 반면 하드디스크의 파일 관리 정보는 정말 정보를 쌓아 두기 위한 간단한 형태를 띠고 있다. 하드디스크는 추가적인 계산이 필요한 관리 정보가 필요없다.

그럼 컴퓨팅에 대해서 더 살펴보자. 우리가 여기서 이야기하는 컴퓨팅은 두 종류가 있다. 하나는 유저 프로세스 컴퓨팅으로 이름에서 알 수 있듯이 유저 프로그램 컴퓨팅이고, 다른 하나는 파일 시스템을 운영하기 위한 커널 컴퓨팅이다. 이것은 유저 프로세스 컴퓨팅과는 직접적인 관련이 없다. 좀 더 명확하게 이 둘을 알기 위해서 우리는 유저 프로세스에 사용되는 메모리를 풀 컴퓨팅 스토리지(full-computing storage)라고 하고 파일 시스템을 운영하기 위해 커널의 계산에 사용되는 메모리를 준 컴퓨팅 스토리지(semi-computing storage)라고 하자. 그리고 주변 장치를 완벽하게 모방할 수 있고 컴퓨팅 능력이 없는 메모리를 넌-컴퓨팅 스토리지(non-computing)라고 하자.

우리가 풀 컴퓨팅 스토리지와 준 컴퓨팅 스토리지 그리고 넌-컴퓨팅 스토리지 개념을 이해했다면 버퍼라는 개념도 이해할 수 있을 것이다.

메모리에서 버퍼는 풀 컴퓨팅 스토리지와 넌-컴퓨팅 스토리지의 중간 영역이다. 예를 들어 파일을 운영할 때 디렉토리에서 파일을 검색하는 오퍼레이션은 버퍼에서 실행된다. 이 오퍼레이션은 문자열 비교와 같은 계산 과정을 거쳐야 한다. 또 이런 과정은 유저 프로세스에서 할 수 없다. 따라서 버퍼는 준 컴퓨팅 스토리지에 해당한다.

이런 관점에서 메모리를 보면 메모리 상의 파일 시스템 관리 구조를 찾을 수 있다. 슈퍼 블록 관리 테이블, i-node 관리 테이블(이런 것들은 메모리의 커널 영역에 있다), 논리 블록 비트맵, i-node 비트맵(이것은 버퍼에 저장된다) 등이 있다. 이런 데이터들은 메모리의 준 컴퓨팅에 사용된다. 우리는 관리 구조가 차지하는 이 메모리 공간을(커널 데이터 영역에 있거나 버퍼 영역에 있는) 특별 파일 시스템 버퍼(special file system buffer)라고 부른다. 두 버퍼를 비교해 보면 우리는 이 두 버퍼가 커널에 의해서 제어되고 사용된다는 것을 알 수 있다. 차이점은 버퍼가 일반적으로 프로세스를 위해서 만들어졌다면 특별 파일 시스템 버퍼는 파일 시스템을 위해서 만들어졌다는 것이다.

만약 두 버퍼가 없다고 생각해 보자. 그렇다면 주변 장치의 데이터가 직접 메모리에 들어가고 나가야 한다. 이때 OS가 직접 이 작업들을 해야 한다. 예를 들어 풀 컴퓨팅 스토리지 공간에서 파일 시스템을 검색한다고 하면 유저 프로세스가 이 작업을 해야 한다. 풀 컴퓨팅과 준 컴퓨팅이 한대 뒤엉키게 되면 전체 시스템이 복잡해진다. 최악은 유저 프로세스의 풀 컴퓨팅은 유저 프로그램의 코드로 만들어지고, 준 컴퓨팅은 OS 커널의 코드를 바탕으로 한다는 점이다. 때문에 커널 코드와 유저 코드가 처리하는 데이터는 유저 프로세스의 메모리 공간에 속하게 된다. 이것은 마스터/슬레이브 메커니즘에 어긋난다.

한가지 더, 버퍼의 다른 기능은 공유 기능이다. 만약 한 프로세스가 파일을 버퍼로 읽었다고 하고 다른 프로세스가 같은 파일을 읽어야 한다면 버퍼의 파일이 공유된다. 버퍼가 없으면 모든 프로세스는 각자의 파일을 읽어야 한다. 이렇게 되면 메모리에 같은 파일의 데이터가 중복으로 생기는 것이다. 즉, 버퍼로 데이터를 공유하면 파일의 복사본 하나만 메모리에 있게 된다는 말이다.

이런 개념으로 램디스크를 보자. 램디스크는 메모리를 이용한 간단한 가상 주변 장치다. 이 메모리 공간의 특징은 넌-컴퓨팅으로, 파일이 아닌 플로피 디스크와 같은 주변기기를 맵핑할 수 있다. 플로피 디스크에 얼마나 많은 데이터가 저장되어 있는지는 상관없다. 데이터가 1KB만 저장되어 있어도 전체 플로피 디스크를 맵핑한다. 이것은 분명 메모리를 낭비하는 짓이다. 그리고 램디스크는 넌-컴퓨팅 스토리지이기 때문에 유저 프로세스가 사용할 때는 준 컴퓨팅 메모리를 통해서 전송해야 한다. 따라서 우리는 넌-컴퓨팅으로 쓰이는 메모리를 최소화해야 한다.

9.5.2.2 버퍼 디자인을 위한 가이드라인

OS의 버퍼를 디자인할 때 여러분은 멀티 프로세스가 읽고 쓸 때의 데이터 정확성을 보장해야 한다. 또 효율성을 가능한 높여야 한다. 메모리 내의 데이터 교환 속도는 메모리와 하드디스크 간의 데이터 교환 속도에 비해서 대략 2~3배 빠르다. 버퍼는 메모리에 있고 데이터 흐름 관점에서는 버퍼가 프로세스와 하드디스크 중간에 있다. 정확성과 효율성의 두 조건을 만족시키는 버퍼를 디자인하는 위해서는 1) 순서대로 데이터를 읽게 한다. 그리고 2) 버퍼에 가능한 데이터가 오래 머물도록 한다. 그래서 버퍼에 들어온 데이터를 재사용할 수 있도록 해야 한다. 만약 버퍼에 유저 프로세스가 요청한 데이터가 없다면 하드디스크에서 버퍼로 데이터를 읽어와야 한다. OS에서 버퍼와 관련된 디자인은 모두 이 가이드라인을 직간접적으로 반영하고 있다.

이 디자인 가이드라인을 준수하기 위해서 리눅스 0.11은 다양한 데이터 셋을 디자인했다. hash_table, b_count, b_lock, b_dirt, *b_data, b_dev, b_blocknr, b_uptodate, b_wait과 같은 데이터들이다.

*b_data는 버퍼 블록을 참고하는 데 사용된다. 버퍼 블록은 프로세스와 데이터를 교환하는 데 사용된다. b_dev와 b_blocknr은 각각 데이터 블록의 디바이스 ID와 블록 ID(하드디스크 데이터 블록을 의미)이다. 버퍼 블록과 하드디스크 블록은 서로 연결 관계를 만들기 위한 hash_table로 연결된다. hash_table은 모든 하드디스크 블록과 읽고 쓸 버퍼 블록과 연결된다. 그림 9.7은 이들 관계를 보여 주고 있다.

유저 프로세스가 파일을 읽고 쓸 때, 파일의 모든 데이터를 읽거나 쓸 필요는 없다. OS는 어떤 하드디스크 블록을 가져와야 하는지 파일을 통해서 판단한다. 그리고 그것을 b_dev와 b_blocknr로 구별한다. 버퍼 블록 데이터의 재사용을 극대화하기 위해서 파일을 읽고 쓴 후 하드디스크 블록에 해당하는 버퍼 블록을 바로 제거하지 않는다. 하드디스크에 데이터를 읽거나 쓸 때 OS는 우선 hash_table을 검색해서 버퍼에 남아 있는 데이터를 찾는다. 그리고 버퍼의 데이터와 하드디스크 데이터가 동일한지 확인한다. 데이터 변경이 없다면 이 버퍼 데이터를 사용해서 디스크에서 다시 읽을 필요가 없다. 가능한 버퍼의 데이터를 다시 사용하도록 하는 가이드라인에 따라서 최대한 기존 데이터를 재사용하도록 해야 한다.

하지만 여기서 b_dev와 b_blocknr 두 필드는 사용하려는 하드디스크 블록에 대응하는 버퍼 블록이 있다는 것만 나타낸다. 그 버퍼 블록이 사용 가능한지는 이것만으로 알 수 없다. 버퍼 블록이 유효하지 않을 수 있기 때문이다. 예를 들어 파일의 내용이 삭제되고 버퍼 블록에만 데이터가 남아 있는 경우에는 버퍼 블록을 사용할 수 없다.

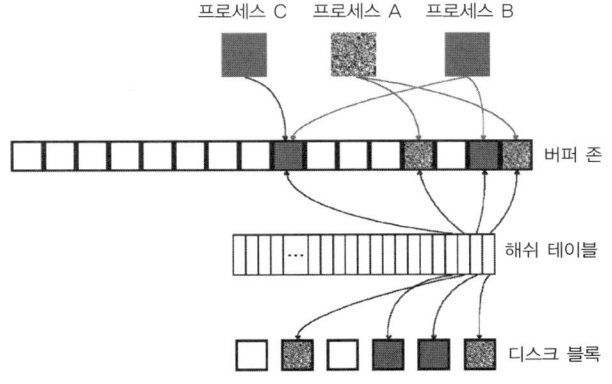

그림 9.7 버퍼, 해쉬 테이블 그리고 하드디스크 블록의 관계도

이 문제를 해결하기 위해서 OS는 b_uptodate 필드를 사용한다. b_uptodate의 값이 1이면 버퍼 블록의 데이터가 유효하다는 의미로 디스크에서 다시 데이터를 읽을 필요가 없다. 하지만 이 값이 0이면 버퍼 블록의 데이터가 유효하지 않아서 직접 사용할 수 없다. 반드시 하드디스크에서 데이터를 가져와야 한다. b_uptodate는 읽기 오퍼레이션에 중요하게 사용된다. 하드디스크의 블록 데이터를 버퍼 블록에 읽을 때 인터럽트 서비스 핸들러는 b_uptodate를 1로 설정해서 버퍼 블록의 데이터가 유효하다는 것을 표시한다. 새 버퍼 블록이 막 적용되었을 때는 b_uptodate를 0으로 설정해서 버퍼 블록이 아직 유효하지 않는 것을 표시한다.

OS 관점에서 유저 프로세스가 디스크에 데이터를 쓰려고 하면 내부적으로는 OS가 유저 프로세스의 데이터를 버퍼에 기록한다. OS는 버퍼의 데이터를 하드디스크에 기록해야 할지 결정한다. 즉, 유저 프로세스 하드디스크에 데이터를 기록하는 오퍼레이션은 두 단계를 거친다. 첫째, OS는 유저 데이터를 버퍼에 기록한다. 데이터는 가능한 재사용할 수 있도록 이곳에 보관된다. 둘째, OS는 실제 하드디스크에 데이터를 기록한다. 보통 이 두 개의 단계는 연속해서 실행되지 않는다. 이 두 단계 사이에 시간 차이가 있을 수 있다. 버퍼의 동기화를 지연시켜서 불필요한 동기화를 막는 등 효율적인 동기화를 위해서 OS는 b_dirt 필드를 만들었다. b_dirt의 기능은 OS가 버퍼 블록의 데이터를 변경했다는 사실을 표시하는 데 쓰인다. 이 값이 1로 설정되었다는 것은 버퍼 블록에서 관리하는 데이터가 하드디스크와 동기화해야 한다는 것을 의미한다. 버퍼 블록의 데이터가 하드디스크의 데이터와 일치하면 이 값은 0으로 설정된다.

쓰기 오퍼레이션은 읽기와는 다르다. 읽기 오퍼레이션에서는 버퍼 블록에 데이터가 항상 준비되어 있지 않았다. 그래서 유저는 항상 데이터가 준비될 때까지 기다려야 한다. 하지만 쓰기 오퍼레이션은 다르다. 유저 프로세스는 디스크에 데이터를 쓰면 이것이 사실은 버퍼 블록에 기록된다는 것을 알지 못한다. OS는 이 버퍼의 데이터를 실제 하드디스크에 언제 동기화를 할지 결정한다. 동기화가 진행되기 전까지 b_dirt가 1로 설정되어 있어도 데이터를 쓰는 것은 가능하다. OS는 최종 데이터를 동기화하기만 하면 된다. 리눅스의 이런 설계는 버퍼를 위한 디자인 가이드라인을 반영한 것이다.

데이터를 읽고 쓸 때 데이터의 정확성을 보장하기 위해서 데이터가 순서대로 처리되어야 한다. 예를 들어 데이터가 버퍼 블록과 하드디스크에 동기화 중일 때 새 데이터가 버퍼 블록에 쓰일 수 없다. b_lock은 이것을 식별하는 역할을 한다. 버퍼의 데이터를 동기화하기 전에 버퍼 블록에 먼저 락을 설정한다. 즉, b_lock에 1을 설정한다. OS 커널은 이 값을 보고 이 값이 1이면 동기화가 끝날 때까지 버퍼 블록에 데이터를 쓰지 못하도록 해서 버퍼 블록과 하드디스크 사이에 데이터가 일치하도록 보장해야 한다. 쉽게 말하면 버퍼 블록에 읽기/쓰기와 데이터 동기화 기능이 동시에 될 수 없다는 것을 말한다. b_lock이 0으로 설정되어 있으면 프로세스와 버퍼 블록 간의 데이터 교환이 가능하지만, b_lock이 1이면 버퍼 블록과 하드디스크 간의 데이터 교환만 허용된다. 그래서 동시에 같은 동작을 하는 것을 막는다.

버퍼 블록이 잠겨 있을 때, 어떤 프로세스가 잠긴 데이터 블록과 데이터를 교환하려고 시도할 수 있다. 이때 OS는 프로세스와 잠긴 버퍼 블록 간의 데이터의 교환을 막는다. OS는 요청한 프로세스를 서스펜드시키고 다른 프로세스가 실행되도록 프로세스를 전환시킨다. 서스펜드된 프로세스는 대기 큐에 추가된다. 대기 큐를 만드는 *b_wait은 버퍼 블록의 락이 풀릴 때, 이 버퍼 블록을 기다리고 있는 프로세스들을 깨우기 위한 것이다. 대기하는 프로세스가 하나 이상이 될 때 *b_wait는 버퍼 블록을 기다리는 마지막 프로세스를 가리킨다. 다른 프로세스들은 그림 9.8에서 보여 주는 암묵적인 큐 형태로 연결된다. 그림에서 대기 큐는 왼쪽 상단에서 볼 수 있다.

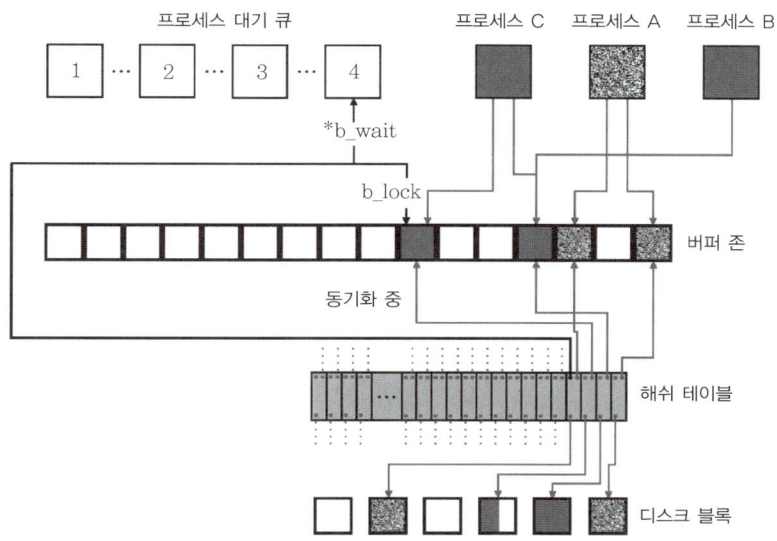

프로세스 대기 큐   프로세스 C   프로세스 A   프로세스 B

그림 9.8 멀티 프로세스가 디스크에 접근할 때 상태 다이어그램

프로세스가 하드디스크와 데이터를 교환해야 할 때, OS는 먼저 버퍼의 해쉬 테이블을 확인한다. 만약 해쉬 테이블에 기존에 사용하던 버퍼 블록의 데이터가 유효하기만 하면 이 버퍼를 사용한다. 다른 프로세스가 이미 사용하고 있다고 해도 사용할 수 있다. 데이터를 하드디스크에서 다시 읽지 않아도 되기 때문에 하드디스크를 사용하는 것보다 더 쉽고 효율적이다. 하지만 기존에 사용하던 버퍼 블록을 해쉬 테이블에서 찾지 못하면 새 버퍼 블록을 할당한다. b_count 값을 확인하면 사용하지 않는 버퍼 블록을 찾을 수 있다. b_count는 버퍼 블록을 사용하고 있는 프로세스 개수를 나타낸다. 실제로 다수의 프로세스가 같은 버퍼 블록을 사용할 수 있다. 버퍼 블록을 사용하는 프로세스가 늘 때마다 b_count가 1씩 증가하고 반대의 경우에는 1씩 뺀다. b_count 값이 0으로 줄면 버퍼 블록을 참조하는 프로세스가 없다는 것을 의미하는 것으로 사용하지 않는 버퍼로 본다.

앞에서 살펴본 방법들을 통해서 유저 프로세스와 하드디스크 간의 데이터 정확성을 보장하면서 최대한 효율적인 시스템을 구현할 수 있다.

다음에 다룰 내용은 파일 시스템과 프로세스 간의 연결인 파이프(PIPE)에 대한 것이다.

9.5.2.3 파일 시스템으로 프로세스 간 통신하기: 파이프(PIPE)

메모리를 사용해서 프로세스 간 통신을 지원하는 파이프는 메모리 관리 정책을 따라야 한다. 그런데 이상하게 파이프 관리 형태는 메모리가 아닌 파일 시스템이다. 왜 리눅스는 이런 방식으로 만들었을까?

프로세스 관리를 위한 가이드라인은 프로세스들을 최대로 격리해서 독립적으로 만들라는 것이다. 보호 모드는 이 가이드라인을 바탕으로 하고 있다. 하지만 프로세스 간 통신은 데이터가 프로세스 경계를 넘어야 한다. 만약 직접적인 통신 방식이 적용된다면 앞에서 제시한 가이드라인과 상충된다. 프로세스를 보호하는 메커니즘은 깨지 않으면서 프로세스간 통신을 구현하기 위해서 어떻게 해야 할까?

조심스럽게 분석을 해 보면, 프로세스 입장에서 파일은 모든 프로세스가 접근할 수 있는 리소스이다. 말하자면 파일은 다수의 프로세스가 공유하는 것이 가능하다. 만약 프로세스 간의 데이터 전송이 필요하다면 전송 수단으로 파일을 사용하고 다수의 프로세스 간의 파일을 공유하도록 한다. 한쪽 프로세스는 데이터를 쓰고 다른 쪽 프로세스는 데이터를 읽는 식으로 프로세스 간 통신을 구현할 수 있다. 이 방법은 프로세스가 독립성을 유지해야 한다는 조건을 만족하면서도 프로세스 간 통신 기능을 구현할 수 있다. 하지만 파일은 주변 장치를 사용해야 하고 CPU와 주변 장치 간의 통신 속도가 CPU와 메모리 사이의 통신 속도보다 2~3배 느리다. OS는 메모리에 플로피 디스크를 가상화할 수 있는 것처럼 파일도 가상화할 수 있다. 메모리상에서 데이터 통신을 위해 파일을 가상화한 것이 파이프다. OS는 파이프를 프로세스 간 통신 중간 매체로 사용할 수 있을 뿐 아니라 메모리 수준의 속도로 통신할 수 있다. 파이프는 파일의 일종이기 때문에 파일처럼 다루어진다. 이것이 파이프가 파일 시스템으로 관리되는 이유다.

9.6 부모와 자식 프로세스 간의 페이지 공유

부모 프로세스가 자식 프로세스를 만들 때 OS는 처음에 부모의 모든 관리 데이터 구조를 자식 프로세스에 복사한다. 이때 자식 프로세스는 자신의 코드를 로드하기 전이기 때문에 부모 프로세스의 코드를 공유해서 사용한다. 자식 프로세스가 자신의 코드를 로드하고 나면 부모 프로세스와의 공유 관계를 끊는다. 왜 자식 프로세스는 만들어지는 바로 그 순간 공유 관계를 깨지 않는 것일까?

프로세스가 처음 만들어질 때 자식 프로세스는 자신의 코드를 가지고 있지 않다. 또 리눅스의 룰에 따라서 자신의 코드를 로딩할 때도 부모 프로세스의 코드가 필요하다. 그래서 부모 프로세스의 코드를 공유하지 못하면 자신의 코드를 로딩조차 할 수 없다.

부모 프로세스의 코드 공유 메커니즘은 많은 서버 프로그램에서 편리하게 사용되고 있다. 부모 프로세스의 코드를 공유할 수 있도록 허용하고 있기 때문이다. 자식 프로세스는 자연스럽게 부모 코드를 실행할 수 있는 권한을 갖게 된다. 하지만 이렇게 부모 프로세스와 자식 프로세스가 같은 코드, 같은 데이터를 사용하게 되면 데이터 충돌 가능성이 있다. 이 문제를 피하기 위해서 페이지 쓰기 보호 메커니즘을 사용한다(이 기술은 섹션 6.4.2에서 설명했다). 페이지 쓰기 보호 메커니즘의 목적은 다중 프로세스가 공유 데이터(여기에는 메모리와 주변 장치도 포함된다)에 접근해서 발생하는 데이터 충돌을 피하려는 것이다. 이런 종류의 문제를 푸는 기본적인 아이디어는 비슷하다.

9.7 OS의 전역 인터럽트와 프로세스의 로컬 인터럽트: 시그널

앞에서 우리는 인터럽트에 대해서 많은 언급을 했다. OS에서 인터럽트의 중요성은 아무리 강조해도 부족하지 않다. 이제부터 우리는 이 인터럽트 기술을 확장해 보려고 한다. 그리고 인터럽트와 TASK_INTERRUPTIBLE, TASK_UNINTERRUPTIBLE 상태와의 관계로 분석해 보려고 한다.

이 책의 챕터 1에서 cli 라는 명령을 사용해서 인터럽트를 막는 것을 설명했다. 우리는 cli 명령이 인터럽트가 발생하지 않도록 막는다는 사실을 알고 있다. 이 명령을 사용하면 CPU 전체의 인터럽트가 중지된다.

프로세스의 상태에도 이런 인터럽트와 유사한 특성을 갖는 것들이 있다. 속성 중에 TASK_INTERRUPTIBLE과 TASK_UNINTERRUPTIBLE이 인터럽트의 특성을 갖지만 이 속성들과 인터럽트와의 관계가 명확히 보이지는 않는다.

TASK_INTERRUPTIBLE과 TASK_ UNINTERRUPTIBLE이 사용되는 것을 분석하다 보면 이것들과 시그널이 깊이 관련되어 있음을 알게 된다. 그럼 왜 시그널과 관련된 이 속성들이 인터럽트에서나 사용하는 용어를 사용하고 있는 것일까?

인터럽트 기술을 다시 보면 우리는 인터럽트가 만들어진 동기가 주변 장치의 I/O상태를 폴링하면서 호스트 리소스를 낭비하는 것을 막기 위한 것이었음을 알 수 있다. 인터럽트는 OS를 폴링 방식에서 요청에 반응하는 방식(일종의 이벤트 방식)으로 운영 방식을 변경시켰다. 이를 통해서 호스트 리소스를 획기적으로 줄이고 운영 효율도 높일 수 있었다.

인터럽트와 시그널을 비교해서 분석해 보면 시그널이 인터럽트를 모방했음을 쉽게 알 수 있다. 시그널은 프로세스의 폴링 방식을 이벤트에 의한 반응으로 바꿔 프로세스 간 통신 비용을 줄인다. 그리고 이렇게 하면 전체 운영 효율도 높아진다. 예를 들어, 쉘 프로세스가 자식 프로세스를 생성한다고 하자. 이론적으로 자식 프로세스의 관리 구조는 부모 프로세스인 쉘에서 프로세스 관리 구조체를 해제시켜 주어야 한다. 이 작업은 자식 프로세스가 죽고 나서 해야 하는 후속 작업이다. 문제는 어떻게 쉘이 자식 프로세스가 종료하려는지 알 수 있을까 하는 점이다. 가장 쉽고 확실한 방법은 자식 프로세스가 종료하는지 계속 조회하는 방법이다. 하지만 쉘이 자식 프로세스를 여러 개 만들었을 때 이 방법을 사용한다면 주기적으로 모든 자식 프로세스를 폴링해서 프로세스가 종료하는지 조회해야 한다. 종료한 프로세스가 많건 적건 상관 없다. 종료할 프로세스가 하나도 없어도 쉘은 주기적으로 폴링해야 한다. 이런 상황은 인터럽트가 만들어지기 전에 호스트가 주기적으로 주변 기기 I/O를 폴링해야 했던 상황과 유사하다. OS 디자이너는 인터럽트를 모방해서 시그널을 만들었다. 우리는 이 기술들의 개발된 경위가 매우 비슷함을 알 수 있다. 이들의 관계는 그림 9.9에서 잘 보여 주고 있다.

그림 9.9의 표를 보면 두 기술이 비슷하다는 것을 알 수 있다. 차이점은 인터럽트가 OS에 초점을 두고 있는 반면 시그널은 프로세스를 위한 것이라는 점이다. 일반적인 인터럽트를 글로벌 인터럽트(global interrupt)라고 하고 시그널은 로컬 인터럽트(local interrupt)라고 하면 좀 더 쉽게 이해할 수 있다. 여러분이 시그널과 TASK_UNINTERRUPTIBLE, TASK_INTERRUPTIBLE을 잘 비교 연구해 보면 분명 이해할 수 있을 것이다.

인터럽트	시그널
cli	TASK_UNINTERRUPTIBLE
sti	TASK_INTERRUPTIBLE
IDT, 인터럽트 벡터	sigaction
인터럽트 서비스 루틴	시그널 서비스 핸들러
......	......

그림 9.9 인터럽트와 시그널의 비교

9.8 정리

지금까지 운영체제 디자인 가이드라인에 대해서 알아봤다. 하지만 운영체제는 매우 복잡해서 이번 챕터에서 우리가 다루었던 내용만으로 쓸만한 운영체제를 디자인하는 것에는 분명 어려움이 있을 것이다. 하지만 이번 챕터의 내용을 통해서 여러분이 OS 디자이너 관점에서 운영체제를 충분히 이해했으리라 생각한다. 나머지는 여러분들의 노력에 달려있다.

마치며

이제 이 책의 마지막까지 왔다. 우리가 어떤 기술을 가르쳐본 경험에 의하면 이 책을 여기까지 읽었다면 여러분은 분명 운영체제에 대한 많은 지식을 얻었을 것이다. 운영체제라는 것이 원래 아주 복잡하고 어려운 주제이기 때문에 어떤 독자들은 중간에 질려서 포기했을 것이다. 여기까지 읽어준 이들 중에 아직까지 더 즐길 수 있는 힘이 남아 있다면 이 책의 처음으로 가서 다시 한번 읽어보기 바란다. 분명 또 다른 재미를 찾을 수 있을 것이다.

INDEX

리눅스 커널 디자인의 기술

1판 1쇄 발행 2015년 9월 25일

저   자   Yang Lixiang
역   자   안진섭
발 행 인   김길수
발 행 처   (주)영진닷컴
주   소   서울시 금천구 가산디지털1로 24 대륭테크노타운 13차 10층

대표팩스   (02) 867-2207
등   록   2007. 4. 27. 제16-4189호

값 **30,000** 원

ⓒ 2015. (주)영진닷컴

ISBN 978-89-314-4968-6

http://www.youngjin.com